La Vie du Bouddha d'après les textes et les monuments de l'Inde

Alfred Foucher

Paris, 1949

© 2024, Alfred Foucher (domaine public)
Édition : BoD · Books on Demand, 31 avenue Saint-Rémy, 57600 Forbach, bod@bod.fr
Impression : Libri Plureos GmbH, Friedensallee 273, 22763 Hamburg (Allemagne)
ISBN : 978-2-3225-5380-8
Dépôt légal : Mars 2025

LA VIE DU BOUDDHA

(d'après les textes et les monuments de l'Inde).

Avertissement
Introduction

PREMIÈRE PARTIE

Le cycle de Kapilavastou.

Chapitre   Ier. — La Nativité :
        I. Avant l'enfantement
—   II. — La Nativité :
        II. Après l'enfantement
—   III. — Enfance et jeunesse :
        I. La vie mondaine
—   IV. — Enfance et jeunesse :
        II. La vocation religieuse

DEUXIÈME PARTIE

Les cycles du Magadha et de Bénarès.

— V. — La quête de l'Illumination
— VI. — L'Illumination
— VII. — La Première Prédication
— VIII. — Les Premières Conversions

TROISIÈME PARTIE

Les cycles mineurs.

— IX. — L'office de Bouddha
— X. — Les quatre Pèlerinages secondaires
— XI. — Le quatrième Grand Pèlerinage

Conclusions

Annotations et Index

AVERTISSEMENT

On conte que le Bouddha, quand il fut arrivé à la parfaite Clairvoyance, hésita longuement à prêcher sa doctrine : il craignait d'y perdre sa peine et son temps. Une curieuse considération l'y aurait enfin décidé. De même que dans un étang de lotus il y a trois sortes de fleurs, de même il y a de par le monde trois sortes d'âmes : celles qui, trop profondément enfoncées dans la fange originelle ne parviendront pas, du moins dans cette saison ou cette vie, à monter jusqu'au jour ; celles qui, déjà proches de la lumière, ont encore un dernier effort à faire pour l'atteindre ; celles enfin qui, se dressant au-dessus de l'ordinaire niveau des eaux ou des hommes, sont arrivées d'elles-mêmes à leur plein épanouissement et n'ont plus besoin d'aucune aide. C'est pour l'amour de la seconde catégorie qu'il consentit à prêcher la Bonne-Loi.

Dans mon humble sphère — professeur n'est pas prophète — j'ai aussi hésité longtemps à publier ce livre, vu l'impossibilité de répondre à la fois aux exigences des trois sortes possibles de lecteurs. Il y a d'abord le grand public, qui veut bien être informé, mais demande à ne pas avoir à chaque ligne les yeux arrêtés par des signes diacritiques ou des renvois, ni l'esprit encombré par des termes techniques empruntés à des langues qu'il ne se soucie nullement d'apprendre. D'autre part il y a les spécialistes (genus irritabile) qu'un abondant appareil critique peut seul, au contraire, intéresser et, si possible, contenter. Enfin, entre ces deux catégories extrêmes, il y a ceux qui, désireux d'entreprendre ou d'approfondir l'étude du bouddhisme, ont à la fois besoin d'être encouragés dans leur dessein par un livre de lecture facile et à chaque pas guidés à travers le dédale des textes. Mon embarras fut donc extrême. Mais j'ai fait réflexion qu'il était superflu, qu'il serait même outrecuidant de ma part de prétendre faire la leçon aux spécialistes : ayant directement accès aux sources, ceux-ci, en toute occasion, se tireront d'affaire tout seuls. Restait à satisfaire à la fois les gens du monde et les étudiants. Les premiers, étant le nombre, ont par ces temps de démocratie tous les droits ; mais je ne pouvais me résoudre à leur sacrifier entièrement les seconds. Voici donc le parti auquel nous nous sommes arrêtés d'un commun accord, l'éditeur et moi. Le corps de l'ouvrage a été débarrassé dans la mesure du possible de toutes les complications orthographiques, linguistiques et autres, si chères aux érudits, et que ceux-ci, s'il leur plaît, rétabliront sans peine ; mais les personnes soucieuses d'aller jusqu'au fond des choses, voire de voler de leurs propres ailes, trouveront page à page en note à la fin du volume les indications bibliographiques et les références justificatives les plus nécessaires à leur orientation. Puisse quelqu'une d'entre elles y puiser le désir en même temps que les moyens de pousser plus avant les recherches.

Par ailleurs la méthode et le plan suivis dans le présent ouvrage trouveront, je l'espère, en eux-mêmes leur justification. Les plus anciens textes bouddhiques ont naturellement été notre principale source d'information, et, comme tels, ils nous ont contraint à répéter bien des choses déjà dites et redites ; mais ils n'ont pas été nos seuls informateurs. Même quand il s'agit d'une doctrine aussi écrivassière que le bouddhisme, une religion ne s'exprime pas uniquement dans sa littérature et par suite ne peut pas s'expliquer exclusivement par elle. Une critique menée in abstracto *de ses Écritures saintes, qu'elle soit dominée ou non par quelque théorie préconçue, ne saurait en donner la pleine intelligence à ceux qui ne la comprennent pas d'enfance, mais n'en abordent que tardivement l'étude avec l'esprit déjà imprégné d'idées différentes, innées ou inculquées. Fait sociologique à multiples et profondes répercussions, son interprétation réclame encore une certaine connaissance du milieu dans lequel elle s'est développée, ainsi que des nombreuses manifestations sociales qu'elle ne manque pas de susciter (modes d'association entre les personnes, rites du culte privé ou public, procédés de propagande, formes architecturales et destination des sanctuaires, sujets de l'iconographie sacrée, objet et intention des pèlerinages, etc.). J'aurais été impardonnable de ne pas profiter sur tous ces points des travaux des indianistes, mes prédécesseurs, et notamment des progrès qu'ils ont fait faire à l'archéologie indienne. Grâce à eux les événements connus se présentent sous un jour nouveau, groupés de façon plus vivante, j'oserai même dire plus rationnelle, autour de quelques centres religieux jadis très animés et que nous voyons renaître sous nos yeux. La localisation certaine en huit places saintes, aujourd'hui bien repérées, des principaux épisodes de la vie du Bouddha ne va pas seulement nous expliquer comment leur souvenir, plus ou moins déformé, a été transmis d'âge en âge ; elle rehausse singulièrement dans l'ensemble leur caractère d'authenticité. Ainsi ramenées sur la terre et fixées à tel ou tel coin de l'Inde, les fictions les plus évidentes perdent beaucoup de leur imprécision nuageuse, tandis que les faits vraisemblables acquièrent une consistance et un relief surprenants. Mais pourquoi s'en montrer surpris ? La géographie n'a-t-elle pas toujours été le cadre déterminant de l'histoire ?*

Bien que je ne me propose ici que d'esquisser une image aussi approchée que possible de la personne du Bouddha, j'ai eu garde de négliger les lueurs complémentaires qui de ces divers côtés se projettent sur la doctrine et se reflètent jusque sur la physionomie de son fondateur. Ce grain de nouveauté sera mon excuse pour avoir intercalé ce livre dans la série de ceux qui ont déjà été et qui seront encore écrits sur le même sujet ; mais qu'on veuille bien croire que je ne me fais aucune illusion sur la destinée qui l'attend. Il suffit de l'espace d'une vie un peu longue pour acquérir l'expérience personnelle de la loi qui régit nos vieilles et toujours jeunes études philologiques. Chaque génération à son tour s'imagine qu'en toute discipline elle poussera jusqu'à son terme la tâche entreprise : chaque génération nouvelle, en examinant l'œuvre qu'elle trouve sur le métier, estime qu'elle est à refaire et s'évertue derechef à la retisser. Bien naïf ou bien présomptueux serait le philologue qui, sur une question quelconque, prétendrait avoir dit le dernier mot ; mais heureux celui de qui ses successeurs penseront qu'il l'a fait avancer d'une étape, si courte soit-elle, sur la voie où, depuis Hérodote, les historiens de l'humanité sont engagés à la poursuite de la toujours fuyante et à jamais insaisissable certitude historique.

A. F.

INTRODUCTION

Depuis que les hommes qui vivent sur cette terre se sont avisés qu'ils avaient une âme, ils se sentent incessamment tiraillés entre deux tendances contraires. Plongeant jusqu'à la ceinture, sinon jusqu'aux épaules, dans la brute, leur instinct les pousse à suivre aux dépens de leurs propres congénères la vieille loi inexorable de la lutte pour la vie ; et c'est ainsi qu'ils ne justifient que trop souvent l'adage : *Homo homini lupus*. Mais d'autre part, instruits par une longue expérience des horreurs de la guerre et des bienfaits de la concorde, ils tendent visiblement de siècle en siècle à développer dans des cercles toujours plus larges leur esprit de sociabilité. Ainsi constamment ballottés entre la cruauté et la bienveillance, la soif de jouissance et la joie du sacrifice, le désir de puissance et le mépris de la force brutale — pour tout dire en deux mots, entre l'égoïsme et l'altruisme — peuples et individus se conduisent tantôt en bêtes de proie se ruant à la curée, tantôt en anges de charité accourant à l'aide de leur prochain. Ce sont là, de nos jours, des faits d'observation courante ; et si l'on consulte l'histoire, on se heurte d'âge en âge aux mêmes contrastes.

Non seulement tout homme est double, mais les seules personnalités marquantes qui se détachent sur le moutonnement sans fin des générations humaines à raison des profonds remous qu'elles y provoquent, représentent justement des incarnations exceptionnellement vigoureuses de ces deux tendances opposées : d'un côté les conquérants, créateurs d'empires par la violence, de l'autre les prophètes, fondateurs de religions dominées non plus par la crainte, mais par l'amour. Ces derniers sont de beaucoup les plus rares et ceux qui dépassent de plus haut le niveau ordinaire de l'humanité ; ce sont aussi ceux qui éxercent sur elle l'action la plus durable. Ils ont pris d'emblée sur leur temps une si longue et si lumineuse avance qu'après tant de siècles écoulés ils peuvent encore servir de guides à la marche hésitante du genre humain. Ils sont, comme on les a souvent appelés, les phares qui brillent au loin sur la sombre route et vers lesquels l'interminable caravane, qui n'a pu encore découvrir ni d'où elle vient ni où elle va, fait converger ses yeux et ses espoirs d'arriver enfin à l'étape suprême de l'éternel salut.

À cette élite extrêmement restreinte appartient sans conteste le Bouddha Çâkya-mouni. Tous les voyageurs qui ont visité l'Asie orientale ne peuvent qu'en porter témoignage. Cet homme qui n'a rien écrit, d'énormes recueils qui passent pour être faits de ses paroles sont toujours appris, récités, gravés, imprimés en dix langues vivantes — singhalais, birman, siamois, cambodgien, laotien, tibétain, chinois, mongol, mandchou et japonais —

sans parler des traductions européennes. Cet homme qui n'a jamais régné, son royaume spirituel continue de s'étendre sur des centaines de millions d'âmes. Cet homme que les bâzârs de l'Inde centrale ont vu mendier chaque matin sa nourriture, ses images dorées trônent toujours sur l'autel, au milieu des nuages d'encens et du bourdonnement des prières, dans les pagodes d'Extrême Orient. Car il a eu beau s'en défendre à l'avance, ses fidèles ont cru percevoir en lui une intelligence et une force morale à ce point surnaturelles qu'ils en ont fait un dieu ; et ceux-là mêmes qui ne sont pas bouddhistes conviennent que cette grande figure est la plus largement humaine et la plus digne d'universelle admiration que l'Inde ait jamais enfantée. C'est à ces signes certains que le monde reconnaît ses Sauveurs. Il le sait, il le voit, mais quand il s'agit de comprendre et d'expliquer comment un enfant né d'une femme peut produire sur sa génération une impression si profonde que, loin de s'atténuer avec les siècles, elle aille au contraire en s'amplifiant, apparemment l'esprit humain se sent saisi de vertige. Les croyants se bornent à crier au miracle ; les hypercritiques préfèrent douter qu'un tel prodige surnaturel ait jamais vécu ; et ceux-là qui, comme nous, abordent le problème en historiens, sans aucune intention préconçue de dénigrement ou de propagande, restent dès l'abord interdits. Si loin qu'aient été déjà poussées les recherches, force leur est d'avouer qu'il demeure toujours au fond du creuset une particule de mystère qu'aucun réactif connu n'analyse et qu'aucun mot de la langue courante ne définit. C'est le secret de ces êtres exceptionnels ; et comme ce secret, moins perçu que senti par leurs contemporains, a été aussitôt enrobé sous des accrétions mythiques, il est à craindre que certains traits de leur physionomie ne nous échappent à tout jamais.

Il était honnête de commencer par cet aveu, mais il n'en reste pas moins qu'une moitié de l'Asie, cette mère de nos religions, a élevé le Bouddha au rang de ses dieux. C'est là un fait historique que le critique le plus sceptique ne peut ignorer ; et son simple énoncé détermine d'avance la méthode qu'il nous faudra suivre pour l'étudier. Nous avons affaire à une personnalité qui non seulement sort de l'ordinaire, mais qui est véritablement à deux visages, selon que l'on considère ce qu'elle dut être dans la réalité quotidienne ou, d'autre part, ce qu'elle est devenue dans l'imagination de ses sectateurs. Il n'est aucune circonstance de sa vie, si simple soit-elle, à propos de laquelle la question ne se pose de savoir où finit la vérité biographique et où commence la fiction légendaire : et du fait même de son apothéose il n'en pouvait être autrement. En même temps qu'il se divinisait, tous ses actes devaient être du même coup transposés, en corps comme en détail, dans la région surnaturelle des miracles et des mythes. Peut-être ne saurait-on trouver meilleure occasion — en un cas où aucun scrupule confessionnel ni aucune vénération héréditaire ne risque d'obscurcir le jugement des Européens — de saisir sur le vif le mécanisme de cette transposition inévitable.

Rappelons brièvement les faits de la cause. En ce temps-là — qui était à peu près celui de Zoroastre et de Confucius, cent ans avant Socrate et cinq siècles avant Jésus-Christ — en un coin perdu du Téraï népalais encore marqué par un pilier inscrit de l'empereur Açoka, dans la famille d'une sorte de seigneur féodal naquit un enfant. Sa mère mourut sept jours après sa naissance. Il fut élevé par sa tante maternelle, seconde épouse de son père, grandit, reçut l'éducation convenable à sa caste, se maria et eut à son tour un fils : mais à ce moment il fut pris d'un invincible dégoût du monde. Un beau jour, ou plutôt une belle nuit, — il avait alors vingt-neuf ans, l'âge critique pour les prophètes — il abandonne tout, maison, famille, épouse, enfant et quitte à cheval sa ville natale. Au matin il renvoie sa monture et son écuyer avec ses parures princières, échange ses vêtements de soie contre les grossiers habits d'un chasseur et, devenu moine mendiant, se met en quête d'une solution à l'éternel problème de la Destinée. Tout d'abord il entre à l'école d'ascètes réputés ; mais l'enseignement de ses maîtres ne le satisfait pas et il se retire dans la solitude. Enfin, après six ans de pénibles recherches, comme il était assis sous un arbre dont le rejeton existe encore près de Gayâ, dans le Bihâr, il croit sentir à l'aube du jour la vérité se lever en lui en même temps que le soleil, et il découvre le remède à la douleur du monde. Tout d'abord il va à Bénarès prêcher la nouvelle voie du salut à cinq de ses anciens compagnons d'étude ; mais bientôt le nombre des convertis se multiplie et sa doctrine se propage. Le Maître lui-même, quarante-cinq années durant[1], promène sa prédicante mendicité à travers tout le bassin moyen du Gange. Enfin la mort le surprend, au cours d'une de ces incessantes tournées, dans une petite bourgade obscure, située dans la même région, mais plus à l'Est que celle où il avait reçu le jour ; et il rend le dernier soupir, d'après les Singhalais, en l'an 543, ou, d'après les calculs des savants européens, vers 477 avant notre ère.

Voilà tout ce que nous savons, ou croyons savoir d'à peu près sûr au sujet de celui qui est resté surnommé le Bouddha — c'est-à-dire « l'Éveillé » ou, comme on traduit d'ordinaire, « l'Illuminé » (mieux vaudrait dire « le Clairvoyant », car le mot d'Illuminé a pris en français une acception péjorative). Rien ne peut être plus historique, au sens habituel du mot, que cette courte notice ; rien aussi de moins sensationnel. Mais attendez à peine deux siècles : déjà la renommée du prophète s'est répandue dans toute l'Inde avec sa doctrine. Pour des myriades de disciples et de fidèles il est devenu le Prédestiné, le Bienheureux[2], le Précepteur des hommes et des dieux. Avec une fidélité et une clarté plus ou moins grande sa pensée revit dans leur conscience à tous ; au contraire son image, réfractée par ces innombrables miroirs, irradie au point de devenir de plus en plus indiscernable. Déjà son existence n'est plus qu'un tissu de miracles. Tantôt il confond ses plus orgueilleux rivaux ou convertit ses pires adversaires à coups de prodiges inouïs ; tantôt il monte au ciel ou en descend à sa guise. Les animaux, les peuples et les rois le vénèrent à l'envi. Les dieux eux-mêmes l'exhortent à prêcher sa doctrine et y adhèrent les premiers. Seul, le génie du Mal et de la Volupté, dont il est venu détruire l'empire, se constitue son implacable ennemi ; et, à l'heure décisive de l'Illumination suprême, une lutte formidable s'engage entre l'ascète sans armes et les hordes monstrueuses de l'armée des démons. Ce n'est pas tout : la jeunesse du futur Bouddha se pare à présent des couleurs les plus chatoyantes. Le drame pathétique de sa vocation, la splendeur de la vie mondaine à laquelle il renonce, son habileté dans tous les genres de sports, d'arts ou de sciences, l'éclat de sa race, l'inexprimable beauté de sa personne, ce sont là désormais autant de choses qui vont sans dire et que les textes ne se lassent pourtant pas de répéter. Rien, quand il s'agit de cet être unique au monde, ne doit plus être l'effet du hasard : c'est délibérément qu'il a choisi sa ville natale, sa caste, sa famille, sa mère ; et ce n'est pas sans raison que celle-ci est morte au bout de sept jours. Ni sa naissance, ni sa gestation, ni sa conception ne sauraient plus être naturelles ; et il ne se peut pas que son avènement n'ait été annoncé dans le présent par des songes et des présages, et dès le plus lointain passé par les prédictions d'autres Bouddhas semblables à lui — disons mieux : décalqués sur lui.

C'est ainsi que l'imagination populaire s'est emparée de la biographie de cet homme et l'a, par sa vertu magique, exaltée en la légende d'un dieu. Dès lors, l'on comprend mieux pourquoi la critique européenne a tout naturellement adopté deux attitudes bien différentes en face de cet inextricable mélange de réalité et d'idéal, de vérité et de fiction, d'histoire et de mythe. Elle s'est trouvée, si l'on peut se permettre cette comparaison, comme devant un de ces fourrés quasi impénétrables à force d'être faits d'enchevêtrements de troncs séculaires, de rameaux multipliés, de branches entrelacées et de lianes grimpantes — lieux communs des forêts équatoriales, mais qui ne se rencontrent guère dans la djangle indienne qu'au fond des humides vallées de l'Himâlaya oriental. Que faire en présence d'un tel massif ? Se borner à tourner autour de lui, à compter ses frondaisons ou ses floraisons luxuriantes, à y reconnaître les produits spontanés du sol de l'Inde, non moins fécond en fables que celui de la Grèce — bref, ne chercher dans la légende bouddhique qu'un prétexte à composer un herbier de la flore mythique du bassin du Gange ? Le résultat ne manque assurément pas d'intérêt ; mais c'est se condamner d'avance à ignorer la véritable essence du géant de la forêt qui porte sans faiblir, comme un royal manteau, ce mouvant réseau de végétations parasites. Veut-on au contraire percer cette énigme ? Il faudra procéder tout autrement, porter résolument la hache dans ce rideau de fictions légendaires qui ont escaladé jusqu'au faîte et recouvert de pied en cap la personnalité historique qui leur sert de support ; mais quand on aura tout abattu et saccagé alentour, n'est-il pas à craindre qu'on ne découvre que l'arbre central est mort depuis longtemps, épuisé de sève par ses greffons étrangers et étouffé sous l'exubérance des plantes adventices ? Si bien que le critique serait ou devrait être le premier à regretter, devant le squelette décharné ainsi remis au jour, la triomphante parure dont il a pris à tâche de le dépouiller.

Comme champion des historiographes qui ont tenté de dégager sous le prolixe revêtement des mythes la sèche armature de l'histoire, on peut placer au premier rang Hermann Oldenberg, dont le beau livre a été traduit en français et en anglais. Pour trouver le plus brillant des mythographes, il n'est pas besoin de sortir de France où, dès 1873-1875, Émile Senart publia dans le *Journal Asiatique* la première monographie scientifique de la légende du Bouddha[3]. À prendre sa thèse dans toute sa rigueur et sans tenir compte des notables atténuations que la seconde édition de l'ouvrage y apporte, le Bouddha ne serait plus un personnage historique, à peine une entité, un postulat, un prétexte à cristalliser autour de soi tout un ensemble de récits mythiques ; et ces récits, familiers à toutes nos mythologies indo-européennes, aussi bien grecque que germanique ou iranienne, se rapporteraient uniformément aux merveilleuses aventures du héros solaire. À peine est-il né que sa mère Mâyâ, pareille aux vapeurs matinales, disparaît devant le rayonnement de son fils. Il poursuit sa carrière, triomphe de l'obscure armée des démons, fait tourner au zénith la « roue de sa loi », simple transposition de son disque aux mille rais. Mais bientôt il penche vers son déclin et disparaît dans l'Occident incendié de ses derniers rayons comme sur un bûcher gigantesque.

Émile Senart ne tarda pas à reconnaître qu'il avait eu tort « en paraissant donner trop de crédit au système d'interprétation » que l'école de mythologie comparée, dans l'enivrement de ses débuts, avait mis à la mode. On sait à quel point on en est revenu depuis, quand on s'est aperçu que la théorie du mythe solaire était une clef à toutes portes et une selle à tous chevaux. Avec quelle aisance n'a-t-on pas pu, par exemple, accommoder à cette sauce la biographie de Napoléon et nous le montrer naissant dans une île de la mer (c'est la Corse), embrasant l'Orient des premiers feux de sa gloire (ce sont les campagnes d'Italie et d'Égypte), puis poursuivant sa triomphante carrière au milieu des signes du zodiaque représentés par ses maréchaux, jusqu'à ce qu'enfin vaincu dans une lutte suprême contre les puissances du froid et des ténèbres (c'est la retraite de Russie), il agonise et s'éteint au fond de l'océan Austral (à Sainte-Hélène). Aussi H. Oldenberg a-t-il eu beau jeu à revendiquer contre l'intransigeance de cette conception purement mythologique les droits de l'histoire. Le caractère mythique de certains traits de sa légende ne permet pas de mettre en doute le fond réel de la biographie du Bouddha. Il y a plus d'un enfant dont la naissance a coûté le jour à sa mère. Il pousse d'autres arbres sur le sol de l'Inde que l'Arbre des Nuées des sagas scandinaves, et c'est sous un de ces arbres toujours feuillus des tropiques que, selon la coutume des religieux de son temps et du nôtre, Çâkya-mouni était assis à l'heure de son Illumination. Simple *yogui* entre tant d'autres (on dirait à présent *sâdhou* ou *fakir*), il a mené une existence parfaitement tangible, terrestre, humaine. C'est sur un bûcher de bois qu'a eu lieu, selon la coutume indienne, la crémation de son cadavre ; et, les traditions qui nous ont été transmises à son sujet une fois dépouillées de leurs enjolivements suspects, « il nous reste entre les mains un noyau solide de faits positifs, acquisition à la vérité fort modeste, mais absolument sûre, pour l'histoire ».

— Soit, répond Émile Senart dans le dernier opuscule[4] qu'il ait consacré à cette question : le Bouddha a certainement existé ; il a même exercé un prestige personnel des plus puissants, puisqu'il s'est avéré un fondateur d'ordre religieux et un entraîneur de foules. De tout cela nous tombons d'accord : mais en quoi cela nous explique-t-il le tour particulier qu'a pris sa légende ? Admettons qu'il ait été assis sous un vulgaire figuier au moment de son Illumination et que celle-ci n'ait été qu'une crise psychologique comme en ont eu de tout temps les visionnaires : encore reste-t-il à expliquer pourquoi cette crise d'âme a été conçue comme un duel entre le moine solitaire et le Dieu de l'Amour et de la Mort, et représentée comme une victoire sur une armée de génies du mal. Hallucination ou allégorie, dira-t-on ? Mais d'où vient que cette fantasmagorie démoniaque reproduise justement les épisodes, les accessoires et les couleurs du vieux duel atmosphérique, entre le dragon des ténèbres et le héros lumineux, dont sont remplis les hymnes védiques ? Et comment se fait-il que pour désigner l'acte de la prédication on ait eu recours au vieux symbole solaire de la roue, arme invincible du Monarque universel[5] ? À toutes ces questions et à bien d'autres encore il n'est qu'une réponse recevable : c'est que ces symboles, ces figures, ces décors hantaient les esprits dans les milieux où s'est développé le bouddhisme. À l'indice personnel du fondateur et à l'apport doctrinal de ses moines, il faut encore ajouter la collaboration aussi spontanée qu'anonyme des fidèles laïques, nourris dès l'enfance de mythes vishnouïtes : à ce prix seulement il est possible de rendre compte des bizarreries et des incohérences de la tradition scripturale.

On le voit : si l'interprétation mythologique d'É. Senart, poussée à l'extrême, tend à dissiper en fumée la personnalité du Bouddha, l'évhémérisme de H. Oldenberg aboutirait de son côté à une méconnaissance non moins grave de cette figure qui, arbitrairement isolée de son ambiance, deviendrait incompréhensible. Tous deux semblent donc avoir à la fois raison et tort, raison dans ce qu'ils admettent, tort dans ce qu'ils omettent. Dans le Bouddha d'É. Senart c'est l'homme qui manque[6] ; dans celui de H. Oldenberg, ce qui fait défaut, c'est le dieu. Or, ne nous lassons pas de le répéter, bien que Çâkya-mouni ait lui-même pris soin de nous avertir qu'il n'était qu'un homme, il est non moins certain que l'Inde en a fait un dieu. C'est là le trait dominant de sa destinée, là que réside l'intérêt passionnant de son histoire ; et quiconque en entreprend une étude d'ensemble ne saurait négliger ni l'un ni l'autre de ces deux aspects.

Ainsi donc, si grande que soit notre admiration pour l'érudition et la force de pensée qu'attestent les deux principales théories européennes relatives au Bouddha, il faut avouer qu'aucune d'elles ne nous satisfait pleinement. Dès lors il ne reste d'autre alternative que de se garder aussi bien des vertigineux essors de la mythologie comparée que des platitudes de l'évhémérisme et de suivre à mi-côte un petit sentier particulier. Et si l'outrecuidance paraissait à d'aucuns excessive de prétendre frayer ainsi une voie moyenne — ce chemin du juste milieu que le Maître recommandait formellement en toute occasion à ses disciples — qu'il soit permis de plaider qu'il y a un précédent. On raconte en effet qu'à la mort de Çâkya-mouni ses grands disciples éprouvèrent le besoin de fixer l'unique héritage qu'il leur eût laissé, à savoir sa doctrine. Ils convinrent donc de se réunir à Râdjagriha, la capitale du Magadha (aujourd'hui Râdjguir), et là, rappelant à l'envi leurs souvenirs, ils récitèrent ensemble, en une sorte de synode ou de concile, le texte *ne varietur* de la Bonne Loi. Ils avaient à peine fini que survint par hasard un autre moine, nommé Pourâna[7] (l'Ancien), que la convocation n'avait pas touché. On lui dit : « La Loi a été bien récitée par les doyens ; accepte cette Loi qu'ils ont récitée. » Et il répondit : « Il n'y a pas de doute que la Loi n'ait été bien récitée par les doyens ; mais ce que j'ai moi-même entendu des lèvres du Bouddha, ce que j'ai reçu de sa bouche, c'est à cela que je me tiendrai. » Osons dire à notre tour avec tout le respect convenable : « En vérité la biographie du Bouddha a été bien étudiée par nos prédécesseurs et nos maîtres ; mais justement ce sont eux qui nous ont enseigné les méthodes rigoureuses de la critique et prescrit le recours constant aux textes. Leurs mânes ne trouveront donc pas mauvais que nous remontions à notre tour jusqu'aux sources et que nous relisions après eux les Écritures qui renferment tout ce que nous pourrons jamais savoir de la vie et de la personne de Çâkya-mouni. Les savants européens ont très bien parlé ; mais souffrez que nous nous en tenions avant tout à la tradition indienne... »

Ici se présente, pour nous barrer la route choisie, une objection des plus spécieuses : À merveille, pourra-t-on dire, relisez les textes tout à votre aise : mais oserez-vous prétendre que ces textes vous suggéreront des conclusions autres que celles qu'en ont tirées vos prédécesseurs ? Selon le choix que vous ferez de vos autorités, vous retomberez forcément dans l'une ou l'autre des deux ornières déjà tracées. C'est un fait bien connu de tous les indianistes que H. Oldenberg a fondé sa théorie sur les écritures rédigées en *pâli* et É. Senart sur celles qui sont rédigées en *sanskrit* ou en *prâkrit*. Celui-ci professe, comme on dit, le bouddhisme du Nord, celui-là le bouddhisme du Sud ; car il n'y a pas une, mais deux grandes traditions bouddhiques, et entre les deux il vous faudra choisir à votre tour. Ou bien vous adopterez le préjugé d'orthodoxie que le talent de H. Oldenberg en Allemagne et de Rhys Davids en Angleterre a un instant créé en faveur du canon singhalais ; ou bien, avec l'école française, vous resterez suspect d'hérésie pour vous être surtout attaché aux textes originaires du Népal.

Cette argumentation peut paraître très forte aux personnes non prévenues ; et naguère, fondée qu'elle était sur une connaissance exacte de l'état des recherches, elle eût même été irréfutable : elle ne l'est plus aujourd'hui. Assurément, si l'on examine les choses à l'échelle des continents, de même que le christianisme européen compte une Église grecque et une Église latine, l'Asie orientale connaît un bouddhisme du Nord et un bouddhisme du Sud. Il y a même infiniment plus de différence, du point de vue des rites comme des doctrines, entre un lama chinois ou tibétain, d'une part, et un bonze singhalais ou cambodgien de l'autre, qu'entre un pope moscovite et un prêtre romain. Mais pour qui reste délibérément enfermé dans les frontières de l'Inde, il faut renoncer une fois pour toutes à prendre au pied de la lettre cette dénomination surannée (encore qu'il soit parfois commode de l'employer) de textes du Sud et de textes du Nord. Elle avait sa pleine raison d'être quand Eugène Burnouf recevait les manuscrits dans leur nouveauté des deux bouts opposés de la péninsule, les uns de Ceylan et les autres du Népal ; mais avec le progrès des études que son génie a fondées, grâce à la comparaison instituée entre les Écritures indiennes conservées et les traductions chinoises ou tibétaines des canons des diverses sectes bouddhiques, il est de plus en plus clairement apparu que, d'où qu'ils viennent, les plus anciens de ces textes sont, au même titre que le bouddhisme lui-même, originaires du bassin du Gange : seulement, au cours de leurs pérégrinations et de leurs vicissitudes, ne sont parvenus jusqu'à nous que les manuscrits sur feuilles de palmier ou sur écorce de bouleau qui avaient trouvé un sûr asile au sein des montagnes ou de l'océan, dans les bibliothèques singhalaises ou népalaises

Rien n'empêche donc que nous ne reprenions notre chemin en toute sûreté de conscience. Pour qui va au fond des choses il n'y a plus lieu en cette affaire de distinguer entre Midi et Septentrion. Il reste seulement que nous possédons en langues indiennes sur la vie légendaire du Bouddha Çâkya-mouni trois séries de documents appartenant à trois des quatre grandes sectes entre lesquelles s'est de bonne heure subdivisé le bouddhisme[8]. Les uns sont rédigés en *pâli*, comme le *Mahâvagga* (« la Grande section » des traités de discipline) ou le *Mahâ-parinibbâna-soutta* et font partie du canon des Sthaviras ou Thêras (Doyens), c'est-à-dire de la secte qui a réussi à se maintenir à Ceylan et essaimé de là en Indo-Chine. D'autres nous sont fournis par des ouvrages en *sanskrit*, tels que le *Lalita-vistara* (« la (biographie) développée à plaisir ») et le *Divyâvadâna* (« la Divine aventure »), qui relèvent du canon des Sarvâsti-vâdin, « Ceux qui professent le réalisme ». La troisième sorte, écrite en un *prâkrit* irrégulier, sorte de sanskrit macaronique, et représentée par le *Mahâvastou*, « le Grand sujet », constitue également un débris échappé au naufrage du canon des Mahâsânghikas ou de la « Grande Communauté ». Telles sont nos sources principales et entre ces diverses recensions nous n'avons ni ne nous accordons *a priori* le droit d'en adopter une à l'exclusion des autres. Ce qui a recommandé aux yeux de beaucoup de bons esprits le canon des Doyens, c'est sa relative sobriété : il aurait, disaient-ils, rejeté dans les commentaires les divagations que les autres sectes ont admises dans les textes ; et de là à conclure que la *versio simplicior* soit aussi la plus ancienne et la plus vraie, il n'y a qu'un pas qui a été vite franchi. À mesure que nous avancerons dans notre étude, nous nous apercevrons que cette supposition est beaucoup trop simpliste, et que le canon *pâli* n'est pas moins farci de merveilleux que celui des autres sectes. En même temps il nous apparaîtra de plus en plus clairement qu'à propos de chaque grand événement de la vie du Bouddha nos documents nous présentent la juxtaposition (ou, plus souvent encore, le mélange) de deux transmissions différentes ; l'une que son caractère mythique dénonce aussitôt comme la création de l'imagination populaire ; l'autre, plus sèche et plus abstraite, qui est évidemment l'œuvre des docteurs. Tout ce qu'on peut dire à la rigueur, c'est que les textes singhalais, plus tôt transportés hors de l'ambiance gangétique et édités surtout à l'usage des clercs, se sentent davantage de la tournure d'esprit monastique, tandis que ceux qui ont été élaborés dans l'Inde du Nord-Ouest pour l'édification des néophytes laïques se montrent plus prodigues de chiffres fantastiques et de détails miraculeux. Bien naïf serait celui qui écarterait d'autorité ces derniers pour croire aveuglément les premiers sur la foi de leur physionomie plus archaïque. Présentés différemment selon les milieux et les destinataires, ni les uns ni les autres de ces arrangements ne méritent d'avance pleine créance. Le seul encouragement que leur contraste nous apporte, c'est qu'il doit être plus facile de rétablir les faits à travers une double distorsion en sens inverse de la vérité qu'en présence d'un faux témoignage unique. Le fait que nous disposons de plusieurs versions séparées des mêmes incidents ne peut que favoriser les recherches. Ce qui achève de leur donner un fondement relativement solide, c'est qu'après tout les divergences que nous relevons entre les diverses rédactions sont beaucoup moins profondes que, pour les besoins de leur polémique, les partisans de l'orthodoxie singhalaise ne l'ont prétendu. Que leurs sources à toutes soient communes, c'est ce que nombre d'expressions identiques et de passages parallèles sont là pour démontrer à chaque pas[9]. Notre tâche consiste donc, en bonne méthode, à tirer le maximum de vraisemblance historique de la comparaison, point par point, des multiples branches de la tradition. Nous contribuerons ainsi, autant que l'état fragmentaire des documents qui nous sont accessibles pourra le permettre, à l'établissement déjà commencé des « synoptiques » bouddhiques. En même temps, nous amorcerons, dans la limite de nos moyens, cette étude de la formation de la légende, qui reste le but ultime du travail critique des érudits[10]. Car de même que les fouilles des archéologues ne doivent pas s'arrêter avant d'avoir atteint le sol vierge, de même les philologues se doivent de pousser de plus en plus profondément leurs sondages à travers l'amoncellement des Écritures jusqu'à ce qu'ils arrivent enfin, si faire se peut, au tuf historique.

Au cas où nous serions tenté de nous abandonner au courant des textes et de les suivre dans leurs folles exagérations, nous serions vite ramené à une vue plus pondérée des choses par l'examen d'une autre série de documents que nous n'avons pas encore mentionnée jusqu'ici, mais dont l'apport ne saurait plus être négligé par les historiens. Nous voulons parler des révélations dues aux progrès incessants de l'archéologie indienne et qu'accroissent de jour en jour l'interprétation des inscriptions d'Açoka, les fouilles pratiquées sur l'emplacement désormais localisé des huit villes saintes du bouddhisme ancien, et l'identification des sculptures exhumées aux abords des vieux sanctuaires. Ces monuments ne sont pas moins authentiques que les textes ; en un sens même ils sont plus sûrs, car s'ils ont souffert, eux aussi, bien des mutilations, du moins ils ne se prêtent ni aux remaniements postérieurs, ni aux interpolations tendancieuses. Or, leur effet immédiat est de ramener sur le plan des réalités terrestres une légende qui n'était que trop encline à se perdre, grâce à l'exubérance de l'imagination indienne, dans le ciel nuageux des mythes. Tel est surtout le rôle des scènes représentées sur les bas-reliefs — à peu près les seules épaves parvenues jusqu'à nous d'un art dont la peinture a dû être le plus beau fleuron : une fois rangées dans l'ordre biographique, elles nous fournissent une sorte de version figurée, parallèle à la version écrite, de la vie du Bouddha. Mais les sculpteurs sont forcément plus sobres dans leurs représentations que les écrivains dans leurs descriptions. Ainsi que chacun sait, le royaume du merveilleux, apanage du conteur et du poète, voire même jusqu'à un certain point du peintre, leur est interdit. Le propre de leur métier est de créer les dieux à l'image de l'homme et de réduire les prodiges aux proportions d'un fait divers.

L'art bouddhique, inauguré au IIIe siècle avant notre ère par l'empereur Açoka, n'a été détruit dans l'Inde que par l'invasion musulmane et se survit encore au Tibet et en Extrême Orient : mais il va de soi que les deux plus vieilles écoles sont les seules qui nous intéressent ici. La plus ancienne est celle qui a fleuri dans l'Inde centrale à partir du IIe siècle avant J.-C. sous la dynastie des Çoungas et qui nous a légué comme principaux débris une partie des sculptures qui couvraient les enceintes des vieux sanctuaires de Barhut, de Bodh-Gayâ et de Sâñchi[11]. Son trait le plus caractéristique en même temps que le plus surprenant pour les archéologues européens est l'espèce de gageure, qu'elle a tenue jusqu'au bout, de représenter des épisodes de la vie dernière du Bouddha sans jamais figurer le Bouddha autrement que par un symbole. La marque de fabrique de l'école indo-grecque du Gandhâra — dont la floraison ne commence d'ailleurs à se manifester qu'à partir du premier siècle de notre ère, plusieurs décades après que les derniers dynastes indo-grecs avaient été supplantés par des envahisseurs barbares — est au contraire l'instauration dans ces mêmes scènes, et dans bien d'autres encore, de l'image mi-hellénique et mi-indienne de leur protagoniste. Elle a ainsi renouvelé de fond en comble l'iconographie bouddhique ; et le succès de ses nouvelles formules, traduction plus satisfaisante parce que plus directe et plus précise de la légende, est suffisamment attesté par leur prompte intrusion dans l'école de Mathourâ comme dans celles du reste de l'Hindoustan et du Dekkhan, et finalement par leur adoption par toute l'Asie bouddhique ; mais ces imitations tardives n'ont rien à nous apprendre de nouveau. Nous ne pouvons pas davantage retenir ici celles mêmes qui affectent une allure nettement et consciemment biographique, comme les longues séries du temple de Pagan en Birmanie et du *stoupa* de Boro-Boudour dans l'île de Java : car leur caractère d'illustration purement livresque n'est pas douteux. Seul peut être utilement évoqué à l'appui de notre exposé le témoignage des œuvres vraiment anciennes et originales, dues à des artistes qui, aussi bien dans l' « Inde du Nord » que dans celle « du Milieu », travaillaient encore d'après les indications orales de leurs donateurs, et non pas d'après des descriptions écrites : car seules ces sculptures sont susceptibles de nous fournir, et en fait nous fournissent parfois une forme inédite de la tradition populaire, en même temps que leur contrepoids nous sert de lest contre les envolées des textes.

Là ne se bornent pas d'ailleurs les services qu'elles peuvent nous rendre ; une étude approfondie des bas-reliefs ciselés sur les jambages et les linteaux des portes de Sâñchi, le seul ensemble que nous ayons conservé, révèle, croyons-nous, l'origine des rares données exactes qui nous aient été transmises au sujet de Câkya-mouni et les raisons de leur exceptionnelle survivance. C'est un fait cent fois répété que les Indiens n'ont pas le sens historique : en revanche il faut reconnaître le goût et le soin particulier qu'ils déploient pour établir et perpétuer ce qu'on pourrait appeler la topographie de leurs légendes[12]. Il est remarquable que chaque texte bouddhique se croie obligé de commencer par localiser l'épisode ou le sermon qu'il rapporte ; et la multitude des « guides de pèlerinages » (*mâhâtmya*) encore en usage procède de la même préoccupation. On peut ériger le fait en loi : n'ont subsisté dans l'Inde, avant leur notation par l'écriture, que les seuls souvenirs rattachés à un lieu ou à un objet déterminés ; mais en revanche ces souvenirs étaient susceptibles de durer aussi longtemps que les choses matérielles qui les rappelaient. Si nous savons aujourd'hui quelques détails de la vie du Bouddha, c'est que, dans chacune des huit villes jadis sanctifiées par sa présence, les moines du cru avaient de bonne heure organisé une tournée des monuments commémoratifs de son passage et l'accompagnaient régulièrement d'un commentaire pour le bénéfice de leurs visiteurs. Que ce ne soit pas là supposition pure, nous en avons deux preuves pour une. Dès avant notre ère telle ou telle face de jambage des portes de Sâñchi est consacrée à la figuration de tel ou tel cycle[13] : les scènes ainsi groupées se rapportent à des moments différents de la vie du Bouddha ; leur association dans les esprits comme sur la pierre tient uniquement au fait qu'elles s'étaient déroulées sur le même théâtre. Une démonstration plus éclatante encore du rôle considérable qu'ont joué les « huit pèlerinages » dans la conservation de la légende nous sera fournie par le témoignage des pèlerins eux-mêmes. Une chance dont les indianistes ne cessent de se louer leur vaut en effet de posséder les mémoires de plusieurs des nombreux voyageurs chinois que leur piété bouddhique amena et promena dans l'Inde du ve au viiie siècle de notre ère[14]. Particulièrement précieux pour eux est celui de Hiuan-tsang. Celui-ci ne manque pas en effet de relater à chaque étape ce qui lui a été conté, en présence de leurs « sacrés vestiges », au sujet des miraculeuses manifestations de l' « Honoré du monde » ; et, ce faisant, il nous répète si bien la leçon des textes sacrés que Stanislas Julien crut devoir, à l'exemple des bibliographes chinois, intituler la première version européenne de sa relation : « Mémoires sur les contrées occidentales, traduits du sanskrit en chinois en l'an 648 par Hiouen Thsang et du chinois en français… ». Que l'illustre explorateur, quand rentré dans sa patrie il rédigea à loisir son *Si Yuki*, ne se soit pas fait faute d'utiliser, pour préciser ses souvenirs, les livres qu'il avait rapportés de l'Inde, rien n'est plus vraisemblable, mais son récit de voyage n'est pas pour autant « traduit du sanskrit ». Comme nous aurons l'occasion de le montrer en détail (*infra, p. 108*), l'accord habituel entre sa Relation et les Écritures provient du fait que celles-ci ne sont de leur côté, en tout ce qui touche la biographie du Bouddha, qu'une rédaction plus ou moins littéraire des propos que se transmettaient sur place et de bouche en bouche les cicérones des « huit places saintes ». Du même coup s'expliquent et le morcellement de la légende, reflet de la vie errante dû Maître, et l'apparence décousue du plan qu'à sa suite il nous faudra adopter. Seul le cycle de Kapilavastou présente une assez longue série continue parce que les vingt-neuf premières années du Bodhisattva se sont passées dans cette ville ou à ses abords immédiats ; mais après l'Illumination à Bodh-Gayâ et la Première prédication à Bénarès, tout ordre, aussi bien logique que chronologique, se rompra jusqu'à l'Ultime trépas à Kouçinagara. Seule subsistera la répartition géographique, et c'est pourquoi les incidents inoubliés de la carrière magistrale nous promèneront de Çrâvastî à Râdjagriha et de Sânkâçya à Vaïçalî.

En concrétisant ainsi de bonne heure les souvenirs relatifs au Bouddha et en nous initiant au mécanisme de leur transmission, les monuments augmentent assurément la confiance du philologue en leur ancienneté, sinon en leur véracité ; et comme sculptures et écritures se corrigent et s'éclairent mutuellement, un maniement judicieux de ces deux ordres de documents devrait permettre de se faire une idée assez juste, sinon du Bouddha en personne, du moins de la conception que se faisaient de lui les Indiens vers le début de notre ère[15]. Le résultat est déjà appréciable, mais nos prétentions ne sauraient raisonnablement aller au delà : car pour remonter plus haut nous n'avons de lui ni portrait, ni mémoires, ni témoignages contemporains. De même qu'il erre de par le monde un Juif qui a vu Jésus-Christ portant sa Croix, on nous dit bien qu'il existe encore sur la terre un moine qui a personnellement connu Çâkya-mouni. Ce pendant d'Ahasvérus se nomme Pindola Bharadvâdja, et c'est pour avoir fait inconsidérément usage de ses pouvoirs magiques qu'il a été condamné par le Maître, en pénitence de sa faute, à demeurer vivant ici-bas jusqu'à la venue du futur Bouddha Maïtrêya. Quelque deux cents ans plus tard, l'empereur Açoka, au plus fort de sa crise de dévotion, fut transporté d'allégresse en ayant devant lui un homme qui, avec sa tête chenue et ses yeux creux voilés par la blanche retombée de ses sourcils — tel enfin que les Chinois représentent le génie de la Longévité — put lui répondre : « Oui, j'ai vu souvent l'Incomparable, tout comme tu me vois[16] »… Aux personnes que rien, sauf un témoignage oculaire, ne saurait satisfaire, il ne reste d'autre ressource que d'interroger ce Pindola. Açoka n'a pas omis de lui demander son adresse ; elle est malheureusement un peu vague : il lui a dit demeurer au nord du lac, sur la montagne Gandha-mâdana (Enivrante-de-parfums), dans l'Himâlaya central.

Un dernier mot paraît nécessaire. Nous ne nous interdirons pas ci-dessous de comparer à l'occasion les traditions chrétiennes et bouddhiques[17] : la clarté de notre exposé ne pourra qu'y gagner. Bouddhisme et Christianisme ont, cela va de soi, beaucoup de traits communs, tout au moins dans leur morale. Ces deux phénomènes historiques n'appartiennent pas seulement à la même planète, ils sont nés sur le même continent au cours du même millénaire et traduisent en leur fond les mêmes aspirations universelles vers la paix promise sur la terre aux hommes de bonne volonté. Aussi a-t-on cru pouvoir compiler nombre de rapprochements entre leurs Écritures respectives ; et détracteurs ou apologistes n'ont pas manqué de faire couler à ce sujet beaucoup d'encre dans des fins contradictoires. Car il n'en a pas fallu davantage à l'esprit de parti pour décréter, tantôt que la légende du Christ plagie effrontément celle du Bouddha, tantôt que la tradition bouddhique n'est qu'une contrefaçon indienne calquée sur l'Évangile apporté dans la péninsule par l'apôtre S^ت Thomas. Nous laisserons naturellement de côté ces vaines polémiques ; mais peut-être sied-il qu'à propos du point précis qui nous intéresse directement ici, à savoir la biographie des deux fondateurs, nous nous expliquions à l'avance sur la position à laquelle nos études nous induisent à nous tenir.

Tout d'abord il faut, à notre avis, renoncer à cette idée par trop simpliste que l'antériorité du Bouddha par rapport au Christ oblige *a priori* de considérer toute analogie entre leurs deux doctrines comme un emprunt fait par le christianisme au bouddhisme. Non seulement on doit compter avec l'identité foncière de l'esprit humain à travers la diversité des pays, mais encore, et surtout, il convient de se mettre d'accord avec les données de la chronologie. Or celle-ci nous apprend que la Communauté monastique des « Fils du Çâkya » a longtemps végété obscurément dans l'Inde centrale. Ce n'est que dans la seconde moitié du IIIe siècle avant notre ère que, sous l'impulsion du zèle dévot de l'empereur Açoka, elle s'est répandue dans les « cinq Indes » et jusqu'à Ceylan. Freinée à l'Ouest par les invasions scytho-parthes, elle n'a vraiment débordé de ce côté les frontières de la péninsule qu'à partir du règne de Kanishka ; et aussitôt la Perse, toute à la ferveur de sa renaissance mazdéenne, lui a barré la route du monde méditerranéen et l'a forcée à se retourner vers l'Extrême Orient. Tout compte fait, ce n'est pas avant la fin du Ier ou le début du IIe siècle de notre ère qu'elle a commencé à élever des prétentions à l'universalisme et, pour les besoins de sa propagande, s'est mise à rédiger les premières « vies » de son Maître. Si donc l'on croit retrouver dans les Évangiles — et notamment dans les Évangiles apocryphes de l'Enfance — des incidents miraculeux rappelant ceux que rapportent également le *Lalita-vistara* ou le *Bouddha-tcharita*, on ne peut considérer comme résolue d'avance la question de savoir qui est l'emprunteur et qui le prêteur (cf. *infra,* p. 36 et 57).

Ce n'est pas tout : prenez les cas les plus favorables — nous voulons dire ceux où l'analogie semble au premier abord des plus frappantes, comme quand, de part et d'autre, les Écritures insistent sur le caractère immaculé de la conception du futur prophète (*infra,* p. 46 s.) ou racontent qu'un vieillard inspiré a prédit l'exceptionnelle destinée du nouveau-né (*infra,* p. 61 s.). Si au lieu de raisonner dans l'abstrait vous confrontez les passages correspondants et qu'aucune partialité sectaire n'obnubile chez vous le sens critique, vous constaterez que, sous l'apparente conformité des préoccupations ou des situations, ni la lettre, ni (ce qui importe plus encore) l'esprit des deux textes, une fois placés côte à côte, ne se ressemblent le moins du monde. À mesure que vous avancez dans votre lecture, la prétendue analogie se dissipe et finit par s'effacer. Ce n'était qu'un fantôme qui disparaît du moment qu'on veut le saisir ; et comme à chaque fois cette expérience se répète, on est bien forcé de conclure que les deux traditions sont absolument indépendantes. Elles ont été élaborées, nous ne disons pas en vase clos, mais dans des milieux parfaitement étrangers l'un à l'autre, bien que l'un et l'autre partiellement ouverts aux influences iraniennes.

Tel est le verdict formel du philologue, si la question est soumise à son jugement. Assurément l'historien peut revenir à la charge et rappeler que cet isolement n'a pas été perpétuel ; que le christianisme a forcé la barrière sassanide et établi sous les Gouptas des diocèses jusque dans l'Inde ; que de son côté la théosophie bouddhique a recruté des adhérents dans les cercles gnostiques d'Alexandrie et de Syrie ; que Mâni a pu tenter la synthèse des deux religions ; et que de leurs rapports entre elles nous tenons au moins une preuve palpable, puisque le roman de la jeunesse du Bouddha, passé du sanskrit en grec par l'intermédiaire du syriaque, s'est introduit dans la patrologie chrétienne sous l'autorité de s^t Jean Damascène et que le Bodhisattva, à peine déguisé sous le nom de Joasaph ou Josaphat, a pris place dans les martyrologes romain et grec. Ce sont là des faits bien connus et que nul ne conteste : mais ils sont tous postérieurs de plusieurs siècles au temps où les biographies des deux Sauveurs avaient été fixées de façon définitive. Ils ne changent donc rien à la constatation que nous venons de faire (et que quiconque sait lire est à même de refaire pour son compte), à savoir qu'il ne se peut rien concevoir de plus dissemblable comme décor, comme teneur et comme ton que les Évangiles et les Soutras[18] bouddhiques qui y correspondent, alors même qu'ils sont probablement contemporains, ou peu s'en faut. Les ambiances dont ces textes sont sortis semblent vraiment aux antipodes l'une de l'autre. Assurément les deux religions ont eu, chacune dans sa sphère, un rôle analogue et des plus bienfaisants. Le christianisme s'efforce, sans y avoir encore réussi, d'adoucir les mœurs sanguinaires des peuples carnivores, mangeurs de blé et buveurs de vin, que nous sommes. Bien que particulièrement adapté aux besoins spirituels des buveurs d'eau végétariens de la rizière, le bouddhisme compte à son actif d'avoir rendus inoffensifs Tibétains et Mongols. Mais c'est un fait d'expérience courante que, de nos jours encore, ces deux églises n'exercent nulle part, pas plus en Europe qu'en Asie, aucune action marquée l'une sur l'autre. Trop distantes dans leur dogmatique, trop voisines dans leur morale, elles n'ont ni possibilité de se confondre, ni raisons de s'attaquer. Si la violente intrusion entre elles des fanatiques armées de l'Islam avait été épargnée à l'humanité, il est vraisemblable qu'à elles deux, elles se seraient pacifiquement partagé le monde.

1. ↑ Tel est du moins le chiffre traditionnel ; mais v. *supra* p. 322.
2. ↑ Nous rendons régulièrement *Bhagavat* par « Bienheureux » et *Tathâgata* « Celui qui est venu ainsi » (l'Erchomenos) par « Prédestiné ». — Nous gardons en principe aux mots indiens leur forme sanskrite, sauf dans les citations de textes *pâli*.
3. ↑ V. à la Liste des titres abrégés Oldenberg et Senart.
4. ↑ É. Senart *Origines bouddhiques* (Bibl. de vulgarisation du Musée Guimet, vol. XXV Paris 10907 p. 6 et 42 du tiré à part).
5. ↑ Nous employons l'équivalent « Monarque universel » pour le *Cakravartin* indien auquel É. Senart a consacré tout le premier chapitre de son *Essai*. — Il va de soi qu'une grande partie de ce dernier ouvrage garde une valeur durable. Nous ne songeons pas à dissimuler que nous avons suivi une méthode diamétralement inverse de la sienne. À la façon des mythologues comparatistes il part du mythe, considère que celui-ci s'est mué en légende et le saisit en train de s'acheminer à l'état de conte (p. 435). Nous partons au contraire du récit traditionnel et ne nous interdisons pas de discerner ce qu'il peut avoir de fond historique dissimulé sous les superstructures mythiques édifiées après coup. Mais nous ne pouvons que nous retrouver d'accord quand (p. 448) il réclame pour l'action populaire une large place et décèle dans la tradition plus d'une fiction empruntée au cycle vishnouite. D'autre part nous n'écartons pas systématiquement et à l'avance, comme H. Oldenberg, les traditions légendaires dont le caractère apocryphe est évident : nous les retenons au contraire pour tâcher d'en tirer, à défaut de données historiques, d'utiles enseignements sur le jeu de l'esprit humain. En fait les documents indiens nous fournissent avant tout (ainsi qu'il est spécifié p. 13) les éléments d'une étude de psychologie religieuse. Reconnaissons qu'ils ne permettent guère d'aborder le bouddhisme que de ce biais. L'étudiant doit savoir qu'aucune recherche de fond ne peut plus être entreprise sur cette religion par qui ne dispose pas des sources tibétaines et chinoises en même temps que des indiennes.
6. ↑ La phrase est empruntée à Aug. Barth (*Œuvres*, I, p. 344), mais il lui donne une application différente : c'est à l'interprétation astronomique imposée à la légende par H. Kern dans les notes de son *Histoire du Bouddhisme dans l'Inde* (trad. Gédéon Huet 2 vol. Paris 1901) qu'il reproche de négliger l'homme.

7. ↑ *CVA* XI I, II ; ne pas confondre ce Purâṇa avec l'hétérodoxe Pûraṇa (*supra* p. 251).

8. ↑ Nous ne retenons, pour simplifier les choses, que les quatre grandes dénominations sous lesquelles Yi-tsing range les dix-huit sectes bouddhiques (I-TSING *A Record of the Buddhist Religion* trad. J. TAKAKUSU Oxford 1896 p. XXIII). Aux deux textes *pâli* cités (*MVA* et *MPS*) il faut adjoindre le *Culla-vagga* (*CVA*), le *Sutta-nipâta* (*SN*), le *Jâtaka* et tout particulièrement l'introduction à son commentaire (*NK*), ainsi que le commentaire du Dhammapada (*DhPC*). On peut y ajouter trois *sutta* du *Majjhima-nikâya* (n°s 36, 85 et 100) qui ne sont guère qu'un remaniement du *MVA* ; dans le *Dîgha-nikâya*, le *Mahâpadâna-sutta* (trad. dans *Dial.* II) qui ressasse la vie de Çâkya-muni sous le nom du Buddha précédent Vipassi = Vipaçyin (de même que fait aussi le *MVU* I p. 193 s. sous le nom du Buddha Dîpankara) ; et dans le *Saṃyutta-nikâya* le *Mahânidâna-sutta* (trad. dans *Dial.* II). N'oublions pas enfin les compilations singhalaises et birmanes utilisées respectivement par Spence HARDY (*Manual*) et P. BIGANDET (*Vie*). — Aux textes sanskrits (*LV* et *DA*) se rattachent, outre le *Buddha-carita* (*BC*) et le *Sûtrâlankâra* (*SA*), les extraits du *Dulva* tibétain réunis par W. W. ROCKHILL (*Life*) ainsi que la compilation tibétaine résumée par A. SCHIEFNER (*Leben*) ; se souvenir à ce propos de la phrase de Sylvain LÉVI dans le JA (juillet-août 1908 p. 102) : « Désormais au lieu de dire Rockhill, Schiefner, Dulva, nous pouvons dire : les Mûla-sarvâsti-vâdin ». On sait que l'original sanskrit de leur *vinaya*, récemment découvert dans un *stûpa* près de Gilgit, est en cours de publication au Cachemire. — Le *Mahâvastu* (*MVU*) a été excellemment édité et résumé par É. SENART. — De la quatrième grande secte, celle des Sammatîya ou Sammitîya (les Unanimes ou les Mesurés ?) rien n'a été publié, que nous sachions, de leur canon original. L'*Abhi-nishkramaṇa-sûtra* qui s'est conservé en chinois semble être une compilation de passages empruntés à diverses sectes : la traduction abrégée en est due à S. BEAL (*ANS*) ainsi que celle de la version chinoise du *BC* (*Fo-sho-hing-tsan-king* dans S. B. E. vol. XIX) et du *Text and Commentary of the Memorial of Sakya Buddha Tathâgata* by WONG PUH (VIIe siècle) dans JRAS old series V 1863 p. 155-220. Citons enfin les passages traduits du tibétain ou du *pâli* par Léon FEER dans le t. V des Annales du Musée Guimet (Paris 1883). — Nous croyons qu'en sanskrit *Lalita-vistara* ne pouvait originairement signifier que ce que nous avons suggéré à la ligne *19* ; mais ce sens a paru insuffisamment édifiant, et avec les Tibétains et les Chinois on traduit ordinairement ce titre par le « Développement des jeux » ou « du

9. ↑ On trouvera plusieurs de ces passages parallèles dans E. Windisch, *Mâra und Buddha* (Leipzig, 1895 p. 3 et 43) et *Buddha's Geburt* (Leipzig, 1908, ch. vii) ; L. Feer, Ann. du Musée Guimet t. V p. 482 ; et *supra* p. 224 s. Senart constate également (p. xxi) qu'il n'y a aucune divergence profonde entre les deux traditions ni dans le fond ni sur le nombre des épisodes.
10. ↑ Nous sommes heureux de pouvoir renvoyer en dernière heure à l'important article de M. l'Abbé Ét. Lamotte sur la *Légende du Buddha* (Rev. de l'histoire des religions CXXXIV 1947-8) : le lecteur y trouvera, en même temps qu'une très complète bibliographie raisonnée des biographies du Buddha et de leurs sources, un premier aperçu des « états successifs de la légende » au cours des dix siècles qu'elle a pris pour se constituer.
11. ↑ V. la Liste des titres abrégés s. v. Ajaṇṭâ, Amarâvati, Barhut, Bodh-Gayâ, Mathurâ, Sâñchi, et aussi B. Budur. La série tardive de Pagan a été publiée par Duroiselle, *ASI Ann. Rep.* 1913-4.
12. ↑ Sur le sens topographique des Indiens cf. *Études d'orientalisme* publiées à la mémoire de Raymonde Linossier (Paris, 1932) I p. 270-1. *Mâhâtmya* signifie proprement « magnanimité », puis, par double extension du sens, « efficacité » et « ouvrage prônant l'efficacité » d'une place de pèlerinage (*tîrtha*).
13. ↑ Sâñchi, p. 201 et cf. p. 206 s. et pl. 19 ou 51-2 ; p. 219 et pl. 34, etc.
14. ↑ V. la Liste des titres abrégés s. v. Fa-hien et Hiuan-tsang et cf. Stan. Julien, I, titre et p. xxiii-xxiv (la date exacte serait 646).
15. ↑ La prétention est plus modeste qu'on ne pourrait croire : on considère ordinairement avec Senart (p. xxxii) que « l'unanimité de la tradition et le témoignage des monuments figurés prouvent que la légende existait d'une façon générale dès le iiie siècle avant notre ère ».
16. ↑ *DA* p. 399-402.
17. ↑ On trouvera une bibliographie raisonnée de la question des rapports entre bouddhisme et christianisme dans *BL* p. 402 s. et *DhPC* I, p. 9 s., et l'on pourra constater à quel point la littérature est abondante et les opinions partagées.
18. ↑ *Sûtra* (pâli *Sutta*) signifie proprement « fil » ou « cordelette », puis, par extension, tantôt « fascicule », tantôt « file » de règles didactiques formulées en un cahier. Chez les bouddhistes le terme désigne spécialement les textes originaux qui sont censés remonter à la prédication du Maître ; le recueil de ces récits, homélies et dialogues

forme avec le *Vinaya* ou « Discipline monastique » les deux parties anciennes de la Triple corbeille des Écritures (Tri-piṭaka).

PREMIÈRE PARTIE

LE CYCLE DE KAPILAVASTOU

CHAPITRE PREMIER

LA NATIVITÉ. — I. AVANT L'ENFANTEMENT

Nous abordons l'étude de la vie du Bouddha sans aucune intention de polémique ni d'apologétique, avec l'impartialité qui convient à un historien[1]. Cette biographie, nous la prenons pour ce qu'elle est, c'est-à-dire pour un mélange d'histoire et de légende, de vérité et de fiction ; et sans nous livrer suivant l'exemple de H. Oldenberg à des excès d'exégèse rationaliste, ni nous abandonner à la suite d'É. Senart « aux enivrements de la mythologie comparative[2] », nous tâcherons simplement de restituer, à l'aide des documents écrits et des monuments figurés, la façon dont les Indiens d'il y a deux mille ans l'ont eux-mêmes conçue et représentée. Ce qui importe est de ne demander à nos sources rien de plus, mais aussi rien de moins que ce qu'elles sont susceptibles de nous donner actuellement.

Si, chemin faisant, nous ne dissimulons pas l'attrait qu'exerce l'admirable figure du Bouddha, nous ne chercherons donc dans sa doctrine aucun prétexte à propagande. Toute tentative de ce genre serait pire que déplacée : elle s'avérerait vaine. Les religions ont trop de racines dans telle ou telle contrée et trop d'affinités avec telle ou telle race, elles sont l'aboutissement de trop d'hérédités séculaires pour constituer un article courant d'exportation. Certes on peut du jour au lendemain les professer du bout des lèvres, ne serait-ce que pour se faire nourrir en temps de famine[3] ; mais nos missionnaires en Orient vous diront qu'ils ne commencent à croire à la solidité des convictions chrétiennes de leurs ouailles qu'à partir de la troisième génération. Lasses d'être toujours les mêmes à se faire évangéliser, les communautés d'Asie se mettent à envoyer à leur tour des missions en Europe : à part quelques âmes particulièrement curieuses d'expériences exotiques, celles-ci ne recueilleront chez nous que bien peu d'adeptes. Assurément les morales chrétienne et bouddhique sont sensiblement pareilles ; mais leur fond doctrinaire et toute leur atmosphère spirituelle sont trop dissemblables. Le voyageur qui débarque à Ceylan, la première étape bouddhique sur la grand-route maritime de l'Extrême Orient, l'éprouve de façon saisissante. Transporté sans transition hors du tumulte et de l'éblouissante lumière du port dans l'ombre et le calme de la plus prochaine pagode, il ne peut s'empêcher de se demander, tandis que le hurlement lointain des sirènes des steamers se mêle au bruissement des palmes, si ce dont sourit le grand Bouddha assis sur l'autel n'est pas la vaine agitation de notre vie occidentale et l'inutile fracas de notre civilisation de fer. Le contraste est si frappant qu'il lui semble entrer dans un autre monde : la suite montrera qu'il n'a pas tout à fait tort.

Résignons-nous donc à laisser provisoirement de côté toutes nos conceptions acquises ou innées sur la destinée humaine, et à envisager à leur place une série de principes directeurs qui nous sont plus ou moins étrangers. C'est bien dans un autre univers qu'il s'agit pour nous de pénétrer, un univers, hâtons-nous de le dire, qui n'est nullement fermé à notre intelligence ni à notre sympathie, mais qui, à raison de son originalité même, se meut dans un cercle d'idées fort différentes de celles auxquelles nous avons été accoutumés dès le berceau. Comme toutes les productions du génie indien, le bouddhisme est à la fois pour nous intelligible et inadmissible, proche et lointain, pareil et disparate. Le fait est d'expérience constante, et l'histoire en rend aisément compte. Les derniers colonisateurs de l'Inde étaient des gens de même race et de même mentalité que nous ; et voilà qui justifie une certaine parenté dans les conceptions morales et les démarches logiques. Mais, d'autre part, au sein de cette immense serre chaude, les Indo-Européens se sont forcément mêlés à quantité d'autres peuplades et ont vécu presque entièrement en dehors de notre horizon méditerranéen, isolés qu'ils étaient par le haut rempart de leurs montagnes et les profondes fosses de leurs mers : et voilà qui n'explique pas moins les divergences auxquelles nous allons dès l'abord nous heurter. Et ce qui est vrai de la doctrine bouddhique ne l'est pas moins de la biographie de son fondateur. Si humaine qu'elle soit et par bien des points si voisine des « vies des saints » que nous lisons dans la *Légende Dorée*, nous ne pourrons la comprendre que grâce à une sorte de mise au point ou, si l'on préfère ainsi dire, d'accommodation d'optique préalable.

I. Transmigration et Œuvres. — Premier embarras et première surprise : par où commencerons-nous à retracer l'existence du Bouddha ? — Par le commencement, répondra-t-on sans doute : or, il n'y en a pas. Le Bienheureux l'a proclamé lui-même : « La transmigration des êtres (*samsâra*[4]), ô mes disciples, a son origine qui se perd dans le passé. Impossible de découvrir un commencement à partir duquel les êtres engagés dans la nescience, enchaînés par la soif de l'existence, ont erré de renaissance en renaissance et gémi, et pleuré, et versé plus de larmes qu'il n'y a de gouttes d'eau dans le grand Océan[5]... » Ainsi, quel que soit l'être vivant que l'on veuille biographier, on ne pourra jamais le saisir qu'à un moment transitoire de ses existences multiples ; et comme chacune de ces vies ne s'explique qu'en tant que résultat des bonnes ou mauvaises actions commises par lui dans une vie antérieure (en un mot, qu'en fonction de son *karma*[6]), force serait de remonter de proche en proche dans son passé jusqu'à se perdre dans la nuit des temps : entreprise évidemment désespérée ; et ainsi, dès les premiers pas, le terrain que nous croyions solide (car quoi de plus simple que de conduire, littérairement parlant, un homme de son berceau à sa tombe ?) se dérobe sous nos pieds.

— Qu'à cela ne tienne, dira-t-on peut-être. Les notions et même les appellations de *karma* et de *samsâra* nous sont déjà familières. Du premier nous avons lu la formule dans Victor Hugo : « L'homme a ses actions pour juges : il suffit » ; et quant à la transmigration des âmes, les Grecs avaient déjà un nom pour cette théorie — un nom d'ailleurs fort mal fait : car ce n'est pas métempsychose, c'est métensômatose qu'il eût fallu dire, puisque c'est l'âme qui passe de corps en corps. Pythagore professait qu'il avait gardé le souvenir de ses existences passées ; et César a constaté chez nos ancêtres gaulois la même croyance. Nous ne trouvons rien là de si étrange, et nous croyons fort bien comprendre chacune de ces deux lois ainsi que les raisons de leur étroite association. — Prenez garde que vous êtes peut-être en train de vous fourvoyer à fond. Vous admettez sans peine qu'un être puisse changer de corps comme on change de vêtement parce que (sans vous inquiéter de ce qu'a de matérialiste ce spiritualisme apparent) les brahmanes et vous croyez à l'existence substantielle et permanente de l'âme ; et l'on ne pourrait d'ailleurs, selon eux et vous, parler de véritable sanction morale si ce n'est pas la même âme qui traverse ces destinées successives. Or rien n'est justement plus contraire à la doctrine bouddhique. Selon celle-ci, le moi n'est qu'un agrégat périssable, au même titre que le corps, et se dissout comme lui à l'heure de la mort. Votre logique se récrie-t-elle contre pareille théorie et les contradictions où elle s'embarrasse ? Vous n'êtes pas les premiers. Dès avant notre ère le roi indo-grec Ménandre, et sans doute avec lui ses compagnons d'aventure, se refusaient à comprendre qu'on pût parler de rétribution morale si l'être qui hérite du mérite et du démérite accumulés au cours d'une existence donnée n'est pas celui qui en mange les fruits, doux ou amers, au cours de sa nouvelle renaissance. Et, dans le dialogue qui porte le nom de ce roi[Z], à grand renfort de comparaisons et de paraboles, le révérend Nâgasêna s'efforce de lui démontrer que l'être qui renaît est à la fois le même et un autre que celui dont il est la continuation. Si l'on allume une lampe bien garnie, ne brûlera-t-elle pas toute la nuit ? À chacune des trois veilles nocturnes sa flamme sera différente, et pourtant n'est-ce pas toujours la même huile qui lui sert d'aliment ? Ainsi ce qui transmigre de vie en vie, ce n'est pas le même individu, mais au fond c'est toujours le même *karma* qui évolue.

Une fois dûment avertis — et il était essentiel que nous le fussions dès le début — laisserons-nous aux docteurs ces raffinements subtils dont ne s'inquiétait guère le commun des fidèles ? Le contraste entre les idées bouddhiques et chrétiennes n'en demeurera pas moins grand. Selon nos théologiens, l'âme humaine naît avec le corps (ou du moins peu après : car il existe toute une littérature sur la question de savoir à partir de quel mois le fœtus reçoit son âme et doit par conséquent être baptisé dans le sein maternel) : mais en revanche elle est immortelle. Elle a donc un commencerment, mais elle n'a pas de fin : assertion que tous les penseurs indiens sont d'accord pour considérer comme absurde, car ils tiennent en axiome que tout ce qui est sujet à la production l'est aussi à la destruction. Selon eux, cet on ne sait quoi qui transmigre de renaissance en renaissance est mieux qu'immortel ; il est éternel. Existant de tout temps, il n'a pas de commencement ; il ne peut même avoir de fin que de façon tout à fait exceptionnelle, quand à force de mérites acquis il est mûr pour cet achèvement suprême, le *nirvâna*[8] dont il n'est pas de retour.

En partant de prémisses aussi opposées on comprend combien diversement se pose, ici et là, le problème de la destinée humaine. Pour le chrétien la situation a quelque chose de tragique. Brusquement jailli du non-être, il joue sur la partie de cartes d'une seule existence une éternité de félicité ou de douleur ; et c'est pourquoi Pascal croit pouvoir acculer l'incrédule entre les deux branches de ce dilemme : ou bien le néant, si le Dieu terrible et jaloux n'existe pas, ou bien la damnation perpétuelle, s'il existe. Mais supposez que le brillant dialecticien vienne offrir à un bouddhiste ce fameux pari où l'on a, dit-il, tout à gagner et rien à perdre : il sera aussitôt éconduit avec une dédaigneuse politesse. L'Indien vient de loin et il a tout le temps de voir venir. Sa vie présente n'est qu'un moment passager au cours d'une interminable carrière où, récoltant le fruit de ses existences passées, il jette la semence de ses existences à venir. Jamais pour lui la mort ne sonnera l'heure d'un bonheur sans fin ni d'une chute irréparable ; et d'autre part ce n'est que très lentement, à travers des milliers et des milliers de vies successives qu'il prétend (ou du moins qu'il prétendait, car le néo-bouddhisme ou Mahâyâna s'est offert à accélérer les choses) s'approcher peu à peu de la perfection et obtenir ce prix suprême du salut que notre impatience réclame d'emblée. De ce salut même il se fait une idée exactement contraire de la nôtre. L'Occidental, né d'hier, n'aspire qu'à vivre et, dans sa soif d'immortalité, n'hésite pas à accepter, s'il manque le ciel, l'éventualité d'une période indéterminée, voire même interminable de souffrances dans le purgatoire ou l'enfer. L'Oriental a déjà une éternité derrière lui et se sent horriblement las de ces vies ou plutôt, comme il dit (car il voit plus loin que nous), de ces morts indéfiniment répétées. Bref, l'espoir du premier est de ne plus mourir, celui du second est de ne plus renaître.

II. Les naissances antérieures. — Mais c'est assez nous attarder à ces considérations générales : s'il était indispensable d'en donner un aperçu sommaire, c'était à condition d'en faire l'application immédiate au cas particulier du Bouddha. De lui aussi, on le devine, la destinée va nous être présentée, non comme une brève tragédie en cinq actes, mais comme une légende dramatique en mille et un tableaux. Lui aussi est censé avoir, à travers un nombre incommensurable d'existences, gravi un à un tous les degrés de l'échelle des êtres, et, sous toutes les formes animales, puis dans toutes les conditions humaines et surhumaines, « depuis celle de fourmi jusqu'à celle de dieu », successivement connu et épuisé toutes les joies et toutes les douleurs de la vie. S'il est vrai que pour bien comprendre les choses il faut les avoir soi-même éprouvées, rien en ce monde ne pouvait donc être étranger à sa sympathie ; et rien non plus ne pouvait désormais le tenter, lui qui avait vérifié la vanité non seulement des voluptés royales, mais encore des félicités célestes : et ainsi, remarquons-le en passant, sa sagesse et sa charité passaient pour être faites du trésor vécu de sa prodigieuse expérience. C'est qu'en effet, à la différence du commun des mortels, il se souvenait de ses existences passées. Ses souvenirs personnels remontaient, nous dit-on, à 91 *kalpa* ou *œons*[9] — soit 91 fois 432 millions d'années — en arrière. Ces souvenirs, il les avait contés pour l'édification de ses disciples ; et ses disciples à leur tour en avaient fait des recueils dont plusieurs nous sont parvenus. Qui les feuillette y trouve, mis au compte du Bouddha, nombre de fables, de fabliaux, de contes de fées, de relations d'aventures et de récits édifiants ; l'Européen en retrouve même beaucoup qui lui rappellent de très près ceux ou celles qui ont diverti son enfance ; et le tout manque d'autant moins d'intérêt que le talent de narrateur des Indiens est l'un de leurs meilleurs mérites littéraires. Que devrons-nous retenir ici de tous ces textes ?

Il n'est pas contestable que ces récits des Naissances antérieures[10] fassent partie intégrante, dans l'esprit des bouddhistes, de l'histoire de leur Maître. Jamais celui-ci ne serait parvenu au rang suprême de Bouddha parfaitement accompli s'il n'avait, au cours de ses vies passées, non seulement pratiqué, mais poussé à leur comble les dix vertus de moralité, d'abnégation, d'héroïsme, de patience, de véracité, de résolution, de bienveillance, d'équanimité et, par-dessus tout, de sapience et de charité[11]. C'est là une opinion qui est toujours allée en s'accréditant davantage au sein de la Communauté. Il existe un poème du VIIe siècle de notre ère qu'on a parfois comparé à l'*Imitation de Jésus-Christ* à cause de la ferveur religieuse dont il témoigne, mais qui, en fait, ne se borne pas à enseigner comment on peut imiter le Bouddha : la pensée indienne a plus d'audace, et son auteur, Çântidêva[12], n'entreprend rien moins que de tracer la voie par laquelle chacun peut devenir quelque jour un Bouddha. Or ce sont justement les dix « perfections » que nous venons d'énumérer (ou tout au moins les six plus importantes d'entre elles) qui jalonnent la longue et dure route au bout de laquelle luit le but idéal que le Mahâyâna prétendait rendre accessible à tous ; quant au bouddhisme ancien, dans cette série de vertus poussées jusqu'au degré suprême il voyait seulement, mais il voyait déjà les étapes que devait avoir nécessairement parcourues chacun de ces êtres exceptionnels qui sont d'avance prédestinés à l'obtention de la Clairvoyance (*Bodhi*), et que pour ce motif l'on appelle « Bodhi-sattva ».

Telle est la raison pour laquelle le passé de Çâkya-mouni ne peut être, à partir d'un certain moment de sa marche vers la lumière, qu'un tissu d'exploits merveilleux ou de sublimes sacrifices. Pour ne parler que de sa charité, en veut-on quelques exemples ? Il en est de tout point admirables, comme en cette occasion où, monarque proscrit et fugitif, n'ayant rien à donner à un pauvre, il se fait livrer par lui à l'ennemi qui a mis sa tête à prix pour permettre au mendiant de toucher la prime promise. Il en est d'autres qui peuvent paraître assez extravagants, comme lorsqu'il fait l'aumône de ses yeux à un aveugle, ou quelque peu excessifs, comme quand il jette son corps en pâture à une tigresse affamée. Il en est même de franchement cruels, quand, né prince héritier, il ne sait rien refuser à un quémandeur, ni ses propres biens, ni les trésors d'État, ni ses deux jeunes enfants, ni sa femme fidèle, etc. C'est par centaines qu'on nous conte[13] ces actions surhumaines ou ces généreuses folies comme autant d'incidents successifs dans l'évolution d'un même être. Tous ces épisodes constituent un enchaînement quasi continu qui aboutit finalement à conduire le futur Bouddha au quatrième étage des cieux. C'est de là qu'il descendra pour la dernière fois sur la terre ; et son ultime existence terrestre, couronnée par la parfaite Illumination (*Sambodhi*) et achevée dans le définitif Trépas (*Parinirvâna*), n'est elle-même que le dénouement attendu de sa fabuleuse destinée.

On comprend dès lors fort bien le parti qu'a pris l'auteur du Commentaire du recueil singhalais des « Naissances » quand il s'est proposé à peu près le même dessein que nous. Désireux d'esquisser, en guise d'introduction, l'histoire entière du Bouddha Çâkya-mouni, il l'a divisée en trois périodes[14]. La première, dite « lointaine », embrasse à elle seule toutes les vies antérieures ; mais comme celles-ci, se succédant de toute éternité, sont en nombre infini, le bon docteur s'est vu forcé de leur fixer de son autorité privée un point de départ ; et il a cru le trouver dans l'épisode resté fameux où, en des temps très anciens, le futur Çâkya-mouni, alors simple novice brahmanique, aurait reçu d'un de ses prédécesseurs, le Bouddha Dîpankara, la prédiction de sa haute destinée. On peut en effet considérer que c'est à partir de ce moment que le Bodhisattva se sait définitivement engagé dans la voie qui devait le conduire à l'Illumination parfaite. La seconde phase s'intercale entre sa dernière réincarnation sur la terre et l'obtention de la *Sambodhi* : si on compare la première à l'état larvaire d'un papillon, celle-ci correspondrait donc au laps de temps que met l'insecte parfait à sortir de la chrysalide où s'est enfermée la chenille. La troisième enfin, dite « proche », est réservée à la carrière enseignante du Bouddha parfaitement accompli : « Voilà, nous répète à plusieurs reprises l'auteur, ce qu'il vous faut savoir » ; et nous ne pouvons que nous incliner devant son opinion, puisque nous n'avons pas voix au chapitre. Qu'on nous permette toutefois une remarque. De cette division tripartite il ressort clairement que la dernière vie du Maître, partagée entre deux périodes, a deux fois plus d'importance dans l'esprit du moine que l'insondable passé dont elle est l'aboutissement. Il en est selon lui du Bouddha comme de cette plante qui, nous dit le poète, « Ayant vécu cent ans n'a fleuri qu'un seul jour » : évidemment le jour où s'épanouit sa floraison l'emporte de beaucoup en intérêt sur le siècle d'obscure végétation qui l'a préparée. Forts de cet orthodoxe précédent, nous n'hésiterons donc pas à prendre à notre tour un parti décisif. Nous laisserons résolument de côté les innombrables Vies antérieures (aussi bien faudrait-il un volume particulier pour résumer cette multitude de contes moraux), et nous ferons débuter la biographie de Çâkya-mouni juste à la veille de son ultime existence terrestre, la seule qui soit, au moins partiellement, historique. En revanche, rien ne nous empêchera de la conduire jusqu'à son terme définitif : car si les traditions relatives au Bouddha ne peuvent avoir de terminus *a quo* qu'en vertu d'un choix arbitraire, elles comportent dans le *Parinirvâna* le plus irrévocable terminus *ad quem* qui se puisse concevoir.

III. LE SÉJOUR DANS LE CIEL DES TOUSHITAS. — Or donc, au cours de son avant-dernière renaissance, le futur Bouddha de notre âge (car chaque æon a le sien et notre Çâkya-mouni n'est qu'un numéro dans la série) résidait dans le ciel des dieux Toushitas sous le nom de Çvêta-kêtou, « Celui qui a un étendard blanc » ; et c'est de là qu'il est descendu s'incarner une dernière fois ici-bas dans le sein de sa mère Mâyâ pour le salut de tous les êtres. Ainsi, du moins, parlent et écrivent les bouddhistes : et, quand il lit ces textes ou écoute ces discours, l'Européen croit reconnaître des doctrines qui lui sont déjà familières. C'est en quoi il se trompe étrangement. Assurément il est aussi dit et écrit chez nous que le Christ est descendu s'incarner dans le sein de la Vierge Marie afin de sauver l'humanité : c'est même le dogme essentiel et le plus grand miracle du christianisme que cette descente du Fils de Dieu sur la terre. Mais proposez ce fait, pour nous unique et surnaturel, à l'admiration et à la vénération d'un bouddhiste : il ne pourra jamais comprendre la valeur religieuse que vous y attachez. Non qu'il se refuse à y croire ; tout au contraire, ce n'est pour lui que monnaie courante : tous les êtres, tant qu'ils sont, ne sont-ils pas des réincarnés ? Ce prodige qui plonge le chrétien dans un abîme de pieuse stupeur n'a pour lui rien de surprenant, rien qui sorte du train ordinaire des choses. Et ainsi vous constatez d'emblée, par un frappant exemple, que les deux religions ne se meuvent pas sur le même plan, et que les mêmes paroles, selon l'ambiance dans laquelle on les prononce, peuvent avoir des portées bien différentes.

Que ne devrait en effet apprendre, ou désapprendre, quiconque voudrait, n'étant pas né Indien, pénétrer dans l'intimité des idées indiennes ! Qu'est-ce, pour commencer, que le ciel des dieux Toushitas, c'est-à-dire « Satisfaits » ? — On nous répond que c'est le quatrième ciel, car il faut savoir que les cieux, comme les enfers, s'étagent, les uns en montant vers le zénith, les autres en s'enfonçant vers le nadir[15]. Pour ne parler que des premiers, juste par delà notre atmosphère, les quatre Loka-pâlas ou Gardiens du Monde ont chacun sous leur juridiction l'un des quatre points cardinaux. Au-dessus se superposent le paradis sur lequel règne Indra, puis celui qui est le domaine de Yama ; mais aucun de ces divins séjours, hantés qu'ils sont par les bayadères célestes, n'a paru suffisamment chaste pour y loger le Bodhisattva. On l'a donc installé au quatrième étage, celui qu'habitent les dieux qui, comme leur nom l'indique, trouvant toute satisfaction en eux-mêmes, peuvent se permettre d'être exempts de vulgaires désirs[16]. À dire vrai, le premier bloc ou groupe de cieux, appartenant encore aux « mondes sensibles », comporte deux degrés de plus ; et, par-dessus ce groupe de six, les deux autres sphères, celle des simples Apparences et celle des Invisibilités, portent à vingt-sept le nombre des étages de cet idéal gratte-ciel. D'autre part nul ne s'avisera de contester que les mérites accumulés par Çvêta-kêtou au cours de sa pratique des dix perfections ne lui eussent permis de renaître plus haut encore qu'il ne l'a fait : et sans doute se serait-il élevé davantage dans la céleste hiérarchie s'il ne s'était dès longtemps proposé, et ne s'était déjà vu prédire à plusieurs reprises le rang et le rôle d'un Sauveur du monde. N'eût-il songé qu'à son propre salut, ou bien il se serait depuis longtemps « éteint », ou bien il serait finalement réné dans l'un des cieux supérieurs, dans ces « Purs Séjours[17] » où se retirent volontiers, disant un définitif adieu à l'humanité, les êtres « qui ne reviennent pas » ; car là-haut ils atteignent directement la sainteté et, par elle, le Nirvâna[18]. Mais c'est un dogme bouddhique que seul un homme né d'une femme peut devenir ce

« premier des êtres », supérieur même aux dieux, qu'est un Bouddha parfaitement accompli ; et c'est pourquoi le Bodhisattva n'a pas voulu trop s'éloigner de cette terre où il savait devoir une dernière fois descendre. Qu'avez-vous à redire à cela ?

— Rien, répondrez-vous peut-être, et nous ne demanderions qu'à vous croire : mais une difficulté nous arrête. Pour nous, quand une âme est une fois montée au paradis, c'est pour toujours... — Quelle erreur est la vôtre ! Sans doute c'est pour un temps prodigieusement long, si vous le comptez par années humaines, mais ce n'est jamais pour un temps illimité. Pas plus que les enfers, les cieux ne sont éternels. Ce sont seulement deux modes, ou, comme on dit, deux « voies » de renaissance passagère. Ces voies ne sent d'ailleurs qu'au nombre de cinq. Damné, larve, animal, homme ou dieu, sous chacune de ces formes, tout être ne peut faire autre chose qu'expurger les fautes qu'il a commises ou tarir les mérites qu'il s'est acquis. Une fois que le gros de son *karma*, bon ou mauvais, a été ainsi « mangé » par lui, force lui est de rentrer dans le cercle de la transmigration, et jamais la grande roue du *samsâra* ne cesse de l'entraîner dans sa rotation perpétuelle, à moins qu'il ne réussisse un jour, à force de vertus et de sacrifices, à s'échapper comme par la tangente pour se réfugier enfin dans la paix absolue du Nirvâna. Aussi bien est-ce sur la chance unique de cette échappatoire que le Bouddha est venu renseigner les hommes et les dieux.

— Soit, direz-vous encore : nous voyons bien que tout se tient dans votre système ; mais comment peut-on renaître ainsi dans un ciel ? — De la façon la plus simple : à peu près comme, selon vos contes de nourrice, les enfants se trouvent dans les choux. Si vous voulez des détails, lisez les textes qui décrivent, ou regardez les images qui représentent le paradis d'Amitâbha[19]. Dans ces mondes supérieurs il va de soi que les souillures et les souffrances qui accompagnent la génération humaine ou animale sont ignorées des élus : leur mode de reproduction ne peut être que surnaturel. Or vous conviendrez aisément que la fleur du lotus rose qui, obscurément sortie de la fange des bas-fonds, s'épanouit soudain sur le miroir nu des eaux est le meilleur symbole qu'on puisse rêver d'une naissance spontanée et immaculée[20]. De là à en devenir comme la matrice, il n'y a qu'un pas : et c'est pourquoi les dieux apparaissent assis, les jambes croisées à l'indienne, au cœur des nélumbos qui croissent dans les étangs des cieux. Le calice de ces fleurs merveilleuses en s'épanouissant les manifeste aux hôtes de ces lieux ; et l'on aime à penser que les « Fils-de-dieu[21] » qui les accueillent dans leur nouvelle demeure les dispensent de subir les brimades que les « fils-d'homme » se croient obligés en pareil cas d'infliger à tout nouveau venu.

Ainsi notre interlocuteur bouddhiste renverse successivement toutes nos idées reçues, et jamais nos questions ne le font rester court. De même qu'il sait comment on accède aux cieux, il n'ignore pas comment on en est derechef précipité sur la terre. Aucun fils-de-dieu n'échappe à cette fatalité. La somme de ses mérites va constamment s'amenuisant à mesure qu'il jouit de la félicité céleste qu'ils lui ont value, et le terme de celle-ci s'approche inéluctablement. Tôt ou tard, son débit finit par épuiser son crédit, et voici qu'un jour les cinq signes précurseurs de son imminente déchéance lui apparaissent : ses guirlandes de fleurs, jusqu'alors toujours fraîches, se flétrissent ; ses vêtements, toujours propres, se salissent ; il lui vient mauvaise haleine ; la sueur transpire de ses aisselles, et il commence à chanceler sur son trône[22]. Ainsi averti que l'heure de son changement de séjour et de rang va bientôt sonner, le pauvre dieu a toute raison d'appréhender que quelque « racine de démérite », restée jusqu'alors enfouie sous l'amas de ses actes méritoires, n'affleure à nouveau pour le faire tomber dans une condition des plus misérables, voire même animale. Tel est le sort ordinairement réservé à tous les habitants des cieux inférieurs, et c'est ainsi qu'ont fini ou que finiront tous les compagnons du Bodhisattva dans le paradis des Toushitas : mais lui-même sera-t-il astreint à subir la loi commune ? — Vous ne le voudriez pas.

IV. Les investigations[23]. — Jamais peut-être mieux qu'à cet instant de la biographie de Çâkya-mouni on ne peut saisir le jeu des deux forces contraires dont elle est la résultante. La première, qui va croissant avec la ferveur des générations, tend à épargner au Bodhisattva toute limitation ou toute impureté, de quelque nature qu'elle puisse être ; la seconde, qui va à l'encontre de la première, contraint les dévots les plus exaltés à admettre sur le compte de leur Maître, de sa famille et de son pays certains faits acquis et trop bien consacrés par la tradition pour qu'il ne fût pas devenu sacrilège de les nier et impossible de les taire. C'est de cette façon que la légende n'a pu s'empêcher de nous transmettre, roulées dans leur gangue de merveilleux, quelques pépites d'histoire. Des diverses versions de la Nativité les unes font plus de place à ces souvenances, et les autres à des prodiges inventés à plaisir : de quelque côté qu'elles inclinent, toutes ne sont qu'un compromis entre les deux tendances contradictoires que nous venons d'indiquer ; et les plus chimériques d'entre elles, tels des ballons captifs, sont toujours retenues au sol par le lest de la réalité et de l'humanité certaines de Çâkya-mouni.

Imaginons un instant que ce salutaire contrepoids n'eût pas existé : nous aurions aussitôt vogué en plein miracle. Un total mystère planant sur les origines du Bouddha eût été un grand allègement pour sa légende et une facilité de plus pour sa divinisation. Nul doute que la dernière naissance du Bodhisattva ne fût aussitôt devenue aussi surnaturelle que possible, et que procédant sur la terre comme au ciel, il ne fût censé être né sur un « lotus à mille pétales, de la dimension d'une roue de char[24] », issu de quelque lac himâlayen où personne ne serait jamais allé voir. On peut avancer cette hypothèse avec d'autant plus d'assurance que, dans les récits qui vont suivre, constamment le lotus reparaîtra, soit pour lui distiller sa nourriture pendant la gestation, soit pour soutenir ses pas lors de sa naissance, soit pour servir de chaire à sa prédication : combien n'eût-il pas été plus simple de le faire éclore lui-même en cette magique fleur ? Mais, qu'on le regrettât ou non, ce tour de passe-passe n'était plus possible : des souvenirs précis et localisés opposaient à ces pieuses divagations une barrière infranchissable. Bon gré mal gré l'imagination populaire a dû transiger avec les faits, et de cette transaction est résultée la cote mal taillée qu'on va lire.

Tenue en échec par les données traditionnelles, la légende s'est ingéniée à tourner l'obstacle qu'elle ne pouvait emporter de front. Le Bodhisattva réside dans le ciel des Toushitas en conformité avec des lois universelles ; mais, à présent qu'il le quitte, le surnaturel pourra d'un certain biais reprendre ses droits. Par une exception unique, et que seule sa primauté sur tous les êtres peut justifier, on ne croit pas devoir moins faire que de suspendre en faveur du dieu Çvêta-kêtou, à l'exclusion de tout autre, le cours automatique du *karma*. Jamais il n'aura à percevoir sur lui-même les cinq signes précurseurs de sa chute prochaine : c'est de son gré, en plein bonheur, en toute prescience qu'il procède lui-même, douze ans d'avance, après mûre délibération, au choix des circonstances de sa vie dernière. Pour ce faire, il se livre en compagnie de ses divins congénères aux quatre grandes « Investigations », et tout à tour il examine quel est le temps, le continent, le pays et la famille où il convient qu'il renaisse : certains disent même qu'il examina en cinquième lieu quelle femme il élirait pour mère. Bref, seul entre tous les vivants, il détermine librement tous les accompagnements de son ultime renaissance. Tel est du moins le conte que se plaisent à nous faire ses sectateurs. C'est une satisfaction morale qu'ils s'offrent à eux-mêmes en faisant fléchir devant leur Maître l'inflexible destin. Aussi bien n'y a-t-il pas pour eux d'autre manière de le « sublimer », ainsi qu'ils en éprouvent l'irrépressible besoin ; et, dans l'espèce il ne leur est pas difficile de l'affranchir de lois qu'ils ont eux-mêmes inventées.

Mais examinons à notre tour le résultat des quatre Examens, et nous constaterons aussitôt que, si leur goût pour les fictions pieuses les emporte, il ne les a pas entraînés bien loin, tenus qu'ils étaient en d'étroites lisières. Leur Bodhisattva a beau tourner et retourner avec ses compagnons de ciel toutes les hypothèses et prospecter tous les mondes imaginables, le choix qu'il fait est fixé d'avance et, à chaque fois, servilement calqué sur les données de la tradition. Pour que sa prédication soit bienvenue et efficace, il lui faut naître en un temps où la vie humaine, ni trop longue ni trop courte, ait une durée normale d'environ cent ans[25] : et, comme par hasard, tel est justement le cas du nôtre. Entre les quatre continents que domine la cime centrale du mont Mêrou, le Djambou-dvîpa (le Continent du pommier rose[26]) a un incontestable droit de priorité : et en effet c'est l'Inde. Dans l'Inde même, tous les pays excentriques étant par définition écartés, c'est le « Pays du

Milieu[27] » qui, on l'a déjà deviné, reste seul sortable. Un autre compte réglé est que la famille convenable à un Bodhisattva ne peut appartenir qu'à l'une des deux castes supérieures, celle des nobles ou celle des brahmanes, selon celle qui jouit à ce moment de la plus haute considération : tout naturellement les bouddhistes font pencher la balance en faveur de la première ; mais, par une concession à l'orgueil brahmanique, ils admettent que le futur Bouddha Maïtrêya naîtra dans la caste sacerdotale[28]. Cependant les dieux Toushitas, avertis qu'ils sont de la résolution qu'a prise leur compagnon, s'entretiennent entre eux et passent successivement en revue les dynasties régnantes dans les capitales des seize grands royaumes que contient l'Inde centrale : à toutes ils découvrent quelque tare rédhibitoire. Il faut que Çvêta-kêtou lui-même les tire d'embarras en leur énumérant les soixante-quatre caractéristiques que doit présenter la famille et les trente-deux qualités que doit posséder la mère d'un Bodhisattva parvenu comme lui « à sa dernière existence[29] ». Vous admettrez sans peine avec eux, — sans même qu'il soit besoin de reprendre, pour vous les infliger, ces fastidieuses énumérations — que tous les item de ces deux listes ne se rencontrent réunis au complet que dans le clan oligarchique des Çâkyas et chez Mâyâ, la première épouse de leur chef, le roi Çouddhodana. C'est qu'en effet les hagiographes n'ont pu mieux faire que de dramatiser avec un grand luxe de mise en scène un canevas dont le dénoûment ne pouvait ménager de surprise à qui que ce fût ; et il nous apparaît clairement que, tout le long de ce chapitre, la légende s'est vu dicter sa leçon par l'histoire.

En attribuant à leur Maître une omnipotence plus que divine, les adorateurs du Bouddha se trouvent donc avoir obtenu ce résultat paradoxal de confirmer à nos yeux l'état civil de l'homme. Date relativement peu reculée de sa naissance ; noms de son pays, de sa ville natale, de sa famille, de son père et de sa mère : autant de renseignements dont l'authenticité s'accroît pour nous du fait qu'ils ont résisté jusqu'au bout à la corrosion de la dévotion postérieure. Retenons précieusement ce petit noyau historique et, pour le reste, laissons sans crainte le champ libre à l'imagination des hagiographes : elle a les ailes rognées. Assurément il leur est encore loisible d'ériger en règle universelle — applicable rétroactivement aux Bouddhas du passé et, par anticipation, à ceux de l'avenir — les souvenirs traditionnels relatifs au nôtre ; de transformer Kapilavastou en la plus magnifique des capitales, la famille des Çâkyas en la plus noble des races, le roi Çouddhodana en le plus puissant des monarques, et la reine Mâyâ en la mieux douée des femmes ; et de tout cela, comme bien on pense, ils ne se sont pas fait faute. Par la suite ils ne manqueront pas davantage de multiplier à profusion prodiges annonciateurs, songes prémonitoires, interventions célestes et exceptions miraculeuses aux lois naturelles : jamais ils ne parviendront, quoi qu'ils en aient, à effacer complètement de la biographie du Bouddha les traces indélébiles de sa personnalité humaine et de son historicité.

V. La conception. — Forts des quelques informations que nous avons réussi à leur soutirer, nous les laisserons donc par ailleurs amplifier, enjoliver et délirer à leur aise, puisque cela les amuse ; mais nous ne nous croirons pas obligés de les suivre jusque dans le détail de toutes leurs élucubrations, ce qui nous amuserait beaucoup moins qu'eux. Exagérations banales, ornements postiches, dénombrements fantastiques, nous leur laisserons tout cela pour compte et ne retiendrons de leurs fictions que celles qui jettent un jour curieux sur la psychologie de leurs inventeurs. Que, par exemple, à l'occasion de chaque déplacement du Bodhisattva ou de sa mère, ils se croient obligés de mobiliser d'office les célestes cohortes pour leur servir de cortège, et que, pour commencer, ils organisent en vue de la descente de Çvêta-kétou sur la terre une procession monstre de divinités se comptant par centaines de millions, c'est leur affaire : ce qui est la nôtre, c'est de nous souvenir que cette féerie à grand spectacle n'a pour prétexte qu'un fait considéré par les Indiens (mais non par nous) comme rentrant sous la loi commune et dont l'exposé était devenu un véritable cliché littéraire. Voici en effet ce que nous lisons à chaque instant dans les textes : « Une opinion répandue veut que les garçons et les filles s'obtiennent par prière. C'est une erreur : car, s'il en était ainsi, chacun aurait cent fils, tout comme un empereur. C'est de la rencontre de trois conditions que naissent les garçons et les filles. Quelles sont ces trois ? Le père et la mère se sont unis d'amour, la mère est dans ses mois, et un esprit se trouve là disponible : c'est de la rencontre de ces trois conditions que naissent les garçons et les filles[30]... » Tenons-nous-le pour dit : afin qu'un enfant indien vienne au monde, il ne suffit pas, comme chez nous, d'un père et d'une mère — quitte à discuter ensuite avec les anciens Grecs lequel des deux partenaires joue le rôle prépondérant ; il y faut encore la présence d'un être arrivé au terme de son existence présente et disposé (ou, pour mieux dire, condamné) à recommencer une autre vie. Or, comme nous venons de voir, tel est justement le cas du Bodhisattva. À la vérité il se distingue déjà du vulgaire en ce qu'il n'a pas attendu la fin de son bail dans le ciel des Toushitas pour décider de se réincarner et qu'il a lui-même choisi son père et sa mère. Les trois éléments requis pour sa renaissance ne s'en trouvent pas moins réunis ; et tout ce qu'il nous reste à voir, c'est comment la légende va s'y prendre pour donner une couleur surnaturelle à un fait supposé aussi courant.

Nous pouvons rapidement déblayer les adieux du Bodhisattva à ses confrères du ciel des Toushitas. Il ne saurait évidemment les quitter sans les avoir préalablement « instruits, éclairés, réjouis et réconfortés » par une homélie ; et c'est pourquoi le *Lalita-vistara* consacre tout un chapitre à l'exposé qu'il leur fit des « cent huit avenues de la Loi[31] ». Ils ont si bon caractère que le départ de leur professeur de morale leur arrache néanmoins des larmes ;

et, pour les consoler, il leur laisse un autre lui-même, celui qu'on a coutume d'appeler le Messie du bouddhisme, le Bodhisattva Maïtrêya, auquel par la même occasion il prédit sa « bouddhification » prochaine. C'est là en effet un article de foi : le futur Bouddha de notre âge attend sous ce nom, dans le même ciel où résidait son prédécesseur Çâkya-mouni, que son tour soit venu de descendre pour la dernière fois sur la terre. Des docteurs doués de pouvoirs magiques, mais incapables de résoudre leurs doutes spéculatifs, sont même censés être montés jusqu'à lui pour lui soumettre leurs perplexités ; et on ne voit pas en effet, à défaut du Maître définitivement entré dans le Parinirvâna, quelle autorité meilleure ils auraient pu consulter. Ce qui nous fait dresser l'oreille, c'est beaucoup moins ce dogme et l'exploitation qui en a été faite que la façon dont il est présenté : « Et alors les Fils-de-dieu renés dans le ciel des Toushitas saisirent en pleurant les pieds du Bodhisattva et lui dirent : En vérité, homme de bien, ce séjour des Toushitas, une fois privé de toi, comment conservera-t-il son éclat ? Et le Bodhisattva dit à cette grande assemblée divine : Le Bodhisattva Maïtrêya que voici vous enseignera la Loi. Et le *Bodhisativa, ayant ôté de sa tête son diadème, le plaça sur la tête de Maïtrêya* : Le premier après moi, ô homme de bien, lui dit-il, tu obtiendras la suprême et parfaite Illumination[32]. » Qu'on nous excuse si ce qui nous intéresse le plus dans ce passage, ce n'est pas les paroles, mais bien le geste qui les accompagne et que nous avons souligné. Un tel jeu de scène n'a rien d'indien : tout au contraire cette sorte de couronnement anticipé du

Bouddha présomptif sonne trop familièrement aux oreilles européennes pour ne pas éveiller le soupçon d'une influence occidentale ; et le fait que le passage est absent des vieilles traductions chinoises confirme son caractère tardif.

En revanche, à la ligne suivante, nous retombons en plein folklore local : « Et le Bodhisattva, ayant ainsi intronisé le Bodhisattva Maïtrêya dans le ciel des Toushitas, s'adressa de nouveau à cette grande assemblée divine : Sous quelle forme, ô mes amis, devrai-je entrer dans le sein de ma mère ? » Et les dieux ainsi appelés en consultation suggèrent successivement toutes les formes divines imaginables ; mais l'un d'eux, qui, du fait de sa précédente renaissance, se trouve être plus versé que les autres dans les écritures des brahmanes, clôt la discussion en déclarant péremptoirement : « sous la forme d'un éléphant blanc à six défenses… » Il nous est permis de rester au premier abord surpris de ce choix : toutefois notre étonnement diminuera sensiblement si nous faisons réflexion que nos symboles pourraient paraître non moins imprévus à des Indiens. Eux non plus ne verraient pas bien du premier coup d'œil pourquoi nous nous représentons le Saint-Esprit sous l'aspect d'une colombe[33] ; et si nous associons à l'image de l'Agneau des idées de pureté et de compassion divines, pourquoi n'attacheraient-ils pas à l'emblème de l'éléphant blanc des notions de parfaite sagesse et de suzeraineté royales ? C'est là justement ce qu'ils font. Faut-il rappeler que pour eux l'éléphant blanc est un des sept trésors du

Monarque universel ? Les soins quasi religieux dont sont encore entourés à Bangkok les éléphants albinos des rois du Siam sont l'héritage direct de ces vieilles croyances indiennes. Quant au détail des « six défenses », il faut sans doute y voir un rappel de cette ancienne renaissance du Bouddha où il pardonna si généreusement au chasseur qui l'avait blessé à mort, et lui fit même présent de ses six dents d'ivoire[34].

Va donc pour ce prodige de plus. Nous savions que nous serions régalés de merveilles et étions d'avance résignés à les avaler toutes sans broncher — mais toutefois à une condition : c'est qu'elles fussent cohérentes entre elles. Même sur le plan du miracle la logique conserve ses droits. Or comment concilier ce qu'on vient de nous apprendre avec ce qu'on nous affirmera tout à l'heure, à savoir que le Bodhisattva a habité et quitté le sein maternel sous les apparences d'un enfant de six mois ? On néglige en effet de nous avertir à quel moment il aurait échangé sa forme animale contre une forme humaine. Les Chinois ont cru se tirer d'affaire en imaginant que le Bodhisattva était entré dans le sein de sa mère « monté sur un éléphant ». Nous ne les chicanerons pas sur le fait que le miracle n'en devient que plus invraisemblable ; mais encore auraient-ils dû préciser qu'il avait laissé sa monture à la porte. Si nous nous reportons de nouveau aux textes, suprême recours du philologue, nous constatons qu'en fait ils se contredisent parfois même d'une page à l'autre, sans que leur sérénité en paraisse ébranlée. C'est ainsi que la partie versifiée du

Lalita-vistara, de l'aveu de tous la plus ancienne, nous dit en propres termes que la descente du Bodhisattva sous une forme éléphantine n'était rien qu'un songe de Mâyâ — ce qui apaiserait d'un coup tous nos scrupules : mais encore resterait-il à expliquer comment un simple rêve peut être donné dans le même chapitre comme un événement réel. En désespoir de cause, c'est aux monuments figurés qu'il faut, croyons-nous, demander la clef de l'incohérence des textes.

L'ancienne peinture de l'Inde a péri ; mais il nous reste des débris de sa sculpture. L'auteur d'un des médaillons qui ornent la vieille balustrade du *stoupa* de Barhut, aujourd'hui au Musée de Calcutta, s'est justement donné pour tâche d'illustrer ce passage de la légende, et il s'en est acquitté de façon aussi naïve que maladroite. Mâyâ est couchée, la tête à gauche du spectateur, sur un lit de sangle à quatre pieds pareil aux *tchar-paï* encore en usage de nos jours ; une aiguière et une lampe allumée (dont la flamme nous fait comprendre que la scène se passe de nuit) complètent le sommaire mobilier. Des suivantes, dont l'une est armée d'un chasse-mouches contre les moustiques, veillent sur le sommeil de leur maîtresse, et au-dessus de leurs têtes flotte la vision matérialisée de l'éléphanteau divin. Il n'y a qu'un malheur, c'est que celui-ci est beaucoup plus gros que sa future mère, et que la reine lui présente le flanc gauche, alors qu'il est écrit qu'il n'est entré (et sorti) que par son flanc droit — et même qu'en sa qualité de progéniture mâle, il n'a jamais résidé que dans la partie droite de son sein. Les artistes d'Amarâvati, plus soucieux de la vraisemblance, donnent au pachyderme des dimensions minuscules ; et, encore plus dociles aux dires de leurs donateurs, ceux du Gandhâra couchent la reine sur son côté gauche : mais tous, chacun dans son style, traitent visiblement le même sujet ; et ce sujet, pour que nul n'en ignore, le vieux sculpteur de Barhut a pris soin de l'inscrire au-dessus de son médaillon de sa plus belle écriture : « *Bhagavato okranti* : la descente du Bienheureux[35] ». Aucun doute n'est donc permis : il s'agit bien d'une représentation concrète de la « Conception » du futur Bouddha : et cette image a été répétée à tous les coins et par toutes les écoles de l'Inde. Il n'en faut pas davantage pour faire deviner ce qui ne pouvait manquer d'arriver : l'imagination populaire, toujours simpliste, a pris à la lettre l'inscription catégorique du vieil imagier et cru, comme on dit, « que c'était arrivé ». Aussi bien le croyait-il lui-même ; car le geste de surprise esquissé sous son ciseau par l'une des femmes qui veillent la reine prouve que, dans les idées de l'artiste, la vision de l'éléphant n'était pas seulement un rêve de la dormeuse. L'inévitable confusion était donc faite dans les esprits dès le IIe siècle avant notre ère, et des esprits elle a forcément passé dans les textes. Ce qui était originairement et est resté dans la tradition *pâli* comme dans les stances du *Lalita-vistara* un songe prémonitoire, présage et symbole de la Conception — bref, une sorte d'Annonciation conçue à la mode indienne — a fini par devenir dans la prose du *Lalita-vistara* comme dans le *Mahâvastou* un épisode réel de la biographie de Çâkya-mouni ; et bientôt même il sera érigé en loi générale que jamais Bouddha du passé ou de l'avenir n'est entré et n'entrera dans le sein de sa mère autrement que sous la forme d'un éléphant blanc.

L'examen des sculptures ne nous aide pas seulement à sortir de l'embarras où nous jetaient les contradictions des textes : il attire notre attention sur un point qui, psychologiquement, ne manque pas d'importance. On ne peut en effet s'empêcher de remarquer qu'au moment décisif de la conception, Mâyâ nous est toujours représentée sur sa couche solitaire. À Barhut elle n'a autour d'elle que ses femmes ; au Gandhâra des amazones montent en outre la garde dans les vestibules, appuyées sur leur lance ; et à Amarâvatî les quatre dieux gardiens des quatre points cardinaux font de même, l'épée à la main, aux quatre coins du bas-relief : toujours et partout l'époux est absent. Or ce n'est sûrement pas par pudibonderie que les artistes indo-grecs laissent Çouddhodana dans la coulisse, car ils n'hésitent pas à nous montrer le Bodhisattva dans sa chambre à coucher, assis sur le lit de sa femme endormie. Comme à tous les imagiers bouddhiques, leur systématique abstention leur est commandée par une raison beaucoup plus impérieuse : ils obéissent en fait aux injonctions de la conscience religieuse de leur temps telle qu'elle se reflète aussi dans les textes. De jour en jour cette conscience se montre de plus en plus soucieuse de pureté physique autant que morale en tout ce qui touche à la venue au monde du Bodhisattva, et ses scrupules font voir une croissante délicatesse. On peut suivre d'une version à l'autre, dans les

Écritures conservées, le progrès de ses exigences. Dès que le Bodhisattva est entré dans le sein de sa mère, celle-ci n'est pas seulement délivrée de toute maladie et de toute souffrance, mais en outre elle devient exempte de toute action, de toute parole, de toute pensée impures. Non seulement elle-même n'éprouve plus aucun désir charnel, mais elle ne saurait plus en inspirer à personne, pas même à son époux[36]. Bientôt cette absolue chasteté consécutive à la conception ne paraît plus suffisante aux fidèles. C'est dès avant la conception que la reine Mâyâ sollicite et obtient du roi la permission d'entrer dans une sorte de retraite pieuse et de se retirer avec ses femmes dans une chambre à part située, comme de règle, sur la plus haute terrasse du palais ; et, pour ne pas demeurer en reste avec elle, Çouddhodana prononce et observe de son côté les mêmes vœux de religieuse continence. Ainsi donc, si l'on ne peut parler de la virginité de Mâyâ comme de la Vierge Marie, il est du moins strictement vrai de dire que la Conception de l'Enfant-Bouddha est devenue pour les bouddhistes une conception immaculée. Du même coup, et même pour l'Inde, elle s'est transformée en un événement surnaturel ou du moins supra terrestre. Des trois éléments nécessaires à une naissance d'homme, le père, la mère et l'être prêt à se réincarner, le premier a été purement et simplement éliminé : nous nageons toujours en plein miracle.

VI. La gestation[37]. — Dès lors nous ne nous arrêterons plus sur la pente où nous avons versé, et les détails qu'on nous donne au sujet de la grossesse de Mâyâ sont, si possible, plus merveilleux encore. À la vérité les plus anciens textes se bornent à nous dire que c'est avec une claire conscience, en pleine connaissance de cause, que l'Enfant-Bouddha est entré dans le sein de sa mère. De son côté celle-ci, par un don particulier du ciel, l'aperçoit distinctement, « comme on voit à travers une pierre précieuse le fil de couleur sur lequel elle est enfilée[38] ». Cette comparaison n'a pas plu à tout le monde, sans doute parce qu'elle faisait la part trop belle à Mâyâ aux dépens de son fils ; on préfère dire : « comme on voit un œil-de-chat dans une cassette de cristal de roche », ou encore, usant d'un autre tour : « comme on voit son visage dans un miroir parfaitement clair ». Ce qu'il nous faut retenir, c'est que le Bodhisattva est déjà un enfantelet en possession de tous ses membres et de tous ses organes ; et ainsi l'on nous donne à entendre qu'il est entré dans le sein maternel avec un corps tout formé d'avance, un corps parfaitement étranger à celui de sa mère, sans aucun lien ni rapport avec le réceptacle où il est provisoirement enfermé.

Ces suggestions n'ont pas paru suffisamment précises à l'auteur d'une des versions du *Lalita-vistara*. Il prête à un dieu la réflexion suivante : « Comment, au sortir du paradis des Toushitas, le Bodhisattva, cette perle de tous les êtres, lui pur et à l'odeur suave, pourrait-il demeurer dix mois (lunaires) dans ce puant réceptacle humain qu'est le sein de sa mère ? »… Qu'on excuse l'énergie de ces expressions : elles ont le mérite de poser crûment le problème, tel qu'il a fini par se présenter au jugement des générations postérieures. La solution qu'elles souhaitaient ne leur a pas été refusée. Sans s'inquiéter le moins du monde de ce que nous y lisions tout à l'heure au sujet de la descente du Bodhisattva sous la forme d'un éléphant, voici qu'à présent le même texte nous le montre quittant le ciel des Toushitas, toujours au milieu de son divin cortège, mais cette fois sous la forme humaine et abrité sous un pavillon de pierre précieuse — tel enfin que le figurent les consciencieux illustrateurs du Boro-Boudour de Java[39]. C'est toujours enfermé sous cette sorte d'étui protecteur qu'il est censé s'introduire et s'installer dans le flanc droit de sa mère. C'est à l'intérieur de cet incorruptible tabernacle que pendant dix mois il va se tenir assis, les jambes croisées à l'indienne, déjà parvenu à la taille d'un enfant de six mois et pourvu des trente-deux marques caractéristiques du grand homme. C'est de là que, par transparence, il illumine tout l'univers ; de là que, mettant à profit les loisirs forcés de sa réclusion temporaire, il ne saurait moins faire que de prêcher sa doctrine et de convertir à sa Loi, comme entrée de jeu, trente-six fois mille millions d'êtres, etc., etc…

— Mais, objectera-t-on, personne déjà n'ignorait qu'un embryon ne peut subsister qu'en se nourrissant de la substance maternelle ; si le Bodhisattva, complètement isolé par ce « dispositif[40] » particulier, ne participe plus en aucune façon à la vie de sa mère, comment et de quoi a-t-il vécu pendant ces dix mois ? — L'objection a été prévue. Il vous faut savoir que, la nuit même de la Conception, un gigantesque lotus a fendu la terre et est monté jusqu'au ciel de Brahma. Dans le calice de cette fleur toute l'essence, tout le suc de cet univers s'est distillé et concentré en une unique goutte de miel. Le dieu Brahma l'a lui-même apportée au Bodhisattva, et celui-ci l'a acceptée[41] : aussi bien n'y avait-il que lui au monde qui fût capable de l'assimiler après l'avoir absorbée. C'est de cet extrait, de cet élixir merveilleux qu'il a tiré sa subsistance, jusqu'à ce qu'enfin le terme de sa gestation fût révolu. C'est ainsi que, par un privilège unique, il a été, seul de tous les enfants des hommes, préservé de toute souillure au cours de son passage dans le sein maternel : « C'est bon, est-il écrit, de parler de cette souillure pour les autres : lui seul en est exempt ». Quant au tabernacle, d'un art et d'un éclat sans pareils, sous lequel il se tenait assis, le dieu Brahma, au moment de la naissance, l'a emporté dans son paradis et lui a consacré un sanctuaire. Et si vous pouviez concevoir là-dessus quelque doute, apprenez qu'à la demande du Bienheureux il a lui-même un jour rapporté des cieux cette précieuse relique pour la mettre sous les yeux de la Communauté[42]…

Tel est le suprême effort de la légende pour assurer l'absolue pureté de la suprême renaissance du Bodhisattva ; et, en vérité, il ne lui était guère possible d'aller plus loin dans cette voie. Tout à l'heure nous avons vu que son père putatif n'intervenait plus à l'occasion de la Conception ; maintenant il est permis de se demander quelle part sa mère même prend à sa gestation. Non seulement il est entré en elle avec son corps tout formé et sans perdre à aucun moment la conscience de sa suprématie intellectuelle et morale, mais il n'a jamais eu avec elle le moindre lien organique : tant et si bien qu'on finit par se demander pourquoi il a tant fait que d'avoir recours pour naître à l'intermédiaire d'une femme. Rien ne lui aurait été plus facile que de se dispenser de ces dix mois d'emprisonnement dans le fétide milieu d'une matrice humaine : il n'avait qu'à se passer de mère comme de père et renaître, lui, le premier de tous les êtres, de la naissance spontanée qui est le privilège des dieux ; sans aller chercher plus loin, il n'avait qu'à éclore dans le lotus merveilleux où s'élabora la goutte de nectar qui le soutint pendant toute la grossesse de sa mère. Pourquoi la légende n'a-t-elle pas pris nettement ce parti au lieu de s'empêtrer dans ce mode hybride de génération qui n'est plus simplement humain, mais qui n'est pas non plus tout à fait divin ? Si vous insistez pour le savoir, les textes vous répondront : ils ne sont jamais embarrassés pour répondre, et toujours de la façon la plus édifiante. Si le Bodhisattva est descendu en ce monde dans le sein d'une femme, c'est par pure commisération pour nous. Se serait-il manifesté comme un dieu, nous aurions tous désespéré de jamais pouvoir l'imiter, encore moins l'égaler ; c'est pour mieux nous encourager par son exemple à la pratique de toutes les vertus qu'il a voulu n'être, lui aussi, qu'un homme. Telle est du moins la raison sublime que l'on se plaît à nous donner[43], et, comme l'apologétique chrétienne n'a pas dédaigné de s'en servir également, il faut avouer qu'elle sonne familièrement à nos oreilles. Suffisante pour fermer la bouche au fidèle, elle n'en impose pas à l'historien. Celui-ci sait bien qu'au cours de toute transformation d'un homme en dieu, il est toujours aisé d'écarter tôt ou tard le père : il n'est pas à beaucoup près aussi commode de se débarrasser de la mère. La légende bouddhique a eu beau entasser à propos de la dernière réincarnation du futur Bouddha merveilles sur merveilles, elle n'a jamais osé le faire naître autrement que de Mâyâ.

VII. La naissance[44]. — Après une conception et une gestation aussi surnaturelles, l'accouchement, sous peine de détonner piteusement dans cet enchaînement de prodiges, ne pourra qu'être supposé anormal. Qu'il l'ait été en fait, — comme ce fut, par exemple, le cas pour Jules César — on ne nous donne aucune raison plausible de le croire. Le point indubitable est que le futur Câkya-mouni est né et nous croyons même savoir où. Tous les textes sont d'accord pour placer le lieu de sa naissance au voisinage de Kapilavastou, dans le parc de Loumbinî, aujourd'hui Roummindêï[45], en plein Téraï népalais. La localisation du site est certaine, grâce au fait que l'empereur Açoka, devenu un ardent zélateur de la Bonne-Loi, s'y est rendu en pèlerinage vers 244 avant notre ère et y a fait dresser en guise de poteau indicateur une de ses fameuses colonnes monolithes. Quand huit cent quatre-vingts ans plus tard le pèlerin chinois Hiuan-tsang a visité à son tour cette place sainte, devenue dans l'intervalle à peu près déserte, ses guides ne manquèrent pas de le conduire devant cette même colonne : il la trouva déjà brisée et fendue par la foudre qui avait jeté bas son chapiteau avec la figure de cheval qui le surmontait. Depuis lors ce débris même a disparu et la djangle fiévreuse, où l'on ne circule plus de nos jours qu'à dos d'éléphant, a achevé d'ensevelir aussi bien le parc que les ruines de la ville : toutefois le tronçon mutilé de la colonne dépasse encore du sol et une fouille sommaire permit au Dr Führer, en décembre 1896, de remettre au jour l'inscription qu'Açoka avait fait graver sur son fût pour le bénéfice de la postérité la plus reculée. On y lit dans la plus claire des écritures : « Par Sa Gracieuse Majesté le Favori-des-dieux, venu en personne, vingt ans après son sacre, (ce lieu) a été vénéré, disant : « Ici est né le Bouddha Câkya-mouni[46] »… Nous devons en croire sa royale parole : nous savons assez la persistance dans l'Inde et ailleurs des souvenirs attachés à des vestiges matériels, et quelques générations seulement séparaient Açoka de l'événement que, fort heureusement pour les historiens venus plus de deux mille ans après lui, sa dévotion a tenu à commémorer sur place.

L'un des détails particuliers qu'on nous a transmis au sujet de la Nativité deviendrait du même coup vraisemblable ; ce ne serait pas dans son palais de Kapilavastou, mais au cours d'une de ses promenades coutumières à son jardin de plaisance, que Mâyâ aurait été surprise par ce que, chez toute femme autre qu'elle, on appellerait les douleurs de l'enfantement. Mais à partir de ce moment la fiction légendaire reprend sa tâche, sinon ses droits. Tout d'abord les textes sont unanimes à vouloir que

Mâyâ ait accouché debout, position aussi incommode qu'exceptionnelle. Ils sont aussi d'accord pour la faire, au moment décisif, se suspendre de la main droite à une branche d'arbre : c'est seulement au sujet de l'essence de cet arbre qu'ils divergent entre eux. Tantôt Açoka aurait été conduit devant un arbre du même nom que lui, connu dans l'Inde par ses magnifiques fleurs rouges ; grâce au prestige que le Révérend Oupagoupta exerçait jusque sur les divinités, l'empereur aurait même conversé avec la dryade qui, habitant sous son écorce, avait été aux premières loges pour voir naître l'Enfant-Bouddha. Plus de six cents ans après, c'est encore un *açoka*[47] que l'on montre au pèlerin Fa-hien, peut-être le même que, deux siècles et demi plus tard, Hiuan-tsang a encore vu, mais mort et desséché. D'autres veulent au contraire que ce soit un figuier *plaksha* qui ait spontanément incliné un de ses rameaux vers la main droite de la parturiente. D'autres tiennent pour un *çâla*, l'espèce la plus répandue dans la zone subhimâlayenne et la même qui, quatre-vingts ans plus tard, abritera de son ombre le trépas du Bienheureux. Le seul point que nous ayons à retenir est que la tradition attribuait en la circonstance à Mâyâ la pose plastique par excellence au gré de l'esthétique indienne, en quoi elle n'a pas manqué d'être suivie jusqu'à nos jours par les imagiers.

Tout ceci n'est encore qu'un prélude : mais l'avènement miraculeux du Prédestiné — n'oublions pas que la Naissance est l'un des quatre Grands miracles — ne peut plus tarder à se produire, car (on y insiste) les dix mois lunaires de la grossesse sont exactement révolus. Les versions les plus anciennes n'en demandent pas davantage ; mais les textes postérieurs se montrent beaucoup plus exigeants, d'autant qu'un illustre précédent les autorise à ne pas se résigner pour leur Maître aux conditions d'un vulgaire enfantement. La même question était en effet censée s'être posée lors de la naissance d'Indra, le roi des dieux et le dieu des rois : « Voici (est-il dit dans le *Rig-Vêda*) le chemin connu de toute antiquité par lequel sont nés tous les dieux ; c'est par là qu'il doit passer pour naître ; il ne faut pas que par une autre voie il fasse périr sa mère… » Mais le jeune dieu fait le dégoûté et se rebiffe : « Je ne veux pas sortir par là : c'est un vilain chemin ; en travers par le flanc je veux sortir[48]… » C'est ainsi, ne manqueront pas de vous dire aussitôt les mythographes, que l'éclair jaillit du sein de la nuée ; et, à leur tour, les ethnographes vous exposeront que tous les peuples et peuplades de la terre éprouvent ce même besoin de faire naître leurs héros de façon extraordinaire : mais nous n'avons pas besoin de tant d'explications pour comprendre que l'Enfant-Bouddha se devait de suivre l'exemple d'Indra. Pourquoi le rejeton de noble famille qui est destiné à devenir « le premier des êtres » ferait-il moins de façons pour naître que le dieu qui, nous le verrons bientôt, va devenir son assistant et plus tard même son obligé ? Après tout il n'est pas plus étonnant, il est même presque naturel que le Bienheureux sorte ainsi par effraction du sein maternel de la même manière et du même côté qu'il y est entré lors de sa conception. La seule précaution à prendre pour enlever aux fidèles un dernier scrupule, c'est de les avertir qu'en jaillissant ainsi de la hanche droite de sa mère le divin enfant ne l'a aucunement blessée ; et en effet on prend bien soin de nous dire que cette sorte d'opération césarienne spontanée n'avait pas même laissé la moindre cicatrice apparente. De toute nécessité il fallait que la naissance du Bouddha eût été extrahumaine ; elle se devait pourtant de n'en pas devenir inhumaine.

---

1. ↑ Quiconque a lu l'introduction le sait déjà ; mais qui lit les introductions ?
2. ↑ L'expression est d'É. SENART (*Origines bouddhiques* p. 6).
3. ↑ Allusion aux convertis d'occasion bien connus dans les Missions de l'Inde sous le nom de « chrétiens de riz ».
4. ↑ Saṃsâra, dans son sens large, désigne le flux universel du perpétuel devenir, et plus particulièrement le tourbillon des renaissances, le cercle sans commencement ni fin qui dans son incessante rotation entraîne tous les êtres : aussi la carte en a-t-elle été dressée sous l'aspect d'une grande Roue (v. l'image tibétaine publiée par L. A. WADDELL, *Lamaism*, p. 102 et 108). Nous donnons (fig. 1) un schéma de la « Roue de la transmigration » (*saṃsâra-cakra*) établi d'après la description la plus ancienne connue, celle que donne le *DA* p. 300. On remarquera qu'elle ne compte originairement que cinq rayons et ne donne place qu'à cinq et non six *gati* (« voies », ou « destinations », à la fois régions et conditions de renaissance) comme dieu, homme, animal, larve ou damné (cf. *supra* p. 161 et 174). Une explication historique de l'introduction postérieure d'une sixième *gati*, celle des Asuras, est proposée dans Mém. de la Délég. arch. fr. en Afghanistan, t. I p. 267. Est-il nécessaire de rappeler « que la Création est une grande roue » (V. Hugo) dans l'imagination

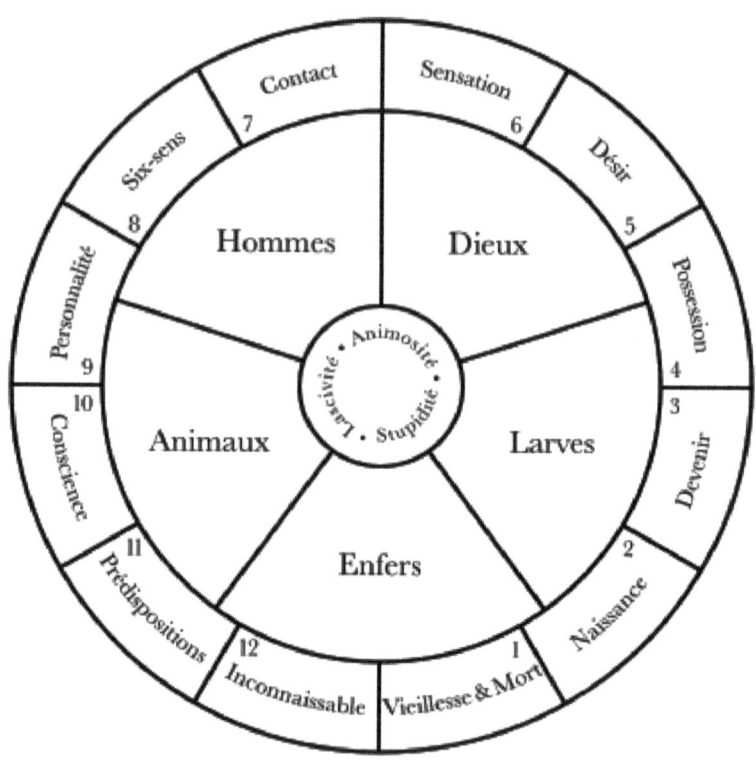

Fig. 1. — Schéma de la roue du Saṃsâra.

européenne aussi bien qu'asiatique ? Mais tandis que c'est le monstre hideux de l'impermanence qui enserre dans ses griffes la roue bouddhique, c'est le Christ qui sur les fresques du Campo Santo de Pise tient les sphères embrassées.

5. ↑ La citation est empruntée au *Samyutta-nikâya*, II, 170.
6. ↑ *Karman* (nom. n. *Karma* ; pâli *Kamma*) signifie proprement « acte, action, œuvre » et au sens védique « l'œuvre rituelle, le sacrifice » ; pour les bouddhistes il désigne particulièrement les œuvres qui, produisant mérite ou démérite, déterminent les conditions des futures renaissances, puis, par extension, le fruit (*phala*) ou maturation (*vipâka*), c.-à-d. le résultat « blanc, gris ou noir » desdites œuvres, qu'elles soient physiques, orales ou mentales. (Sur les diverses variétés du *Karma* v. *BPh* p. 180 s.). Dans le bouddhisme tardif, le *Karma*, en sa qualité d'instrument de la

rétribution morale, tend de plus en plus à devenir la grande loi qui régit ou même crée toute l'apparence de l'univers.

7. ↑ *Milinda-pañha,* éd. TRENCKNER p. 25-6 ; trad. L. FINOT p. 58. La question revient *supra* p. 206 et 334.

8. ↑ Le terme de *nirvâṇa* a fait l'objet des interprétations les plus diverses (cf. *supra* p. 326) ; l'idée essentielle qu'il connote semble être celle d'un feu qui s'éteint faute d'aliment quand, du fait de l'arrivée à la sainteté, on échappe à l'action des trois forces aveugles qui, faisant tourner le moyen de la Roue de la transmigration, produisent le *karma*. Techniquement c'est un *dharma*, c.-à-d. un des facteurs ultimes de ce monde irréel ; mais dans le bouddhisme primitif il est le seul qui soit *a-saṃskṛta*, litt[t] « non-coefficié, inconditionné », et par suite permanent, transcendantal et ineffable (v. *BPh* p. 110 et aussi *infra* la note à p. **241**, *18*).

9. ↑ Les autres saints ne dépassaient pas 80 *kalpa*, mais le *Dîgha-Nikâya*, XXIX 27 (vol. III p. 184) assure que le Prédestiné « se souvient aussi loin qu'il le désire ». V. P. DEMIÉVILLE, *Sur la mémoire des existences antérieures* dans Bull. de l'Éc. fr. d'Extr.-Or. XXVII (1928) p. 283. Le *mahâ-kalpa* des bouddhistes comprend 100 *mahâ-yuga*, chacun de ceux-ci groupant les quatre âges du monde (*BPh* p. 45 s.).

10. ↑ Le terme de *jâtaka* « ce qui a rapport à la naissance » s'applique à tout récit d'une vie antérieure d'un individu quelconque et plus particulièrement de notre Buddha. On l'emploie couramment pour désigner le recueil pâli de 547 de ces contes plus ou moins édifiants accompagnés de leur commentaire : v. à la Liste des titres abrégés *J.* et *NK* et cf. *BL* p. 113-156.

11. ↑ Il s'agit des dix *pâramitâ* : un essai de combinaison entre ces perfections et les *jâtaka* du Bodhisattva se trouve déjà amorcé dans le *Cariyâ-piṭaka* (*BL* p. 162 s.) et la *NK* p. 44-7.

12. ↑ ÇÂNTIDEVA, *Bodhicarya-avatâra*, éd. et trad. L. de la VALLÉE POUSSIN et trad. L. FINOT (*La Marche à la lumière* Paris 1920).

13. ↑ V. *J.* n°s 499 et 547 ; pour la tigresse *Jâtaka-mâla* (éd. et trad. J. S. SPEYER ; cf. *BL* p. 273 s.) n° 1 ; pour le don de soi-même à un pauvre v. *SA* n° 71 et HIUAN-TSANG J I p. 130 ; B I p. 124 ; W I p. 232.

14. ↑ *NK* p. 2, 47, 77. Sur le Dîpankara-jâtaka v. *AgbG* I p. 273 s.

15. ↑ Sur la cosmologie bouddhique v. *BPh* p. 60 s. et cf. l'image tibétaine dans L. A. WADDELL *Lamaism* p. 78 ; les six premiers étages du ciel sont figurés à Sâñchi pl. 49.

16. ↑ Selon certains dans le ciel des Tushita les manifestations amoureuses se bornent à des serrements de main (*BPh* p. 79), mais d'autres le contestent, car ce ciel fait partie du Kâma-dhâtu ou Monde des désirs (cf.

Abhidharmakoça de Vasubandhu trad. L. de la Vallée Poussin, troisième chapitre p. 164-5).

17. ↑ Les *Çuddha-âvâsa* sont dans le *LV* et le *MVU* un nom générique des dieux supérieurs.
18. ↑ Il faut savoir que les fidèles bouddhistes se répartissent entre quatre catégories selon leur degré d'avancement sur la voie du salut : 1° les nouveaux convertis qui viennent seulement « d'entrer dans le courant » (*çrota-âpanna* ou *sota-âpanna*) ; 2° les *sakṛdâgâmin* ou *sakad-âgâmin* « qui ne reviendront plus qu'une fois sur la terre » ; 3° les *an-âgâmin* « qui n'y reviendront plus du tout » et 4° les *arhat* « les dignes », c.-à-d. les saints qui entreront directement dans le nirvâṇa.
19. ↑ V. *Sukhâvatî-vyûha* trad. Max Müller dans les *Sacred Books of the East* vol. 49 et pour des images Waddell *Lamaism* p. 87 ou *ASI* Memoir n° 46 pl. vi, 4. Nous avons cité à ce propos le « paradis d'Amitâbha » parce qu'il en existe de nombreuses illustrations ; toutefois il ne faut pas oublier que ce paradis n'est pas comme celui des Tushita un *deva-loka* mais une « terre pure » qui ne fait pas partie des étages célestes de la cosmologie canonique : le « paradis de Maitreya » serait un meilleur exemple.
20. ↑ Il n'y a pour les êtres que quatre façons de naître : ou bien de façon spontanée (skt *aupapâduka* ; pâli *opapâtika*) comme les dieux, ou d'un œuf (*aṇḍa-ja*, ovipare), ou d'une matrice (*jarâyu-ja* ou *jalâbu-ja*, vivipare) ou sous l'action de la chaleur humide (*saṃsveda-ja*) comme la vermine : cf. *BPh* p. 75. Le nom skt du *nelumbo speciosum* est *padma*.
21. ↑ Le terme de *deva-putra*, litt[t] « fils de dieu », souvent traduit en anglais par « angel », désigne tout le menu fretin des divins habitants des cieux, de même que celui de *râja-putra*, litt[t] « fils de roi », embrasse tous les humains qui peuvent se réclamer d'une naissance noble (cf. les modernes Radjpoutes).
22. ↑ Tels sont du moins les cinq *pûrva-nimittâni* d'après le *DA* p. 193. Pour une autre énumération v. *BPh*, p. 80.
23. ↑ Ce sont les quatre *mahâvilokitânî* du *LV* ch. 111 p. 19 s.
24. ↑ Tel est en fait le procédé auquel a recours le *MVU* I p. 227-8 pour l'Illumination de Dîpankara.
25. ↑ Si la vie humaine était trop longue, la salutaire crainte de la mort prochaine ne ferait plus réfléchir les méchants ; si elle était trop courte, les bons n'auraient pas le temps d'en découvrir la foncière vanité.
26. ↑ Le nom scientifique du *jambu* est *Eugenia Jambolana*.
27. ↑ Sur le *Madhya-deça* des bouddhistes v. *supra* p. 274.

28. ↑ Est-il nécessaire de rappeler la hiérarchie bouddhique des quatre grandes castes (ou plus exactement « classes ») sociales de l'Inde : *kshatriyas* (membres de la noblesse d'épée), *brâhmaṇas* (en partie membres d'une sorte de clergé), *vaiçyas* (bourgeois des villes et des campagnes) et *çûdras* (prolétaires) — et l'existence en dehors d'elles d'une couche inférieure de parias intouchables appelés *caṇḍâla* ?
29. ↑ L'expression technique est *caramabhavika*.
30. ↑ *DA* p. 1 et 440 : Apparemment la question du logement ne se posait pas alors dans l'Inde. Le mot que nous traduisons par « esprit », à savoir *gandharva*, est longuement discuté dans E. WINDISCH, *Buddha's Geburt*, p. 12 s.
31. ↑ C'est le ch. IV du *LV* intitulé *Dharma-âloka-mukha*, litt^t « des introductions à la vision de la Loi », où *âloka* a un sens philosophique voisin de celui que conservera le mot *darçana*. — Cf. *AgbG*, fig. 146 et B. Budur, fig. 5.
32. ↑ *LV* p. 38-9 (cf. B. Budur, fig. 6).
33. ↑ Pour les Indiens la colombe est au contraire le symbole de la lubricité (cf. *supra* p. 161).
34. ↑ On trouvera une étude détaillée sur le *Shaḍ-danta-jâtaka* (pâli *Chaddantajâtaka* n° 514) dans *Mélanges Sylvain Lévi* (Paris, 1911) ou *BBA* p. 185 s.
35. ↑ Barhut pl. 28, 2 (cf. *AgbG* fig. 149 et 160 *a* (Gandhâra) ; 148 et Amarâvati B pl. 28, 1). Ce même mot *okraṃti* (skt *avakrânti*) se retrouve dans le titre du ch. VI du *LV* intitulé *Garbha-avakrânti* « la descente de l'embryon » (dans la matrice). H. LÜDERS (*Bharhut und die buddhistische Literatur*, Berlin, 1041, p. 45) a fait remarquer que la pierre porte plutôt *ûkraṃti*, ce qui peut être un lapsus du lapicide, mais s'expliquerait à la rigueur par *upakrânti* « insinuation ». — À en croire les textes cités par lui (*ibid.* p. 50-1), d'après lesquels toute personne honorable doit se coucher sur le côté droit, ce serait de propos délibéré (et non par maladresse, comme il est dit *AgbG* I p. 293) que les sculpteurs indiens auraient représenté la reine Mâyâ dans cette position.
36. ↑ *Majjhima-nikâya*, III p. 123 ; *LV* p. 72 l. 20 ; *MVU* II, p. 5 s. L'opportune séparation de corps entre Mâyâ et Çuddhodana était restée traditionnellement soulignée à Kapilavastu par le fait qu'on montrait aux pèlerins leurs appartements distincts (HIUAN-TSANG J p. 310 ; B II p. 14-5 ; *W* II p. 2).
37. ↑ En skt *garbha-sthiti*.
38. ↑ *LV* p. 60 et *Dial.* II p. 10.

39. ↑ B. Budur fig. 12. À Amarâvati *B* pl. 11, 1 et *AgbG* fig. 147 c'est toujours un petit éléphant que lors du *pracala* ou « mise en branle » abrite le tabernacle.
40. ↑ « Dispositif » est la meilleure traduction que nous trouvions à *vyûha*.
41. ↑ *LV* p. 64 ; nous croyons que telle est la scène représentée à B. Budur fig. 14.
42. ↑ *LV* p. 60 l. 18, 63 et cf. 83 l. 15.
43. ↑ *LV* p. 88 l. 1-5. — On remarquera que la mise à l'écart de St. Joseph et de Çuddhodana n'empêche nullement l'enfant du miracle d'être considéré comme un descendant de David ou d'Ikshvâku.
44. ↑ Sur l'iconographie de la Nativité (*Janma*) du Buddha le lecteur est prié de se reporter aux planches du Memoir n° 46 de l'*ASI*.
45. ↑ Rummindei est situé en territoire népalais, à 5 milles anglais au N.-E. de Dulha dans le district de Basti.
46. ↑ Açoka ajoute ensuite, autant que nous pouvons comprendre : « …Il a fait construire une (enceinte) de briques à coins de pierre et ériger une colonne de pierre, disant : Ici est né le Bienheureux. Il a fait le village de Lumminî exempt d'impôt et (autorisé à percevoir) une dîme du huitième (sur les revenus du pèlerinage) ».
47. ↑ L'*açoka* (*DA* p. 390 l. 3 ; Hiuan-tsang J I p. 322-3 ; B II p. 24 ; W II p. 14 ; Fa-hien (B p. l) ne spécifie pas l'essence de l'arbre) est le *Fonesia açoka* Roxb. ; le *plaksha* (*LV* p. 83 l. 5 *MVU* II p. 19 l. 17) est le *ficus infectoria* ; le *çala* (*NK* p. 52, l. 25) est le *shorea robusta*. Cf. *AgbG* fig. 152, 154 et I p. 229.
48. ↑ *Ṛg-veda*, IV, 18, 1-2. — Senart a déjà signalé (p. 243 s.) les curieux rapports entre les circonstances de l'accouchement de Mâyâ et de celui de Latone dans l'*Hymne homérique à Apollon*, v. 117 s.

CHAPITRE II

LA NATIVITÉ. — II. APRÈS L'ENFANTEMENT

Enfin l'Enfant-Bouddha est né ; et nous voici sortis de ce scabreux mélange de mythologie et d'obstétrique, de détails gynécologiques et de scrupules de piété. Mais si nous nous sentons déjà rassasiés de merveilles, il n'en est pas de même de la Communauté bouddhique : celle-ci va continuer d'échafauder miracles sur miracles sous couleur d'écrire une biographie de son fondateur. Est-ce à dire que ce débordement de mythomanie ne rencontrât pas d'incrédules dans l'Inde ancienne ? On se tromperait de le croire. Les hagiographes eux-mêmes ont prévu le mal qu'ils auraient à faire admettre par tout le monde leurs mirifiques inventions. L'un d'eux met dans la bouche du Bouddha accompli la prédiction, sans doute déjà réalisée, qu'un temps viendra où des moines et des laïques aussi ignorants que présomptueux ne voudront plus croire à la parfaite pureté du Bodhisattva durant les diverses phases de sa réincarnation dernière. Ils se rassembleront dans les coins pour y tenir des conciliabules et se dire : « Non, mais vous croyez cela, vous, qu'il ait pu séjourner dans le sein maternel et en sortir sans contracter aucune souillure[1] ?... » Sur quoi le pieux rédacteur, outré de leur manque de foi, leur fait prédire par le Maître en personne qu'ils seront précipités au plus profond des enfers. D'autres textes usent de procédés d'apologétique moins expéditifs, mais non moins connus. Ils consentent à discuter, sans en avoir l'air, avec ces sceptiques en invoquant, comme en passant, nombre de précédents empruntés à la vieille mythologie brahmanique. Plus explicite encore est un passage conservé en chinois : on vient de raconter au roi Çouddhodana tous les prodiges qui ont accompagné la nativité de son fils ; et là-dessus le bon roi déclare tout net à ses ministres qu'il se contenterait fort bourgeoisement d'un enfant normal et qu'à entendre toutes ces étranges histoires il finit par ne plus savoir s'il doit en rire ou en pleurer. Naturellement son premier ministre proteste qu'il n'y a pas d'hésitation possible, et qu'il doit se réjouir ; et, pour achever de le rassurer, il lui cite les naissances extraordinaires de maints grands personnages du passé : c'est Mândhâtar qui naît de la tête, Kakshîvat de l'aisselle, Prithou de la main, Aourva de la cuisse de son père[2] ; c'est l'ancêtre même de la maison des Çâkyas, Ikshvâkou, souche de la dynastie solaire de l'Inde, qui, comme son nom l'indique, sort d'une canne à sucre, etc. Sur la valeur de cet argument les opinions sont libres ; mais la tentation est trop forte de rapprocher de cette citation une énumération analogue, celle-ci librement traduite du latin :

« Est-ce que la Grèce si docte n'a pas imaginé de faire naître Minerve de la tête et Bacchus de la cuisse de Jupiter ? Ne nous raconte-t-on pas que la mère de Platon fut embrassée par le fantôme d'Apollon et que le prince de la sagesse est, lui aussi, né d'une vierge ? Et pour que les Romains ne puissent nous blâmer d'avoir fait naître d'une vierge le Sauveur notre Dieu, est-ce qu'ils ne pensent pas eux-mêmes que les fondateurs de leur ville et de leur race sont des enfants de Mars et de la vierge Ilia ?... » Qui parle ainsi ? Évidemment un apologète chrétien ; et en effet ces lignes sont de s^t Jérôme. Mais venons aux plus surprenantes : « C'est, continue-t-il, une tradition chez les Gymnosophistes de l'Inde que Bouddha, le fondateur de leur doctrine, serait né d'une vierge et issu de son flanc[3]... »

I. Légende bouddhique et tradition chrétienne. — Ainsi donc c'est un Père de l'Église qui, en nous donnant lui-même l'exemple, nous invite à rapprocher la légende du Bouddha de celle du Christ. Nous nous sommes expliqué ci-dessus (p. 20 s.) sur notre répugnance à instituer jusque dans le détail une comparaison d'où ne peut sortir aucune conclusion ferme ; mais il est incontestable que nombre d'analogies auraient déjà pu être relevées au passage. Elles n'auront sûrement pas échappé au lecteur chrétien. Ces apparitions de présages, ces accomplissements de prophéties, ces annonciations, ces vœux de chasteté des époux, ces conceptions immaculées, ces cieux qui s'entr'ouvrent et d'où descendent des légions d'anges ou de *dêva-poutra,* tout cela évoque des résonances familières ; et quand les arbres du parc de Loumbinî pour fêter la nativité du futur Bouddha se couvrent hors de saison de fleurs instantanées, comment ne pas se souvenir que la nuit de Noël, selon tel évangile apocryphe, les vignes sont sorties de leur torpeur hivernale et ont fleuri d'allégresse sur les collines de Bethléem ? Veut-on des ressemblances encore plus étroites et quasi littérales ? Lisez — le passage en vaut la peine — la description du bonheur qu'apporte à tout l'univers la venue du Prédestiné : « Toute passion, toute haine, tout égarement, tout orgueil, toute tristesse, tout abattement, toute crainte, toute concupiscence, toute jalousie, tout égoïsme disparurent. Toutes les mauvaises actions cessèrent. Les maladies des malades furent guéries ; des affamés et des assoiffés la faim et la soif furent apaisées ; des gens ivres de liqueurs fortes l'ivresse fut dissipée. Les insensés recouvrèrent la raison, les aveugles la vue et les sourds l'ouïe[4]… », etc. Comment, à première audition, ne pas percevoir comme un écho de ces paroles dans tels versets de l'Évangile selon s^t Mathieu : « Les aveugles recouvrent la vue, les boiteux marchent, les lépreux sont guéris, les sourds entendent… » ? On a cru pouvoir remplir un volume entier de ces passages parallèles ou prétendus tels. Qu'est-ce que cela prouve ? — Rien d'autre que ceci : il n'y a pas tant de manières pour les hagiographes d'exalter et de transfigurer la personne de leur Maître ou de décrire l'avènement sur la terre du royaume de Dieu.

C'est qu'en effet ces ressemblances superficielles autant qu'inévitables ne sauraient dissimuler à qui manie directement les textes les différences fondamentales qui, aussi bien du point de vue concret que du point de vue abstrait, séparent les deux traditions et les deux mondes dans lesquels elles se déroulent. Aucune fugitive analogie ne réussira jamais à combler l'écart entre la rustique et touchante misère de la Crèche et l'humble atelier du charpentier, d'une part, et, de l'autre, le faste luxueux des jardins et des palais du roi Çouddhodana. Et il n'y a pas que l'ambiance et le décor, aristocratiques dans l'Inde, démocratiques en Galilée, qui différencient les deux biographies : le contraste entre les deux façons de les concevoir n'est pas moins frappant. Nous avons déjà dû noter comment le surnaturel commence beaucoup plus tôt dans la tradition chrétienne que dans la bouddhique : pour celle-ci la descente du ciel et la réincarnation dans le sein d'une femme sont des faits qui n'ont rien en soi de contraire à la règle commune. En revanche le miracle s'arrête beaucoup plus tôt dans la légende chrétienne : aucun apocryphe que l'on sache n'a jamais songé à bâtir un tabernacle à l'Enfant-Jésus jusque dans le sein de sa mère, et sa naissance est expressément pareille à celle de tous les enfants des hommes. Ce n'est pas tout : les Évangiles n'ont presque rien à nous dire de ses trente premières années et n'insistent que sur sa courte vie publique, tandis que les *Soutra* de caractère biographique débordent de prolixes renseignements sur l'enfance et la jeunesse du Bodhisattva pour tarir brusquement au seuil de sa longue carrière enseignante. C'est ainsi qu'il nous reste à passer en revue quantité d'épisodes, tous plus merveilleux les uns que les autres, avant d'arriver enfin à la Première prédication du Bouddha ; et si quelqu'un de ces incidents nous rappelle de loin tel ou tel récit des synoptiques ou des apocryphes, nous verrons à chaque fois tout rapprochement entre eux s'évanouir dès que nous voudrons le serrer de près. Ne craignons pas de le répéter : on ne peut relever de part ni d'autre aucun emprunt qui soit philologiquement démontrable.

II. La réception de l'enfant-Bouddha. — Arrachons-nous donc à la séduction de ces rapprochements dont beaucoup — pour quiconque n'en veut pas faire une arme de polémique ou un argument de propagande — ne représentent guère que des amusettes de dilettantes, et renouons docilement le fil de notre exposé au point où nous l'avons laissé. Comme nous venons de le dire, la curiosité de la Communauté bouddhique ne se contente pas à aussi peu de frais que celle des premiers chrétiens et veut tout savoir des moindres circonstances qui ont suivi la Nativité du Bienheureux. Qui a reçu dans ses bras le nouveau-né ? Qui lui a donné le bain habituel en pareil cas ? Comment a-t-il immédiatement manifesté sa prééminence sur tous les êtres ? Quels prodiges ont signalé sa venue au monde ? Qui lui a tiré son horoscope ? Qui l'a élevé ? Quelle éducation a-t-il reçue ? Et, à cette occasion, quelles preuves a-t-il données aux siens de sa supériorité physique aussi bien qu'intellectuelle ? Autant de questions que se posent inévitablement les zélateurs, mais qui leur viennent généralement à l'esprit trop tard pour être encore susceptibles de recevoir une réponse de caractère historique — c'est-à-dire fondée sur des témoignages contemporains et dignes de foi. Qu'à cela ne tienne : en l'absence de renseignements précis, l'imagination ne se donne que plus librement carrière ; et c'est ainsi que les hagiographes bouddhistes n'ont pas craint d'improviser sur tous ces points les inventions les plus extravagantes. Disons-le d'avance et sans ambages : il n'y a presque rien dans leurs élucubrations qui mérite créance ; et si tel épisode se trouve avoir un fond de vraisemblance, les variations des textes à son sujet en dénoncent le caractère irrémédiablement fictif. Aussi ne nous attarderions-nous pas à les exposer si le rôle considérable joué dans l'imagerie par ces savantes mises en scène élaborées après coup n'attestait l'importance qu'elles avaient prise dans la dévotion populaire.

Tout d'abord il va de soi que seules des mains divines seront dignes de recevoir le Bodhisattva à sa sortie du flanc maternel. L'Inde ne s'est pas inquiétée de savoir s'il était convenable d'introduire ainsi des dieux, personnages masculins, aux côtés d'une parturiente à demi nue ; c'est la pudeur sino-tibétaine qui s'avisera plus tard de ne faire apparaître l'enfant qu'à travers la large manche de la robe de sa mère et exigera des dieux qu'ils se transforment en matrones avant de s'approcher de Mâyâ. Dans la tradition écrite du Nord-Ouest, c'est Indra et Brahma qui font ainsi l'office de sages-femmes. Sur les monuments figurés de même provenance, c'est plus précisément Indra ; rejeté par les lois de la perspective tantôt au second rang, tantôt du côté opposé du panneau, Brahma reste simple spectateur[5] en attendant de devenir à son tour premier acolyte dans les scènes postérieures à la vocation religieuse. Sur les sculptures d'Amarâvatî comme dans la tradition *pâli*, ce sont les quatre dieux des quatre points cardinaux qui tiennent ensemble le très long lange sur lequel le futur Bouddha n'est représenté que par la marque de ses pieds sacrés. Mais ne vous faites à ce propos aucun souci : personne ne vous demande de choisir entre ces versions contradictoires. Quand Hiuan-tsang a visité le parc de Loumbinî, on lui a montré côte à côte les deux places, celle où Indra avait reçu et emmailloté l'enfant du miracle, et celle où les « Quatre rois célestes » lui avaient rendu le même office avec les mêmes étoffes divines. À quoi bon perdre son temps en controverses stériles alors qu'il est tellement plus simple de percevoir deux fois, sur l'un et l'autre site, l'offrande attendue du pèlerin ? Les sacristains italiens le savent bien qui a Rome font voir en deux endroits différents, avec la même conviction, la place de la crucifixion de s^t Pierre.

III. L<small>E</small> <small>BAIN</small>. — Quelles que soient d'ailleurs les mains qui l'aient reçu, le Bodhisattva s'en échappe aussitôt dans sa hâte de prendre pied sur cette terre, qui matériellement ou spirituellement parlant, doit devenir son empire : en preuve de quoi un parasol et un chasse-mouches, emblèmes indiens de la royauté, se manifestent sans plus tarder au-dessus de sa tête. Le voici donc debout sur le sol, ou plus exactement sur un lotus miraculeusement éclos du sol pour lui en épargner le trop grossier contact : que va-t-il advenir ensuite ? Nos deux principales sources commencent par maintenir que, selon la coutume universelle, le Bain du nouveau-né a immédiatement suivi l'accouchement ; cela ne les empêche pas de déclarer un peu plus loin que le Bodhisattva, « aussitôt né », commença par faire les « Sept Pas » (car, bien entendu, il savait déjà marcher et même parler dès sa naissance). Ce dernier ordre est celui qui fut définitivement adopté par l'École de Gandhâra tandis que les stèles postérieures de la vallée du Gange combinent tant bien que mal les deux épisodes dans le même cadre. Puisque nous ne pouvons les exposer verbalement tous deux à la fois, nous commencerons, d'accord avec les textes *pâli*, par les ablutions rituelles, trop heureux de n'avoir pas à opter entre les différentes façons dont on nous dit qu'elles furent administrées.

C'est qu'en effet au sujet du Bain la tradition est des plus flottantes[6] : aussi bien, étant donnée l'indéfectible pureté du Bodhisattva, il ne pouvait s'agir que d'une simple formalité, dépourvue de toute urgence. Sur un seul point les textes sont curieusement d'accord, c'est que ce bain comportait un double afflux, l'un d'eau chaude et l'autre d'eau froide. Tantôt c'est de terre que ces deux courants s'empressent de sourdre et de remplir deux bassins pour baigner l'enfant « pareil à une statue d'or ». Tantôt, au contraire, il semble qu'ils tombent du ciel comme une pluie.

Quelqu'un inventa mieux : c'était une croyance jadis répandue dans l'Inde et que nous avons trouvée encore vivante au Cachemire, que les fontaines, étangs et lacs sont hantés par des sortes d'ondins appelés *Nâga*[Z]. L'imagination populaire se les représente comme des génies de forme mi-humaine et mi-serpentine. Pour deux des plus célèbres d'entre eux, Nanda et son cadet Oupananda, l'occasion était belle de se montrer à mi-corps dans les airs afin de mieux diriger sur le Bodhisattva le double jet de leur douche écossaise. L'idée avait fait fortune, car au jardin de Loumbinî on montrait côte à côte la place où les deux « dragons » avaient douché le divin enfant, et les deux sources jumelles non moins miraculeusement apparues, qui avaient fourni l'eau de son bain. Tout s'arrangeait donc bien ainsi ; mais quoi, pouvait-on décemment, en faveur de deux génies subalternes, priver les grandes divinités de l'incommensurable mérite attache à une telle œuvre pie ? Il faut croire que non ; car on ajoute aussitôt que des centaines de milliers de dieux, précédés d'Indra, de Brahma et des quatre Gardiens du monde, ne craignirent pas de faire des milliers de fois centuple emploi en arrosant également l'Enfant-Bouddha avec des eaux diversement parfumées. On ne saurait être plus copieusement purifié d'une impureté déclarée par ailleurs inexistante. Tout naturellement les monuments figurés reflètent les flottements des textes. À Mathourâ les deux Nâgas sortent à mi-corps de la terre ; sur les stèles de Bénarès, ils déversent le contenu de deux cruches rondes sur la tête du Bodhisattva ; car telle est la mode indienne tant pour sacrer les rois que pour baigner les enfants déjà grandelets. Au Gandhâra ce sont les deux habituels assistants, Indra et Brahma, qui s'acquittent de cette tâche ; et ce sont encore les dieux qui prennent en mains le parasol blanc et le chasse-mouches pour accompagner la déambulation du Prédestiné.

IV. Les sept pas[8]. — Qu'il précède, accompagne ou suive l'épisode du Bain, celui des Sept pas a pour lui d'être beaucoup plus original et de prêter à moins de variantes. En voici les traits essentiels, tels que nous les décrit la plus vieille tradition : « À peine né, le Bodhisattva se tient tout droit sur ses pieds et fait sept pas, le visage tourné vers le Nord ; abrité sous le parasol blanc il regarde vers tous les points cardinaux et prononce cette parole pareille au mugissement d'un taureau (d'autres disent : au rugissement d'un lion) : « Je suis le premier, je suis le meilleur des êtres… » Comportement assurément peu banal de la part d'un nouveau-né, et que pouvait seul rendre croyable le caractère surnaturel qui lui était rétrospectivement attribué. Aussi les commentateurs croient-ils devoir nous avertir qu'il y avait des précédents. Déjà lors des deux naissances immédiatement antérieures à celle où il devint dieu dans le ciel des Toushitas, le Bodhisattva s'était aussitôt mis à parler. La première fois il se trouva tenir un petit morceau de bois de santal dans sa menotte fermée : « Sa mère lui demanda : « Mon chéri, que tiens-tu là en venant au monde ? » Il répondit : « C'est un remède, maman. » Et, comme cette médecine obtint des cures merveilleuses, on appela l'enfant « Grand-remède ». La seconde fois, ce fut lors de sa renaissance comme prince Viçvantara, où il devint le parangon de la charité : « Au sortir du sein maternel il tendit aussitôt la main droite en disant : « N'y a-t-il rien dans la maison, maman ? Je voudrais faire une aumône. » Sa mère lui répondit : « Mon chéri, tu es né dans une riche famille », et prenant la main de son fils sur la paume de la sienne, elle y plaça une bourse[9]... » Mais pourquoi nous arrêter en si beau chemin ? Les exemples postérieurs ne manquent pas non plus. Quand naquit, quelque dix siècles après le Bouddha, un docteur de l'Église bouddhique du nom de Tchandragomin, il se retourna poliment vers l'accouchée en s'informant si sa grossesse ne l'avait pas trop fatiguée. Celle-ci, frappée d'étonnement — ou peut-être trouvant qu'il posait des questions au-dessus de son âge —, le pria de se taire : et, par obéissance, il se tut pendant sept ans jusqu'au moment où un nouvel ordre de sa mère, impatientée de son mutisme, lui délia enfin la langue. C'est là du moins ce que nous conte l'historien tibétain Târanâtha ; mais nous-même n'avons-nous pas souvenir d'avoir lu dans la *Légende dorée* des histoires non moins merveilleuses de saints chantant déjà des psaumes dans le sein maternel.

Revenons à notre enfant-prodige. Les divers textes ne font le plus souvent que confirmer en sanskrit ou en prâkrit ce que nous avons lu en *pâli*. Toujours le Bodhisattva parcourt d'un seul regard l'univers entier et, en pleine connaissance de cause, se rend témoignage à lui-même ; toujours il fait sept pas vers le Nord et, pendant qu'il marche les insignes de sa royauté, parasol et chasse-mouches, l'accompagnant, soit qu'ils flottent d'eux-mêmes dans les airs, soit qu'ils soient portés par les dieux. Seule addition d'importance, des lotus, — ces lotus dans le calice desquels l'on n'a pas osé le faire naître — éclosent à présent sous chacun de ses pas. Le rédacteur du *Lalita-vistara*[10] a trouvé cela encore trop simple. Pourquoi l'Enfant-Bouddha se contenterait-il de marcher vers le Nord, alors que, d'après le rituel du sacre royal, le roi marche vers les quatre points cardinaux ? Et pourquoi ne ferait-il pas mieux encore puisque, comme chacun sait, il y a six points cardinaux en y comprenant le zénith et le nadir ? Non seulement il devra à présent faire sept pas vers chacun d'eux, mais encore il faudra qu'à chaque fois il prononce une parole contenant une allusion à la direction vers laquelle il marche. Comme les Indiens s'orientent en se tournant vers l'Est (et non, comme nous, vers le Nord ou, comme les Chinois, vers le Sud), l'Orient est pour eux le point cardinal qui est « devant » : donc le Bodhisattva commencera par faire sept pas vers le levant en déclarant qu'il est celui qui marche « en avant » de tous les gens de bien. Puis il se tournera vers la droite, c'est-à-dire vers le midi, et fera un autre jeu de mots, non moins insipide, sur *dakshinâ* qui signifié à volonté « droite », « Sud » et « offrande pieuse ». En allant vers l'Ouest, il profitera du fait que le mot sanskrit veut dire à la fois « ce qui est derrière » et « ce qui vient en dernier lieu » pour spécifier qu'il est parvenu à sa dernière renaissance. Du côté du Nord, qui pour les Indiens est « en haut », dans la montagne himâlayenne un calembour tout indiqué lui suggérera qu'aucun être n'est « plus haut » que lui. En faisant ensuite sept pas la tête inclinée vers la terre, il annoncera non seulement la défaite de Mâra, le Satan bouddhique mais encore le soulagement qu'apportera dans les Enfers la pluie bienfaisante de sa Loi[11]. Enfin, comme pendant ses sept derniers pas il a forcément le visage tourné vers le ciel, ce sera ainsi que tous les êtres devront désormais tenir leurs yeux levés vers lui… Nous ne nous excuserons pas d'avoir infligé au lecteur ce fastidieux délayage : il est en effet nécessaire de lui donner une juste idée des livres bouddhiques et de leur intarissable et plat verbiage. Il ne faudrait pas qu'il jugeât d'eux seulement par quelques morceaux soigneusement choisis : la désillusion serait trop forte le jour où, encouragé par ces extraits, il s'aviserait de s'en imposer la lecture intégrale.

V. Les naissances simultanées. — L'ordre chronologique (nous voulons parler de celui qui est intrinsèquement imposé par la nature des choses) ne permet pas de retarder davantage l'énumération des phénomènes miraculeux qui ont accompagné la Nativité du Bodhisattva. On devine facilement que ce seront les mêmes qui ont déjà signalé au monde sa Conception, car les ressources de l'imagination des hagiographes sont bornées. De nouveau la terre tremble joyeusement de six manières ; des musiques invisibles se font entendre ; une lumière éblouissante remplit l'univers ; tous les êtres sont réjouis ; les habitants mêmes des enfers cessent de souffrir et les bêtes de s'entre-dévorer ; les hommes sont délivrés de tout mal aussi bien moral que physique, etc. Au milieu de ces redites nous n'apercevons qu'un fait nouveau et qui soit digne d'être relevé, car il nous fait surprendre l'action des croyances populaires sur l'élaboration de la légende. Comme on n'a pas encore tiré l'horoscope du nouveau-né, sa destinée ultérieure est censée indécise. On sait déjà qu'elle sera exceptionnelle, mais on lui laisse délibérément le choix entre le rang de Monarque suzerain du monde par droit de conquête ou celui, encore plus exalté, mais tout pacifique, de Sauveur religieux. Or, nul ne l'ignorait dans l'Inde, le Monarque universel possède de naissance sept joyaux[12], à savoir : la perle des disques, des éléphants, des chevaux, des pierres précieuses, des femmes, des ministres et des généraux. Il est donc nécessaire que ces sept trésors se manifestent, à toute éventualité, en même temps que l'héritier au trône des Çâkyas.

Bien entendu, aucun de nos textes n'en disconvient : mais les consciencieux efforts que tous font en ce sens ne pouvaient guère être couronnés d'un succès complet. Le « disque » ou « roue » deviendra aisément la roue symbolique de la Loi et sa mise en branle sera synonyme de la Première prédication ; mais on a dû escamoter la pierre précieuse, et souvent même le ministre, faute de leur trouver un emploi. On ne pouvait guère non plus faire naître en même temps que le prince son grand éléphant de parade, alors que, de notoriété publique, la croissance de ces animaux est si lente ; mais à la rigueur cette objection ne jouait pas contre son cheval favori, ni non plus contre son épouse. Enfin, avec quelque bonne volonté, le mot *parinâyaka*, « conducteur » — par une déviation de sens inverse de celle qu'a connue notre mot « connétable » — pouvait s'entendre, non plus d'un chef d'armée, mais d'un simple groom ou palefrenier. Ainsi quatre au moins des sept joyaux restaient en tout état de cause utilisables par la suite. Pour plus de sûreté, on fait naître[13] au même instant, outre cinq mille nobles garçons, dix mille jeunes filles de bonne famille, ayant à leur tête la future épouse Yaçodharâ, et, outre huit cents servantes, huit cents esclaves mâles ayant à leur tête Tchandaka, le futur meneur du cheval, tandis que (sans préjudice de cinq mille éléphantes) dix mille juments mettent bas dix mille poulains, ayant à leur tête le futur destrier lui-même, de son nom Kanthaka. Suit encore une liste de dons de joyeux avènement que l'univers produit spontanément en offrande au Prédestiné. Or c'est la coutume dans l'Inde de ne nommer l'enfant que quelques jours après sa naissance et, autant que possible, d'après quelqu'une des circonstances qui ont marqué celle-ci. Aussitôt le pieux rédacteur enchaîne : comme tous (*sarva*) les désirs et besoins (*artha*) de Çouddhodana se trouvent ainsi comblés (*siddha*) par la grâce de son rejeton supposé, il décide de l'appeler Sarva-artha-siddha ou, plus brièvement, Siddhârtha : ce qui équivaut à peu près à dire en français que, devant la prospérité apportée dans sa maison par le petit prince, le roi prend le parti de l'appeler Prosper.

Est-ce là tout ? — Pas encore : à chaque fois que la légende tient un filon d'édification, elle entend l'exploiter à fond. Comment souffrirait-elle de paraître ne pas penser à tout et ne pas tout prévoir d'avance ? Aussi la tradition postérieure prendra-t-elle soin de noter la naissance simultanée de tous les personnages, voire de tous les objets qui auront plus tard l'occasion de paraître aux côtés du Bouddha et de jouer un rôle dans sa biographie. C'est ainsi que le commentateur singhalais ne se contente pas de porter sur sa liste des sept « nés ensemble », le nom d'Oudâyin[14], le compagnon de jeux du petit prince ; il ajoute encore expressément le *ficus religiosa* sous lequel le Bodhisattva doit atteindre plus tard à l'Illumination. De leur côté les textes tibétains croient devoir également nommer à l'avance les rois contemporains du Maître et avec lesquels il entrera forcément en relations, à commencer par Bimbisâra du Magadha et Prasênadjit du Koçala. Enfin ils ne refusent pas la même faveur au génie familier qui, foudre en main — d'où son nom de Vadjrapâni[15] — se constituera le garde du corps du Bienheureux et le suivra partout comme son ombre : aussi bien représente-t-il ce que les Grecs auraient appelé son *daimôn,* les Latins son *genius,* les Perses son *fravarti* et les chrétiens son ange gardien.

VI. La présentation au temple. — Après la Nativité, le Bain et les Sept pas nous n'avons plus rien à faire au parc de Loumbinî ; et puisque la naissance du futur Bouddha en ce lieu est, selon toute apparence, un fait historique, le retour à Kapilavastou, qui a présent s'impose, l'est aussi. Le difficile est de le dépouiller de tous les enjolivements dont les Écritures l'enrobent. Tel est le revers des mythes imaginés à dessein et après coup ; leurs inventeurs croient embellir ainsi les faits réels : mais le vernis de merveilleux dont ils les revêtent ronge, pour ainsi dire, son support, et toute la légende finit par sonner le creux. Un passage du *Mahâvastou*[16] nous dévoile avec une candeur désarmante les procédés de fabrication des hagiographes : « Le roi Çouddhodana ordonne : Remmenez la Reine d'ici ! Dans quoi transportera-t-on le Bodhisattva ? Le divin (artiste) Viçvakarma façonne une litière de pierres précieuses. Qui portera cette litière ? Les quatre Grands rois (des points cardinaux) se présentèrent : C'est nous qui porterons la crème des êtres. Le Bodhisattva monta avec sa mère dans la litière : Çakra, l'Indra des dieux, et Brahma lui ouvrent la route… » On voit comment chaque question appelle sa réponse : il n'est que de battre à propos le rappel de ses souvenirs mythologiques. Mais ce n'est là que l'enfance de l'art, et il se trouve toujours quelqu'un pour surcharger une première ébauche. Dans le cas présent le *Lalita-vistara* organise derechef la pompe triomphale d'une procession où défilent deux cent mille hommes, femmes, chevaux et éléphants, et qu'un cortège aérien de plusieurs milliards de divinités accompagne en faisant pleuvoir des fleurs paradisiaques, tandis que le Bodhisattva est à présent assis dans un char traîné par vingt mille nymphes célestes, toutes magnifiquement parées… Qui dira mieux ?

Il est convenu que nous laissons tomber ces fantasmagories inspirées par une dévotion délirante, et d'ailleurs vite transformées en clichés qui se déclenchent automatiquement de chapitre en chapitre. Mais sur le chemin du retour à la ville se place un épisode qui ne saurait être passé sous silence : car, par un curieux renversement de toute prévision, autant il est inattendu pour un Indien ou un indianiste, autant il paraît naturel à un juif ou à un chrétien. Les prescriptions relatives à la circoncision ou au baptême convient en effet ces derniers, si même elles ne les obligent, à mener dans un bref délai le nouveau-né au lieu saint de leur religion. Dans les vieux rituels domestiques de l'Inde il n'est nulle part question d'une obligation de ce genre parmi les nombreuses cérémonies qui jalonnent les premières semaines de tout enfant de bonne caste. Aussi bien les textes nous donnent-ils à entendre que c'était là une coutume particulière aux Çâkyas, ce qui après tout n'est pas impossible. Les ministres, ou les vieillards des deux sexes, fidèles dépositaires des coutumes de la tribu, rappellent au roi l'existence de cette pratique et insistent pour qu'elle soit observée[17]. D'après l'un des textes, on conduit donc le Bodhisattva au sanctuaire qui, comme son nom de Çâkyavardhana l'indique, assure la prospérité du clan et qui abrite sa patronne tutélaire, la déesse Abhaya (Absence-de-crainte) : et il faut convenir que tout, dans cette version, se tient assez bien. Un second texte entreprend de magnifier et de compliquer la scène en y mêlant toutes les figures populaires du panthéon brahmanique, et c'est à un « temple des dieux » que l'on mène le nouveau-né. Miracle : la divinité ou les divinités, loin d'accepter l'hommage qu'on veut qu'il leur rende, tombent au contraire à ses pieds... De ce merveilleux incident on n'a pas manqué de rapprocher un épisode bien connu d'un des Évangiles apocryphes de l'enfance. C'était au temps de la fuite de la Sainte Famille en Égypte : la Vierge et l'Enfant entrent par aventure dans un des temples du pays, et immédiatement les idoles tombent à terre. Si l'on raisonne dans l'abstrait, l'analogie semble indéniable : mais reportez-vous aux textes, et aussitôt vous verrez percer sous les ressemblances apparentes les divergences foncières. Que nous conte en effet le *Pseudo-Mathieu*[18] ?

Ils entrèrent dans une ville que l'on appelle Sotinen ; et parce qu'ils n'y connaissaient personne à qui demander l'hospitalité, ils entrèrent dans le temple que les Égyptiens appellent Capitole. Et dans ce temple étaient placées 365 idoles auxquelles on rendait tour à tour, à chaque jour de l'année, des honneurs sacrilèges. Quand la Bienheureuse Marie fut entrée dans le temple avec le petit enfant, toutes les idoles furent renversées à terre... Et alors fut accomplie la parole du prophète Isaïe (XIX, 1) : « Voici que le Seigneur viendra sur une nuée légère et toutes les œuvres des Égyptiens seront balayées de devant sa face ».

Que nous dit à son tour le *Lalita-vistara*[19] ?

Et alors les vieux et les vieilles d'entre les Çâkyas se rendirent ensemble près de Çouddhodana et lui dirent : « Sachez-le, Sire, il faut conduire le prince au temple des dieux… » [Suivent les lieux communs sur la décoration des rues de la ville et l'organisation de la procession.] Et le roi Çouddhodana, ayant pris avec lui le prince, entra dans le temple ; et le Bodhisattva n'eut pas plus tôt posé dans ce temple la plante de son pied droit que, bien qu'inanimées, les images des dieux — à savoir celles de Çiva, Skanda, Nârâyana, Kouvêra, Tchandra, Soûrya, Vaiçravana, Çakra, Brahma, Lokapâlas, etc., — toutes s'étant levées de leurs places, tombèrent aux pieds du Bodhisattva… Et les divinités dont c'étaient les images, toutes, se montrant en versonne, chantèrent un hymne (en son honneur)… Et à l'occasion de cette manifestation du Bodhisattva lors de son entrée dans le temple des dieux, trente-deux centaines de mille de divinités reçurent la vocation de la suprême et parfaite Illumination. Telle fut la cause, telle fut la raison que le Bodhisattva avait en vue quand il fut conduit au temple des dieux.

Nul ne songera à contester que, réduit à sa plus simple expression et, pour ainsi dire, à l'état brut, le fond des deux récits ne soit pareil : dans l'un comme dans l'autre les images des anciens dieux doivent s'incliner devant la supériorité du petit enfant qui sera l'instaurateur d'une religion nouvelle. Cependant leur lecture ne montre pas seulement que sur aucun point les circonstances accessoires ne se ressemblent : trait de plus grande conséquence, et en l'espèce décisif, les intentions des deux narrateurs se révèlent diamétralement opposées. Les idoles égyptiennes, précipitées de leurs socles par une force hostile autant que surnaturelle, mordent la poussière pour ne plus se relever : car ce sont de faux dieux dont le Christ est venu abolir à jamais le culte. Au contraire, les divinités de l'Inde reçoivent de l'Enfant-Bouddha une visite de politesse, et c'est en toute spontanéité qu'elles s'empressent de prévenir son hommage par les leurs. Si elles se prosternent devant lui, ainsi qu'il convient, c'est pour se redresser aussitôt et reprendre sur leurs autels leurs places accoutumées : car le Prédestiné est « venu comme il est venu » aussi bien pour le salut des dieux que pour celui des humains. Ainsi l'on s'aperçoit que les deux passages cités ne diffèrent pas moins dans leur esprit que dans leur lettre. C'est indépendamment l'un de l'autre que leurs auteurs ont projeté dans le passé, chacun en conformité avec ses propres croyances religieuses, la préfiguration d'événements en voie de s'accomplir sous leurs yeux. Le contraste entre les deux légendes s'accentue encore plus nettement si l'on poursuit leurs prolongements à travers les représentations qu'en donnent les iconographies médiévales. Le miracle chrétien reparaît en effet dans toutes les séries peintes ou sculptées consacrées aux scènes de l'Enfance, et le XIIIe siècle a fini par le figurer de façon presque hiéroglyphique, par deux idoles tombant de leur piédestal et se brisant irrémédiablement par le milieu[20]. Lorsque au VIIe siècle — une douzaine de siècles également après le Bouddha — le pèlerin chinois Hiuan-tsang visita, en dehors de la porte de Kapilavastou, le temple qui était censé avoir été le théâtre du miracle bouddhique, il eut sous les yeux un spectacle bien différent. Quand, relate-t-il, lors du retour du jardin de Loumbinî, le Bodhisattva, encore dans ses langes, fut apporté dans le temple, la statue se leva pour lui rendre hommage et elle se rassit quand on l'emporta ; et c'est pourquoi l'on voit dans ce temple une image de pierre dans l'attitude de quelqu'un qui se lève pour saluer. Les vieux imagiers de l'Inde comme ceux de nos cathédrales avaient parfaitement saisi et traduit aux yeux le sens intime de leur propre tradition.

La comparaison des deux textes appellerait encore bien d'autres remarques. Le scénario du miracle dans l'Évangile apocryphe trahit une insigne maladresse dans sa recherche de la vraisemblance historique ; mais, en revanche, si l'on se demande où l'épisode s'introduit le plus naturellement, il n'est pas douteux que ce ne soit dans la légende judéo-chrétienne. L'invention de la chute des idoles égyptiennes est visiblement sortie de la parole prophétique d'Isaïe qu'il s'agissait de réaliser à tout prix, et plonge par ses racines dans le passé hébraïque ; nous n'avons rien à chercher au delà. Devant le texte sanskrit, tout au contraire, nous n'arrivons pas au bout de nos étonnements. La justification que le rédacteur croit devoir nous donner en fin de chapitre de cette précoce exhibition par le Bodhisattva de sa puissance surnaturelle, même si l'on fait abstraction de l'extravagance des chiffres, est trop édifiante pour être convaincante, et se répète d'ailleurs en d'autres occasions[21]. Par ailleurs, à la surprise d'entendre un bouddhiste nous parler d'une « présentation au temple » du futur Bouddha, s'ajoute celle d'en lire une description qui correspond trop bien à notre propre façon de concevoir les choses pour paraître naturelle sous le calame d'un Indien. Que celui-ci multiplie à plaisir le nombre des adorateurs divins de son Maître, cela est de règle. Ce qui ne l'est pas, c'est que, dans son désir de perfectionner le prodige, il fasse intervenir d'abord leurs images et que, contre toute vraisemblance, il les fasse cohabiter dans la cella d'un même sanctuaire ; c'est ensuite qu'à ces statues, déclarées par lui inconscientes, il prête un sens si prompt des bienséances ; c'est enfin qu'il fasse si nettement la distinction entre elles et les divinités qu'elles représentent, au point de se croire obligé de faire corroborer par les cantiques de celles-ci le muet hommage de celles-là. Où a-t-il acquis une telle familiarité avec le culte des idoles en même temps qu'une telle liberté d'esprit à leur endroit ? À la mentalité dont ces innovations comme ces scrupules témoignent on ne peut s'empêcher de chercher une explication du côté du pays qui fut toujours le moins indien de l'Inde et le plus ouvert aux influences étrangères — nous voulons dire le Gandhâra, à l'extrême pointe de la frontière du Nord-Ouest de la péninsule, sur la grand-route terrestre qui la reliait avec le monde méditerranéen. Là seulement la diffusion attestée dès le début de notre ère des cultes de lâtrie et la multiplication des statues permettraient de rendre un compte satisfaisant de ce curieux chapitre VIII du *Lalita-*

vistara. Quand ensuite nous cherchons vainement la figuration de cette scène dans le répertoire gandhârien et que d'autre part nous apprenons que ce chapitre relativement très bref manque dans les vieilles traductions chinoises de l'ouvrage, la tentation est grande de le considérer, au moins dans sa teneur actuelle, comme une interpolation tardive. Sur ce point, comme sur bien d'autres, nous ne pouvons arriver à une certitude absolue ; mais en tout état de cause, une observation subsiste : quand pour la première fois nous entrevoyons la possibilité d'une influence, celle-ci devrait être portée à l'actif de l'Occident et non de l'Orient.

VII. L'HOROSCOPE. — Le roi Çouddhodana n'est pas plus tôt rentré dans son palais que son premier soin est de faire tirer l'horoscope du nouveau-né. Une fois de plus il semble que les textes nous rapportent un fait réel ; mais cette fois nous ne percevons dans la teneur d'aucun d'eux la moindre dissonance étrangère — nous voulons dire rien qui détonne avec ce que nous croyons savoir du vieux folklore indien. Non que la pratique en question, encore courante chez nous au XVIe siècle dans toutes les nobles maisons, soit le moins du monde particulière à l'Inde ; mais tout, dans la description qu'on nous en donne, se passe selon des rites qui appartiennent en propre à sa haute antiquité. Tout d'abord il ne faut pas entendre ici par horoscope une opération astrologique, mais simplement, dans le sens le plus large du mot, une prédiction concernant l'avenir d'un enfant, sans qu'il soit besoin de consulter à ce propos la position des astres au moment de sa naissance. Assurément la tradition a fini par fixer la date de la Nativité du Bouddha au mois de *vaiçâkha* (avril-mai) et par s'inquiéter des astérismes régnant à cette époque de l'année. Mais les vieux devins brahmaniques auxquels il est fait appel pour le Bodhisattva n'étaient pas encore de véritables astrologues : ils se contentaient d'être des diseurs de bonne aventure[22]. Ainsi que l'indique leur nom, leur métier était d'observer les signes corporels du sujet soumis à leur expertise et de pronostiquer d'après eux la destinée qui l'attendait. Ceci est le premier point à retenir.

Seconde question : comment procédaient-ils ? — D'une façon fort méthodique. Conformément au génie systématique des vieux théoriciens indiens, ces différents signes, tous purement physiques, avaient été classés, numérotés et répartis entre deux séries, d'une part celle des trente-deux marques caractéristiques principales et de l'autre celle des quatre-vingts indications secondaires, celles-ci n'étant d'ailleurs qu'une reprise plus détaillée de celles-là[23]. Il suffisait donc de se reporter successivement aux différents item du catalogue constitué par la mise bout à bout de ces deux listes et de les rechercher un à un sur le patient — à peu près comme tant de touristes passent leur temps à vérifier sur les monuments les indications de leur guide. On constatait ainsi tour à tour si le nouveau-né avait ou non un large crâne bien arrondi ; des cheveux noirs moirés et bouclant tous vers la droite ; un front large et uni ; un petit cercle de poils entre les sourcils ; des yeux noirs ;

quarante-deux dents blanches, toutes égales ; une langue longue et flexible, une mâchoire de lion ; une peau fine et dorée ; des épaules bien tournées... ; et ainsi de suite, en continuant par la largeur de sa poitrine, la longueur de ses bras qui doivent lui tomber jusqu'aux genoux, et l'élégance de ses jambes de cerf, pour finir par ses doigts de pieds. Cette première inspection achevée, on la recommençait en sens inverse, à l'aide et dans l'ordre des quatre-vingts caractères secondaires, depuis les ongles des orteils jusqu'au sommet de la tête. Nous épargnerons au lecteur ces énumérations fastidieuses : il lui suffit de savoir que l'enfant qui réunissait tous ces signes particuliers — et tel fut naturellement le cas de Siddhârtha — ne pouvait que devenir un « grand homme[24] ».

En troisième lieu (soyons, nous aussi, méthodiques) il ressort de ce qui précède, ainsi que l'a bien vu Émile Senart, que le catalogue des signes et sous-signes n'est ni de l'invention ni de la composition des bouddhistes et qu'il existait antérieurement à l'emploi qu'ils en ont fait. Loin de s'en cacher leurs Écritures insistent pour le ranger au nombre des vieux manuels techniques des brahmanes. Il n'en reste pas moins que c'est eux qui, en l'appliquant point par point à la personne de leur Maître naissant, nous en ont fait connaître tout l'essentiel, — à nous et avant nous, à leurs innombrables convertis de l'Asie centrale et Extrême-orientale. Aussi était-il inévitable qu'avec le temps il ait fini par être considéré comme faisant partie intégrante des Écritures bouddhiques. Quand enfin le moment vint, quatre ou cinq siècles après la mort du Maître, de concevoir et de dessiner ou modeler ses images, en l'absence de tout document et de tout souvenir précis, les fidèles furent trop heureux de se reporter à cette énumération de toutes les marques de beauté et de grandeur. C'est alors et c'est ainsi que celle-ci en vint à être considérée comme une description, non plus du Bouddha naissant, mais du Bouddha parfaitement accompli, et que le manuel divinatoire se mua en une sorte de mémento iconographique. C'est bien comme tel que Tibétains et Chinois l'ont présenté aux premiers exégètes européens. Mais, par un quiproquo riche d'absurdes conséquences, cela revenait à appliquer, de gré ou de force, à un adulte le dénombrement des perfections physiques d'un enfantelet. On devine à l'avance les difficultés d'interprétation que cette confusion, encore que commise de bonne foi, devait fatalement entraîner à sa suite. Des singulières théories dont elle est la source responsable, certaines sont depuis longtemps tombées sous le ridicule, telles que celle relative à « l'origine africaine » du Bouddha (et en effet ne nous était-il pas décrit comme ayant des cheveux crépus à la façon d'un nègre ?) ; d'aucunes sont encore courantes, à l'heure actuelle, telles que les fables relatives à la « bosse de sagesse » dont serait surmonté le crâne du Bienheureux. Comme nous ne nous occupons pas ici des origines du type consacré des idoles du Bouddha, nous n'avons pas à traiter des questions, embrouillées à plaisir, que cette méprise initiale a engendrées, d'autant qu'on les trouvera discutées ailleurs[25] : mais peut-être n'était-il pas superflu de mettre le lecteur en garde contre des préjugés encore trop répandus.

Quand, munis de ces informations, nous revenons aux récits qui nous sont donnés de l'horoscope, nous ne serons pas autrement surpris de constater que, par leurs exagérations comme par leurs flottements, nos auteurs réussissent une fois de plus à dénaturer un fait dont la banalité même semblait garantir l'historicité. Bien entendu aucun d'eux n'a consenti à se contenter de la consultation demandée par le roi Çouddhodana aux astrologues professionnels que, tels les Valois, il est censé entretenir à sa cour, et qui lui ont déjà fourni, lors de la Conception, l'interprétation du songe de la reine. Leur méfiance à l'égard du verdict de ces brahmanes nous est d'ailleurs expliquée de façon assez ingénieuse. Les signes symptomatiques dont il vient d'être question, s'ils présagent sûrement la grandeur future du nouveau-né, ne suffisent pas à définir de façon certaine le genre de haute fortune qui l'attend. Comme aurait dit notre Moyen Âge, il se peut qu'il devienne à volonté l'une ou l'autre « des deux moitiés de Dieu, le pape et l'empereur ». En langage indien, on lui laisse le choix entre le rang de Monarque universel et celui de Bouddha parfait. Aussi n'a-t-on pas manqué de rappeler à ce propos le double aspect, que selon l'attente de tels ou tels de ses adeptes, est susceptible de revêtir le Messie judéo-chrétien, celui de Souverain théocratique ou celui (non moins fulgurant, mais de couleur morale et non plus politique) de Juge et de Rédempteur. Les pronostiqueurs brahmaniques, à l'examen desquels le Bodhisattva est d'abord soumis par son père, sont incapables de choisir entre deux conjectures également fondées. On recourt donc aux dieux pour déterminer celle qui doit en fait se réaliser. Mais parfois les dieux eux-mêmes restent hésitants entre les deux éventualités possibles. Il faut alors qu'un vieux *rishi* descende tout exprès de son ermitage montagnard pour fixer définitivement les idées de la famille[26]. Cette dernière version est celle qui est finalement devenue la plus populaire, ainsi que le prouvent les nombreuses représentations que nous en possédons. Pour Hiuan-tsang, il n'y a plus de doute : bien qu'il n'ignore pas l'existence des autres augures, c'est le *rishi* Asita qui seul fut assez clairvoyant pour prédire de façon ferme la destinée du Bodhisattva.

VIII. La prédiction d'Asita. — Tournons-nous donc à présent vers ce saint et sagace personnage. Le nom de *rishi* évoque à l'esprit des Indiens quelque chose d'analogue à ce que nous appelons un patriarche — mais un patriarche sans postérité, conçu comme un de ces sages ascétiques que l'Inde a connus bien des siècles avant qu'il n'y en eût en Thébaïde. Asita vit avec son neveu et disciple Naradatta, l'un dit sur l'Himâlaya, l'autre sur les monts Vindhyas. Les prodiges qui accompagnent la Nativité et les joyeuses allées et venues des dieux ne sauraient échapper à sa perspicacité surnaturelle. Ou bien il s'informe auprès des divinités des motifs de leur allégresse, ou bien son don de vision divine lui permet du haut de sa montagne d'en découvrir immédiatement la raison. Grâce à un autre mystérieux pouvoir également attaché à sa transcendante sagesse, il prend son essor et se transporte à travers les airs au palais de Çouddhodana : car l'un des privilèges constants des saints indiens est de voler ainsi à leur gré sans avion et même sans ailes. Son neveu (on ne nous dit pas comment, mais nous savons par ailleurs de quelle façon ces choses se passent) l'accompagne dans son vol, accroché à un coin de son manteau[27]. Bientôt introduit près du roi, il demande à voir le nouveau-né, le prend entre ses bras et, dans un saint transport, se met à prophétiser… Nous ne ferons aucune difficulté pour le reconnaître : si les célestes gambades des « fils-de-dieux » ne rappellent que de très loin le chœur des anges qui pendant la nuit de Noël alertèrent les bergers de Bethléem, en revanche les faits et gestes d'Asita sont étonnamment conformes à ceux que l'Évangile selon s^t Luc prête au vieillard Siméon : ce dernier n'a-t-il pas, lui aussi, pris entre ses bras l'Enfant-Jésus et salué en lui le futur Sauveur du monde ? Il ne reste plus, semble-t-il, qu'à se demander lequel de ces deux saints vieillards a copié l'autre : question que chacun aura vite fait de résoudre au gré de ses partialités ou de ses préventions… Ce serait aller un peu vite en besogne. Il ne suffit pas en pareil cas de s'en fier à des souvenirs plus ou moins superficiels : il faut aller jusqu'au fond des choses, en d'autres termes se reporter directement aux sources. Plus frappant paraît être ici l'accord entre les deux traditions, la bouddhique et la chrétienne, et mieux nous apprendrons par cette nouvelle expérience à quel point les plus séduisantes apparences peuvent induire parfois en erreur. Que nous dit en effet le *Lalita-vistara* ?

En ce temps-là le grand rishi Asita demeurait sur le versant de l'Himâlaya, le roi des montagnes, en compagnie de Naradatta, le fils de sa sœur, et il était doué des cinq facultés surnaturelles. Dès la naissance du Bodhisattva il aperçut nombre de merveilles, de prodiges et de miracles. Dans le firmament les Fils-de-dieux, pleins d'allégresse, couraient çà et là, en agitant leurs écharpes[28]. À cette vue il se dit : « Allons, il faut que je regarde autour de moi. » Embrassant de son regard divin l'ensemble de l'Inde, il s'aperçut que dans la grand-ville qui porte le nom de Kapila, dans la maison du roi Çouddhodana, était né un petit prince resplendissant de cent splendeurs sacrées, loué de tout l'univers, ayant le corps orné des trente-deux marques caractéristiques du grand homme. Et, l'ayant vu, il s'adressa au novice Naradatta : « Sache-le, ô novice, dans l'Inde vient d'apparaître un grand trésor. Dans la grand-ville de Kapilavastou, dans la maison du roi Çouddhodana est né un petit prince resplendissant de cent splendeurs sacrées, loué de tout l'univers, doté des trente-deux marques caractéristiques du grand homme. Et s'il persiste à demeurer dans la maison (entendez : s'il mène la vie laïque), il deviendra un Monarque souverain du monde, chef d'une grande armée en quatre corps[29], victorieux, juste, un vrai roi de la Loi, dévoué à son peuple, plein d'héroïsme et possesseur des sept joyaux. Et en outre il possédera mille fils, tous guerriers vaillants, héroïques, beaux de leur personne, écraseurs des armées ennemies. Toute la circonférence de cette terre jusqu'à l'Océan qui l'entoure, sans avoir à recourir aux pénalités ni à la guerre, après l'avoir conquise et soumise, il régnera sur elle par droit de suprême seigneurie. Si au contraire il quitte la maison pour embrasser la vie errante (entendez : s'il se fait religieux) il deviendra le Prédestiné, le Saint, le parfaitement Illuminé, le Guide que nul autre ne guide, le Précepteur du monde, le parfait Bouddha. C'est pourquoi nous allons tous deux lui rendre visite. » Et alors le grand rishi Asita, en compagnie de son neveu Naradatta, s'élançant du firmament comme le ferait un cygne, se rendit en volant à la grand-ville de Kapilavastou. Aussitôt arrivé, il résorba son pouvoir magique, entra pédestrement dans la grand-ville de Kapilavastou, et se rendit à l'endroit où se trouvait la résidence du roi Çouddhodana : s'y étant rendu, il se tint debout à la porte.

Cependant le grand rishi Asita vit qu'à la porte du roi Çouddhodana plusieurs centaines de milliers de personnes s'étaient rassemblées. Alors le grand rishi Asita, s'étant approché du gardien de la porte, lui dit : « Hé, l'homme, va faire savoir au roi Çouddhodana qu'un rishi se tient à sa porte. — Bien », dit le portier, et, docile à la parole du grand rishi Asita, il se rendit près du roi Çouddhodana ; s'y étant rendu, il le salua[30] et lui dit : « Sachez-le, Sire, un très vieux rishi, usé par l'âge, se tient à la porte, et voici ses paroles : « Je suis désireux de voir le roi. » Et le roi Çouddhodana, ayant fait préparer un siège pour le grand rishi Asita, dit à l'homme : « Que le rishi entre. » Et cet homme, étant sorti du palais royal, dit au grand rishi Asita : « Entre. »

Et alors le grand rishi Asita se rendit près du roi ¨csouddhodana : s'y étant rendu, il se tint debout devant lui et lui dit : « Sois victorieux, à grand roi, aie un long règne, gouverne selon la justice. » Et le roi Çouddhodana, ayant rempli à l'égard du grand rishi Asita les devoirs de l'hospitalité et lui ayant fait le meilleur des accueils, l'invita à s'asseoir[31] ; et, le sachant confortablement assis, avec respect et vénération il lui dit : « Je ne me souviens pas, ô rishi, de t'avoir déjà vu ; pourquoi donc es-tu venu et dans quel dessein ? » Ainsi interpellé, le grand rishi Asita répondit au roi Çouddhodana : « Il t'est né un fils, ô grand roi ; ce qui m'amène c'est le désir de le voir. » Le roi dit : « Le petit prince dort, ô grand rishi ; prends patience un instant jusqu'à ce qu'il se lève. » Le rishi dit : « De tels grands hommes, ô grand roi, ne dorment pas longtemps ; de tels hommes de bien veillent d'habitude. »

Cependant, le Bodhisattva, par condescendance pour le grand rishi Asita, donna un signe de réveil. Et alors le roi Çouddhodana, ayant avec toutes précautions pris dans ses deux mains le petit prince Sarvârthasiddha, le présenta au grand rishi Asita. Et quand celui-ci, ayant contemplé le Bodhisattva, eut vu qu'il avait le corps orné des trente-deux marques caractéristiques du grand homme et des quatre-vingts signes secondaires, que sa beauté surpassait celle de Çakra, de Brahma et des Gardiens du monde, que son éclat surpassait celui de cent mille soleils et qu'il était beau de tous ses membres, il lui échappa cette exclamation : « En vérité c'est une merveilleuse personnalité qui est apparue en ce monde ! » Se levant de son siège et saluant, il tomba aux pieds du Bodhisattva ; puis, après avoir tourné autour de lui en le gardant à main droite, il le prit dans son giron et entra en méditation[32]…

[Nous supprimons ici une maladroite interpolation de quelques lignes qui, pour mieux tirer les choses en longueur à coups de répétitions, réserve encore la question du choix de l'enfant entre les deux voies qui s'ouvrent devant lui ; la suite prouve qu'Asita n'a déjà plus le moindre doute à ce sujet.]

Et là-dessus il se mit à gémir et à verser des larmes et à pousser de profonds soupirs[33]. Et à cette vue le roi Çouddhodana, frissonnant de tous ses pores, en grande hâte, le cœur plein d'affliction, dit au grand rishi Asita : « Pourquoi est-ce donc, ô rishi, que tu gémis, que tu verses des larmes et que tu pousses de profonds soupirs ? Pourvu que rien ne menace l'enfant ! » Ainsi interpellé, le grand rishi Asita dit au roi Çouddhodana : « Ô grand roi, ce n'est pas sur le petit prince que je pleure, et rien ne le menace. Non, c'est sur moi-même que je pleure. — Et pourquoi cela ? — C'est que, grand roi, je suis déjà très vieux et tout usé par l'âge ; or, immanquablement, le petit prince Sarvârthasiddha s'illuminera de la suprême et parfaite

Illumination, et, devenu parfaitement Illuminé, il fera tourner la roue sans pareille de la Loi, cette roue que nul autre en ce monde, ni moine, ni brahmane, ni divinité n'a encore fait tourner. Pour le bien, pour le bonheur du monde, y compris les dieux, il enseignera la Loi, salutaire en son commencement, salutaire en son milieu, salutaire en sa fin, et révélera aux êtres une pratique morale avantageuse, intelligible, unique, complète, parfaitement claire et pure. En suite de quoi les êtres soumis par nature à la nécessité de la renaissance seront délivrés de la renaissance, et, du même coup, de la vieillesse, de la maladie, du chagrin, de la plainte, de la douleur, du désespoir, de l'épuisement. Les êtres brûlés par le feu du désir, de la haine et de l'égarement, il les rafraîchira par l'ondée de sa Bonne-Loi. Les êtres égarés par la séduction des fausses doctrines et engagés dans un mauvais chemin, il les remettra dans le droit chemin, le chemin du Nirvâna. Les êtres emprisonnés dans la cage de la transmigration, ligotés dans les liens des passions, il les délivrera de leurs liens. Les êtres aveuglés par la taie des obscures ténèbres de l'ignorance, il leur dessillera l'œil de la sapience. Les êtres blessés par les dards des passions, il leur extirpera ces épines. De même, ô grand roi, qu'une fleur de *ficus glomerata*[34] n'apparaît qu'à de longs intervalles dans le monde, de même, ô grand roi, ce n'est qu'à de longs intervalles, après beaucoup de millions de myriades de millions d'æons, que les Bienheureux Bouddhas apparaissent dans le monde. Or ce petit prince, immanquablement, s'illuminera de la suprême et parfaite Illumination, et, devenu le parfaitement Illuminé, il fera passer des centaines de milliers de millions de myriades de millions d'êtres à l'autre rive de l'océan des transmigrations et les établira dans l'absence de mort. Et quand je me dis que je ne verrai pas cette perle des Bouddhas, c'est alors, ô grand roi, que je pleure et que, le cœur plein d'affliction, je soupire profondément. »

[Suivent les énumérations des trente-deux caractères principaux et des quatre-vingts signes secondaires présentés par l'enfant et la conclusion inévitable se répète : « Immanquablement, il entrera en religion. »]

Et alors le roi Çouddhodana, ayant entendu de la bouche du grand rishi Asita cette prédiction au sujet du petit prince, content, ravi, transporté de joie, plein de satisfaction et d'allégresse[35], se leva de son siège et, tombant aux pieds du Bodhisattva, prononça cette stance :

« Toi que les dieux avec Indra adorent,
Toi, l'objet des hommages des rishis,
Toi le médecin de tout cet univers,
Seigneur, moi aussi, je t'adore. »

Puis le roi Çouddhodana rassasia le grand rishi Asita ainsi que son neveu Naradatta avec la nourriture qui convenait, et, les ayant nourris et vêtus, il fit le tour de leurs personnes en les tenant à main droite. Et alors le grand rishi Asita, grâce à son pouvoir magique, s'en alla *par la voie des airs* et s'en retourna à son ermitage[36].

Comparez à présent ce que nous dit, avec infiniment moins de verbosité, l'Évangile selon s^t Luc :

« Or il y avait à Jérusalem un homme dont le nom était Siméon. Cet homme était pieux et juste, il attendait la consolation d'Israël et l'Esprit saint était sur lui. Et il lui avait été révélé par le Saint-Esprit qu'il ne verrait pas la mort avant d'avoir vu le Christ du Seigneur. Il vint donc au temple *dans l'esprit* ; et comme les parents apportaient l'Enfant-Jésus pour accomplir à son égard les prescriptions de la Loi, il le prit entre ses bras, bénit Dieu et dit : « Maintenant, Seigneur, tu laisses aller en paix ton serviteur selon ta parole : car mes yeux ont vu ton salut que tu as préparé pour être à la face de tous les peuples la lumière qui doit éclairer les nations et la gloire de ton peuple d'Israël. » Et son père Joseph et sa mère étaient dans l'admiration des choses qu'on disait de lui[37]… »

Vous avez lu, et, à mesure que vous lisiez, vous avez vu les analogies se dissiper et nombre de divergences s'installer à leur place. Tout d'abord le cadre comme les circonstances des deux entrevues sont nettement différents, et d'ailleurs, dans les deux cas, également vraisemblables ; mais ceci ne serait rien. Ce qui compte et tranche la question, c'est que, si les gestes des deux vieillards sont pareils, leurs attitudes mentales sont directement contraires. Asita pleure, alors que Siméon se réjouit ; le premier se désole de devoir mourir trop tôt, le second entonne un cantique d'allégresse parce qu'il a vécu assez tard ; et le contexte prend soin de justifier la joie de l'un comme la tristesse de l'autre. Tout compte fait, le rapport entre les deux épisodes se résume en ceci qu'un vieillard inspiré, tenant dans ses bras un enfant prédestiné, prophétise devant ses parents émerveillés l'avènement d'un Sauveur du monde. Assurément nul ne disconviendra que cette analogie ne soit un fait intéressant à relever : mais qui ne voit qu'ici et là nous avons affaire à un incident quasiment obligé de la légende ? Comment la piété des fidèles aurait-elle pu admettre que la merveilleuse destinée des fondateurs des deux plus grandes religions de notre planète n'ait pas été, pour qui savait voir, visible dès leur berceau ? Et la perspicacité nécessaire pour pressentir cette prédestination surnaturelle, à qui en faire honneur sinon à quelque saint vieillard ? Ainsi l'accord de fond entre les deux prédictions reste purement théorique, tandis que le désaccord s'avère complet entre les termes de leurs rédactions. Qu'il y ait entre elles un rapport, qu'il y ait même parallélisme, cela est indéniable ; mais nulle part nous ne trouverons matière à un rapprochement véritable ni prétexte à recoupement.

C'est ici qu'intervient, pour nous contredire, une ingénieuse hypothèse. Pour démontrer un emprunt entre deux textes donnés, il n'est pas toujours nécessaire d'y signaler de longues correspondances littérales. Point n'est besoin de phrases entières ; la simple répétition d'un seul terme, pourvu qu'il soit naturel et intelligible dans l'un, et au contraire inattendu et malaisément explicable dans l'autre, suffit parfois à dénoncer le plagiat. Or, dans le cas présent, cette preuve démonstrative que nous avons vainement cherchée, d'autres ont cru l'avoir décelée ; et, toute minime qu'elle soit, elle emporte à leur avis la conviction. Quand les *Soutra* nous racontent que le rishi Asita se transporte par l'air ou « l'atmosphère » (*vihâyasâ*), nous sommes libres de ne pas les en croire ; mais le sens de cette expression, confirmée par une superstition indienne courante, est parfaitement limpide, même pour nous autres Européens. Au contraire, quand nous lisons dans l'Évangile que le vieillard Siméon s'en vint « dans l'esprit » (*in spiritu* ou *en pneumati*), qu'est-ce que cette obscure façon de parler peut bien vouloir dire ? Avouez loyalement que vous n'y entendez goutte. Mais si vous remarquez que la signification primitive du grec *pneuma* comme de son équivalent latin *spiritus* est « souffle, haleine, vent », et qu'elle rejoint ainsi celle du sanskrit *vihâyas*, aussitôt tout s'éclaire. Le mot doit être pris au pied de la lettre, dans son acception purement physique et non vaguement spirituelle, et il faut comprendre que le vieillard Siméon s'est rendu au temple de Jérusalem de la même manière que le rishi Asita au palais de Kapilavastou, c'est-à-dire par la voie de « l'air ». Rien ne serait même plus évident ni plus simple si nos saints passaient pour avoir les mêmes facultés et habitudes aérostatiques que leurs confrères indiens. Mais, comme chacun sait que tel n'est pas le cas, l'insertion dans notre légende de ce détail insolite constitue à elle seule un témoignage accablant contre son originalité. Certes l'évangéliste a considérablement abrégé et soigneusement démarqué, pour l'adapter à sa nouvelle ambiance, la version parvenue jusqu'à ses oreilles de la Prédiction d'Asita : mais il n'a pas voulu sacrifier un détail frappant et qui rehaussait singulièrement la couleur miraculeuse de l'épisode. Du même coup, il s'est trahi lui-même et nous a livré la trace indélébile, et comme l'aveu écrit de son larcin…

Le raisonnement est impeccable et la conclusion serait irrésistible, si du moins les prémisses étaient justes : mais le sont-elles ? Pour parler net, est-il vraiment exact que l'expression *en pneumati* n'ait dans le grec de nos Évangiles aucun sens satisfaisant et se suffisant à lui-même ? Tous les spécialistes s'accordent à contester pareille assertion. Selon eux, l'expression, qui revient dans plusieurs passages, désigne partout non un « souffle » matériel, mais, au figuré, par une extension naturelle du sens primitif, une sorte d' « inspiration » psychologique. Que Siméon soit allé au temple « dans l'esprit », cela veut dire simplement, comme certains traduisent, qu'il s'y est rendu « poussé par l'esprit », sous l'empire d'une certaine incitation tout intérieure, à la mode des prophètes hébraïques, et non pas sur l'aile des vents, à la façon d'un rishi indien. Ainsi s'évanouit notre dernière chance d'établir entre les deux prédictions aucun lien historique, sous la forme d'un emprunt littéral et vérifiable. Une fois de plus il nous faut répéter notre refrain : même dans les occasions qui paraissent se prêter le mieux à un rapprochement entre le christianisme et le bouddhisme, nous ne pouvons que constater l'indépendance de leurs traditions.

IX. L<small>A</small> <small>MORT</small> <small>DE</small> M<small>ÂYÂ</small>. — Autant les deux religions se rencontrent dans l'usage qu'elles font pour leur propagande des vieux sages héritiers des croyances antérieures, autant nous allons voir qu'elles divergent sur le sort qu'il leur a plu d'assigner à la mère de leur Sauveur. À la vérité toutes deux ont pris le même soin de la diviniser après sa mort. Tandis que l'humble Vierge Marie a été transformée en une sorte de reine du paradis où elle est montée retrouver son fils, la reine Mâyâ est censée résider actuellement au deuxième ou quatrième étage des cieux — les uns disent dans celui déjà nommé des dieux « Satisfaits », les autres disent dans celui sur lequel règne Indra et qui, à la façon d'un club de milliardaires américains, porte l'appellation baroque de ciel des « Trente-trois[38] ». Mais même cette unique similitude apparente recouvre deux cas bien différents. L'Assomption de la Vierge est un miracle, juste mais exceptionnelle récompense de tout ce qu'elle a souffert ; la renaissance céleste de Mâyâ et sa promotion concomitante au sexe masculin ne sont que la résultante obligée des mérites qui lui ont déjà valu l'honneur d'être la mère élue du Bodhisattva. Aussi n'est-elle devenue l'objet d'aucun culte particulier pareil à celui que le monde catholique a voué à la Sainte Vierge. La personnification de l'éternel féminin qui reçoit toujours les hommages de l'Asie bouddhique et dont les images extrême-orientales rappellent aux Européens surpris leur type de la « Madone à l'enfant[39] », est une tout autre déité. Il ne va être que plus curieux de déceler sous toutes ces discordances, exactement comme sous les concordances de tout à l'heure, le jeu des mêmes scrupules et des mêmes aspirations.

Tandis que la Vierge Marie survit bien des années à la naissance et même à la mort de son fils, la reine Mâyâ, à en croire l'unanimité des bouddhistes, meurt sept jours après la mise au monde du Bodhisattva. Sur ce point tous les textes sont d'accord, et rien n'est en soi plus vraisemblable. En dépit des progrès de l'asepsie, il ne manque pas de jeunes mères qu'une fièvre puerpérale emporte quelques jours après leur accouchement ; et les conditions improvisées de l'enfantement de Siddhârtha, survenu au cours d'une promenade champêtre, renforcent encore cette présomption. Mais livrez le fait le plus ordinaire, le plus naturel, le plus simple aux spéculations des exégètes et des théologiens ; si, par malheur pour lui, il est isolé et sans garants, vous le verrez promptement se dissoudre et s'évaporer sans laisser de trace. La question du décès de Mâyâ va encore nous permettre de suivre pas à pas le processus de cette opération trop fréquente qui, sous prétexte de sublimer la réalité, aboutit à la volatiliser. Bien entendu, nous laisserons de côté les mythologues qui en toute occasion sont coutumiers de cette façon de faire et qui, dans leurs cabinets de travail transformés en laboratoires de chimie spirituelle, croient avoir réussi à dissiper en fumée la personnalité du Christ aussi bien que celle du Bouddha. Avec eux la démonstration serait trop facile ; car que reste-t-il des brouillards de l'aurore dès que le soleil est monté sur l'horizon ? Non, n'utilisons que les Écritures bouddhiques, pour qui la reine

Mâyâ n'est pas le prête-nom de la brume matinale, mais une femme en chair et en os, et voyons leurs rédacteurs aux prises avec l'obligation qu'ils s'imposent à eux-mêmes de toujours alléguer une raison édifiante à l'appui de chaque incident de leur légende. À cette nécessité pour eux primordiale s'ajoute dans le cas présent celle de disculper à tout prix l'Enfant-Bouddha de l'accusation d'avoir coûté la vie à sa mère, et c'est ainsi que tour à tour ils se présentent en qualité d'explicateurs et d'avocats[40] :

Première thèse (c'est un vieux moine au cœur dur qui parle) : Les choses se sont passées ainsi parce qu'elles ne pouvaient pas se passer autrement. C'est une règle absolue que la mère d'un Bouddha meure sept jours après la nativité de son fils : celui-ci n'en est en rien responsable. Bien mieux, lors des Investigations qui précédèrent sa dernière renaissance, le Bodhisattva, prévoyant puisque omniscient, a pris soin de choisir pour s'y incarner le sein d'une femme qui n'avait plus exactement que dix mois et sept nuits (*sic*) à vivre. Que peut-on lui reprocher ?

Deuxième argument, dû à un théologien plus délicat et plus subtil : Pourquoi la reine Mâyâ est ainsi morte prématurément ? — C'est qu'il eût été peu convenable qu'elle reprît sa vie conjugale : « Eh quoi, aurait-on dit, le Bienheureux dans sa prédication proscrit les plaisirs de l'amour, et pendant ce temps-là sa mère se livrerait à la volupté… » C'est là chose inadmissible. — Un autre n'est pas moins explicite : « C'est parce que le sein qui a été une fois occupé par le Bodhisattva, pareil au sanctuaire d'un temple, ne doit plus avoir d'autre occupant. » Bref, la femme qui a eu le suprême honneur de mettre au monde un futur Bouddha ne saurait plus être désormais ni épouse ni mère.

Cette seconde raison a paru trop tranchante au rédacteur du *Lalita-vistara* qui a préféré, pour clore le débat, en alléguer une troisième de son cru : « Or, sept nuits après la naissance du Bodhisattva, sa mère, la reine Mâyâ, décéda. Décédée, elle renaquit parmi les Trente-trois dieux. Et vous penserez peut-être : C'est par la faute du Bodhisattva que la reine Mâyâ est morte. En vérité il ne faut pas voir les choses ainsi. Et pourquoi cela ? C'est que le terme extrême de sa vie était arrivé. Des Bodhisattvas du temps passé les mères aussi moururent sept jours après leur naissance. Et pourquoi cela ? C'est que le Bodhisattva, une fois devenu grand et dans la plénitude de sa force, au moment où il quitte sa maison (pour embrasser la vie religieuse) le cœur de sa mère se serait brisé. »

Ainsi vous avez le choix : la mort prématurée de Mâyâ est l'effet soit d'une inexorable fatalité, soit d'une convenance théologique, soit de la clémence du destin. Malheureusement aucune de ces trois raisons, ni la brutale, ni la morale, ni la sentimentale, n'a la moindre valeur historique ; et l'historicité du fait, qui nous était d'abord si clairement apparue, en demeure à jamais obscurcie. Assurément nous sommes toujours certains que Mâyâ est morte : mais nous devons à présent renoncer à savoir au juste à quel moment. Si la première et la troisième raison ne nous en imposent guère, la seconde est profondément troublante. Quelle garantie avons-nous en effet, après ce que nous venons de lire, que les propagandistes bouddhistes ne se soient pas promptement débarrassés de Mâyâ en vue d'écarter une fois pour toutes l'épineuse question toujours fichée au flanc de l'apologétique chrétienne, à savoir celle des frères et sœurs « selon la chair » de Jésus-Christ ? Voyez avec quelle constance inlassable les défenseurs de l'orthodoxie s'attachent depuis s^t Jérôme à nier l'existence de ces derniers, tant elle leur paraîtrait choquante : pour nous comme pour les Indiens, la mère d'un Sauveur ne doit jamais plus courir le risque de concevoir ni d'enfanter.

Si nous renversons maintenant les termes de l'expérience et que nous passions des données évangéliques à celles des soutra bouddhiques, nous arrivons à des résultats sensiblement analogues. Il faut avouer que les textes chrétiens n'usent guère de ménagements envers la Vierge Marie et qu'ils ne lui épargnent sur terre aucune affliction. Rappelez-vous seulement l'image naïvement symbolique créée par notre Moyen Âge de Notre-Dame des Sept douleurs, au cœur percé de sept glaives. La légende bouddhique s'efforce au contraire, nous l'avons vu, d'atténuer et d'adoucir ce que le sort de Mâyâ a de cruel. Non seulement elle échappe aux chagrins que lui aurait ménagés la vie, mais son apothéose sous une forme masculine la met normalement à l'abri de tout souci terrestre ou maternel ; elle ne devrait même plus avoir désormais aucune relation avec l'enfant de son existence antérieure, sauf au cours de cette saison-des-pluies où le Bouddha, par piété filiale, serait tout exprès monté dans son ciel pour lui prêcher la Bonne-Loi[41]. Ainsi pensent et parlent froidement les docteurs ; mais il leur a bientôt fallu rendre la bride à l'imagination populaire. Non seulement celle-ci se complaît à garder une place à Mâyâ aux côtés du Bouddha devenu grand et même vieux, mais elle continue à l'évoquer, non point sous les traits du dieu que son *karma* l'a faite, mais toujours sous son aspect féminin et maternel. Bientôt nous la verrons reparaître au moment des terribles austérités auxquelles se soumit le Bienheureux avant sa conquête de l'Illumination : un instant, nous dit-on, les dieux le crurent mort, et aussitôt la « reine Mâyâ » d'accourir, échevelée et tout en larmes. Une légende plus tardive, rapportée par Hiuan-tsang[42], la mêle même aux scènes de l'Ultime trépas. Quand, nous dit-il, le Prédestiné eut été mis au cercueil, le moine Anourouddha, grâce à son pouvoir magique, monta au ciel pour informer la reine Mâyâ de la mort de son fils. Elle descendit aussitôt sur la terre en compagnie de nombreuses divinités et se mit à pleurer devant tout ce qui restait de son enfant, le cercueil, le manteau monastique, le bol à aumônes, le bâton de mendiant, bref toutes les reliques traditionnelles. Et alors, par le divin pouvoir du Bouddha, le couvercle du cercueil se souleva de lui-même et le Bienheureux, resplendissant de lumière, se mit sur son séant et, saluant sa mère, lui adressa quelques paroles de consolation. C'était une nouvelle leçon de piété filiale qu'il léguait ainsi aux générations postérieures, et telle est probablement la raison pour laquelle cet épisode est resté particulièrement répandu en Chine ; de fait c'est seulement par des textes chinois et de superbes peintures sino-japonaises que nous le connaissons. Meais qu'il fût Indien d'origine, nous en avons la preuve, puisque Hiuan-tsang a vu à Kouçinagara le monument commémoratif qui marquait la place où la reine Mâyâ avait pleuré sur son fils mort. La légende bouddhique n'a eu de cesse qu'elle ne l'ait fait assister aux funérailles de son fils, exactement comme la tradition chrétienne aime à se figurer la Vierge debout sur le Calvaire, au pied de la croix sur laquelle « le fruit de ses entrailles » achève d'agoniser.

Que conclure à présent des remarques qui précèdent sinon qu'il peut être instructif et qu'il est émouvant de constater dans des époques, des milieux, des circonstances si dissemblables le travail de tendances si unanimes. Indubitablement c'est un besoin, ici comme là, pour la conscience religieuse, que la mère du Sauveur, qu'elle survive ou non à son enfantement, demeure désormais impollue ; non moins évidemment, c'est une quasi-nécessité, là comme ici, pour la dévotion populaire que d'associer cette mère, qu'elle soit défunte ou encore vivante, aux scènes de la passion et de la mort de son fils. Mais qui ne voit que ces désirs comme ces scrupules agissent de façon tout indépendante et à l'insu les uns des autres ? Si leur inconscient et réciproque effort se trouve atténuer sur certains points les divergences entre les deux traditions bouddhique et chrétienne, il n'entame en rien l'originalité de celles-ci ; il atteste seulement, à travers l'espace et le temps l'unité profonde de l'âme humaine.

---

1. ↑ *LV* p. 87.
2. ↑ Tel est le cas de *BC* I, 10 et cf. *ANS* p. 49.
3. ↑ St Jérôme, *Contre Jovinien* : « Traditur quod Buddam, principem dogmatis eorum, e latere suo virgo generârit... ».
4. ↑ *LV* p. 86 : cf. Mathieu XI 4-6.
5. ↑ V. *AgbG* fig. 152, 154, etc., Amarâvati B pl. 32, 2 et *BBA* pl. 3.
6. ↑ Sur le Bain (*snânam*) v. *LV* p. 83 l. 21 s., *contra* p. 93 l. 3 ; *MVU* II p. 23 l. 4 (= I p. 220 l. 19) *contra* II p. 24 l. 20 (= I p. 222 l. 12) : *BC* I, 16 ; *NK* p. 83 ; Hiuan-tsang J I p. 323, B II p. 24-5, W II p. 14. Cf. *AgbG* fig. 156-7 (Gandhâra), 209 et 507 (Bénarès) ; Mathurâ pl. 51-2.
7. ↑ Sur les Nâga cf. *AgbG* II p. 28 s. Upananda est un simple dédoublement de Nanda.
8. ↑ Pour des représentations des *Sapta padâni* v. *AgbG* fig. 154-5 et B. Budur fig. 28 (en combinaison avec la douche) Les lotus sous les pas ont disparu de l'éd. Johnston du *BC*.
9. ↑ *NK* p. 53 ; cf. les *jâtaka* n°s 546 (Mahosada) et 547. Pour l'histoire de Candragomin v. *Târanâtha's Geschichte des Buddhismus* trad. A. Schiefner p. 150. M. P. Demiéville nous signale l'existence d'un « Sûtra développé prêché par le Bodhisattva dans le sein de sa mère » en 38 chapitres, traduit en chinois vers l'an 400 (Taishô n° 384).
10. ↑ *LV* p. 84-5.
11. ↑ On a naturellement saisi là l'occasion de rappeler la descente du Christ aux Limbes et aux Enfers.
12. ↑ Sur le symbolisme des Sept *ratna* v. É. Senart p. 14 s. ; il en existe une représentation ancienne originaire de Jaggayapeta et reproduite dans Amarâvati B pl. 55, 3.
13. ↑ Sur les *saha-jâta* v. *LV* p. 95 et *MVU* II p. 25 ; cf. *AgbG* I 316 et fig. 163 v. aussi l'extrait du *Dulva* dans les *Annales du Musée Guimet*

t. V p. 35 s.
14. ↑ *NK* p. 54 ; le commentateur joue sur le double sens d'*amatya* (pâli *amacca*) à la fois « ministre » et « compagnon », pour inclure Udâyin (*alias* Kâludâyin) dont il aura besoin plus tard (*supra* p. 231). V. aussi *Life* p. 16-7.
15. ↑ Sur Vajrapâṇi v. *AgbG* II p. 52 s. avec de nombreuses figures.
16. ↑ Sur le Retour du parc de Lumbinî v. *MVU* II p. 25-6 et *LV* p. 98 ; cf. *AgbG* fig. 137 *b*, 159, 160 *a* (en litière) et 158 *b* (sur un char traîné par les lions de Cybèle).
17. ↑ Sur le *deva-kula-upanayana* v. *LV* p. 118-120 ; *MVU* II p. 26 *DA* p. 391, et cf. Hiuan-tsang J I p. 321, B II p. 23, W II p. 13. Faut-il reconnaître cette scène à Amarâvati B pl. 32, 2 en compagnie de la Conception et de la Nativité ? Cf. B. Budur fig. 33-5.
18. ↑ C. Tischendorf, *Evangelia apocrypha* (Leipzig, 1853) p. 85.
19. ↑ *LV* p. 118-20 (nous lisons p. 120 l. 19-20 *apekshaka* et non *upekshaka*).
20. ↑ É. Mâle, *L'art religieux du XIIIe siècle*, p. 284. Hiuan-tsang J I p. 321 ; B II p. 23 ; W II, p. 13.
21. ↑ Le Bodhisattva est censé ne « se manifester » qu'en vue du salut des êtres ; cf. la conclusion du ch. x du *LV* p. 128 l. 11 (*supra* p. 77).
22. ↑ Ce ne sont pas des *jyotisha* mais des *naimittaka* (cf. *DA* p. 168).
23. ↑ Les 32 *lakshaṇa* sont pris ici dans le sens de « signe particulier, indice signalétique » qu'ils partagent avec les 80 *anu-vyañjana* (le préfixe *anu*[o] marquant simplement le caractère accessoire de ces derniers).
24. ↑ Sur le *mahâ-purusha* v. É. Senart p. 87 s. et sur les signes p. 124 s.
25. ↑ Pour une discussion détaillée de ces questions, v. *AgbG* II p. 278 s.
26. ↑ Sur le brouillamini des horoscopes v. *ibid*. I, p. 296 et 314 s.
27. ↑ Cf. *DA* p. 577. — Sur les deux chaînes de montagnes opposées cf. *supra* p. 93.
28. ↑ Cf. les manifestations de joie des dieux sur les bas-reliefs de Barhut, par ex. pl. 30, 3 (où il sifflent en outre dans leurs doigts à la mode américaine).
29. ↑ Les quatre corps sont l'infanterie, la cavalerie, la charrerie et l'éléphanterie.
30. ↑ Il lui fait l'*añjali* en élevant à la hauteur de son front ses deux mains réunies, la paume en dessus, en forme de coupe.
31. ↑ C'est le moment illustré par l'habile auteur de la fig. 151 de l'*AgbG*, où l'enfant ne paraît pas encore.
32. ↑ Cf. *ibid*. les fig. 160 *d*, 161, 165 *a* ; Ajantâ, pl. 45. À B. Budur, fig. 31 c'est le roi qui tient l'enfant.

33. ↑ Dans la version de la *NK* (p. 54-5) le rishi, qu'elle appelle Kâla-Devâla, commence par rire avant de se mettre à pleurer, selon le cliché folklorique bien connu.
34. ↑ En skt *udumbara*. La comparaison revient *supra* p. **225**, *54 d*.
35. ↑ Il changera plus tard de sentiment (cf. *supra* p. 232 s.).
36. ↑ *LV* p. 101 s. ; cf. *SN* III, 11 ; *MVU* II p. 26-43 ; *BC* I, 52-84 etc.
37. ↑ Luc II, 8-20 et 25-35. Nous laissons de côté la prédiction de la prophétesse Anne (*ibid.* 36-38) laquelle n'est qu'un doublet de celle du vieillard Siméon.
38. ↑ Sur les raisons morales qui ont fait préférer à certains le ciel des *Tushita* à celui des *Trayas-trimças* v. *supra,* p. **30**, *26*.
39. ↑ V. *AgbG* II p. 130 s. et *La Madone bouddhique* (dans Mon. Piot XVII, 1910 ou en trad. anglaise dans *BBA* p. 271 s.).
40. ↑ Sur ces explications variées v. tour à tour *MVU* II, p. 3 et cf. I p. 199 ; *NK* p. 59 ; *LV* p. 98.
41. ↑ Cf. *supra* p. 274 s., mais aussi p. 137.
42. ↑ Hiuan-tsang J I p. 342-3 ; B II p. 38 ; W II, p. 39.

CHAPITRE III

ENFANCE ET JEUNESSE.
— I. LA VIE MONDAINE

Avec l'horoscope de l'enfant et le trépas de la mère la quinzaine d'épisodes dont se compose le cycle secondaire de la Nativité est épuisée ; mais le grand cycle de Kapilavastou se poursuit, et va continuer à nous fournir comme la charpente de l'ensemble des traditions relatives à l'enfance et à la jeunesse de Siddhârtha. Ce cadre traditionnel, on se doute que les hagiographes l'ont rempli à leur guise, tant de ce qu'ils croyaient savoir que de ce qu'il leur a plu d'imaginer ; et il va de soi — répétons-le néanmoins pour plus de sûreté — qu'il n'y a aucun espoir de trouver dans leurs écrits les éléments d'une véritable biographie. Pour le croire et le tenter, il faudrait plus de foi et d'ingénuité qu'on n'en peut demander à aucun Européen, lettré ou non. Est-ce à dire qu'il faille rejeter en bloc la légende comme un fatras inutile ? En toute sincérité nous ne le pensons pas. C'est chose entendue : nous ne lisons dans les Écritures bouddhiques qu'une vie éperdument romancée du « Sage d'entre les Çâkyas » : mais cette lecture, trop souvent rebutante du fait de ses ridicules exagérations, ne laisse pas par moments d'être attrayante. Certes un roman n'est pas de l'histoire : cela ne l'empêche pas parfois de contenir plus de vérité psychologique, voire même de réalité objective que bien des traités méthodiquement construits. Nous ne connaîtrons jamais de façon minutieusement exacte les faits et gestes du Bodhisattva enfant, adolescent et adulte ; mais nous apprendrons du moins comment les Indiens d'il y a deux mille ans concevaient l'éducation, le mariage, la vie privée d'un jeune prince d'autrefois ; et, comme ce prince sera pris un jour de la vocation religieuse, nous tiendrons encore de leur bouche contre quels obstacles il lui aura fallu lutter pour la suivre. Cette extension de ses connaissances professionnelles n'est sûrement pas à dédaigner pour un indianiste : peut-être ne l'est-elle pas non plus pour tout historien des religions, voire même pour toute âme préoccupée des questions religieuses. Il ne faut pas apporter en ces matières un esprit trop rigoriste. Après tout, ce que nous nous plaisons à appeler la vérité historique n'est trop souvent que la conjecture sur laquelle des chercheurs de bonne foi ont fini par tomber d'accord : l'unanimité des hagiographes nous donnera du moins dans le cas présent ce qu'on pourrait appeler la vérité traditionnelle. Si fort qu'il répugne à l'esprit logique d'un Français d'admettre qu'il puisse y avoir plusieurs sortes de vérités, celle-ci constitue déjà une acquisition fort appréciable ; et enfin nous restons libres de ne l'accepter qu'en y mêlant le grain de sel qu'il convient.

À son intérêt documentaire viendra pour notre agrément s'en joindre un autre, et non des moins prenants : nous voulons parler du charme à la fois voluptueux et mélancolique qui se dégage de tableaux de mœurs parfois composés avec un sens dramatique et littéraire assez émouvant. En nous penchant grâce à eux sur la jeunesse du Bodhisattva, nous sommes tout au moins sûrs d'apercevoir sous ses deux aspects les plus frappants, avec son ardeur à la fois sensuelle et mystique, ses langueurs passionnées et ses brusques sursauts d'ascétisme, l'âme éternelle de l'Inde. Remémorons-nous en effet ce que nous avons déjà lu. La conviction primordiale qu'on nous a conviés, mais non contraints à partager, c'est la croyance à la sans-pareille supériorité du Bodhisattva en toutes choses : mais sur ce thème fondamental nos auteurs se sont réservé le droit de broder deux séries de variations nettement contradictoires de ton comme d'inspiration. D'une part Siddhârtha n'est pas seulement l'héritier présomptif du trône paternel, il est en même temps l'empereur désigné du monde, si seulement il veut bien consentir à le devenir : il faudra donc entasser sur sa personne et autour d'elle toutes les splendeurs, les richesses, les jouissances dont normalement s'accompagne un train de vie plus que royal. Mais d'autre part, chacun sait que ce déploiement de luxe et cette surabondance de plaisirs n'ont pu retenir notre héros dans le siècle : il faudra donc aussi qu'à travers la peu édifiante description de sa vie mondaine on nous fasse d'abord pressentir, puis comprendre l'extraordinaire revirement qui a transformé le prince rassasié de voluptés en un moine mendiant ; et, bien entendu, l'édification ne renaîtra que de plus belle, amplifiée par le contraste qu'on prendra soin d'accentuer entre le genre d'existence qu'il quitte et celui que sa vocation religieuse le pousse à embrasser. Les prétendus biographes se sont tracé à eux-mêmes ce programme, et ont tâché d'imbriquer tant bien que mal l'une dans l'autre les deux chroniques de cette existence en partie double. On ne sera pas autrement surpris qu'aucun n'ait réussi, sauf dans une certaine mesure Açvaghosha, à suivre pas à pas, de façon graduelle l'évolution morale qui détermine finalement le Bodhisattva à préférer à tous les dons de la fortune l'errante pauvreté d'un fakir[1]. D'un chapitre à l'autre, ils passent sans transition d'une scène érotique à une démonstration de piété et, qui pis est, ils ne les font pas alterner dans le même ordre. Dans ces conditions la portée et le plan de notre exposé sont également indiqués. Outre que nous ne saurions prétendre réussir là où ont échoué les auteurs indiens, il ne nous appartient pas de reprendre leur tâche en sous-œuvre ; et puisqu'il est trop tard pour tenter de les mettre d'accord sur la succession des épisodes, nous nous résignerons à traiter séparément d'abord de la vie laïque, puis de la vocation religieuse du Bodhisattva.

Le coefficient de réduction. — Ce parti va beaucoup simplifier l'ordonnance générale des deux prochains chapitres ; mais il ne supprime ni n'atténue les difficultés qui surgiront au cours de leur rédaction et dont on devine déjà la principale. L'historien qui croit que Çâkya-mouni a réellement vécu ne doit pas se dissimuler qu'il partage jusqu'à un certain point les croyances des fidèles bouddhistes : la question est de fixer les bornes de sa crédulité. Il ne lui suffit pas de déclarer qu'il trace la ligne de démarcation à la limite du merveilleux : même en deçà de cette limite, à propos de faits de commune occurrence et dans leur fond incontestables, les *Soutra* se livrent à des divagations inacceptables pour le sens critique le moins chatouilleux. — Qu'à cela ne tienne, répondra-t-on ; écartez les exagérations et, en ramenant la tradition à un niveau normal, vous la rendrez croyable. — Sans doute, mais d'après quel étalon mesurer la démesure des textes ? Il serait assurément commode de savoir d'avance dans quelle proportion exacte il convient de diminuer automatiquement les chiffres excessifs dont la tradition se montre si prodigue : malheureusement, outre que ces chiffres diffèrent d'un texte à l'autre, les éléments nous manquent pour établir cette sorte de coefficient de diminution. Ajoutez que son taux ne saurait être le même en toute occasion. Quand dans un instant le *Lalita-vistara* donnera à l'enfant-Bouddha 32 nourrices, nous verrons que ce nombre doit être divisé au moins par 4, au plus par 8 ; mais quand ensuite le même texte attribuera au Bodhisattva devenu grand 34 000 femmes (d'autres disent 60 000 ou 40 000, toujours en chiffres ronds), il nous faudrait, par égard pour le prince autant que pour la vraisemblance, retrancher plus d'un zéro ; et, avouons-le, dans un cas comme dans l'autre, nous procéderions à l'aveuglette. Bref, de quelque côté que nous nous tournions, il nous faut renoncer à fixer un commun diviseur pour démultiplier les exorbitantes multiplications de la légende.

Peut-être obtiendrons-nous un résultat plus satisfaisant en ayant recours à une autre méthode : au lieu de nous perdre dans la diversité des cas particuliers, nous commencerions par pratiquer une fois pour toutes ce que notre jargon fiscal appelle un abattement à la base en tâchant de déterminer le véritable statut social et familial du Bodhisattva. Quelle idée devons-nous nous faire du royaume de son père, de l'étendue de son territoire, du nombre de ses sujets, du montant de ses revenus ? Qu'il nous faille très fortement rabattre les évaluations que les Écritures nous en donnent, la chose est évidente : car pour rendre plus sublime la renonciation du Prédestiné ne devait-on pas amplifier à l'extrême l'éclat et la valeur du patrimoine auquel il a renoncé ? Toujours est-il que de ce biais il semble que nous puissions arriver à une approximation presque satisfaisante. Les hâbleurs, quel que soit le motif pour lequel ils hâblent, se trahissent toujours par quelque endroit. À travers les vantardises bouddhiques, les historiens européens s'accordent généralement à considérer Çouddhodana, le « grand roi des Çâkyas » dont on nous exalte tant la race et la puissance, comme un simple roitelet, chef d'un petit État oligarchique, vassal plus ou moins soumis de la grande monarchie du Koçala dont la capitale Çrâvastî n'était distante de Kapilavastou que d'environ cent cinquante kilomètres[2]. Cet état, grand à peine comme l'une de nos anciennes provinces, s'étendait dans ce qu'on appelle aujourd'hui le Téraï népalais, et étalait au pied et en vue de la haute muraille neigeuse de l'Himâlaya, ses riches rizières[3] abondamment arrosées par les eaux découlant de la montagne. Au temps des pèlerins chinois la djangle déserte et fiévreuse avait déjà reconquis ces fertiles campagnes : mais elles ont été jadis capables de nourrir une nombreuse population, et elles n'avaient d'ailleurs pu être défrichées et convenablement irriguées qu'à force de bras. Le père de Siddhârtha était lui-même un gros propriétaire foncier et ne dédaignait pas de présider en personne aux fêtes du labourage. Qu'il possédât une certaine opulence, on n'en saurait douter, non plus que du fait que par lui le Bodhisattva appartenait à la caste aristocratique des *Kshatriya* ou, comme nous dirions, de la noblesse d'épée. Toute la tradition indienne, même brahmanique, reconnaît en lui un « fils-de-roi ». Qu'il ait reçu l'éducation jugée alors convenable pour un jeune gentilhomme, qu'il ait eu de tout temps à sa disposition chevaux, voitures, éléphants et un nombreux domestique, que son père ait pu continuer à lui assurer après son mariage une existence luxueuse, tout, dans cette mesure, devient des plus vraisemblables. N'en demandons pas plus : l'exigence serait vaine. Ainsi immunisés d'avance contre les transports au cerveau des hagiographes, nous pouvons aborder, sans foi aveugle ni hargneuse défiance, la lecture de leurs écrits, et tâcher de démêler dans ce sempiternel tissu de prodiges les quelques parcelles de vérité qui se mêlent à toutes les fictions.

L'ÉDUCATION. — La légende ne manifeste aucun sentiment que la fatalité, qui si vite lui a ravi sa mère, ait nui le moins du monde à l'orphelin. Sur le conseil des vieillards et des matrones du clan des Çâkyas, le soin de l'élever aurait été confié à sa tante maternelle, Mahâpradjâpatî Gaoutamî, qui était la seconde épouse de son père ; et celle-ci se serait acquittée de sa mission avec autant de succès que d'amour : nous verrons plus tard quelle fut sa récompense. Elle était d'ailleurs, nous dit-on, assistée dans sa tâche par non moins de trente-deux nourrices — chiffre évidemment forcé, mais pas autant qu'on pourrait croire, tant la division du travail a toujours été poussée loin parmi les domestiques indiens. Un cliché courant des textes n'attache jamais moins de quatre « nurses » au fils d'un riche bourgeois : une pour l'allaiter, une pour le laver (lui et ses langes), une pour le porter et une pour l'amuser[4]. Si un simple marchand mettait ainsi quatre et souvent huit femmes au service exclusif de son rejeton, il va de soi que le grand roi Çouddhodana devait se montrer beaucoup plus large, sous la seule réserve que le nombre des servantes ainsi spécialisées fût toujours un multiple de quatre. Louons donc pour une fois le rédacteur du *Lalita-vistara* de la relative modération de son chiffre : entraîné par l'habitude, il aurait aussi bien pu écrire « soixante-quatre », car c'est là un des nombres favoris des Indiens. Le même cliché traditionnel nous apprend incidemment quel était le mode d'alimentation des enfants en bas âge. Tout l'Orient partage, comme on sait, les différentes espèces d'aliments entre deux catégories, les chauds et les froids. Fions-nous aux nourrices du Bodhisattva pour le bourrer, comme il est écrit, « de lait doux, de lait aigre, de beurre fondu et des autres sortes de nourritures particulièrement caloriques » ; et croyons-en également la tradition quand elle nous assure que, grâce à ce régime substantiel et très vitaminé, il grandit aussi vite « qu'un lotus dans l'eau d'un étang » ou que « la lune croissante dans le ciel de la quinzaine claire ».

Là se borne d'ailleurs ce que l'on trouve à nous dire sur tout le temps où il resta entre les mains des femmes, c'est-à-dire jusqu'à l'âge de sept ans. Quand le moment vient d'entreprendre à proprement parler son éducation, les informations se font plus abondantes, à telles enseignes qu'on ne nous fait grâce d'aucune des matières inscrites au programme d'alors, lesquelles sont au nombre de soixante-quatre[5]. Les Indiens ne seraient pas fidèles à eux-mêmes s'ils n'avaient dressé la liste des lettres, sciences, arts et techniques dans lesquels tout « fils-de-famille[6] » devait être plus ou moins versé. Pour atteindre ce chiffre très honorable ils ont dû faire flèche de tout bois et énumérer à la file les sujets les plus hétéroclites, la grammaire et les sports, le calcul et la musique, le jeu d'échecs et le massage, la toilette et la chiromancie, la stratégie et l'art de combiner les parfums, etc. Dans ce pêle-mêle on était libre de choisir selon les nécessités professionnelles de sa caste. C'est ainsi qu'un fils de gros marchand pouvait se borner à acquérir pour les besoins de son commerce huit ordres de connaissances pratiques, depuis l'écriture et le calcul jusqu'aux diverses sortes d'expertises — celles-ci également au nombre de huit, à commencer par l'évaluation des pierres précieuses[7]. Les jeunes gentilshommes étaient non moins naturellement astreints à suivre un programme plus étendu, réparti entre les études indispensables à tout homme de bonne naissance et la pratique des sports convenables à de futurs guerriers. Dans le cas particulier du Bodhisattva cette double obligation s'accordait à merveille avec la double éventualité (que nous devons toujours avoir présente à l'esprit) concernant son proche avenir. Aussi lors du pèlerinage de l'empereur Açoka à Kapilavastou, le *Divyâvadâna* lui fait-il montrer par son guide les deux emplacements voisins de la « salle d'écriture » et de la « salle de gymnastique » de Siddhârtha[8] : « C'est en cet endroit, ô grand roi, que le Bouddha a appris l'écriture ; c'est en cet endroit qu'il est passé expert, comme il seyait à sa naissance, dans l'art de conduire éléphants, chevaux et chars, et de manier les armes, etc. » Et sur l'une des peintures murales des grottes d'Adjantâ nous voyons côte à côte deux images du jeune prince, ici assis et écrivant en classe, là debout et s'exerçant au tir à l'arc[9]. Tout cela est la norme même, et, nous conformant à des précédents si raisonnables, nous ne séparerons pas de l'instruction intellectuelle du Bodhisattva son entraînement physique.

Comme aucun zèle dévot ne nous transporte, nous n'avons en effet aucune raison de suivre l'ordre tendancieux qu'adopte le rédacteur du *Lalita-vistara*. Il ne manque pas de prêter au Bodhisattva une double « manifestation » ou « démonstration[10] », l'une scolaire (ch. x) et l'autre sportive (ch. xii) : mais il ne soulève la question des sports que beaucoup plus tard, à l'occasion du tournoi qui aurait immédiatement précédé le mariage de son héros. En tant qu'écrivain, il tirait de ce plan l'avantage accessoire d'éviter des redites autrement inévitables : en tant qu'apologiste, son inlassable ferveur visait plus haut. Comme précédemment il n'avait pas été soufflé mot de l'entraînement athlétique de Siddhârtha, son écrasante victoire sur ses rivaux dans tous les exercices du corps n'en devenait que plus merveilleuse. Son louangeur à gages oubliait seulement qu'à vaincre sans effort on triomphe sans gloire, et que cet effet de béate surprise n'est que trop visiblement ménagé aux dépens de la plus élémentaire vraisemblance. Une fois de plus il nous force à constater l'abus du procédé qui est responsable au premier chef de l'insipide fadeur de tant de légendes bouddhiques. On parle souvent de l'ornière de la routine ; pour les traités d'édification systématique, il existe aussi une ornière d'outrance où les *Soutra* mahâyâniques n'ont de cesse qu'ils ne s'embourbent à tout propos. Certes il est de règle commune que les Prédestinés fassent preuve d'une exceptionnelle précocité. L'Évangile selon s^t Luc nous rapporte que, dès l'âge de douze ans, Jésus a émerveillé les vieux docteurs du temple de Jérusalem par la sagesse de ses questions et de ses réponses[11]. La légende iranienne, plus montée de ton, veut que dès l'âge de sept ans Zoroastre ait été capable de discuter avec les mages et de les confondre. Il est réservé aux Indiens d'essayer de nous faire croire que le Bodhisattva savait tout avant d'avoir rien appris. Après une telle affirmation, il ne reste plus qu'à tirer l'échelle ; mais à vouloir atteindre d'emblée l'extrême limite du merveilleux on s'expose à tomber dans le comble du ridicule.

La manifestation scolaire. — Prenons cependant connaissance avec notre résignation coutumière du dixième chapitre du *Lalita-vistara*, intitulé « la Manifestation à la salle d'écriture ». On remarquera au passage ce nom donné par tous les vieux textes à l'école[12] : dans l'Inde d'aujourd'hui, tout comme chez nous, on dirait la « salle de lecture » ; mais il faut croire que l'on apprenait jadis à lire en écrivant, méthode qui peut d'autant mieux se défendre qu'elle est à nouveau recommandée de nos jours. Nous serions les premiers désappointés si, à cette occasion, notre auteur n'organisait pas sur nouveaux frais, à travers les rues magnifiquement décorées de la capitale et sous une pluie de fleurs célestes, une procession triomphale du modèle connu. Tout le clan des Çakyas, Çouddhodana entête, est mobilisé pour amener en grande pompe le Bodhisattva en compagnie de dix mille jeunes garçons de son âge (il n'est pas parlé de l'éducation des filles) devant leur précepteur, lui-même décoré d'un nom illustre dans la tradition brahmanique, celui de Viçvâmitra. Et aussitôt un premier miracle se déclenche. On sait de quelle vénération la personne du maître est entourée dans l'Inde : nous avons encore vu les élèves des grands pandits de Bénarès se prosterner de tout leur long devant eux, la tête à leurs pieds. Ici, par un inconcevable renversement de toutes les lois de la civilité puérile et honnête, c'est le professeur qui, « incapable de soutenir l'éclatante splendeur du Bodhisattva, tombe devant lui, le nez par terre[13] ». Ce geste éloquent nous apprend tout de suite à quel écolier surhumain lui et nous avons affaire.

La suite ne démentira pas cet étonnant prologue. La bande des nourrices et des suivantes attend, nous dit-on, la sortie, tandis que les parents s'en vont à leurs occupations, et la trop nombreuse classe s'installe, on ne nous dit pas comment. Aucune aula universitaire ne pourrait contenir une pareille foule d'élèves. Admettons qu'à la mode d'Orient, où les écoles de plein air sont de tradition immémoriale, chacun s'assoit à même le sol ou sur une petite natte à l'ombre de quelques grands arbres et se met en devoir d'écouter la première leçon. Second coup de théâtre : ce n'est pas Viçvâmitra, c'est Siddhârtha qui prend aussitôt la parole et, s'adressant à son précepteur, lui demande : « Quelle écriture vas-tu m'enseigner, ô mon maître… » ; et, sans lui laisser le temps de répondre, il lui en énumère d'affilée non moins de soixante-quatre au choix[14]. Viçvâmitra, totalement subjugué, convient de fort bonne grâce que, de la plupart d'entre elles, c'est la première fois qu'il entend prononcer le nom. Nous aussi, du reste : les deux premières seules nous sont connues par les inscriptions ; par ailleurs nous relevons bien dans la liste quantité de dénominations géographiques ou ethniques, les unes réelles, les autres imaginaires, à côté de non moins nombreuses appellations de pure fantaisie ; mais toutes ont ce caractère commun de ne rien représenter pour nous.

L'auteur omet de nous dire quelle fut l'écriture choisie, mais il va de soi que ce ne peut être que la première nommée. Nous apprenons seulement que la classe continue, et c'est alors que le troisième prodige se produit : « C'est ainsi qu'en compagnie du Bodhisattva ces dix mille petits garçons apprenaient l'écriture ; et tandis que, sous la direction du Bodhisattva, ils épelaient l'alphabet quand ils énonçaient la lettre *a*, la parole qui était émise, c'était : *a*-néantissables sont tous les objets. Quand était énoncée la lettre *â*, la parole, qui était émise, c'était : *â*-me, ton bien et celui des autres. À la lettre *i* la parole était : *i*-nefficacité des sens... », et ainsi de suite pour quarante-cinq des quarante-neuf signes que compte l'alphabet *brâhmî*[15]. On le voit, la leçon de grammaire se doublait, sous l'influence surnaturelle du Bodhisattva, d'une leçon de morale. Aussi bien était-ce en vue de mûrir la pensée de tous ces enfants et de la tourner vers l'obtention de l'Illumination que le futur Bouddha a bien voulu se rendre à l'école et telle est la force machinale des clichés que, — bien qu'on nous ait dit au début du chapitre que ses condisciples n'étaient qu'au nombre déjà excessif de dix mille — il réussit en fin de compte à en convertir « trente-deux mille » et, par-dessus le marché, « trente-deux mille » filles dont il n'avait été à aucun moment question[16].

Nous voilà copieusement édifiés, si médiocrement divertis ; et pourtant nous ne pouvons douter de la popularité de cette scène. De nombreux bas-reliefs du Gandhâra la représentent et quelques-uns attestent que les artistes, dûment catéchisés par les donateurs, la concevaient telle qu'elle vient d'être exposée. À chaque fois le Bodhisattva est assis au milieu de la composition : il tient dans la main droite son calame et, en travers sur ses genoux, la planchette à écrire qui lui sert d'ardoise[17], toute pareille à celle qu'emploient encore les écoliers indiens. Or sur deux au moins des répliques connues le sculpteur a pris soin de graver à même la tablette quelques lettres — ici dans l'écriture qui, dérivée de l'araméenne des scribes des Achéménides, était restée en usage dans le Nord-Ouest de l'Inde. De quelque façon qu'on lise ces graffiti, ils contiennent une allusion évidente aux maximes morales que, lors de la récitation de chaque signe de l'alphabet, un invisible haut-parleur actionné par le magique pouvoir du Prédestiné, était censé avoir diffusé dans l'ambiance de la classe. Le succès de ces pauvres inventions auprès des fidèles bouddhiques sera notre excuse pour nous y être si longtemps attardés.

Les exercices physiques. — Avec l'évocation des exploits athlétiques du Bodhisattva, le tableau change du tout au tout : mais la monotonie de ses éternels triomphes demeure aussi accablante. Peu nous chaut d'ailleurs pour l'instant, puisque la seule chose que nous voulions retenir ici de nos lectures est le programme de gymnastique que l'Inde ancienne considérait comme faisant partie intégrante de l'éducation d'un gentilhomme. Déjà le court passage du *Divyâvadâna* que nous venons de citer nous permet de compter au moins quatre sports essentiels, à savoir l'équitation, l'art de monter les éléphants, la conduite des chars et le maniement des armes — bien entendu des armes blanches. De celles-ci le texte en question ne mentionne que trois, l'épée, la lance et l'*ankuça*, c'est-à-dire une espèce de gaffe dont la pointe métallique est munie d'un crochet et qui apparemment ne servait pas seulement, comme aujourd'hui, à mener les éléphants. Du long et confus chapitre XII du *Lalita-vistara* nous pouvons dégager l'existence d'une sorte de pentathle indien. On y retrouve comme en Grèce la course à pied, le saut en longueur et en hauteur[18], et la lutte corps à corps, dite « avec prise » et comportant même, semble-t-il, diverses sortes de prises, de corps, de mains, de pieds et de chignon ; mais le lancer du javelot est éclipsé par le tir à l'arc, et il n'est pas fait mention du disque. Pourtant l'Inde connaissait bien cette arme favorite de son grand dieu Vishnou, sous la forme d'un grand anneau d'acier plat, aiguisé sur sa tranche extérieure. De nos jours encore les vieux guerriers Sikhs, gardiens du temple d'Amritsar, enroulent dans leur turban cette arme, archaïque sans doute, mais qui, lancée d'une main robuste et sûre, après l'avoir fait tournoyer autour des doigts, pouvait à distance couper une tête. En revanche on nous cite en passant le jet du lasso.

Comme chaque fois qu'il est question de réalités concrètes et dès longtemps abolies, le relevé de ces noms ne nous avancerait guère si les monuments figurés ne nous aidaient (risquons le mot) à les « visualiser ». Les nombreuses représentations de l'armée de Mâra nous mettent sous les yeux la forme et le mode de suspension de la courte et large épée indienne, telle qu'Arrien nous la décrit de son côté d'après les mémoires des compagnons d'Alexandre. À la porte Ouest de la balustrade du grand *stoupa* de Sâñchî c'est avec une forte pique dans sa main droite qu'un génie monte la garde, etc.[19]. Où les vieux sculpteurs nous rendent les plus signalés services, c'est en nous révélant dans tous leurs détails le harnachement des chevaux et des éléphants ou la construction des chars. Nous apprenons ainsi que dans l'Inde d'il y a deux mille ans on montait à cheval sans étriers, sur un tapis de selle, et qu'on n'avait pour diriger l'animal qu'un simple bridon. Le cavalier de l'éléphant, si l'on peut ainsi parler, se tenait, le croc spécial en main, à califourchon sur le cou, les jambes glissées derrière les larges oreilles du pachyderme. C'est là en effet la seule place confortable sur l'énorme bête dont l'échine est par trop arquée. Le serviteur se tenait comme il pouvait derrière le seigneur en s'accrochant à une corde formant sous-ventrière. C'est seulement depuis l'invention du siège fixé sur le dos de l'éléphant que le cornac s'est emparé à la fois de la place et de l'*ankush* abandonnés par le maître[20]. Enfin l'un des linteaux de Sâñchî ne nous laisse rien à deviner de la fabrication et de l'attelage des chars de ce lointain pays et de cette époque reculée. Il représente en effet la série des trop généreuses aumônes du prince Viçvantara et nous montre ainsi côte à côte le don des chevaux et du char qui, pour le punir d'avoir livré à un mendiant le palladium du royaume, l'emmenaient en exil, lui, sa femme et leurs deux enfants. Nous voyons d'abord l'équipage en marche. Toute la famille se tient debout dans la caisse du véhicule, assez semblable à celle d'un char romain. Le prince en personne tient les rênes ; mais si les chevaux sont bien munis de guides ils ne sont reliés au char par aucun trait : en revanche, comme leur arrière-train touche presque le coffre, leur queue est soigneusement roulée et ramenée en avant de peur qu'ils ne balaient la figure des occupants avec ces chasse-mouches improvisés et peut-être malpropres. Au moment suivant de l'histoire sans paroles, quand ils ont été dételés, ils nous laissent apercevoir que le timon se termine par une sorte de joug auquel, à défaut de colliers, ils sont attachés par un licol. Ils ne peuvent donc tirer qu'avec le cou, c'est-à-dire fort mal. Ceci achève de nous expliquer qu'ils doivent se mettre à quatre pour cela et que par suite les bas-reliefs ne nous montrent le plus souvent que des quadriges[21].

Il est un dernier point sur lequel nous pouvons d'autant mieux utiliser le témoignage des sculpteurs qu'il est entièrement d'accord avec celui des écrivains. Ni les uns ni les autres, à notre connaissance, ne décrivent ni ne figurent aucun assaut d'escrime, ni aucune course, ni aucun concours de saut : ils semblent n'avoir de place que pour la lutte à main plate et le tir à l'arc ; mais en revanche ils traitent ces deux sujets avec tant de complaisance que nous ne risquons pas de nous tromper en y voyant les deux sports les plus populaires de leur temps. La lutte, à tout le moins, l'est encore aujourd'hui : nous avons pu constater que l'annonce d'un match de lutteurs faisait courir tout Lahore. Les bas-reliefs gandhâriens nous montrent les jeunes Çâkyas aux prises, vêtus comme les athlètes modernes d'un simple caleçon : car il n'est pas d'exercice moins encombré d'accessoires. Une compétition d'archers, même équipés d'avance, exige une préparation beaucoup plus compliquée. L'on nous explique tout au long, comme s'il en était besoin, qu'il faut délimiter le champ de tir, mesurer les distances, placer les cibles. Celles-ci, nous pouvons lire et voir, sont ordinairement des tambours ou des timbales de fer, ou encore des troncs de palmier-éventail[22] : on nous parle aussi d'images métalliques de sangliers. Pour la pose classique du tireur à l'arc qui, à l'inverse du tireur à l'épée, se fend de la jambe gauche, le sanskrit a un mot spécial. N'oublions pas qu'au rapport d'Hérodote les archers indiens contemporains du Bouddha faisaient bonne figure dans l'armée de Xerxès : Mardonius en garda un contingent qui périt avec lui à Platées (479 av. J.-C.).

Les fiançailles. — Les vivants aussi vont vite ; tandis que nous nous occupons à butiner de côté et d'autre quelques informations précises, le petit Siddhârtha a grandi. Déjà il va sur ses seize ans, et dans le pays de mariages précoces qu'a toujours été l'Inde, il est temps de lui choisir une épouse. Nul doute que son père n'y ait songé : mais, du fait de ses répétitions machinales, le rédacteur du *Lalita-vistara* transforme Çouddhodana en une sorte de « roi Dagobert » qui en toute circonstance attend les avis de son entourage pour s'y conformer aussitôt avec la même bonhomie que notre chanson populaire prête au monarque mérovingien. Le chapitre XII ne manque pas de débuter par l'habituel cliché. Les mêmes conseillers bénévoles prennent l'initiative de faire remarquer au roi qu'il faut de toute urgence procéder à l'établissement du prince héritier — autrement dit, lui donner un harem — si l'on veut le retenir dans le monde et avoir dans la famille un Monarque universel pour le bénéfice de tout le clan. Comme il arrive lors de chacune de leurs interventions, Çouddhodana est immédiatement acquis à leur idée : « S'il en est ainsi, répond-il, examinez donc quelle jeune fille conviendrait au prince. » Sur quoi les Çâkyas, au nombre de cinq cents, chacun à son tour, dirent : « Ma fille conviendrait au prince, ma fille est fort belle. » Le roi dit : « Le prince est d'un abord difficile[23] : il nous faut commencer par savoir du prince quelle jeune fille lui plaît… » Ne vous laissez pas leurrer par l'épithète que le père applique à son fils et n'allez pas imaginer que vous tenez enfin une notation psychologique sur le caractère de Siddhârtha : il ne s'agit là que d'une épithète homérique, que les textes appliquent indistinctement à tous les grands personnages. On ne veut nullement nous dire que le prince était d'humeur hautaine, mais seulement que sa dignité personnelle en imposait à ceux qui l'approchaient. Ne soyons pas davantage effarouchés par les contradictions qui vont pulluler dans la suite de ce même chapitre. L'auteur qui n'est jamais en peine de rester conséquent avec lui-même avait le choix entre trois procédés traditionnels pour choisir la fiancée : n'ayant voulu en sacrifier aucun, il les a utilisés successivement tous les trois. Il peut alléguer pour sa défense que la demoiselle élue reste constamment la même et que par conséquent nul ne saurait se formaliser de ces triples fiançailles.

Reprenons donc la suite du récit au point où nous l'avons laissé. Dociles à leur tour aux instructions royales les donneurs d'avis vont en corps trouver le Bodhisattva et lui exposer l'affaire. Le Bodhisattva dit : « Vous entendrez ma réponse dans sept jours. » De la part d'un jeune homme de si belle prestance (on est jeune homme dans l'Inde à l'âge où chez nous on n'est encore qu'adolescent) vous trouverez peut-être qu'il n'envisage pas avec beaucoup d'empressement l'approche de son mariage. C'est que vous oubliez que cette histoire est écrite par un moine et qu'il ne peut l'écrire qu'à son calame défendant. Mettez-vous un instant à sa place : le point essentiel de la doctrine du Bouddha est l'expresse condamnation de tout désir, charnel ou autre, et voici qu'il se prépare, en contradiction avec tous ses futurs préceptes, à goûter les plaisirs de l'amour. Qui pis est, le pauvre hagiographe prévoit que sa monomanie amplificatrice l'entraînera bon gré mal gré à exagérer aussi bien les voluptés que les austérités auxquelles se livrera tour à tour le Prédestiné. Aussi a-t-il immédiatement recours à ce que nos vieux rhéteurs enseignaient sous le nom de précautions oratoires : « Et ceci vint à l'esprit du Bodhisattva : Bien connus de moi sont les maux sans nombre causés par les désirs, sources de douleurs avec leur cortège de conflits, d'animosités et de peines, — semblables à une fatale coupe de poison, pareils à la flamme, comparables au tranchant d'une épée ; — pour moi je suis exempt de toute passion amoureuse et ne me complais nullement dans l'appartement des femmes ; — que ne puis-je demeurer en silence dans la forêt, l'âme apaisée par la félicité de la méditation et de l'extase... » Pas d'équivoque : la Communauté bouddhique admet que son Maître ait été marié, mais c'est bien malgré elle, et elle veut absolument que ce soit aussi malgré lui. Le point est d'importance. Si nous avons mis tout ce passage sous les yeux du lecteur, ce n'était pas pour le seul plaisir de jouir avec lui de l'embarras de notre monastique informateur : c'est parce que ses tergiversations nous apportent (résultat non négligeable) la meilleure preuve que nous puissions encore avoir de l'historicité du mariage de Siddhârtha. De toute évidence les évangélistes bouddhiques, s'il n'avait tenu qu'à eux, auraient rayé cette gênante concession aux humaines faiblesses de la biographie de leur Maître. Le fait que dans cet inévitable conflit entre l'idéologie et la tradition celle-ci soit restée la plus forte nous donne à penser qu'elle reposait sur des souvenirs réels.

Cependant le délai des sept jours que s'était réservé le jeune prince s'est écoulé. Il a fait réflexion que les

Bodhisattvas du temps passé se sont tous mariés et que cela n'a pas plus compromis l'épanouissement de leur sainteté que la vase de l'étang ne nuit à la pureté de la fleur de lotus. Résigné (il le fallait bien) à ce que les destins s'accomplissent, il écrit de sa main le signalement en vers de la femme idéale qu'il consentirait éventuellement, bien que sans le moindre enthousiasme, à épouser ; et il insiste avant tout, comme il convient, sur les qualités morales dont elle doit être dotée. Il veut qu'elle soit d'une douceur quasi maternelle ou sororale, charitable, sincère, sans ruse ni jalousie, sans goût excessif pour les liqueurs fortes ni pour les fêtes et les spectacles, le modèle des belles-filles pour ses beaux-parents et des maîtresses pour ses esclaves, la première levée et la dernière couchée dans la maison, etc. ; mais il n'omet tout de même pas de spécifier également qu'elle doit être dans la fleur de la beauté et de la jeunesse et pas plus vaniteuse pour cela. C'est beaucoup demander : mais s'il est aussi exigeant, il se montre moins encombrant que les héros d'autres contes bouddhiques qui, également pressés par leurs parents de se marier, font exécuter par un grand artiste une statue en or de parfaite beauté et déclarent qu'ils ne prendront pour femme que sa pareille : sur quoi il ne reste plus qu'à promener l'image modèle à travers le monde pour établir les comparaisons requises[24]. Une feuille de palmier, le papier de ce temps, est d'un transport beaucoup plus commode. Dès qu'il a reçu de son fils cette sorte de fiche signalétique, Çouddhodana fait appeler le prêtre officiant attaché à la famille royale[25], quelque chose comme le chapelain de la cour : c'est à lui en effet que la coutume assignait le rôle d'agent matrimonial, vu qu'un brahmane a partout ses entrées. Le roi lui remet l'écrit du prince en lui disant : « Va, ô grand brahmane, à travers Kapilavastou, la grand-ville, et, pénétrant dans chaque maison, examine les jeunes filles. Celle qui se trouvera posséder ces qualités, qu'elle soit fille de noble ou de brahmane ou de bourgeois ou de manant, fais-la-moi connaître. Et pour quelle raison cela ? C'est que le prince ne se soucie ni de race ni de famille, il ne se soucie que de qualités… » Ne manquons pas de relever ce dédain bien bouddhique (mais qui ne se réalisait en fait qu'à l'intérieur de la Communauté) pour les distinctions de castes. Aussi bien notre auteur oublie-t-il — nous savons qu'il n'est pas à une contradiction près — qu'une page plus haut, dans son factum en vers, Siddhârtha avait stipulé chez sa future épouse « une parfaite pureté de naissance, de famille et de lignée[26] ». De toutes façons le pieux entremetteur n'a pas à pousser bien loin sa tournée : il a vite fait de trouver dans Gopâ, la fille du noble Çâkya Dandapâni, la vivante réalisation de l'idéal féminin du prince[27]. C'est du moins ce que Gopâ elle-même lui assure avec un sourire dès qu'elle a pris connaissance de la description écrite — preuve qu'elle sait lire. Le brahmane l'en croit sur parole et rapporte au roi qu'il a découvert la jeune fille répondant de tout point aux desiderata de son fils. Le rideau tombe sur le premier acte.

Quand à la ligne suivante il se relève, nous nous apercevons que nous ne sommes pas plus avancés. Moins crédule que son chapelain, Çouddhodana n'est pas aussi certain que lui qu'il ait vraiment mis la main sur la fiancée rêvée : « car les femmes sont promptes à s'attribuer des qualités qu'elles ne possèdent pas ». Il s'avise donc d'un autre stratagème pour s'assurer à l'avance du consentement de son fils, et nous repartons pour une seconde version des accordailles — la même, notons-le en passant, que nous lisons dans le *Mahâvastou* qui, lui, appelle la fiancée Yaçodharâ et en fait la fille du noble Çâkya Mahânâman. L'Inde n'ignorait pas qu'un des privilèges des héroïnes épiques est de se choisir elles-mêmes un époux parmi la foule des prétendants : dans le cas d'un être aussi exceptionnel que le Bodhisattva les hagiographes n'hésitent pas à renverser les rôles et à organiser pour lui un « choix personnel[28] » à rebours. Le roi fait donc fabriquer nombre de parures et annoncer à son de tambour à travers sa capitale que dans sept jours le prince héritier donnera audience[29] et, à cette occasion, distribuera des bijoux aux jeunes filles Çâkyas. Il n'en faut pas davantage pour que toutes se pressent au rendez-vous. À chacune d'elles, à mesure qu'elles défilent devant lui, Siddhârtha remet quelque parure, mais son cœur ne s'arrête sur aucune : et, quant à elles, « incapables qu'elles sont de soutenir l'éclat et la splendeur du Bodhisattva », elles se retirent au plus vite en emportant leur cadeau. Arrive enfin Gopâ avec son cortège de suivantes, et seule elle ose regarder le prince en face sans cligner des yeux[30]. Or le stock de parures se trouvait épuisé : « Quand Gopâ s'approcha du prince elle lui dit avec un visage riant : Prince, que t'ai-je donc fait que tu me dédaignes ? Il dit : Ce n'est pas que je te dédaigne, mais c'est que tu es venue la dernière. Et tirant de son doigt un anneau de grand prix, il le lui offrit. Elle dit : Puis-je vraiment, prince, recevoir de toi ce présent ? Il dit : Ce joyau m'appartient[31], accepte-le. Elle dit : Non, notre dessein n'est pas de dépouiller le prince de ses parures, mais bien de devenir une parure pour lui. Et ayant ainsi parlé, elle sortit. »

Goûtons, comme il convient, ce gracieux marivaudage, oasis de fraîcheur dans un aride désert. Bien entendu le manège des deux jeunes gens n'a pas échappé aux agents secrets apostés tout exprès par Çouddhodana pour surveiller le déroulement de l'audience. Sur leur rapport, le roi est autorisé à croire, et nous avec lui, que l'affaire est réglée. C'est alors que, contre toute attente, elle rebondit à nouveau. Il n'y a qu'un instant c'était à qui parmi les Çâkyas offrirait sa fille au roi pour devenir sa bru. À présent quand Çouddhodana envoie son chapelain chez Dandapâni avec mission de lui demander la main de Gopâ pour le prince héritier, voilà-t-il pas que l'insolent la refuse, en alléguant comme raison la notoire incapacité de Siddhârtha dans tous les exercices du corps ; et en effet personne ne l'a jamais vu les pratiquer… du moins au cours des précédents chapitres du *Lalita-vistara*. Nous sommes parvenus au moment où l'auteur va tirer parti du subterfuge que nous avons déjà dû dénoncer ci-dessus. S'inspirant à nouveau des épopées indiennes, il organise entre tous les jeunes Çâkyas une sorte de tournoi dont Gopâ sera l'enjeu et où les prouesses du prince, pour être inattendues de tous, n'en seront que plus éclatantes. Telle sera la troisième et dernière version des fiançailles. Après avoir utilisé les bons offices de son chapelain, puis procédé à un choix personnel, il ne reste plus à Siddhârtha d'autre ressource que d'obtenir sa future épouse par droit de conquête : car vous ne doutez pas qu'il ne sorte vainqueur d'un combat dont elle est le prix.

LA COMPÉTITION SPORTIVE. — Tout comme le prince, nous n'avons à présent d'autre alternative que d'en passer par où veut notre source. Çouddhodana est extrêmement mortifié, comme de juste, par l'humiliant refus de Dandapâni ; mais au lieu de lui imposer sa volonté comme à un vassal, il ne sait que dévorer son affront en silence. Apparemment il n'était, comme on l'a supposé, qu'un *primus inter pares*[32], et ne jouissait dans son clan que d'un pouvoir très limité. Son fils finit par lui arracher, non sans peine, le secret de sa sombre tristesse et, lui garantissant d'avance sa victoire, le détermine à lancer en son nom un défi à tous les jeunes Çâkyas de son âge. Le tambour de ville parcourt donc à nouveau les rues de la capitale pour annoncer à tous les habitants que dans sept jours le prince fera une démonstration de ses talents au cours d'une compétition sportive. Cinq cents jeunes athlètes, dûment entraînés, répondent à cet appel, et Gopâ est, d'un commun accord, désignée pour être « la bannière de victoire[33] » qui sera remise au vainqueur des trois matches « d'escrime, de tir à l'arc et de lutte ». Jolie matière à traiter et programme non moins alléchant pour nous que pour la population de Kapilavastou, qui se rend tout entière au terrain de sport. Malheureusement notre auteur veut toujours trop bien faire et réussit à tout gâter. Oubliant ce qui vient de nous être dit, ne s'avise-t-il pas de commencer par un concours d'écriture et d'arithmétique et de terminer par une énumération où il ne nous fait grâce d'aucune sorte de connaissances pratiques ou scientifiques, d'arts d'agréments, de beaux-arts, voire de belles-lettres, sans oublier les philosophies ni même, contre toute attente et toute vraisemblance, le Véda[34] : et naturellement le Bodhisattva est censé triompher sur toute la ligne.

Admettons, si l'on veut, que ces développements aussi intempérants qu'intempestifs soient le fait de quelque interpolateur, et tenons-nous-en à la description des trois sports expressément mis en vedette, ou plutôt des deux derniers ; car, tout comme le saut et la course, l'escrime à l'épée est à peine mentionnée : notre application ne sera guère mieux récompensée. Rien de plus insipide que le tableau de ces luttes : que les trente-deux champions, ses concurrents, assaillent le Bodhisattva un à un ou tous à la fois, il les couche à terre d'un revers de main[35] aussi aisément que des capucins de cartes. Le concours de tir à l'arc, qui est le morceau de résistance, aurait plus d'allure : mais, hélas, ce n'est qu'un démarquage de la façon dont

Râma a conquis la main de Sîtâ, l'infante mithilienne, ou Ardjouna celle de Draoupadî, la princesse des Pantchâlas[36]. Les différents compétiteurs se succèdent et, dans une gamme ascendante, atteignent des buts de plus en plus éloignés ; quand vient le tour du Bodhisattva tous les arcs qu'on lui met en mains se brisent comme des fétus de paille. Il se retourne donc vers son père et lui demande s'il n'existe pas dans la ville un arc assez solide pour résister à la vigueur de son bras. Son père répond qu'il y a bien celui de son aïeul Simha-hanou (Mâchoire-de-lion), mais que, depuis la mort de ce dernier, il est resté consacré dans un temple, car personne n'est plus capable de le soulever, encore moins de le bander. Le prince se fait apporter l'arme de l'ancêtre, et vous devinez déjà que ce n'est qu'un jeu pour lui de s'en servir pour surpasser de loin ses rivaux. Non seulement sa flèche traverse l'une après l'autre toutes les cibles jusqu'à la plus lointaine, mais elle conserve encore assez de force pour s'enfoncer en terre et y disparaître jusqu'à l'empenne. Que les Çâkyas acclament sur l'instant tous ces exploits et qu'aujourd'hui encore les fidèles bouddhistes s'en émerveillent, c'est leur affaire ; mais, pour nous, nous ne pouvons nous dissimuler qu'il n'est rien de plus plat qu'un tableau sans ombres et qu'une histoire sans péripéties se lit sans intérêt.

Ce n'est pas qu'avec un peu de bonne volonté on ne puisse trouver quelque chose à glaner parmi ces fastidieuses rengaines. Le dernier reproche que l'on puisse faire aux légendaires bouddhiques est de négliger l'art des préparations. Cette fois encore le nôtre n'a pas manqué de saisir l'occasion de la compétition sportive pour nous présenter quelques-uns des personnages, sympathiques ou non, que nous retrouverons par la suite. Tour à tour il met nommément aux prises avec le Bodhisattva trois de ses compagnons de jeunesse. C'est d'abord Nanda, dit le Beau, son frère consanguin dont nous lirons plus loin la conversion forcée[37] ; c'est ensuite son cousin Ânanda qui deviendra son disciple dévoué et s'attachera jusqu'au bout à sa personne ; c'est enfin son autre cousin Dêvadatta, auquel est réservé le rôle du traître. L'affection des deux premiers pour le Bodhisattva n'a pas besoin d'explication : il n'en va pas de même de la haine jalouse du troisième, laquelle remonterait fort loin. Tous deux avaient, nous dit-on, à peine douze ans quand un jour Dêvadatta blessa à l'aile d'un coup de flèche une belle oie royale[38] qui vint tomber aux pieds de Siddhârtha. Celui-ci la recueillit pour la soigner et la guérir, et refusa de la rendre à son cruel cousin qui la réclamait pour l'achever. Telle aurait été l'origine de l'animosité de ce dernier, au moins dans cette vie ; car il va de soi que son hostilité, sans cesse renaissante d'existence en existence, se perd dans la nuit du passé. En l'occurrence qui nous occupe, il en donne une preuve nouvelle. Rencontrant à la porte de la ville[39] le grand éléphant blanc qui vient chercher le Bodhisattva pour le mener au terrain de sports, il est pris d'un accès de fureur aussi gratuite que subite. Saisissant la trompe du pachyderme de la main gauche, il le tue d'un seul coup de sa paume droite (car, après le Bodhisattva il est le plus fort de toute leur génération) ; puis il s'en va, le laissant à demi engagé dans la porte de la cité. Survient le beau Nanda, qui dégage le passage ainsi obstrué en tirant par la queue l'énorme cadavre que nul autre que lui n'a pu remuer. Arrive enfin en char le Bodhisattva ; on lui conte le lâche attentat de son cousin et la secourable précaution de son demi-frère ; il blâme l'un et loue l'autre ; puis il réfléchit que ce cadavre, en se décomposant empestera la ville. Il met donc un seul pied à terre et — ô esprit d'édification, que d'âneries ont été écrites sous ton influence ! — saisissant avec son orteil la queue de l'éléphant, il le lance d'emblée par-dessus les sept remparts et les sept fossés dont (pareil en cela à Ecbatane) aurait été entouré Kapilavastou. Bien entendu cet exploit de plus ne fait qu'exaspérer l'animosité de Dêvadatta, et les ménagements que le Bodhisattva, toujours miséricordieux, garde envers lui au cours de leur match de lutte, où par trois fois il lui fait toucher terre sans le blesser, ne la désarmeront pas.

Le mariage. — Cependant rien ni personne ne s'oppose plus au mariage de Siddhârtha : et nous, qui réclamons volontiers de nos journaux la relation détaillée des cérémonies qui accompagnent les épousailles des mahârâdjas actuels, nous nous réjouissons d'avance à l'idée de lire la description d'une noce princière dans l'Inde d'il y a vingt siècles. Attente aussitôt déçue : car, comment un moine bouddhique consentirait-il à s'étendre sur un aussi profane sujet ? Nous connaissons heureusement par ailleurs les deux rites essentiels, toujours en vigueur, de l'hymen indien, l'union des mains et la triple circumambulation du feu par les deux conjoints[40]. Cette dernière scène est même représentée sur les bas-reliefs du Gandhâra, mais dans le plus sommaire des décors ; et quand ils nous montrent également le cortège traditionnel (musique en tête, l'époux à cheval, sa femme en litière) qui amène la nouvelle mariée à la maison de son mari, leurs timides essais, si nous les comparons aux descriptions de processions que nous avons déjà lues, ne servent qu'à nous faire mieux mesurer à quel point l'imagination des sculpteurs a les coudées moins franches que celle des littérateurs. Faisons donc notre deuil de toute description, rédigée ou figurée, des pompes nuptiales qui auraient entouré le mariage du prince héritier des Çâkyas : nous n'en serons que plus à l'aise pour ramener les suites de cet événement, que nous avons des raisons de croire réel, à des proportions vraisemblables.

On serait dès l'abord tenté de dénoncer une exagération de plus dans l'assurance qu'on nous donne que Çouddhodana aurait attribué à son fils non moins de trois résidences particulières : mais, après tout, qu'en savons-nous ? L'Inde connaît en effet trois grandes saisons bien distinctes, la relativement froide, la terriblement chaude, et (la plus importante, parce que la plus nourricière) la saison des pluies. Aussi les architectes européens qui travaillent sous les tropiques se trouvent-ils confrontés avec le problème quasi insoluble d'édifier des habitations satisfaisant à la fois aux trois conditions d'être chaudes l'hiver, fraîches l'été, et suffisamment claires et aérées pendant la mousson pluvieuse. Leurs vieux confrères indiens, qu'apparemment le prix du terrain et de la main-d'œuvre n'arrêtait pas, avaient tranché la difficulté en établissant à l'usage des gens aisés le plan de trois demeures dont chacune répondait à l'une de ces trois nécessités contradictoires. Même un petit râdja pouvait fort bien assurer à lui-même et à son héritier présomptif ce constant élément de confort. Nous en dirons autant d'une autre apparente somptuosité qui, sous le climat tropical, ne fait que répondre à un véritable besoin. Les vieilles villes indiennes étaient enserrées dans leurs enceintes de pierres, de briques ou de bois, et les terrasses des hautes maisons qui dominaient leurs étroites ruelles étaient le seul endroit où l'on pût respirer un peu librement. Aussi les riches marchands possédaient-ils tous hors les murs des parcs semés d'étangs de lotus, où de temps à autre ils allaient goûter la fraîcheur des ombrages, les ébats du bain froid et le divertissement du déjeuner sur l'herbe : et naturellement les femmes n'étaient pas les moins friandes de ces parties de plaisir à la campagne. Nous verrons bientôt la dévotion des premiers banquiers convertis transformer ces lieux charmants en ermitages à l'usage de la Communauté des moines bouddhiques. Tout ce que nous voulons retenir pour l'instant, c'est que les princes et les rois, bien qu'habitant sans doute de plus spacieuses demeures, ne se refusaient pas une occasion de délassement à la portée de simples bourgeois. Nous le savons par maintes descriptions littéraires, eux aussi avaient leurs jardins et leurs pavillons de plaisance, à la façon de ceux du village de Trianon, et aimaient à s'y livrer en compagnie de leurs femmes à des amusements champêtres.

Si après avoir pris connaissance du cadre de son existence nous désirons en savoir plus long sur le train de vie qu'était censé avoir mené Siddhârtha, nous n'avons pas davantage besoin de nous mettre en frais d'imagination : les textes sont là pour nous le dire. Dans un curieux passage le Bouddha prend soin d'exposer à ses disciples à quel point son père l'avait comblé de ses faveurs : « J'étais, ô moines, un beau prince héritier, le parangon des beaux princes héritiers ; et au beau prince héritier que j'étais le Çâkya mon père fit (tel ou tel don) pour mon agrément, pour mon plaisir, pour mon service... » Suit une longue énumération de tous ces présents, à commencer par les trois palais d'hiver, d'été et des pluies et à finir par les quatre parcs de plaisance situés chacun à l'un des points cardinaux de la cité ; et à l'occasion de chacun d'eux se répète, comme le refrain berceur d'une ballade, la phrase, que nous venons de citer. Cette litanie dénombre ainsi successivement des lits précieux couverts de tapis et surmontés de dais assortis à leur richesse ; des onguents et des parfums ; des guirlandes de fleurs odorantes ; des vêtements de fine étoffe de soie ou de laine ; des nourritures aussi variées que recherchées ; des moyens de transports de tout genre, éléphants, chevaux, chars, barques et litières ; un parasol, appareil pratique en même temps que signe d'honneur ; une troupe de gardes bien équipés, etc., autant de choses que nous aurions pu deviner tout seuls comme faisant partie du décor extérieur d'une existence princière. Mais voici enfin qui nous permet d'y pénétrer plus profondément : à ce beau prince héritier son père a encore donné les cinq sortes de jouissances sensuelles, à savoir : 1° la danse, conçue à la mode indienne, déroulement plus ou moins hiératisé de poses plastiques susceptibles de mimer la représentation de quelque drame légendaire ; 2° le chant, probablement déjà avec cette voix de tête qui ravit particulièrement les Orientaux ; 3° les soli de musique qui « font parler » un instrument à vent ou à cordes, flûte ou harpe ; 4° la musique d'orchestre rythmée par les tambours à main et dont s'accompagnent les danses ; et 5° puisque enfin il faut bien l'avouer, les femmes[41].

Telle est la liste authentique et complète de ce qu'on pourrait appeler les cinq plaisirs capitaux dans les idées du temps. Elle perce à l'usage de notre curiosité comme un œil-de-bœuf[42] dans le mur de la vie privée du prince. S'en voile la face qui voudra : c'est la vie du harem des Arabes et de l'*anderoûn* des Persans, telle qu'on la mène également dans l'*antah-poura* des Indiens ; et tout de suite nous constatons ce que nous confirment les bas-reliefs, à savoir le rôle prépondérant qu'y jouent la danse et la musique. Ne demandez pas aux textes de vous la décrire plus en détail. Écartelés entre les besoins de leur propagande et leurs scrupules de conscience, leurs rédacteurs achèvent de perdre leur dernier reste de sens commun. Le *Lalita-vistara*, par exemple, avoue bien (ch. XIII) que le Bodhisattva a vécu

« dans les appartements intérieurs » au sein de tous les raffinements du luxe et de toutes les sortes de voluptés en compagnie des quatre-vingt-quatre mille femmes, toutes pareilles à des déesses, dont il se croit obligé de le gratifier ; mais d'autre part il maintient que, pendant cette même période, il n'a cessé de mener une existence toute confite en dévotion : car les accords des instruments de musique n'arrivaient à ses oreilles que transformés en stances éminemment moralisatrices, et ce raz de marée d'édification finit même par submerger la multitude des femmes ains : que « bien des centaines de mille de divinités ». Ces inconciliables contradictions tracent une fois de plus entre elles la voie moyenne qu'en bonne judiciaire il nous faut adopter. N'étant pas moines, nous n'avons aucune raison de contester que, pendant quelques années, Siddhârtha ait humainement joui des plaisirs de la vie dans la mesure où sa fortune le lui permettait ; et, d'autre part, le fait qu'il s'en est finalement détaché prouve assez clairement qu'il ne s'est pas enlisé, comme tant d'autres princes orientaux, dans une perpétuelle recherche de jouissances nouvelles. Remarquons d'ailleurs à sa décharge, si tant est qu'il en soit besoin, que personne n'a jamais songé à lui prêter mille rejetons, comme à un Monarque universel (ni même soixante-dix, comme à tel Émir d'Afghanistan qui régnait encore au début de ce siècle). Il n'aurait eu qu'un fils, dont Gopâ-Yaçodharâ était la mère. Tout se passe donc comme si celle-ci n'avait pas été seulement sa « première reine », mais encore sa seule épouse légitime[43]. Les autres habitantes des appartements intérieurs, une fois leur nombre ramené à un chiffre acceptable, représenteraient surtout les nombreuses ballerines et musiciennes que se devait d'entretenir un prince dont la principale distraction était de se donner quotidiennement l'opéra à domicile. C'est ainsi que de nos jours encore les râdjas de l'Inde avaient à leur cour un corps de ballet et un orchestre féminins, avant que la pudeur britannique ne s'en alarmât et que le résident anglais n'insistât pour les remplacer par une « band » de musiciens à l'européenne. Si les idées modernes ou les questions budgétaires doivent amener également la disparition de la troupe de danseuses du roi du Cambodge, on pardonnera à ceux qui ont goûté le charme de leur mimique d'exprimer la crainte que l'art n'y perde plus que la morale n'y gagnera. Bref, nous refusons de nous scandaliser à propos de la vie mondaine du Bodhisattva ; mais nous ne consentons pas davantage à y chercher bon gré mal gré un sujet d'édification ; et nous persistons à croire que nous n'en comprendrons pas moins bien, le moment venu, les raisons intimes de sa vocation religieuse.

---

1. ↑ Nous employons le terme arabe de fakîr « pauvre » parce qu'il a passé en français ; dans l'Inde ancienne on disait un *pravrâjaka* ou un

sannyâsin ; dans l'Inde moderne on dit un *sâdhu* « homme de bien », ou supposé tel. ;

2. ↑ FA-HIEN dit 12 *yojana* et HIUAN-TSANG 500 *li* (B I p. XLVIII et II p. 13).
3. ↑ H. OLDENBERG (p. 115 n. 3) a fait remarquer que les noms de Çuddhodana et de ses frères (cf. *Life* p. 13) se terminent tous en °*odana* « bouillie de riz ».
4. ↑ *LV* p. 100 ; cf. *DA* p. 3, 26, 47 etc. Leur rôle à chacune est bien détaillé dans un passage du canon des Dharmagupta trad. par E. TUNELD, *Recherches sur la valeur des traditions bouddhiques pâlie et non-pâlie* (Lund 1915) p. 215. Rapprochons-en passant l'existence à la cour de France d'une « Remueuse » du Dauphin à côté de sa ou ses nourrices.
5. ↑ On trouvera une liste des 64 *kalâ* (ou *çilpa*) *LV* p. 156 (cf. *DA* p. 3 et 26) et *SA* n° 61 (ou *JA* juillet-août 1908 p. 89).
6. ↑ Le mot *Kulaputra*, litt[t] « fils de famille », est d'un usage courant dans les textes pour désigner tout homme de naissance régulière et de bonne éducation. Non plus que son équivalent anglais « gentleman », il n'implique nécessairement ni noble extraction ni richesse exceptionnelle : encore semble-t-il réservé aux membres des trois premières castes.
7. ↑ *DA* p. 3, 26 etc.
8. ↑ *DA* p. 391. On a aussi montré à HIUAN-TSANG l'école, mais non la *vyâyâma-çâlâ*.
9. ↑ Ajaṇtâ pl. 45.
10. ↑ Le mot employé est *sandarçana*.
11. ↑ *Luc* II 41 s. Le rapport est beaucoup plus étroit avec les récits du *Pseudo-Mathieu* (ch. 30, 31 et 39) sur les relations de Jésus avec ses trois maîtres d'école (TISCHENDORF, *Evangelia apocrypha* p. 94 s.).
12. ↑ Au lieu de *lipi-çâlâ* on dit *pâṭha-çâlâ*.
13. ↑ Nous ne faisons que traduire littéralement l'*adho-mukha* du texte *LV* p. 124 l. 11.
14. ↑ Cf. la liste des écritures dans *MVU* I p. 135 et la note d'É. SENART *ibid.* p. 483.
15. ↑ Il y a exactement quarante-six de ces sentences morales dites *dharma-mukha* « introduction à la Loi ». Le texte omet les trois voyelles qui ne se trouvent que rarement ou jamais à l'initiale et l'*anunâsika*, mais il ajoute la lettre double *Ksh*.
16. ↑ Cf. *supra* la note à p. **56**, *45*.
17. ↑ Ce *lipi-phalaka* s'appelle à présent *takhtî*. Cf. *AgbG* fig. 166-7 et *Corpus Inscr. Indic.* II part. I, pl. XXIV et p. 130-1. On remarquera la

façon dont la tablette est à l'une de ses extrémités taillée en queue d'aronde pour la rendre plus portative.

18. ↑ Tel est du moins le sens que nous croyons devoir attribuer aux deux mots *langhita* et *plavita* constamment associés ; le second aurait pu faire penser à la natation. La lutte est dite *sa-âlambha* ; le disque est le *cakra*, le lasso est le *pâça*.
19. ↑ *AgbG* fig. 201-4 ; Sâñchî, pl. 66.
20. ↑ Cf. les chapiteaux de Sâñchî, Portes Nord et Est. Le siège est dit le *haudâ* (orth. angl. *howdah*).
21. ↑ Sâñchî, pl. 23. On sait que les traits, tout comme les étriers, sont d'invention relativement récente.
22. ↑ *AgbG* fig. 170-2. Le palmier-éventail ou *borassus flabellifera* est le *tâla* ; la posture est dite *âlîḍha*.
23. ↑ Le terme employé est *dur-âsada*. Cf. Luc x 45.
24. ↑ V. l'histoire de Mahâ-kâcyapa (*ANS* p. 317 ; cf. *supra* p. 227 s.) et *Kusa-jâtaka* n° 531, et cf. Béfeo IX, 1909 p. 17.
25. ↑ Le terme technique est *puro-hita*.
26. ↑ *LV* p. 38 l. 10 ; le mot que nous traduisons ici par « lignée » est *gotra*, pris dans le sens spécial d'un des 49 clans entre lesquels se subdivise la caste brahmanique. Les non-brahmanes appartiennent médiatement, si l'on peut ainsi dire, au *gotra* de leur précepteur ou chapelain ; c'est ainsi qu'en religion Siddhârtha prendra le nom de Gautama et sa mère adoptive Mahâ-Prajâpatî celui de Gautamî.
27. ↑ *MVU* II p. 48 et pour la suite p. 72-6.
28. ↑ Le terme technique est *svayaṃ-vara*.
29. ↑ On dirait aujourd'hui : « tiendra un *darbar* ».
30. ↑ Tout au contraire la Yaçodharâ du *MVU* n'aborde Siddhârtha qu'avec de grandes démonstrations de pudeur ; et, comme il arrive, sa modestie produit sur l'esprit du prince la même impression favorable que la coquetterie passablement effrontée de la Gopâ du *LV*.
31. ↑ Entendez que la bague en question est la propriété personnelle du prince et non un de ces « joyaux de la couronne » que (*supra* p. 115) nous lui verrons renvoyer à la maison après le Grand départ. Pour la scène v. B. Budur fig. 42.
32. ↑ L'expression est d'Oldenberg, p. 118.
33. ↑ Le *LV* p. 144 l. 8 emploie le terme de *jaya-patâkâ*.
34. ↑ Jouant une fois de plus sur les mots le *LV* abuse du fait que *çilpa* peut s'appliquer à toute technique.
35. ↑ Ainsi s'explique l'immobilité des personnages sur les fig. 47-8 de B. Budur.

36. ↑ *Mahâbhârata* I, 187-191 ; *Râmâyaṇa*, éd. Gorrezio I, 69 ; cf. *Bhâgavata-purâna* X, 42, 15 s.
37. ↑ Pour la conversion de Nanda cf. *supra* p. 235 : Ânanda et, selon toute vraisemblance, Devadatta étaient en fait trop jeunes pour prendre part à la compétition (*supra* p. 236). Sur la malice et les méfaits de Devadatta cf. p. 286 s.
38. ↑ L'épisode du *râja-haṃsa* se lit dans *ANS* p. 72 et l'introduction au *Jâtaka*.
39. ↑ Selon le *MVU* II p. 74 il y aurait eu collision entre l'éléphant monté par Devadatta et celui qu'on amenait au Bodhisattva.
40. ↑ V. *MVU* III p. 150 et *Kumâra-sambhava* VII 79-83 ; cf. *AgbG* fig. 172-4
41. ↑ *MVU* II p. 115-7 et notamment 116 l. 18 où sont énumérés les cinq *kâma-guṇa*, à savoir *nâṭya, gîta, vâdita, tûrya, striyas*.
42. ↑ Nous employons à dessein le mot d'œil-de-bœuf, skt *gava-aksha*, familier aux architectes indiens.
43. ↑ Toutefois le *Vinaya* des Mûla-sarvâstivâdin lui accorde trois épouses, Gopâ, Yaçodharâ et Mṛgajâ.

CHAPITRE IV

ENFANCE ET JEUNESSE. — II. LA VOCATION RELIGIEUSE

Jusqu'ici nous n'avons vu mener à Siddhârtha que l'existence accoutumée de tous les jeunes gens de sa caste et de son temps : aussi la connaissance des antiquités de l'Inde, que nous devons à tantôt deux siècles d'investigations érudites, nous a-t-elle beaucoup aidés à en restituer une image approximative. Il est grand temps de nous rappeler que nous n'avons pas affaire à un homme ordinaire ; et il ne faut pas nous dissimuler qu'à mesure que le « fils-de-roi » se transforme en chercheur et finalement en inventeur d'une nouvelle méthode de salut, notre tentative de le suivre à travers ces métamorphoses s'avérera de plus en plus ardue. Assurément le décor extérieur de la mission du prophète indien continuera de nous être assez bien connu ; le point délicat sera de retracer avec quelque exactitude l'évolution psychologique qui va d'abord d'un banal héritier présomptif faire un ascète, puis d'un ascète entre tant d'autres l'un des Sauveurs de l'humanité. C'est déjà à grand-peine (le lecteur ne s'en sera que trop aperçu) que nous avons pu tant bien que mal rétablir, à travers un tel rideau d'années et tant de nuages d'encens, le comportement probable d'un prince du nord du bassin du Gange au ve siècle avant notre ère : combien plus difficile nous apparaît d'avance la tâche de lire dans son âme — et, complication de plus, dans une âme exceptionnelle — alors que nous avons déjà appris à tant nous défier des déformations tendancieuses des textes sacrés. Par bonne chance, en ce qui concerne le premier stade de la transformation du Bodhisattva, nous voulons dire le déclenchement de sa vocation, nous ne sommes pas réduits au seul témoignage des Écritures bouddhiques. Siddhârtha n'est pas le premier Indien qui ait renoncé aux plaisirs et aux ennuis du monde, et il n'a pas été non plus le dernier ; plusieurs de ses contemporains ont été ses rivaux en sainteté, à commencer par le fondateur du Djaïnisme ; et enfin les annales de nos propres congrégations fourmillent de cas analogues. Ne nous alarmons donc pas trop vite : le sol ne risque pas encore de se dérober sous nos pas.

Du prince au moine. — En quelque contrée qu'il naisse, l'homme ne peut plus ignorer (cela lui a été dit et répété en trop de langues) qu'il est fatalement confronté avec l'énigme de sa destinée : « D'où vient-il ? Où va-t-il ? À quoi rime ce monde ? Comment même se fait-il qu'il y ait un monde ?... » Autant de questions qui dépassent le champ de vision de l'esprit humain. Le commun des mortels vaque sans y penser à ses petites affaires et meurt sans même avoir essayé de comprendre pourquoi il a vécu : qui osera dire que c'est le parti le plus sage ? Les âmes énergiques, mais basses, — les Asouras, comme les appellent les Indiens — trouvent un dérivatif approprié à leurs goûts dans une recherche effrénée de la jouissance ou de la puissance, depuis le brigand jusqu'au dictateur, et leurs contemporains savent ce qu'il leur en coûte. D'autres âmes, infiniment plus délicates, mais non exemptes de quelque faiblesse congénitale, se réfugient, sinon dans le suicide, du moins dans le semi-suicide moral qu'est l'état monastique : car si le moine peut être le zélateur de quelque noble cause, il est sûrement le déserteur de tous les humbles devoirs. À mi-chemin entre ces deux solutions extrêmes, — celle du jouisseur impénitent ou celle du pénitent abstentionniste — religions et philosophies essaient, chacune à sa manière, de concilier l'acceptation des obligations mondaines et leur cortège de compromissions inévitables avec la préservation de leur idéal de pureté éthique ; ce n'est pas dans une autre intention que la plupart réprouvent l'égoïsme et exaltent l'esprit de sacrifice et de résignation. L'Inde même, cette antique mère de tant de religieux fainéants, a de bonne heure proposé à ses fils un mode d'agir affranchi de toute flétrissure par la vertu du détachement intérieur, lequel purifie à l'avance toute action des souillures qu'elle entraîne. Mais cette virile doctrine, la plus vigoureuse réfutation de « l'objecteur de conscience » qui ait jamais été écrite, ne s'est exprimée dans les magnifiques stances de la *Bhagavad-Gîtâ* que bien après la naissance de Siddhârtha. De son temps les idées d'activité humaine et de moralité spirituelle étaient considérées par tous les penseurs de la région gangétique, apparemment efféminés par un climat amollissant, comme s'excluant l'une l'autre ; et les plus grands esprits, en dépit de leur originalité propre, ne se dégagent jamais entièrement des préjugés de leur milieu. Avec tous ses contemporains et compatriotes le Bouddha a eu foi en la transmigration des âmes ; avec eux aussi il a cru « qu'il n'y a de salut que hors de la maison », entendez dans l'abandon total de la vie de famille pour l'existence vagabonde du *bhikshou*, littéralement du « mendiant ». Les plus vieux textes censés tombés de sa bouche nous le répètent à satiété : « C'est une sujétion que la vie laïque, c'est un état plein d'impureté. C'est à ciel ouvert que se mène la vie religieuse ; comme il pensait ainsi, il sortit du monde[1]. »

Telle est l'idée dominante qu'il nous faut désormais avoir toujours présente à la pensée : le Bodhisattva va se faire moine, et, qui plus est, moine errant et mendiant ; et, ce faisant, il ne fera que se conformer à la coutume de ceux qui, dans son entourage, cherchaient dès lors une solution à l'insoluble problème de la destinée. Qu'elle nous agrée ou non, c'est en fonction de cette idée directrice que nous devons poursuivre notre examen critique des textes bouddhiques. Sûrs d'être entièrement d'accord avec eux sur le fond des choses, nous trouverons peut-être dans la façon dont ils les présentent matière à quelque utile réflexion, voire même à quelque délectation littéraire : car on ne peut contester aux Indiens leur talent de narrateurs. Instruits par l'expérience, nous n'attendrons pas d'eux une explication raisonnée et raisonnable de la vocation du Prédestiné. Nous savons déjà qu'à les en croire celle-ci s'élaborait depuis des âges incalculables, que d'innombrables existences antérieures lui avaient apporté chacune leur contribution, et que trente-deux Bouddhas du passé, à commencer par Dîpankara, l'avaient prophétisée. Heureux ceux qui croient connaître les origines des choses ; pour nous, nous n'en demandons pas tant, et n'éprouvons ni désir ni besoin de remonter par delà la vie historique du Bodhisattva. Tout ce qu'il nous intéresserait d'apprendre, c'est si, au cours de son enfance et de sa jeunesse dernières, aucun incident n'est venu dévoiler ou même stimuler les secrètes aspirations qui devaient finalement l'emporter dans son cœur, et le décider à rompre les liens, pourtant si forts ou si doux, qui le retenaient dans le siècle. Que notre curiosité se rassure : la piété des générations postérieures n'a pas manqué d'y penser avant nous. La tradition, aussi bien écrite que figurée, ne connaît pas moins de trois de ces sortes d'épisodes préparatoires, à savoir la « Première méditation », les « Quatre sorties » et « l'Instigation » au Grand départ. Revenons donc en arrière jusqu'au lendemain de la naissance de Siddhârtha et, grâce à ces trois jalons, tâchons de suivre derrière la brillante façade de sa vie princière le mystérieux cheminement du courant de pensées qui ne va pas tarder à jaillir au jour et à balayer d'un seul coup tout l'édifice écroulé de sa condition sociale, jusques et y compris son nom.

La première méditation. — C'est à l'occasion d'une partie de campagne « au village des laboureurs[2] » que se serait manifesté le premier signe annonciateur de la vocation religieuse du Bodhisattva : sur ce point tous les textes s'accordent. L'un d'eux veut même que l'incident soit survenu pendant une « fête des semailles », à laquelle le roi Çouddhodana prenait part avec toute sa cour. Le petit prince était encore en bas âge ; son père l'emmène néanmoins avec lui et le fait installer dans son berceau à l'ombre d'un arbre pendant que lui-même avec une charrue d'or, et ses 107 ministres avec chacun une charrue d'argent vont et viennent, traçant sillon après sillon et donnant l'exemple aux paysans du voisinage : soit en tout mille laboureurs. Les femmes de service, ne pouvant résister à l'envie d'aller contempler un si beau spectacle, abandonnent l'enfant à lui-même ; et celui-ci met à profit sa solitude pour se soulever, s'asseoir les jambes croisées à la façon des *yogui*, régulariser comme eux sa respiration et atteindre d'emblée au premier des quatre degrés de la méditation. Les autres hagiographes ont-ils estimé qu'il était peu croyable qu'un simple enfançon fût capable d'un tel effort mental ? Toujours est-il que l'on constate chez eux une curieuse tendance à en différer de plus en plus le moment jusqu'à venir à le placer à la veille même du Grand départ de la maison ; et il va de soi qu'à chaque retardement l'exploit mystique du Bodhisattva gagne en vraisemblance ce qu'il perd du point de vue du merveilleux. Pour une fois le *Lalita-vistara* professe une opinion moyenne en intercalant ledit épisode entre la Manifestation scolaire et la

Compétition sportive[3] : il est vrai qu'aussitôt sa manie d'exagération prend sa revanche en faisant franchir à son adolescent non seulement le premier, mais successivement les quatre degrés de la méditation, depuis celui qui comporte encore attention, raisonnement et joie intime jusqu'à celui où l'âme, dépouillant aussi bien tout procédé logique que tout sentiment de plaisir, de douleur ou d'indifférence, n'est plus que pure lucidité.

Nous accordons volontiers que, même tardif et réduit à son premier stade, ce tour de force psychique ait quelque chose de miraculeux : mais il ne nous échappe pas que c'est là un miracle tout intérieur, connu du seul intéressé et invisible pour ceux qui l'entourent. Une intimation certaine en a-t-elle été donnée ? — Il en a été donné deux. La première est à l'usage exclusif des passants du ciel. Grâce au pouvoir magique que nous leur connaissons les rishis ont coutume de traverser en volant les plaines du Gange entre leur séjour favori d'été près des lacs himâlayens et leurs retraites d'hiver dans les gorges des monts Vindhyas[4] ; or au cours d'une de ces allées et venues, cinq d'entre eux, cinglant de conserve, se trouvent passer justement au zénith de l'endroit où médite le jeune prince : une force invincible les arrête instantanément dans leur vol. Déconcertés par cet obstacle inattendu ils regardent au-dessous d'eux et, apercevant le Bodhisattva tout resplendissant de ferveur mystique, ils se demandent à quel dieu plus puissant qu'eux ils ont affaire. Une divinité, qui compatit à leur désarroi, les renseigne. Il ne leur en faut pas moins atterrir auprès du rejeton des Çâkyas ; et l'occasion est bonne pour leur faire réciter à chacun une stance où, grâce à leur don de prophétie, ils saluent tour à tour en lui le lac, la lampe, le navire, le libérateur et le médecin qui doit rafraîchir, éclairer, traverser, délivrer et guérir le monde. Ce n'est qu'après lui avoir dûment rendu hommage qu'ils peuvent continuer leur voyage aérien. Un autre genre de surprise est réservé aux simples mortels, mais il n'est pas moins significatif. Tandis que l'enfant se livre à la méditation et que les grandes personnes s'affairent au labourage, l'heure du repas est arrivée : et ou bien les suivantes retournent à leur poste près de leur nourrisson, ou bien les ministres du roi cherchent partout l'adolescent qui s'est retiré à l'écart. Toujours on le retrouve au pied de son pommier-rose et toujours l'ombre de cet arbre, au lieu de se raccourcir et de tourner comme de règle à mesure que monte le soleil, est restée pieusement immobile pour continuer à abriter le futur Bouddha. Sur quoi toute l'assemblée crie fort légitimement au prodige, et, pris d'un nouvel accès d'admiration superstitieuse, Çouddhodana adore son fils pour la seconde fois[5].

Tels sont les traits essentiels, et presque constamment répétés de texte en texte, de la première manifestation de la vocation religieuse de Siddhârtha ; — si adroitement qu'ils soient agencés, ils n'en laissent pas moins subsister quelque incertitude sur les intentions réelles des rédacteurs. Le fait que nous attendions un miracle et que l'on nous en offre trois n'est pas ce qui nous embarrasse : les deux prodiges de l'arrêt sur place des rishis et de l'immobilité de l'ombre ne sont que les marques visibles du troisième et ne font que confirmer son caractère surnaturel. Si à présent l'on songe que la méditation est pour les bouddhistes l'équivalent de la prière mentale pour les chrétiens, on achève de comprendre l'importance qu'a pu revêtir pour les premiers la précoce découverte par leur Maître de leur principal exercice de piété[6]. Nous l'avons pour notre part si bien compris que nous avons inscrit son nom en tête de notre paragraphe, et nous nous croyions en droit de compter qu'elle serait aussi pour nos auteurs la pièce maîtresse de l'épisode. Or, en fait, il n'en est rien. On dirait à les lire que ce qui importe surtout pour eux c'est la scène du labourage et (dès que le Bodhisattva est supposé avoir atteint l'âge de raison) la déplorable impression que cette scène a faite sur lui. De son « grand trouble » le *Mahâvastou* ne donne encore qu'une explication enfantine ; la charrue a retourné en même temps une grenouille et un serpent ; mais oyez leur triste aventure : le serpent a avalé aussitôt la grenouille et a été lui-même immédiatement dépêché par un petit villageois. Les raisons données par le *Bouddha-tcharita*, pour qui le prince est déjà homme fait, sont de nature à nous faire réfléchir davantage : le sein de la terre est, nous dit-il, écorché, les herbes arrachées, les insectes et les vers écrasés, les hommes et les bœufs recrus de fatigue ; et, dans le feu de la description de tous ces maux, Açvaghosha, intentionnellement ou non, oublie de mentionner le miracle de l'immobilité de l'ombre. Quant au *Lalita-vistara*, il intitule froidement son chapitre « le Village des laboureurs » et ne se met plus en peine d'entrer dans aucune explication, tant il est bien connu d'avance que cette visite a suffi à « bouleverser l'esprit » du Bodhisattva. Comment expliquer à notre tour cette singulière façon de reléguer au second plan le fond édifiant de la scène pour n'en mettre en vedette que le décor, alors que celui-ci est un objet de scandale ? Nous en avons naguère rendu responsables les monuments figurés qui, pour représenter le miracle psychologique de la Méditation, ont dû forcément recourir à un signe extérieur d'identification[7] et ont constamment adopté comme tel un attelage de labour. La vue répétée de ces représentations a pu effectivement influer sur le déplacement de l'intérêt du dedans vers le dehors : mais il est permis de suggérer à cette sorte de quiproquo une raison plus profonde. On ne saurait oublier en quel mépris les intellectuels de l'Inde ancienne tenaient le métier de cultivateur. Le code de Manou, tout comme la Loi du Bouddha, interdit aux religieux d'avoir rien à voir avec le labourage, même par personne interposée. Dans le sursaut de conscience qui, à la première vue de l'activité fondamentale de l'humanité, aurait rejeté le prince Siddhârtha du côté de la vie purement contemplative, ses hagiographes ont reconnu et ont eu raison de reconnaître l'éveil de sa vocation monastique. Tel est bien pour eux le pivot sur lequel tourne toute l'action. Leurs brèves indications contiennent déjà en germe les longs développements des ballades populaires qui nous ont été conservées et qui opposent point par point l'absence de soucis de l'ascète errant à l'existence anxieuse du propriétaire foncier. Nul doute en effet que les moines ne soient libres « comme les oiseaux des cieux qui ne sèment ni ne moissonnent[8] » ; encore est-il fort heureux que d'autres s'en chargent pour eux.

Les quatre sorties. — Le scénario du second incident qui serait venu confirmer le Bodhisattva dans son dégoût du monde a pris le même tour romanesque et ne compte pas moins de quatre tableaux. Il est tout entier bâti, cela crève les yeux, sur l'un des lieux communs les plus rabâchés (et ce n'est pas peu dire) des textes bouddhiques. Ce qui justifie, disons mieux, ce qui provoque l'apparition des Bouddhas sur cette terre, c'est la nécessité que quelqu'un vienne guérir les trois grands maux qui sont le commun apanage de l'humanité, à savoir la vieillesse, la maladie et la mort. Réciproquement nous admettrons sans peine que la vue de ces douloureuses misères ait été le principal déterminant de la vocation du Prédestiné. D'après les plus anciens textes, lui-même aurait conté à ses disciples que c'est en faisant réflexion sur ces trois maux qu'il avait cessé de partager l'inconcevable insouciance du vulgaire[9], et tour à tour perdu la joie de la jeunesse, la joie de la santé et jusqu'à la joie de vivre. C'est de ce canevas que les metteurs en scène postérieurs se sont emparés. Ils se heurtaient toutefois à une difficulté préjudicielle. Pour cruelles qu'elles soient, ces trois formes de la fatalité sont de si commune occurrence que les hommes s'y habituent dès l'enfance et ne tardent pas à s'y résigner : comment expliquer que le Bodhisattva ait si vivement réagi à leur aspect ? — De la façon la plus simple, si nous admettons que Çouddhodana, toujours hanté par la crainte que son fils n'entre en religion, ait réussi à le mener jusqu'à l'âge d'homme en les dérobant à sa vue. Postulat invraisemblable ; mais tout au théâtre n'est que convention. Celle-ci une fois admise, il ne restera plus qu'à graduer les effets, ce qui sera facile, et à varier les circonstances, ce qui le sera moins. En guise de dénoûment, nous ferons après les trois maux apparaître leur unique remède, et le tour sera joué.

Or donc Siddhârtha, seul dans son char avec son cocher, sort par la porte orientale de Kapilavastou pour se rendre à son jardin de plaisance. Bien entendu son père a donné des ordres exprès pour que, tout le long du trajet, comme il sied lors d'une visite officielle, aucun objet déplaisant ne vienne offusquer les yeux du prince : car celui-ci ne doit continuer à connaître que la face riante de la vie. Mais les dieux « des Purs séjours », qui du haut de leur sublime sphère veillent sur la vocation du Prédestiné, déjouent toutes les précautions du roi et de ses ministres. Par leurs soins Siddhârtha se trouve soudain confronté avec un homme blanchi, ridé, édenté, cassé par l'âge et appuyé sur un bâton. Devant ce spectacle encore nouveau pour lui, il s'inquiète et, dans sa candeur naïve, s'informe auprès de son cocher : Qu'est-il arrivé à cet individu ? Son mal lui est-il particulier ou est-il endémique dans sa famille ? Et quand il apprend que tel est le sort commun de tous les hommes et que lui-même n'en sera pas exempt, il renonce malgré les remontrances de son compagnon à aller au parc goûter « les cinq sortes de voluptés » et, faisant retourner son char, rentre dans la ville. La seconde fois la même scène se répète hors de la porte méridionale de la cité devant « un malade amaigri, livide, brûlé de fièvre, râlant, gisant dans ses excréments et tout couvert de mouches » : quiconque n'est pas infirmier de profession pourrait être horrifié à moins. La troisième fois, en sortant par la porte occidentale, le prince rencontre un cortège funèbre, tel qu'on les voit encore aujourd'hui, le mort simplement enveloppé dans son linceul et porté sur une civière, et à sa suite ses parents, pleurant et gémissant, les cheveux épars et se frappant la poitrine. Du coup les plaisirs de la vie achèvent de perdre pour lui toute saveur ; et pour parfaire la conversion qu'ils ont tant à cœur, les dieux n'ont plus qu'à susciter devant lui, au cours d'une quatrième promenade en char, l'apparition d'un moine mendiant, son bol à aumônes à la main, calme, les yeux baissés, la mise décente, témoignant par tout son aspect extérieur de la paix parfaite de son âme[10]. Sa vue console le prince en lui montrant la voie à suivre : il est désormais mûr pour l'entrée en religion.

L'ignorance préalable du Bodhisattva une fois admise, le scénario ne manque, on le voit, ni de gradation dramatique, ni de portée philosophique. Son grand défaut aux yeux des vieux sculpteurs indiens (comme à ceux des modernes cinéastes) est sa monotonie, encore que le lieu et l'occasion soient censés changer à chaque tableau. Aussi n'en avons-nous trouvé d'ancienne représentation figurée que sur la façade de l'hypogée I d'Adjantâ. En revanche ces répétitions ont été les bienvenues pour les décorateurs javanais du Boro-Boudour, toujours à court de motifs pour couvrir les longues surfaces murales de leurs galeries. Elles ne ravissaient pas moins, à leur habitude, les récitants et les auditeurs de légendes bouddhiques. Telle fut même la popularité de l'épisode qu'il s'est répandu hors de l'Inde[11]. On sait l'usage édifiant qu'en fait le roman de *Barlaam et Josaphat* ; et le peintre du Campo Santo de Pise s'en est à son tour inspiré sur la célèbre fresque où il met de jeunes cavaliers, dans toute la fleur de leur âge, en présence de cercueils dont le couvercle ôté laisse apercevoir des cadavres. Nous n'aurions donc qu'à enregistrer un succès sur toute la ligne si l'incorrigible rédacteur (ou interpolateur) du *Lalita-vistara,* en voulant faire mieux que personne, n'avait en ce qui le concerne tout gâté. Dans son chapitre XIV, intitulé « les Songes », il commence par décrire les affreux cauchemars qui font pressentir à Çouddhodana l'imminence de la catastrophe qui menace l'avenir de sa dynastie. Le roi décide donc de tenir plus que jamais son fils enfermé, comme en serre chaude, au milieu des délices de son harem, ce qui ne l'empêche pas d'autoriser aussitôt, et sans barguigner, les Quatre sorties. Mais ceci n'est rien qu'une contradiction de plus : il y a beaucoup plus grave. Oubliant la convention sur laquelle repose tout l'intérêt du morceau, l'auteur ou le scribe n'a pu supporter l'idée que le Bodhisattva, omniscient de naissance, ait reçu la moindre information de la bouche d'un simple domestique. Avant chacune des interrogations du prince, il intercale donc deux petits mots : « Quoique (le) sachant » : et il ne semble pas s'être aperçu que cette courte incise ôte toute espèce de sens à sa pieuse saynète.

L'INSTIGATION. — Voilà cependant le Prédestiné pleinement éclairé sur les inéluctables calamités de la vie séculière et l'enviable sérénité de l'état monastique : mais cela ne veut pas dire qu'il ait déjà pris la résolution de renoncer à l'une et d'embrasser l'autre. Comme de la coupe aux lèvres, il y a loin d'une idée à sa réalisation. Pourtant il n'y a plus de temps à perdre si le monde doit être sauvé. Déjà Çouddhodana a commencé les préparatifs du sacre de son héritier présomptif. Dans sept jours (le grand dieu Brahma l'annonce en personne) les « Sept joyaux » feront leur apparition dans le palais du prince ; et, se réveillant Monarque universel, il perdra toute chance de devenir Bouddha. Fatigué d'attendre (car n'oublions pas qu'il approche de la trentaine), le destin aura choisi pour lui entre ses deux possibilités d'avenir. À ce même moment, selon l'un, son fils Râhoula descend du ciel des Toushitas dans le sein de sa mère ; selon l'autre, celle-ci vient même de lui donner le jour[12] : « C'est un lien qui m'est né », déclare Siddhârtha, quand on lui annonce la naissance de son premier et unique enfant, entendant par là que c'est une attache qui vient s'ajouter à toutes celles qui le retiennent dans le siècle. Mais en réalité il n'en est rien : la légende sait fort bien ce qu'elle fait, et Râhoula choisit son temps pour naître beaucoup mieux qu'on ne pourrait croire en entendant le maussade accueil que lui réserve son père. Ce n'est pas une chaîne de plus, c'est au contraire une libération que, selon les idées indiennes, il apporte à Siddhârtha. Il le met en effet en règle avec une coutume à laquelle les brahmanes prétendaient donner force de loi et qui défendait d'entrer en religion avant d'avoir vu le visage de son fils, sinon de son petit-fils : car telle était la seule manière (en assurant la continuité de la famille et des sacrifices funèbres aux mânes des aïeux) de s'acquitter de la « dette aux ancêtres ». La voie du salut, du sien et de celui des autres, est désormais toute grande ouverte devant le Prédestiné. Pour que le roman, dont nous savons d'avance le dénoûment, continue et s'achève, il faut et il suffit que quelque incident décisif, choc psychologique ou avertissement d'en haut, vienne mettre un terme à une situation qui ne saurait se prolonger davantage : c'est justement deux issues de ce genre que la tradition propose successivement à notre crédulité.

La première suggestion se lit dans un texte *pâli* : le *Mahâvastou,* qui la prend aussi à son compte, prétend même la rattacher à la dernière des Quatre Sorties. Une fois de plus le Bodhisattva coupe court à sa promenade : mais pour regagner son palais il lui faut à nouveau traverser les rues de Kapilavastou, et il va de soi qu'en de telles occasions toutes les femmes de la ville se mettaient à leur fenêtre pour le contempler au passage. La rencontre du moine, en le rassérénant, a-t-elle encore accru l'éclat de sa beauté ? Toujours est-il que l'une des spectatrices, dans un transport d'admiration, ne peut s'empêcher de s'écrier :

Bienheureuse la mère, bienheureux aussi le père,
Bienheureuse aussi la femme qui possède un tel époux !

Le prince l'entend ; mais de cette stance louangeuse il ne veut retenir qu'une chose : par l'épithète dont elle s'est servie, son admiratrice lui a rappelé un substantif devenu assez célèbre pour qu'il ait passé du sanskrit dans les langues européennes et qui désigne la béatitude suprême, la paix absolue et ineffable, unique refuge des âmes tourmentées ; bref, en parlant de personnes bienheureuses elle a, sans y penser, évoqué l'idée du Nirvâna. Merveilleux pouvoir d'un mot à double entente tombant inopinément dans une oreille préparée à le comprendre dans son meilleur sens ! De même qu'un cristal jeté dans une solution sursaturée en provoque aussitôt la cristallisation, de même, à ouïr ces trois syllabes magiques, toutes les aspirations encore vagues et éparses du jeune prince prennent soudain corps dans son esprit. Il a découvert la formule du but idéal vers lequel va s'orienter définitivement sa vie. Mais si l'héroïne, de quelque nom qu'on l'appelle[13], obtient toujours dans les mêmes termes le même résultat imprévu pour elle, sa récompense est bien différente selon les textes. Le commentateur singhalais, chez qui il subsiste encore quelque chose d'humain, veut que le prince lui envoie un riche collier détaché de son propre cou, et ce présent, qui la ravit, lui fait follement s'imaginer qu'il est tombé amoureux d'elle. Implacable misogyne, l'auteur du *Mahâvastou* craint les femmes, même quand elles tiennent des propos recélant un sens édifiant : selon lui Siddhârtha, uniquement préoccupé de sa découverte, ne fait même pas à la pauvrette, que tant d'indifférence afflige, l'aumône d'un regard.

On remarquera que cette version, fidèle à l'esprit de la primitive Communauté, se passe de toute intervention divine[14] ; et c'est là un point sur lequel nous aurons à revenir. Mais les *Soutra* postérieurs dits « développés », après avoir si souvent requisitionné les dieux par centaines de millions pour faire cortège au Bodhisattva, ne pouvaient guère leur refuser la parole en une circonstance si lourde de conséquences pour l'avenir de l'humanité. Pourtant le *Mahâvastou* ne leur accorde que quelques lignes. Les « Hôtes des Purs séjours » se bornent à rappeler au Bodhisattva qu'il a jusqu'ici fait toutes choses en son temps : il ne faut pas que cette fois-ci il manque le coche, d'autant que tout un peuple, soupirant après le salut, a les yeux levés vers lui comme les paysans vers le nuage qui leur apporte la pluie. Le *Lalita-vistara*, compilant de toutes mains ses complaintes populaires, a, selon sa coutume, embrouillé les choses. Il a bien un chapitre, le XIIIe, intitulé « l'Instigation[15] » ; mais, comme nous avons déjà dû le dire, il le place immédiatement après le mariage. Le prince n'est pas plus tôt entré dans les « appartements intérieurs » que les dieux, dûment stylés par le pieux rédacteur, commencent à trouver qu'il s'y attarde trop longtemps si bien que la description de sa vie de plaisirs dans le gynécée n'est plus qu'une longue objurgation d'en sortir au plus vite. Bien entendu on a commencé par nous déclarer que le Bodhisattva n'a besoin des avis de personne pour savoir ce qu'il lui reste à faire ; mais cela n'empêche pas d'appeler à la rescousse des dieux les Bouddhas des autres mondes situés aux « dix » points cardinaux du nôtre pour lui intimer son devoir[16], en transformant tous les concerts qu'il se donne en autant de pieuses et interminables homélies. Aussi, quand nous arrivons enfin à la veille du Grand départ (ch. xv) les divinités n'ont plus rien à faire d'autre que de se communiquer la nouvelle et de s'engager mutuellement à favoriser l'évasion de Siddhârtha. Tant de confusion risquerait de nous faire perdre le fil de notre histoire, si les monuments figurés ne venaient à notre secours. Comme toujours leur parti est des plus nets, et il va de soi qu'ils reflètent la pensée de leurs donateurs. Un esprit ingénieux avait rapproché les deux moments critiques de la vie du Prédestiné où, du fait de ses légitimes hésitations, le sort de l'humanité trembla un instant dans la balance : la première fois (et nous y sommes arrivés) quand, encore prince héritier, les dieux l'incitèrent à sortir du monde, et c'est l'Instigation ; la seconde fois quand, devenu l'Illuminé, ils le supplièrent de consentir à prêcher sa doctrine, et ce sera la Requête. À lire les bas-reliefs du Gandhâra on voit, clair comme le jour, que les deux motifs, qui souvent se font pendant, étaient également populaires. L'Instigation des dieux prend donc rang parmi les épisodes consacrés, et il n'est pas exagéré de dire que les sculpteurs indo-grecs nous restituent sur ce point un passage de la légende.

Le sommeil des femmes. — Il nous faut toutefois reconnaître que cet épisode ne se présente que très exceptionnellement dans les suites de bas-reliefs biographiques que nous avons conservées du Gandhâra. Il semble n'avoir connu le succès qu'au moment où le goût du public se détourna des scènes figurées pour se porter du côté des représentations iconographiques. Il fournissait en effet aux artistes un prétexte commode pour grouper autour du Bodhisattva, assis au centre sur son trône, quantité de personnages mythologiques, voire même pour introduire subrepticement leurs donateurs en cette flatteuse compagnie. L'illustration directe de la crise religieuse de Siddhârtha paraît avoir été originairement réduite à trois tableaux. Au Mariage succédait la Vie de plaisirs dans le gynécée ; celle-ci engendrait le dégoût, et le dégoût provoquait le Grand départ. Schéma des plus logiques, nous dirons même des plus vraisemblables, mais beaucoup trop simple au gré des écrivains qui, plus libres de leurs mouvements, s'attardent complaisamment à des affabulations plus compliquées. Sur un point du moins, auteurs et sculpteurs se trouvaient unanimes : la goutte d'eau qui fit déborder le vase et jeta finalement le prince hors du monde fut le spectacle fortuit de ses femmes endormies. Il faudra bien que nous finissions par en venir là ; mais ce ne sera pas sans avoir à subir d'autres palabres. L'âme du Bodhisattva était, nous assure-t-on, si profonde que les dieux eux-mêmes n'y pouvaient pas lire : cette assertion ne décourage pas ceux qui nous la transmettent de façon si péremptoire, et ils ne se flattent pas moins d'explorer ce grand cœur jusque dans ses derniers replis.

Médiocre romancier mais moraliste austère, le compilateur du *Lalita-vistara* se sent soudain pris de scrupule : est-il possible d'admettre que le Bodhisattva, ce modèle de toutes les vertus, ait de propos délibéré enfreint la volonté paternelle ? Poser la question, c'est y répondre ; il ne reste plus qu'à laisser parler notre héros : « Or ceci vint à l'esprit du Bodhisattva : Il serait inconvenant de ma part, ce serait de l'ingratitude si je m'en allais sans avoir prévenu le grand roi Çouddhodana et sans avoir reçu la permission de mon père. En pleine nuit, il descend donc de sa propre résidence et monte à la terrasse du palais royal. Et tout aussitôt ce palais fut illuminé par sa présence. Réveillé, le roi vit cette clarté et, l'ayant vue, en toute hâte il appela son chambellan : Holà, chambellan, le soleil s'est-il levé que cette clarté brille ? Le chambellan lui dit : Au moment où nous sommes la moitié de la nuit n'est pas encore écoulée... » Et le récit continue par la citation d'une poésie populaire[17] : Non, non, cette lumière charmante n'est pas celle du soleil, et cela pour la triple raison qu'elle est fraîche, qu'elle n'éveille pas les oiseaux et qu'elle ne fait pas d'ombre. Le roi ne tarde pas à s'apercevoir qu'elle émane du corps de son fils. Debout devant lui, celui-ci le prie de ne plus s'opposer à son départ dont l'heure est venue ; et le roi, les yeux pleins de larmes, lui promet de lui accorder toutes les faveurs qu'il voudra pourvu qu'il ne l'abandonne pas, lui, la famille royale et le royaume. Alors, d'une voix douce, le Bodhisattva reprend son éternel refrain et s'engage à demeurer si seulement son père peut lui garantir qu'il sera à tout jamais exempt de la vieillesse, de la maladie et de la mort. Naturellement Çouddhodana lui répond que cela n'est au pouvoir de personne ; et, en échange de ces dons irréalisables, son fils ne lui demande plus qu'une chose, à savoir qu'il cesse de faire obstacle à sa vocation. Finalement le roi est censé s'attendrir et donner son consentement, car il faut éviter de contrister les bonnes âmes : « Et alors le Bodhisattva s'en retourna et remontant à son palais s'assit sur sa couche. Et personne ne s'aperçut de son allée et venue[18]. » Cette mystérieuse entrevue reste donc le secret de l'auteur qui l'inventa. Est-il besoin d'ajouter que nous ne nous apercevons pas davantage qu'il y ait rien de changé dans le cours des événements ? Après comme avant, nous apprenons de la même main que, pour prévenir la fuite de son fils, le roi Çouddhodana passe son temps à mobiliser les Çâkyas en état de porter les armes et à renforcer devant toutes les issues possibles non seulement les postes de garde, mais jusqu'aux battants des portes.

Cette platonique satisfaction une fois donnée aux rigoristes, les textes et les bas-reliefs reprennent leur marche parallèle et nous en profiterons pour pénétrer avec les sculpteurs dans la chambre à coucher du prince. Ils nous y introduisent en effet à deux reprises successives en deux tableaux qui se déroulent exactement dans le même décor. D'après le premier le prince est couché sur son lit et à ses pieds est assise sa première épouse ; des femmes les entourent en aussi grand nombre qu'en peuvent contenir les limites du panneau. Si l'on excepte les amazones qui, appuyées sur leur lance, veillent dans le vestibule, ce ne sont que des ballerines ou des musiciennes. Celles-ci jouent de la harpe, de la flûte ou du tambourin, tandis que celles-là déploient en mesure leurs grâces dansantes ; et toutes, selon la recommandation expresse qu'après le roi leur a faite la reine Mahâ-Pradjâpati, rivalisent de zèle pour distraire le prince de ses mélancoliques pensées. Mais il faut savoir que pendant l'entr'acte elles n'ont réussi qu'à l'endormir. Quand le rideau se relève sur le second tableau, les positions des deux protagonistes sont interverties : c'est le tour de Gopâ-Yaçodharâ d'être étendue et même endormie, tandis que Siddhârtha qui vient de se réveiller, est à présent assis sur la couche nuptiale. Quant aux musiciennes et aux bayadères, en voyant le prince s'abandonner au sommeil, elles se sont empressées de faire relâche pour imiter son exemple, et elles gisent çà et là sur le parvis à la même place qu'elles occupaient tout à l'heure. Les hauts candélabres continuent à éclairer la scène[19]. Encore que nous ne croyions pas que les dormeuses soient au nombre de soixante ou de quatre-vingt-quatre mille, nous sommes tout prêts à comprendre que le prince, las de cette vie perpétuellement oisive et voluptueuse, se sente pris de nausée devant cet océan de chair humaine moite encore de sueur. Mais ni les suivantes ni nous ne nous en tirerons à si bon compte. Pour nos monastiques auteurs l'occasion propice s'offrait d'assouvir la haine qu'inspire toujours et partout à tout moine le piège le plus redoutable dont dispose le démon, à savoir la femme. Toute la rage que peuvent inspirer la crainte de tentations trop tentantes et l'exacerbation de désirs mal refoulés, tout le fiel qui peut s'extravaser au fond des âmes dévotes se répand en injures corrosives sur l'innocent troupeau qui n'en peut mais. Les unes, nous dit-on, bavent ; d'autres bâillent, d'autres ronflent, d'autres halètent, d'autres grincent des dents, d'autres roulent des yeux, d'autres profèrent des paroles incohérentes, certaines embrassent leur instrument de musique comme on fait d'un amant, etc. ; et toutes ces femmes, qu'on nous décrivait tout à l'heure comme rivalisant de beauté avec les déesses, maintenant échevelées, les membres disgracieusement contournés, leurs parures dispersées, laissent voir à travers le désordre de leurs vêtements les difformités et les honteuses misères de ces réceptacles d'impuretés, de ces sacs d'immondices que sont leurs corps. On peut lire également les variations vigoureuses et colorées qu'Açvagosha a brodées sur ce thème ; mais il faut renoncer à les traduire toutes, car, comme le latin, le sanskrit dans les mots brave l'honnêteté. Aussi bien nous suffit-il ici de savoir à quoi tendent ces descriptions nauséabondes, ainsi que les trente-deux réflexions[20], aussi moralisatrices que désobligeantes pour le sexe féminin, que le *Lalita-vistara* croit devoir mettre à ce moment dans la bouche du Bodhisattva. Comme le sommeil n'est pas sans ressemblance avec la mort, le prince finit par avoir l'impression qu'il se trouve sur une place de crémation toute jonchée de cadavres. Il ne songe plus qu'à fuir au plus vite son harem transformé à ses yeux en un macabre charnier ; et sans plus attendre, il appelle son écuyer et lui ordonne de lui amener son cheval…

Est-ce pour tout de bon cette fois ? — Pas encore. En cet instant précis, l'auteur du commentaire au *Djâtaka*, pris à son tour d'un scrupule, donne jour à une préoccupation non moins touchante que celle à qui nous venons de devoir l'entrevue de Çouddhodana avec son héritier présomptif. La rebutante description du Sommeil des femmes s'encadre ainsi entre deux épisodes qu'il convient d'autant moins de passer sous silence qu'ils font vibrer une corde pathétique rarement entendue jusqu'ici. Tout à l'heure il paraissait inadmissible que le Bodhisattva eût été un fils désobéissant : à présent on ne veut pas davantage qu'il ait pu être un père dénaturé et n'ait même pas songé avant son départ à jeter les yeux sur l'enfant que vient de lui donner sa femme : « Le Bodhisattva pensa : Il faut que je voie mon fils ; et, se levant de sa couche, il alla à la résidence de la mère de Râhoula et ouvrit la porte de la chambre. À ce moment, à l'intérieur de la chambre, brûlait une lampe d'huile parfumée. La mère de Râhoula, sur sa couche toute jonchée de fleurs odoriférantes, dormait, la main posée sur le front de son fils. Le Bodhisattva, un pied sur le seuil, s'arrêta et contempla : Si j'écarte la main de la reine pour prendre mon fils, la reine se réveillera et ainsi mon départ se trouvera empêché. Quand je serai devenu un Bouddha je reviendrai le voir. Et sur ces paroles il descendit de la terrasse du palais[21]. » Nous apprenons du même coup pourquoi il ne juge pas à propos de prendre congé de sa femme. Comme sa résolution est irrévocablement fixée, il estime préférable de s'épargner les scènes de cris et de larmes dont s'accompagnaient à l'ordinaire les « départs de la maison ».

LE GRAND DÉPART. — Le dénoûment obligé vers lequel nous avançons à travers tous ces détours[22] — seul événement authentique au milieu de toutes les fictions inventées pour nous l'expliquer — va enfin se produire. Dans la cour du palais l'écuyer Tchandaka et le cheval Kanthaka attendent déjà leur maître. Tous deux sont pour nous de vieilles connaissances, puisque nous les avons vus naître. Prévoyant l'avenir, nous savions d'avance que le prince aurait besoin d'eux pour sa dernière équipée : toutefois ils n'apportent aucun enthousiasme à remplir la tâche pour laquelle ils sont nés. Le cheval hennit dans l'espoir de réveiller tout le monde ; l'écuyer à ces hennissements joint ses protestations verbales, ; et les « Remontrances de Tchandaka », qui tiennent quelques lignes du *Mahdâvastou*, n'occupent pas dans le *Lalita-vistara* moins de sept pages, vu que le prince se croit obligé de les réfuter point par point. Évidemment on ne saurait trop nous rappeler tout ce que le Bodhisattva sacrifie en ce moment : plaisirs, bien-être, richesses, condition sociale, droits au trône, caste, famille, etc., ni contraster trop longuement les aises et délices de la vie qu'il quitte avec les privations, les misères, les difficultés continuelles dont s'accompagne forcément l'existence hasardeuse d'un mendiant sans feu ni lieu. Comment lui, si délicat et tant gâté jusqu'ici par la fortune, si accoutumé à voir tous ses désirs prévenus d'avance par un peuple de serviteurs, lui qui n'a qu'à se laisser vivre dans l'ambiance splendide, harmonieuse et parfumée de ses palais et de ses jardins, comment, devenu tout à coup un vagabond errant dans la poussière des chemins sans même un toit de chaume pour abriter sa tête, pourra-t-il supporter un tel changement de régime et de milieu ? Encore s'il était vieux et désormais incapable de jouir du luxe qui l'entoure et des voluptés qui de toutes parts s'offrent à lui ! Mais non, sachons-le bien, ce n'est ni décrépit par l'âge, ni affaibli par la maladie, ni usé par les plaisirs, c'est en pleine jeunesse, en pleine santé, en pleine force que le Bodhisattva a « quitté la maison pour l'absence de maison » — entendez l'état de laïque pour celui de religieux — et s'est juré de n'avoir de cesse qu'il n'ait découvert le remède à des maux que personnellement il n'éprouvait pas encore.

Voyant que la résolution de leur Maître est aussi inébranlable que le mont Mêrou, écuyer et cheval se résignent à l'aider dans sa fuite : mais comment assurer son départ ? N'oublions pas que cinq cents hommes armés veillent à chacune des portes de sortie. Ces portes mêmes ont été à ce point renforcées qu'il faut également cinq cents (ou mille) hommes pour faire tourner chacun de leurs battants, et le grincement de leurs gonds s'entend d'une lieue à la ronde. Siddhârtha est bien le mieux gardé des prisonniers d'État. Heureusement pour lui, dieux et génies sont à son service. Déjà les Quatre rois gardiens du monde ont pris position avec leurs troupes respectives, chacun à son point cardinal attitré, et les « Trente-trois », Indra-Çakra à leur tête, planent au zénith. Le premier soin des divinités est de plonger tous les habitants de Kapilavastou sans exception dans un sommeil magique si profond qu'aucun bruit, volontaire ou non, ne parviendra à le rompre. Par surcroît de précautions, des génies (d'autres disent les Quatre rois eux-mêmes) soutiennent dans leurs mains les sabots de Kanthaka pour en amortir le choc formidable sur le sol. Mais il reste à ouvrir l'une des lourdes portes de la cité : « Qu'à cela ne tienne, pense en lui-même le bon palefroi ; avec mon maître sur mon dos et Tchandaka suspendu à ma queue, je franchirai d'un seul bond l'enceinte de la ville[23]. » Il n'a pas à sauter l'obstacle, car la porte s'ouvre comme par enchantement. Bref, grâce à cette assistance surnaturelle, tout se passe sans encombres et l'évasion nocturne réussit pleinement. Acclamations divines, pluie de fleurs célestes, roulements de tambours aériens, six sortes de tremblements joyeux de la terre, toutes les manifestations accompagnatrices des Grands miracles se produisent spontanément : et de fait, le « Grand Départ » est bien un cinquième grand miracle, susceptible à l'occasion de se substituer sur les stèles[24] à celui de la Nativité ; car c'est une vie toute nouvelle qui s'ouvre devant le Prédestiné.

La légende populaire mêlait-elle encore d'autres acteurs à cette scène décisive ? Pour le savoir nous ne saurions mieux faire que de nous reporter aux sculptures, car la présence d'un personnage sur les bas-reliefs est le meilleur critérium que nous puissions espérer de sa popularité. Que la sortie par la porte de la ville nous soit représentée de face ou de profil, nous retrouvons toujours les trois protagonistes, le prince, le cheval et l'écuyer, — celui-ci porteur, bien qu'en pleine nuit, du parasol royal à long manche : mais parmi leur constant entourage de dieux et de génies nous distinguons habituellement trois assistants d'aspect moins banal. L'un d'eux, le seul féminin, ne fait qu'une apparition épisodique. Dans la forme ancienne de la tradition, le prince, qui sait ses devoirs, ne veut pas s'éloigner sans jeter un dernier regard sur Kapilavastou ; et pour que ce pieux désir ne le retarde pas dans sa fuite en le forçant à se retourner, c'est la terre elle-même qui tourne « comme une roue de potier » de façon à lui mettre sous les yeux sa capitale. Manœuvre malaisée à saisir, et impossible à représenter aussi bien en peinture qu'en sculpture. Mais les artistes indo-grecs avaient d'autres ressources dans leur sac. Pour personnifier les villes, ils disposaient du type classique resté en honneur sur nos places publiques, et c'est ainsi qu'ils nous montrent la déesse de Kapilavastou, aussitôt reconnaissable à sa couronne crénelée, debout parmi les figurants rangés sur le passage du Bodhisattva. Jusqu'ici rien de surprenant : le point curieux est que le *Lalitavistara*, usant exactement des mêmes procédés de rhétorique que Lucain dans sa *Pharsale*, évoque à son tour l'image éplorée de la ville natale et lui fait en vain haranguer son nourrisson[25]. Nous ne la reverrons plus reparaître après cette prosopopée : au contraire les deux autres personnages demeureront jusqu'au bout intimement associés, bien que dans des intentions diamétralement opposées, aux faits et gestes du Prédestiné. Le premier ne joue qu'un rôle muet : il s'agit de ce Vadjrapâni, « le Porteur-du-foudre », que nous avons également vu naître en même temps que le prince et qui va désormais se constituer son garde du corps. Le second, divinité d'un rang infiniment plus relevé et parfois armée de l'arc de l'Amour, n'est autre que Mâra, celui que l'on a surnommé, non sans raison, le Satan du bouddhisme. Il essaye sans succès de retenir le Bodhisattva en lui promettant dans sept jours l'empire de l'univers ; n'ayant pu lui barrer la route, il s'attache à ses pas « comme son ombre », guettant avec une persévérance toute diabolique un moment de faiblesse de sa part. De ceci aussi il convenait que nous fussions prévenus d'avance.

LE RETOUR DE TCHANDAKA. — Pas plus que les obstacles matériels dressés contre son évasion, ni les tentations de Mâra, ni les plaintes de sa ville natale n'arrêtent le prince. Il galope éperdument pendant tout ce qui reste de la moitié de la nuit, Tchandaka suivant le train à la façon des *saïces* indiens en s'accrochant aux crins de l'unique monture. Le jour le surprend, l'un dit à six, l'autre à douze, un autre à trente lieues[26] dans le Sud-Est de Kapilavastou, et là il s'arrête. Il juge la distance suffisante pour échapper aux émissaires que son père ne manquera pas de lancer à sa poursuite, et il ne veut pas fatiguer davantage écuyer et coursier. Aussitôt toute une cascade d'épisodes se précipitent. Ainsi qu'il arrive souvent, après avoir tant lanterné, les textes se mettent à courir la poste. Le premier soin du Bodhisattva est de congédier l'innombrable troupe de dieux qui l'ont escorté jusque-là ; comme nous verrons bientôt, leurs services lui deviennent désormais superflus. Puis, sans désemparer, il procède à la modification de son ajustement afin d'adapter son aspect extérieur à sa condition nouvelle. En trois temps et guère plus de mouvements il se dépouille de ses parures princières, se coupe les cheveux avec son épée et échange ses vêtements de soie contre les haillons d'un chasseur. Autant de gestes, autant de progrès dans la transformation du laïque en religieux : c'est dire que ces divers incidents ressortissent au prochain chapitre. Ce que nous devons en retenir pour l'instant, c'est, comme on le stipule expressément, que « tout cela fut vu de Tchandaka[27] » : il importe en effet que, lors de son retour à Kapilavastou, celui-ci puisse témoigner auprès de Çouddhodana que le sacrifice du prince est entièrement consommé et qu'il n'y a aucun espoir de le revoir avant qu'il n'ait atteint le but de sa fuite. Les adieux sont des plus brefs. Tout encombré, outre son inséparable parasol, par les joyaux que lui a remis le prince, Tchandaka, tout à l'heure si loquace, ne se livre ni sur les bas-reliefs ni dans les textes à aucune démonstration. Quant au cheval, qui nous dira s'il illustre la stance VI, 53, du *Bouddhatcharita* ou si, au contraire, il l'a inspirée ? Toujours est-il qu'agenouillé sur ses pattes de devant « il lèche les pieds de son maître en versant des larmes brûlantes[28] ».

Cependant à Kapilavastou l'alarme a déjà été donnée. À leur réveil ses femmes n'ont plus aperçu leur seigneur et maître, et quand elles l'ont eu vainement cherché dans ses trois palais, elles se sont mises dans leur affolement à pousser « des cris d'orfraie ». Un tel hourvari ne manque pas d'inquiéter Çouddhodana, et, à son habitude, le bon roi convoque les Çâkyas pour apprendre d'eux ce qu'il aurait pu deviner tout seul. C'est en vain que, toutes portes fermées, on explore la ville à la recherche du disparu. Alors le roi envoie dans toutes les directions des agents à cheval avec ordre de ne pas revenir sans ramener le prince. Ceux qui sortent par la même porte que celui-ci avait lui-même empruntée relèvent aussitôt sa piste, encore marquée par les fleurs célestes que les dieux ont fait pleuvoir sur son passage. Bientôt ils tombent sur le chasseur avec qui Siddhârtha a échangé ses vêtements. En bons policiers, ils le soupçonnent immédiatement d'avoir assassiné le prince pour le dépouiller et se saisissent de sa personne. Par bonne chance pour lui, Tchandaka survient à point pour le disculper. Il détourne également les poursuivants d'aller plus loin, car tout ce qu'ils pourraient faire ou dire serait inutile ; et tous s'en reviennent ensemble au palais royal où la plus grande confusion continue de régner. Il va de soi qu'à la vue des parures qui chargent les bras de l'écuyer les lamentations et les pleurs redoublent ; mais ici-bas personne, pas même le Bodhisattva, n'est indispensable à la vie des autres, et finalement aucun cœur humain ne se brise. Seul Kanthaka se refuse à survivre au départ de son maître ; mais ne vous attendrissez pas trop sur lui ; il était déjà vieux pour un cheval, et d'ailleurs il va renaître parmi les dieux. Le *Mahâvastou* consent que Siddhârtha ait chargé son écuyer d'un message pour son père, pour sa mère adoptive, pour le reste de la famille, « à la seule exception de sa femme ». Moins férocement misogyne, le *Lalita-vistara* admet que Tchandaka ait prodigué particulièrement ses consolations à l'épouse désolée, en lui promettant qu'elle reverrait un jour celui qui vient de la délaisser. Quant aux parures, aucun jeune Çâkya n'est naturellement de taille à les porter. Fort judicieusement la reine se dit que, tant qu'elle les aura devant les yeux, le chagrin ne la quittera pas, et elle les jette dans un étang. De son côté le roi reporte sur son petit-fils ses espoirs dynastiques. C'est ainsi que les douleurs de ce monde s'apaisent avec le temps, et que, sous la poussière accumulée des jours, les vides de l'absence peu à peu se comblent.

ÉPILOGUE. — Avec le retour de Tchandaka se clôt la première et de beaucoup la plus importante partie du cycle de Kapilavastou. Il ne se rouvrira que sept ou huit ans plus tard, et pour un bref laps de temps, alors que le Bodhisattva, devenu dans l'intervalle Bouddha parfait, reparaîtra dans sa ville natale pour évangéliser les siens. Aussi Kapilavastou, le premier en date des quatre grands pèlerinages bouddhiques, était-il celui qui offrait aux pèlerins la plus riche tournée de sites commémoratifs associés aux scènes de la vie dernière du Prédestiné. Le long chapitre que lui consacre Hiuan-tsang n'en énumère pas moins d'une vingtaine. Ses cicérones montrent au pieux voyageur le lieu de tous les épisodes qui ont successivement défilé au cours des précédents chapitres ; et comme à propos de chacun d'eux il doit naturellement rappeler le commentaire explicatif qui lui en a été donné sur place, sa relation se trouve contenir, bien qu'en ordre dispersé, un résumé fort exact des traditions relatives aux vingt-neuf premières années de la vie de Çâkya-mouni. Si nous croyons devoir rappeler des faits aussi connus, c'est que nous désirons attirer de nouveau, et cette fois avec des exemples à l'appui, l'attention du lecteur sur une autre face de la question — face trop négligée jusqu'ici, bien qu'elle soit tout à fait symétrique à celle que nous venons d'envisager après tant d'autres. Il est très vrai que, chemin faisant, Hiuan-tsang paraît fréquemment rééditer, à propos du site de tel ou tel miracle, les textes mêmes dont nous venons de nous servir pour esquisser d'après eux la biographie du prince Siddhârtha : mais ce que d'ordinaire l'on ne dit pas et qu'il est non moins vrai de dire, c'est qu'inversement ces textes, leurs prolixes amplifications mises à part, ne contiennent guère que l'écho de ce qui se contait oralement devant chacune des stations obligées du pèlerinage de Kapilavastou, ainsi d'ailleurs que des autres places saintes.

La première proposition étant universellement admise, il reste seulement à démontrer, comme on dit en mathématiques, que la réciproque est vraie ; et cette démonstration, nous l'emprunterons directement à l'auteur qui nous a le plus souvent servi de guide. Assurément les prétentions à l'originalité du rédacteur du *Lalita-vistara* ne sont pas minces, et volontiers il nous ferait accroire qu'il écrit sous la dictée même du Bouddha une sorte d'autobiographie de son maître ; mais, à notre grand regret, ses sources ordinaires sont beaucoup moins authentiques, et il a beau se surveiller, il ne peut dissimuler à un lecteur attentif où il a en fait puisé l'essentiel de ses peu cohérents récits. Feuilletons en effet son ouvrage côte à côte avec la relation de Hiuan-tsang et comparons :

Si-yu-ki, trad. Stan. Julien, I.	*Lalita-vistara*, éd. Lefmann
a) *Épisode du jet de l'éléphant* (cf. *supra*, p. 85).	
P. 314. À l'endroit où tomba l'éléphant il se forma une fosse profonde que, depuis cette époque, la tradition populaire a continué d'appeler la « Fosse-de-l'éléphant ».	P. 145. Et à l'endroit où tomba l'éléphant, en cet endroit il se fit un grand trou qui présentement s'appelle le « Trou-de-l'éléphant ».
b) *Épisode du tir à l'arc* (cf. *supra*, p. 84).	
P. 322. (Ce fut en cet endroit que) la flèche (du prince) tomba sur la terre	P. 155. Et au lieu où la flèche du prince fendit la terre et s'y enfonça, en ce

et s'y enfonça jusqu'à la plume. Elle fit jaillir un courant d'eau pure que la tradition populaire a continué d'appeler « la Source de la Flèche ».

lieu se produisit un puits qui, aujourd'hui encore, s'appelle « le Puits-de-la-Flèche ».

c) *Épisode des adieux* (cf. *supra,* p. 106).

P. 329. Ce fut en cet endroit que le prince royal ôta ses vêtements précieux et ordonna à son cocher de s'en retourner, etc.

P. 225. Aujourd'hui encore le sanctuaire bâti à cette place est connu sous le nom de « Retour de Tchandaka », etc.

On le voit, le bout de l'oreille perce toujours par quelque endroit, et le simple rapprochement de ces passages qu'on pourrait multiplier à plaisir suffit à dénoncer clairement ce que prétendait nous cacher notre auteur sous un étalage de souvenirs mis dans la bouche du Maître. Évidemment, s'il n'a pas fait lui-même la tournée du pèlerinage de Kapilavastou, il a eu entre les mains un de ces manuels, toujours si nombreux dans l'Inde, qui décrivent et exaltent à l'usage des pélerins les miracles et les vertus des villes saintes et que, pour cette raison, on appelle des *mâhâtmya*. C'est sur place, ou dans un opuscule de ce genre, que notre hagiographe en chef a recueilli la matière qu'il a cru devoir enjoliver de si lourde façon, et l'on pourrait dire que les quinze premiers chapitres de son ouvrage ne sont autre chose qu'un guide dévotieux, « développé à plaisir[29] », de la ville natale du Bouddha. De leur côté, l'étude des bas-reliefs des portes monumentales de Sânchî nous a depuis longtemps donné à penser, par la manière dont ils groupent topographiquement et non chronologiquement leurs scènes figurées, que les principales sources des tardives et incomplètes vies de Çâkya-mouni que nous possédons avaient été les *mâhâtmya*[30] des quatre, puis des huit places sacrées du bouddhisme ancien. Cette vue sera bientôt confirmée par l'étude que nous devrons faire des trois autres grands pèlerinages et des quatre pèlerinages secondaires. La portée de ces remarques, par les conséquences qu'elles entraînent, déborde donc largement le fait initial qui les a provoquées. Il en résulte en effet qu'on ne saurait plus séparer la biographie du Bouddha de la *topographia sacra* du bouddhisme. Assurément toutes deux ne marchent pas toujours de conserve, la première ne pouvant naturellement prendre avec la chronologie les mêmes libertés que la seconde ; mais qu'elles soient indissolublement liées, c'est là un fait qui paraît acquis. Il achève de mettre en lumière, en ce qui concerne particulièrement les épisodes de la Nativité, de l'enfance et de la jeunesse, le caractère foncièrement populaire de la tradition ; et cette constatation à son tour ne nous inquiète pas moins en un sens que, d'un autre point de vue, elle ne nous rassure.

Commençons par avouer franchement son côté le plus inquiétant. Nous venons de surprendre sur le fait la façon dont les légendes s'enracinent, pour ainsi dire, dans le sol, et nous savons qu'une fois enracinées, c'est (sauf cataclysme) pour une durée indéfinie : mais il va de soi que cette espèce de marcottage de la légende ne confère à ses rejetons aucun brevet d'authenticité. Des dévots très convaincus nous ont montré à Maïlapour, près de Madras, maintes traces matérielles du séjour qu'y aurait fait l'apôtre des Indes ; pourtant l'apostolat et le martyre de st Thomas ne peuvent historiquement se localiser que dans le Nord-Ouest de la péninsule. À Mazâr-é-Shérif, dans le Turkestan afghan, d'autres croyants nous ont fait voir (du dehors) le tombeau d'Ali, le gendre du Prophète ; cela n'empêche pas que ce dernier soit enterré à Nedjef, en Mésopotamie. Mais pourquoi aller chercher si loin des exemples ? Les visiteurs du Château d'If, dans la rade de Marseille, auxquels on montre les cellules communicantes de deux prisonniers qui n'ont jamais existé que dans l'imagination d'Alexandre Dumas père, savent assez comment s'élabore et s'affirme ce mode d'escroquerie à la dévotion pèlerine ou à la simple curiosité touristique. Non, pour être localisée, une fiction n'en devient pas du même coup historique. Déclarons-le sans ambages : les deux sites du « Puits-de-la-flèche » et du « Trou-de-l'éléphant » n'étaient de toute évidence que des attrape-nigauds ; et, comme eux, plus d'un des sites de Kapilavastou et d'ailleurs avaient été inventés après coup pour permettre l'exploitation pieuse de quelque caprice de la nature. N'oublions pas que le rançonnement éhonté des pèlerins est l'une des plus vieilles industries de l'Inde, et celle dont vivent toujours nombre de ses brahmanes, d'ailleurs méprisés de ce fait au sein de leur propre caste. Nous ne prétendons pas davantage que la localisation d'une légende la préserve contre toute déformation : si Hiuan-tsang a bien compris les propos de ses cicérones, ceux-ci avaient embrouillé ledit épisode de l'éléphant, en faisant tuer celui-ci par Dêvadatta à la fin, et non plus au début de la grande journée de la Compétition sportive[31]. Mais tout ceci bien entendu, il n'en reste pas moins qu'après un millier d'années les voyageurs chinois ont encore entendu évoquer sur place des souvenirs qui, transmis de bouche en bouche, s'étaient en gros conservés grâce, comme ils disent, « aux sacrés vestiges » qui en assuraient la mémoire. Qu'au lieu d'une invention mensongère nous ayons affaire à une information exacte, on ne voit pas pourquoi la vérité se serait montrée moins durable que l'erreur, ou sa transmission moins fidèle. Quand l'inscription qu'a fait graver Açoka sur son indestructible pilier nous indique la place du jardin de Loumbinî, aucune hésitation ne semble permise sur la valeur historique de cette information : entre les deux extrêmes du mensonge évident et du document authentique il y avait place, cela va de soi, pour bien des combinaisons. Il se peut que plusieurs des sites les plus importants, tels que ceux des palais royaux, des salles d'école et de gymnastique, et de la porte du Grand départ aient été consacrés de bonne heure avec quelque exactitude et soient restés marqués par des ruines à fleur de sol. Ainsi le même flot traditionnel a roulé de siècle en siècle quelques vérités mêlées à beaucoup de fictions : n'en demandons pas davantage.

C'est là en effet, on l'a déjà deviné d'avance, que nous voulions en venir. Au cours des quatre chapitres précédents nous avons donné une grande place à la légende : peut-être aura-t-on trouvé que nous lui avons fait la part trop large. Devant tant de fables imaginées pour l'édification des fidèles bouddhiques et qui pour notre incrédulité ne distillent plus guère que de l'ennui, nous concevons que le lecteur ait pu se demander s'il n'eût pas mieux valu les déblayer en trois lignes. Peut-être même persévère-t-il à considérer comme chimérique l'espoir que nous avons plusieurs fois exprimé d'en extraire en fin de compte un peu d'histoire. Nous souhaiterions que les quelques raisons que nous venons d'exposer l'incitent à excuser notre entêtement à n'en pas démordre. Certes la tradition bouddhique souffre, par rapport à la chrétienne, d'un terrible désavantage. Dans l'Inde la conquête musulmane, en exterminant ou expulsant la Communauté des moines, a eu vite fait d'effacer dans toutes les mémoires le commentaire oral des sites sacrés et la signification même des tableaux de piété peints ou sculptés sur les murailles des temples ou les entourages des stoupa. Sans cette déplorable intrusion, pas de doute que cette tradition ne fût restée vivante dans l'Hindoustan ; et, tout comme au temps de Hiuan-tsang, l'eau de « Puits-de-la-flèche » ferait encore des miracles. Tout ce passé est mort, et il n'y a pas à compter pour le ressusciter dans son intégrité ni sur les recherches archéologiques, ni sur le récent afflux de fidèles venus de Ceylan, de Birmanie et du Tibet. Des fouilles poussées en profondeur comme celles dont les abords du temple de Bodh-Gayâ ont été l'objet, renseigneraient sans doute sur l'aspect médiéval du pèlerinage local : mais que pourraient-elles nous révéler sur la personne et les actes du Prédestiné ? Pourtant on ne peut nier que l'identification relativement récente des huit places saintes — depuis Kapilavastou, la ville de l'Ultime naissance, jusqu'à Kouçinagara, la ville de l'Ultime trépas — n'ait apporté aux études bouddhiques un précieux appoint et un net encouragement. Imaginons un instant que sous le souffle desséchant de l'Islam la Palestine soit entièrement retournée au désert et que toute voix chrétienne s'y soit tue : cela n'empêcherait pas les collines de Galilée d'encadrer le lac de Tibériade, ni à Jérusalem l'éminence du Temple de se dresser en face du mont des Oliviers ; et toute tentative pour volatiliser en mythe l'existence réelle du Christ, si ingénieuse fût-elle, continuerait à se briser comme verre contre leur témoignage muet. De la même façon nous croyons aussi pouvoir dire : puisqu'en huit endroits précis de la plaine gangétique ruines et paysages nous conservent le cadre de la vie de Çâkya-mouni, ce n'est pas perdre son temps que de triturer et de passer au crible de la critique l'amoncellement de légendes qui nous dérobe sa véritable personnalité ; car, à travers cette couche mouvante de folles exagérations et d'inventions extravagantes, nous ne cessons malgré tout de sentir sous nos pieds le terrain solide des réalités géographiques et historiques. Il faudra seulement beaucoup gratter pour le retrouver.

1. ↑ *SN* III 1, 2.
2. ↑ Le *LV* intitule son chapitre XI *Kṛshi-grâma* ; c'est le *NK* p. 57 qui parle de *vappa-mangala*. *Aṭṭha-sata* semble signifier ici 108 et non 800.
3. ↑ Sur ces variations des textes v. *AgbG* I p. 341.
4. ↑ Selon le *LV* les *rishi* volent du S. au N., selon le *MVU* du N. au S. La scène est figurée à Amarâvati B pl. 11, 1 (avec quatre *rishi*), à Mathurâ (*AgbG* fig. 480) et à B. Budur fig. 40
5. ↑ Pour la première adoration cf. *supra* p. 63.
6. ↑ Nous retrouverons le *dhyâna* (pâli *jhâna*) à l'occasion de la Sambodhi (*supra* p. 161) comme du Parinirvâna (*supra* p. 313).
7. ↑ Le terme de *lakshaṇa* (cf. la note à p. **58**, 17) a aussi ce sens ; cf. *AgbG* fig. 175-7 et 413.
8. ↑ *SN* I 2 et 4 ; retour sur ce point *supra* p. 326 et 345. Cf. MATHIEU VII 26 ; LUC XII 24 ; JEAN V 17.
9. ↑ *Anguttara-nikâya* I p. 145 ; cf. OLDENBERG p. 120-1.
10. ↑ Le changement de porte à chaque épisode était probablement exploité par quatre couvents différents aux quatre points cardinaux de la banlieue de Kapilavastu.
11. ↑ B. Budur fig. 56-9 ; Yun-kang (Éd. CHAVANNES *Mission archéologique dans la Chine septentrionale* Paris 1909 pl. 108-110, fig. 207-210, avec le Bodhisattva à cheval) ; G. ECKE et P. DEMIÉVILLE *The twin Pagodas of Zayton* pl. 33, 5-6 (première et quatrième sortie avec le Bodhisattva descendu de cheval), etc.
12. ↑ *MVU* II p. 159 l. 33 *NK* p. 60 l. 22.
13. ↑ Le *Vimâna-vatthu* (cf. *BL* p. 98) met en scène p. 81 Kisâ-Gotamî (dont il est dit un mot supra p. 271) et le *MVU* II p. 1 57 Mṛgî, la mère d'Ânanda. Faut-il noter le rapport verbal avec LUC XI 27 ?
14. ↑ Se reporter *supra* p. 106 et 110.
15. ↑ Il faut dire que les exhortations qui manquent au ch. XIII remplissent la fin du ch. II intitulé *Samutsaha*.
16. ↑ Cet appel à l'intervention des Buddha des autres *kshetra* (cf. *BPh* p. 70 s.) est une des traces de mahâyânisme qu'on peut relever dans le *LV* (p. 161 l. 13 ; 163 l. 9, etc.).
17. ↑ Sur le *sañcodana* et l'*adhyeshaṇa* v. *AgbG* II p. 8 et 320 (fig. 47 au milieu, 347-8 : ajouter fig. 164 *b*) et I p. 420 et fig. 212-15.
18. ↑ *LV* au début du ch. XV p. 198 s..

19. ↑ V. *AgbG* fig. 178-80 et 447.
20. ↑ *LV* p. 206 s. ; *BC* V 47-63.
21. ↑ *NK* p. 62.
22. ↑ Sur le *Mahâ-abhinishkramaṇa* v. *LV* ch. xv ; *MVU* II p. 160 s. et cf. *AgbG* I p. 354 s. et fig. 181-3.
23. ↑ Bien entendu le texte prête aux deux autres membres du trio des réflexions analogues : si nous avons retenu celles du cheval c'est qu'elles ont été figurées à Yun-Kang pl. 111 et à Zayton pl. 33, 7 (cf. note à p. **97**, *3*).
24. ↑ Cf. les stèles des quatre grands miracles à Amarâvati B pl. 25, 3 (avec la Nativité) et 41, 6 (avec le Grand départ) ou *BBA* pl. III 3 et 4.
25. ↑ *NK* p. 6 ; *LV* p. 222. Elle lui représente qu'après son départ elle ne sera plus qu'un désert (*aṭavi*) *LV* p. 222 l. 19 ; l'expression revient dans la bouche de Gopâ p. 231, 3.
26. ↑ Nous traduisons librement par « lieue » la mesure itinéraire *yojana* dont l'évaluation est très variable.
27. ↑ *LV* p. 226 l. 11-2.
28. ↑ Cf. *AgbG* fig. 124 *b* et 185.
29. ↑ Sur le sens originaire de *Lalita-vistara* v. note à p. **15**, *13 in fine*.
30. ↑ Sur le sens originaire de *mâhâtmya* v. la note à la p. **18**, *16*.
31. ↑ Pour d'autres exemples de déformations analogues v. *supra* p. 146-7.

DEUXIÈME PARTIE

*LE CYCLE DU MAGADHA ET DE BÉNARÈS
(LES DEUXIÈME ET TROISIÈME
GRANDS PÈLERINAGES)*

CHAPITRE V

LA QUÊTE DE L'ILLUMINATION

La vocation religieuse du Prédestiné a-t-elle été effectivement éveillée par la scène du Labourage, confirmée par les Quatre sorties, décidée par l'Instigation des dieux et enfin déterminée par un haut-le-cœur devant le spectacle de ses femmes endormies, qui voudrait en jurer ? Mais ce qui est bien certain, c'est qu'elle l'a jeté hors du monde ; et aucun fait historique ne demande moins d'explications. Nos annales chrétiennes sont pleines de sursauts psychologiques et d'évasions du même genre. En Europe comme en Asie des myriades d'aspirants au salut ont cru à la vertu efficace

— disons mieux, à la nécessité primordiale du renoncement, de la pauvreté et de la chasteté. On pense d'abord à l'entrée (l'Inde disait : « au départ ») en religion de celui de nos saints qui a, comme le Bouddha, fondé un ordre de religieux mendiants : mais dans l'espèce l'analogie est beaucoup plus grande entre les communautés bouddhique et franciscaine qu'entre leurs deux fondateurs, car s^t François d'Assise était fils de marchand. Il existe des rapprochements beaucoup plus proches. Quand Ignace de Loyola, gentilhomme espagnol, sentit que sa vocation l'entraînait de façon irrésistible, il renvoya lui aussi à la maison écuyer, cheval, armes et armure ; et de même que Siddhârtha va d'abord se mettre à l'école de maîtres réputés, il inaugura sa vie nouvelle en allant étudier à l'Université de Paris. Autres temps, mêmes gestes ; autres religions, mêmes vœux. Le bon Marco Polo ne s'y est pas trompé. Vivant en un siècle de foi, mais rompu par ses lointains voyages aux idées de tolérance, il ne nous cache pas qu'il trouve la vie de « Sagamoni-Borcam[1] » extrêmement édifiante. Nous ne résistons pas au plaisir de citer (en modernisant un peu le vieux français de son « Livre » pour le rendre plus aisé à lire) le résumé fort exact qu'en toute simplicité il nous donne de la légende de ce païen, telle qu'il l'avait recueillie de la bouche des « idolâtres » :

Et il fut fils, selon leurs dires, d'un de leurs rois, grand et riche. Et il fut de si bonne vie qu'il ne voulut onques rien entendre aux choses mondaines, ni ne voulut être roi. Et quand son père vit qu'il ne voulait être roi ni ne voulait à nulle chose entendre, si en eut moult grande ire et l'assaillit avec de grandes promesses. Mais il n'en voulait rien, si que le père en avait moult grande douleur, et d'autre part aussi pour ce qu'il n'avait nul autre fils que lui, à qui il pût laisser son royaume après sa mort. Si pensa le roi et fit faire un grand palais, et céans fit mettre son fils, et le faisait servir par moult de pucelles, les plus belles qu'il pouvait onques trouver. Et leur commanda qu'elles jouassent avec lui tout jour et toute nuit, et qu'elles chantassent et dansassent devant lui, de telle sorte que son cœur se pût laisser aller à l'attrait des choses humaines. Mais tout cela n'y valait rien : car il disait qu'il voulait aller chercher celui qui ne mourra jamais, et qu'il voyait bien que chacun en ce monde devait mourir, ou jeune ou vieux. Si ne fit autre chose une nuit fors que privément se partit du palais et s'en alla aux grandes montagnes et moult dévoyables. Et là demeura moult honnêtement et moult menait âpre vie, et fit moult grande abstinence, tout comme s'il eût été chrétien ; car s'il l'eût été, il serait un grand saint avec N.-S. Jésus-Christ, vu la bonne et honnête vie qu'il mena…

On ne saurait dire mieux ; et, par le fait, le grand voyageur ne croyait pas si bien dire. Un saint de l'église chrétienne, le Bodhisattva l'est bel et bien devenu deux siècles et demi plus tard sous le nom de Josaphat quand, sur l'autorité du pieux roman du Syrien Jean Damascène, le pape Sixte-Quint l'inscrivit au martyrologe romain à la date du 27 novembre[2].

La transformation du laïque en moine. — C'est dans cet esprit de large sympathie qu'il convient de poursuivre l'étude de la vie du Bouddha, et il est sans doute intéressant de le sentir si proche de nous sous tant de faces : encore ne peut-on pas oublier que vingt-cinq siècles et un quart de la circonférence terrestre nous séparent. Les traits sur lesquels il nous faut désormais insister sont ceux qui, brochés sur cette trame universellement humaine, lui restituent son aspect spécifiquement indien. Reconnaissons-le pour commencer : la fuite du Bodhisattva témoigne d'un réel courage et d'une force morale peu ordinaire ; car ce qui l'attend au bout de son dernier galop, ce n'est rien moins, et il le sait, qu'une véritable mort civile. Étrange contrée que l'Inde : si nous en croyons les statistiques, il n'en est pas où le commerce des aphrodisiaques soit plus développé, et il n'en est pas non plus qui témoigne vénération plus grande pour ceux qui font profession du vœu de chasteté ; on n'y entend perpétuellement parler autour de soi que de roupies, et il n'est pas de pays où le pauvreté volontaire soit plus hautement respectée. À l'heure actuelle la grande péninsule ne nourrirait pas bénévolement moins de six millions d'ascètes vagabonds et mendiants. *Sâdhou* ou « gens de bien », comme les appellent les Hindous (et il semble que la majorité d'entre eux mérite ce titre), *fakir* ou « pauvres », comme les dénomment les musulmans, ils représentent les Çramana d'autrefois. Des plus ambiguës est à nos yeux la condition de ces chemineaux religieux. Une profonde déférence les entoure ; on se fait mérite de les nourrir, devoir de les consulter, gloire de suivre leurs avis — le tout à la grande jalousie des brahmanes restés dans le siècle ; mais ce n'en sont pas moins des gens qui ont perdu leur caste, et, tout comme les *tchandâla*[3] de jadis et les *outcasts* d'à présent, ils ne sont pas autorisés à demeurer à l'intérieur des villes ou des villages. Dans les textes tantôt nous voyons les rois s'incliner devant eux et tantôt les passeurs leur refuser l'entrée de leur bac. On les invite à l'envi et on réclame la faveur de les servir en personne, car ils sont saints ; mais l'idée ne viendrait à aucun de leurs hôtes de manger au même plat qu'eux, car leur sainteté ne les empêche pas d'être impurs. En vérité on ne saurait mieux les définir, en style moderne, que comme des « parias d'honneur ». C'est contre ce singulier mélange d'égards exceptionnels et de constante misère que le Bodhisattva va troquer son brillant et incontesté statut social. Il ne sera plus ni héritier présomptif, ni prince, ni noble, ni chef de famille, ni membre de la société hindoue ; il ne sera même plus Siddhârtha tout court, car un çramane n'a aucun état civil — fait dont, comme bien on pense, certains n'hésitent toujours pas à abuser pour échapper plus aisément aux recherches de la police. Comme il faut tout de même qu'il ait un nom, il l'emprunte à la lignée du brahmane qui, en sa qualité de directeur spirituel de sa famille, l'a naguère initié ; et, en attendant d'être devenu le Bouddha parfaitement accompli, il ne sera plus connu en religion que sous le terme générique « d'ascète Gaoutama ».

Un aussi total changement de personnalité devait forcément s'accompagner d'une modification non moins radicale dans l'aspect extérieur de la personne. Comme tout le monde le Bodhisattva en a si bien le sentiment qu'aussitôt descendu de cheval, il procède (nous l'avons vu) aux trois opérations nécessaires et suffisantes pour assurer cette obligatoire transformation : successivement il détache ses parures, se coupe les cheveux et change de costume. Aucune de ces actions n'est faite pour nous étonner. Chez nous non plus il ne suffit pas de dépouiller intérieurement le vieil homme : l'entrée en religion se traduit immédiatement aux yeux par la tonsure ; et peut-être est-il à propos de rappeler qu'aux temps mérovingiens c'était là le procédé habituel pour couper court aux prétentions d'un prétendant au trône[4]. D'autre part le port des bijoux s'accorderait mal en tout pays avec le vœu de pauvreté ; et enfin, si notre proverbe assure que « l'habit ne fait pas le moine », il n'en est pas moins vrai que celui-ci se distingue aussitôt du laïque par la coupe spéciale de son froc. Une fois de plus le Bodhisattva se comporte d'une façon qui nous est tout à fait familière : c'est du point de vue indigène que ses trois gestes réclament quelque explication.

Le commentaire du premier peut être bref. En « divorçant d'avec ses parures » qui jureraient trop avec son nouvel état, Siddhârtha ne nous apprend rien au sujet du goût professé par les anciens Indiens pour les bijoux qu'ailleurs les hommes laissent d'ordinaire aux femmes : nous le connaissions déjà de source grecque, et il s'étale sur les statues. Jetez les yeux sur tel personnage de Sâñchi ou du Gandhâra[5] : vous serez aussitôt édifiés. Les ornements de tête comportaient, outre les agrafes du turban, d'énormes boucles d'oreilles ; quand au moment de son ordination le laïque les détachait, elles laissaient à découvert les lobes longuement fendus et distendus sous leur poids. Effet de l'accoutumance ou concession à la coutume locale ? Toujours est-il que les artistes indo-grecs ont conservé à leur type du Bouddha ce trait disgracieux : sur quoi les Tibétains et les Chinois, qui ne comprenaient rien à cette déformation, n'ont eu d'autre ressource que de voir dans ces oreilles démesurément allongées un signe de sagesse. Par ailleurs le torse était quasiment revêtu de colliers, les uns rigides, les autres souples. Les doigts, les poignets et les bras étaient encerclés de bagues et de bracelets, mais les anneaux des chevilles restaient l'apanage des femmes. Les sandales étaient particulièrement ornées dans le Nord-Ouest, où le climat les exigeait de façon plus impérieuse : on devine aussitôt si les piédestaux brisés du Gandhâra étaient surmontés d'une statue de Bodhisattva ou de Bouddha selon que les pieds restés attachés au socle sont chaussés ou nus. C'est de toutes ces parures que Siddhârtha charge les bras de son écuyer pour les rapporter à la maison ; et, fidèles à eux-mêmes, les sculpteurs indo-grecs ne manquent pas d'y joindre le turban que leurs collègues de l'Inde centrale nous montrent au contraire ravi au ciel. Tous ces détails peuvent intéresser l'antiquaire : le point le plus curieux pour l'historien des mœurs est le fait que le prince ne considère évidemment pas ces bijoux — non plus qu'Ignace de Loyola, son armure — comme sa propriété privée, mais comme un bien de famille, possédé en commun par les membres du clan royal des Çâkyas, autant dire comme des « joyaux de la couronne » ; car l'idée de les donner en aumônes ne lui effleure pas l'esprit.

Nous n'ignorions pas non plus que les anciens Indiens de caste portaient longue leur chevelure : un reste de cette coutume survit dans la mèche que les orthodoxes conservent encore aujourd'hui sur le sommet du crâne. Dans la région gangétique ils entremêlaient leurs cheveux aux plis nombreux de la longue bande d'étoffe qu'ils enroulaient autour de leur tête pour se garantir contre leur redoutable soleil. Aussi le Bodhisattva tranche-t-il du même coup avec son épée sa chevelure et son turban de blanche mousseline, si bien que, quand il jette le tout au vent, « on eût cru voir l'envol d'un cygne sur un étang[6] ». Bien entendu les dieux s'emparent aussitôt de cette précieuse relique, car (ainsi a victorieusement raisonné la légende) puisqu'elle n'est nulle part conservée sur la terre, c'est donc qu'elle a été emportée aux cieux[7]. Sur le bas-relief inscrit de Barhut qui représente la « fête » célébrée par les Trente-trois en l'honneur de la chevelure du Bienheureux, c'est bien sa coiffure complète que nous apercevons à l'intérieur du sanctuaire, et cette fiction a du moins cet intérêt de nous renseigner sur un détail pratique. Il va d'ailleurs de soi que la dévotion postérieure n'a pu se contenter d'une taille de cheveux aussi sommaire et exécutée avec un instrument aussi peu approprié qu'un sabre. La Communauté tenait beaucoup à ce que son fondateur eût pris dès le début l'aspect exact des futurs membres de son ordre. On finit donc par faire intervenir un dieu déguisé en barbier[8] qui se trouva là juste à point, en pleine djangle, pour lui raser congrûment la tête à la façon de ses *bhikshou*.

Force nous est ici d'ouvrir une parenthèse archéologique : car l'accord et l'insistance des textes sur ce point capital ne rendent que plus surprenant le refus d'acquiescement des artistes indo-grecs. Pour une fois ils se sont mis en rébellion ouverte avec la tradition. Sur les bas-reliefs ils représentent bien l'abandon des parures et l'échange des costumes, mais nulle part la coupe des cheveux ; sur les statues, ils consentent à débarrasser le Bouddha de sa coiffure princière, mais à lui raser la tête, non pas. On aperçoit à ce parti pris deux raisons, l'une d'ordre esthétique (cela ferait trop laid), l'autre d'utilité iconographique (car comment distinguer le type du Bouddha de celui de ses moines, s'il leur devient en tout pareil ?). Pour mieux comprendre l'intransigeance des sculpteurs il faut savoir (et nous le savons grâce à eux[9]) que dans l' « Inde du Nord » le turban était une coiffure préparée à l'avance, ordinairement faite de trois plissés d'étoffe enroulés et fixés par des bijoux autour d'un bonnet conique et, ce qui nous intéresse particulièrement ici, complètement indépendante des cheveux. Regardez le Bodhisattva quand on nous le montre tête nue dans sa chambre à coucher : sa longue chevelure est tout entière massée sur le sommet de sa tête, et c'est par-dessus cette sorte de chignon qu'au moment de sortir se posait l'*oushnîsha*, comme on fait d'un chapeau. Aussi sur les représentations du Sommeil des femmes, Tchandaka apporte-t-il à son maître sa coiffure toute prête en même temps qu'il lui amène son cheval tout harnaché. Quant au traitement des cheveux, il était naturellement conforme à la technique grecque des « ondes », et il se maintient tel en passant de la tête du Bodhisattva sur celle du Bouddha accompli. Mais cette entorse donnée à la tradition comme à la coutume courante ne pouvait être qu'un objet de scandale pour les gens moins soucieux de beauté plastique que de conformisme. Entre les critiques des rigoristes et les plaidoyers des esthètes, la fameuse liste des trente-deux marques caractéristiques du grand homme se présenta fort à propos pour suggérer un compromis. On se rappelle qu'elle attribuait à l'enfant-prodige une chevelure régulièrement bouclée ; et comme entre temps elle en était venue à passer pour une description iconographique du Bouddha adulte, l'image de celui-ci put, en tout repos de conscience de ses zélateurs, conserver ses cheveux, à la seule condition qu'ils bouclassent tous vers la droite. C'est à ce moment que des sculpteurs, non moins étourdis que dociles, firent machinalement courir ces boucles jusque sur le chignon habituel des idoles du Maître et créèrent ainsi sur son crâne cette apparente excroissance osseuse que, faute de nom pour la désigner, on appela encore *oushnîsha* et que les bouddhistes de la haute Asie ne parvinrent à s'expliquer que comme une « bosse de sagesse[10] ». Tant il est parfois épineux de marier l'orthodoxie et l'art !

Il ne reste plus à régler que la question du costume. Elle eût pu l'être de la façon la plus expéditive si seulement Siddhârtha avait décidé de suivre l'exemple de ces ascètes nus (ou, comme on disait, « vêtus de l'air ambiant ») qui couraient dès lors les campagnes et les villes de l'Inde et que le voyageur français Bernier y a encore rencontrés au XVIIe siècle sans que la pudeur de personne s'en montrât offusquée. Mais il n'était pas dans le caractère du Prédestiné de rien pousser à l'extrême, pas même le vœu de pauvreté, et il tiendra à ce que les membres de son ordre soient très décemment vêtus, en dépit du fait que leur habit soit censé composé de pièces et de morceaux. Mais avec qui et contre quoi échanger en cette solitude les riches vêtements de soie qu'il ne saurait conserver plus longtemps ? Passe par chance, seul hôte ordinaire de la brousse, un chasseur, donc un homme de la plus basse caste et même hors caste ; et c'est à ce paria que le prince, surmontant son royal dégoût, s'adresse pour lui proposer le troc de leurs costumes respectifs. L'homme commence par refuser en lui faisant judicieusement observer que ceux qu'ils portent l'un et l'autre sont justement ceux qui conviennent à leur condition ; mais, comme il gagne au change, il ne se fait pas trop prier. À la vérité le pagne de bure grossière dont il est sommairement vêtu n'a rien de commun avec un habit monastique : la version ancienne de la légende s'en contentait cependant, car il avait du moins le mérite d'être sûrement de teinte brun rougeâtre. La teinture *kashâya*, de toutes la plus vulgaire et la moins coûteuse, signalait en effet tous les *outcasts*, chasseurs, bouchers et bourreaux ; et c'est aussi celle qui, originairement prescrite pour les moines bouddhiques, est restée en usage chez les lamas de la haute Asie — bien différente de la belle couleur jaune des bonzes singhalais ou cambodgiens. On devine d'ailleurs que les hagiographes n'ont pu longtemps accepter pour leur Maître une transformation vestimentaire aussi improvisée et inadéquate. Tantôt[11] un poète ingénieux imagine que le chasseur en question s'était d'avance déguisé en moine bouddhique pour pouvoir approcher son gibier à meilleure portée de flèche : car l'habit monastique inspire confiance même aux animaux. Tantôt[12] on fait descendre tout exprès sur la terre un *deus ex machina* costumé en *bhikshou*. Poussant la maladresse à son comble, c'est même ce dieu que le *Lalita-vistara* fait soupçonner et appréhender par la police royale avant qu'il ne se décide à remonter aux cieux.

Laissons de côté ces pieuses niaiseries et venons aux faits. Le costume d'un laïque indien de bonne caste se composait de deux pièces d'étoffe, prises telles qu'elles sortaient du métier. L'une se disposait autour des reins et des jambes à la façon de la *dhotî* actuelle ; l'autre, qui se jetait sur le torse, n'était guère dans l'Inde centrale qu'une simple écharpe de mousseline ; mais dans le Nord-Ouest, où il gèle parfois l'hiver, elle devenait un grand châle de laine. L'habit monastique était au contraire fait de « trois pièces ». Par-dessus le vêtement de dessous, le *bhikshou* passait une sorte de tunique laissant l'épaule droite découverte et descendant jusqu'au genou, et, pour vaquer à sa quête quotidienne, il s'enveloppait tout le corps dans un manteau si ample que les sculpteurs du Gandhâra en ont pris avantage pour le draper à la grecque comme un himation. Mais les fines cotonnades de l'Inde intérieure ne pouvaient rivaliser en fait de draperies avec les souples lainages du Nord, et sur les icones de l'Hindoustan nous voyons bientôt ces plis s'amenuiser de plus en plus et finalement le *sanghâti* se coller étroitement au corps[13]. Ce qui nous importe pour l'instant, c'est que la transformation du prince en religieux est achevée. On peut même dire qu'elle anticipe sur les événements, car le Bodhisattva a déjà pris l'aspect du Bouddha qu'il n'est pas encore devenu. Il n'existerait donc dans l'art bouddhique que deux types du Prédestiné, l'un au temps de sa jeunesse laïque, l'autre au temps de sa carrière monastique, si les artistes indo-grecs n'en avaient créé un troisième, reflétant les terribles austérités qu'il va s'infliger temporairement. C'est à cette image décharnée, qui vient ainsi s'intercaler entre celle du Bodhisattva Siddhârtha et celle du Bouddha Çâkya-mouni que s'applique le mieux la désignation, également intermédiaire, « d'ascète Gaoutama[14] ».

Pour en finir avec ces brèves indications iconographiques, soulèverons-nous la question que jadis les fidèles ne songeaient à se poser qu'alors qu'il n'était plus temps ? Il existe de par le monde d'innombrables représentations, peintes ou sculptées, du Bouddha comme du Christ : avons-nous gardé d'eux un portrait ? La réponse est, hélas, nettement négative. Assurément, en Asie comme en Europe, les images miraculeuses ou simplement apocryphes n'ont pas tardé à foisonner, toutes avec ressemblance garantie : mais il est trop évident qu'elles ont été fabriquées de chic, et leur légende justificative inventée après coup. Au sujet du « vrai visage » de Çâkya-mouni nous ne pouvons que répéter ce que nous dit s^t Augustin du « facies » du Seigneur : « Nous l'ignorons profondément[15]. » Notre curiosité déçue n'a d'autre ressource que d'accepter la leçon que lui aurait donnée le Maître en personne sous couleur de lui accorder une fiche de consolation. Quand son grand ami, le roi Bimbisâra, commanda à ses artistes peintres le portrait du Bienheureux, ils durent renoncer à dessiner un visage que, le pinceau en l'air, ils ne se rassasiaient pas de contempler. Le Bouddha fit donc apporter une toile sur laquelle il projeta son ombre, et, après avoir fait colorier cette silhouette, il ordonna d'inscrire au-dessous les principaux articles de sa doctrine[16]. C'est là tout ce qu'il importe que la postérité sache de lui.

Le congédiement des dieux. — Le prince Siddhârtha n'est plus, l'ascète Gaoutama le remplace ; et le voici seul, au sein de l'impassible nature, sans guide ni soutien comme sans sou ni maille, confronté à la fois par sa noble entreprise de salvation et par l'humble, mais pressant souci de sa pitance quotidienne : car avant de philosopher il faut vivre. Nulle part il n'est écrit que son courage ait à aucun moment fléchi ; en revanche il est expressément stipulé qu'il ne compte plus désormais sur aucun secours d'en haut. Ces dieux et ces génies de tout acabit qui sont censés lui avoir jusqu'ici tant facilité les choses et dont la troupe innombrable a cru devoir l'escorter dans son évasion, nous l'avons vu les congédier avant même d'en faire autant pour son écuyer et son cheval. À la vérité nous ne disons pas un définitif adieu à ces évocations de millions de divinités adorantes qui, non contentes de former le fond obligé du tableau dans toutes les scènes de l'enfance et de la jeunesse, prenaient une part active aux événements ; mais elles se feront plus rares et serviront tout juste à meubler le ciel et à en faire pleuvoir des fleurs ou à chanter des louanges. Sans doute aussi Brahma et Indra voudront continuer à servir l'ascète après le prince ; mais s'il consentira parfois à leur accorder leurs requêtes, jamais plus il n'acceptera leurs bons offices ; et quant à Mâra, que son rang divin place entre les deux grandes divinités susnommées, il entrera en lutte ouverte avec lui. Bref, au cours de sa quête de l'Illumination et, à plus forte raison, après l'avoir conquise, il se passera systématiquement de toute assistance surnaturelle. De ce chef aussi il va y avoir quelque chose de changé.

Le point est d'importance et vaut qu'on y insiste. Rien n'est en effet plus conforme aux vieilles idées bouddhiques que cette mise à l'écart des dieux. Tout comme la secte d'Épicure, la primitive Communauté, sans nier l'existence des divinités traditionnelles, était convaincue de leur parfaite inutilité. Pour elle aussi le salut de l'humanité était uniquement l'affaire de l'homme. On peut le tenir pour certain, les perpétuelles interventions célestes que nous avons vues défiler jusqu'ici n'étaient ni de son goût ni de son invention : seulement la masse des fidèles entendait les choses autrement que les vieux bonzes. Que le Prédestiné eût atteint tous ses buts idéaux sans aucun secours divin, par la seule force de son intelligence, c'est ce que sur la foi des docteurs elle admettait d'autant plus volontiers que cet exploit le grandissait encore à ses yeux ; mais qu'en revanche les dieux ne se fussent pas intéressés et mêlés à toutes les circonstances de sa vie laïque jusques et y compris le Grand départ, c'est ce qu'elle ne pouvait croire, et elle l'a bien montré. C'est à l'influence des idées populaires sur la légende que nous devons l'abusif déploiement de mythologie que les textes hagiographiques se sont complu à nous infliger et dont ils ne parviendront pas à se déshabituer entièrement. Au point où nous sommes parvenus de la biographie du Maître, la Communauté monastique entend en reprendre et en garder en mains l'essentiel. Elle a pu abandonner à la fantaisie de ses zélateurs la jeunesse du prince ; les faits et gestes de l'ascète l'intéressent trop directement pour qu'elle consente à s'en dessaisir. Les mythomanes seront désormais tenus en bride par les théologiens et la légende va prendre un tour plus scolastique que romanesque.

Il n'est pas sans intérêt pour le critique de noter cette sorte de décalage de la tradition, brusquement ramenée, au moins par intervalles, sur le plan rationnel : il est encore plus intéressant pour l'historien des religions de pousser jusqu'aux idées foncières qui provoquent ce changement de ton. Pour nous faire mieux comprendre, procédons par contraste. Jésus-Christ est le « Fils de Dieu » et vit en perpétuelle communion avec le Père qui ne l'abandonnera qu'au jardin des Oliviers. L'expression sanskrite correspondante, *Dêva-poutra*, ne saurait d'aucun biais s'appliquer au Bouddha : aussi bien ne désigne-t-elle proprement que le commun des habitants du ciel et a-t-elle pu être simplement traduite par « ange ». Non, Çâkya-mouni n'est ou plutôt (car ses dévots y ont mis bon ordre) n'était originairement qu'un homme ; mais attendez d'en savoir la raison : c'est que seul un homme, à l'exclusion de tout être surnaturel et *a fortiori* de tout animal inférieur, est qualifié pour se transformer en un Bouddha — et même, ainsi que le spécifient les règles de l'ordination, pour devenir un moine bouddhique. Du coup le Prédestiné, et avec lui ses saints reprennent leurs droits. L'homme ou, comme disaient les vieux prophètes d'Israël, le « fils de l'homme » (les deux expressions sont synonymes) n'hésite pas à se proclamer supérieur aux génies, que ceux-ci habitent la terre, les airs ou les eaux, tout comme dans la Bible il paraît l'être aux chérubins[17]. Dans l'Inde il surpasse même les dieux qui, pour être sauvés, devront se faire ses humbles disciples. Aussi quand la postérité décernera au Bouddha l'apothéose, elle s'apercevra qu'elle le diminue en le divinisant ; force lui sera d'inventer pour lui une catégorie spéciale et une désignation supérieure, celle de « dieu-au-dessus-des-dieux[18] » ou, comme nous dirions, de super-dieu. Mais pour l'instant souvenons-nous qu'il n'est, ne veut et ne peut être qu'un homme. C'est uniquement grâce à sa raison et à sa volonté d'homme qu'il parviendra à libérer l'humanité, et les autres êtres par surcroît, des lacs douloureux de la destinée.

L'ORIENTATION DU BOUDDHA ET DU BOUDDHISME. — Cependant l'ascète Gaoutama s'est déjà mis en route, pieds nus, dans la poussière de la saison sèche. Autour de lui les oiseaux ramagent et les arbres, flamboyants, açokas, çâlas, manguiers, sont en fleurs ; car la tradition place le Grand départ, cette seconde naissance, à la date anniversaire de la Nativité. Nous sommes donc au printemps : mais aucun parfum, aucun chant, aucun spectacle, aucun rappel du passé ne peut faire revenir en arrière le désenchanté. Une seule question pour lui et pour nous se pose : de quel côté tournera-t-il ses pas ? Sans hésitation aucune, il continue à se diriger vers le Sud-Est, tout comme s'il se laissait aller au courant des rivières qui descendent de l'Himâlaya vers le Gange pour se perdre avec lui dans l'Océan oriental. Il ne se doutait guère que, quelque cinquante ans plus tard, chargé de gloire et d'années, il referait en sens inverse le même chemin pour mourir en route dans l'obscure bourgade de Kouçinagara. On prétend savoir le nom des premières personnes qui, à commencer par deux femmes brahmanes, l'invitèrent à s'arrêter dans leur ermitage et lui donnèrent le vivre et le couvert[19]. Ainsi d'étape en étape il gagne d'abord pour une halte assez longue la ville libre et florissante de Vaïçâlî, aujourd'hui Basârh dans le Tirhout. Sitôt le grand fleuve traversé, il se trouvera dans ce beau pays de Magadha dont il va faire sa patrie d'élection et qui restera de ce fait l'une des Terres saintes du vieux monde. C'est l'actuelle province de Bihâr, du nom que lui ont donné les envahisseurs musulmans à cause du grand nombre de sanctuaires bouddhiques[20] qu'ils y ont trouvés à détruire. Enfin, après un nouveau séjour aux environs de la capitale magadhienne de Râdjagriha (Râdjguir) il va se rendre, encore plus au Sud, à la ville toujours sacrée de Gayâ ; et c'est dans son voisinage que, lutteur intrépide, il réussira, comme il y était résolu, à terrasser le destin et à lui arracher son secret. Sur tous ces points l'accord des témoignages est complet, et il semble bien que la Communauté avait conservé, de façon assez exacte pour que nous puissions le suivre sur la carte, le souvenir de l'itinéraire du Maître entre Kapilavastou, point du Grand départ, et Bodh-Gayâ, lieu de l'arrivée à l'Illumination parfaite. Mais la donnée capitale à nos yeux est la direction qu'il a prise. Dès cet instant, le sort en est jeté : son avenir personnel comme celui de la moitié de l'Asie, la formation de sa pensée comme le caractère de sa religion, tout cela est d'avance déterminé par le seul fait de cette orientation initiale.

Si vain qu'il soit de spéculer sur ce qu'on sait n'être pas arrivé, imaginons un instant que le Bodhisattva ait pris la direction opposée et ait marché vers le Nord-Ouest. Un parcours sensiblement égal l'aurait conduit par la route de Çrâvasti dans ce *do-âb* ou Mésopotamie entre la Gangâ et la Yamounâ (Djamna) qui fut par excellence le *Brahmarshi-dêça*, « le pays des sages brahmaniques ». Et certes nous ne venons pas dire qu'il n'y aurait pas trouvé à qui parler ni de quoi s'instruire. Sans nul doute les théologiens védiques auraient refusé d'enseigner à fond au Kshatriya qu'il avait été leurs hymnes sacrés avec leurs gros commentaires techniques. Il était d'ailleurs trop tard pour qu'il pût entreprendre de si longues et si laborieuses études, et, de fait, la tradition bouddhique n'a jamais attribué à son Maître aucune compétence en matière de Véda[21]. Mais la caste sacerdotale avait aussi ses « renonçants », tout pareils à l' « errant » qu'il était lui-même devenu, et il eût pu être admis dans l'un ou l'autre de leurs ordres[22]. Enfin l'accès des ermitages où les « anachorètes des bois » (les *vâna-prastha* des Indiens, les *hylo-bioi* des Grecs) vivaient en lisière de la forêt, sous des huttes de feuillage, avec leurs femmes, leurs enfants, leurs disciples, leurs troupeaux et leurs feux sacrificiels, était d'avance permis à tous les religieux mendiants, et il restait ainsi un large champ ouvert aux discussions entre gens semblablement préoccupés des choses éternelles. Nous sommes justement au temps où, dans les sortes de séminaires qu'étaient les *âçrama*, s'élaboraient ces recueils de spéculations mi-ritualistes et mi-philosophiques qui ont suscité en Europe tant de curiosité sous leur nom d'*Oupanishad* depuis qu'Anquetil-

Duperron en a donné une première traduction d'après une version persane et que Schopenhauer en a exalté la profondeur. Dans ces compilations scolaires, véritables cahiers de notes des étudiants en Védanta, les maîtres brahmaniques avaient dû faire une large part aux idées des nobles laïques ; et tout fait croire que le Bodhisattva serait devenu, par droit d'intelligence autant que de naissance, un brillant champion de la sagesse reconnue aux princes[23]. Mais si les Oupanishads restent la source dont continuent à se réclamer tous les rénovateurs du brahmanisme, elles ne sont jamais devenues ni, quoiqu'on en ait dit, ne pouvaient devenir les évangiles d'une nouvelle religion, et l'Inde n'aurait connu ni Bouddha ni bouddhisme.

Quand nous sommes en veine d'hypothèses controuvées, abusons jusqu'au bout de la liberté que cet aveu nous laisse, et supposons que l'humeur errante du çramane ait poussé Gaoutama encore plus loin dans « l'Inde du Nord ». Il y a peu d'apparence que, tel que nous le connaissons, il fût devenu membre de la secte çivaïte des Pâçoupata, ces ascètes demi-nus, au corps frotté de cendres, qui dominaient dès lors dans la région et arboraient à la façon des anachorètes brahmaniques d'énormes chignons et des barbes de fleuve ; mais une singulière aventure lui eût été de toutes façons réservée. S'il est bien mort vers 477 au début du règne de Xerxès-Assuérus, il fut le contemporain des conquêtes indiennes de Cyrus le Grand et de Darius Ier, et les inscriptions cunéiformes, démentant le silence systématique des historiens grecs, attestent que ces conquêtes s'étendirent à tout le bassin de l'Indus, de sa sortie des montagnes à la mer Erythrée, et, à l'Est, jusqu'à la quatrième des cinq rivières du Pandjâb, la Vipaçâ (Biâs), laquelle n'est autre que cette Hyphasis que les compagnons d'Alexandre, satisfaits d'avoir rétabli l'empire perse dans ses anciennes limites, se refusèrent obstinément à franchir. Les armées et l'administration achéménides qui, dans cette sorte d'Inde extérieure ou, comme on disait, « d'Inde blanche », ont introduit l'écriture araméenne, instauré jusqu'à Taxila le rite mazdéen des Tours du silence et suscité sur place jusqu'à Moultân des « brahmanes-mages » attachés au temple du Soleil, y avaient apporté également avec elles le culte du grand Ahoura et les doctrines zervanistes et zoroastriennes[24]. Comment le Bodhisattva aurait-il réagi au contact du dualisme iranien et des conceptions religieuses de Zarathoushtra, nous n'entreprendrons pas de le deviner ; tout ce que nous voulons ici montrer, c'est que, parti dans la direction du Nord-Ouest, il se serait toujours trouvé enserré dans des formes de civilisation déjà rigidement arrêtées. Prisonnier d'un état social et d'un cercle d'idées totalement différents de ceux où il va se mouvoir avec tant d'aisance et de durable succès, il eût été à tout jamais perdu pour l'histoire.

Futiles considérations, dira-t-on ; peut-être ne le sont-elles pas autant qu'un critique impatient le pense. Le pays de Koçala se trouvait en effet occuper une situation intermédiaire entre les États profondément aryanisés et brahmanisés des Kourous et des Pañtchâlas, à l'Ouest, et, à l'Est, ceux de Vidêha et du Magadha qui n'avaient au contraire reçu ou subi qu'une faible colonisation aryenne et une plus mince teinture de brahmanisme. Représenté actuellement par la province d'Aoudh, il allait être le berceau du *Râmâyana* comme ses voisins de l'Ouest celui du *Mahâbhârata*, et l'on y respirait déjà un air aussi différent que le sera le ton respectif des deux vieilles épopées. Pour en donner une idée au lecteur européen, disons que de l'une à l'autre on passe des conflits brutaux des *Niebelungen* aux aventures sentimentales des romans de la Table ronde. L'atmosphère du pays de Râma, plus douce que celle du champ de carnage du Kouroukshetra, était toutefois moins amollissante que celle des pays dits « Orientaux[25] » ; car le flot viril des envahisseurs aryens avait un instant submergé ces riches campagnes, et si les officiants védiques n'avaient encore pu y établir la suprématie de leur caste, ils y avaient du moins partout dressé leurs autels de briques et s'étaient introduits à la cour de tous les râdjas. Issu de cette région indécise, Siddhârtha pouvait pencher aussi bien d'un côté que de l'autre : Ayodhyâ sur la Sarayou, Çrâvastî sur la Raptî, sont à peu près à mi-chemin entre le cours supérieur du Gange et cette rivière Sadânîrâ (probablement l'une des branches du Gandhak) au delà de laquelle, de l'aveu du « Brâhmana des Cent chemins », le feu du sacrifice, Agni Vaiçvânara, n'avait que tardivement brillé. Assurément des brahmanes avaient déjà pénétré plus avant : nous trouverons bientôt un de leurs ermitages, et des plus considérables, en plein cœur du Magadha, et de grandes familles brahmaniques fourniront localement au Bouddha les meilleurs de ses disciples. Mais on nous donne clairement à entendre que par delà cette limite les tenants du Véda n'avaient pas encore réussi à imposer aux foules comme aux rois leur exorbitante prétention d'être les truchements indispensables entre la terre et le ciel.

Après ce tour d'horizon les attendus du jugement qu'intérieurement le Bodhisattva avait déjà prononcé cessent d'être un mystère pour nous. En franchissant la Sadânîrâ pour se rendre à Vaïçâlî, il tournait définitivement le dos aux pays des mangeurs de viande et de blé et des buveurs de liqueurs alcooliques, à commencer par le *sôma*. Sans doute les connaissait-il déjà trop bien pour ce qu'ils étaient : des gens prompts à la violence pour satisfaire leurs appétits de jouissance et de puissance ; jaloux et fiers de la pureté de leur race et se pliant, eux et les autres, à la sévère hiérarchie des castes ; fauteurs du sacrifice sanglant, occasion de ripailles et échange de services entre eux et leurs dieux ; ayant l'âme solidement chevillée au corps, mais fort incertains des conditions de la vie future ; soumis de par leur foi dans le Véda incréé aux prescriptions, aux rites, aux doctrines de leurs prêtres-magiciens ; persuadés de la réalité substantielle de l'Être-en-soi et, par ricochet, de leur moi, qui en est une parcelle ; tenacement attachés à l'optimisme ancestral apporté avec eux des hautes terres, et adeptes-nés d'un panthéisme fondé sur un usage délirant des principes de permanence et d'identité. Le cœur et l'esprit de Siddhârtha inclinaient au contraire vers les populations végétariennes et buveuses d'eau de la grande rizière, amies de l'abstinence, de la miséricorde et de la paix ; très mélangées de races, mais ne se souciant nullement de ce mélange ; quelque peu efféminées par leur céréale sans vitamine[26] et leur climat débilitant ; se récriant d'horreur à la vue du sang de n'importe quelle victime et ne dédiant à leurs génies locaux que d'innocentes offrandes de fleurs et de fruits ; parfaitement incrédules à l'égard de la prétendue autorité divine d'un Véda qui leur était totalement étranger ; en revanche intimement et universellement convaincues de cette « transmigration des âmes » (qui, les vieilles Oupanishads l'attestent[27], n'était encore dans le Nord-Ouest que la croyance ésotérique de quelques théosophes) et en même temps sentant leur personnalité psychique en voie de perpétuelle désintégration tout comme leur moi corporel, d'où le vague de leurs idées sur l'on ne sait quoi qui transmigre ; sans illusion sur la cruauté de la destinée comme sans révolte contre elle ; et, en métaphysique, enclins au pur nihilisme à force d'avoir vu, au cours de générations sans nombre, le monde extérieur s'évanouir comme un mirage dans la pâle incandescence d'un soleil de feu. Il serait difficile de concevoir deux mondes plus différents. Sans parler des profondes divergences de leurs mœurs, us et coutumes, et pour ne retenir que leurs attitudes d'esprit, au monisme, au substantialisme, au robuste optimisme de l'un s'opposent point par point le pluralisme, le phénoménisme, le pessimisme résigné de l'autre. Entre les deux le Bodhisattva a déjà choisi : c'est dans celui de l'Est qu'il va puiser la plupart des éléments qui entreront dans la composition de son système mi-philosophique et mi-religieux ; car, pour grand et original que puisse être un homme, il commence par appartenir à son milieu et à son temps.

Nous arrivons ainsi à la conclusion que c'est avant tout la voix confuse de l'Inde orientale non aryenne que le futur Bouddha va écouter avant de nous la faire à son tour entendre, distinctement énoncée et transposée en méthode de salut. Mais, pour ne pas prendre en traître le lecteur non spécialiste, nous devons l'avertir que cette façon de concevoir les origines bouddhiques n'est pas celle qui était admise jusqu'à présent. La thèse orthodoxe voulait que le bouddhisme sortît tout entier de la tradition brahmanique du Nord-Ouest, légèrement modifiée par les tendances qui apparaissent sporadiquement dans les Oupanishads. Et il fallait bien qu'il en fût ainsi ; car le temps n'est pas loin où, toujours dociles aux directives données par les brahmanes de Calcutta aux premiers indianistes européens, leurs successeurs croyaient devoir prendre à tâche de faire sortir l'Inde tout entière, avec ses sociétés et ses religions si nombreuses et si diverses, du seul et unique Véda, ainsi que le chêne avec toute sa ramure sort d'un gland. La pioche des fouilleurs de Mohen-djo-Daro[28] vient de jeter bas cette séduisante théorie en démontrant que le bassin de l'Indus possédait une civilisation urbaine pleinement développée longtemps avant l'invasion des Barbares indo-européens ; et, selon toute vraisemblance, il en était de même du bassin encore plus riche et plus peuplé du Gange, bien qu'ici les conditions climatiques et géologiques soient telles qu'elles ne laissent guère d'espoir d'en retrouver jamais des vestiges. Impossible désormais de négliger le fait primordial que la grande péninsule, telle que les invasions successives l'ont faite, comprenait de bonne heure plusieurs Indes, fort différentes l'une de l'autre. On n'avait que trop oublié que ses habitants eux-mêmes en distinguaient cinq, bien avant que la conquête musulmane fût venue compliquer encore la situation. Que le pays brahmanique par excellence, le soi-disant « pays du Milieu » entre la Djamna et le Gange ait fourni un uniforme levain à toutes ces pâtes variées, autrement dit que l'Inde, même non aryanisée, même dravidianisée, ait fini par être dans son ensemble brahmanisée, l'évidence s'en maintient jusqu'à nos jours. Mais quant à tirer le bouddhisme du brahmanisme alors que (des siècles de controverses acharnées l'attestent) ils sont aux antipodes l'un de l'autre, c'est là un petit jeu d'érudition auquel, puisqu'on n'y est plus condamné d'avance, il n'est pas davantage permis de se livrer.

Ceci dit, il appartient au philologue de se garder de verser dans un excès inverse. Le fait qu'il existe autant d'écart entre les deux grandes religions de l'Inde ancienne qu'entre le paganisme classique et le christianisme ne suffit pas, il le sait du reste, à trancher le débat. Des esprits ingénieux n'ont-ils pas prétendu assigner aux doctrines judéo-chrétiennes des origines purement helléniques ? Et, tout compte fait, ne faut-il pas reconnaître une part de vérité jusque dans l'outrance de cette thèse, alors que le christianisme, sitôt né, s'est trouvé plongé dans la civilisation gréco-romaine ? Il serait de même excessif de soutenir que le Bodhisattva ait tout ignoré de la culture de l'Inde brahmanique. D'origine aryenne, lui-même prétendait l'être, s'il est vrai que sa famille faisait remonter sa généalogie jusqu'au grand roi de la race solaire Ikshvâkou. Aryanisé déjà dans une forte mesure était le pays où il a vu le jour et où il a passé la meilleure partie de sa jeunesse. De caste brahmanique étaient sinon son maître d'école[29], du moins les chapelains et les astrologues de son père, et aussi, semble-t-il, les deux professeurs de philosophie dont, de l'aveu de ses fidèles, il va de ce pas suivre les leçons. Bien des lieux communs, bien des coutumes consacrées, bien des expressions toutes faites et jusqu'au ton de leur style seront empruntés par lui et les membres de son ordre à la sagesse, à l'expérience, à la littérature antérieures de leurs aînés, les sages et les ascètes du Madhyadêça : mais en dépit de ces rapports superficiels, il n'en subsiste pas moins entre l'essence du brahmanisme et celle du bouddhisme une opposition si foncière que seule, à notre avis, une différence radicale de milieu ethnique, de climat physique, d'ambiance intellectuelle et morale peut suffire à expliquer l'élaboration de ces deux religions, l'une dans la partie occidentale et l'autre dans la partie orientale du même bassin du Gange.

La visite du roi Bimbisâra. — La quête de l'Illumination connaît (nous l'avons fixé ci-dessus) un itinéraire traditionnel : la tradition a également pris soin de nous transmettre son emploi du temps. Les sept ans qu'elle aurait duré se partagent en deux périodes très inégales, consacrées par le Bodhisattva l'une à des études, l'autre à des mortifications qu'on nous dit avoir été aussi dures que vaines. La première réduite à une année, aurait encore été coupée par un changement de résidence ; la seconde se serait prolongée sans interruption ni déplacement pendant six ans entiers. Leur durée respective mise à part, nous reconnaîtrons à toutes deux un certain caractère historique. On ne peut en dire autant des deux autres épisodes auxquels la légende a eu recours pour étoffer et diversifier l'époque de transition entre l'*Abhinishkramana* du prince et l'*Abhisambodhana* de l'ascète[30]. C'est d'abord le brahmane Bhârgava, puis le roi Çrênya Bimbisâra du Magadha qui auraient tour à tour invité le Bodhisattva à partager, l'un son ermitage, et l'autre son royaume. Le premier incident ne vaut pas qu'on s'y arrête. Il s'agissait de compenser par avance l'humiliant aveu que le Bouddha avait commencé par être le disciple de maîtres brahmaniques ; et, pour ce faire, quoi de plus simple que de forcer un descendant de Bhrigou, le plus illustre des anciens rishis, à s'incliner devant le prestige du çramane de fraîche date ? Et, par la même occasion, quoi de plus indiqué que de mettre dans la bouche de ce dernier un réquisitoire en règle contre la vie des ermitages[31] ? Fort bien ; mais en laissant ainsi percer son intention polémique, l'interpolateur achève de démontrer le caractère tardif autant que fictif de tout le chapitre. L'immédiate entrée en scène de Bimbisâra peut mieux se défendre. Assurément la tradition la plus ancienne en même temps que la plus vraisemblable rejetait la première rencontre entre le roi de Magadha et le Prédestiné après l'arrivée de ce dernier à l'Illumination ; mais puisque dès avant l'obtention de celle-ci l'ascète Gaoutama avait séjourné à Râdjagriha, comment admettre que sa présence fût passée inaperçue de la population, de la police royale et du monarque lui-même ? Au surplus la seconde entrevue s'expliquait encore mieux si elle avait un précédent. Aussi nos sources habituelles prêtent-elles toutes à Bimbisâra l'initiative de la visite de politesse à l'ascète inconnu : et nous avons une raison particulière, que l'on saura bientôt, de ne pas nous montrer plus récalcitrants qu'elles.

Cette visite s'intercale assez adroitement, en guise d'intermédiaire entre les études faites par le Bodhisattva à Vaïçâlî sous Arâda et celles qu'il va entreprendre à Râdjagriha sous Roudraka. Arrivé près de la capitale du Magadha au cours de sa vie errante, le religieux s'installe pour la nuit, seul, à l'écart, sur le versant d'une des collines voisines de la cité. Heureux climat de Magadha qui permet en toute saison (sauf celle des pluies) de coucher à la belle étoile et laisse toujours aux arbres des feuilles pour former un abri contre le soleil ! Au matin Gaoutama se lève de sa dure couche, rajuste ses vêtements monastiques, prend en main son bol-à-aumônes et entre dans la ville pour sa tournée de quête par la porte dite des Eaux-chaudes : chaudes, ces sources le sont toujours. Bien entendu la beauté de sa personne, la majesté de sa démarche, le recueillement de son maintien émerveillent les habitants qui le prennent pour un dieu descendu sur la terre. Bientôt la cité entière est en rumeur : une foule le suit dans la rue, des femmes se pressent à toutes les fenêtres, toutes les transactions sont suspendues dans le bâzâr. Le roi, dûment averti par un de ses agents, contemple et admire à son tour (l'un dit « du haut de sa terrasse », l'autre « par un œil-de-bœuf » de son palais) le charmant moine en lequel s'est mué le prince charmant. Il le fait suivre quand, sa quête terminée, le beau mendiant regagne sa rustique retraite, et, sitôt informé de celle-ci, décide d'aller en personne lui rendre visite[32]. Il se met donc en route dès l'aube du lendemain, d'abord en char, aussi loin que la route est carrossable, puis à pied sur les rocailles de la colline. Parvenu près de l'ascète, il lui témoigne le plus profond respect et, conquis par sa noble mine, lui offre de but en blanc la moitié de son trône. Il va de soi que le Bodhisattva se refuse à accepter de lui moins encore que ce qu'il vient d'abandonner volontairement. Toutefois Bimbisâra ne se retire pas sans emporter la promesse, qui sera tenue, que le religieux lui communiquera, dès qu'il l'aura découvert, le secret du salut. Telle aurait été l'origine de la longue amitié qui les unit jusqu'à la mort tragique du monarque.

Quelle impression retirer de la lecture de cette historiette ? Tout d'abord elle donne une vivante illustration de ce qui a été dit ci-dessus (p. 113) sur le mélange de grandeur et de misère que comporte la vie du moine mendiant. Puis on ne peut guère s'empêcher de goûter la simplicité de mœurs qu'elle atteste, ni manquer d'admirer le sincère respect du souverain, inclinant son royal turban aux pieds du religieux paisiblement assis sur sa jonchée d'herbes. Peut-être enfin n'assiste-t-on pas sans quelque émotion à la naissance de leur mutuel attachement… Si grand regret que nous puissions avoir à l'apprendre, sachons que nous n'y entendons rien. Ce qu'il faut y voir — ce du moins que les docteurs ont fini par vouloir que nous y voyions — c'est uniquement ceci, à savoir que le roi tente l'ascète, que par ses offres alléchantes il essaye de le détourner de la voie de l'Illumination, et que par conséquent, s'il n'est pas à proprement parler un suppôt de Mâra le Malin, du moins il en assume le rôle. L'offre si cordiale et spontanée du monarque n'est plus, comme nous dirions, qu'une ruse satanique. Il n'y a là rien d'édifiant que le refus de Gaoutama de se laisser séduire, et l'homélie qu'il ne manque pas de débiter à cette occasion sur la vanité des plaisirs mondains. … Et voilà comment un zèle intempestif peut détruire tout le charme d'une innocente idylle. Mais nous, qui ne sommes pas dévots, il nous est loisible de riposter en dénonçant dans cette interprétation tendancieuse des théologiens un cas manifeste de déformation professionnelle : car l'imagination populaire en créant cette aimable fiction n'avait sûrement aucune des arrière-pensées que leur malencontreuse manie moralisatrice a prétendu y découvrir. Ne le cachons pas davantage : si nous avons fait une place à cet épisode apocryphe, c'est surtout (par fidélité envers le programme que nous nous sommes tracé) à cause de l'intérêt qu'il peut y avoir du point de vue psychologique à noter au passage cette déviation du sens littéraire aussi bien que religieux chez des gens nullement malintentionnés.

La période d'études. — Une autre cause d'aberration mentale est pour nos hagiographes l'incapacité où ils sont d'imaginer le futur Bouddha, à cet instant de sa biographie, autrement qu'auréolé par avance de toute sa gloire. Autant vouloir exposer les métamorphoses d'une larve ou d'une chrysalide en termes qui ne seraient de mise que s'ils s'appliquaient à l'insecte parfait. Nous avons toutes raisons de croire au charme personnel du Bodhisattva : il n'en est pas moins probable que, perdu dans le nombre des çramanes, il dut passer d'abord assez inaperçu et que les rois attendirent pour le vénérer que la voix des peuples eût consacré sa renommée. Lui-même se rend compte qu'il est pour l'instant bien mal préparé par son éducation guerrière à la conquête spirituelle qu'il se propose, et, tout modestement, il éprouve le besoin de se mettre à l'école de ceux qui l'ont précédé dans la carrière religieuse. Rien qui s'accorde mieux avec ce que nous croyons savoir de son caractère : ce ne sera pas la seule marque qu'il nous donnera de la judicieuse pondération de son esprit. Le surprenant est que sa légende ait admis cette année d'études préparatoires : mais le fait même qu'elle se soit résignée à l'admettre achève de prouver sur ce point la véracité de la tradition. Il se peut toutefois que cette période d'initiation doctrinale ait été délibérément écourtée au profit de celle des austérités, laquelle est censée durer six fois plus de temps ; et il va sans dire que nos auteurs s'efforcent de diminuer jusqu'à l'extrême limite du possible la dette de leur Maître envers les siens. À les en croire, il devine leur enseignement plus qu'il ne le reçoit, en reconnaît d'emblée l'insuffisance, et ne se gêne pas pour le leur faire sentir avant de les quitter sans même solliciter le congé d'usage, et cela en dépit de l'offre qu'ils lui font de partager avec lui la direction de leur communauté scolaire. Obnubilés par leur fanatisme, ils ne s'aperçoivent pas qu'ils aboutissent ainsi à camper, contrairement à l'éthique indienne, le plus infidèle et insolent des élèves en face des plus accueillants et conciliants des professeurs. Ce n'est pas la seule fois que ces incorrigibles défigurent leur héros sous couleur de le transfigurer. Le pis est que le *Lalita-vistara* entreprend de mettre cette indécente version de l'affaire dans la bouche même du Bouddha, mais oublie parfois de transposer les verbes de la troisième à la première personne :

C'est ainsi, ô moines, que d'étape en étape, le Bodhisattva parvint à Vaïçâlî la grand-ville. Or en ce temps-là Arâda Kâlâpa s'était établi aux abords de Vaïçâlî avec une grande communauté de disciples, avec trois centaines de disciples ; et il enseignait à cette confrérie une doctrine fondée sur l'inexistence (substantielle) de toute chose.

Ayant aperçu de loin le Bodhisattva qui s'approchait, frappé d'étonnement, il s'adressa à ses disciples : « Voyez, voyez, oh, quelle beauté est la sienne ! » Ils dirent : « C'est vrai, nous le voyons, il est on ne peut plus admirable. » Alors, ô moines, m'étant approché de l'endroit où se tenait Arâda Kâlâpa, il (sic) lui dit : « Puissé-je, ô Arâda Kâlâpa, mener la vie d'étudiant. » Il dit : « Mène-la donc ô Gaoutama, et reçois l'enseignement de la doctrine de la manière qu'un fils de famille plein de foi obtient avec peu de difficulté son congé. »

Là-dessus, ô moines, ceci me vint à l'esprit : « J'ai de la volonté, j'ai de la force, j'ai de la présence d'esprit, j'ai du pouvoir méditatif, j'ai de la sapience : pourquoi seul, sans distraction, plein de ferveur, ne demeurerais-je pas à l'écart pour obtenir la possession, l'intuition de cette doctrine ? » Or donc, ô moines, seul, sans distraction, plein de ferveur, demeurant à l'écart, avec peu de difficulté je compris cette doctrine et me la représentai. Or donc, ô moines, m'étant approché de l'endroit où se tenait Arâda Kâlâpa, il (sic) lui dit : « Est-ce là, ô Arâda, toute la doctrine que tu as comprise et saisie ? » Il dit : « Il en est bien ainsi, ô Gaoutama. » Je lui dis : « Eh bien, par moi aussi cette doctrine a été saisie et comprise. » Il dit : « Eh bien donc, ô Gaoutama, ce que je sais, vous aussi le savez ; ce que vous savez, moi aussi je le sais. Occupons-nous donc ensemble tous les deux de ce groupe de disciples. » C'est ainsi, ô moines, qu'Arâda Kâlâpa me rendit les plus grands hommages et me mit à la tête de ses pupilles sur le même pied que lui.

Et là-dessus, ô moines, ceci me vint à l'esprit : « En vérité cette doctrine d'Arâda ne mène pas au salut, elle ne mène pas chez son adepte à la totale extinction de la douleur. Pourquoi n'irais-je pas poursuivre plus avant mes recherches ? » Or donc, ô moines, après être demeuré tant qu'il me plut à Vaïçâlî, je partis pour le Magadha et y poursuivis ma tournée[33]…

C'est ainsi qu'il arrive à Râdjagriha, où notre texte lui fait aussitôt rencontrer, comme nous venons de voir, le roi Bimbisâra ; puis le récit reprend sur nouveaux frais (ch. XVII) : « Or donc en ce temps-là, ô moines, Roudraka, fils de Râma, s'était établi aux abords de Râdjagriha la grand-ville avec une grande troupe de disciples, avec sept centaines de disciples ; et il enseignait à leur confrérie une doctrine fondée sur l'obtention (d'un état psychique) où il n'y a plus ni conscience ni inconscience… » Et l'histoire se déroule de la même manière que ci-dessus, en attribuant la même bienveillance au Maître, la même présomption au soi-disant disciple. Il y a même cette fois cette circonstance aggravante que, nous dit-on, le Bodhisattva ne feint de se mettre à l'école de Roudraka que pour mieux se démontrer à lui-même et dénoncer aux autres l'insuffisance de sa doctrine… Nous nous abstiendrons de qualifier le procédé, puisque le Bodhisattva ne saurait en être rendu responsable, mais seulement la sottise de ses prôneurs attitrés ; et nous ne nous attarderons pas davantage à des lectures plus déconcertantes qu'instructives. Ce qui eût beaucoup mieux fait notre affaire, c'eût été un exposé précis et détaillé des deux enseignements que l'apprenti Sauveur suivit sans doute avec beaucoup plus de docilité qu'on ne veut l'avouer ; mais le texte nous laisse le soin d'en déterminer la nature. Essayons : l'entreprise n'est pas aussi désespérée qu'on pourrait craindre.

Les pèlerins qui au petit printemps se rendent en si grand nombre à Prayâg (Allâhâbâd) se plaisent à contempler comment, jusque bien en aval de leur confluent, les eaux blanches de la Gangâ côtoient sans se confondre avec elles les eaux sombres de la Yamounâ. Aussi loin que nous puissions remonter dans l'histoire de la pensée indienne, c'est-à-dire jusque dans les Oupanishads, nous distinguons de même, à côté de la tradition du Védânta ou parachèvement du Véda, un courant d'idées complètement indépendant de la fameuse « bible aryenne », et aussi pluraliste, rationaliste et agnostique que l'autre est moniste, révélationniste et théosophique. Son nom seul de Sânkhya, qui signifie « nombre », indique assez qu'il voulait avoir un caractère scientifique ; car la science à ses débuts est avant tout « énumération ». À la Révélation des brahmanes il oppose la libre pensée des intellectuels nobles et bourgeois, telle qu'elle se dégageait peu à peu des notions astrologiques et biologiques héritées des vieilles civilisations asiatiques. Nous ne possédons de cette doctrine qu'un exposé tardif et déjà systématisé par la scolastique brahmanique ; mais quiconque se penche sur elle y distingue toujours des conceptions de toute époque, depuis le couple initial des plus anciennes cosmologies — le Pourousha mâle et la Prakriti femelle qui à eux deux constituent le monde et qui se survivront dans l'opposition de l'Esprit et de la Nature — jusqu'à des théories singulièrement modernes sur le déterminisme universel. À travers sa séculaire transmission elle reste jusqu'au bout fidèle à ses deux tendances fondamentales. En physique, elle s'ingénie à faire sortir mécaniquement l'univers du jeu d'une série de principes et facteurs naturels ; la célèbre liste bouddhique des douze conditions, à la fois causées et causantes, nous présentera bientôt un essai encore rudimentaire dans cette même direction. En psychologie, elle s'efforce de discriminer de la façon la plus stricte ce qui est simple rouage de la nature et ce qui est l'esprit pur : et sur ce point également, on a depuis longtemps signalé l'accord des formules du Sânkhya et du bouddhisme. Pour l'un comme pour l'autre ni le déroulement ininterrompu et perpétuellement évanescent de nos états de conscience, ni nos opérations intellectuelles elles-mêmes ne peuvent être considérées comme faisant partie intégrante de l'Ego, si tant est qu'il y en ait un : « Je ne suis pas cela, cela n'est pas mien, cela n'est pas moi », déclare le Sânkhya ; et l'écho bouddhique répond (*infra,* p. 208) qu'il n'est pas possible d'en dire : « Cela est mien, je suis cela, cela est mon moi[34]. » À la vérité le Sânkhya classique posera sous le chatoyant mirage de sa Nature naturée et naturante une pluralité d'âmes éternelles, aussi immobiles qu'immuables ;

mais qui ne voit qu'à force d'éliminer du Moi tout ce qui n'est pas lui l'on peut aussi bien aboutir à constater l'inexistence de tout résidu stable ? Telle sera en fait la conclusion de la philosophie bouddhique ; et quand le *Lalita-vistara* dit d'un mot qu'Arâda professait « l'insubstantialité[35] de toute chose », il est permis d'en déduire qu'il enseignait une forme ancienne et aberrante (ou dirons-nous simplement orientale ?) de Sânkhya et que son enseignement n'était pas tombé dans l'oreille d'un sourd. Aussi bien possédons-nous sur ce point la confirmation formelle d'Açvaghosha ; et comme en sa qualité de docte brahmane converti au bouddhisme il savait mieux que personne de quoi il retournait, nous devons l'en croire sur parole. Et voilà pour Arâda.

Passons au suivant. La *Bhagavad-Gîtâ*, ce bréviaire du noble guerrier, associe constamment au Sânkhya le Yoga, qu'elle considère comme l'envers pratique des spéculations de la première doctrine ; et en effet le but essentiel de cette « ascèse » (bien connue pour recourir à des postures appropriées, à des exercices respiratoires, à des procédés d'ordre intellectuel et aussi, nous allons y revenir, à des mortifications) est de rendre son adepte complètement maître de soi-même, entendez capable de régulariser à volonté toutes les fonctions de son organisme, aussi bien mental que corporel, voire même de séparer son âme de son corps. Littérairement nous ne connaissons le Yoga que déjà transformé en *darçana* — ce mot qu'on traduit abusivement par « système philosophique » et qui signifie proprement une « visée », ou comme nous dirions, en nous servant d'une métaphore analogue, une « avenue » du salut. Son metteur en forme brahmanique, Patañjali, en a fait une sorte de propédeutique psycho-physiologique à l'usage des intellectuels indiens, sans distinction de credo, et, pour le rendre plus acceptable à tous, il l'a même couronné d'une théodicée à tout le moins inattendue. Mais sous ce déguisement scolastique, son caractère occultiste et magique continue à transparaître et force à reconnaître originairement en lui un fond préhistorique de sorcellerie tant blanche que noire. Purifié et systématisé par des générations de penseurs, il continue à représenter en face de l'exégèse ritualiste du Véda brahmanique la technique rivale de l'ascétisme des çramanes et à promettre à ses initiés, qu'ils s'en soucient ou non, l'acquisition des cinq facultés surnaturelles[36], à savoir le pouvoir de se mouvoir et de changer de forme à volonté, de voir et d'entendre à distance, de lire dans la pensée d'autrui et de se souvenir de ses naissances antérieures. À raison de son antiquité, on le trouve présent au berceau de toutes les sectes hindoues. Ainsi que l'a magistralement démontré Émile Senart[37], il a notamment exercé sur le bouddhisme naissant une influence considérable. La communauté des fils spirituels du Çâkya n'attribue pas seulement à son Maître et à ses saints les pouvoirs magiques que nous venons d'énumérer : elle a encore emprunté au Yoga le principal de ses exercices spirituels, nous voulons dire la concentration d'esprit obtenue par une méditation à caractère de plus en plus extatique, avec tous les détails et les termes techniques de ses stades successifs. Or c'est justement sur de telles pratiques que roulait l'enseignement donné par Roudraka à ses nombreux disciples[38] ; et si l'on passe condamnation sur lui, c'est uniquement parce que ses méditations étaient encore « mondaines » et par conséquent de qualité inférieure. La curieuse histoire qu'a recueillie sur son compte Hiuan-tsang[39] fait également de lui un pratiquant de la méditation doué des pouvoirs magiques, mais encore sujet aux tentations des sens. Bref, tout ce que la tradition bouddhique reproche au second maître du Bodhisattva, c'est d'avoir été un *yogui* médiocre et faillible : mais par là même elle reconnaît en lui un adepte du Yoga. Et voilà le second précepteur classé professionnellement tout comme le premier.

Mais, objectera-t-on peut-être, on ne saurait passer sous silence le désaccord flagrant qui va se marquer dès le début entre le Yoga et le bouddhisme. Les *yogui* et avec eux la plupart des Indiens voyaient dans les macérations un moyen assuré d'obtenir non seulement des facultés, mais encore des révélations surnaturelles. Or, sur ce point capital, le Bodhisattva n'est plus censé perfectionner l'enseignement reçu de ses maîtres ; il prend nettement position d'opposant et rompt en visière avec la tyrannie de la coutume ascétique comme de la croyance populaire. — Il est vrai ; mais ce ne sera pas avant de s'y être docilement soumis. Comme tant d'autres l'avaient fait avant lui, comme tant d'autres l'ont fait depuis lui, aussi bien dans les déserts de la Thébaïde ou dans les cellules de nos cloîtres que dans la djangle et les monastères indiens, il va chercher la paix et la certitude de l'esprit au fond des pires mortifications de la chair, et plusieurs années se seraient même écoulées avant qu'il s'aperçût qu'il faisait fausse route. Bien entendu la légende, qui ne sait rien prendre simplement, n'entend pas ainsi les choses : comment aurait-elle pu admettre que le futur Bouddha se fût trompé, même à temps ? À l'en croire, s'il s'engage dans la voie des austérités, c'est sans illusion aucune, et uniquement pour en mieux démontrer à tous l'inefficacité. Peu nous importe : qu'il s'y livre avec ou sans arrière-pensée et qu'il en prévoie ou non d'avance la parfaite inutilité, le fait et le résultat demeurent les mêmes. Dès qu'il a quitté Roudraka en entraînant après lui cinq de ses condisciples, on nous le montre qui se conduit comme tous les *yogui* de son temps et du nôtre ; et il serait bien difficile de ne pas croire qu'il le fait sous l'influence et à l'exemple de son dernier précepteur. Du même coup nous apprenons que la période des austérités ne doit pas être considérée comme une rupture d'avec celle de ses études ; tout au contraire, elle en est le prolongement naturel, à la façon dont des exercices pratiques sont, même en matière spirituelle, le complément obligé de toute instruction théorique. La suite des événements y gagne un peu de cette cohérence qui est un indice d'authenticité et qui vient renforcer le faisceau des concordances déjà réunies.

Résumons en effet les pages qui précèdent. De même qu'un novice brahmanique du Madhyadêça ne pouvait qu'étudier le rituel védique et la métaphysique védantique, un apprenti çramane de l'Inde orientale n'avait *a priori* rien d'autre à faire que de s'initier aux spéculations du Sânkhya et à la technique du Yoga. Or ce sont justement là les deux doctrines dont tous les indianistes, pour une fois d'accord, relèvent l'influence la plus marquée sur le bouddhisme ; et par surcroît la tradition bouddhique elle-même, de façon plus ou moins explicite, reconnaît qu'elles étaient respectivement enseignées par les deux précepteurs du Bodhisattva. Ainsi les indications de la géographie et de l'histoire, l'évidence interne de la Bonne-Loi et les aveux de la légende sont d'accord avec la logique des choses pour nous donner à penser que le futur Bouddha a d'abord suivi un cours de philosophie rationaliste chez un professeur de Sânkhya, puis un cours de gymnastique psychologique chez un professeur de Yoga, et qu'il a enfin mis en pratique les leçons de ce dernier avant de recourir à la méthode originale qui devait assurer la réussite de ses efforts. Grâce à la combinaison de toutes ces données ce qu'on pourrait appeler son « noviciat » se laisse reconstruire avec assez de sécurité, compte tenu des difficultés inhérentes au problème. Assurément l'addition de toutes ces probabilités, en dépit du mutuel appui qu'elles se prêtent, ne les transforme pas en vérité historique ; elle nous en donne du moins une proche approximation en même temps qu'elle nous prépare à comprendre le tour que la tradition va donner à la « période douloureuse » de la vie du Maître.

La pratique des mortifications[40]. — Les idées directrices de nos hagiographes et les contradictions où ils s'embarrassent nous sont à présent assez familières pour que nous devinions à l'avance leur plan. Premier axiome : le Bodhisattva est omniscient ; il faut donc, contre toute vraisemblance, qu'en se livrant à des austérités il les sache d'avance vouées à un échec certain ; car s'il en attendait le moindre bénéfice spirituel, il se conduirait comme un simple hérétique, ce qu'aucun vrai croyant ne saurait admettre. Deuxième axiome : le Bodhisattva est supérieur à tous et en tout ; engagé à bon escient dans une voie mauvaise, il se devra donc de pousser ses errements mêmes plus loin que personne ne l'a fait avant lui ni ne pourra le faire après lui. Ainsi qu'il a naguère dans son gynécée vidé jusqu'à la lie la coupe des voluptés, il est nécessaire à présent qu'il épuise dans la retraite tous les raffinements des tortures volontaires connues. C'est à cette condition que, fort de sa double expérience, il sera en mesure de condamner avec une égale assurance aussi bien les excès de l'ascétisme que ceux de la sensualité, et de tracer entre ces deux extrêmes la « voie moyenne » que préconisera au monde la Bonne-Loi.

Ainsi dûment avertis, nous pouvons renouer le fil de notre récit au moment où le Bodhisattva déclare « qu'il en a décidément assez de l'enseignement de Roudraka » et où l'occasion se présente de faire la connaissance de nouveaux personnages qui auront dans la suite un rôle assez important à jouer : « Or, en ce temps-là, les cinq Bhadravargîyas

(« Membres de la bande fortunée ») étudiaient sous Roudraka. Ils pensèrent : Ce but vers lequel voilà longtemps que nous nous efforçons et nous évertuons et que nous ne réussissons pas à atteindre, ce çramane Gaoutama l'a sans peine atteint et saisi. Et encore il n'est pas satisfait et cherche au delà. Sans doute il deviendra le précepteur du monde, et, ce qu'il aura découvert, il nous en fera part. Dans cette pensée les Cinq quittèrent Roudraka et s'attachèrent au Bodhisattva. Et c'est ainsi, ô moines, que le Bodhisattva, après avoir demeuré autant qu'il lui plut à Râdjagriha, continua sa tournée dans le Magadha avec les Cinq… » Le voici donc reparti, cette fois avec cinq compagnons, en direction du Sud, vers la ville toujours sainte de Gayâ ; et, nous dit-on, tout comme plus tard en Galilée, ceux qui sur la route célébraient une fête ne manquaient pas d'inviter leur petite troupe et de lui donner l'hospitalité. Ils allaient ainsi à pied (le texte dit : « à jambe ») à travers cette belle et riche plaine, du sein de laquelle jaillissent çà et là, isolément, de rocailleuses collines, ordinairement coiffées d'un temple auquel les pèlerins grimpent par un sentier coupé d'escaliers. Beaucoup d'entre elles sont devenues célèbres dans le monde bouddhique à cause de tel ou tel sermon que le Bouddha y aurait plus tard prononcé. D'étape en étape il arrive, à quelque distance de Gayâ, à « Ouroubilvâ, le village du chef d'armée », et là : « Il vit la rivière Naïrañjanâ, avec son eau pure, ses escaliers d'accès, les agréables bocages qui la bordent, les hameaux de pasteurs qui l'entourent ; et là en vérité l'esprit du Bodhisattva fut on ne peut plus charmé : Commode, certes, est ce coin de terre, ravissant, favorable à la retraite, c'est un endroit tout à fait convenable pour un fils-de-famille désireux de se livrer à la méditation ; or tel est justement mon désir. Il faut que je m'y installe. » Il le fait comme il le dit, et c'est pourquoi cette localité champêtre, du fait qu'elle contient le site où le Bodhisattva atteignit l'Illumination est, à côté de Bénarès, de Jérusalem et de la Mecque, l'un des grands centres religieux de l'humanité. Le village qui devait son nom à un « gros fruit de *bilvâ* » (Ægle marmelos) et était alors l'apanage d'un général magadhien, existe toujours sous la dénomination d'Ourel. La Naïrañjanâ, sous l'appellation de Lilañj, continue à se jeter dans le Phalgou, avec lequel on l'a parfois confondue, et (sauf pendant la saison des pluies) étale au soleil ses bancs de sable aussi blonds que ceux de notre Loire, parmi lesquels circulent de minces chenaux d'eau claire. Les bouquets d'arbres aussi sont là, ombrageant ses bords ou bornant l'horizon de la plaine, palmiers éventails, sombres manguiers, figuiers-des-banyans fameux par la multiplication de leurs racines aériennes, et surtout ces figuiers dits « religieux », tout pareils à celui qui vit, à l'heure décisive, le Bouddha s'asseoir à son pied. Avec leurs feuilles perpétuellement frissonnantes, ces agvattha ou pipals ressemblent beaucoup à nos peupliers d'Italie ; et jamais, dans aucun feuillage, le vent ne murmura avec plus de nostalgique douceur. Paix, calme, silence fait de bruits rustiques, le milieu n'a pas changé ; et en dépit de l'affluence quotidienne des pèlerins qui viennent en nombre croissant de toute l'Asie orientale, on le sent favorable à une intense vie intérieure, comme si l'air était encore imprégné de la sereine pensée du Bienheureux.

C'est dans ce cadre paisible et charmant (et non, comme l'imaginait le bon Marco Polo, au fond de montagnes désertiques) que vont se dérouler successivement les effroyables austérités du Bodhisattva, puis ses luttes non moins terribles contre la conjuration des puissances mauvaises, et enfin le triomphe final de sa belle intelligence servie par son indomptable volonté. Notre auteur commence par lui faire passer en revue dans son esprit toute la variété des comportements bizarres, des baroques observances alimentaires, vestimentaires ou cultuelles et des tourments physiques que les ascètes de son temps s'imposaient dans le vain espoir d'échapper au tourbillon des renaissances. On se doute que la liste en est longue : car l'imagination humaine, si courte quand il s'agit de décrire le bonheur, se montre d'une fécondité inépuisable dans l'invention des supplices. Bornons-nous à rappeler que, comme le savent les touristes, beaucoup de ces pénitences sont encore en usage parmi les *sâdhou* d'aujourd'hui, telles ces attitudes forcées dans lesquelles leurs membres s'ankylosent ; ces jeûnes compliqués qui suivent le cours de la lune, le nombre quotidien des bouchées de nourriture décroissant avec elle de quinze à une pendant la « quinzaine noire » et remontant de une à quinze pendant la « quinzaine blanche » ; ce rite afflictif dit des « cinq feux », qui assoit le patient entre quatre bûchers flambants, le soleil indien se chargeant de fournir perpendiculairement la cinquième fournaise, etc. [41]. L'intéressant est de constater avec quelle indépendance et quelle largeur d'esprit le moine bouddhiste réprouve et méprise toutes ces notions et pratiques superstitieuses. Quand, en bon disciple d'Épicure, Lucrèce fouaillera à son tour du haut de sa raison celles de notre monde méditerranéen, il saura certes mieux dire : il ne pourra pas plus librement penser.

Une autre considération, de portée non moins générale, est aussitôt suggérée par le parti qu'a cru devoir adopter la légende. Si le Bodhisattva est à ce point persuadé de l'absurde vanité de ses mortifications, pourquoi va-t-il se mettre en devoir de les pratiquer lui-même et à plus grande échelle ? Il n'y a qu'une réponse possible, celle qui nous est faite : c'est qu'il s'est pris de pitié pour l'aveuglement de cette misérable humanité, perpétuellement acharnée (tout comme si elle n'était pas déjà suffisamment malheureuse) à s'infliger des restrictions et des souffrances qui n'ont ni rime ni raison ; or il ne peut espérer lui dessiller les yeux et la remettre dans le droit chemin qu'à condition d'appuyer l'autorité de sa parole de celle de son expérience personnelle. Du même coup l'on nous donne à entendre que le Sauveur indien a, lui aussi, souffert pour l'amour de nous ; et sa Passion volontaire, si cruelle que seule un Bodhisattva « parvenu à son existence dernière » est de force à la supporter, se serait même prolongée pendant six ans... Il n'en faut pas tant pour faire dresser l'oreille à un lecteur européen ; mais notre auteur passe sans insister, et il n'y a aucun danger qu'il y revienne. Le dogme de la Rédemption[42], tel que l'entendent les chrétiens, n'a jamais été une croyance de l'Inde, pas même de l'Inde aryanisée et pratiquant le sacrifice des victimes expiatoires. Assurément la notion des avatars, dont nous lui avons emprunté le nom, lui fut de tout temps familière, et c'est bien, croit-elle, pour sauver le monde en proie au mal et au malheur que les diverses formes de Vishnou descendent du ciel ou que les Bouddhas apparaissent sur la terre ; mais il ne lui a jamais effleuré l'esprit que ce pût être pour racheter le genre humain à leurs dépens. L'idée que pour sauver les pécheurs il soit nécessaire de répandre le sang d'un juste (et quel juste !) ne peut être pour un vrai Indien que parfaitement odieuse ; et le baptême sanglant des mithriastes, accroupis sous la rouge et chaude ondée que déverse sur eux un taureau égorgé, lui paraîtrait avec raison un rite atroce. L'horreur du sang versé, sous quelque prétexte que ce soit, est pour lui le commencement de la sagesse.

Après ce long prologue il faut enfin en venir au fait. Notre texte s'ingénie à introduire quelque variété dans son exposé en le partageant en trois actes, ou plutôt trois tableaux. Tour à tour il nous montre comment le Bodhisattva a battu sur leur propre terrain les *yogui*, les ascètes jeûneurs et les rishis légendaires en surpassant les contraintes physiques des premiers, les abstinences des seconds et la parfaite immobilité des troisièmes. C'est pour ne pas se relever avant six ans que Gaoutama s'assoit sur la terre nue de la façon traditionnelle, la tête et le buste droits, les jambes étroitement croisées, les pieds retournés sur les cuisses et les mains réunies dans le giron, plantes et paumes en dessus ; et, pour commencer, il se met à dompter son corps à l'aide de sa pensée. Comme un homme fort qui a saisi un plus faible au collet le secoue et le torture, ainsi, ayant saisi son corps avec son esprit il le torturait tant et si bien que, même pendant les nuits d'hiver, la sueur coulait de son front et de ses aisselles jusque sur le sol. Bientôt souffle inhalé et souffle exhalé finissent par s'arrêter ; quand sa respiration était ainsi suspendue dans sa bouche et ses narines, il lui sortait par les oreilles un grand bruit pareil à celui d'un soufflet de forge[43] ; et quand ses pertuis auditifs étaient à leur tour fermés, c'est contre le sommet de son crâne que la tempête se déchaînait avec tant de force qu'il lui semblait qu'on lui brisait la tête avec un instrument contondant ou tranchant. Tomba-t-il à ce moment dans un de ces états de catalepsie artificiellement provoquée que les *yogui* de nos jours ne craignent pas de soumettre à l'expertise des médecins européens et de leurs appareils enregistreurs[44] ? Toujours est-il que les dieux eux-mêmes discutent entre eux la question de savoir s'il n'est pas mort, ainsi qu'il en a toute l'apparence. Une divinité officieuse se hâte de monter au paradis des Trente-trois pour alerter sa mère ; et contre toute attente, c'est sous sa forme féminine que Mâyâ descend, accompagnée en véritable reine du ciel de son cortège de nymphes ; car il faut que maternellement elle pleure, que filialement il la console, et que les âmes pieuses en restent attendries[45].

Après cet intermède sentimental, le Bodhisattva reprend de plus belle la seconde série de ses mortifications : car non seulement il n'est pas mort, mais il est écrit qu'il ne saurait mourir avant que les prophéties (ici des anciens Bouddhas et du rishi Asita) ne soient accomplies. Pour changer, il se livre à présent à de prodigieuses abstinences, ne mangeant par jour qu'un seul grain de jujube, puis qu'un seul grain de riz, et enfin qu'un seul grain de mil[46]. De plus fort en plus fort voici même qu'il se refuse toute espèce de nourriture. Nous n'avons pas à deviner l'effet de ces incroyables privations sur l'aspect de sa personne physique : artistes et écrivains se sont chargés de nous le montrer et de nous le décrire : le seul point embarrassant serait de décider si telle statue a été faite d'après une description littéraire ou si au contraire le *Lalita-vistara*, par exemple, s'en inspire quand il compare les membres du Gaoutama pénitent à des rotins noueux, son épine dorsale (que l'on pouvait saisir par devant à travers la peau de son ventre cave) aux entrelacs rugueux d'une tresse, son thorax saillant à la carapace côtelée d'un crabe, sa tête émaciée à une gourde coupée trop verte et fanée, ses yeux creux à des étoiles réfléchies au fond d'un puits presque tari. Toutefois quand le *Bouddha-tcharita* nous assure que, bien qu'il n'eût plus que « la peau sur les os », il restait néanmoins un charme pour les yeux — tel le premier croissant de la lune d'octobre fait, si mince qu'il soit, les délices des lotus — il paraît difficile de ne pas croire qu'en écrivant cette stance Açvaghosha avait présente à l'esprit, sinon devant ses yeux, quelque belle image peinte ou sculptée de l'ascète Gaoutama au temps de sa grande pénitence[47].

Cette seconde série de macérations vaut bien un entr'acte. Cette fois c'est le père du Bodhisattva qui s'inquiète de savoir si, malgré tout, son fils est encore en vie. Le *Lalita-vistara* se borne à nous dire que Çouddhodana envoyait tous les jours un messager prendre des nouvelles du cher absent. Le *Mahâvastou* ajoute qu'il refusa toujours avec grand-raison d'accorder la moindre créance aux pessimistes rapports de ces agents lui annonçant le trépas de son fils[48]. Ce dernier doit encore remplir le dernier article du programme que lescroyances populaires, autant que les implacables exigences de ses propres propagandistes, ne pouvaient manquer de lui assigner. Le vieux folklore indien est, comme on sait, plein des fabuleux exploits de ces rishis qui, plongés dans leurs méditations extatiques, demeuraient si longtemps et si parfaitement immobiles que les fourmis blanches, les prenant pour quelque tronc d'arbre desséché, les ensevelissaient à demi sous l'amas terreux de leurs termitières. Force est au Bodhisattva de faire autant et mieux encore que ces glorieux ancêtres. Condamné à une immobilité absolue, il ne bougeait ni pour passer du soleil à l'ombre ou de l'ombre au soleil, ni pour se protéger du vent et de la pluie ; et il ne remuait même pas un doigt pour se défendre contre les taons, les moustiques et les diverses sortes de reptiles. Et peut-être, ô lecteur, pensez-vous qu'au bout de peu de jours la place devait devenir intenable, sauf peut-être pour un stylite qui, juché sur sa colonne, domine d'assez haut la situation ? Vous auriez tort de penser ainsi : sachez que pendant toutes ces années aucun déchet fonctionnel, aucune excrétion naturelle quelconque, liquide ni solide, ne s'évacua d'aucune des ouvertures du corps du Prédestiné. Son ancien lustre terni par les intempéries, ses sens obscurcis ne percevant plus les objets, muet, aveugle et sourd, il achevait de perdre l'apparence d'un être humain et retournait vivant à la terre : « Et les garçons et les filles du village, et les bouviers et les bergers, et les ramasseurs d'herbe, de bois ou de bouse, tous le prenaient pour un démon-de-poussière, et ils se jouaient de lui, et ils le couvraient de poussière ». Cette fois on peut dire qu'il a atteint le fond des mortifications imaginables, et son apologiste renonce à lui inventer de nouveaux tourments. On peut aussi se demander comment il sortira jamais d'un tel abîme de misère physiologique : rassurez-vous, cela va être pour lui l'affaire d'un seul plat de riz au lait que Soudjâtâ, la fille d'un des notables du village, a depuis longtemps fait vœu de lui offrir, sitôt le moment venu.

Le dernier repas avant la bodhi. — Il était grand temps que le Bodhisattva s'arrêtât dans la voie funeste où il s'était lancé par amour de l'humanité. Sur mille parcelles de vie il ne lui en restait plus qu'une quand enfin il se décida à déclarer l'expérience concluante et à proclamer une fois pour toutes que « ce n'est pas là un chemin qui conduise à l'Illumination en vue de mettre un terme à la naissance, à la vieillesse et à la mort ». Il lui faut donc en prendre un autre, mais lequel ? Il se souvient alors de sa Première méditation dans les domaines de son père, et il lui apparaît clairement que c'est dans l'usage rationnel de la réflexion et dans la contention purement mentale que gît son dernier espoir de découvrir le secret du salut. Mais dans l'épuisement où l'ont jeté ses mortifications, avec son corps débilité et sa pensée trop longtemps mise en veilleuse, comment serait-il capable d'appliquer son esprit avec assez de vigueur à la solution du problème de la destinée ? Son organisme tout entier est à restaurer, physique et moral ; et à son état il n'y a d'autre remède que de rompre son jeûne et de se remettre à manger. C'est à ce moment que certains dieux, devinant son intention (aurait-on pu croire que les dieux ne fussent pas tous ennemis de la fraude ?), interviennent pour lui proposer de lui insuffler secrètement des forces par les « puits de ses poils », entendez : par ses pores. Le Bodhisattva refuse avec indignation de se prêter à cette supercherie. Il s'est donné pour un total abstinent et les paysans des alentours le connaissent comme tel : il leur mentirait gravement s'il feignait de le demeurer alors qu'il recevrait par des moyens surnaturels une alimentation clandestine. Ce qu'il veut faire pour se réconforter, puisque la chose est nécessaire, c'est prendre au vu et au su de tous quelque honnête nourriture, « bouillie, soupe aux pois ou aux haricots, ou gruau de riz ». Un premier résultat de cette déclaration ne se fait pas attendre, tant les hommes sont toujours et partout pareils : « Jean le Baptiste vint, ne mangeant pas de pain et ne buvant pas de vin, et vous dites : C'est un inspiré. Le Fils de l'homme est venu, mangeant et buvant ; et vous dites : Voyez ce mangeur et ce buveur, ami des publicains et des pécheurs », ainsi lisez-vous en grec[49] ; et voici ce qui est écrit en sanskrit : « Et alors les Cinq de la bande fortunée pensèrent : En dépit de tant de pratiques et de tant de moyens le çramane Gaoutama n'a pas été capable de découvrir quelque noble doctrine dépassant le niveau de la morale courante ; comment le pourrait-il à présent qu'il mange de la mangeaille et qu'il vit dans l'abondance ? Ce n'est qu'un imbécile, un niais. Et dans cette pensée, ils quittèrent le Bodhisattva et, s'étant rendus à Bénarès, ils s'installèrent dans le Parc-des-Gazelles. » Nous les y retrouverons bientôt pour leur confusion comme pour leur salut.

Voilà donc le Bodhisattva de nouveau seul, et dans l'état de faiblesse et de dénûment que l'on sait. C'est à peine s'il peut se tenir debout, et ses vêtements, que depuis six ans il n'a pas quittés, le quittent : comment pourrait-il dans ces conditions retourner au village faire sa quête ? Rien de plus simple, pensez-vous, que de lui faire derechef apporter par une divinité un costume monastique ; et c'est en effet le parti auquel se résoudra finalement notre auteur. Mais il lui faut tenir compte des données topographiques du *mâhâtmya* local comme des exigences traditionnelles de la discipline monastique ; et c'est ainsi qu'il commence par nous montrer le fils-de-roi qui a dédaigné l'empire du monde réduit pour couvrir sa nudité à dépouiller de son linceul le cadavre, abandonné sur la place de crémation, d'une jeune servante. Ainsi entré en possession d'une pièce de toile de chanvre, il lui faut à présent la laver, et pour la laver à la mode indienne deux choses lui sont nécessaires : d'abord de l'eau, et frappant la terre avec le plat de sa main une divinité fait aussitôt apparaître un étang « lequel est, aujourd'hui encore, connu sous le nom de Frappé-par-la-main » ; puis une pierre — cette pierre si justement redoutée des dames européennes et sur laquelle les *dhobi* actuels continuent de battre à tour de bras le linge, ce qui économise le savon, mais n'épargne aucune fibre textile. Bien entendu, Çakra, l'Indra des dieux, s'empresse d'apporter la dalle indispensable et offre même de s'acquitter en personne de l'œuvre servile du blanchissage. Comme de règle, le Bodhisattva s'y refuse : mais, descendu lui-même dans l'étang, il n'en pourrait plus ressortir si la dryade qui habite un des grands arbres du bord ne lui tendait sur sa prière une branche secourable. Aussitôt remonté sur la rive, il s'assoit à l'ombre de cet arbre et se met en devoir de façonner en manteau monastique la grossière pièce d'étoffe qu'il vient de nettoyer : et du temps de notre auteur on montrait encore aux pèlerins la place de cette séance de couture. Hiuan-tsang, à son tour, a vu l'étang, la pierre et la place où le Bodhisattva avait revêtu les « vieux vêtements » ; mais dans l'intervalle (avait-on voulu par scrupule monastique éviter au Prédestiné l'apparence d'un larcin et la vue d'un corps de femme ?) ces haillons étaient devenus le legs d'une pauvre vieille mourante[50]. De toutes façons l'épisode est fort pathétique, et l'on conçoit que les dieux eux-mêmes s'en soient émus, à tel point que l'étonnante nouvelle se propage d'étage en étage jusqu'au plus haut des cieux. Toutefois l'on aurait tort d'oublier que les moines bouddhiques de la plus stricte observance, fidèles à des pratiques que le Bouddha jugeait surannées, s'imposaient l'obligation de ne se vêtir que de haillons recueillis sur les tas d'ordures ou les lieux-de-crémation et recousus ensemble tant bien que mal. Cette fois encore, jusqu'au milieu de ses effets de surprise et d'attendrissement, le légendaire suit sa pensée de derrière la tête : car le Maître se doit d'avoir donné l'exemple en tout, lors même qu'il s'agit de règles disciplinaires qu'il a finalement amendées.

Cependant, que ce soit ou non sur l'avertissement des dieux, Soudjâtâ (c'est-à-dire Eugénie) qui depuis l'arrivée du beau çramane en ces parages s'était prise pour lui d'un tendre intérêt, prépare avec la crème recueillie sur le lait d'un millier de vaches et avec une poignée de riz nouveau le plus savoureux et nourrissant des mets ; et pendant que cet onctueux mélange cuisait dans une marmite toute neuve, maintes sortes de symboles de bon augure se dessinaient sur la surface au cours de son ébullition. C'est ce gâteau de riz que le Bodhisattva reçoit comme première aumône quand, le lendemain matin, fort décemment vêtu du costume apporté du ciel, il vient mendier au village sa nourriture. Soudjâtâ insiste pour qu'il accepte en même temps le vase d'or où elle l'a versé, et d'ailleurs il ne peut faire autrement, car (sans doute intentionnellement) les dieux ont jusqu'ici négligé de lui apporter un bol-à-aumônes. Muni de ce viatique, il se dirige tout droit vers la rivière Naïrañjanâ pour prendre son bain[51], et ce bain revêt à bon droit, après six ans d'abstention, une solennité particulière. Divinités des eaux, de la terre et du ciel sont toutes mobilisées pour la circonstance. Elles s'empressent à l'envi de faire pleuvoir des fleurs et de parfumer les flots de la rivière avec de la poudre de santal. Certaines recueillent même, comme bénite, l'eau qui a touché le corps du Prédestiné ; c'est ainsi qu'aujourd'hui encore à Gayâ les pèlerins boivent avec une componction parfaite l'eau qui s'est sanctifiée en coulant sur les pieds des brahmanes du lieu. En même temps le Bodhisattva se trouve débarrassé, on ne nous dit pas comment, de ses cheveux et de sa barbe, que Soudjâtâ recueille pieusement pour leur élever un sanctuaire. Enfin, il mange son riz au lait (lequel, soit dit entre parenthèses, devra suffire à le soutenir pendant une cinquantaine de jours), et il ne l'a pas plus tôt achevé qu'instantanément il recouvre dans toute sa splendeur sa beauté passée. Quant au vase d'or, il le jette à la rivière où Çakra le dispute et le ravit aux ondins, et c'est pourquoi les Trente-trois célèbrent chaque année une fête cultuelle en l'honneur de l'écuelle d'or comme de la coiffure du Bodhisattva[52]. Ainsi les mains vides, mais rasé de frais, vêtu de neuf et présentant de nouveau tous les signes caractéristiques du grand homme, c'est déjà sous l'aspect d'un Bouddha accompli que le Bodhisattva se met en marche vers le figuier qui doit abriter l'accomplissement de sa « bouddhification finale » ou *Abhisambodhana*.

1. ↑ Marco Polo, comme ses informateurs, emploie la forme mongolisée du nom de Çâkya-muni Buddha.
2. ↑ L'église grecque a préféré la date du 26 août.
3. ↑ On disait aussi *vṛshala* (pâli *vasala*), cf. *SN* I, 7.
4. ↑ Parfois, par surcroît de précautions, on lui crevait les yeux ; mais la perte de sa chevelure suffisait à l'écarter du pavois.
5. ↑ V. par ex. Sâñchi pl. 50 et 52 et *AgbG* frontispice du t. I.
6. ↑ *BC* VI 57.
7. ↑ Pour le culte rendu au ciel des Trente-trois à l'*ushṇîsha* v. Barhut pl. 16 et Sâñchi pl. 18 ; cf. *AgbG* fig. 186 et I p. 364.
8. ↑ Le dieu-barbier est introduit par *ANS* p. 364.
9. ↑ *AgbG* fig. 178-181 et 447 ; l'image la plus instructive est celle de Hadda dans Mémoires de la Délég. arch. fr. en Afghanistan t. VI pl. 46.
10. ↑ Pour suivre l'éclosion de ladite bosse, v. *AgbG* fig. 574-582.
11. ↑ V. *BC* VI 60 s.
12. ↑ La *NK* veut que le dieu obligeant ait apporté, outre les trois pièces du costume monastique (*tri-cîvara*), les cinq autres objets complétant l'équipement du moine, à savoir : une ceinture, un bol-à-aumônes, un rasoir, une aiguille et un filtre.
13. ↑ On peut suivre cette évolution sur les fig. 552 à 590 de l'*AgbG*.
14. ↑ Cf. *AgbG* fig. 192, 439, 440 et 454.
15. ↑ Nos penitus ignoramus (*De Trinitate* 8, 4).
16. ↑ *DA* p. 547.
17. ↑ Ézéchiel I 26 ; Daniel VII 10-4.
18. ↑ En skt *deva-atideva* (cf. *LV* p. 119 l. 5 ; 126, 21 ; 224, 3 etc.).
19. ↑ En skt *bhakta* et *vâsa*.
20. ↑ En skt *vihdra*.
21. ↑ Le passage du *LV* cité *supra* p. 84 n'a aucune valeur probante.
22. ↑ Par ex. dans celui des Tri-daṇḍin auquel appartenait le dernier converti Subhadra (cf. *AgbG* II, p. 260 et *supra* p. 311-2).
23. ↑ Sur la « sagesse du prince » v. la bibliographie donnée par Oldenberg p. 70.
24. ↑ Cf. Mém. Délég. arch. fr. en Afghanistan I p. 190 s.
25. ↑ Skt Prâcya, les Prasioi des Grecs.
26. ↑ Le grain de riz, toujours pilonné avant cuisson, perd sa vitamine en même temps que sa balle.

27. ↑ *Bṛhad-âraṇyaka-upaniṣad* III 2, 1.
28. ↑ Se reporter aux trois beaux vol. de Sir John Marshall, *Mohenjo-Daro and the Indus Civilization* (Londres, 1931).
29. ↑ Il n'est pas clair que la légende bouddhique ait prétendu donner au Bodhisattva le même précepteur qu'à Râma, et d'ailleurs le Viçvâmitra de ce dernier passait pour avoir été un kshatriya avant de se transformer à force d'austérités en brahmane. Quant à ses deux maîtres en religion on croit généralement, sur la foi de leurs noms, qu'ils étaient d'origine brahmanique, mais non de persuasion orthodoxe (cf. supra p. 76 et 129 s.).
30. ↑ Sur les flottements de la tradition en ce qui concerne cette période v. *AgbG* I p. 371 s., fig. 188-101 et le tableau dressé par E. Windisch *Mâra und Buddha* p. 229.
31. ↑ L'épisode de l'ermitage du Bhârgava, ignoré du *LV* et du *MVU*, est indiqué dans le *DA* p. 391-2 et développé aux fins de propagande par le *BC* VI 1, VII tout entier et IX 1-4.
32. ↑ Le *LV* intitule son ch. XVI *Bimbisûra-upasankramaṇa* ; cf. *MVU* II p. 198 et *SN* III 1. Le nom du roi s'écrit en *skt* Çreṇya, en *prâkrit* Çreṇiya, en *pâli* Seniya.
33. ↑ Le passage est traduit du *LV* p. 238-9. Le récit du *sutta* 26 du *Majjhima-nikâya*, trad. dans *BT* p. 334 s., ne présente aucune divergence notable : il donne toutefois pour le *gotra* d'Alâra (*skt* Arâḍa) le nom de Kâlâma (cf. aussi *supra* p. 307) et non de Kâlâpa, en quoi il est d'accord avec le *BC*.
34. ↑ Cf. supra p. 208 et *Mâra-saṃyutta* II 9, 12-3 et III 4, 5-6.
35. ↑ Skt *âkiñcanya*, pâli *âkiñcañña* ; cf. l'exposé d'Arâḍa (*sic*) dans *BC* XII 16 s. Sur la question si discutée (et que nous ne pouvons qu'effleurer ici) des rapports entre le bouddhisme et le Sânkhya v. Oldenberg p. 62 s. et E. H. Johnston, préface au *BC* p. LVI s. et *Early Sânkhya* dans RAS Publ. XV Londres 1937. De son côté Th. Stcherbatsky a suggéré la possibilité d'une influence du bouddhisme sur le Sânkhya (*The Central Conception of Buddhism* Londres 1923 p. 47). En fait il y a eu plusieurs Sânkhya de même qu'il y a encore plusieurs Vedânta ; le Sânkhya classique d'Îçvara-Kṛṣṇa n'en est que la forme brahmanisée en vue de donner une couleur d'orthodoxie à une doctrine dont l'enseignement des écoles ne pouvait négliger le contenu rationnel et quasi scientifique.
36. ↑ En skt *abhijñâ*, en pâli *abhiññâ*.
37. ↑ É. Senart, *Bouddhisme et Yoga* dans Rev. Hist. des Relig. t. XLII p. 345 s. ; cf. Th. Stcherbatsky, *The Conception of Buddhist Nirvâna* p. 2 s.

38. ↑ Qu'il s'agisse bien de *samâdhi* et de *dhyâna* (pâli *jhâna*), c'est ce que prend soin de préciser le *LV* p. 244 et ce que confirme le *BC* XII 46 s. Notons qu'Açvaghosha a cru devoir mettre l'exposé du Yoga dans la bouche de son Arâḍa, immédiatement après celui du Sânkhya.
39. ↑ HIUAN-TSANG J II p. 3 ; B II p. 139 ; W II p. 142.
40. ↑ En skt *dushkara-caryâ*, ce qui est le titre du ch. XVII du *LV*.
41. ↑ V. la description de ces curieuses observances dans *LV* p. 248 s. (en prose) et p. 257 s. (en vers).
42. ↑ Toutefois M. P. DEMIÉVILLE remarque que la notion de « rédemption », associée à celle du transfert des rétributions (*pariṇamanâ*), est attestée dans des textes mahâyâniques ; mais ceux-ci paraissent être originaires du Nord-Ouest de l'Inde et refléter des influences occidentales.
43. ↑ « Soufflet de forge » est l'équivalent, mais non la description de l'appareil (*gargarî*) qu'emploient les forgerons indiens (*karmâra*) ; *LV* p. 251 l. 17.
44. ↑ Ch. LAUBRY et Th. BROSSE, *Documents recueillis aux Indes sur les yogui* par l'enregistrement simultané du pouls, de la respiration et l'électro-cardiogramme dans *Presse médicale* n° 83, 14 oct. 1936.
45. ↑ Cf. *supra* p. 68.
46. ↑ À ce propos le *LV* continue machinalement à mettre dans la bouche du Buddha (p. 255) des propos qui n'auront de sens que prononcés des siècles après sa mort : « Et peut-être penserez-vous, ô moines mendiants, qu'en ce temps-là ces grains étaient plus gros qu'ils ne sont à présent : vous auriez tort de le croire... ».
47. ↑ *LV* p. 254 ; *BC* XII 98 ; les plus beaux clairs de lune de l'Inde sont ceux du mois de *kârttika* (oct.-nov.), quand le ciel vient d'être lavé de ses poussières par les pluies (cf. *supra* p. 207). V. *AgbG* fig. 193, 439 et 440.
48. ↑ *MVU* II p. 207 s.
49. ↑ LUC VII 33-4.
50. ↑ HIUAN-TSANG J I p. 478 ; B II p. 127, à corriger par W II p. 127.
51. ↑ Le *LV* consacre son ch. XVIII au bain dans la Nairañjanâ ; cf. le beau bas-relief de B. Budur fig. 86.
52. ↑ Cf. *supra* p. **115**, *45*.

CHAPITRE VI

L'ILLUMINATION

Voici que nous arrivons enfin, après tant de préliminaires, à l'heure décisive vers laquelle, de toute éternité, à travers des renaissances sans nombre et grâce à des sacrifices et des perfections sans limites, s'acheminait d'abord inconsciemment, puis avec une conscience de plus en plus claire de son but, l'être prédestiné à devenir le Sauveur de notre âge du monde. De même que « Prince Siddhârtha » s'est transformé en « Çramane Gaoutama », celui-ci va se transformer à son tour en « Bouddha Çâkyamouni » ; et cette ultime métamorphose marquera le point culminant de sa carrière. Non que, monté sur le faîte, il doive jamais aspirer à descendre ; l'homme (car n'oubliez pas qu'il y faut un homme), une fois qu'il est parvenu à ce degré d'élévation suprême, ne peut plus ni monter ni déchoir. On conçoit l'intérêt que les fidèles de l'Inde et de l'Asie bouddhique attachaient et attachent toujours à cet instant mémorable où ils voient, eux aussi, la réalisation d'antiques prophéties et le début d'une ère nouvelle pour l'humanité.

Tandis qu'aux yeux des chrétiens le couronnement de la vie terrestre du Christ est sa mort infamante et sublime sur le Calvaire, pour les bouddhistes la vie dernière du Bouddha atteint son parachèvement dans son Illumination à Bodh-Gayâ. Aussi a-t-on pu comparer (non sans sous-entendre bien des mutations à faire) l'arbre sacré qui abrita la Sambodhi à celui de la Croix[1] ; et il est bien certain que deux considérables portions du genre humain continuent à voir dans les représentations figurées de ces deux objets l'emblème symbolique de leur salut éternel.

Les deux aspects de l'*Abhisambodhana*. — L'exubérance de l'imagination indienne ne pouvait manquer de surcharger de ses riches couleurs et d'entourer d'une mise en scène grandiose le triomphe définitif du Bouddha sur toutes les forces et les puissances du Mal ; et, comme si ce n'était pas assez d'un tel débordement d'allégories et de chimères, les exégètes européens ont encore renchéri sur lui à force de rapprochements avec les nombreuses analogies que leur fournissait la mythologie comparée. De là les controverses soulevées entre nos maîtres indianistes sur l'interprétation des textes relatifs à la Sambodhi. Selon les uns « l'arrivée à la Parfaite illumination » n'est qu'une de ces crises psychiques par lesquelles ont passé tous les grands initiateurs et initiés religieux, quand, après d'infructueuses et pénibles recherches, ils sentent enfin s'éveiller en eux un sentiment d'intime certitude et saluent dans cette lumineuse et sereine impression la réalisation trop longtemps différée de leurs aspirations spirituelles.

Selon les autres, le récit de l'*Abhisambodhana* n'est qu'un pot-pourri de fictions et de mythes, lequel n'a même pas le mérite de l'originalité, puisqu'on y retrouve pêle-mêle des souvenirs hérités du plus lointain passé indo-européen. Pour notre part, nous nous sommes refusé à prendre parti pour ou contre l'une ou l'autre de ces conceptions que l'on croyait contradictoires et qui ne sont que complémentaires. Nous ne reviendrions pas sur l'attitude que nous avons adoptée à leur égard si nous n'allions en trouver la justification dans les textes indiens eux-mêmes.

Rouvrons en effet le *Lalita-vistara*. Son auteur ne serait pas celui que nous avons appris à connaître si, à cette occasion sensationnelle entre toutes, il n'achevait de chavirer dans l'extravagance et le psittacisme. Aussi bien n'est-ce qu'à ce prix qu'il parvient à délayer l'événement en non moins de six chapitres dont voici les titres :

Ch. XIX. — La marche (du Bodhisattva se rendant) à l'aire de l'Illumination ;

Ch. XX. — La disposition (ou décoration) de l'aire de l'Illumination (opérée par des Bodhisattvas qui accourent successivement des mondes situés dans les dix directions cardinales par rapport au nôtre et qui rivalisent entre eux de prodiges) ;

Ch. XXI. — L'attentat (ou l'assaut) de Mâra (et de son armée) ;

Ch. XXIII. — L'arrivée à l'Illumination ou *Abhisambodhana* ;

Ch. XXIII. — Les (hymnes de) louanges (chantées tour à tour par les diverses catégories de dieux au nouveau Bouddha) ;

Ch. XXIV. — Trapousha et Bhallika (du nom des deux marchands qui offrirent au Bouddha le premier repas qu'il prit après son Illumination[2]).

Sur ces six chapitres il saute immédiatement aux yeux que le second et le cinquième ne sont que du « développement » — disons mieux, du pur remplissage sans aucun intérêt pour nous et qu'il suffit de balayer d'un mot. Le premier et le dernier relatent les épisodes qui précédèrent ou suivirent l'Illumination. Restent donc, pour décrire l'obtention de celle-ci, les chapitres XXI et XXII, et l'on s'aperçoit aussitôt à les lire qu'ils représentent deux façons de conter la même histoire. Les deux expressions « Il détruira l'armée de Mâra » et « Il atteindra la parfaite Illumination » sont interchangeables et constamment interchangées. Forts de notre expérience acquise, nous pouvons même remonter avec une suffisante précision jusqu'à la source de la divergence des deux versions. C'est la Communauté des moines, c'est le « Sangha » qui a libellé et qui a maintenu dans les traités de propagande l'exposé méthodique et presque rationnel qui fait l'objet du chapitre XXII : c'est la foule des zélateurs laïques qui, à ce même propos, a tiré du fond de sa mémoire et introduit dans les biographies les dramatiques fantasmagories que fait défiler le chapitre XXI. Loin de se contredire, les deux manières de concevoir et d'exposer le triomphe final du

Maître se confirment et se complètent mutuellement. Sa victoire sur les suppôts des ténèbres n'est que la face mythologique et populaire de la série des raisonnements scolastiques par lesquels il a conquis la lumière de la Vérité. Les Bouddhistes en avaient très nettement gardé le sentiment. De l'aveu de tous, la défaite de Mâra le Malin et de son armée démoniaque précède l'arrivée à la Sambodhi, sans quoi le Prédestiné n'aurait eu aucun mérite à le vaincre. Leur mise en déroute serait donc un fait accompli dès le soir du premier jour tandis que l'Illumination ne luit qu'avec l'aube du lendemain : pourtant le *Mahâvastou* insiste sur le fait que les troupes de Mâra n'achèvent de se disperser qu' « au lever du soleil », tant dans l'esprit de son auteur la déroute des forces mauvaises et l'acquisition de l'omniscience étaient synchroniques. Il n'était pas seul à penser ainsi : la preuve en est que les artistes indiens, fort empêchés de représenter la crise psychologique du Prédestiné, la nuit, dans la solitude, ont pris le parti de la figurer par l' « Assaut de Mâra » : et cette substitution de motifs a partout recueilli l'adhésion des donateurs bouddhistes[3].

Sorti de ces contradictions plus apparentes que réelles, nous commençons déjà à voir un peu plus clair dans notre sujet. Il devient évident que le fait initial s'est bien passé dans la conscience du futur Bouddha et que l'exposé précis qui va nous être donné de son processus mental est la mise en forme des confidences qu'ont reçues de lui ses premiers disciples. Quant à la mise en scène de la grande bataille entre le moine désarmé et l'innombrable cohorte du Diable (pour l'appeler d'un nom qui nous soit familier), elle est non moins manifestement l'œuvre postérieure de l'imagination populaire travaillant sur les données du folklore ancestral. Les visionnaires qui l'ont conçue et les scribes qui l'ont rédigée ne manquèrent pas à leur manière de logique en dépit de l'incohérence des matériaux que leur fournissaient leurs épopées et leurs vieux recueils légendaires[4] : ils n'en transposaient pas moins sur un plan chimérique tout ce à quoi ils touchaient. Sans chercher plus loin, l'arbre vers lequel se dirige en ce moment le Bodhisattva nous fournit un bon exemple de ces transpositions inévitables. Que le çramane Gaoutama ait suivi la coutume de tous les religieux de son pays en s'asseyant au pied d'un arbre pour y chercher un abri précaire et que cet arbre se soit trouvé être un *ficus religiosa*[5] entre bien d'autres, nous avons d'autant moins de raisons d'en douter que ce figuier a une histoire. Environ deux cents ans après la mort du Bouddha l'empereur Açoka lui rendit pieusement visite. Il l'environna d'un temple à ciel ouvert dont les bas-reliefs de Barhut et de Sâñchi nous ont conservé l'image et marqua à sa base la place où le Bienheureux s'était assis par un trône de pierre (le fameux *Vadjra-âsana* ou Siège-de-diamant) dont la dalle supérieure, ornée sur la tranche d'un décor caractéristique de son époque, est parvenue jusqu'à nous. La légende veut même qu'Açoka ait été si énamouré de cette plante sacrée que sa reine favorite en conçut de la jalousie et la fit envoûter par une sorcière paria ; mais son époux marqua une telle désolation à voir l'objet de son culte dépérir qu'elle fit presque aussitôt rompre le charme. Le figuier survécut donc et lui, ou plutôt son rejeton — car cette essence, de croissance rapide, est de vie relativement courte — continua d'attirer les fidèles bouddhistes. Une pousse en fut même solennellement transportée à Ceylan où Fa-hien admira sa prestance et où elle s'est perpétuée jusqu'à nos jours. Au début du IIIe siècle de notre ère un grand *vihâra* de briques encore debout, et nommé par les inscriptions « la Cellule du Maître au Siège-de-Diamant » remplaça par les soins d'un brahmane converti, aux côtés mêmes de la souche-mère, le bizarre entourage hypèthre d'Açoka[6] ; et de même que les Croisés répandirent en Europe à leur retour de la Terre sainte le plan de la chapelle du Saint-Sépulcre, le modèle de ce temple, comme de la statue miraculeuse qu'il abritait, fut colporté par les pèlerins et imité dans toute l'Asie orientale. Mais tout ici-bas n'est qu'heur et malheur. Vers la fin du VIe siècle l'arbre-de-la-Bodhi fut détruit, en haine du bouddhisme, par le méchant roi du Bengale Çaçânka ; toutefois, en dépit de la précaution que prit son ennemi de le brûler et de faire arroser ses racines avec du jus de canne à sucre, il repoussa de plus belle ; quand Hiuan-tsang le vit, cinquante ans plus tard, il avait déjà repris entre quarante et cinquante pieds de hauteur et repartait pour de nouveaux siècles de gloire. Bien que le site ait été saccagé à fond par les conquérants musulmans, le voyageur anglais Buchanan trouva encore six cents ans plus tard, à la date de 1811, son descendant en pleine vigueur. En 1867, le général Cunningham constatait sa décrépitude, et un orage achevait de le renverser en 1876. Mais déjà de jeunes pousses se pressaient pour le remplacer ; et, après les fouilles du Service archéologique (dans l'intervalle le niveau du terrain s'était exhaussé de plusieurs mètres), l'une d'elles fut replantée auprès du Siège-de-diamant remis au jour. Nous sommes là, on le voit, sur le solide terrain des réalités archéologiques, — voire même, à en croire la légende, sur le plus solide des terrains : car elle veut que de toute la surface de la terre seul cet endroit se soit révélé assez inébranlable pour supporter le poids du Bouddha et de sa pensée. Cependant, à mesure que nous lisons la version mythologique de l'Illumination, nous voyons l'arbre se transfigurer, s'enfler dans des proportions démesurées et prendre une importance que nous ne lui soupçonnions pas. Tout l'effort de Mâra et de ses séides ne vise plus qu'à en déloger le Prédestiné, comme si sa possession était l'enjeu de la lutte. Quand devant un fond de tableau sillonné d'éclairs se ruent sur lui les hordes démoniaques, comment ne pas se rappeler avec Émile Senart l'Arbre-des-nuées des vieux hymnes védiques, frère du frêne Ygdrasil des bardes scandinaves, et le grand drame de l'orage entre les puissances des ténèbres et le Soleil ? Tel était le prestige dont s'auréolait aux yeux des fidèles « l'arbre de la Bodhi » que tous ces souvenirs traditionnels devaient forcément se cristalliser autour de lui dans l'imagination indienne. Mais cela n'empêche nullement son rejeton à la quinzième ou vingtième génération d'être plus verdoyant que jamais ; et il faut voir avec quelle componction les pèlerins collent sur son tronc des plaques d'or battu et ramassent précieusement comme souvenirs les feuilles tombées : car il serait sacrilège d'en cueillir de fraîches. Bien leur prend que, comme la plupart des arbres des tropiques, cette essence perde et refasse ses feuilles en toute saison.

La marche à l'illumination. — Suivons donc le Bodhisattva sans crainte de nous égarer à sa suite, quand, au sortir de son bain dans la Naïrañjanâ, il se rend pédestrement au figuier que son caprice a élu, mais qui, bien entendu, est devenu pour les zélateurs le seul qui fût éligible. Ce court trajet, qu'il est loisible à tous de refaire, est aujourd'hui en partie bordé par les tombeaux des supérieurs du couvent hindou[7] qui, à la faveur de la dévastation du pays par les musulmans et de la suspension forcée des pèlerinages, a pris possession de ce lieu saint bouddhique. Au temps de la visite de Hiuan-tsang, il était encore coupé par deux haltes obligatoires, marquées par des monuments commémoratifs, sur le site de deux épisodes[8] assez célèbres pour avoir fait l'objet de nombreuses représentations. Pour nous ils ont cet intérêt spécial de fournir des exemples du genre de déformations dont sont susceptibles les légendes, alors même qu'elles restent bien localisées. Tous les témoignages veulent en effet nous faire croire que le génie-serpent Kâla ou Kâlika, alerté par le passage du Bodhisattva, lui prédit son triomphe imminent et « le loua avec des stances ». D'après le *Mahâvastou* il est attiré hors de sa retraite souterraine par le bruit particulier que font les pas d'un Prédestiné, sous lesquels le sol résonne comme un gong — bruit qu'il reconnaît pour l'avoir déjà entendu aux temps fabuleux où les prédécesseurs de notre Bouddha passèrent obligatoirement par la même route pour se rendre au même but. Selon le *Lalita-vistara* sa demeure, remplie de ténèbres en punition de ses mauvaises actions passées (car une renaissance comme Nâga, en dépit des pouvoirs surnaturels et de l'extraordinaire longévité de ces génies, est considérée comme une déchéance par rapport à la condition humaine), fut soudain illuminée par la splendeur sans égale qui émane du corps d'un Bodhisattva à la veille de la Bodhi. Cette version est celle qui était restée courante à Bodh-Gayâ : mais à force de passer de bouche en bouche, elle s'était matérialisée en se vulgarisant. Des explications de ses cicérones Hiuan-tsang n'a retenu qu'une chose, c'est que le « dragon » était aveugle et qu'il recouvra la vue au passage du Prédestiné.

Le second miracle avait subi une déformation populaire analogue. Au dire des informateurs du pèlerin chinois, l'humble coupeur d'herbe auquel s'adressa le Bodhisattva n'était autre que Çakra, l'Indra des dieux, déguisé pour la circonstance en pauvre paria. Le *Lalita-vistara* (une fois n'est pas coutume) n'a pas réédité ce perpétuel cliché et son récit de l'affaire ne serait pas sans charme s'il ne le gâtait par sa systématique prolixité :

Or donc, ô moines, ceci vint à l'esprit du Bodhisattva : « Sur quoi étaient assis les Prédestinés antérieurs au moment où la suprême et parfaite Illumination devint leur partage ? » Et là-dessus il pensa : « C'est sur une jonchée d'herbes qu'ils étaient assis… Or il aperçut sur le côté Sud de son chemin Svastika, le ramasseur de fourrage, qui coupait de l'herbe… (suivent onze épithètes pour caractériser ladite herbe). L'ayant vu, le Bodhisattva, s'écartant de son chemin, s'approcha de l'endroit où se tenait Svastika et, s'étant approché, il s'adressa à Svastika d'une voix douce… (suivent soixante épithètes pour caractériser la voix) : « Donne-moi de l'herbe, ô Svastika, vite, aujourd'hui j'ai grand besoin d'herbe ; après avoir détruit Mâra et son armée, j'atteindrai la paix suprême de l'Illumination (suit l'énumération des bonnes œuvres dont celle-ci est la récompense) ». Et Svastika, ayant entendu la parole limpide et douce du Maître, content, transporté, ravi, l'âme joyeuse, prit une poignée d'herbe agréable au toucher, douce, fraîche et pure, et, debout devant lui, il lui dit d'un cœur joyeux : « S'il ne faut que des herbes pour obtenir le précieux séjour d'où la mort est absente, la paix suprême difficile à atteindre de l'Illumination, voie des antiques Bouddhas, attends un peu, ô grand océan de mérites à la gloire infinie, je m'en vais tout le premier connaître ce séjour précieux d'où est absente la mort ! » — « Non, Svastika, l'Illumination ne s'acquiert pas au prix d'une bonne litière d'herbes[9]… »

Et sans se formaliser, mais non sans se répéter, le Bodhisattva explique à ce brave paysan qu'il faut encore au cours des âges avoir accompli bien des actes méritoires, réalisé bien des perfections, reçu bien des prophéties. L'Illumination, si elle pouvait se donner de la main à la main, bien sûr il lui en ferait cadeau, comme à tous les êtres ; puisque la chose est impossible, il partagera du moins avec lui, dès qu'il l'aura découverte, la recette du salut. Ceci dit, sa poignée d'herbes à la main, il reprend son chemin vers l'arbre de la Bodhi ; et, après en avoir fait sept fois le tour en le tenant à main droite, il dispose soigneusement à son pied la jonchée de longs brins de *kouça*[10] que lui, fils-de-roi, devait à la charité d'un homme de la condition la plus misérable. Sur cette couche pure entre toutes, puisqu'elle servait et sert encore aux brahmanes pour y déposer les offrandes des sacrifices, il s'assoit derechef à la façon des *yogui*, « face à l'Est », c'est-à-dire regardant vers la Naïrañjanâ dont aucun édifice ne cachait alors la vue, et concentrant sa pensée, il prend une ferme résolution : « Que sur ce siège mon corps se dessèche et que ma peau, mes os, ma chair se dissolvent, — sans avoir atteint l'Illumination si longue et difficile à obtenir, je ne bougerai pas de ce siège. » Il n'aura pas à en venir à de telles extrémités. Ses études, vite interrompues, lui ont pris une année ; ses infructueuses austérités lui en ont coûté six autres ; son total succès ne va lui demander que vingt-quatre heures. Demain le soleil levant éclairera au lieu d'un ascète parmi bien d'autres un être unique et sans pareil au monde : car c'est un des rares dogmes du bouddhisme qu'en un temps et un univers donnés il ne peut exister qu'un seul Bouddha.

La Sambodhi. — Tout ce que nous avons lu jusqu'ici nous a longuement expliqué comment, sortant de la nuit des temps, un Prédestiné arrive de proche en proche à l'Illumination suprême : mais nous ignorons toujours en quoi consiste celle-ci. Puisque le bouddhisme se flatte d'être une religion sans mystères, il nous doit, sur ce point aussi, des explications, et il faut lui rendre cette justice qu'à aucun moment il ne songe à nous les refuser. Nous allons l'apprendre dans un instant : ce qui fait d'un homme entre les hommes le surhomme supradivin qu'est un Bouddha, c'est qu'il a découvert ce que personne n'avait encore découvert avant lui et qui après lui ne sera plus à découvrir, à savoir le mécanisme de la destinée humaine ; par là même il a trouvé le joint pour remédier à tous nos maux. Là gît le secret de son exceptionnelle grandeur, la raison de la perpétuelle gratitude de ses disciples, la justification de l'adoration de ses dévots ; et il faut bien reconnaître que si pareil service nous avait effectivement été rendu, il mériterait à jamais la reconnaissance de l'humanité tout entière. Ce n'est pas qu'il ne nous arrive à tous, tant que nous sommes, de méditer ou de gémir sur « la vanité des vanités » de ce bas monde ; mais cela ne nous prend guère qu'en passant, quand nous lisons Pascal, ou que nous suivons un enterrement, ou que plus directement encore un deuil cruel nous frappe ; et nous nous dépêchons de penser à autre chose. Ainsi que nous décrit une parabole indienne devenue familière à l'Occident, suspendus au-dessus d'un abîme à une branche d'arbre déjà plus qu'à demi rompue, nous ne nous préoccupons dans notre folie (ou ne serait-ce pas après tout sagesse ?) que de recueillir sur les feuilles quelques gouttes d'un miel à l'arrière-goût plus ou moins amer, plaisirs, amour, ambitions mondaines[11]. Le Bouddha Çâkya-mouni est venu pour nous dénoncer ce que notre situation a de précaire, son dénouement de fatal, et notre insouciance d'insensé. Impermanence, Douleur, Irréalité, il va faire de ces trois idées les principes cardinaux de sa doctrine[12]. C'est la litanie de nos inévitables souffrances qu'égrènent les Quatre nobles vérités, prémices de sa prédication ; c'est cette désespérante instabilité et « vacuité » des phénomènes qu'énonce le quatrain qui est devenu le credo de ses sectateurs. Tout cela va nous être exposé, mais en termes indiens et en formules techniques dont il est difficile de saisir à première lecture le sens plein. Quand le roi indo-grec Ménandre se fait expliquer par le révérend Nâgasêna les subtilités de la Bonne-Loi, à chaque instant il lui demande, pour l'aider à comprendre, « de lui donner une comparaison » : peut-être est-ce aussi là pour nous la meilleure manière d'essayer de nous représenter clairement l'attitude du Bouddha devant le problème de la destinée…

Vous connaissez les abeilles : vous êtes-vous jamais penchés sur leur bourdonnante activité ? Écoutons ce que nous en dit un poète en prose : « Quelqu'un à qui je montrais dernièrement, dans une de mes ruches de verre…

l'agitation innombrable des rayons, le trémoussement perpétuel, énigmatique et fou des nourrices sur la chambre à couvain, les passerelles et les échelles animées que forment les cirières, les spirales envahissantes de la reine, l'activité diverse et incessante de la foule, l'effort impitoyable et inutile, les allées et venues accablées d'ardeur, le sommeil ignoré hormis dans des berceaux que guette déjà le travail de demain, le repos même de la mort éloigné d'un séjour qui n'admet ni malades ni tombeaux, quelqu'un qui regardait ces choses, l'étonnement passé, ne tardait pas à détourner ses yeux où se lisait je ne sais quel effroi attristé[13]… » Combien cet apitoiement et cette angoisse s'accroissent-ils encore quand on songe au perpétuel enchaînement des essaims qui construisent de nouvelles ruches et des ruches qui émettent de nouveaux essaims sans qu'on voie à quoi leur sert cette alternance sans trêve ; et puisqu'on ne peut saisir ni commencement ni fin à ce cycle, comment ne pas avoir l'esprit hanté, que l'on soit Européen ou Asiatique, par l'image d'une grande roue[14] tournant toujours sur elle-même, impitoyablement ? Et comme il ne peut nous échapper que les rues de nos grandes villes nous offrent en spectacle la même agitation fébrile autant que futile et qu'avant cent ans tous ces passants qui se hâtent ne seront plus que poussière, déjà nous ne savons plus bien si c'est sur le sort de ces misérables insectes ou sur le nôtre que nous nous attendrissons, et si la fatalité qui les aiguillonne n'est pas celle qui nous incite également à courir plus vite, toujours plus vite. Mais ne rompons pas si précipitamment le fil de notre allégorie et imaginons à présent que l'une de ces mouches à miel, se dégageant des mornes résignations de ses congénères et rompant l'obscur envoûtement de l'instinct, parvienne à « s'objectiver » de façon si prodigieuse qu'elle aperçoive ce que voit si clairement notre raison, à savoir la stérile inutilité des incessants et pénibles efforts de sa race : à quel plus digne objet celle-ci pourrait-elle témoigner une admiration et une reconnaissance sans bornes qu'à cette sorte de « sur-abeille » ?... Or telle est justement la hauteur de vues à laquelle le Bouddha, dépassant tous les penseurs passés, a réussi à s'élever devant l'éternel recommencement des générations humaines. Aucun homme n'a eu un sentiment plus vif de l'absolue vanité de l'univers et de l'incurable misère de notre destinée, aucun n'a sondé de plus haut ni d'un œil plus perçant la déraison de cette interminable ronde macabre perpétuellement entraînée dans le tourbillon du *samsâra*. C'est là la découverte qui fait le fondement solide et durable de sa supériorité et de sa gloire : c'est à elle qu'il doit d'être « l'Éveillé » parmi ceux qui s'enlisent dans la torpeur de la coutume et « l'Illuminé » parmi ceux qui se résignent à vivre dans les ténèbres de l'ignorance ; et déjà nous apercevons à son nom une traduction encore meilleure : dans le royaume des aveugles il est le « Clairvoyant ».

Mais notre comparaison comporte un diptyque dont nous n'avons encore examiné que le premier volet. Supposons à présent que cette abeille exceptionnellement douée, s'adressant à ses compagnes en leur langue, leur démontre la parfaite inutilité de leurs efforts ; que, prenant comme texte de son homélie le fameux vers latin : *Sic vos, non vobis, mellificatis, apes*, elle leur prêche la grève des pattes croisées et des ailes repliées, et leur persuade de laisser périr l'avenir de leur race, ces larves dont elles prennent d'ordinaire si passionnément soin : qui est-ce qui ne sera pas content ? C'est le maître du rucher que cette révolution inattendue menacerait dans la source de ses revenus comme de son ravitaillement ; et s'il arrive par ses observations à identifier l'individu trop avancé pour son espèce qui jette une pareille perturbation dans la marche régulière des choses, il n'aura le choix qu'entre deux attitudes possibles à son égard : ou bien l'écraser sans pitié, s'il en a la force, pour tuer avec le propagandiste sa néfaste propagande, ou bien user de diplomatie et le tenter en lui offrant la royauté de la ruche, bien entendu à condition que celle-ci reprenne son fonctionnement normal… Eh bien, si du monde des insectes nous repassons à celui des hommes, il y a également quelqu'un dont la prédication du Bouddha menace de détruire l'empire et qui, non moins naturellement, devra s'efforcer soit de le séduire, soit de l'exterminer : c'est le maître de l'univers sensible et sensuel sur lequel règne le désir que va proscrire la Bonne-Loi, c'est « le premier-né des dieux[15] » Kâma, l'Amour, ou, si vous préférez lui donner son autre nom, Mâra, la Mort ; car les Indiens n'ont pas attendu Ronsard pour savoir « Que l'Amour et la Mort sont une même chose[16] ». Il a exactement dans cette affaire les mêmes intérêts et doit avoir les mêmes réactions que tout à l'heure l'apiculteur de notre apologue : car, en même temps qu'à dépeupler son royaume, la propagande bouddhique ne tend à rien moins qu'à l'affamer personnellement. Ignoreriez-vous par hasard que les dieux se nourrissent des sacrifices que leur offrent les hommes, tout comme les propriétaires fonciers vivent des produits de leur cheptel ? Les vieux penseurs indiens se permettent sur ce point de véritables saillies d'enfants terribles : « Celui qui ne sait pas, celui-là est comme un bétail pour les dieux. Et de même que beaucoup de bestiaux nourrissent un homme, de même tous les hommes travaillent, chacun pour sa part, à nourrir les dieux. Qu'une tête de bétail nous soit enlevée, cela est fort déplaisant : combien plus, s'il s'agit d'un grand nombre ! C'est pourquoi il déplaît aux dieux que les hommes en sachent trop long[17]… »

Comprenez-vous à présent pourquoi le duel entre le Bodhisattva et Kâma-Mâra est doublement inévitable, et voyez-vous, campés face à face, les deux protagonistes du drame de la Sambodhi ? Ne croyez pas toutefois que l'issue de leur conflit (qu'on feint de croire incertaine, mais qui déjà pour nous ne fait pas de doute) suffise à clore la question. La victoire du Bodhisattva témoignera de sa prééminence sur tous les êtres, elle n'apportera aucune solution au problème de l'universel salut. C'est seulement au cours de la nuit suivante que, grâce à une série d'observations et de raisonnements, le Prédestiné parviendra à frayer pour tous la voie de la délivrance finale et à ouvrir la brèche par laquelle dieux, hommes, bêtes, larves et damnés pourront s'évader du tourbillon des renaissances. — Voilà, dira-t-on peut-être, bien des paroles inutiles : si la vie est radicalement mauvaise et la douleur à ce point insupportable, n'avons-nous pas le remède sous la main ? Qu'on enfume les abeilles, et que leurs peines soient à jamais finies ; et qu'un suicide collectif anéantisse l'humanité… — C'est là parler comme un Européen qui serait en outre matérialiste : un haussement d'épaules serait toute la réponse des bouddhistes. Si unanime que pourrait être ce suicide, il ne servirait absolument à rien : car nul n'a le pouvoir d'abolir à volonté son *karma* ni, par conséquent, de ne pas renaître. Le *samsâra* ne lâche pas si aisément sa proie. Pour que la mort soit vraiment la libération finale, le Nirvâna duquel il n'est pas de retour, il faut encore que, grâce à la pratique de toutes les vertus, par la totale suppression du désir et de l'égoïsme, on ait coupé jusqu'à la dernière racine de la vie, bref qu'on n'ait atteint rien moins que l'état de sainteté ; et c'est ainsi que la morale la plus pure viendra se greffer sur la plus désolante des doctrines et atténuer ce que dans son fond elle a de désespéré.

MÂRA PÂPÎYÂN. — Mais n'anticipons pas sur le chapitre de la Première Prédication : c'est à peine si nous commençons à éclairer notre route à travers le dédale des descriptions successives qu'on va nous donner de l'*Abhisambodhana*. Nous avons cru apercevoir les raisons profondes qui opposent le Bodhisattva à Mâra : mais nous n'avons encore fait qu'entrevoir ce dernier au passage et il importe que nous fassions plus ample connaissance avec sa complexe personnalité. Apprenons, pour commencer, que c'est un très grand et très puissant dieu : plus haut que le paradis des Quatre Gardiens du monde, que celui des Trente-trois, que celui de Yama, que celui des Toushitas, que celui des dieux « qui se complaisent dans leurs propres créations », c'est dans celui de « ceux qui jouissent à volonté des créations des autres », c'est au sixième étage du ciel qu'il règne ; et son empire ne s'étend pas seulement sur les cieux inférieurs, mais encore sur la terre et sur les sous-sols étagés des enfers — bref sur toute la sphère dite des désirs et des plaisirs sensuels[18]… et de leurs douloureuses contre-parties. Maître de cet univers matériel, dont la souveraineté est sa raison d'être, il veille à ce qu'il se reproduise sans cesse, seule façon qu'en ce bas monde les êtres et les choses aient de durer : et c'est pourquoi « Kâma, l'Amour, est son autre nom ». Mais comme c'est un axiome que tout ce qui naît doit périr et que ce monde est ainsi fait que chaque être ne se nourrit et ne subsiste qu'aux dépens des autres, il est également la Mort, et c'est pourquoi les textes bouddhiques l'appellent plus volontiers Mâra. Ne vous y trompez pas toutefois : puissance à la fois productrice et destructrice, s'il prend tour à tour les masques de l'Amour et de la Mort, c'est parce qu'il est l'Esprit de Vie, et c'est parce qu'il est l'Esprit de Vie qu'aux yeux du moine il devient l'Esprit du Mal. Tout cela lui vaut bien des aspects : du point de vue mythologique il est le souverain à long terme, mais néanmoins transitoire, d'un monde qui l'englobe et qu'il n'a pas créé (l'Inde ne connaît pas de créateur) ; en langage métaphysique, il est la tendance spinoziste de l'Être à persévérer dans son être ; dans l'humanité, il est le génie de l'espèce ; chez l'homme il est l'instinct naturel ; et c'est grâce à lui que, tout pesé et compensé, le monde continue ; mais par là même il est l'ennemi-né du moine qui vient jeter l'anathème au désir et à l'amour, et prétend découvrir le moyen d'échapper à la re-naissance ainsi qu'à la re-mort ; et c'est pourquoi les textes bouddhiques le flétrissent constamment de l'épithète de Pâpîyân (littéralement : le Pire), ou, comme disait notre Moyen Âge, « le Malin ».

Notre intention n'est pas de nous constituer d'office l'avocat du diable ; c'est là un privilège qu'il vaut mieux laisser aux romanciers et aux poètes, et chaque printemps qui passe ne s'en charge d'ailleurs que trop. Mais enfin il faut avouer que Mâra a ses raisons, et que la raison les connaît. Tout d'abord il peut invoquer le cas de légitime défense, puisque le Bodhisattva ne cesse de proclamer qu'il est venu « détruire son empire » et « vider son royaume ». Il trahirait sa fonction de suprême animateur de l'univers s'il ne tentait d'empêcher ce présomptueux ascète d'acquérir avec la Sambodhi le droit au Parinirvâna, autrement dit à la mort sans renaissance ; et quand il aura dû renoncer à le retenir en son pouvoir, il s'efforcera du moins, fidèle à son rôle, de le détourner de divulguer aux hommes le moyen de s'évader à sa suite. Certes nous voyons bien qu'en s'opposant ainsi au Maître il barre du même coup à l'humanité la voie du salut, tel que l'Inde le conçoit ; mais n'a-t-il pas lieu de penser, avec l'immense majorité d'entre nous, que la vie vaut la peine d'être vécue ? Après tout, ce qu'il revendique contre les objections de conscience de l'ascète, c'est le droit au bonheur, autant que ce mot a de sens ici-bas, le droit à l'action, à la propriété, à l'amour, au mariage, à la joie de se perpétuer dans des enfants qui, poursuivant notre tâche, seront ce que nous fûmes, feront ce que nous fîmes et reprendront sur nouveaux frais le cycle de l'existence terrestre... — Cycle effroyable, répond le moine, joies éphémères, bonheur illusoire : ne voyez-vous pas que le perpétuel recommencement de la vie ne sert qu'à fournir un nouvel aliment à la douleur et à la mort ? — Et peut-être a-t-il raison à son tour ; mais que demain le genre humain tout entier entre dans la communauté bouddhique, la terre sera totalement dépeuplée dans l'espace d'une génération ; et qui osera dire qu'après l'extinction de la pensée humaine il ne manquerait rien à l'univers ? Les contemporains du Bouddha s'étaient bien rendu compte de cette conclusion pratique de la doctrine du Maître : dans la destruction de l'empire de Mâra ce qu'il poursuit en définitive c'est « la fin du monde ». Nous entendrons bientôt le peuple du Magadha murmurer que « l'ascète Gaoutama est venu pour apporter l'extinction des familles[19] ». Mâra n'était donc pas seul à protester ; et il pourrait même plaider qu'il ne représente pas seulement les intérêts les plus légitimes de l'individu, mais encore qu'il est le défenseur de la solidarité sociale, voire l'apôtre de la morale laïque contre l'égoïsme paresseux du religieux mendiant, uniquement préoccupé de son salut personnel. Ainsi qu'il le fait observer au Bodhisattva pour le détourner de ses vaines austérités : « Ce que le vivant a de mieux à faire, c'est de vivre : c'est en vivant que tu pratiqueras le bien[20]… » Remarque fort judicieuse : mais il n'est pire sourd que celui qui ne veut pas entendre, et le plus artificieux des plaidoyers ne changera rien à un verdict prononcé d'avance et de parti pris : pour le Sangha bouddhique, comme pour toute communauté monastique, le Génie de l'Amour ne peut être que le Démon.

Libre à chacun d'en penser ce qu'il voudra : mais c'est sous ce jour on ne peut plus fâcheux que nous devrons désormais considérer le Tout-puissant dieu de notre monde, si nous voulons rien comprendre aux récits qui vont nous être faits. N'allez pas toutefois le concevoir, pour autant, sous un aspect diabolique ou difforme : son « armée » sera composée des monstres les plus horribles, mais lui-même gardera toujours sa divine beauté. Si vous tenez à vous le représenter, il vous faudrait l'imaginer sous les traits du Lucifer romantique, tel qu'il se révèle à Éloa dans le poème d'Alfred de Vigny. Tous les artificieux discours du bel archange fatal, prince des voluptés mortelles et qui « donne des nuits qui consolent des jours », Mâra pourrait les reprendre à son compte ; mais loin de voir en lui le consolateur des pauvres humains et le dispensateur de leurs seules joies, le bouddhiste le dénonce tout au contraire comme l'auteur responsable de toutes nos souffrances et, qui pis est, de toutes nos fautes et nos erreurs. Il devient l'instigateur de toutes les mauvaises actions, l'inspirateur de toutes les coupables pensées : et de plus en plus son pompeux apparat mythologique s'efface dans les esprits pour céder la place à son aspect éthique — entendez ici : immoral. Tous ces vagues regrets mal étouffés, tous ces retours sur ce qui aurait pu être si l'on avait voulu — et qui sait, peut-être en est-il temps encore ? —, tous les désirs inavoués qui rampent dans les derniers replis des consciences les plus pures et les plus désintéressées, toutes les réactions instinctives de la moins bonne moitié de notre nature, toute la sourde résistance qu'oppose le corps à l'idéal quasi surhumain de renoncement et d'abstinence que l'esprit a conçu et qu'il prétend lui imposer, voilà ce qu'incarne à présent Kâma-Mâra, et c'est pourquoi il restera, tout au long des Écritures, le tentateur des disciples après avoir été celui de leur Maître. Trait curieux et qui vaut d'être relevé : à force de tourner sans cesse, surtout pendant l'oisiveté de leurs après-midi ; autour des moines et des nonnes, en même temps qu'il restera le Mauvais esprit, il deviendra une sorte d'esprit familier que l'on traitera avec une croissante désinvolture. On se fera un jeu d'éviter ses pièges et d'éventer ses malices : tant et si bien que le grand dieu souverain de notre monde finira par sombrer piteusement dans le ridicule comme le diable toujours dupé de nos contes moyenâgeux[21].

Tels sont en résumé — car sur les relations de Mâra et du Bouddha on a pu écrire tout un livre — les divers visages sous lesquels l'Inde se représente l'incarnation de notre mauvais destin. Mais le Tentateur n'est pas le fléau des seules consciences indiennes : partout il est redouté et honni par les âmes religieuses. Pour ne pas sortir de l'Orient ancien, c'est lui, toujours lui qui sous la forme d'Ahriman tente Zoroastre et sous celle de Satan, Jésus, tout comme sous celle de Mâra il tente le Bodhisattva ; et sous ces trois aspects, c'est toujours de l'ambition qu'il joue comme de son arme la plus sûre pour détourner le futur Sauveur des hommes, de la voie où il se prépare à s'engager ; et toujours, cela va sans dire, sa tentative tourne à son entière confusion. Ce sont là des rapprochements qui ont été faits depuis longtemps et qu'on s'étonnerait avec juste raison de nous voir passer sous silence. À la vérité dans l'*Avesta* c'est au cours d'une altercation qu'Angra Mainyou (pour lui restituer la forme antique de son nom) propose à Spitama Zarathoushtra la royauté s'il consent à abandonner la « bonne religion mazdéenne » ; mais les récits bouddhiques et chrétiens présentent des analogies plus marquées[22] :

(Aussitôt après son baptême par Jean, Jésus est conduit par l'Esprit dans le désert pour être tenté par le Diable, et celui-ci essaye d'abord, mais en vain, de lui persuader de changer les pierres en pain pour apaiser sa faim après son

(Le prince Siddhârtha est au moment de quitter sa ville natale pour entrer en religion.) Et en ce moment, Mâra, dans l'idée de faire revenir sur ses pas le Bodhisattva, vint et, se tenant dans les airs, il lui dit : « Mon cher, ne pars

long jeûne.) Puis Satan emmena Jésus sur une grande montagne, et lui fit voir en un instant tous les royaumes de ce monde : et il lui dit : « Je te donnerai toute la puissance et la gloire de ces royaumes, car elle m'a été donnée et je la donne à qui je veux. Si donc tu te prosternes devant moi, toutes ces choses seront à toi. » Et Jésus lui répondit : « Il est écrit : tu adoreras le Seigneur ton Dieu et ne rendras de culte qu'à lui seul. ».

[Suit un troisième essai qui également échoue.]

Et le Diable, l'ayant tenté de toutes manières se retira jusqu'à une autre occasion.

pas ; dans sept jours le joyau de la roue se manifestera pour toi, et tu obtiendras la souveraineté des quatre grands continents avec leur cortège de deux mille petits continents ; reviens sur tes pas, mon cher. » Et le Bodhisattva lui dit : « Qui es-tu ? » Il dit : « Je suis le Puissant. » Et le Bodhisattva lui dit : « Mâra, je sais fort bien que je verrais se manifester la roue ; mais je n'ai que faire de la royauté. Ce que je veux, c'est devenir Bouddha pour la plus grande joie des dix mille univers. » Et Mâra pensa : « Désormais si quelque soupçon de désir ou de malice ou de cruauté lui vient, je le saurai aussitôt que pensé », et il s'attache à lui, guettant une occasion, comme l'ombre suit le corps.

Vous avez lu : choix du moment, nature des offres, pouvoir des offrants (car on ne peut donner que ce qu'on possède), tout est pareil ; et pareille aussi l'obstination des Tentateurs qu'aucune rebuffade ne décourage ; pareille enfin l'inutilité de leurs fallacieuses promesses : mais le simple rappel du précédent iranien de ces deux scènes prouve assez à quel point les idées dont elles s'inspirent étaient largement répandues dès une haute antiquité, tout comme elles le sont encore aujourd'hui. Quiconque voudra découvrir entre les deux passages que nous venons de citer plus qu'un parallélisme devra en tout cas se souvenir que la rédaction du Commentaire *pâli* est postérieure d'au moins trois siècles à celle des Évangiles.

Si d'ailleurs au lieu de s'arrêter à des analogies superficielles, on va jusqu'au fond des choses, on ne tarde pas à découvrir sous les trois versions, iranienne, indienne et judéo-chrétienne de la Tentation des dissentiments de principe. En fait, elles ne font que dramatiser, chacune à leur manière, l'universel problème de l'existence du mal en ce monde, du mal physique comme du mal moral ; et les solutions qu'elles lui supposent sont nettement divergentes. Le franc dualisme mazdéen de la grande partie d'échecs entre le Bien et le Mal est à peine mitigé par la croyance au triomphe final d'Ahoura-Mazda (Ormazd) sur Ahriman. De son côté le Satan biblique nous est bien donné comme le roi de ce monde et c'est là ce qui fait que le péché y règne avec lui et qu'en langage chrétien l'épithète de « mondain » garde une nuance péjorative ; mais (outre qu'il ne représente guère que le mal moral), son pouvoir, pour grand qu'il soit, n'est qu'une concession passagère et révocable du Créateur ; c'est en définitive à ce dernier que remonte et sur lui que retombe toute la responsabilité de l'humaine misère, et il faut pour sa décharge recourir au mythe du péché originel. Quant à Mâra, on pourrait penser qu'il est seul responsable du train du monde en bien comme en mal ; mais ce n'est là qu'une illusion. La grande roue qu'il semble, que peut-être même il croit mouvoir, l'entraîne comme tous les êtres dans son perpétuel circuit. Heureuse ou malheureuse, la destinée de chacun n'est, on s'en souvient, que le fruit de ses actions passées, et il n'a à en féliciter ou à en blâmer que lui-même. La grande loi du *karma* ne souffre d'exception pour personne ; et si nous l'avons vue un instant fléchir en faveur du Bodhisattva ce n'était que sur une simple question de procédure[23]. Puisque Mâra occupe un rang aussi exalté dans la hiérarchie des dieux, il ne peut le devoir qu'à ses bonnes œuvres passées, et il l'occupera tant que ses mérites ne seront pas épuisés. Il faut bien après tout que quelqu'un fasse le haut et triste métier de meneur de la ronde des renaissances, et l'on ne saurait le lui imputer à crime, puisqu'il ne l'a pas choisi. Ainsi s'explique la clémence dont les Écritures bouddhiques, tout en abominant son rôle, font preuve à l'égard de sa personne. Bien loin qu'il soit irrémédiablement damné ou condamné comme Satan ou Ahriman, il est entendu qu'un jour viendra où Mâra se convertira et sera sauvé : car le génie de la vraie Inde est pure miséricorde[24].

LE CONFLIT DE MÂRA ET DU BODHISATTVA. — Quelle infinité de choses ne doit-il pas apprendre à connaître, celui qui veut entrer dans l'intelligence d'une religion au sein de laquelle il n'est pas né ! Nous avons suivi le Bodhisattva depuis les apprêts de sa naissance, nous venons de tourner longuement autour de la figure de Mâra, et c'est tout juste si nous commençons à nous sentir en état de lire et de comprendre les récits, d'ailleurs aussi insipides qu'embrouillés, qu'on va nous faire de leur conflit. Tout d'abord il faut nous souvenir que le Bodhisattva est seul, absolument seul, assis, les mains vides et reposant dans son giron, au pied de son arbre et sur sa jonchée d'herbe. Non seulement ses cinq compagnons l'ont abandonné comme un prophète avorté, mais les dieux, ses ordinaires comparses, à l'approche de la lutte décisive, se sont prudemment éclipsés, et ils ne reparaîtront que pour chanter une victoire où ils n'auront pris aucune part. En second lieu nous savons déjà que cette lutte précède l'arrivée à l'Illumination : tous les textes y insistent, et c'est le seul point sur lequel les deux adversaires tombent d'accord. Mâra sait bien qu'il n'aurait aucune chance de triompher d'un Bouddha parfaitement accompli ; et de son côté le Bodhisattva tient à accepter le combat avant que l'issue n'en soit d'avance acquise. D'après le *Lalita-vistara,* il aurait même lancé une sorte de cartel à son rival sous la forme d'un rayon lumineux qui, issu de son *oûrnâ* (c'est-à-dire du signe caractéristique qu'il porte entre les sourcils), serait allé provoquer Mâra jusque dans son palais céleste. Enfin nous avons prévu que le conflit comporterait tantôt une agression à main armée, tantôt une simple tentative de séduction. Notons toutefois que, dans ce cas particulier, il ne s'agit pas seulement d'une tentation du genre de celle que nous venons de citer, et qui se répète en mainte occasion[25] : cette fois le scénario indien rappelle invinciblement la façon dont hagiographes et peintres ont conçu et figuré chez nous la Tentation de s^t Antoine, tantôt harcelé par d'épouvantables démons, tantôt allicié par des apparitions voluptueuses. Mais ceci n'est encore qu'une première et légère complication : il en est d'autres plus graves en même temps que plus insidieuses. Comme nous verrons bientôt, la Communauté des moines a réussi à protéger sa version raisonnée et quasi raisonnable de l'*Abhisambodhana* contre toute contamination avec la fantaisie des zélateurs laïques ; mais en revanche elle ne s'est nullement interdit de modifier à sa guise la version populaire et d'accommoder au tour de sa prédication les données d'un folklore auquel elle ne croyait qu'à moitié. D'où un brouillamini qui demande à être vigoureusement élagué si l'on veut y voir un peu clair.

À la vérité le premier tableau, et le seul qui mérite le titre « d'Assaut de Mâra », se laisse assez aisément restituer sous sa forme originale[26]. Justement alarmé par l'imminence de l'Illumination de son ennemi juré, le Souverain de notre monde convoque ses mille fils et ses généraux et décide de mobiliser son armée : armée terrible, inouïe, invue, composée des monstres les plus affreux, langues pendantes, crocs proéminents, yeux de braise, corps difformes, tantôt sans bras et tantôt à mille bras, tantôt sans tête et tantôt à mille têtes, ou encore à têtes d'animaux féroces, etc. Spectres, larves, fantômes, diables et diablotins, gnomes et géants, korrigans, kobolds ou trolls, on reconnaît la horde démoniaque traditionnelle, celle du démon védique Namoutchi comme celle du Grand Seigneur Çiva, celle des façades de nos cathédrales comme de nos superstitions populaires : car l'imagination humaine a ses routines, même quand il s'agit d'inventer des figures de cauchemar. Vomissant des serpents et enguirlandés de crânes, transportant des montagnes et brandissant des arbres déracinés, assemblant les nuages et lançant la foudre, toutes ces créatures effroyables se ruent avec des cris de bêtes fauves sur le çramane désarmé : mais ses mérites antérieurs joints à son sentiment d'universelle bienveillance lui créent une zone de parfaite protection. Il se rit de toutes les attaques, et pas un poil de son corps (en Europe, où l'on est plus vêtu que dans l'Inde, on dirait seulement « pas un cheveu de sa tête ») ne s'en trouve agité. En vain Mâra en personne excite ses troupes innombrables. Comme Éros, il a pour enseigne un monstre marin et pour arme l'arc ; mais les flèches que ses soldats et lui font pleuvoir sur le Prédestiné voient toutes s'émousser leurs pointes qui se garnissent spontanément de fleurs : et c'est pourquoi le Kâma classique restera « le dieu aux flèches fleuries ». Enfin, de guerre las, rebutés par l'inutilité de leurs efforts, les noirs bataillons du Mal se dispersent, telle une bande de chacals quand rugit le lion ou une volée de corneilles au milieu de laquelle tombe une motte de terre. Et le récit se clôt sur une image assez saisissante : « Mâra, le Malin, triste, découragé, le cœur brûlant d'une secrète blessure, songeait à l'écart en traçant avec la pointe d'une flèche des lignes sur le sol : Le religieux Gaoutama va détruire mon empire. »

Le scénario, on le voit, ne manque ni de mouvement ni de couleurs, et porte à plein la marque de l'imagination populaire travaillant sur un thème épique en faisant appel à toutes les ressources des croyances traditionnelles. La preuve en serait, s'il en était besoin, que dans toute l'Asie orientale, du Gandhâra à Java et de Ceylan au Tibet, c'est toujours ainsi que l'imagerie bouddhique a figuré cet épisode et, à travers lui, l'arrivée à l'Illumination. Mais lâchez des théologiens dans le plus beau sujet d'épopée, et vous verrez quel gâchis ils ne tarderont pas à en faire. Ici le mal est forcément plus restreint que dans les immenses poèmes, si lamentablement défigurés, du *Mahâbhârata* et du *Râmâyana* : il n'en est pas pour cela moins profond. D'après le *Lalita-vistara*, Mâra n'est pas seulement réveillé au sein des délices du sixième ciel par le rayon lumineux émané du front du Maître : il faut encore que trente-deux songes de mauvais augure viennent redoubler ses craintes. Le conseil de guerre qu'il tient se divise en deux factions, l'une pacifique à sa droite, l'autre belliqueuse à sa gauche ; et entre les deux s'engagent en vers d'interminables palabres ; et sans doute les Muses aiment les chants alternés, mais elles n'ont malheureusement rien à voir dans l'alternance de ces stances, toutes plus prosaïques les unes que les autres. Quant à l'armée démoniaque, impossible de savoir jusqu'à quel point l'auteur croit ou ne croit pas à l'existence réelle de tous ces monstres. Pour les penseurs de la confrérie, ce n'étaient évidemment que des allégories, personnifications de nos vices, tout comme les figures grotesques que Minerve chasse devant elle sur un tableau bien connu de Mantegna. Le Bodhisattva s'y serait trompé moins que personne : « Désirs, langueur, faim et soif, concupiscence, paresse, crainte, doute, colère et hypocrisie, telles sont, dit-il à Mâra, tes huit armées[27] ». Et nul ne contestera qu'il n'ait raison de concevoir ainsi les choses. Il n'y a qu'un malheur : c'est qu'avec la conviction du narrateur tout l'intérêt littéraire du récit s'évanouit, et qu'à sa place s'installe l'ennui scolastique avec ses pédantes énumérations. Dans le *Mahâvastou*, Mâra pousse tour à tour les dix grands rires ou les seize gémissements, tandis que le Bodhisattva profère les quatorze menaces et met ses ennemis en déroute avec quatre regards, quatre bâillements et quatre toux[28]. Mâra, dans la *Nidâna-kathâ,* procède à neuf attaques par vent, pluie, rocs, armes, charbons ardents, cendres, sable et boue, toujours en vain, et plus tard tout déconfit de sa défaite, il continuera bien à tracer des lignes sur le sol : mais à présent ces lignes sont au nombre de seize, et chacune s'accompagne dans la bouche du dieu d'un aveu d'infériorité par rapport à son rival[29]… Déjà vous demandez grâce.

Au milieu de ce fouillis de platitudes et de contradictions, on voit toutefois se dessiner (non sans quelques flottements) dans les trois textes que nous venons de citer une seconde version où l'influence moralisante de la Communauté monastique prend nettement le dessus sur le goût des fidèles laïques pour les fables mythologiques. Il s'agit bien encore, si l'on veut, d'un conflit, mais non plus cette fois à main armée, disons plus exactement d'une sorte de concours pour le prix d'excellence entre le Bodhisattva et Mâra. Fier du souverain pouvoir que lui a jadis valu l'accomplissement d'un grand sacrifice volontaire, celui-ci somme son adversaire de quitter sa place sous l'arbre, dont il revendique la possession. De son côté le moine ne songe pas un instant à contester au dieu le mérite qui lui a conféré dignité et puissance : il invoque seulement le fait que ses propres mérites sont encore supérieurs. Ce n'est pas un unique sacrifice, ce sont des sacrifices innombrables qu'il a lui-même accomplis au cours de ses existences passées, alors qu'il a fait abandon de tout, de ses biens, de ses mains, de ses pieds, de ses yeux, de son sang, de sa tête, et cela sans autre but que le salut des êtres ; et à présent encore leur libération reste le seul objet de ses efforts. Malheureusement pour lui, dans sa solitude, il ne dispose d'aucun témoin qui puisse confirmer ses dires, tandis que la partie adverse a derrière elle une nuée de partisans ; aussi Mâra, voyant son avantage, de s'exclamer : « Tu es vaincu ! » Mais le Bodhisattva lui répond : « Ô Malin, cette terre, mère impartiale de tous les êtres, est mon garant. » Et allongeant sa main droite dans le geste tant de fois reproduit par l'iconographie bouddhique et qui est resté le symbole de l'arrivée à l'Illumination, il touche la terre du bout de ses doigts. Aussitôt celle-ci tremble de six manières et résonne comme résonne sous le maillet un gong du pays de Magadha ; puis, non contente de se comporter à la mode indienne, elle recourt à un procédé renouvelé des Grecs : « Et la Grande Terre, de son nom Sthâvarâ, fendant le sol à proximité du Bodhisattva, se montra à mi-corps, parée de tous ses atours ; et, s'inclinant pour le saluer, elle lui dit : Il en est bien ainsi, ô grand homme, il en est bien ainsi ; il en est comme tu l'as affirmé, j'en suis témoin oculaire[30]… » Et ce serait à la vue de cette miraculeuse apparition que l'armée de Mâra aurait pris la fuite. La légende postérieure, telle qu'elle est restée vivante au Cambodge, a encore renchéri, non sans ingéniosité, sur ce thème nouveau. Souvenez-vous que dans l'Inde ancienne, pour qu'une donation devînt irrévocable, il fallait que le donateur versât quelques gouttes d'eau sur les mains du donataire. Au cours des âges les aspersions rituelles dont s'accompagnèrent les centaines de milliers de millions d'aumônes faites par le Bodhisattva ont mouillé à chaque fois le sol ; et la Déméter indienne en garde la chevelure à ce point imprégnée qu'en tordant ses tresses en manière d'attestation elle provoque une inondation qui noie et balaie toute la horde diabolique[31] !

Nous arrivons enfin à la seconde phase de ce long duel, au moment où l'attentat du Satan bouddhique se transforme en tentation : mais ici données populaires et arrière-pensées monastiques sont si intimement mêlées qu'il nous faut renoncer à dédoubler ce deuxième tableau ainsi que nous venons de faire pour le premier. Le vieux fond folklorique transparaît de la façon la plus claire. Les austérités des antiques rishis, ainsi que nul n'en ignorait, leur conféraient de tels pouvoirs magiques que les dieux sentaient vaciller sous eux leurs trônes et n'avaient d'autre ressource que de leur décocher les plus charmantes nymphes du ciel ; car une fois séduits, ils perdaient leur puissance en même temps que leurs mérites et n'étaient plus des concurrents à redouter. Il est donc tout naturel que, désappointé dans sa tentative d'extermination ou tout au moins d'intimidation, Mâra songe à faire entrer en lice ses filles : leurs charmes pourront réussir où les armes ont échoué. Dociles aux injonctions de leur père, elles s'approchent donc à leur tour du Bodhisattva et déploient en sa faveur « la magie des femmes ». Celle-ci n'a pas changé. Ce ne sont que sourires ou soupirs, regards mi-clos ou œillades en coulisse, mines tour à tour provocantes ou pudiques, joyeuses folies ou subits accès de retenue. Les unes se dévoilent dans des poses lascives ; les autres, plus expertes, restent à demi voilées ; et comme tous les goûts sont dans la nature et qu'il faut tout prévoir, les unes affectent les formes graciles de jeunes filles à peine pubères tandis que d'autres étalent des maturités exubérantes, etc. Toutes chantent le retour de la saison printanière et invitent l'ascète à se hâter de jouir avec elles de sa jeunesse, et toutes en sont, il va de soi, pour leurs frais : mais qui aurait pu croire notre dévot auteur aussi expert en matière de coquetterie féminine ? — Ne vous scandalisez pas trop vite : c'est pour votre gouverne qu'il a emprunté à quelque manuel d'érotique[32] (l'Inde a des manuels pour tout) la description des trente-deux sortes de manigances de ces diablesses que sont les femmes. Il sait d'ailleurs fort bien que les trois filles de Mâra ne sont que des figures allégoriques, ainsi qu'en témoignent leurs noms, Plaisance, Déplaisance et Concupiscence

L'ARRIVÉE À L'ILLUMINATION. — Mais trêve à toutes ces fictions, qu'elles soient mythologiques ou allégoriques : il est grand temps de se mettre à parler raison. Par la dispersion de l'armée de Mâra et la confusion de ses filles entendons donc avec les clercs que tous les bas instincts, toutes les mauvaises pensées, tous les germes de péché sont totalement extirpés du cœur du futur Bouddha et que le terrain moral est admirablement préparé pour l'éclosion de la fleur merveilleuse de la *Sambodhi*. Entre temps le soleil s'est couché ; mais à l'horizon opposé se lève la pleine lune d'avril et elle baigne de sa clarté les feuillages, la rivière prochaine et les villages endormis. Seul le penseur solitaire veille, plus que jamais déterminé à découvrir ce secret de la destinée qui avant lui a toujours échappé aux hommes comme aux dieux. Instruit par ses études et ses pratiques antérieures, il sait déjà qu'il ne le trouvera qu'au fin fond de sa pensée, par la force de son intuition, pourvu seulement que son esprit, parfaitement purifié, reflète l'univers comme un miroir fidèle[33] ; car, aux longues et discursives recherches de nos laboratoires, l'Inde ancienne a toujours préféré la méthode directe de l'introspection infiniment plus prompte, peut-être aussi mieux adaptée à son climat. La question se pose dès lors pour nous de savoir comment nous pourrons pénétrer à sa suite dans les mystérieux arcanes où microcosme et macrocosme se réfléchissent et s'éclairent réciproquement. Par bonne chance l'imagerie populaire nous a conservé un schéma approximatif de l'aspect sous lequel le Prédestiné se représentait le monde. Lui-même, nous assure-t-on, en aurait fixé les traits essentiels : « Dans le vestibule du couvent, aurait-il dit à ses disciples, il vous faut figurer une roue à cinq rayons[34]. Dans ses cinq subdivisions vous figurerez les cinq voies (de renaissance) à savoir : en bas les enfers, le règne animal et la région des larves, en haut les dieux et les hommes. Sur le moyen vous figurerez la Lubricité, l'Animosité et la Stupidité[35] : la Lubricité sous la forme d'une colombe, l'Animosité sous la forme d'un serpent, la Stupidité sous la forme d'un porc. Sur la circonférence de la jante vous figurerez les douze termes de la Production en dépendance réciproque. Et le tout sera saisi entre les griffes de l'Impermanence… » Vous reconnaissez là ces « Roues de la transmigration » que les peintures tibétaines ont vulgarisées jusqu'en Europe : si nous gardons présente à l'esprit l'une de ces images, elle nous aidera singulièrement à comprendre et à nous représenter tout ce qui va suivre.

La Première veille. C'est à titre d'exercice préparatoire (on nous en avertit expressément) qu'en bon *yogui* le Bodhisattva commence par franchir un à un les quatre degrés successifs de la Méditation et par abolir en soi tout sentiment affectif comme toute opération intellectuelle. Voici qu'il n'est plus que pur esprit, exempt de toute fêlure comme de toute ternissure. C'est alors que, grâce à l'intensité de son effort mental, se déchire pour lui le voile qui obnubile tous les autres êtres et que s'ouvre ce que tous les textes appellent son « œil divin », autrement dit le pouvoir d'embrasser d'un seul regard tantôt l'infini du temps, tantôt l'infini de l'espace ; et c'est justement là ce qu'il va faire pendant les deux premières des trois veilles entre lesquelles se partage la nuit. Lisez vous-mêmes :

Et le Bodhisattva ayant concentré, purifié, éclairé et fixé sa pensée, l'ayant débarrassée de toute disposition mauvaise, l'ayant allégée de presque tout son *karma* et stabilisée, au cours de la première veille de la nuit il la rassembla et la tendit en vue de se représenter clairement la connaissance que procure l'œil divin. Et le Bodhisattva, avec son œil divin, purifié, surhumain, vit les êtres. Il les aperçut qui chutaient[36] pour renaître, de haute ou de basse caste, heureux ou malheureux, méchants ou bons, selon ce que leur valait leur *karma*. Oh, voyez ceux-ci qui pèchent en action, qui pèchent en parole et en pensée, qui médisent des gens de bien, qui professent de fausses doctrines ; du fait de leur attachement à la pratique de la loi des fausses doctrines, après la dissolution du corps ils tombent dans une condition mauvaise et renaissent dans les enfers. Voyez au contraire ceux qui se conduisent bien en action, qui se conduisent bien en parole et en pensée, qui ne médisent pas des gens de bien, qui professent la vraie doctrine ; du fait de leur attachement à la pratique de la loi de la vraie doctrine, après la dissolution du corps ils renaissent dans les mondes du ciel. C'est ainsi qu'avec son œil divin, purifié, surhumain, le Bodhisattva vit les êtres disparaissant, chutant et se reproduisant, de bonne ou de mauvaise caste, de bon ou de mauvais sort, rétrogradés ou promus, le tout suivant leur *karma* : telle fut la connaissance qui se présenta à lui au cours de la première veille de la nuit ; et il détruisit les ténèbres, et il lui vint une intuition…

C'est donc une vue générale de l'univers entier en son état présent que commence par prendre le Bodhisattva ; et, certes, quand il était en train il dut y voir bien plus de choses que n'en a retenues son monastique interprète, trop uniquement préoccupé de damner les hérétiques et de béatifier les vrais croyants — trop persuadé aussi, à notre gré, de l'impeccable régularité du jeu du *karma*. Du moins souligne-t-il de son mieux avec quelle perspicacité et quelle hauteur de vue le Bodhisattva contemple la révolution perpétuelle de la grande roue des existences[37] — laquelle lui apparaît pareille à celle de ces machines hydrauliques que l'on appelle des norias et dont les godets (remplacés dans l'Inde par des chapelets de cruches) plongent, se remplissent d'eau, remontent, puis, redescendant, se vident pour s'emplir à nouveau et recommencer sans fin le même mouvement circulaire. Le contemplateur attristé de l'incessante et vaine activité des abeilles dont il a été question tout à l'heure, bien qu'il profite de toute la marge de supériorité qui sépare la raison de l'instinct, ne saurait apporter à son examen plus de pénétration ni de sympathie ; mais songez que cette fois c'est un homme d'entre les hommes qui, s'élevant d'un puissant coup d'aile et planant au-dessus de l'humanité, considère en spectateur certes compatissant, mais aussi terriblement lucide, la futile agitation de la ruche ou (si vous préférez) de la fourmilière humaine. Ne craignons pas de nous tromper en pensant que lui non plus ne découvre au cycle des générations « qui naissent, croissent, tombent et repoussent[38] » ni commencement, ni fin, ni sens : la suite va nous confirmer dans cette opinion ; et si le texte ne le dit pas, c'est que cela va sans dire.

La deuxième veille. — Après avoir ainsi exploré l'espace, c'est le passé que va sonder le Bodhisattva pendant la seconde ou moyenne veille de la nuit. Devant son œil suprahumain se déroulent à présent les centaines de milliers de millions de ses existences antérieures — des siennes et de celles des autres. Avec une vitesse vertigineuse toutes repassent jusque dans leurs détails : « J'étais là, sous tel nom, de telle famille, de telle caste, de telle condition ; telle fut la longueur de ma vie, telles mes allées et venues, telle ma part de bonheur ou de malheur. Trépassé, voici où je renaquis… ; et ainsi de suite avec leur forme et leur nom et dans toute leur variété il se rappelait ses renaissances et celles de tous les êtres ». Ici encore on regrette que l'auteur du *Lalita-vistara*, si prolixe quand il s'agit de décrire le décor matériel de l'aire de la Bodhi[39], se montre si inférieur à sa tâche au moment d'exposer la préparation mentale du miracle. Sa croyance en la transmigratmn lui offrait une occasion admirable de suivre à travers les âges les phases de l'évolution d'un grand homme depuis sa sortie de l'animalité jusqu'à son élévation au rang de « premier des êtres » ; mais il ne faut pas lui en demander trop. Sachons-lui plutôt gré d'avoir su nous montrer le Bodhisattva explorant le passé après avoir considéré le présent, et résumant ainsi dans son esprit toute l'expérience du monde. Grâce au formidable et désolant savoir que vient ainsi de rafraîchir son don d'intuition surhumaine, le religieux Gaoutama est mûr pour aborder au cours de la troisième veille de la nuit[40], le problème capital à la solution duquel il a encore tout sacrifié en cette renaissance, celui de l'extinction de la douleur.

La troisième veille. — Admirons la méthode avec laquelle il procède. Né homme, c'est la souffrance humaine qu'il s'attache d'abord à guérir. Ne l'accusez pas d'égoïsme : tout comme la charité bien ordonnée de notre proverbe, la spéculation philosophique ne peut mieux commencer que par la connaissance de soi-même : depuis que Socrate l'a dit, tout l'Occident en est tombé d'accord. En second lieu, le Bodhisattva a appris à l'école du Sânkhya que rien n'arrive sans cause : le seul moyen de découvrir le remède au mal congénital dont souffre l'homme sera donc de démonter, rouage par rouage, le mécanisme de son destin. À la question ainsi nettement posée la réponse ne se fera plus attendre : la formule des douze Productions qui sont la condition réciproque l'une de l'autre[41] va nous la donner. Souffrez que nous numérotions dans leur séquence nécessaire ces douze « occasions » originelles et que nous les accompagnions d'un bref commentaire explicatif :

« 1° Et le Bodhisattva pensa : Quelle misère pour celui qui vient au monde que de naître, de vieillir, de mourir, de chuter, de renaître. Et le pis est qu'on n'aperçoit aucun recours contre tout ce grand agrégat de douleurs, vieillesse, maladie, mort et ce qui s'ensuit. Et dire qu'on ne connaît aucun moyen de mettre un terme à tout ce grand agrégat de douleurs !

Telle est la donnée initiale : c'est l'existence avouée et même proclamée de la Douleur, laquelle se résume finalement en deux mots « vieillesse et mort » et se représente sur le premier des douze compartiments qui partagent la jante de la grande Roue par un cadavre que l'on porte au bûcher ou qu'on abandonne aux bêtes et aux oiseaux de proie.

2° Et le Bodhisattva pensa : En présence de quoi y a-t-il vieillesse et mort ? À quelle occasion y a-t-il vieillesse et mort ? — Il pensa : C'est quand il y a naissance qu'il y a vieillesse et mort : vieillesse et mort ont pour occasion la naissance.

Il va en effet de soi que pour vieillir et mourir il faut commencer par naître : « On ne peut abattre un arbre avant qu'il n'ait crû. » La naissance est directement représentée par une scène d'accouchement.

3° En présence de quoi y a-t-il naissance ? À quelle occasion y a-t-il naissance ? — C'est quand il y a venue à l'existence qu'il y a naissance ; la naissance a pour occasion la venue à l'existence.

Bhava en langage bouddhique ne signifie pas « existence » mais « devenir, production », ici même « reproduction ». Pour qu'un enfant soit mis au monde, il faut d'abord qu'il ait été conçu. Toute naissance suppose au préalable conception et, par suite, gestation ; c'est pourquoi la venue à l'existence est figurée par une femme visiblement enceinte.

4° En présence de quoi y a-t-il venue à l'existence ? À quelle occasion y a-t-il venue à l'existence ? — C'est quand il y a prise de possession qu'il y a venue à l'existence ; la venue à l'existence a pour occasion la prise de possession.

Il ne peut y avoir de conception qu'à la suite d'un accouplement et c'est bien d'une possession de ce genre qu'il s'agit ici ; mais la pudeur monastique a fait que l'union des sexes est symbolisée, tout comme dans le début de la Genèse, par l'acte de cueillir les fruits d'un arbre.

5º En présence de quoi y a-t-il prise de possession ? À quelle occasion y a-t-il prise de possession ? — C'est quand il y a désir qu'il y a prise de possession ; la prise de possession a pour occasion le désir.

Pour employer le langage de nos catéchismes il ne peut y avoir « d'œuvre de chair » s'il n'y a pas eu auparavant désir charnel, et *trishnâ* désigne bien ici la concupiscence sensuelle ; mais comme le mot signifie proprement « soif », il est figuré par un homme buvant, parfois aussi attirant à lui la femme demi-nue qui lui sert à boire.

6º En présence de quoi y a-t-il désir ? À quelle occasion y a-t-il désir ? — C'est quand il y a sensation qu'il y a désir ; le désir a pour occasion la sensation.

Pour que le désir s'éveille il faut une raison, et cette raison ne peut être qu'une sensation ou perception (les deux notions ne sont pas encore distinguées), et, comme la vue est de beaucoup le plus représentatif de nos sens, *vêdanâ* s'entend avant tout d'une perception visuelle. On ne peut éprouver de désirs que pour une femme que l'on a vue, et c'est pourquoi la sensation ou perception est symbolisée par une flèche qui vient taper droit dans l'œil.

7º En présence de quoi y a-t-il sensation ? À quelle occasion y a-t-il sensation ? — C'est quand il y a contact qu'il y a sensation ; la sensation a pour occasion le contact.

La sensation ou perception ne peut à son tour se produire que s'il y a contact entre les sens et leurs objets. Dans les idées indiennes ce sont d'ailleurs les sens qui vont saisir au dehors les objets extérieurs, puis en réfèrent à l'esprit. Les artistes prennent d'ordinaire sur eux de figurer le contact par un couple humain, assis ou debout, et se tenant étroitement embrassé ; d'autres, plus prudes, montrent un laboureur empoignant le mancheron de sa charrue.

8° En présence de quoi y a-t-il contact ? À quelle occasion y a-t-il contact ? — C'est quand il y a les six cadres qu'il y a contact ; le contact a pour occasion les six cadres.

Il va de soi qu'il ne peut y avoir de contact entre les sens et le monde extérieur que si les sens existent : « un aveugle ne voit rien ». Ces sens, leurs sièges et leurs domaines respectifs sont au nombre de six, à savoir nos cinq sens externes (vue, ouïe, tact, odorat et goût) et le sens interne (*manas*). Ils sont indiqués soit par un masque humain présentant les ouvertures vides des organes des sens externes et muni d'une paire d'yeux supplémentaire figurant le *manas*, soit par une maison, toutes fenêtres ouvertes, mais encore inhabitée.

9° En présence de quoi y a-t-il les six cadres ? À quelle occasion y a-t-il les six cadres ? — C'est quand il y a nom et forme qu'il y a les six cadres ; les six cadres ont pour occasion les nom-et-forme.

L'existence et l'activité des sens impliquent à leur tour celles d'une personne qui s'en sert et qu'en retour ils informent. Or une personne se définit par le fait d'avoir une forme (c'est-à-dire un corps) et de se désigner par un nom (avec les idées accessoires que ce mot connotait de toute antiquité, quand le nom était comme l'essence de l'individu qu'il déterminait). La conjonction de ces deux facteurs, l'un d'ordre spirituel et l'autre purement physique, constitue la « personnalité », et tel est le meilleur équivalent pour traduire en notre langue le composé « nom et forme ». Celui-ci est figuré par un passager embarqué dans une nef flottant sur l'océan des existences : car la question se pose dès lors pour lui de savoir s'il atteindra ou non « l'autre rive », celle où gît le salut.

10° En présence de quoi y a-t-il nom et forme ? À quelle occasion y a-t-il nom et forme ? — C'est quand il y a conscience qu'il y a nom et forme ; les nom-et-forme ont pour occasion la conscience.

Cette personnalité, pour impermanente qu'elle soit dans les idées bouddhiques, ne peut exister, ou tout au moins en concevoir l'illusion, qu'à condition d'avoir quelque conscience de son moi. Comme cet éveil de la conscience qui oppose l'individu au reste du monde se produit dès le stade animal, il est symbolisé par un singe juché ou non sur un arbre.

11° En présence de quoi y a-t-il conscience ? À quelle occasion y a-t-il conscience ? — C'est quand il y a prédispositions qu'il y a conscience ; la conscience a pour occasion les prédispositions.

À la conscience individuelle correspond forcément un certain degré dans l'échelle des êtres et ce degré implique tout un ensemble de caractères physiques, intellectuels et moraux que chaque individu apporte avec lui en naissant et que nous embrassons sous le terme d' « hérédité » ou, comme certains disent, de « prédestination ». Par *samskâra* (littéralement « confectionnant » ou « coefficient ») il faut entendre ici toutes ces particularités, tendances et potentialités que l'on dit innées parce qu'héritées d'une lignée indéfinie d'ancêtres ; et comme ces prédispositions déterminent à l'avance le statut, les conditions et l'orientation générale de chaque vie nouvelle, elles sont symbolisées par un potier qui sur sa roue et sous sa main modèle à son gré l'argile dont il fabrique ses vases.

12° En présence de quoi y a-t-il prédispositions ? À quelle occasion y a-t-il prédispositions ? — C'est quand il y a non-connaissance qu'il y a prédispositions ; les prédispositions ont pour occasion la non-connaissance[42]. »

Parenthèse sur l'Inconnaissable. — Arrêtons-nous plus longuement sur ce qu'il faut entendre par cette « non-connaissance » ; car de la réponse à cette question dépend la claire intelligence de toute la formule. Or tandis que du n° 1 au n° 11 nous saisissons sans peine la sorte de liaison plus ou moins lâche qui enchaîne les termes l'un à l'autre, entre les n°s 11 et 12 la connexion nous échappe. Nous voyons bien que ce dernier est figuré par une chamelle aveugle et se laissant docilement conduire par un guide qui n'est autre que la personnification de son *karma*[43] ; mais, si nous savons déjà où il la mène, nous ignorons d'où il sort avec elle. Évidemment la douzième condition, au lieu d'être machinalement coulée dans le même moule rigide que les dix précédentes, aurait gagné à faire l'objet, tout comme la première, d'un commentaire plus développé, posant l'aboutissement de la série de façon aussi explicite que son point de départ. Cette explication nécessaire, par bonne chance le contexte nous la donne et tout ce que nous savons de la pensée bouddhique la confirme. Une lecture attentive prouve que la formule dite de « la Production en dépendance mutuelle » ne raccorde pas entre eux des concepts abstraits, mais seulement des réalités concrètes ou tout au moins des constatations de fait. Nous devons insister sur ce point, qui est essentiel : insérer dans la série une idée générale quelconque serait une démarche aussi radicalement contraire à son esprit qu'à sa teneur ; et c'est pourquoi traduire, ainsi que l'on fait d'ordinaire, *avidyâ* par « ignorance », c'est fausser, sinon bloquer, comme par l'introduction d'un corps étranger, tout le fonctionnement de l'engrenage. La façon dont a procédé le Bodhisattva nous est heureusement exposée dans l'ensemble de la manière la plus claire. Partant du fait constant et (quoi qu'en aient dit les stoïciens) indéniable de la souffrance, il a tenté de remonter de proche en proche jusqu'aux sources mêmes du mal ; mais le moment est arrivé (tôt ou tard il arrive toujours) où l'esprit humain rencontre ses bornes et se heurte à l'inconnaissable. C'est du fond de l'Inconnu — c'est de l' « Invu[44] », comme disent toujours les pandits ou, comme nous dirions, de l'Invisible — que jaillissent en fin de compte ces prédispositions accumulées au cours des âges et qui déterminent les modalités de chaque personnalité nouvelle ; et comme c'est bien à son insu que l'individu hérite de ce legs du passé, nous emploierons comme équivalent à *avidyâ* le terme d' « inconnaissabilité » — étant bien entendu qu'il faut entendre par là non pas une notion, mais un fait, et même un fait d'expérience commune : le fait que nul ne sait d'où proviennent les impérieuses, sinon irrésistibles tendances qui commandent son existence présente et aboutissent à perpétuer sur la terre « vieillesse et mort ».

Ainsi la formule et ses douze chaînons deviennent de bout en bout intelligibles ; mais il est impossible de dissimuler que nous venons de mettre ingénument le pied sur un nid toujours grouillant de couleuvres dialectiques. Tout d'abord n'est-il pas sacrilège de notre part de poser ainsi au début de la série un élément déclaré inconnaissable et d'assigner par là une limitation à l'omniscience du Prédestiné, alors que la croyance en cette omniscience est un article de foi pour tous ses fidèles ? Ce serait proprement nier le miracle que nous sommes en train de décrire et ruiner les assises mêmes de la Bonne-Loi en insinuant que la parfaite Illumination, pour s'être heurtée en cours de route à un obstacle infranchissable, est demeurée en réalité imparfaite. Sans doute nous pourrions alléguer après d'autres que, justement parce que le Bouddha savait tout, il n'a jamais trouvé le temps de tout dire. Lui-même aurait pris soin d'en avertir ses disciples : au cours d'un de leurs entretiens journaliers il a une fois ramassé sur le sol quelques-unes des feuilles tombées de l'arbre qui les abritait et il leur a demandé quelles étaient les plus nombreuses de celles qu'il tenait dans sa main ou de celles qui formaient une épaisse frondaison au-dessus de leur tête[45] : de même a-t-il découvert plus de choses qu'il n'en a énoncées. Mais cette excuse serait vite rejetée comme inacceptable : car nul n'ignore que le Bienheureux n'était pas de ces maîtres qui gardent jalousement la main fermée sur une partie des vérités qu'ils détiennent et refusent à leurs auditeurs le fond dernier de leur pensée[46]. Comment dès lors expliquer qu'il n'ait jamais consenti à rien enseigner de précis non seulement sur les origines, mais (complication plus grave encore) sur les fins dernières de l'homme ? Ce n'est pourtant pas faute que des questions directes ne lui aient été posées par des gens dont les textes nous ont transmis les noms. Tantôt c'est l'ascète hétérodoxe

Vacchagotta, tantôt un de ses propres moines, appelé le Fils-de-Mâlounkyâ, qui l'interroge ; et les problèmes, que chacun d'eux lui pose en termes identiques, manquent d'autant moins d'intérêt qu'on en discute toujours : « Le monde extérieur est-il réel ou non ? Est-il éternel ou non éternel ? Est-il fini ou infini ? Le corps et l'âme sont-ils choses identiques ou distinctes ? Le moi personnel est-il ou n'est-il pas immortel ? Les saints, à commencer par le Maître lui-même, continuent-ils ou non à vivre après la mort ? En d'autres termes, le Nirvâna, qui est le but final auquel aspirent tous les êtres s'ils sont sages, doit-il être défini comme Béatitude éternelle ou comme Néant absolu[47] ? »... À cette question capitale ainsi qu'à toutes les autres le Bouddha se refuse à répondre par oui ou par non. Et peut-être penserez-vous avec le moine curieux que ce silence systématique ne vous plaît pas et que, faute d'une réponse nette, il ne reste plus qu'à jeter le froc aux orties et la dogmatique bouddhique au rebut. Que ce soit de la part du Prédestiné incompétence réelle ou abstention volontaire, force est en tout cas d'admettre les funestes conséquences de son mutisme obstiné. Les problèmes qu'il n'a pas expressément résolus sont restés par là même livrés aux discussions des théologiens, tant anciens que modernes, et ils leur ont donné tour à tour les solutions les plus contradictoires. Pour ne prendre qu'un exemple, tantôt selon les sectes bouddhiques, le *Samsâra* et son antithèse le Nirvâna ont été déclarés tous les deux soit réels soit irréels, et tantôt celui-ci réel ou irréel et non pas celui-là. Les exégètes européens n'ont pas manqué de reprendre à leur compte ces controverses d'autant plus passionnées qu'elles sont sans issue. Les uns ont jugé, d'accord avec les brahmanes, que le bouddhisme menait droit au plus pessimistique des nihilismes ; d'autres ont plaidé pour y retrouver bon gré mal gré des croyances qui leur étaient chères et qu'ils estimaient indispensables à la contexture de toute religion ; et pour comble certains d'entre eux n'ont pas craint d'imprimer que si le Bouddha n'avait rien répondu à ses questionneurs, c'est qu'il ne savait que répondre[48] !

En présence d'une telle confusion d'opinions inconciliables, et toutes autorisées, notre embarras devrait être extrême : mais il est des grâces d'état pour les simples d'esprit, et nous sortirons sans difficulté de l'inextricable imbroglio créé par des siècles de controverses scolastiques à la seule condition d'écouter docilement la voix de la tradition ancienne. Du même coup nous dispenserons les lecteurs de bonne foi de se perdre dans l'épineux fourré des polémiques et nous ne refuserons pas aux bouddhistes les apaisements qu'ils peuvent raisonnablement espérer. À ceux-ci nous concéderons que si le Bouddha n'a pas tout su, il a du moins pu avoir et donner l'impression qu'il savait tout le nécessaire, puisqu'il a discerné à la fois ce qu'il importait de connaître et ce qu'il était indifférent d'ignorer. Avec ceux-là nous admettrons que, comme en toute circonstance, il s'est conduit sur ce point en parfait honnête homme et qu'en fait il a répondu avec autant de sincérité que de clarté. Pas d'ombre chez lui de charlatanisme. Ainsi que le lui déclare sans ambages le Fils-de-Mâlounkyâ : « Quand on ignore quelque chose, on doit l'avouer. » Tel est bien le parti qu'a pris le Bienheureux ; et, étant donnée sa coutume de se rendre à l'évidence des faits, il ne pouvait en prendre d'autre. Lui aussi a vu que la vie humaine n'est qu'une fugitive lueur entre deux noirs mystères. Rappelez-vous l'oiseau du poème nordique qui, jaillissant de la nuit, traverse à tire-d'aile la salle éclairée du festin et disparaît par la porte opposée dans les ténèbres extérieures. La comparaison indienne n'est pas moins parlante : la roue de la noria n'émerge un instant du puits que pour s'y enfoncer à nouveau, et nous ne sortons de l'invisible passé que pour être replongés dans l'imprévisible avenir : « Insaisissables dans leur commencement, perceptibles seulement au milieu de leur carrière, êtres et choses nous échappent de nouveau dans leur fin : à quoi servirait de s'en plaindre[49] ? » Ainsi parle la *Bhagavad-Gîtâ*, en écho aux textes bouddhiques ; et en effet dans un monde incréé par définition, et qui ne subsiste qu'en se reproduisant sans cesse, toute tentative pour découvrir « la limite antérieure ou postérieure[50] » de n'importe quel phénomène est d'avance vouée à l'échec. Autant vaudrait, dit de son côté le *Milinda-pañha*, essayer de déterminer qui a pris originairement l'initiative, de la plante ou de la graine, de la poule ou de l'œuf[51] ; autant chercher le point où commence la ligne continue d'un cercle. Le Prédestiné n'écarte pas seulement ces spéculations comme oiseuses, il les réprouve comme pernicieuses et faisant obstacle à la seule affaire urgente de l'homme, à savoir sa « libération ». Rien de moins ambigu sur ce point que la parabole par laquelle il calme les prurits métaphysiques du Fils-de-Mâlounkyâ, aussi dangereux pour son salut que pourraient l'être des évocations libidineuses. Après l'avoir forcé à avouer qu'il ne lui a jamais promis aucune révélation sur les points visés par son interrogatoire, il lui fait comprendre ce que ce dernier a de déplacé. Entré en religion pour se guérir du mal de l'existence, il se conduit comme un homme blessé d'une flèche empoisonnée et à qui sa famille et ses amis auraient procuré un habile chirurgien, mais qui refuserait de se laisser soigner avant de savoir la caste, le nom, la taille, le teint, le domicile de son agresseur, et encore de quelle nature sont le bois de l'arc, les fibres de la corde, la hampe de la flèche, les plumes de l'empenne : il serait mort longtemps avant la fin de son enquête. Ainsi adviendrait-il du disciple qui, au lieu de courir au plus pressé, se perdrait en des préoccupations intempestives ; et c'est pourquoi, on nous le répète sans trêve, « le Bouddha n'a élucidé et enseigné que ce qui peut conduire à l'apaisement des passions, à la quiétude, à la sagesse, au Nirvâna ». Sa position est des plus nettes pour qui l'écoute. Jamais il n'a reconnu à la douleur une valeur éducative ni une vertu méritoire ; jamais il ne l'a acceptée comme une épreuve imposée par une volonté supérieure, ni ne lui a promis de bienheureuses compensations dans un monde meilleur. Il la prend comme elle vient, la tient pour le mal qu'elle est, et ne s'occupe que de trouver le moyen d'empêcher qu'elle ne revienne. Mais jamais non plus il ne s'est flatté d'en connaître la cause dernière, ni d'ailleurs celle d'aucun des éléments qui constituent notre représentation de l'univers ; jamais il ne s'est fait fort de la supprimer par grâce spéciale, au gré de sa volonté personnelle. Médecin des âmes, il n'est pas plus maître de distribuer d'office le bonheur à ses disciples que le médecin des corps de débiter par tranches la santé à ses clients. Non ; mais le premier d'entre les hommes il vient (vous l'avez lu) de découvrir la série des conditions qui engendrent et propagent inéluctablement la souffrance ; il ne lui reste plus (comme l'on va lire) qu'à tourner et retourner dans sa tête sa découverte pour en déduire où réside la racine du mal ; et dès lors (la Première prédication nous l'apprendra bientôt) il se sentira en mesure de prescrire un régime approprié d'hygiène morale, lequel, grâce à des observances « correctes » — l'acquisition du Nirvâna allant de pair avec celle de la sainteté — apportera graduellement aux misérables mortels la guérison de leur misère : que peuvent-ils souhaiter de mieux ?

La troisième veille (suite et fin). — Ainsi remis dans l'ambiance du bouddhisme primitif, nous pouvons à présent reprendre le fil de notre lecture et suivre de bout en bout le cheminement de la pensée du Bodhisattva. Nous disons bien « cheminement », car à aucun moment il ne prétend construire un raisonnement rigoureux et déduire causativement les unes des autres une suite de notions abstraites et dûment analysées : la logique de son temps n'était pas encore parvenue à ce stade. Il va simplement son chemin en relevant l'une après l'autre les grandes étapes de la route, marquées chacune par la rencontre d'un fait nouveau, physiologique, psychique ou mixte, peu lui chaut, pourvu que ce soit un fait d'expérience universelle et constante ; et ainsi, pas à pas, il avance jusqu'au moment où, n'y voyant plus pour se conduire, il est bien forcé de s'arrêter. Mais s'il ne peut pousser plus avant son enquête, il lui est loisible d'en vérifier en sens inverse les résultats : car le propre d'une route, une fois qu'elle est frayée, est de permettre d'aller et de revenir à son gré. C'est ce qui fait que la formule peut être dévidée dans les deux directions, « dans le sens du poil et à contre-poil[52] ». Bien entendu les constatations de fait qui jalonnent la voie ainsi ouverte resteront les mêmes et se présenteront dans un ordre invariable, au retour comme à l'aller ; mais la perspective sera forcément changée et, avec elle, le point de vue du marcheur. Remonter de la douleur à travers toutes les conditions qui la provoquent jusqu'à venir buter contre l'inconnaissabilité de son origine dernière, c'est procéder à une exploration qui vise avant tout à satisfaire la curiosité intellectuelle ; redescendre par la même filière de l'inconnaissable à la douleur, ce peut être agir en moraliste qui, dépistant la provenance du mal, en découvre le remède. Voilà justement ce qui ne va pas manquer d'être intuitivement révélé au Bodhisattva ; mais, pour abréger les monotones répétitions dont ne se lassaient ni les récitants bouddhistes ni leur auditoire, nous nous bornerons à résumer les variations qu'il exécute sur le thème ci-dessus reproduit *in extenso* :

a) Tout d'abord il reprend simplement, en ordre inverse, la suite des douze conditions : « C'est à l'occasion (ou en dépendance) de l'inconnaissabilité que se produisent prédispositions, — conscience, — personnalité, — sens, — contact, — sensation, — désir, — accouplement, — conception, — naissance, — vieillesse, mort, chagrin, tristesse, souffrance, détresse et désespoir : telle est « l'origine prochaine » de tout « ce grand agrégat de douleurs ».

b) Là-dessus une autre intuition lui vient, et il reprend à nouveau la série, mais cette fois sous une forme négative et d'abord en ordre ascendant : « En l'absence de quoi n'y a-t-il ni vieillesse ni mort ? Par la suppression de quoi y a-t-il suppression de la vieillesse et de la mort ? — C'est en l'absence de la naissance qu'il n'y a ni vieillesse ni mort ; et c'est par suite de la suppression de la naissance qu'il n'y a ni vieillesse ni mort... » De même « sans naissance pas de venue à l'existence », etc., et ainsi de suite jusqu'à « sans prédispositions, pas d'inconnaissabilité ». Tout cela n'est pas pure tautologie : car du même coup, après « l'origine prochaine » de chaque condition, il a appris à en connaître la « suppression ».

c) Pour mieux exprimer le contenu de cette donnée nouvelle, il repasse une fois de plus la formule sous sa forme négative, mais dans l'ordre descendant : « En l'absence de quoi n'y a-t-il pas de prédispositions ? Par suite de la suppression de quoi y a-t-il suppression des prédispositions ? — C'est en l'absence de l'inconnaissabilité qu'il ne se produit pas de prédispositions ; c'est par suite de la suppression de l'inconnaissabilité qu'il y a suppression des prédispositions »… et ainsi de suite, jusqu'à : « C'est par suite de la suppression de la naissance qu'l'y a suppression de la vieillesse, de la mort, du chagrin, de la tristesse, de la souffrance, de la détresse, du désespoir ; c'est ainsi qu'il y a suppression de tout ce grand agrégat de douleurs ». Cette fois encore il a fait un pas de plus : après l'origine prochaine, après la suppression de chaque condition, il a trouvé la « voie d'accès » à cette suppression.

d) Dès lors il ne lui reste plus qu'à proclamer pour son entière satisfaction le résumé de ses découvertes successives : « Et c'est, ainsi que chez le Bodhisattva, à force de rouler à fond dans son esprit ces conceptions inouïes jusqu'alors, la connaissance, l'œil, la science, l'intelligence, la sagesse, la sapience se produisirent, et il lui vint cette intuition : Moi que voici, en cet instant, je sais ce qui en est », et derechef il dévide la série des conditions jusqu'à la conclusion finale : « Voici la douleur, voici l'origine prochaine de la douleur, voici la suppression de la douleur, voici le chemin qui mène à la suppression de la douleur, tout cela je l'ai connu, tel que c'est[53]. Et c'est ainsi que dans la dernière veille de la nuit, à la pointe de l'aube, le Bodhisattva, grâce à sa sapience, — ayant embrassé d'un seul regard de sa pensée tout ce qu'un homme, un surhomme, un grand homme, un taureau des hommes, un lion des hommes, un héros des hommes, un champion des hommes, un lotus des hommes, un premier des hommes, un conducteur des hommes, etc., peut connaître, comprendre, atteindre, voir et se représenter clairement — s'illumina de la suprême et parfaite Illumination[54]. »

Le voici donc enfin, pour le salut du monde, parvenu au but ultime de ses cogitations comme de ses sacrifices et devenu cet être unique et sans pareil qu'est un Bouddha. Un cri de triomphe lui échappe ; le *Lalita-vistara* veut même que, daignant à titre exceptionnel exhiber ses pouvoirs magiques, il procède à un exercice de lévitation. À ce signe les dieux connaissent sa victoire et, s'empressant d'accourir, font pleuvoir sur lui tant et tant de fleurs célestes que la litière en monta jusqu'au genou ; après quoi chaque catégorie divine, à commencer par la plus élevée, vient par ordre hiérarchique lui tourner un compliment en vers : matière à tout un chapitre. Mais ceci à d'autres. La question qui se pose pour nous rend un son bien différent : y avait-il vraiment là de quoi tant crier au miracle ? Que le bouddhisme soit une grande religion et que la formule de « la Production en dépendance mutuelle » en soit le fondement dogmatique, nul n'en disconvient ; mais il faut bien avouer que, telle qu'on vient de la lire dans une traduction aussi littérale que possible, cette formule paraît à première vue d'une simplicité quasi enfantine. Répétons-le : ce n'est à aucun degré un raisonnement déduisant logiquement une série de concepts abstraits contenus les uns dans les autres ; ce n'est qu'une liste de constatations de fait, associées de façon aussi diverse que lâche par un certain lien de dépendance réciproque, et ne présentant de rigoureux que l'ordre dans lequel elles sont rangées. Assurément (et c'est ce que nous nous sommes attaché à faire ressortir ci-dessus) pour remonter de l'une à l'autre et en fixer la succession, il a fallu non seulement une force d'âme capable de regarder les faits en face, mais encore une élévation de pensée permettant de contempler de haut leur déroulement « ainsi que du sommet d'une montagne on voit les gens s'agiter dans la plaine » ; et, après tout, la possibilité de les faire passer et repasser dans les deux sens fournissait au Bodhisattva tous les éclaircissements jugés par lui nécessaires à ce qui fut, semble-t-il, son premier dessein, lequel n'allait qu'à diagnostiquer d'après le processus du mal la marche à suivre pour y porter remède. Il n'empêche que les exégètes, tant asiatiques qu'européens, n'ont pu admettre que le Bodhisattva dans son insondable sagesse n'ait abouti qu'à aligner une suite de truismes.

Il est en effet trop évident à qui les récapitule que l'on ne mourrait pas si l'on n'était pas né ; que l'on ne naîtrait pas s'il n'existait déjà un couple et qui s'accouple ; qu'encore faut-il que le désir lui en vienne, et que celui-ci ne peut lui venir qu'à condition de percevoir ce qui en sera l'objet ; que la sensation, à son tour, suppose des sens, leur contact avec le monde extérieur et un organisme psycho-physique animé par un principe spirituel conscient, lequel sort, tout modelé à l'avance, d'un passé dont la connaissance nous échappe : tout cela se tient, et l'énoncé en est à la portée de toutes les intelligences : il ne s'agissait que de s'en aviser. Mais les scoliastes, persuadés comme les auteurs des vieilles Oupanishads que « les dieux n'aiment pas ce qui est clair », ont pris à tâche de l'obscurcir pour lui donner les apparences de la profondeur. Tout d'abord ils ont mis à profit la riche variété d'acceptions des termes sanskrits pour entendre sous chacun d'eux ce qui correspondait le mieux à leurs spéculations philosophiques ou à leurs scrupules de moralistes. Seules la naissance, la mort et la douleur, ces visiteuses trop familières de toutes les familles, n'ont pu être détournées de leur signification. *Bhava*, devenue la notion abstraite d' « existence », reste en l'air. La « prise de possession » voit écarter son sens indécent de copulation pour prendre celui d'attachement aux choses de la vie. De même la soif ne désigne plus (proh pudor !) le désir sensuel, mais toute espèce de convoitise. La sensation recouvre à présent toute l'expérience sensible, etc. Enfin l'*avidyâ*, transformée en idée générale d' « ignorance », tantôt signifie tout platement pour les prédicateurs de campagne l'ignorance des « Quatre nobles vérités » de la Première prédication, et tantôt finit par jouer au gré des métaphysiciens de collège un rôle cosmique analogue à celui de l'Illusion (*Mâyâ*) chez les Védantistes ou de l'Inconscient chez certains philosophes allemands. Ce n'est d'ailleurs pas sans plan préconçu que l'on torture ainsi la portée de chaque terme : le tout est d'établir bon gré mal gré entre eux une relation logique de cause à effet : et c'est ce qui fait que manuels et dictionnaires persistent à traduire *pratîtya-samutpâda* par « chaîne de causation » ou « série de causalité ». Désormais les douze conditions ne se présentent plus en simple dépendance mutuelle l'une de l'autre : elles sont censées s'engendrer l'une l'autre. Dernière complication et la plus déconcertante de toutes, au lieu de commencer comme le Maître par remonter empiriquement des résultats à leurs occasions, les exégètes entreprennent de descendre logiquement des causes aux effets ; et comme on peut sans crainte défier personne de rien comprendre à ces engendrements en série dans le cadre d'une seule existence, ils ont dû imaginer que la formule visait trois vies successives d'un individu donné. Déjà selon les sectes anciennes les n°s 1 et 2 représentent la vie passée, les n°s 3 à 10 se rapportent à la vie présente, les n°s 11-12 introduisent la future renaissance. D'où cette interprétation nouvelle : I. L'ignorance (1) devient une sorte de Cause première, de l'obscurité de laquelle jaillissent les prédispositions (2), héritage du *karma* prénatal. — II. Celles-ci à leur tour produisent (dans l'embryon) l'éveil de la conscience (3), laquelle produit (dans le fœtus) l'individualité (4), laquelle produit (chez le nouveau-né) les sens (5), lesquels produisent (chez l'enfant) le contact (6), lequel produit (chez l'adolescent) la sensation (7). On remarquera que jusqu'ici nous n'avons vu défiler au cours de la vie présente que des effets du passé : voici que les n^{os} suivants vont recommencer à agir comme causes pour préparer l'avenir. La sensation provoque en effet (chez le jeune homme) le désir (8), qui produit (chez l'adulte) l'attachement aux choses de ce monde (9), lequel jette (l'homme fait) dans les diverses activités de l'existence (10). — III. C'est le *karma* accumulé par ces activités qui produit à son tour la (nouvelle) naissance (11), laquelle produit la vieillesse et la mort (12). Bref, à coup de parenthèses on finit par prêter un sens à la formule prise à rebours, et même à en rejoindre tant bien que mal les deux bouts, ainsi qu'il sied pour rétablir le cycle perpétuel de la Roue ; et les sectes mahâyâniques inventeront entre les divers chaînons des combinaisons encore plus subtiles[55].

Ainsi les disciples dénaturent parfois, sous prétexte de les approfondir, les enseignements qu'ils ont reçus. Nous ne nous serions pas attardés à montrer comment ces ratiocinations scolastiques compliquent indûment la simplicité primitive de la formule si elles ne risquaient d'obnubiler à nos yeux ses plus importantes conséquences et de nous faire oublier comment son inventeur a immédiatement greffé sur sa vision pragmatique de l'origine de la douleur humaine sa conception métaphysique de l'univers. Philosophe autant que poète, Açvaghosha a mieux que personne restitué dans sa plénitude la démarche de pensée de son Maître. Lui aussi veut que le Prédestiné ait commencé par contempler dans son esprit « comme dans un miroir sans tache » ce qu'il appelle comme nous « la ronde de la roue du monde », tournant sous l'instigation implacable du fouet du *karma* ; lui aussi le fait dévider la série des « occasions » qui, dans leur ordre invariable, épellent les étapes successives de toute destinée humaine ; mais il lui fait découvrir par la même occasion les trois qualifications caractéristiques de ce Devenir, qui ne connaît ni commencement ni achèvement, ni cause première ni cause finale, ni destination ni création. À la vue du tourbillon sans fin des renaissances, le futur Bouddha se sent dès l'abord envahir d'une immense compassion pour les souffrances qui affligent fatalement tous les êtres, en quelque catégorie qu'ils soient renés. Les damnés, comme chacun sait, subissent dans les enfers d'indicibles tortures. Qu'elles habitent la terre, les airs ou les eaux, les bêtes sauvages passent leur temps à se dévorer les unes les autres, tandis que les bêtes domestiques sont astreintes aux plus pénibles corvées ; et tout le règne animal — les Indiens disent « horizontal », par contraste avec l'homme, qui seul a su se dresser verticalement sur ses pieds et relever la tête — appréhende sans trêve d'être tué soit pour sa chair, soit pour sa peau, soit pour sa fourrure ou ses plumes, soit enfin par cruauté pure ou simple désœuvrement. Les Prêtas ou Larves (littér. Trépassés), ces sortes de revenants dotés d'un ventre énorme et d'une bouche aussi fine qu'un chas d'aiguille, ont beau fouiller les tas d'ordures, ils expient par une « faim et soif » lancinante et toujours inassouvie l'avarice dont naguère ils se sont montrés coutumiers. Quant aux humains, il n'est aucun d'entre eux qui tarde à éprouver combien il eut raison quand il a, comme ils font tous, pleuré de naître ; et enfin la hantise de la chute inévitable qui les guette à plus ou moins longue échéance empoisonne jusqu'aux célestes voluptés réservées aux dieux. N'oublions pas en effet que leurs jouissances mêmes épuisent peu à peu le stock de mérites qui les leur a values ; et l'on pourrait soutenir sans paradoxe que leur horizon est plus sombre que celui des damnés qui, épongeant par leurs supplices leurs fautes passées, se ménagent un meilleur avenir. Ainsi donc aucun espoir de bonheur pour personne en aucune région de l'univers ; nulle part aucun point fixe auquel se raccrocher dans l'universelle dérive ; rien d'absolu ici-bas, pas même la certitude de mourir, puisque non moins sûrement il faudra renaître. Mais dès lors comment ne pas s'apercevoir que la raison essentielle de la souffrance — tout comme l'unique chance de son abolition — gît justement dans cette perpétuelle instabilité des choses qui n'apparaissent que pour disparaître et qui, du fait même de leur production, sont d'avance condamnées à être détruites, quitte à se reconstituer à nouveau pour tomber en ruines l'instant d'après ? Et comment s'expliquer à son tour le caractère éphémère de tout ce qui « devient », en nous comme autour de nous, sinon par le fait que sous le jeu fuyant des apparences ne se cache aucun principe immuable et substantiel, bref que les manifestations phénoménales ne recouvrent, quoi qu'en disent les brahmanes, pas plus chez le sujet que dans l'objet, aucune réalité en soi, pas plus spirituelle que matérielle ? Ainsi l'œil divin du Bodhisattva constate que le cycle douloureux des existences est dépourvu de toute consistance comme de tout « support », tel le tronc herbacé du bananier au cœur duquel on chercherait en vain une tige tant soit peu durable et solide. Et l'on n'en comprend que mieux pourquoi, placé comme nous tous devant l'énigme que lui propose le monde, il refuse de perdre son temps à tenter de percer le mystère de ses origines et de ses fins dernières : il lui suffit d'en avoir perçu la douloureuse inanité. Insubstantialité foncière de tout ce qu'il nous faut bien appeler, faute d'un terme adéquat, les éléments composants des formations internes ou externes ; incurable impermanence de toutes les combinaisons que ces fugaces facteurs composent en dépendance les uns des autres ; pitoyable unanimité des êtres dans la souffrance : telles sont les trois évidences expérimentales qui, se dégageant du spectacle de la vie, se sont imposées de concert à l'intelligence pénétrante du Bodhisattva. Elles resteront, ainsi que nous verrons bientôt, les trois idées directrices de sa doctrine et l'inépuisable thème de tous ses discours. Ceux-là d'entre ses biographes ont bien vu qui ont reconnu que la Formule des douze occasions, en dépit de sa visible ingénuité, contenait en germe toute la Bonne-Loi et ont fait dater de son invention l'éveil de la parfaite Clairvoyance[56].

LE LIEU DE LA BODHI. — Nous avons tâché de démêler la curieuse mixture de vérité psychologique et d'arrangement doctrinal, de vivants souvenirs et de poétiques fictions qu'ont élaborée les bouddhistes en prétendant retracer les phases de la quête et de la conquête de l'Illumination par le surhomme dont ils ont fini par faire un super-dieu. Comme l'*Abhisambodhana* marque le point culminant de la carrière du Bouddha et représente le plus sensationnel de ses quatre Grands miracles, il s'ensuit que le petit village d'Ourel et, plus précisément, le site dit de « Bodh-Gayâ[57] », qui en fut indubitablement le théâtre, demeure pour ses centaines de millions de zélateurs la plus sainte de leurs places saintes. Ironiques hasards de l'histoire : eux non plus ne possèdent pas le lieu le plus sacré à leurs yeux. Les Musulmans ont passé là : dans les dernières années du XIIe siècle, toujours pleins d'une rémunératrice horreur de l'idolâtrie, ils ont saccagé et pillé le Magadha, mettant tout à feu et à sang ; et, en dévastant le pays des sanctuaires bouddhiques (*vihâra*), ils ont réussi du même coup à lui imposer son nouveau nom de Bihâr et à en extirper le bouddhisme. La rizière désertée retourna à la djangle ; c'est seulement au cours du XVIIIe siècle qu'un religieux hindou, appartenant à une secte vishnouïte (d'ailleurs vêtue de la même couleur jaune que les bonzes) s'installa dans cette brousse, se fit octroyer par un petit râdja local une large donation de terre, et fonda un *math* — entendez un grand établissement moitié couvent, moitié exploitation agricole, lequel est toujours en pleine prospérité. Avec l'avènement de la paix anglaise et la facilité croissante des communications, les pèlerins bouddhistes rapprirent peu à peu le chemin longtemps délaissé de l'arbre de la Bodhi. En 1874 le roi de Birmanie, alors souverain indépendant, reprenant une tradition interrompue depuis le XIe siècle, fit même exécuter quelques réparations dans le grand temple à demi ruiné. Se piquant d'honneur le Service archéologique de l'Inde entreprit l'exploration du site. On exhuma le « trône-de-diamant », on redressa en partie l'antique balustrade ; on remit au jour quantité de petits *stoupa* votifs qui se pressaient, comme tombes dans un cimetière, autour du sanctuaire principal ;

on restaura même ce dernier et on le badigeonna de jaune, pour lui donner plus de couleur locale ; on rétablit sur l'autel une ancienne statue découverte dans les fouilles et qui, comme la miraculeuse idole de jadis, représentait le Bouddha dans le geste de toucher la terre pour la prendre à témoin ; bref on y dépensa, dit-on, deux lakhs de roupies (soit environ 350 000 francs or) ; après quoi l'on se demanda ce qu'on allait en faire.

Or, dans l'intervalle, grâce à la diffusion par les collèges universitaires des connaissances historiques, une association néo-bouddhique s'était constituée à Calcutta sous le nom de Mahâbodhi Society et avait conçu l'ingénieuse idée de s'approprier le temple remis à neuf. Rien d'ailleurs de plus équitable en théorie que de voir ce dernier revenir aux bouddhistes. Mais de leur côté les pèlerins recommençaient à affluer, les mains pleines d'offrandes. De Birmanie notamment ils apportaient nombre de petits arbres en filigrane d'or dont les rameaux étaient chargés de feuilles en pierres précieuses. Le *mahant* ou supérieur du couvent — un fort bel homme, mais fort ignorant — qui tout naturellement s'emparait de ces ex-voto pour mieux en assurer la conservation, avait eu le temps de découvrir que le temple était, tout comme autrefois, une excellente source de revenus ; et lui, qui s'en serait défait pour rien avant la restauration, revendiqua ses droits de propriétaire foncier. En vue de les renforcer encore, il fit rendre un semblant de culte à la statue de la cella par un brahmane à ses gages ; et, profitant habilement du fait que le Bouddha a été parfois compté comme l'un des avatars de Vishnou, il fit même peindre au front de l'idole, qui n'en pouvait mais, la marque sectaire des vishnouïtes. Lui intenter un procès au civil, on n'y pouvait songer, car il était fort d'une prescription séculaire. On inventa donc une combinaison assez machiavélique. Un des émissaires de la Mahâbodhi Society, envoyé au Japon, en avait rapporté une statue destinée par ses donateurs à être installée dans le temple. On décida de l'y introduire de façon aussi cérémonieuse que clandestine, sans prendre l'avis du propriétaire, et d'abord on y réussit par surprise. Mais les nombreux journaliers employés par le couvent accoururent, on échangea quelques horions, et la statue japonaise fut expulsée de vive force. La Société, qui n'en demandait pas davantage, déposa aussitôt une plainte au criminel contre le Mahant pour avoir fait obstacle par la violence à l'exercice d'un culte légal. Le procès épuisa toutes les juridictions. Le Sessions Judge de Gayâ, jugeant en équité, donna gain de cause aux bouddhistes ; mais le Mahant en appela à la Haute Cour de Calcutta (le Bihâr dépendait alors du Bengale[58]), et celle-ci, présidée par un juge hindou, conclut finalement en sa faveur. Tout ce qu'obtinrent les bouddhistes, ce fut le droit d'exercer leur culte dans le temple qui restait la propriété de la Communauté vishnouïte. Les bons pèlerins tibétains en profitaient pour y commettre de la meilleure foi du monde d'épouvantables sacrilèges. C'est ainsi qu'ils déposaient sur l'autel d'impurs biscuits de fabrication européenne ou encore — alors qu'une lampe de sanctuaire ne peut être nourrie que d'huile végétale ou de beurre fondu — qu'ils allumaient devant l'image (*horresco referens*) des chandelles de suif. Quant à la statue japonaise, elle avait trouvé un abri sous un édicule construit à son intention, et elle y était gardée par deux moines singhalais ; mais ni eux ni personne ne se souvenait que du temps de Hiuan-tsang le principal couvent de l'endroit était une fondation du roi de Ceylan, et ils se plaignaient avec amertume des avares aumônes des villageois. Tout ce que nous venons de dire se passait dans les dernières années du siècle dernier et bien des choses ont changé depuis lors ; mais sûrement de pieux visiteurs venus de haute et basse Asie continuent et continueront longtemps encore à accourir, plus nombreux que jamais, pour vénérer le berceau de leurs croyances, tandis qu'à deux pas d'eux, sur une plate-forme de pierre entourant le pied d'un arbre voisin de celui de la Bodhi, les pèlerins hindous de Gayâ se croiront toujours tenus de venir, après un bain rituel dans la Naïrañjanâ, célébrer un sacrifice funèbre[59] en l'honneur des mânes de leurs ancêtres : car l'*homo sapiens* est un animal religieux. Les prétendus incrédules ne font que changer de foi et les soi-disant libres penseurs de mystique.

1. ↑ RHYS DAVIDS, *Buddhism* p. 37. — La comparaison avec l'Arbre-de-la-Science de la Genèse serait encore plus tirée par les cheveux ; remarquons toutefois qu'au Moyen âge cet arbre était censé avoir fourni le bois de la Croix, si bien qu'après le fruit défendu il aurait également porté l'hostie du rachat de la faute originelle.
2. ↑ Les titres skt des six chapitres sont, dans l'ordre : *Bodhimaṇḍagamana, Bodhimaṇḍa-vyûha, Mâra-dharshaṇa, Abhisambodhana, Saṃstava, Trapusha-Bhallika*.
3. ↑ *MVU* II p. 411. — La substitution de l' « Offrande des Quatre bols » (*supra* p. 187) n'a pas recueilli le même universel succès. — Sur une suite de bas-relief de marbre décorant un *stûpa* voisin de Pékin nous avons même constaté que l'Attaque de l'armée de Mâra était placée après la représentation symbolique de la Sambodhi.
4. ↑ En skt *itihâsa* et *purâṇa*.
5. ↑ En skt *açvattha* ou *pippala*.
6. ↑ Le récit du *DA* p. 397 s. est déjà traduit dans *IHBI* p. 393 s. et figuré à Sañchi, pl. 18. — Sur le temple hypèthre dont Açoka entoura le *Bodhi-drûma* cf. Sâñchi pl. 51 *a* et Barhut pl. 13 (ou 30, 3) et 31, 3. — FA-HIEN B p. 73 attribue au rejeton singhalais 220 pieds de hauteur. — Sur le *Vajra-âsana* « Siège du diamant ou du foudre » et sa *Gandha-kuṭî*, v. l'ouvrage que leur a consacré CUNNINGHAM, *Mahâbodhi*, pl. 11-17.
7. ↑ V. *ibid*. pl. 17. — Les monuments funéraires des soi-disant *yogin* que sont les *mahant* du couvent reçoivent en hindi le même nom que leurs exercices de « concentration » mentale (*samâdhi*).
8. ↑ Sur ces deux incidents renvoyons à *AgbG* I p. 383 et fig. 194-8 et notons une fois pour toutes que dans son *Mahâbodhi* p. 34 s. CUNNINGHAM a cru pouvoir localiser la plupart des nombreux monuments signalés par HIUAN-TSANG sur le site de Bodh-Gayâ.
9. ↑ Le texte tiré du *LV* p. 285 s. use pour désigner le Buddha de l'appellation *Jina*, « vainqueur » qu'a depuis monopolisée la secte des Jainas ou Jinistes. — *A-mṛtam*, en style bouddhique ne peut se traduire par « immortalité » : le terme ne saurait désigner que l'absence de re-mort par arrêt total de vie.
10. ↑ L'herbe *kuça* de la famille des graminées est une sorte de pâturin dont le nom scientifique Poa cynosuroïdès est dû à son efflorescence en forme de « queue de chien ».
11. ↑ Par ex. *Mahâbhârata* XI, 5 et E. KUHN, *Festgruss an O. von Böhtlingk* (Stuttgart, 18883) p. 68 ; pour une représentation indienne de cet apologue v. J. Ph. Vogel, *The man in the well* dans *Rev. des Arts asiat.* t. XI, fasc. 3, 1937, p. 199 s.

12. ↑ En pâli *Anicca, Dukkha, Anattâ* : pour une trad. d'un passage topique de l'*Anguttara-nikâya* v. *BT* p. xiv.
13. ↑ MAETERLINCK, *La Vie des abeilles,* ch. III § 24.
14. ↑ « Car la Création est une grande roue », dit V. Hugo et le *BC* xiv 5 dit : « Le monde tourne comme une roue ».
15. ↑ Cf. *R̥g-Veda*, x, 129.
16. ↑ C'est exactement ce que dit la st. xiii 2 du *BC*.
17. ↑ *Br̥had-âraṇyaka-upanishad* i 4, 10.
18. ↑ Cf. supra la note à p. **30**, *17* ; au sujet de l'empire de Mâra sur le *Kâma-dhâtu*, v. PRZYLUSKI dans JA 1927 p. 115.
19. ↑ Cf. *supra* p. 229.
20. ↑ *LV* p. 261 l. 12 et *SN* III 2, 3.
21. ↑ E. WINDISCH, *Mâra und Buddha* a traduit (p. 87 s.) deux recueils de ces récits stéréotypés de tentations, le *Mâra-samyutta* (35 contes) et le *Bhikkhuni-samyutta* (10 contes) et tenté de déterminer (p. 213 s.) le développement chronologique de la légende de Mâra.
22. ↑ Videvdât xix 5-9 trad. dans W. JACKSON, *Avestan Reader*, p. 47 ; *NK* p. 63 ; LUC iv 1-13 (cf. MATHIEU IV 1-11). Cf. le commentaire de WINDISCH, *loc. laud.* p. 214 s.
23. ↑ *Supra* p. 32 s. ; mais v. p. 271 et cf. *B Ph* p. 167.
24. ↑ Le récit de la conversion de Mâra par Upagupta (*DA* p. 357 s.) a été traduit par WINDISCH p. 163 s. Cf. *SA* n° 54 et *BÉFEO* IV 1904, p. 414 s.
25. ↑ V. par ex. au début du ch. xviii du *LV* la réédition d'une scène de tentation et cf. la note à p. **154**, *19*.
26. ↑ V. *AgbG* fig. 201-4 et B. Budur fig. 94 pour l'assaut de Mâra (skt *Mâra-dharshaṇa*).
27. ↑ *LV* p. 262 l. 14, et *SN* III 2, 12-14.
28. ↑ *MVU* II p. 269 s.
29. ↑ *NK* p. 78 (le geste est placé avant la deuxième tentative de séduction des filles de Mâra contée *supra* p. 183).
30. ↑ *LV* p. 318 ; *MVU* p. 340 ; *NK* p. 73.
31. ↑ Cf. FOURNEREAU, *Le Siam Ancien* I pl. 30 et *AgbG* fig. 200 et 205.
32. ↑ Tel par ex. que le *Kâma-sûtra* de Vâtsyâyana. Les filles de Mâra, dites *apsaras* ou « nymphes célestes » par les textes, n'apparaissent qu'assez tardivement sur les images : v. *AgbG* fig. 506-8 et 209 ; Ajaṇṭâ cave I ; B. Budur fig. 93. — Au deuxième de leurs trois noms traditionnels Rati (ou Râga), Arati et Tr̥shṇâ le *BC* xiv 3 substitue Prîti « Allégresse », qui paraît mieux en situation.
33. ↑ Le *BC* xiv 8 dit « un miroir sans tache ».
34. ↑ *DA* p. 300 et cf. note à p. **24** et figure.

35. ↑ Skt *Râga, Dvesha, Moha.*
36. ↑ Le terme *cyuti* « chute » (de la racine *cyu* « tomber ») qui originairement n'a pu s'entendre que des dieux, seuls susceptibles de « déchoir », est devenu le terme courant pour passer d'une *gati*, même inférieure, à une autre.
37. ↑ La comparaison avec le *ghaṭî-yantra* ou noria est dans le *DA* p. 300 l. 17.
38. ↑ La citation est de la *Kaṭhopanishad* I 6.
39. ↑ Le *LV* consacre tout son ch. XX au *Bodhi-maṇḍa-vyûha*.
40. ↑ *BC* (chant XIV) compte quatre veilles et intervertit par rapport au *LV* l'emploi des deux premières.
41. ↑ *Pratîtya-samutpâda* ne signifie rien de plus que « Production (ou Génération) en dépendance (connexion ou relation) mutuelle ». De même le sens propre de *nidâna* est « occasion », c'est-à-dire l'ensemble de circonstances qui président à l'origine d'un fait quelconque, tel par ex. qu'un sermon du Bouddha. Dans les textes médicaux, nous fait remarquer le Dr J. FILLIOZAT, le *nidâna* « n'est pas la cause réelle de la maladie, laquelle nous échappe ; c'est l'occasion en laquelle elle se produit, occasion que toute la médecine tend à empêcher de se produire » (Cf. *supra*, p. 221). Enfin *pratyaya* signifie simplement « support » ou « moyen ». L'idée de causalité est latente dans ces expressions, mais nulle part clairement exprimée.
42. ↑ Les noms skt des 12 *nidâna* sont *jarâ-mâraṇa, jâti, bhava, upadâṇa, tṛṣṇa, vedanâ, sparça, shaḍ-âyatana, nâma-rûpa, vijñâna, saṃskâra* et *avidyâ*. Sur leur figuration tant à Ajaṇtâ que sur les peintures tibétaines et sino-japonaises, v. L. A. WADDELL *Lamaism* p. 105 s., RHYS DAVIDS, *Buddhism (American Lectures)* p. 155 s. et J. PRZYLUSKI dans *JA* oct.-déc. 1920 p. 313 s. La symbolisation du n° 8 par des ouvertures béantes n'est pas sans rapport avec l'étymologie populaire d'*âyatana* = *âyaṃ tanoti* : il tend l'entrée ; comme le mot a fini par désigner, en même temps que les six sens, leurs six objets (couleurs et formes, sons, touchers, odeurs, saveurs et représentations) nous l'avons traduit par « cadre ». Le bateau sur l'Océan du n° 9 avec son passager paraît inspiré par la métaphore de la traversée de la « mer des sensations » longuement développée dans le *Samyutta-nikâya* IV p. 157 (cf. OLDENBERG p. 205), et se trouve déjà dans *BC* XIV 75 (cf. *LV* p. 216 l. 2 ; 361 l. 5 ; 374 l. 18 etc.). De même le singe du n° 10 ne doit pas être sans rapport avec celui auquel le même recueil (II p. 94 ; cf. OLDENBERG p. 293) compare justement la volage conscience.

43. ↑ Il convient de rappeler que dans le Yoga l'*avidyâ* (n° 12) est aussi appelée *netrî*, « la conductrice », mais la question est ici des plus compliquées (v. PRZYLUSKI *loc. laud.* p. 329)
44. ↑ Le nom skt. du Fatum est Adṛshṭam. L'interprétation ici offerte de l'*avidyâ* est sujette à caution du fait que ce *nidâna* ne figure pas dans des listes anciennes. Le *BC* (XIV 72-6), le *Mahâpadâna-sutta* (*Dial.* II p. 26) et le *Mahânidâna-sutta* (*ibid.* p. 51-2) ne remontent pas au delà du n° 10 (ce dernier omet également le n° 8), et chez eux « conscience » et « personnalité » s'étayent l'une sur l'autre. Sur ces flottements v. É. SENART, *À propos de la théorie bouddhique des douze nidâna* dans Mélanges Ch. de Harlez p. 281 s. ; J. PRZYLUSKI, *loc. laud.* p. 327 et P. DEMIÉVILLE, *Les versions chinoises du Milinda panha* dans BEFEO XXIV 1924 § 64-5 et 67. Nous avons cru toutefois devoir nous en tenir ici à l'énumération habituelle : et, en tout cas nous pensons que la démarche initiale de la pensée du Buddha fut de remonter de la constatation de la douleur à ses origines de plus en plus lointaines : c'est en ce sens que les douze conditions s'enchaînent de la façon la plus cohérente ainsi que les exégètes modernes énumérés à la note de la p. **174**, 9 ont dû en convenir.
45. ↑ Pour la parabole des feuilles de *çinçapâ* (Dalbergia sisu) v. *Saṃyutta-nikâya* V p. 437 (trad. dans OLDENBERG p. 229).
46. ↑ Lui-même l'a déclaré aux approches de la mort, v. *infra* la note à la p. **302**, 2.
47. ↑ *Majjhima-nikâya* n° 63 (I p. 426) et 72 (IV p. 400), trad. dans OLDENBERG p. 300 s. et *BT* p. 117 s.
48. ↑ Cf. OLDENBERG p. 306 s. ; Th. STCHERBATSKY, *The Conception of Buddhist Nirvâṇa* (Leningrad 1927) p. 27 et (p. 20 s.) son âpre critique de L. de la VALLÉE POUSSIN *Nirvâṇa* (Paris 1925) ; A. B. KEITH *Buddhist Philosophy in India and Ceylon* (Oxford 1023) etc.
49. ↑ *Bhagavad-gîtâ* II 28.
50. ↑ En pâli *saṃsârassa purimâ* (ou *pacchimâ*) *koṭi na paññayati*.
51. ↑ *Milinda-pañha* éd. Trenckner p. 50-1 ; trad. L. FINOT p. 94.
52. ↑ *Anu-loma* ou *prati-loma*.
53. ↑ Après le *duḥkha* il a connu successivement son *samudaya*, son *nirodha* et enfin la *pratipad* : c'est là déjà en germe les quatre Vérités de la première prédication (cf. *supra* p. 201).
54. ↑ *LV* p. 350 et *MVU* II p. 284, à peu près dans les mêmes termes.
55. ↑ V. pour les sectes bouddhiques *BPh* p. 172 s., et pour les exégètes modernes P. OLTRAMARE, *La formule bouddhique des douze causes* (Jubilé de l'Un. de Genève 1900) ; L. de la VALLÉE POUSSIN, *Théorie des*

douze causes dans Bouddhisme, Études et matériaux (40ᵉ fasc. de l'Un. de Gand 1913) ; P. MASSON-OURSEL, *Essai d'interprétation de la théorie bouddhique des douze conditions,* etc. On notera l'embarras d'OLDENBERG (p. 267) à propos de *bhava* ; cf. STCHERBATSKY, *Central Conception of Buddhism* p. 106.

56. ↑ C'est à tort que le *MVA* I 4 et l'*ANS* p. 235 placent l'acquisition de la Formule des douze occasions conditionnées *après* la *Sambodhi* : la question est discutée en détail par E. TUNELD, *Recherches sur la valeur des traditions bouddhiques pâlie et non-pâlie* (Lund 1915) p. 54 s.
57. ↑ Et non Buddha-Gayâ, comme l'a écrit Râjendralâl Mitra : il faut entendre le site de la Bodhi près de la ville sainte hindoue de Gayâ. Al. CUNNINGHAM a adopté comme titre de son rapport *Mahâbodhi*.
58. ↑ La constitution de la province de Bihâr et Orissa date de 1911.
59. ↑ Il s'agit de la cérémonie dite *çrâddha*.

CHAPITRE VII

LA PREMIÈRE PRÉDICATION

L'Illumination s'est faite dans l'esprit du Bodhisattva en même temps que le jour se levait au firmament ; et, par un rare privilège — dont, nous assure-t-on, nous ne saurions assez remercier le destin — notre âge du monde a vu un Bouddha éclore, le terme de son évolution multimillénaire étant échu de notre temps. Mais ne faisons pas comme les dieux et ne nous hâtons pas trop de crier victoire : car nous sommes encore censés ignorer quelle espèce de Bouddha nous est née. N'oublions pas qu'il en est de deux sortes : il y a ceux qui conservent jalousement par devers eux leurs intuitions salvatrices et qui, selon le mot qu'on prête à Fontenelle, ayant la main pleine de vérités, se gardent de l'ouvrir ; il y a au contraire ceux qui se font un devoir de révéler à tous les êtres le secret qu'ils ont découvert et de les guider sur le chemin nouvellement frayé de la délivrance. Il y a ceux qui se taisent et ceux qui prêchent, les égoïstes et les altruistes, les individualistes et les universalistes, en termes techniques les *Pratyêka-Bouddha* et les *Samyak-Sambouddha*. Il ne paraît pas difficile de deviner pourquoi les docteurs bouddhiques avaient institué cette division de leurs sages supérieurs en deux classes séparées. Il fallait bien que dans leur système il y eût une place réservée aux vénérables rishis de la légende traditionnelle, de même que le paradis chrétien se devait de s'ouvrir aux anciens patriarches bibliques apparus en ce monde avant la venue du Christ. Mais comme ils éprouvaient en même temps l'impérieux besoin d'établir sans conteste la supériorité et l'unicité de leur Maître, ils y avaient pourvu par un autre dogme. C'est une règle que dès qu'est annoncée la prochaine apparition d'un Bouddha parfait, tous les Bouddhas imparfaits doivent disparaître et entrer sans plus tarder dans le Nirvâna. Aussi nous conte-t-on que, dès avant la descente du Bodhisattva sur la terre, des dieux déguisés en brahmanes parcouraient l'Inde en exhortant les Pratyêka-Bouddha à laisser la place libre au futur Çâkya-mouni : « Videz les lieux, leur disaient-ils, car dans douze ans le Bodhisattva entrera dans le sein de sa mère[1]… » et les sages solitaires ne se le faisaient pas répéter deux fois. Il faut d'ailleurs reconnaître qu'on leur laissait tout le temps de prendre leurs dispositions dernières. Le terrain ainsi « vidé » devant le Maître, la situation s'en trouvait considérablement éclaircie. Il n'y avait plus désormais au monde qu'un seul détenteur de la vérité. Quant aux penseurs qui restent, ou bien ils sont sur le chemin du vrai et, convertis, ils compteront parmi les grands disciples ; ou bien ils se dresseront en adversaires contre la Bonne-Loi, et alors ce seront des hérétiques et ils seront confondus.

Tout a été ainsi prévu et organisé d'avance : pourquoi faut-il que cette belle ordonnance nous jette dans une série de contradictions ? On veut que les dieux et nous ne sachions pas à quoi nous en tenir sur la catégorie où nous devrons finalement ranger notre Çâkya-mouni ; mais si cette irrévérencieuse incertitude avait pu naître dans les esprits, il y a longtemps qu'elle serait dissipée. Nul n'ignore déjà que notre Bouddha est tout ce qui se fait de mieux en ce genre. Les divinités qui ont annoncé son avènement et célébré son triomphe ne peuvent qu'en être persuadées, et les plus incrédules d'entre nous en tombent d'autant plus aisément d'accord que, seul personnage historique, il est le modèle de tous ceux qu'à son image on rétrospecte dans le passé ou anticipe dans l'avenir. D'où peut venir dans nos textes cette insistance, presque sacrilège qui ira jusqu'à prêter à l'intéressé lui-même sinon des doutes, du moins des hésitations sur son propre cas ? — Question de forme direz-vous, et vous aurez raison ; car la forme ne régente pas les théologiens moins rigoureusement que les juristes. Enregistrons donc qu'un parfait Bouddha n'administre la preuve péremptoire de sa perfection que du jour où il commence à prêcher sa doctrine (en termes indiens, « à faire tourner la Roue de sa loi »). Avant de déterminer la qualité de Çâkya-mouni il nous faut l'attendre à cette épreuve décisive : tout ce que nous pourrons auparavant dire ou penser sur son compte n'est en droit que pure supposition. — Nous le voulons bien ; mais qu'il nous soit permis d'avouer que ces raffinements de casuistique n'auraient pas l'ombre d'intérêt pour nous s'ils ne mettaient en valeur l'importance qu'avait prise aux yeux des bouddhistes le premier sermon prononcé par leur Maître : ils y voyaient le complément obligé de l'Illumination. Aussi le *Lalita-vistara*, bien qu'il ne veuille être que l'épopée du Bodhisattva, ne se sent autorisé à s'arrêter qu'après avoir mené la biographie de son héros jusqu'à cette manifestation suprême. Après la Nativité, après l'Illumination, avant l'Ultime trépas, la Première prédication prend ainsi, par ordre chronologique, le troisième rang parmi les quatre « Grands miracles », et le lieu sur lequel elle a été prononcée reste le troisième des quatre grands pèlerinages. Cela lui vaut bien les honneurs d'un chapitre particulier.

Les lendemains de l'Illumination. — Mais, de grâce, laissons d'abord un peu souffler le nouveau Bouddha. Voilà d'innombrables myriades de siècles qu'il est en route vers le but qu'il a enfin réussi à atteindre ; pendant six ans il vient encore de se livrer à des austérités inouïes, et quel suprême coup de collier ne lui ont pas coûté les dernières vingt-quatre heures ! Comme un homme parvenu sur le faîte de la plus haute cime, il a le droit de goûter en paix la joie de son ascension accomplie. C'est bien ainsi que l'entendait la tradition bouddhique ; pendant un laps de temps qui alla croissant et qui, vraisemblablement parti de sept jours, finit par être fixé à sept semaines[2], le Bienheureux est autorisé et même convié par elle à reprendre haleine et à jouir de sa félicité ; et jusqu'au bout de ces quarante-neuf jours il n'aura d'autre aliment que sa béatitude. On n'a pas manqué de rappeler que Jésus-Christ, aussitôt après le baptême dans le Jourdain, fut emmené par l'Esprit dans le désert et qu'il y jeûna quarante jours et quarante nuits. Certains même ont prétendu souligner cette analogie à l'aide d'un détail encore plus frappant. Quand Jean eut consenti à baptiser celui qui « venant après lui était plus puissant que lui », les cieux s'ouvrirent et, sous la forme d'une colombe, le Saint-Esprit descendit « sur Jésus », d'autres lisent : « en Jésus ». Que de plus experts discutent la question de savoir quel était sur ce point le texte original des Évangiles ; mais s'il était écrit « en lui », cela reviendrait à dire que l' « illumination » du Christ eut lieu à ce moment même et que ce ne fut pas dès sa naissance matérielle, mais seulement à partir de son baptême, qu'il devint vraiment le fils de Dieu[3]. Dans cette hypothèse, le parallélisme entre les deux traditions se poursuivrait longuement : à la Sambodhi correspondrait la crise non moins décisive du baptême, et, dans les deux cas, entre la révélation obtenue et la révélation communiquée, entre l'illumination intérieure et la prédication publique, se placerait à peu près la même période de jeûne solitaire, coupée de tentations. En théorie rien de plus semblable ; en fait, comme nous allons voir, rien de plus différent : le même fond humain s'anime et se colore selon les milieux de la façon la plus diverse.

Les textes bouddhiques ne sont entièrement d'accord ni sur le nombre ni sur l'emploi des semaines qui séparèrent l'*Abhisambodhana* du premier repas pris par leur Maître : c'est qu'ils ne suivent pas tous la même version du *mâhâtmya* de Bodh-Gayâ[4], ou que, débordant ses limites, ils prétendent y interpoler des prodiges de leur cru. Ces variations nous inquiètent d'autant moins que nous avons déjà appris ci-dessus à en deviner la cause. Nous le savons par Hiuan-tsang, et nous le voyons de nos yeux grâce aux fouilles, l'étroit enclos de l' « aire de l'Illumination[5] » était encombré à se toucher de monuments tous censés commémoratifs de quelque épisode miraculeux. Ceux qui rappelaient chacune des sept semaines étaient du nombre : mais leur destination, tout comme leur emplacement, dépendait jusqu'à un certain point des circonstances, — disons mieux, des concurrences locales : car chaque « station » d'un pèlerinage indien a son percepteur de taxe particulier et le pèlerin doit toujours avoir la main à la bourse. C'est ainsi que les anciens textes ne soufflent mot d'une « cella de pierres précieuses » que les dieux auraient édifiée à l'intention du Bouddha pour qu'il y passât la quatrième semaine. Au contraire, les commentaires tardifs et Hiuan-tsang en font grand état : elle s'élevait au Nord-Ouest de l'arbre de la Bodhi, mais, hélas, nous dit le voyageur chinois, il y avait si longtemps qu'elle avait été bâtie que les « sept joyaux » employés par les dieux à sa construction s'étaient changés en vulgaires pierres de taille[6]. Apparemment le lancement et la vogue de ce sanctuaire étaient de date relativement récente et avaient servi à boucher un trou dans la liste septénaire ; pour tout le reste, nous sommes d'avance en droit de nous attendre à ce que Hiuan-tsang nous répète à propos des incidents qui ont précédé, accompagné ou suivi l'Illumination à peu près ce que les textes nous ont déjà dit et vont encore nous dire, et cela pour la simple raison que ceux-ci ne nous disent rien d'autre que ce que celui-là a lui-même entendu sur les lieux.

De l'aveu général les premières semaines furent consacrées soit à des séances d'immobilité béate, soit à des promenades hygiéniques. Pour commencer le Bienheureux ne bouge pas de son siège : « De même que c'est la règle pour les rois de ne pas quitter de sept jours le lieu de leur sacre, de même les Bouddhas, quand eux aussi ils sont consacrés, pleins de recueillement, de sept jours ne décroisent pas leurs jambes[7] ». En revanche le Maître aurait passé la deuxième semaine à faire les cent pas[8] sur un promenoir qui continuait à s'offrir à la vénération des fidèles. Al. Cunningham en a exhumé les vestiges au Nord de l'arbre de la Bodhi sous la forme d'une petite chaussée de briques, haute et large d'environ un mètre et longue de seize. Le pas chinois étant double, Hiuan-tsang nous explique que le Bienheureux ne pouvait faire que « dix » pas dans chaque sens ; et, sauf aux deux extrémités, chacune des places où s'étaient posés ses pieds sacrés était marquée d'une fleur de lotus, au nombre de dix-huit en tout. Il va de soi que l'auteur du *Lalita-vistara* n'a pu se contenter d'un déambulatoire aussi restreint ; une fois en veine d'exagération, ce n'est pas seulement à notre univers, c'est à l'ensemble des « trois grands chiliocosmes » qu'il étend d'emblée la première excursion du Maître, et il veut que la « courte déambulation » (laquelle remplit selon lui la quatrième semaine) le fasse encore aller et venir « de l'Océan de l'Est à celui de l'Ouest », c'est-à-dire du golfe du Bengale à la mer d'Oman. L'accord entre les textes et les monuments se refait à propos du sanctuaire dit du « Regard sans clin d'œil[9] » : c'est de là que le nouveau Bouddha aurait, sept jours durant, contemplé fixement, sans jamais cligner des yeux, l'arbre de sa Bodhi ; et, tout comme au cours de la première semaine, il ne cessait de se répéter : « C'est ici que je me suis illuminé de la suprême, parfaite et complète Illumination ; c'est ici que j'ai mis un terme à l'immémoriale douleur de la naissance, de la vieillesse et de la mort. »

Au milieu de la monotonie de tous ces pas perdus ou de ces inertes litanies, un épisode se détache avec un relief surprenant[10]. Cette semaine-là il fit hors de saison un temps pluvieux et froid. Il arrive en effet, constatent les météorologistes, que des perturbations atmosphériques provenant de l'Atlantique prolongent leur action jusqu'en Hindoustan ; elles seraient à l'origine de ces pluies exceptionnelles d'hiver ou de printemps dont bénéficie parfois la plaine gangétique en dehors des mois réguliers de la mousson (mi-juin à mi-septembre). Un des rois des génies-serpents, nommé Moutchilinda, vit son opportunité et se montra égal à l'occasion. Sortant de sa demeure souterraine il enveloppa sept fois de ses anneaux le corps du Bienheureux et recourba en manière d'auvent au-dessus de sa tête le large dais de son chaperon de cobra polycéphale ; et, tandis qu'il abritait ainsi parfaitement le Bouddha contre la pluie et le froid, lui-même sentait se répandre dans tous ses replis une impression de bien-être jusqu'alors inconnue. Puis, quand la semaine fut écoulée et que le beau temps reparut, le Nâga-râdja dénoua ses anneaux d'autour du Maître. Reprenant la forme humaine, il se prosterna à ses pieds, et, après avoir fait respectueusement par trois fois le tour de sa personne sacrée, il se retira dans sa demeure… Vous chercherez en vain dans un texte ou sur un bas-relief méditerranéen une représentation analogue à celle du Sauveur du monde enlacé par un serpent et continuant au milieu de l'orage à goûter dans ses replis, aussi tranquillement que dans une chambre bien close, la béatitude de la paix. Aucune image n'est pour nous plus étrange parce qu'il n'en est aucune qui soit plus indienne. Chose curieuse à noter, ce n'est pourtant pas dans l'Inde que cette originale conception a connu le plus grand succès. Assurément elle apparaît sporadiquement sur les sculptures d'Amarâvati ; mais c'est en Indochine qu'elle a fait la meilleure fortune[11].

Un autre trait de concordance entre nos sources ne laisse pas de surprendre : toutes se croient obligées d'intercaler, au cours d'une des sept semaines au choix, une réédition, aussi inutile que déplacée, des scènes de la Tentation. Apparemment l'insertion de cet intermède au milieu des autres épisodes était commandée par la promiscuité de leurs monuments commémoratifs. Il faut rendre au *Lalita-vistara* cette justice que seul il a su renouveler fort adroitement la présentation d'un thème aussi rebattu. Il sait que Mâra sait qu'il ne lui reste plus qu'une seule chance : c'est que le nouveau Bouddha consente à passer directement de la Parfaite Illumination à l'Ultime trépas qui en est l'inestimable fruit ; ainsi le nombre des sujets du Malin ne serait diminué que d'une unité, et pour si peu son empire ne serait pas compromis. Il s'approche donc du Prédestiné et lui adresse une simple requête, la même qui ne recevra une réponse favorable que quelque quarante-cinq ans plus tard[12] : « Que le Bienheureux entre dans le Pari-nirvâna ; voici venu pour le Bienheureux le moment d'entrer dans le Pari-nirvâna ». Mais à ces paroles du Malin le Prédestiné répond : « Je n'entrerai pas dans le Pari-nirvâna, ô Malin, tant que je n'aurai pas des moines bien formés, intelligents sages, habiles, instruits, ayant complètement saisi le sens de la doctrine, capables de s'éclairer de leurs propres lumières, et, après avoir justement réfuté les hérétiques éventuels et établi leur point de vue, d'enseigner miraculeusement la Loi (et la même phrase se répète à propos des nonnes, puis des zélateurs, puis des zélatrices, bref des trois autres groupes qui, avec les moines, constituent l'ensemble de l'église bouddhique[13]). Je n'entrerai pas dans le Pari-nirvâna, ô Malin, tant que je n'aurai pas renoué en ce monde la tradition (des trois joyaux), Bouddha, Loi et Communauté », etc. Sur quoi Mâra, une fois de plus rebuté, n'a d'autre ressource que de se retirer à l'écart pour y prendre sa pose consacrée et, la tête basse, ruminer sa défaite en traçant des lignes sur le sol ; et, comme cette fois il n'est plus armé en guerre, il s'acquitte de ce dernier soin avec un simple bâton. Cependant ses trois filles se font fort de le consoler en lui amenant cet homme, tel un éléphant captif, pris au lasso de leurs charmes. C'est en vain qu'il leur représente tout le premier la folie de leur entreprise ; désobéissant à leur père, les belles nymphes célestes osent lutiner le Bouddha accompli comme elles ont fait naguère le Bodhisattva : mais cette fois l'excès de leur impudence ne saurait rester impuni. Subitement elles se voient transformées en vieilles décrépites, et il ne faut rien moins que leur sincère repentir et l'infinie mansuétude du Maître pour qu'elles recouvrent leur pristine beauté[14]. Tout le morceau ne manque, on le voit, ni de nouveauté ni de piquant : l'auteur n'a oublié qu'un point, c'est que pendant tout ce temps le Bouddha est censé avoir gardé un silence obstiné sur ses intentions futures : mais sommes-nous à une contradiction près ?

LE PREMIER REPAS APRÈS LA SAMBODHI. — Il reste encore une sixième et une septième semaine à meubler : on y pourvoyait d'ordinaire en transportant le Maître du pied du figuier-des-banyans du Chevrier à celui de l'arbre Târâyana[15]. Cependant le terme des quarante-neuf jours est proche et tout ce temps le Maître ne s'est nourri que de sa félicité. Comme à devenir le plus clairvoyant des hommes il n'a pas pour autant cessé d'être homme, son organisme physique réclame une nourriture plus substantielle. De même il est écrit qu'au bout de quarante jours « Jésus eut faim » et que les anges le servirent. On s'attend aussi à ce que d'officieux « fils-de-dieux » se chargent d'apporter à Çâkya-mouni les premiers aliments qu'il ait pris après son Illumination. La tradition réserve au contraire cet honneur et ce mérite sans prix à deux simples marchands de passage, donc à des membres de cette troisième caste à laquelle appartenait aussi la donatrice du dernier mets *avant* la Sambodhi, la jeune villageoise Soudjâtâ[16]. La légende, toujours si prompte à faire intervenir les divinités et bientôt si encline à nous entretenir des fréquentations royales du Maître, se plaît pour l'instant à souligner son caractère d'obscur religieux mendiant, en ne le mettant en relations qu'avec les hôtes, sédentaires ou passagers, de sa rustique retraite : si bien qu'on se demande si l'on a affaire à une recherche de vraisemblance ou à la permanence d'un souvenir exact. Les textes s'étendent d'ailleurs avec une égale complaisance sur chacun des deux repas entre lesquels s'encadre l'acquisition de la Clairvoyance et qui rompirent tour à tour, l'un le jeûne des six ans d'austérité et l'autre celui des sept semaines de félicité pure. Comme il faut toujours qu'un peu de merveilleux se mêle aux actes les plus simples, il reste aux dieux cette chance de fournir au Bienheureux, à défaut de sa nourriture, le récipient dans lequel il lui sera permis de la recevoir. Il faut en effet savoir que, du fait de son Illumination, le Bouddha se trouve instantanément et spontanément ordonné moine bouddhique, et par suite soumis d'avance aux règles qu'il édictera plus tard pour les membres de sa communauté[17]. Or les statuts de l'ordre veulent qu'un *bhikshou* ne puisse accepter aucune offrande de la main à la main, mais seulement si elle est déposée par le donneur au creux d'un bol à aumônes, — l'un des rares ustensiles de ménage que, dans son total dénûment, il lui faille posséder à cet effet[18]. Mais vous vous souvenez que le Bienheureux, après avoir mangé le gâteau de riz de Soudjâtâ, s'est débarrassé du vase d'or qui le contenait en le jetant à la rivière, d'où l'ont repêché les dieux. Il se retrouve donc les mains vides, et son embarras serait grand si les déités les plus voisines de ce bas monde, à savoir les Quatre rois gardiens des quatre points cardinaux, n'accouraient immédiatement à son aide et ne lui apportaient le vase à aumônes requis. Bien entendu ce vase sera censé celui qui lui servira désormais pour ses tournées journalières de mendicité, et, après l'Ultime trépas, sera vénéré en souvenir de lui[19]. Et voici que ce mythe même comporte une parcelle de réalité, puisque, en fait, le Bouddha s'est servi quotidiennement d'une sébile et que la vénération publique de ce Saint-Graal du bouddhisme — authentique ou non — nous est historiquement attestée mille ans et plus après sa mort. Inextricable enchevêtrement de données vraies, vraisemblables, ou évidemment fictives ! Les poètes sanskrits prêtent à la belle oie sauvage indienne[20] le don de séparer le lait de l'eau, si intime qu'en soit le mélange : quel historien découvrira le secret de démêler dans pareille mixture de faits réels et fabuleux la part exacte des uns des autres ? Faute d'un tel talisman, force est de nous abandonner une fois de plus au fil des textes et de nous borner à distinguer les différents moments de l'épisode.

Donc deux riches marchands, deux frères, Trapousha et Bhallika, vont faire leur entrée en scène pour une apparition unique et d'ailleurs fort brève. Ils mènent à leur suite une grande caravane de cinq cents chars à bœufs — véhicule lent, mais robuste, qui au besoin se passe de route et qui, construit tout en bois, peut se réparer partout. En tête marchent deux taureaux pur sang[21], guides tutélaires des autres paires d'attelage et qui, eux, ne se conduisent pas à l'aiguillon, mais à l'aide d'une tige de lotus bleu ou d'une guirlande de fleurs. Venant du pays d'Outkala (aujourd'hui le district de Gandjâm, dans le sud de l'Orissa), ils se dirigent vers le nord[22], sans doute par Gayâ, vers les grands marchés de Râdjagriha et de Vaïçâlî, et déjà ils foulent le territoire du village d'Ouroubilvâ. — Comme il faut que quelque fait insolite les avertisse du voisinage du Maître, ou bien les taureaux de tête refusent d'avancer, ou bien les chars se disloquent et les roues s'enfoncent dans le sol, ce qui ne laisse pas de répandre la terreur et la confusion parmi les caravaniers. Mais guidés ou non par une obligeante déité[23], ils ne tardent pas à découvrir le Bienheureux assis au pied de l'arbre Târâyana et resplendissant comme le soleil levant dans tout l'éclat de son Illumination récente ; et, pleinement rassurés à sa vue, ils se disent entre eux : « C'est un religieux et qui mange à ses heures (en effet la règle veut que le moine fasse son unique repas juste avant midi) : y a-t-il quelque chose (à lui offrir) ? Certains répondent : Il y a un entremets sucré à base de miel[24] et des cannes à sucre décortiquées. » Les deux marchands s'approchent donc du Prédestiné, se prosternent à ses pieds, font respectueusement par trois fois le tour de sa personne et lui disent : « Que le Bienheureux nous fasse la grâce d'accepter notre offrande de nourriture… » C'est à ce moment que l'intrigue rebondit en plein miracle.

Deuxième tableau : « Or ceci vint à l'esprit du Prédestiné : Il ne serait pas convenable que je reçoive (cette aumône) dans mes mains. Dans quoi les anciens Prédestinés, devenus Bouddhas accomplis, recevaient-ils (les aumônes) ? Et il connut que c'était dans un bol. Et s'apercevant que le moment de manger était venu pour le Prédestiné, à l'instant même, des quatre points cardinaux les quatre grands rois accoururent en apportant des bols d'or et les offrirent au Prédestiné : Que le Bienheureux nous fasse la grâce d'accepter ces bols d'or. — Ces bols ne conviennent pas à un çramane ; dans cette pensée le Prédestiné ne les accepta pas. » Sans se décourager, les divinités persistent à lui présenter des vases faits de l'une des six autres matières les plus précieuses (argent, jaspe, cristal de roche, améthyste, saphir, émeraude), voire même des sept à la fois. À chaque occasion, toujours pour la même raison, le Bouddha les refuse. Les quatre dieux se résignent enfin à finir par où dans la vieille tradition ils commencent, et lui apportent « chacun dans leurs mains » un bol de pierre[25], tel que la règle monastique le prescrit… Arrêtons-les ici, et gardons-les un instant figés dans cette attitude hiératique, debout et symétriquement rangés deux par deux de chaque côté du Maître assis sous son arbre et la main droite levée dans le geste de l'accueil : il se trouve en effet que, sans avoir pu le prévoir, ils posent pour la représentation du second Grand miracle. Immédiatement avant, ou immédiatement après l'instant psychologique de l'Illumination, la Tentation de Mâra et l'Offrande des quatre bols ont seules fourni aux artistes du Gandhâra la mise en scène capable de représenter, ou tout au moins d'évoquer l'irreprésentable *Abhisambodhana* ; et ils ont indifféremment usé de l'une ou de l'autre scène, au gré de leurs donateurs et dans la mesure de leur talent d'exécution. C'est ce qui nous est copieusement attesté par les nombreux *stoupa* votifs, dont les bases carrées, faites de quatre dalles jointoyées, représentaient sur chaque face l'un des quatre Grands miracles[26]. Nul ne sera d'ailleurs surpris que le goût public se soit promptement détaché de la scène passive de la Présentation des bols et lui ait préféré dans toute l'Asie bouddhique l'épisode singulièrement plus mouvementé de l'Assaut du Malin.

Troisième temps : la difficulté soulevée par la règle canonique n'est que trop bien résolue par l'émulation des quatre divinités, et un nouveau scrupule s'éveille dans l'esprit du Bouddha : « Ces quatre Grands rois, en vérité, pleins de foi, purs de cœur, m'offrent ces quatre bols de pierre, et moi je n'ai que faire de quatre bols ; d'autre part, si je n'acceptais que d'un seul, cela ferait de la peine aux trois autres ; allons, il faut qu'après avoir accepté ces quatre bols, je n'en fasse qu'un seul bol ». Il reçoit donc à la ronde de Vaiçravana (Nord), de Dhritarâshtra (Est), de Viroudhaka (Sud) et de Viroupaksha (Ouest) le vase à aumônes que chacun d'eux lui tend et, les superposant dans son giron sur sa main gauche, il les fond en un seul. Le *Lalita-vistara* veut qu'il réussisse cette opération par la seule force de sa volonté ; plus prosaïquement le *Mahâvastou* croit qu'il fit rentrer les bols les uns dans les autres par une pression de son pouce ; et ainsi, dit-il, les quatre vases n'en firent qu'un seul, mais on distingue toujours sur ce dernier le rebord des trois autres. Le pèlerin chinois Fa-hien qui, au début du Ve siècle, a trouvé en grande vénération à Peshawâr le vase à aumônes du Bouddha, note candidement que l'on voyait nettement sur son pourtour la division des quatre récipients originels. Deux fois par jour l'on exposait aux yeux des fidèles la précieuse relique, sans doute déposée sur un trône et abritée sous un dais, telle que la représentent nombre de bas-reliefs du Gandhâra, et les deniers de son culte suffisaient à l'entretien d'un couvent de sept cents moines. Mais toutes les gloires de ce monde sont passagères ; quand plus de deux siècles après Hiuan-tsang passa à Peshawâr, le « couvent du bol » était tombé en ruines et le vase sacré avait fui devant l'invasion hephthalite. Descriptions et monuments nous permettent du moins de nous faire une idée de sa forme, d'ailleurs pareille à la grosse calotte hémisphérique en bois, employée par les bonzes d'aujourd'hui : imaginez une lourde écuelle, sans doute façonnée et creusée au tour dans un bloc de stéatite. S'il n'était pas vain de chercher une explication rationnelle aux données miraculeuses de la légende, on trouverait aisément dans les traces laissées par le burin l'origine des « lignes de démarcation » qui encerclaient son orifice et que ne manquent pas de reproduire les bas-reliefs[27].

Après le cas de conscience du religieux le scrupule de politesse de l'homme du monde a trouvé une solution appropriée, et le Bouddha est désormais équipé pour accepter l'offrande des deux marchands. Tout ce long colloque entre le Bienheureux et les Quatre grands rois s'est-il passé sur un autre plan et à l'insu de ces derniers ? Mystère ; toujours est-il que dans les textes le quatrième acte du scénario se relie directement au premier, et, au Gandhâra comme à Adjantâ[28], les artistes n'entendent pas autrement les choses. Tandis que les caravaniers s'empressent de dégager les chariots enlisés, les deux marchands, leur offrande à la main, s'approchent du Maître avec de grandes démonstrations de respect. C'est qu'en effet le fin but de l'histoire est de nous faire connaître les premiers hommes qui offrirent au nouveau Bouddha la première aumône de nourriture et devinrent par là même les prototypes des fidèles laïques. Tels qu'on vous les décrit et que vous les pouvez voir, ils sont en train de créer un précédent : mais tant qu'à faire, ont raisonné les hagiographes, autant créer un précédent aussi complet que possible ; et c'est ainsi que l'action repart de plus belle vers un double dénoûment.

Cinquième temps : Quand le Prédestiné ou l'un quelconque de ses moines a été l'hôte de gens bien pensants, il est de règle que, le repas terminé, il les régale à son tour d'une homélie édifiante. De cette coutume, aussi louable qu'elle est consacrée, l'initiative ne saurait avoir été prise trop tôt, et c'est pourquoi le Bouddha ne se tient pas pour quitte envers les deux marchands avant de leur avoir adressé quelques paroles « réjouissantes » : mais quel est le genre d'instruction qui peut leur apporter le meilleur réconfort moral ? Une des qualités avérées de l'enseignement du Maître est d'avoir toujours su s'adapter au niveau d'esprit et aux besoins spirituels de ses auditeurs ; et tout de suite il en donne la preuve en épargnant à ces braves négociants l'exposé des vérités métaphysiques qu'il vient de découvrir. Il sait s'acquitter bien mieux envers eux en leur communiquant une formule magique qui tour à tour énumère et atteste pour chacun des points cardinaux les sept astérismes, les huit déesses et le Grand Roi (flanqué de ses quatre-vingt-onze fils) qui y président. En vertu de ce charme, quelle que soit la direction qu'à l'avenir ils prendront, ils seront assurés, le jour comme la nuit, tant bipèdes que quadrupèdes, de voyager en sûreté et de commercer avec profit ; et c'est ce qui leur importe.

Le *Lalita-vistara* en demeure là ; mais d'autres textes ont estimé qu'un bon procédé en appelle un autre. Ces marchands sont pieux et ils sont riches : il ne tient qu'à eux de donner des preuves concrètes de leur dévotion. Or, entre toutes les œuvres pies, les deux plus méritoires, et de beaucoup, sont soit l'érection d'un sanctuaire, soit la donation d'un ermitage à la Communauté. De la seconde il ne saurait déjà être question, puisque la Communauté n'existe pas encore ; et on pourrait également penser qu'il est trop tôt pour parler de la première, puisque le vieux sanctuaire bouddhique par excellence était un tertre élevé sur une relique corporelle du Maître, et que le Maître est encore vivant. Mais il est des accommodements avec la règle. Le Prédestiné donne à Trapousha et à Bhallika des rognures de ses cheveux et de ses ongles, et ceux-ci, de retour dans leur pays, ne manquent pas d'édifier un ou même deux *stoupa* sur ce précieux dépôt. Quel était cependant ce pays ? Les caravaniers au long cours couvraient parfois de grandes distances, et il leur arrivait en route d'échanger les chars à bœufs pour un navire, ou réciproquement. Aussi quand la Bonne-Loi commença à se répandre hors des frontières de l'Inde, les contrées récemment converties trouvèrent-elles dans la légende des deux marchands un prétexte à faire remonter jusqu'au temps du Bouddha l'antiquité de leur foi bouddhique. Selon le lieu d'origine qu'on attribuait à Trapousha et Bhallika, leur fondation se transportait avec eux aussi bien dans la région du Nord que dans celle des Mers du Sud[29]. Avant même d'avoir franchi l'Hindoukoush Hiuan-tsang l'a trouvée localisée aux environs de Bactres ; il aurait aussi bien pu la rencontrer, s'il avait poussé jusque-là, en Ceylan ou en Birmanie ; et la grande pagode de Shvé-Dagon à Rangoun se flatte toujours de la perpétuer.

Après cette dernière rallonge l'histoire est enfin close, mais non les disquisitions des casuistes. Tout le monde doit admettre que les deux marchands se sont comportés en fait comme des *oupâsaka* : mais l'étaient-ils en droit ? Pour devenir un « fidèle laïque » le rite est des plus simples : il suffit de mettre son recours dans le Bouddha, la Loi et la Communauté. Or (faut-il le rappeler une fois de plus ?) la sainte triade n'était pas alors complète. Sans doute le Bouddha était déjà arrivé à l'état parfait, et la Loi, pour inouïe qu'elle fût encore, résidait intégralement en lui ; mais comme il n'y avait eu ni prédication ni conversion, la Communauté n'était toujours pas sortie du monde des possibles. N'ayant pu prendre refuge que dans deux des « Trois joyaux » sur trois, Trapousha et Bhallika ne pourraient donc pas être considérés comme des zélateurs de plein exercice. Le *Mahâvastou* se tire d'affaire en supposant qu'ils ont aussi mis leur recours dans la Communauté… à venir. Ne nous montrons pas plus exigeants que lui : aussi bien ne relèverions-nous pas ces arguties doctrinales si elles ne nous ramenaient, après l'intermède du jeûne de sept semaines, à la question cruciale qui s'est posée dès le début du présent chapitre oui ou non, le Bouddha Çâkya-mouni prêchera-t-il sa doctrine ?

La requête[30]. — Il n'y a pas de conventions qu'au théâtre : les biographies romancées n'hésitent pas davantage à y faire appel. Depuis des siècles le monde bouddhique connaît par expérience la solution qui est intervenue pour ce dilemme ; et, il n'y a qu'un instant, le Bouddha n'a pas caché au Tentateur laquelle des deux décisions possibles il a déjà adoptée. Pourtant les dieux, et nous, et le Maître lui-même sommes encore censés plongés dans une totale incertitude, et il faut qu'un récit circonstancié vienne nous rassurer sur ce point capital : tant les hommes, comme les enfants, aiment à réentendre les contes dont ils connaissent d'avance le dénoûment. Nous ne serons pas autrement surpris de nous trouver, cette fois encore, en présence de deux versions différentes, l'une toute rationnelle et l'autre éperdument mythique où se reflète la tournure d'esprit particulière des deux grandes moitiés constituantes de l'église bouddhique — d'une part la Communauté monastique prise dans son cadre relativement rigide, et d'autre part la masse flottante des fidèles laïques. Selon les *bhikshou* le Prédestiné commence, fort légitimement, par hésiter à prêcher une doctrine qui risque de n'être ni comprise ni acceptée par le vulgaire ; ce n'est qu'à la deuxième réflexion que la compassion pour l'humanité souffrante l'emporte sur l'égoïsme de la raison. Au gré des zélateurs, c'est aux supplications des dieux, mobilisés en masse, que nous devrions le consentement du Maître. Mais les deux exposés ne nous sont pas servis à part, comme dans le cas de l'*Abhisambodhana* (supra, p. 143-4) : les plus anciens textes insèrent déjà l'intervention divine entre les deux états d'âme successifs du Prédestiné, d'abord indécis, puis résolu ; et si cette grande parade mythologique ne s'en démontre que plus superflue, elle fournit du moins aux illustrateurs le moyen de figurer cette nouvelle crise psychologique.

Il n'arrive rien dans la vie d'un Bouddha qui ne se soit déjà produit et ne doive se reproduire dans celles de ses prédécesseurs et de ses successeurs : il faut donc admettre que tout Illuminé frais éclos[31] doit hésiter à communiquer aux profanes la vérité qu'il vient de découvrir. À cela deux raisons, toutes deux judicieuses, l'une d'ordre intellectuel et l'autre d'ordre moral. La doctrine, nous dit-on, est profonde et demande pour être comprise une certaine contention d'esprit ; et d'autre part, prêchant l'extinction du désir, elle exige pour être embrassée une notable maîtrise de soi-même et de ses passions : comment l'homme moyen, en proie à ses convoitises toujours renaissantes et jouet de ses perpétuelles distractions, serait-il capable de la saisir dans ses principes et de la pratiquer dans ses prescriptions ? Celles-ci rebuteront la faiblesse de son cœur, ceux-là dépasseront le niveau de son intelligence, et le prêcheur perdra sa peine et son temps : « Mieux vaut ne pas se faire de souci et se taire. » Et c'est ainsi que le premier mouvement du plus éminent des sages est de se laisser aller à suivre la loi du moindre effort. — Mais quoi, l'humanité engagée dans le tourbillon des renaissances se verra donc refuser toute chance de jamais échapper à ce cercle infernal ? C'est le moment, ou jamais, de faire intervenir les divinités ; et quel meilleur avocat choisir pour une cause aussi sainte que le plus imbu de spiritualité entre tous les dieux indiens, à savoir Brahma[32]. C'est à lui — et non comme dans les scènes de l'enfance à ce royal batailleur d'Indra — qu'appartient en cette pieuse circonstance le premier rôle. Assurément, quand il croit sa première démarche repoussée, il appelle à la rescousse son habituel compagnon de miracle, et, avec lui, des myriades d'autres divinités. Tous viennent, en tenue de cérémonie, « le manteau drapé sur l'épaule gauche », joindre leurs instances aux siennes. Les artistes, toujours de mèche avec les donateurs, en profitent pour consacrer à la « Requête » des compositions plus ou moins touffues, faisant pendant aux tableaux de l' « Instigation » — la seule différence, mais essentielle, consistant en ce que le trône central est occupé non plus par le Bodhisattva, mais par le Bouddha accompli. Que le nombre des suppliants soit réduit aux deux protagonistes, assistés ou non par les quatre Grands Rois, ou que le bas-relief fourmille de divinités, c'est toujours Brahma reconnaissable à sa chevelure, qui occupe la place d'honneur à la gauche du Maître, tandis que « Çakra, l'Indra des dieux » est à présent rejeté de l'autre côté du panneau : car les scènes figurées sont également soumises aux lois de l'étiquette[33].

Cependant le Bouddha s'est-il rendu aux prières, trois fois renouvelées, des dieux ? Tantôt ceux-ci se plaisent à croire que, selon sa coutume, « il a consenti par son silence » ; tantôt même ils se vantent de lui avoir arraché une promesse : mais en fait c'est une autre série de considérations qui a déterminé le Prédestiné. Si l'on contemple du bord un étang de lotus, on ne tarde pas à s'apercevoir que certaines fleurs sont encore très profondément immergées tandis que d'autres s'élèvent déjà bien au-dessus des eaux ; et il en est enfin qui, montant obscurément vers la lumière, sont déjà près de s'épanouir à la surface. De même, en considérant le monde avec son œil divin, le Bouddha reconnaît que les êtres se divisent en trois catégories : ceux qui sont irrémédiablement enfoncés dans l'erreur, ceux qui sont déjà parvenus à la vérité, et ceux qui flottent encore entre la vérité et l'erreur. Pour les premiers, aucun espoir de les tirer (du moins dès à présent, car il ne faut désespérer de rien, ni de personne) des ténèbres de leur ignorance ou de leur fausse science ; pour les seconds, aucun besoin de leur apporter une aide quelconque puisqu'ils se sont déjà tirés d'affaire tout seuls. « Que le Maître enseigne ou n'enseigne pas », peu importe donc aux uns comme aux autres. Mais il y a toute cette foule intermédiaire et incertaine qui hésite entre le vrai et le faux, qui balance entre le bien et le mal : ceux-là seront perdus ou sauvés selon qu'ils auront ou non l'occasion d'entendre la Bonne parole… Sachez que c'est pour l'amour d'eux que le Bouddha s'est décidé « à faire tourner la roue de sa Loi ».

Le choix de l'auditoire. — Cette généreuse résolution une fois prise, sa mise à exécution ne souffre aucun retard ; mais, pour prêcher, il faut des auditeurs : à qui le nouveau Bouddha va-t-il adresser sa première prédication ? Dans les idées indiennes son devoir est de penser d'abord à sa mère, puis à son père, puis à ses anciens précepteurs. Tel se présente en gradation descendante, l'ordre de ses obligations de reconnaissance ; et la preuve en est qu'à Bodh-Gayâ même un sanctuaire commémoratif marquait la place où Çâkya-mouni, aussitôt après son Illumination, avait commencé par endoctriner sa mère, descendue tout exprès de son ciel[34]. Pleins de mépris pour les liens de la famille, que tous ils ont impitoyablement brisés, les bonzes n'ont pas enregistré dans les textes cette réaction spontanée de la conscience populaire et renvoient froidement à plus tard la conversion de Mâyâ, déjà morte, comme de Çouddhodana, encore vivant[35]. À Roudraka et Arâda, sans doute à titre de confrères, ils témoignent plus d'égards et consentent à évoquer tout de suite leur cas : mais comme il était convenu que les premiers prosélytes du Bouddha avaient été ses cinq condisciples et non ses deux anciens professeurs, ils se débarrassent de ceux-ci en les déclarant morts, le premier depuis sept jours, le second depuis trois[36] : « Grand dommage pour eux », déclare le Bienheureux ; et tout naturellement sa pensée se reporte alors vers les « Cinq de la bande fortunée », qui l'ont tout récemment abandonné quand ils l'ont vu renoncer à ses austérités. Parcourant de son regard magique toute l'étendue de l'Inde, il les aperçoit qui se sont retirés dans un ermitage voisin de Bénarès, et immédiatement il décide d'y aller les rejoindre. — Telle est du moins la tradition établie : qu'en faut-il penser ? D'une part l'affabulation du récit orthodoxe ne manque pas de vraisemblance : il est bien évident que ces cinq âmes, avides de révélations nouvelles et habituées aux méditations philosophico-religieuses, sont à la fois, comme il est écrit, de celles qui sont le mieux préparées à comprendre la doctrine et de celles qui ont le plus à perdre si celle-ci ne leur est pas communiquée ; puis, toujours magnanime, Çâkya-mouni a dû conserver pour eux quelque amitié ; et peut-être aussi (qui lira jusqu'au fond des cœurs ?) a-t-il hâte de tirer de leur abandon prématuré une éclatante revanche. Mais, d'autre part, il est surprenant de lui voir imposer après un long jeûne un pédestre voyage de près d'une centaine de lieues avant de l'autoriser à ouvrir la bouche sur les découvertes dont son esprit est plein ; plus surprenant encore de constater qu'il lui faille, aussitôt après, revenir sur ses pas de Bénarès à Bodh-Gayâ où l'attend un succès numériquement beaucoup plus considérable, mais extrêmement laborieux. Aussi est-il permis de se demander, au risque de tenir des propos sacrilèges, si le sermon de Bénarès fut vraiment le premier qu'ait prononcé le nouveau Bouddha, ou seulement le premier qui lui ait gagné des convertis ; sur les précédentes tentatives de prosélytisme du Maître, la légende aurait fait le silence, pour la raison qu'elles seraient restées infructueuses, et tant de tergiversations et d'allées et venues dissimuleraient mal ces premiers échecs[37]. — Autre chose est de poser la question et autre chose d'y répondre : car qui ne voit que la singularité même de la version traditionnelle peut être aussi bien considérée comme attestatrice d'exactitude quasi historique que comme dénonciatrice de forgerie concertée ? Une fois de plus plaignons les historiens qui, bien que démunis de critériums de précision, sont chargés de fixer la fuyante incertitude des affaires humaines : car vraisemblance et invraisemblance peuvent être, aussi bien l'une que l'autre, surtout en matière religieuse, tantôt le visage du vrai et tantôt le masque du faux.

SUR LA ROUTE DE BÉNARÈS. — De toutes manières il nous faut accompagner à présent notre héros dans sa marche vers la fameuse ville sainte qui, limitrophe à la fois des pays orthodoxes « du Milieu » et de ceux mal brahmanisés de l'Est, était sans doute déjà le rendez-vous de tous les inventeurs de religions nouvelles. Chose curieuse à noter (et qui n'est peut-être pas sans rapport avec les réflexions qui précèdent sur les difficiles débuts du nouveau prophète), ce voyage est marqué, de l'aveu même de la légende, par deux épisodes dont l'un se clôt et dont l'autre s'ouvre par une rebuffade à son endroit. Le premier de ces incidents intervient, dès la mise en route, sur le court trajet d'une dizaine de kilomètres qui sépare Bodh-Gayâ de Gayâ. Le Prédestiné se trouve croiser un Adjîvaka, c'est-à-dire un religieux mendiant comme lui, mais appartenant à une secte qui restera l'une des plus âpres rivales de celle qu'il se propose lui-même de fonder. Cet Oupaka (car nous savons son nom) engage la conversation, fait compliment à son confrère sur l'éclat et la pureté de son teint comme sur l'air de sérénité que respire toute sa personne, et lui demande : « Quel est ton maître ? » Çâkya-mouni lui répond : « Je n'ai ni maître ni égal : je suis un parfait Bouddha. » Et l'autre s'étonne et se récrie : « Tu ne vas tout de même pas prétendre que tu sois un saint ? » Et le Bienheureux de répondre : « Un saint, je le suis, en tant que suprême précepteur du monde ». De plus en plus surpris, et usant du terme employé dans sa communauté, comme dans celle des Djaïnas, pour désigner un Sauveur, l'interlocuteur reprend : « Tu ne vas tout de même pas prétendre que tu sois un « Djina (un Vainqueur) ? » Et Çâkya-mouni déclare qu'il est en effet le Vainqueur, car il a vaincu toutes les inclinations perverses. Sur quoi l'autre se contente de lui demander, avec la coutumière indiscrétion orientale : « Où vas-tu de ce pas, révérend Gaoutama ? » — « Je vais à Bénarès pour éclairer l'aveuglement du monde et faire tourner la Roue d'une nouvelle Loi ». — « Fort bien, Gaoutama[38] », et, ayant ainsi parlé, l'Adjîvaka continua sa route vers le Sud et le Prédestiné vers le Nord…

Eh quoi, dira-t-on, voilà tout le succès que rencontrent les emphatiques déclarations du Bouddha ! Son interlocuteur s'en émeut si peu qu'au lieu de s'attacher à ses pas, il lui tourne le dos et poursuit son chemin dans une direction opposée. Qu'y a-t-il là d'édifiant ? — Il y a ceci qu'en ce lieu, pour la première fois, Çâkya-mouni a proclamé de sa propre bouche devant un autre homme sa nouvelle et suprême dignité en même temps que son dessein bien arrêté de sauver le monde : c'est là ce qui intéresse les fidèles et fait que la place où ont été prononcées ces mémorables paroles leur a paru digne d'être marquée par un sanctuaire spécial, lequel à son tour en a perpétué le souvenir[39]. Le reste n'est que détail négligeable, et peu importe que l'Adjîvaka n'ait pas compris son bonheur. Il ne perdra d'ailleurs rien pour attendre. Nous connaissons par la tradition singhalaise ce qu'il est advenu de lui. Ne s'avise-t-il pas dans le pays du Sud où l'ont conduit ses pas de s'éprendre d'une fille de basse caste ? Dans son amoureux délire, il se couche par terre sur le ventre, refuse de bouger ou de manger — bref fait la grève de la faim, selon la vieille coutume indienne, jusqu'à ce qu'on lui accorde l'objet de sa flamme. Mais bientôt, écrasé de besognes et abreuvé d'outrages par sa femme et ses beaux-parents, il ne sait vraiment plus à quel saint se vouer. C'est alors qu'il se souvient du jeune et beau religieux qu'il a naguère rencontré près de Gayâ. Il se remet donc en route vers le Nord et réclame le Bouddha à tous les échos jusqu'à ce qu'enfin il le retrouve, se convertit à lui et est reçu dans son ordre. Ainsi tout s'arrange, et ce supplément d'histoire prouve suffisamment les deux choses qu'il s'agissait de démontrer, à savoir que le religieux Oupaka était encore obnubilé par ses passions lors de sa rencontre avec le Maître, et que le privilège d'avoir reçu la première confidence du Prédestiné valait bien tout de même de ne pas mourir sans être sauvé[40].

Revenons au Bouddha, d'autant qu'il semble que nous soyons en état de relever la route qu'il a suivie. La distance à vol d'oiseau entre Gayâ et Bénarès n'est guère que de 200 kilomètres dans la direction générale de l'Ouest ; mais, nous dit-on, le Prédestiné marche vers le Nord. Les textes croient même savoir le nom de ses premières étapes et des hôtes plus ou moins mythiques qui lui ont chaque soir offert le vivre et le couvert. Toutefois ils ne sont d'accord que sur un point, à savoir que le cinquième ou sixième jour il atteignit le Gange. Comme il n'a pu humainement couvrir, selon l'usage, que 25 à 30 kilomètres par jour, le chemin parcouru représente bien les 150 kilomètres[41] qui séparent effectivement Gayâ du grand fleuve, à la condition de s'y rendre droit au Nord. Si le Maître avait pris la direction normale de l'Ouest, il aurait dû compter plus du double d'étapes avant d'arriver au bord du Gange ; il est vrai que du même coup il se serait trouvé à destination. Les textes, nos seuls guides valables (valables pour ce qu'ils valent) suggèrent donc que le Bouddha aurait fait un grand détour et commencé par traverser du Sud au Nord le Magadha pour aller rejoindre au plus court la grand-route, la Trunk-Road d'alors, qui (tout comme aujourd'hui la ligne principale de l'Eastern Railway) longeait la rive septentrionale de la grande artère fluviale de l'Hindoustan. Il aurait ainsi traversé le Gange, là où il devait quarante-cinq ans plus tard le franchir pour la dernière fois, près de l'endroit où allait s'édifier la future capitale impériale des Mauryas, Pâtaliputra (auj. Patna). Ce n'est qu'ensuite qu'il met le cap sur l'Ouest, et ce crochet à angle droit, compte tenu des sinuosités de la route, doublait la longueur du voyage ; mais apparemment cet itinéraire à travers un pays déjà en grande partie connu de lui avait ses avantages ou attraits particuliers, et on sait assez qu'en Orient le temps ne fait rien à l'affaire.

De toutes manières le Prédestiné était dans l'obligation de traverser le Gange ; car c'est la rive gauche du fleuve que, face au soleil levant, Bénarès couronne de ses palais et de ses temples, et borde de ses majestueux escaliers. C'est ici que l'attend un nouvel affront. En cette saison la puissante rivière, grossie par la fonte des neiges himâlayennes, coule à pleins bords et l'on ne peut songer à la guéer ni à la traverser en nageant, même en s'accrochant à la queue d'une vache. Le Bouddha va donc trouver le passeur et lui demande de le recevoir dans son bac ; mais celui-ci réclame d'abord le prix du passage, et le Maître est bien obligé d'avouer qu'il ne le possède pas… Ne craignons pas de le répéter : Le Sauveur du monde, précepteur des hommes et des dieux, n'a pas un sou vaillant. Ce n'est toujours en pratique qu'un çramane ou, comme certains traduiraient en style médico-légal, un individu atteint de manie religieuse à forme ambulatoire, et que le premier gendarme venu aurait le devoir d'arrêter sous la double inculpation trop justifiée de mendicité et de vagabondage. Par bonheur pour Çâkya-mouni et ses pareils, l'Inde concevait et conçoit encore les choses autrement que nous : même en cet âge de fer (il vaudrait mieux le caractériser comme idolâtre de l'or) elle a gardé le sens et le respect du renoncement et de la pauvreté volontaires. Devant le refus du passeur, le Bouddha se résout à enfreindre la règle qu'il est censé s'être prescrite, à lui-même comme à ses moines, de s'abstenir de toute exhibition de pouvoirs magiques : d'un seul bond à travers les airs[42], il se transporte sur l'autre rive du Gange. Bientôt informé de cette performance miraculeuse, le roi Bimbisâra édicte que dorénavant tous les religieux, à quelque secte qu'ils appartiennent, seront dispensés de péage ; et ce dernier détail achève de nous prouver que la légende plaçait bien dans le royaume de Magadha, sur la rive droite du fleuve, le poste d'amarrage du bac.

Les artistes indiens ne semblent pas s'être attaqués à ce pittoresque épisode, sauf peut-être sur des peintures aujourd'hui perdues : mais ses difficultés n'ont pas fait reculer les sculpteurs javanais de Boro-Boudour. Ils nous montrent le fleuve plein de poissons et de tortues et coulant entre ses rives boisées, hantées de bêtes sauvages ; au premier plan le bateau qui sert de bac est relié à la rive par une planche d'accès. Le Bouddha a déjà passé sur l'autre bord, et deux autres religieux, ceux-ci de secte brahmanique, admirent sa puissance surnaturelle, tandis que le passeur, assis auprès de sa femme, s'aperçoit de l'énormité de sa faute et s'abandonne à son désespoir. Vous vous étonnez peut-être qu'il se désole à ce point à propos d'un refus qui ne lui a pas fait perdre grand-chose et n'a guère gêné celui qui en était l'objet. Européen que vous êtes, vous estimez que le mérite d'une aumône ou d'un bienfait se mesure à son importance intrinsèque ou au sacrifice qu'il exige du bienfaiteur ou donateur. Ainsi que tous les vieux Indiens le passeur sait mieux : il sait que le riche don du banquier aussi bien que le denier de la veuve ne sont méritoires qu'en proportion directe de la dignité spirituelle du « récipient[43] », comme ils disaient, ou, comme nous dirions, du « vase d'élection » auquel ils sont offerts. Ce dont le batelier ne se console pas, c'est d'avoir, du fait de sa rapacité, laissé échapper l'occasion, qui ne se représentera plus, d'acquérir les mérites extraordinaires, capables de le faire renaître au ciel, que lui aurait rapportés le plus léger service rendu à un homme assez saint pour traverser le Gange à pied sec. En manquant la chance de sa vie présente il a du même coup compromis le sort de ses existences futures : cela vaut bien que de saisissement, nous dit le texte, il tombe à terre, privé de connaissance, d'autant que l'évanouissement est une pratique des plus courantes chez les héros des contes et des romans indiens.

LE LIEU ET LE PROLOGUE DE LA PREMIÈRE PRÉDICATION. — Cependant d'étape en étape — car il ne faut pas abuser, et pour cause, de ses pouvoirs magiques — le Bouddha arrive un beau soir aux abords de Bénarès ; et peut-être, à sa vue, s'est-il écrié, lui aussi : « Vive la sainte Kâçî[44] ! », comme ne manquent pas de le faire aujourd'hui tous les pèlerins : car le vieux nom du pays a subsisté dans les mémoires. Comme de règle, il attend au matin suivant pour pénétrer dans la ville ; et, sa quête faite, son bain et son repas pris, il ne s'y attarde pas davantage, mais va droit à l'ermitage où s'était retirée la bande des Cinq. Ce lieu, nous le connaissons : il s'appelle aujourd'hui Sarnâth et se situe à six kilomètres au nord de Bénarès. Il est resté marqué jusqu'à nos jours par un grand *stoupa* surélevé qui continue à porter, déguisé sous l'abréviation de Dhamekh, son vieux nom de Dharma-râdjikâ, c'est-à-dire de fondation religieuse due au Dharma-râdja ou « Roi de la Loi », le surnom que son zèle de bâtisseur de sanctuaires bouddhiques avait valu à l'empereur Açoka[45]. Les fouilles persévérantes du Service archéologique de l'Inde ont dégagé tout alentour quantité de sanctuaires et de couvents dont les dates s'échelonnent sur quinze cents ans : car le site n'a été ruiné par l'invasion musulmane qu'à la fin du XIIe siècle. En temps de famine la main-d'œuvre était si nombreuse et si peu chère que le déblaiement se faisait au panier — méthode lente, mais qui a l'avantage que toute pelletée de terre est remuée à fond. Des coulis des deux sexes et de tout âge se suivaient en longues files et chacun, après avoir vidé sa corbeille de déblais, recevait de la main d'un contremaître une *kaouri* (orth. anglaise : *cowrie*[46]), c'est-à-dire un petit coquillage, monnaie infinitésimale ne valant pas même deux millimes de franc-or, mais qui avait encore néanmoins pouvoir d'achat au bâzâr : il fallait seulement chaque matin en faire venir un plein char à bœufs de chez les changeurs de la cité. Les nombreux objets d'art exhumés par ces patientes recherches, fragments d'architecture, bas-reliefs, statues et terres cuites, ont trouvé un abri dans les galeries d'un musée local, très élégamment dessiné. La série s'ouvre par le chapiteau aux lions, si justement célèbre, qui surmontait la colonne érigée sur l'ordre d'Açoka à côté du *stoupa* commémoratif ; elle se continue par de belles images du Bouddha de la période Goupta pour se clore par des œuvres de basse époque[47]. La dernière fondation en date, due à la reine Koumaradêvi de Kanaudj[48], remonte au début du XIIe siècle ; mais les bouddhistes ont rappris le chemin de ce site sacré et leur piété y a déjà élevé un nouveau sanctuaire. Les anciens couvents de l'Inde centrale étaient faits (et de nos jours ceux du Cambodge le sont encore) de petites huttes plus ou moins dispersées dans le paysage, servant de cellules individuelles aux moines ; et textes et inscriptions désignent sous le nom de « Cabane parfumée[49] » celles qui avaient eu l'honneur d'abriter le Maître. Comme Sarnâth est le premier ermitage où ait séjourné le nouveau Bouddha, les fidèles d'aujourd'hui se sont crus autorisés à donner à leur édifice l'appellation de « Cellule magistrale des origines[50] » : ainsi les traditions longtemps interrompues se renouent sous nos yeux.

À en croire les noms de cette place sainte et les contes qui prétendent en expliquer la sainteté, celle-ci serait bien antérieure au bouddhisme. Les uns gardent le souvenir des gazelles qui la hantaient jadis et donnent à penser que c'était primitivement un coin de forêt servant de réserve de chasse au roi de Bénarès, quelque chose comme les « paradis » des monarques iraniens. Les autres évoquent les rishis qui avaient fait de ce bois, proche de Bénarès, leur retraite favorite. Ainsi qu'il fallait s'y attendre, les bouddhistes, bien que tard venus, se sont efforcés de s'annexer les deux aspects de la légende. Les rishis du passé se transformèrent aisément pour les besoins de la cause en « Bouddhas individuels » ; leurs derniers représentants, dûment avertis de la prochaine apparition de Çâkya-mouni, s'étaient, on s'en souvient, élevés dans les airs et consumés eux-mêmes dans le feu de leur extase ; comme leurs reliques corporelles ainsi purifiées étaient retombées à terre, la place avait changé son nom de « Conversation des rishis » pour celui de leur « Chute[51] ». Quant aux gazelles un expédient tout trouvé était de transformer le roi de leur troupeau en une incarnation antérieure du Bodhisattva. Chaque fois que le roi de Bénarès venait chasser dans son parc, il procédait à un grand massacre de ces antilopes, et beaucoup d'entre elles allaient mourir de leurs blessures dans des fourrés où leurs cadavres devenaient la proie des chacals et des oiseaux ; cela faisait beaucoup de sang inutilement répandu et beaucoup de venaison perdue. Le roi des cerfs conclut donc avec le roi des hommes une convention par laquelle il s'engage, en échange d'une promesse de trêve, à fournir quotidiennement pour les besoins de la table royale une gazelle tirée au sort. Un jour le sort tombe sur une biche qui était grosse, et, comme aucun de ses congénères ne consent à se dévouer à sa place, c'est le Bodhisattva lui-même qui se sacrifie et vient spontanément se livrer au cuisinier de la cour. Bien entendu, à la vue du noble animal, le couteau tombe des mains du maître-coq. Aussitôt averti, le roi de Bénarès accourt, et, pénétré d'admiration devant tant de magnanimité, accorde la vie sauve à toutes les gazelles. Mieux encore, en dépit des réclamations des paysans, dont celles-ci ravagent les récoltes, il se refuse à révoquer son édit ; et c'est pourquoi, au lieu du « Bois-des-Gazelles », le *Mahâvastou* écrit parfois : « la Faveur faite aux gazelles[52] ». Que la fable soit touchante et de tonalité bien indienne, chacun le reconnaîtra : plus émouvant et plus original encore est son écho répercuté par l'histoire. Lisez ce qu'au début de sa conversion au bouddhisme, l'empereur Açoka promulgue dans son premier édit sur roc : « Naguère dans la cuisine de Sa gracieuse Majesté le Favori-des-dieux bien des centaines de milliers d'animaux étaient journellement tués pour les besoins de la table : maintenant, à partir de la rédaction du présent édit de religion, trois seulement sont mis à mort à cette intention, deux paons et une gazelle, et encore la gazelle pas régulièrement ; dorénavant même ces trois là ne seront plus mis à mort… » Cherchez en dehors de l'Inde un pays de la terre qui puisse produire aux yeux du monde pareil texte officiel, et encore ayant plus de vingt siècles de date.

Il fallait ces récits édifiants pour nous faire comprendre que nous puissions tantôt lire que c'est « dans le Bois-des-Gazelles, Parlotte-des-Sages », et tantôt « dans la Chute-des-Sages, Grâce-des-Gazelles », que le Bouddha a fait pour la première fois tourner la roue de sa Loi. Toutes ces appellations désignent le même lieu ; et comme les édifices religieux ou leurs ruines n'y avaient pas encore remplace les arbres, ce n'est pas trop s'avancer que de prétendre qu'il devait alors présenter un spectacle fort analogue à celui qu'offrent périodiquement de nos jours plus d'un parc princier du Râdjpoutâna. Là aussi des bandes de *sâdhou* continuent à s'installer de leur autorité privée, sans que le mahâradja puisse y trouver à redire. Les uns s'abritent sous les pavillons, d'autres se dressent de petites tentes, et tous vaquent paisiblement comme chez eux à leurs affaires, faisant leur ménage en plein vent, cassant leur bois, cuisant leur riz, procédant à leurs ablutions ou se frottant de cendres, lisant ou méditant, et se livrant entre temps à leurs austérités, immobilisés debout dans des poses contre nature, couchés sur des herses hérissés de pointes de fer, ou assis entre les cinq feux[53]. Telle était déjà la vie qu'en compagnie de bien d'autres ascètes les Cinq anciens condisciples du Maître menaient dans cet ermitage ouvert à tout venant. Il va de soi qu'ils ne savent plus rien de celui qu'ils ont cru devoir délaisser sans retour : soudain ils l'aperçoivent de loin qui se dirige vers eux, et aussitôt leurs griefs se réveillent. Mais mieux vaut ici laisser de nouveau la parole aux textes ; car si l'histoire peut certes être contée avec moins de répétitions comme quand on écrit pour la lecture et non pour la récitation, elle ne saurait l'être avec plus de naturel et de fine psychologie :

Or donc les Cinq de la Bande fortunée virent de loin le Prédestiné qui s'approchait et, l'ayant vu, ils complotèrent ensemble : « Voici le çramane Gaoutama qui s'approche, ce relâché, ce gourmand, ce déchu… Il ne faut pas qu'aucun de nous aille à sa rencontre ni se lève devant lui ; il ne faut pas le débarrasser de son manteau et de son vase à aumônes ; il ne faut lui offrir ni à manger ni à boire ; ni, après avoir disposé un tabouret pour ses pieds, lui dire en lui désignant des sièges vacants : « Voici, révérend Gaoutama, des sièges vacants ; si tu le désires, assieds-toi ». Et l'un d'eux, Ajnâta Kaoundinya ne les approuvait pas, mais il ne soufflait mot[54]. Et à mesure que le Prédestiné s'approchait de l'endroit où se trouvaient les Cinq de la Bande fortunée, à mesure ceux-ci se sentaient mal à leur aise, chacun sur son siège, et l'envie les prenait de se lever. De même qu'un oiseau ailé mis en cage et placé au-dessus d'un feu allumé, brûlé par la chaleur du feu, n'aurait hâte que de s'envoler, de même à mesure que le Prédestiné arrivait en présence des Cinq de la Bande fortunée, à mesure ceux-ci se sentaient mal à leur aise, chacun sur son siège, et avaient envie de se lever. Et pourquoi cela ? Parce que dans tout le règne des êtres animés il n'en est aucun qui a la vue du Prédestiné ne se lève de son siège. À mesure que le Prédestiné approchait des Cinq de la Bande fortunée, à mesure ceux-ci, incapables de soutenir la majesté et la splendeur du Prédestiné, bousculés de leurs sièges, tous, rompant leur convention, se levèrent ; l'un alla au-devant de lui, un autre le débarrassa de son vase à aumônes et de son manteau, un autre lui avança un siège, un autre lui apporta, un tabouret et un autre de l'eau pour se laver les pieds ; et ils disaient : « Sois le bienvenu, révérend Gaoutama, sois le bienvenu ; assieds-toi, voici un siège prépare pour toi. » Or donc le Prédestiné s'assit sur le siège préparé pour lui et les Cinq de la Bande fortunée après avoir échangé avec le Prédestiné divers propos amicaux et agréables, s'assirent à ses côtés…

Bien entendu (car un cliché ne saurait s'omettre) la conversation débute par des compliments adressés au Bouddha sur la sérénité de sa physionomie et la pureté de son teint. Mais lui, poursuivant son avantage, ne songe qu'à préparer ses anciens condisciples à l'audition et à la compréhension de sa Loi. Il les réprimande doucement de leur familiarité et leur défend d'employer désormais, en lui adressant la parole, l'expression banale de « révérend[55] ». Ce titre ne lui convient plus ; car, de par sa découverte du moyen d'échapper à la mort, il est devenu le Clairvoyant suprême, il est le Bouddha. Qu'ils lui prêtent seulement l'oreille, et bientôt, instruits par lui, ils connaîtront à leur tour que leur but est atteint et leurs aspirations comblées, « et il n'y aura plus de renaissance pour eux ». Pour leur prouver sans tarder davantage son omniscience, il leur montre qu'il a lu à livre ouvert dans leur cœur les sentiments qui, il n'y a qu'un instant, les agitaient à son approche. Confus, repentants, subjugués par son prestige — car, comme il le leur fait remarquer, jamais encore il ne leur a parlé sur ce ton de maître — les Cinq sont prêts à recevoir sa parole et à se convertir à la Bonne-Loi.

La première prédication[56]. — Pendant tous ces préambules, la nuit, une belle nuit de lune claire, est tombée. Au cours de la première veille, le Prédestiné garde le silence ; pendant la seconde il tient une aimable conversation ; ce n'est qu'avec la troisième et dernière qu'il entame enfin sa véritable prédication. Avec un sens avisé des préjugés qui hantent encore les esprits de ses cinq auditeurs, il commence par justifier à leurs yeux sa renonciation aux excès de l'ascétisme. La brusque interruption de ses macérations n'a pas été l'effet d'une défaillance passagère, mais d'une résolution mûrement réfléchie et définitivement arrêtée : « Il y a deux voies extrêmes où le religieux ne doit pas s'engager. Quelles sont ces deux voies ? L'une est une vie de plaisir, adonnée aux jouissances : c'est une voie basse, grossière, vulgaire, indigne, vaine et qui ne mène pas au salut. L'autre est une vie d'austérités, où l'on maltraite son propre corps ; c'est une voie pénible, inutile et qui ne mène à rien. Se gardant de ces deux extrêmes, le Prédestiné a découvert et enseigne la voie moyenne, celle qui mène à la paix, à la connaissance, à la clairvoyance, au Nirvâna. » Un bref commentaire n'est pas superflu. Le Bouddha ne semble pour l'instant préoccupé que de dissiper le fâcheux malentendu qui s'est glissé entre lui et ses anciens condisciples : en réalité le texte canonique vise plus loin un double but. Le laxisme de sa règle monastique était le grand reproche constamment adressé par les sectes rivales à la Communauté des Fils-du-Çâkya : c'était servir les besoins de la propagande que de mettre la réfutation de cette critique dans la bouche même du Prédestiné dès le début de sa prédication. Il ne convenait pas moins de prévenir à l'avance le néophyte du rôle considérable joué aussi bien dans la théorie que dans la pratique de la Bonne-Loi par cette prédilection affichée pour la « voie moyenne », autrement dit pour le « juste milieu » : nous aurons maintes occasions de le constater nous-mêmes.

Ce point épineux provisoirement écarté le Maître passe aussitôt à l'exposé de ce qui est toujours considéré par ses fidèles comme le cœur même de sa doctrine. Nous avons déjà assisté ci-dessus à la genèse de sa découverte : mais cette fois il ne la présente pas en train de se faire dans son esprit et ne reprend pas à nouveau, pour la dévider dans les deux sens, la série des Douze occasions réciproquement conditionnées. La nouvelle formule que les textes sont unanimes à lui prêter (et rien ne prouve qu'à quelques menues interpolations près il n'en soit pas l'auteur) affecte une tournure didactique et mnémotechnique à l'usage évident de catéchumènes. Définissant tour à tour en termes techniques l'existence, l'origine, la suppression et le traitement du mal, elle résume en quatre propositions la thérapeutique de la souffrance humaine. Toutefois il ne saurait échapper à personne que les deux premières thèses ne font que mettre en vedette les deux chaînons essentiels, Douleur et Désir, tandis que les deux suivantes se bornent à énoncer le résultat de sa rumination de la chaîne d'abord en ordre inverse, puis sous sa forme négative[57] (cf. *supra*, p. 170-1) ; la doctrine n'a pas fait un pas de plus :

I. « Voici la noble vérité sur la douleur : la naissance est douleur ; la vieillesse est douleur ; la maladie est douleur ; la mort est douleur ; la réunion avec ce que l'on n'aime pas est douleur ; la séparation d'avec ce que l'on aime est douleur ; bref, toute la trame de notre être est douleur. »

Une fois de plus notre point de départ est la constatation de l'existence du *douhkha* : il est clair que le mot ne désigne encore que la douleur humaine sous les formes variées qu'elle peut prendre, non seulement les souffrances physiques, mais aussi les afflictions morales ; il finira par signifier, par delà le mal de vivre, le mal métaphysique. Ce que nous avons traduit par « la trame de notre être » s'exprime en termes techniques par les « cinq agrégats (*skandha*[58]) » qui en s'agglomérant constituent cette mosaïque de mosaïques qu'est en fait notre illusoire, transitoire et misérable personnalité. La vieille dénomination de « nom et forme » distinguait déjà en nous des éléments physiques et mentaux (*supra,* p. 165) : le Bouddha trouva ces derniers déjà vaguement analysés et répartis par ordre croissant de subtilité en quatre catégories selon qu'ils sont du ressort de la sensibilité (plaisir, douleur, sensations), de l'intellect (notions, concepts) ou de la volonté (tendances, forces, volitions) et ressortissent finalement tous à la conscience du moi — entendez à ce sentiment universellement répandu et ridiculement erroné qui nous fait croire que nous sommes « quelqu'un », une entité substantielle et durable, et qui nous situe d'emblée au centre du monde en distinction d'avec lui. C'est cette illusion, de toutes la plus tenace et moralement la plus pernicieuse, que le Bouddha prendra particulièrement à tâche de combattre[59] ; mais, si différents que puissent être les points de vue dont on l'envisage, il est impossible de ne pas reconnaître dans l'antique définition indienne de l'âme une approximation de celle qu'en donnent nos vieux manuels de philosophie comme « ce qui pense, veut et sent » — et, est-il ajouté, en prend conscience.

II. « Voici la noble vérité sur l'origine de la douleur : c'est la soif qui mène de renaissance en renaissance, avec son cortège de plaisirs et de passions, cherchant çà et là son plaisir : la soif de plaisir, la soif d'existence, la soif de puissance ».

La « soif[60] » n'est autre que le désir, la convoitise, la concupiscence, bref cette avidité de jouissances qui renaît sans cesse de sa satisfaction même (« autant chercher à se désaltérer avec de l'eau salée ») et est à l'origine de toutes nos fautes comme de tous nos tourments. Le texte n'en énumère que trois sortes : mais, subdivisée à plaisir par les scholiastes, elle devient une hydre à cent huit têtes dont chacune inflige une particulière morsure à la pauvre humanité.

III. « Voici la noble vérité sur l'abolition de la douleur : c'est l'extinction de cette soif par le total anéantissement du désir, son bannissement, son rejet, la rupture de ses liens, sa suppression. »

Les deux premières Vérités nous ont retracé le tableau de l'existence humaine, constamment perturbée et endolorie, harcelée qu'elle est sans repos par l'aiguillon de l'insatiable désir ; mais, comme il est écrit, il n'existe rien qui ne suppose l'existence de son contraire[61]. De même qu'en contrepartie à l'état de maladie il y a celui de bonne santé, de même en antithèse à la peine, à l'inquiétude, à l'agitation de la condition humaine il y a un état de calme, de quiétude, de paix parfaite qu'on appelle le Nirvâna. Ne parlons pas à ce propos de plaisir ou de joie, de bonheur ou de béatitude : ce serait retomber dans le domaine et sous la domination des passions dont il importe au contraire de nous libérer totalement. L'obtention de cette suprême ataraxie est possible, sinon facile : la complète extinction du désir, en nous détachant des choses de ce monde, nous débarrassera *ipso facto* de l'humaine misère. Que souhaiter de plus ? Que demande l'homme qui succombe sous son fardeau[62], sinon d'en être déchargé une fois pour toutes ? Et ne devrait-il pas suffire à celui qui souffre qu'on lui apporte le soulagement de sa souffrance ? Nous y venons.

IV. « Voici la noble vérité sur le chemin qui mène à l'abolition de la douleur : c'est l'octuple noble chemin, à savoir : doctrine correcte, résolution correcte, parole correcte, action correcte, moyens d'existence corrects, effort correct, attention correcte, recueillement correct[63]. »

Après le mal, le diagnostic de son origine et le pronostic de son antidote vient la prescription du remède ; et celui-ci, à la portée de tous les gens de bien, n'apporte de nouveauté pour personne, sauf peut-être en sa fin. Le commentaire qu'on nous en donne achève de démontrer que les règles de la morale sont partout les mêmes. La doctrine correcte (1), autrement dite droite, juste et vraie, est naturellement l'orthodoxie bouddhique par opposition aux « vues » fausses des sectes hétérodoxes. La bonne résolution (2) est la ferme intention, la volonté réfléchie d'entrer dans la voie du détachement, de la bienveillance et de la miséricorde, en un mot de ne plus pécher « en pensée ». La voix (3) et l'activité (4) correctes suppriment de même toute occasion de pécher soit « en parole » (par mensonge, médisance, rudesse ou frivole bavardage), soit « en action » (par cruauté, vol ou luxure). Parmi les divers moyens d'existence (5) ou gagne-pain possibles, il convient évidemment d'écarter les métiers cruels, tels que ceux de boucher ou de chasseur, à cause du mauvais *karma* qu'inévitablement ils engendrent. L'effort ou application (6), contraire de l'indolence paresseuse qui s'abandonne aux mauvais penchants, est l'énergie virile avec laquelle il faut étouffer toute tendance coupable, née ou à naître, et au contraire susciter ou renforcer celles qui sont salutaires. La *smriti* (7), littéralement la « mémoire », n'est pas seulement la faculté de se représenter à volonté choses ou concepts ; c'est aussi la constante présence d'esprit, la possession de soi-même, la vigilance jamais en défaut avec laquelle on doit surveiller ses gestes, ses sentiments et ses pensées. Enfin par le *samâdhi* (8) ou « recueillement » il est fait appel aux méditations de plus en plus extatiques, familières à tous les *yogui* indiens, mais qui sortent du cercle ordinaire de nos exercices de piété.

Telles sont les « Quatre nobles vérités » ou, comme on pourrait aussi traduire, les Quatre vérités des (âmes) nobles, les Quatre axiomes des Purs, les Quatre dogmes des Saints.

Telles quelles, elles resteront le morceau capital du catéchisme bouddhique. Bien qu'aucun texte ancien ne le stipule expressément, il saute aux yeux que le Bouddha a délibérément adopté la méthode des vieux praticiens de la « Science de la longévité[64] » ainsi que les Indiens appellent la médecine. À raison de l'application pratique que dès le début il entend faire des principes de sa doctrine, il ne pouvait agir autrement. Tour à tour, en bon thérapeute, il définit la maladie qu'il a entrepris de guérir, il en décèle la source, il s'en représente la cessation et en ordonne le remède ; et, pour l'instant, il ne veut rien savoir au delà : car, est-il écrit, de même que le vaste océan n'est pénétré que de la seule saveur du sel, la doctrine du Prédestiné est tout entière imprégnée du seul souci de la « délivrance ». Ne craignons pas d'insister sur le caractère rationnel de cette technique médicamentaire appliquée au mal moral. Cet être souffre : il faut le soulager. Sa guérison, il ne peut par définition l'attendre de la grâce divine, mais il ne doit pas non plus s'en remettre au hasard d'un aveugle destin. Il n'est pas davantage au pouvoir du Bouddha de lui octroyer d'office la santé ; car nul — même lui, nous ne l'ignorons pas — ne peut violenter les lois du *karma*. Il reste que le malade se l'obtienne à lui-même, non, comme le prétendent les brahmanes, à coup de macérations corporelles ou d'offrandes rituelles, les unes et les autres également vaines, mais grâce à une discipline mentale[65], conformément aux directives d'un docteur qui s'est révélé aussi expert que compatissant : car, soucieux de faire profiter tous les êtres de son expérience personnelle, éveillé il les éveille, désaltéré il les désaltère, apaisé il leur apporte la paix. Assurément le régime qu'il prescrit est purement préventif et, de l'aveu même des textes, n'agit que graduellement et à lointaine échéance[66]. Quand le mal est à ce point enraciné, il est trop tard pour l'attaquer directement : il n'est point d'intervention chirurgicale qui puisse extirper en un moment ce cancer des passions qui de toute antiquité ronge plus ou moins profondément toutes les âmes. Homme, estime-toi déjà trop heureux que ta souffrance ait une cause et que le Bouddha ait réussi à en découvrir la cause : car sur celle-ci du moins il t'est possible d'agir à la longue et par suite il te devient permis d'espérer un éventuel soulagement. La guérison parfaite, le Nirvâna absolu, te demandera peut-être pour son acquisition bien des années ou même bien des vies successives de vigilance, de restrictions et de contraintes continuelles. Le régime peut te paraître aussi rigoureux que lent à produire ses bienfaisants effets : l'important est que son efficacité te soit garantie si du moins tu crois à la transmigration des œuvres (à défaut des âmes), et si tu mets ton recours dans la Triade sacrée du Bouddha, de la Loi et de la Communauté.

L'AUTRE FACE DE LA DOCTRINE. — Quand le Bienheureux érigea ainsi pour la première fois les Quatre fermes piliers de la Bonne-Loi, les Cinq de la Bande fortunée, conformément à l'ordinaire cliché des textes, « se délectèrent à l'entendre », et tous, successivement, Kaoundinya en tête, le comprirent. Ils n'y eurent pas grand mérite. Visiblement leur ancien condisciple, devenu leur Maître, a paré au plus pressé. Il s'est hâté de leur indiquer le chemin tout frais frayé de la « Délivrance » : qui en sait tant sait pratiquement l'essentiel et peut déjà, comme firent les Cinq, se convertir de confiance et se laisser ordonner moine ; mais il est encore bien loin d'être entré dans le secret de la doctrine. Ainsi en cosmographie on commence par étudier le mouvement apparent des étoiles, et ce mouvement, pour irréel qu'il soit, permet aux navigateurs de reconnaître leur route et d'atteindre leur destination : toutefois leur crasse ignorance ne cessera que du jour où ils sauront que ce n'est là qu'une erreur grossière de nos sens et qu'en fait c'est notre terre qui tourne et non les astres. De même dans les trois grands systèmes philosophiques de l'Inde la connaissance se développe tour à tour sur deux plans bien différents, celui de l'expérience commune, que ne dépasse pas le vulgaire, et celui de la vérité ésotérique, apanage des seuls initiés. La formule étroitement anthropocentrique des Quatre vérités ne présente guère que le côté pragmatique et moralisateur de la pensée du Bouddha : il nous reste encore à apprendre de sa bouche de quelle insidieuse illusion nous sommes tous, tant que nous sommes, les trop complaisantes victimes. Notre salut ne sera vraiment assuré que du jour où nous saurons qu'une irrémédiable impermanence frappe tous les phénomènes aussi bien psychiques que physiques (par bonne chance les douloureux comme les autres), et que le fond des choses consiste justement en ceci qu'elles n'ont aucun fond. Et voici enfin que surgissent ces conceptions que le Maître lui-même déclarait difficilement intelligibles et dont le caractère abstrus l'a fait hésiter à en entreprendre la prédication. Avouons qu'en effet elles ne laissent pas d'exiger un certain entraînement au maniement des idées abstraites. Chacun, en une heure de pessimisme, se laissera persuader sans trop de peine que le monde extérieur soit pareil à un kaléidoscope toujours en mouvement et qui (contrairement à son nom) ne nous montrerait que de laides images et ne nous infligerait que des impressions pénibles : mais quand on ajoute que de ce kaléidoscope ni l'étui, ni les miroirs, ni les éléments colorés, ni le spectateur même n'ont d'existence substantielle et durable[67], il faut faire quelque effort pour tâcher de le concevoir clairement. Telle est pourtant la thèse fondamentale de la Bonne-Loi, et celle qui de tout temps l'a fait accuser par ses contradicteurs de n'être qu'un pur « nihilisme[68] » : à tort d'ailleurs, car, ainsi que l'a bien montré Th. Stcherbatsky, cette « vacuité », dont à travers toutes leurs subdivisions les sectes bouddhiques élaborèrent à l'envi la notion, ne doit pas être entendue comme « néant », mais comme « relativité ». On peut d'autant moins douter que le principe en remonte à l'enseignement de Câkya-mouni que seule cette conception confère son unité en même temps que son originalité à tout son système. Qu'il ait, ou non, dressé les interminables listes de *dharma* ou « normes » — entendez ici par ce mot à tout dire, les éléments ou facteurs derniers du monde des apparences, les grains (que ne réunit aucun fil !) du chapelet de nos états de conscience — peu importe : il a tout au moins fixé les lois de leurs fugaces apparitions[69]. Vraisemblablement aussi, dans sa préoccupation de compatissant thérapeute, il s'est avant tout intéressé aux retentissements de sa doctrine sur la destinée humaine, et il a laissé aux théoriciens postérieurs le soin de l'adapter à l'ensemble de l'univers. Un fait ne s'impose pas moins de toute évidence aux historiens de la philosophie : les tenants de la révélation védique ne s'inquiètent que de retrouver l'Un sous le Multiple et de dégager l'Être en soi du voile versicolore de la Mâyâ ; les rationalistes se plaisent à faire danser l'ondoyante Nature pour le divertissement et le dégoût final de l'immuable Esprit ; les bouddhistes se refusent à découvrir nulle part derrière les phénomènes aucune substance, aucune entité, aucun noumène. C'est ce qu'a bien noté Paul Oltramare : « Tandis que le Védânta affirme l'être et nie le devenir, tandis que le Sânkhya affirme à la fois l'être et le devenir, le bouddhisme nie l'être et ne garde que le devenir[70] ». À de tels dissentiments théoriques ne pouvaient que correspondre des conceptions non moins différentes du salut. Le Védantiste ne rêve pour son âme que de « non-dualité », de réabsorption dans le Grand Tout dont elle est une parcelle momentanément égarée. L'idéal pour l'adepte du Sânkhya est au contraire « l'isolation » totale de l'Esprit, son complet dépêtrement des liens où se plaît à l'enlacer la tentaculaire Nature. Le but que de son côté se propose le bouddhiste est la « cessation », l'abolition pure et simple, en ce qui le concerne, du train douloureux du *samsâra*. En léguant à ses disciples, comme fruit de ses études et de ses méditations, le double mot d'ordre de la « vacuité » et de la « suppression », le Bouddha (qu'il ait été ou non le premier à le proclamer sans aucune ambiguïté) s'est placé pour nous à la tête d'un des trois grands courants de la pensée indienne.

Nous ne pouvons ici qu'esquisser brièvement cette doctrine assez difficile à pénétrer, surtout pour des gens élevés comme nous dans des idées soi-disant spiritualistes, lesquelles ne sont en fait que l'héritage mal épuré des superstitions animistes de nos sauvages ancêtres. Une comparaison viendra, cette fois encore, à notre secours. Plaçons un Occidental devant une rivière : son premier soin va être de lui donner un nom et de relever son tracé depuis sa source jusqu'à son embouchure ; ce que faisant, il lui créera une apparente individualité entre toutes les rivières qui figurent sur les cartes. Cette première opération le retient sur le plan pratique de la recherche expérimentale. Si à présent on l'invite à philosopher, il discernera vite, comme jadis Héraclite, le caractère perpétuellement évanescent de l'écoulement des eaux ; mais on aura beaucoup plus de peine à lui faire admettre que leurs rives ne constituent pas en revanche un cadre solide et permanent. C'est à ce moment que commence son désaccord avec le bouddhiste : aux yeux de celui-ci non seulement le flot qui passe est fait d'une pluralité de phénomènes en apparition et disparition incessantes ; mais les bords mêmes qui en façonnent le cours et lui confèrent

provisoirement un semblant de réalité ne sont pas moins inconstants que lui. Et ce n'est pas tout : il ne suffit pas que nous tombions d'accord — ce qui ne nous coûtera guère, puisque les Grecs l'ont dit — qu'on ne se baigne pas deux fois dans le même fleuve ; il nous faut encore apprendre quelque chose de plus : le baigneur qui revient aujourd'hui à la même place de bain qu'hier n'est pas davantage le même homme. Ainsi que la rivière n'est que la fuite de milliers de gouttes d'eau distinctes entre des rives toujours changeantes, ainsi ce que nous appelons notre moi n'est qu'un flux d'états de conscience défilant à travers un organisme psycho-physique d'autant plus instable qu'il n'a pas d'existence réelle en dehors d'eux. Bref, les moules où se coule notre perception des choses ne sont pas moins illusoires qu'elles ; éléments formatifs, formations et formes s'évanouissent finalement dans le même mirage ; en termes techniques, les coefficients ou *samskâra* ne sont pas moins impermanents que les *dharma* qu'ils coefficient[71]…
— Mais, objectera-t-on, si l'on a besoin de traverser la rivière, c'est en vain que l'on attendra qu'elle ait fini de couler. — En effet : l'expérience apprend qu'il y a une certaine suite dans les choses, et pour en rendre compte le Bouddha enseigne qu'entre ces *dharma* multiples, tous distincts et tous momentanés, il existe une loi de dépendance causale qui les organise en séries continues[72]. C'est même cette spécieuse continuité qui, décevant les ignorants et les sots, les fait tomber dans la pire des erreurs, à savoir la croyance en l'existence substantielle de leur moi

personnel. Une fois cette hérésie dissipée, tout s'éclaire dans l'esprit du disciple comme dans le système du Maître. L'homme se reconnaît enfin pour n'être que le siège irréel et passager d'une fuyante série de phénomènes mentaux — les seuls, est-il écrit, qui comptent. Non seulement embryon, enfant, adulte, vieillard, il est toujours en état de transformation, mais à aucun moment de sa vie il n'est celui qu'il était l'instant d'avant. Dès lors il devient superflu de se demander si l'individu qui renaît est le même que celui qui remeurt, ou un autre. N'étant plus une entité, il ne peut être, pour emprunter le mot du biologiste Le Dantec, rien de plus qu'une « histoire » ; et la fatale aventure « karmique » dont incidemment il se croit le héros est destinée à se poursuivre sans trêve, de réincarnation en réincarnation, tant que lui-même ou l'un de ses inconscients continuateurs n'aura pas eu les yeux déssillés par la parole du Maître. Mais une fois qu'il sera éclairé sur l'impermanence et l'insubstantialité de son moi comme du monde, la futilité des désirs lui apparaîtra en même temps que l'inanité de leurs objets. Les passions égoïstes qui le lient au cycle du *Samsâra* — à la grande Roue qui, remarquez-le, tourne perpétuellement à l'arrière-plan de ces vues — se détacheront spontanément de sa transitoire personne. Les « attachements » qui sont la cause de la renaissance et de la remort (car la vie ne dure qu'en vertu du désir de vivre[73]) perdront soudain toute leur force adhésive, ainsi que l'eau roule sans la mouiller sur la feuille lisse du lotus ; et alors se dessinera enfin pour lui la possibilité de couper radicalement court au flux des *dharma* en accédant à celui d'entre eux qui seul est non-coefficié, inconditionné, impassible, immuable, à savoir le Nirvâna. Tout cela se tient de façon fort cohérente : aussi à mesure que les tendances spéculatives prendront le pas dans les écoles sur les préoccupations moralisantes, c'est le résumé de cette théorie qui paraîtra concentrer le mieux l'essence même de la Bonne-Loi et finira par s'inscrire couramment sur les objets de piété :

> Les *dharma* naissent tous d'une cause ;
> De tous le Prédestiné a dit la cause ;
> Il en a dit aussi l'abolition :
> Telle est la doctrine du grand çramane.

Ainsi s'énonce ce qu'on pourrait appeler la cinquième grande vérité, celle de la « vacuité » universelle. Nous verrons bientôt (p. 225) l'effet fulgurant que peut produire sur des âmes déjà rompues aux méditations philosophiques le simple énoncé de cette stance : ce qu'il nous faut retenir pour l'instant, c'est que ce nouveau credo ne dérive pas moins directement que l'autre de la Formule des douze Occasions coordonnées. Celle-ci offre en effet deux aspects bien distincts selon qu'on y cherche un soulagement au mal de l'existence ou qu'au contraire on n'y considère que le jeu causal des dépendances réciproques. Ainsi les besoins logiques de l'intellect n'y trouvent pas moins leur compte que les aspirations sentimentales du cœur. Aux disciples de concevoir grâce à elle le principe qui commande l'évolution de tous les phénomènes et d'apercevoir du même coup à travers le caractère périssable du moi comme du monde l'unique chance de se soustraire à ce mécanisme douloureux. C'est pour les y aider que le Maître a dans sa prédication inlassablement repris et commenté la Formule initiale en partant tour à tour de l'un ou de l'autre de ces points de vue : tandis que les quatre propositions de son sermon inaugural en exposent l'application pratique, la stance qui proclame l'universelle contingence des causes et des effets en résume brièvement l'esprit. L'un en représente la face morale, l'autre la face métaphysique ; mais cette dernière est encore lettre à peu près close pour la Bande bénie des cinq premiers néophytes. C'est à peine si la première des Quatre nobles vérités fait en passant allusion (p. 201) au caractère composite des cinq « agrégats » hétérogènes dont l'éphémère assemblage donne épisodiquement naissance à ce que chacun prend pour sa personnalité : un second sermon va bientôt achever de dissiper cette erreur de la façon la plus minutieuse. Successivement, à propos de chacun des cinq *skandha* le Maître demande sans se lasser à ses disciples : « Est-il éternel ou périssable ? — Il est périssable. — Ce qui est périssable cause-t-il peine ou plaisir ? — Cela cause peine. — Ce qui est périssable, pénible, sujet au changement, puis-je considérer que c'est à moi, que je suis cela, que cela est mon moi ? — Évidemment non, Seigneur[74] ! » Et ainsi il devient clair qu'en définitive il n'y a pas de moi. Notons tout de suite que quand il s'agira également d'éclairer les esprits des anachorètes d'Ouroubilvâ aussitôt après leur conversion, le Bouddha procédera de même ; seulement cette fois, il prendra pour refrain de son homélie l'autre métaphore qu'Héraclite a également rendue familière à l'Occident, non plus celle du flux, mais celle de la flamme. Ce sera le tour de chacun de nos six sens, de son objet, de son contact avec cet objet, de la sensation que ce contact donne et de l'impression agréable, désagréable ou indifférente qui en résulte, d'être embrasés et consumés dans le feu attisé par les trois passions attelées au moyen de la Roue, et qui en sont les forces motrices, Lubricité, Animosité, Stupidité[75]. Dans l'une comme dans l'autre occasion le Bienheureux obtient le résultat qu'il recherche. Ainsi instruit, le disciple se dégoûte de l'illusion de son moi comme de la fantasmagorie du monde : « Dégoûté, il se libère de ses passions ; libéré, il prend conscience de sa délivrance ; le cours des renaissances est arrêté, la vertu pratiquée, le devoir rempli : il n'y aura plus pour lui de retour ici-bas ». Où il n'y avait tout à l'heure que des moines, il y a à présent des saints. Ceci bien entendu, il n'en reste pas moins que la Première prédication du Prédestiné se borne à énoncer les Quatre vérités : c'est là pour un début assez de nouveautés jamais encore entendues. Toutefois afin de les faire mieux entrer dans l'esprit de ses cinq auditeurs le Maître les reprend par trois fois. Chacune d'elles, tour à tour, est exposée ; chacune doit être comprise ; chacune est pleinement comprise ; et comme elles sont au nombre de quatre, la « Roue de la Loi » mise en branle par le Bienheureux, et avant lui par nul autre que les Bouddhas ses prédécesseurs, est dite « tourner à trois tours » et « de douze manières[76] ».

Le symbolisme de la roue. — Bien que nous nous occupions avant tout de la vie et non de la doctrine de Çâkya-mouni, nous ne pourrons nous dispenser dans nos conclusions de risquer un jugement d'ensemble sur le message qu'il a laissé à l'adresse de la postérité. Plus urgent est présentement le besoin de quelques explications au sujet du symbole qu'ont adopté les bouddhistes pour désigner et figurer la Prédication de leur Maître : il n'y aura pas à les chercher bien loin. On sait déjà que le *tchakra* était le premier des sept trésors attitrés du Monarque universel ou *Tchakra-vartin* (litt. « celui qui fait rouler la roue ») ; comme celle-ci se souvenait obscurément d'avoir été jadis le soleil, c'est à l'orient qu'elle se manifestait lors de l'avènement du roi prédestiné, et c'est à partir de ce point cardinal qu'elle le précédait dans la marche triomphale qui devait lui assurer la suzeraineté de toutes les régions de la terre. On n'a pas oublié non plus qu'il ne tenait qu'au Bodhisattva de devenir le souverain de l'univers : s'il a préféré ne conquérir qu'un empire spirituel, il n'y avait aucune raison pour que, dans les imaginations indiennes, cet empire se conquît autrement que la souveraineté politique. La métaphore valait aussi bien pour les âmes que pour les corps. C'est ainsi que « la mise en branle de la roue de la loi[77] » est devenue synonyme de la « Première prédication[78] », en tant que celle-ci inaugure l'établissement d'un nouvel ordre moral dans le monde.

Comme l'a fait remarquer depuis longtemps Rhys Davids, l'expression équivaut à la formule chrétienne prédisant l' « avènement sur la terre du royaume de Dieu ».

Jusqu'ici tout va bien, et l'on se meut à l'aise dans le domaine des idées pures ; mais voici que la métaphore ne tarde pas à se concrétiser. Au moment précis du premier sermon, le *Lalita-vistara* se croit obligé de faire apporter à Çâkya-mouni, par un Bodhisattva spécialement préposé à cette fonction, une roue merveilleuse, tout incrustée de pierreries et complète avec son moyen, sa jante, ses mille rais et (comme il convient à un antique symbole solaire) ses « mille rayons de lumière[79] ». Comme bien on pense, les vieux imagiers s'étaient depuis longtemps emparés de ce moyen de figurer la Bonne parole. Les marchands d'objets de piété qui tenaient boutique au Parc-des-Gazelles furent sans doute les premiers à s'aviser de fabriquer de ces roues et de les vendre à titre d'ex-voto ou de mémento. Se conformant à la coutume vite établie, c'est de ce même symbole qu'Açoka couronne le pilier qui, élevé par lui sur le site de la Première prédication, porte gravé sur son fût un édit impérial proscrivant les schismes à l'intérieur de la Communauté. À son tour la vieille école indienne de sculpture représente la Première prédication par une roue juchée sur un trône entre deux oriflammes ; et quand, pour la première fois, l'école indo-grecque installe le Bouddha sur son siège et l'entoure de la Bande des Cinq, elle continue à se conformer à la tradition en lui gardant sous la main une roue, accostée ou non de deux gazelles[80]. En dépit de son goût pour la symétrie, elle a dû s'accommoder également du nombre impair des auditeurs ; mais le fait le plus notable est que ceux-ci sont déjà représentés sous l'aspect de moines bouddhiques[81]. C'est là le point capital qu'on veut que nous retenions. Avec la mise en branle de la roue de la Loi la Communauté est fondée : Première prédication et institution de l'ordre bouddhique sont des faits exactement simultanés. Désormais la Triade sacrée du Bouddha, du Dharma et du Sangha est complète et s'offre à assurer le salut de quiconque mettra en elle son recours.

On voudrait en demeurer là : mais la pente du symbolisme est terriblement glissante. Peu à peu, à l'usage, de même que l'idole usurpe la place du dieu, l'objet concret se substitue à l'idée qu'il évoque, et toujours la lettre finit par tuer l'esprit. De cette lente dégradation des valeurs spirituelles, la roue bouddhique de la Bonne-Loi nous offre un lamentable exemple. La doctrine et son inséparable symbole se sont propagés de compagnie et maintenus jusqu'à nos jours dans une partie de l'Asie ; et là même où la révolution de la roue ne pouvait plus signifier la prédication d'un nouvel évangile, elle équivalait toujours, prise en son sens figuré, à la récitation des saintes Écritures. Or, comme chacun sait, il n'est point de pratique de piété plus méritoire. Dès lors, pour des gens obtus mais avides de mérites, la tentation était grande de réaliser matériellement la métaphore ; et quel meilleur expédient imaginer que d'enrouler des textes sacrés sur de petits cerceaux de bois ou de métal que l'on fera tourner à longueur de journée ?

Ainsi sont nés, à l'usage des moines tibétains et mongols, ces pieux hochets, sortes de crécelles ou de tournettes, faits d'un cylindre mobile autour d'un pivot qui leur sert en même temps de manche. Mais pourquoi s'arrêter en si beau chemin ? Une roue peut aussi se faire tourner mécaniquement ; et, de déchéance en déchéance, nous aboutissons à ces « moulins à prières[82] », moulins à eau ou moulins à vent, qui, dévidant sans arrêt un chapelet sans fin de banderoles édifiantes, sont censés accumuler les bénédictions sur les couvents lamaïques qui les entretiennent en mouvement... Que penserait le Bouddha — lui, l'ennemi-né de toutes les superstitions — devant ces misérables jouets d'une dévotion barbare et purement machinale ? Sans doute la primitive Communauté n'avait pas prévu que l'incompréhension des symboles pût jamais être poussée si loin et tomber aussi bas.

---

1. ↑ *LV* p. 13. — Pour une étude minutieuse des épisodes intervenant entre la Sambodhi et la première prédication nous renvoyons le lecteur à l'ouvrage que nous venons de citer d'E. Tuneld, *Recherches* etc. (*supra* note à la p. **175**, *46*).
2. ↑ La preuve en est que, d'accord avec *BC* XIV 94, la vieille complainte insérée dans le *LV* p. 385 ne compte que sept jours ; cf. E. Tuneld p. 115.
3. ↑ Marc I 9-11 ; Mathieu II 13-17 ; Luc II 21-2.

4. ↑ Cf. E. Tuneld p. 45-53 et 104-111 pour l'emploi des sept semaines selon les divers textes.
5. ↑ En skt *Bodhi-manda*.
6. ↑ Sur le *Ratna-griha-caitya* v. *NK* p. 78 et Hiuan-tsang J I p. 471 ; B II p. 123 ; W II p. 121.
7. ↑ *LV* p. 371.
8. ↑ Skt *cankrama*.
9. ↑ C'est l'*Animisha-locana-caitya* ; toutefois le *MVU* III p. 281 place cette contemplation pendant la deuxième et non la troisième semaine.
10. ↑ Cette semaine est ordinairement numérotée la cinquième ; l'épisode de Mucilinda manque dans *BC*. Cf. E. Tuneld p. 64-75.
11. ↑ V. *AgbG* fig. 521, 560. Les photographies d'Angkor ont vulgarisé la connaissance du riche parti décoratif que l'art du Cambodge a subsidiairement tiré de ce motif.
12. ↑ C'est pourquoi le morceau revient dans le *MPS* et le *DA* (cf. *infra* p. 303).
13. ↑ Ce sont les quatre *parishad* des *bhikshu, bhikshuṇî, upâsaka* et *upâsikâ*.
14. ↑ Le *Mâra-samyutta* ne connaît pas la transformation en vieilles (Windisch p. 126), et la *NK* se refuse à croire que le toujours compatissant Buddha ait joué à ces Apsaras un si mauvais tour. Dans le *MVU* III p. 283 c'est sous la forme de vieilles femmes que les nymphes célestes abordent le Buddha. Cf. E. Tuneld p. 92 s.
15. ↑ Le *LV* et le *MVU* sont au fond d'accord, car le premier spécifie (p. 381 l. 18) que l'arbre Târâyaṇa appartient à un bois de *kshirikâ*. Au contraire la *NK* attribue la cinquième semaine à l'Ajapâla-nyagrodha et la septième à l'arbre Râjâyatana.
16. ↑ Il en ira de même de l'artisan Cunda, le donateur du dernier repas avant le Nirvâṇa (*supra* p. 304).
17. ↑ Sur cette auto-ordination (*svâm-upasampadâ*) v. *MVU* I p. 2 l. 15 et cf. *Milinda-pañha* p. 15 ; trad. Finot p. 128-9.
18. ↑ Cf. la note de la p. **117**, 46.
19. ↑ Il n'y a aucun compte à tenir du fait qu'une des complaintes recueillies par le *LV* (p. 387 l. 7-10) fait aussi jeter par le Buddha et transporter au ciel de Brahma ce second bol (*pâtra*).
20. ↑ Skt *haṃsa*.
21. ↑ « Pur sang » se dit *âjaneya*.
22. ↑ Le *MVU* III p. 303 renversela direction et fait de l'Ukkala un pays du Nord ; selon la *NK* les marchands vont vers l'Est.
23. ↑ La *NK* préfère l'intervention d'une divinité officieuse ; l'*ANS* p. 239 utilise les deux procédés.

24. ↑ Il s'agit d'un *madhu-tarpana* analogue à ceux dont les traités médicaux fournissent la recette, note le Dr J. FILLIOZAT.
25. ↑ Le *MVA* ne mentionne que les bols de pierre.
26. ↑ *AgbG* fig. 208 et 210 et cf. I p. 416.
27. ↑ *AgbG* fig. 211 et I p. 420 ; FA-HIEN B p. 32 et 78 ; HIUAN-TSANG J I p. 106 et 482 ; B I p. 90 et II p. 129 ; W I p. 202 et II p. 130.
28. ↑ *AgbG* fig. 440 et Ajaṇtâ pl. 50.
29. ↑ HIUAN-TSANG J I p. 33 ; B I p. 41 ; W I p. 111-2. D'une part on a dû jouer sur le nom de Bhallika pour en faire un Bactrien (Bahlika), et d'autre part *trapusha* est aussi le nom de l'étain que l'Inde faisait venir de la côte opposée du golfe du Bengale.
30. ↑ Skt *adhyeshaṇa* ou *yâcana* ; cf. E. TUNELD p. 123-190.
31. ↑ Le terme technique est *prathama-abhisambuddha* ; cf. *MVA* I 5 ; *LV* p. 392 s. ; *MVU* III p. 313 s. ; *ANS* p. 241, etc.
32. ↑ Il s'agit, bien entendu, du dieu Brahmâ, au masculin, personnification du *brahman* neutre.
33. ↑ *AgbG* fig. 224-5.
34. ↑ HIUAN-TSANG J I p. 483 ; B II p. 130 ; W II p. 131.
35. ↑ Cf. *supra* p. 234 pour Çuddhodana et p. 274 pour Mâyâ.
36. ↑ L'*ANS* p. 242 et la *NK* p. 81 (laquelle intervertit les noms) disent « depuis la veille au soir ».
37. ↑ Cf. *supra* p. **217** et *infra* la note à la l. *41* de cette page.
38. ↑ *LV* p. 405-6 ; la traduction française n'a pas saisi le sens de ce passage. Cf. *MVU* III p. 325-6 et *ANS* p. 245-6.
39. ↑ *DA* p. 393 ; il faut dire que la légende s'est déjà édulcorée et que le Buddha est censé avoir été « célébré » (*saṃstuta*) par Upagaṇa (*sic*).
40. ↑ *Manual* p. 189.
41. ↑ La ligne directe de chemin de fer entre Patna et Gayâ mesure 96 milles, soit 155 kilomètres.
42. ↑ Discussion de motifs parallèles dans W. N. BROWN, *The Indian and Christian miracles of Walking on the Water* (Chicago-London, 1928) ; il conviendra également de se reporter à ce texte à propos de la p. 301.
43. ↑ Ils emploient le terme *pâtra* ; plus tard les vieilles idées indiennes sur le mérite des aumônes se modifièrent au contact de l'Occident.
44. ↑ En hindi « Kâçî-jî-kî-jay ! ».
45. ↑ Des deux interprétations de ce titre par le *DA* (p. 379 l. 22 et 402 l. 9 d'une part, et p. 381 l. 23 d'autre part) nous choisissons la première.
46. ↑ La roupie qui valait alors 1 fr. 75 or compte seize *anna* valant chacun quatre *païsa* valant chacun quinze *kaouri*.

47. ↑ Cf. Daya Ram Sahni, *Catalogue of the Museum of Archæology at Sârnâth* (Calcutta, 1914).
48. ↑ Kanauj (ou Canodge) est l'ancien Kanyakubja (grec Kanogidza).
49. ↑ Skt *gandhu-kuṭî* : cf. le célèbre médaillon de Barhut représentant le don du Jetavana (*supra* p. 238).
50. ↑ *Mûla-gandha-kuṭî* (cf. *Revealing India's Past* p. 128 et 230).
51. ↑ Au lieu de Ṛshivadana, Ṛshi-patana (cf. *supra* p. 179).
52. ↑ Au lieu de *Mṛga-dâva*, *Mṛga-dâya* ; cf. *MVU* I p. 351 s. et Ajaṇtâ pl. 85.
53. ↑ Sur les cinq feux cf. *supra* p. 136.
54. ↑ L'*ANS* est (p. 248) d'accord sur ce point avec le *LV* (p. 408 l. 3) ; le *MVA* et la *NK* (p. 81) disent le contraire ; le *MVU* III p. 429 n'en dit rien. Sur Kaundinya cf. *supra* p. 203 *in fine* et 213.
55. ↑ Tel est le meilleur équivalent que nous trouvions au skt *âyushmant*, litt[t] « destiné à vivre une longue vie ».
56. ↑ Sur ce point v. *LV* p. 416 s. ; *MVU* III p. 331 s. ; *MVA* I 6, 177 s.
57. ↑ Le *LV* marque expressément la connexion entre les deux formules.
58. ↑ Les noms des cinq *skandha* sont *rûpa* (désignant les corps matériels caractérisés par l'impénétrabilité), *vedanâ, sañjñâ, saṃskâra* et *vijñâna* (ces quatre derniers d'ordre mental, *caitta* ou *caitasika*) ; bien entendu il ne s'agit que des *upâdâna-skandha* de l'homme ordinaire (*pṛthag-jana*), encore sous l'influence des passions. Pour leurs subdivisions comme pour les listes des 12 *âyatana* et des 18 *dhâtu* se reporter à Rhys Davids, *Buddhism* p. 90 s. ; *BT* p. 487 s. ; Th. Stcherbatsky, *Central Conception of Buddhism* p. 95 s. ; *BPh* p. 83 s. etc.
59. ↑ Cette erreur, de toutes la plus funeste, s'appelle la *satkâya-dṛshṭi* (pâli *sakkâya-diṭṭhi*) ou théorie de la permanence du moi.
60. ↑ V. *taṇhâ* (skt *tṛshṇâ*) dans le Dictionnaire pâli de Childers. Nous avons traduit *vibhava*° ou *vibhûti*° par « puissance » : le contexte semble prouver qu'il s'agit bien de cette soif d'expansion, de ce désir de conquête, de cette volonté de puissance dont le monde vient encore de faire la cruelle expérience sous le déguisement du « nécessaire espace vital », et contre quoi le ch. XVI de la *Bhagavad-gîtâ* prononce déjà un si éloquent réquisitoire. Mais, mettant à profit le double sens tantôt négatif et tantôt amplificatif du préfixe *vi*, les exégètes n'ont pas tardé, pour la commodité de leurs polémiques, à traduire au contraire ce mot par « inexistence » : avec la « soif d'existence » et la « soif d'inexistence » ils pouvaient en effet brandir le texte sacré pour condamner tantôt les Éternalistes (*Çâçvata-vâdin*) qui professaient la croyance à la survivance d'une âme substantielle, et tantôt les Annihilationnistes (*Ucchedavâdin*)

qui, niant toute espèce de survivance, arrêtaient à la mort de l'individu le déroulement du *karma* et niaient ainsi la rétribution morale des œuvres dans une autre existence. Il se peut d'ailleurs que l'expression de *vibhava-tṛshṇâ* ait été interpolée à cette intention. — La parabole de l'eau salée revient fréquemment (cf. *LV* p. 184 l. 15 ; 242, l. 14 ; 324, l. 3-4 etc.).

61. ↑ *NK* p. 4, inspirée du *Buddha-vaṃça*.
62. ↑ Sur l'apologue du fardeau (les *skandha*), du porteur du fardeau (l'individu), de la prise en charge du fardeau (par le désir) et de la déposition du fardeau (par la suppression du désir) v. *Saṃyutta-nikâya* XXII, 22, trad. dans *BT* p. 159 : encore faut-il que l'homme ne préfère pas, comme le bûcheron de la fable mis en présence de la Mort, qu'on l'aide à se recharger de son faix.
63. ↑ Les noms skt des huit branches de l'*ashṭanga-mârga* sont dans l'ordre *dṛshṭi, sankalpa, vâk, karmânta, âjîva, vyâyâma, smṛti, samâdhi,* chacun précédé de *samyak* qui spécifie leur « correction » et s'oppose à *mithyâ* (faux, erroné, fautif). Le *DA* (p. 124 et 265) n'a garde d'oublier parmi les épithètes du Buddha le fait d'être le « montreur de l'octuple chemin ». Un commentaire mot à mot est censé donné par Çâriputra dans le *Saccavibhanga* (Fankfurter *Handbook of Pâli* p. 127).
64. ↑ Skt *âyur-veda*. Le Buddha est très souvent dans le *LV* appelé le meilleur des *vaidya* ou médecins. M. P. Demiéville a réuni dans le Hôbôgirin (p. 228-230) nombre de textes soulignant expressément le caractère médical de la formule des quatre vérités.
65. ↑ En termes techniques indiens le salut est pour les bouddhistes une question de *vinaya* et non de *tapas* ou de *kratu-kriyâ*.
66. ↑ La comparaison entre le jeu de l'Océan et le caractère graduel de la médication est également dans le *CVA* IX 1, 4.
67. ↑ En l'espèce l'étui serait les *saṃskâra*, les miroirs les six *âyatana*, les éléments colorés les *dharma*, mais il n'y a pas de sujet substantiel de leur connaissance, pas de *dharmin*.
68. ↑ Les bouddhistes sont souvent traités de *nâstika*, de « gens qui professent qu'il n'y a rien ». Cf. l'exposé de la doctrine dans *LV* p. 175 ou 419 ; v. aussi p. 339 l. 22, p. 393 l. 7 et 12 et p. 436 l. 15, etc.
69. ↑ C'est ce qu'a bien montré Th. Stcherbatsky dans *Central Conception of Buddhism and the meaning of the word Dharma* (Londres, 1928). Le mot *Dharma* qui signifie tour à tour « norme, statut, coutume, droit, justice, loi, devoir, moralité, religion, etc. » prend ici le sens technique de facteur ultime des apparences, car il faut bien qu'à un moment donné la décomposition des agrégats en leurs éléments composants s'arrête. Notez à ce propos que la vieille doctrine ignore encore la théorie atomique.

70. ↑ P. Oltramare, *Histoire des idées théosophiques dans l'Inde*, II p. 166 (Paris 1923).
71. ↑ C'est ce qu'Indra proclame solennellement à l'heure du Pari-nirvâna (*supra* p. 314).
72. ↑ Skt *santâna* ou encore *hetu-kriyâ-paramparâ*, « succession des causes et effets » (*LV*, p. 393 l. 8).
73. ↑ C'est l'attachement à l'existence qui y fait revenir (*BT* p. 161).
74. ↑ *MVA* I 6, 38 ; *MVU* III p. 337 ; *ANS* p. 255-6.
75. ↑ *MVA* I 21.
76. ↑ On obtient ainsi le tableau suivant :

	I	II	III	IV
1.	La douleur *Duḥkham*	son origine *samudayaḥ*	sa suppression *nirodhaḥ*	la voie de celle-ci *pratipad*
2.	doit être approfondie *parijñeyam*	doit être écartée *prahâtavyaḥ*	doit être perçue *sâkshât-kartavyaḥ*	doit être réalisée *bhâvayitavyâ*
3.	a été approfondie *parijñâtam*	a été écartée *prahîṇaḥ*	a été perçue *sâkshât-kritaḥ*	a été réalisée *bhâvitâ*

77. ↑ Cf. *supra* p. 52 et 78 : le sens de « disque » est ici écarté pour celui de « roue ».
78. ↑ On ne manquait pas d'autres métaphores ; les habitants des trois mille grands chiliocosmes sont censés inviter le Buddha à faire pleuvoir la pluie, à lever l'étendard, à souffler dans la conque et à battre le tambour de sa Loi (*LV* p. 413 l. 17)
79. ↑ *LV* p. 415 : Il va de soi que cette roue est celle qu'ont déjà fait tourner tous les Bouddhas ses prédécesseurs.
80. ↑ *AgbG* fig. 208-9, 218, 220, 221 etc.
81. ↑ Les cinq ont été subitement transformés en moines par une simple parole du Maître (cf. *supra* p. 212).
82. ↑ V. L. A. Waddell, *Lamaism* p. 45, 172, 573 pour des images de *prayer-wheels*. Ces pieux hochets sont aussi en usage au Japon.

CHAPITRE VIII

LES PREMIÈRES CONVERSIONS

Si l'on voulait porter à la scène la vie de Çâkya-mouni, telle que ses fidèles l'ont conçue et continuent à la concevoir, le plan de la tragédie serait tout tracé d'avance. Les incidents qui ont déterminé sa sortie du monde formeraient tout naturellement l'exposition ; la quête et l'obtention de la Clairvoyance marqueraient ce qu'on est convenu d'appeler la péripétie ; la Première prédication et la fondation de la Communauté des moines constitueraient le non moins obligatoire dénoûment. C'est qu'en effet le spectateur n'aurait plus de nouveau coup de théâtre à attendre, vu que le protagoniste n'a plus d'autre situation dramatique à traverser. Le Bouddha, est-il écrit, a atteint son point de perfection et « fait tout ce qu'il avait à faire[1] ». Au degré de détachement des choses terrestres où il est parvenu, c'est à peine si pendant les quelques lustres qui lui restent à vivre il prendra désormais part aux événements qui se déroulent autour de lui. Comme mystérieusement passé derrière la glace sans tain de la sainteté parfaite, il n'appartient déjà plus à ce monde. Désormais rien ne saurait troubler son équanimité[2]. Sa charité ne consiste plus qu'à consentir à recevoir des aumônes, sources de mérites infinis pour ses bienfaiteurs. Il triomphe sans péril, comme il compatit sans douleur. Et cette transcendante passivité se reflète constamment dans les tableaux de sa vie : l'ancienne école indienne a pu représenter nombre de ses miracles en n'indiquant sa présence que par un symbole ; et quand l'école indo-grecque l'a installé enfin au centre de ses compositions, le plus souvent il affecte par avance, figé dans une attitude hiératique, la sereine immobilité de l'idole qu'il est destiné à devenir.

Il en va des textes comme des monuments figurés, avec cette circonstance aggravante que les écrivains, astreints à un certain ordre chronologique, ne peuvent pas se tirer d'affaire aussi aisément que les artistes. L'auteur du *Lalita-vistara* — nous avons déjà eu l'occasion de le dire — considérant sans doute que sa tâche s'achève avec celle du Maître, a pris le parti d'interrompre sa biographie aussitôt après la Première prédication. Son aide, qui en dépit de son intempérant verbiage et de son abus du merveilleux nous a été jusqu'à présent si utile, va désormais nous faire défaut ; et nous n'avons pas à compter sur l'œuvre des compilateurs tardifs qui, tant à Ceylan ou en Birmanie qu'au Tibet, ont tenté de reconstruire la chronologie, à jamais émiettée, des actes du Bouddha[3] entre le troisième et le quatrième Grand miracle. C'est seulement quand nous aborderons ses derniers jours que les souvenirs traditionnels s'organiseront à nouveau et se souderont entre eux pour former une narration continue. Toutefois nous aurions tort de jeter trop vite le manche après la cognée, car il nous reste cette chance que les sources anciennes ne nous abandonnent pas toutes en même temps. Le *Mahâvagga* nous conte en grand détail les retentissantes conversions obtenues au pays de Magadha par le Maître dans la primeur de sa suprême Clairvoyance. Le *Mahâvastou* et l'*Abhinishkramana-soutra* font de même et, poussant encore plus loin, nous renseignent sur la première visite, fertile en incidents, que le « Bouddha parfaitement accompli » fit à sa ville natale. Enfin la *Nidâna-kathâ* ne nous abandonne qu'après nous avoir menés avec lui jusqu'à l'offrande et l'acceptation du Djêtavana. De toute évidence, de même que l'histoire de la dernière année de sa vie, celle des débuts de son apostolat était restée particulièrement présente à la mémoire de sa Communauté. Il serait contraire à toute bonne méthode de ne pas recueillir précieusement ces quelques souvenirs, quitte à faire comme d'habitude la part des exagérations et des déformations inévitables[4].

Qu'on ne s'étonne pas de la complaisance avec laquelle les trois premiers de ces textes, qui font profession d'appartenir à la section des Écritures relative à la discipline monastique, s'étendent sur ces détails biographiques ; il s'agissait pour eux de faire remonter jusqu'au Bouddha l'institution des règles qui présidaient et président encore à l'entrée dans la Communauté bouddhique[5]. Nous avons déjà vu que, du fait seul de son Illumination, le Bienheureux s'était automatiquement trouvé ordonné moine ; et il le fallait bien pour qu'il eût juridiquement le droit d'en ordonner d'autres à son tour. Il va également de soi que les premières ordinations, opérées par le Maître en personne, ne pouvaient que revêtir au cours des temps un caractère merveilleux. Il aurait suffi qu'il étendît la main et laissât tomber de sa bouche la formule traditionnelle : « Viens, Ô moine mendiant, et pratique la vie religieuse pour mettre un terme à la douleur » : instantanément sur la personne des néophytes, qu'ils fussent un ou mille, qu'ils fussent clercs ou laïques, toutes les marques extérieures de leur condition première disparaissaient, et ils se trouvaient revêtus du costume monastique, la tête rasée et un vase à aumônes à la main, « en tout pareils dans leur comportement à des moines qui auraient été ordonnés depuis cent ans[6] ». Plus tard, quand le nombre des conversions devint trop considérable et que le champ de la propagande s'étendit à toute l'Inde centrale, le Bouddha fut bien obligé de transférer aux membres de sa Communauté le droit et le soin de recruter eux-mêmes leurs confrères. Tout d'abord il aurait jugé suffisante, pour l'admission des moines aussi bien que pour celle des fidèles laïques, la formule dite des « Trois refuges » : les uns comme les autres n'auraient eu qu'à répéter par trois fois, respectueusement accroupis devant un moine quelconque : « Je mets mon recours dans le Bouddha,… dans la Loi,… dans la Communauté. » Seulement le candidat à l'état de *bhikshou* devait s'être fait préalablement raser la tête et avoir déjà revêtu les trois pièces du costume monacal : moyennant quoi « sa sortie du monde » lui était désormais acquise. Mais bientôt l'expérience aurait appris au Bienheureux — tout omniscient qu'il fût censé être[7] — la nécessité d'entourer l'admission dans l'ordre de formalités plus rigoureuses. Depuis lors on exige du néophyte, avant de lui conférer la pleine ordination, qu'il soit âgé d'au moins vingt ans, qu'il ait subi un noviciat ou un stage, et qu'il soit présenté par un directeur de conscience responsable et ayant au minimum dix ans d'ancienneté par-devant un chapitre d'au moins dix moines qui le soumettent à un interrogatoire en règle[8]. Nous n'avons pas à nous inquiéter ici de ces complications liturgiques : toutes les investitures que nous allons passer en revue, depuis celle des cinq premiers disciples jusqu'à celle des cinq cents jeunes Çâkyas, qu'on les croie ou non réalisées comme par magie, furent prononcées par le Maître lui-même ; c'est seulement quand il s'agit de son fils Râhoula et de son demi-frère Nanda qu'il aurait préféré laisser à ses disciples le soin de procéder selon les règles ordinaires à l'entrée en noviciat de l'un et à l'ordination de l'autre[9].

Les conversions de Bénarès. — Suivons donc le fil de notre histoire jusqu'au moment où il se rompra définitivement dans notre main. Nous avons laissé le Bouddha au Bois-des-Gazelles fort occupé à catéchiser ses cinq anciens condisciples. Tous les textes sont d'accord pour dire que Kaoundinya fut le premier, et Açvadjit le dernier à comprendre la doctrine. La tradition *pâli* prêtera bientôt à ce dernier un rôle modeste dans la conversion des deux Grands disciples[10]. Quand à Kaoundinya la promptitude de son intelligence lui valut le surnom de « Connaisseur », sous-entendu de la « Bonne-Loi ». On veut par ailleurs qu'il ait survécu à son Maître. Près d'un demi-siècle plus tard, il aurait avec tous les Anciens pris part à ce Concile supposé de Râdjagriha, qui, au lendemain du Trépas du Bienheureux, se serait chargé de fixer le canon des Écritures. Quand on en vint aux *Soutra*, Ânanda commença par réciter celui des « Quatre nobles vérités » et de l' « Impermanence du moi » — c'est-à-dire ceux-là mêmes que Kaoundinya avait jadis entendu prêcher pour la première fois par le Bouddha dans le Bois-des-Gazelles ; et, comme submergé sous l'afflux de ses souvenirs de jeunesse, le vieux moine, d'émotion, perdit par deux fois connaissance[11].

La légende qui pense à tout, bien que parfois un peu tardivement[12], s'est souvenue qu'il y avait encore au monde quelqu'un d'admirablement préparé à devenir l'un des convertis de la première heure : nous voulons parler du propre neveu[13] du grand rishi Asita. Son oncle, en mourant, lui avait fait promettre que, dès qu'il apprendrait l'avènement du nouveau Bouddha, il se hâterait d'aller l'écouter. L'exécution de sa promesse lui est d'autant plus facile que, nous assure-t-on, il était entré dans une confrérie brahmanique voisine de Bénarès. Converti d'office et connu en religion sous le nom de Mahâ-Kâtyâyana, il deviendra l'un des grands missionnaires de la secte. La légende veut qu'il ait évangélisé les Indes de l'Ouest et du Nord et porté la Bonne Loi jusqu'au cœur des Pâmirs.

Au récit de sa conversion s'enchevêtre celle d'un autre personnage qui avait aussi ses raisons de guetter l'apparition du nouveau Bouddha : nous voulons parler du roi des génies-serpents, Elâpattra. Ce Nâga-râdja habitait à une étape de Taxila, en marchant dans la direction de l'Indus, une merveilleuse source jaillissante, d'un débit considérable, au lieu dit aujourd'hui Hasan-Abdal ; Hindous et Musulmans, pour une fois d'accord, continuent à vénérer ce Vaucluse indien sous l'invocation du Gourou Nânâk, et ses desservants Sikhs veillent jalousement à ce qu'aucune fumée de tabac n'en vienne empoisonner l'atmosphère. Il nous faut savoir qu'au temps du Bouddha Kâçyapa, le prédécesseur immédiat de notre Câkya-mouni, Elâpattra était un de ses moines[14] : condamné à renaître comme Nâga en punition d'un geste d'impatience (il aurait écarté avec trop de colère une feuille de cardamome qui, en effleurant son front, troublait sa méditation), il ne devait être relevé de cette malédiction que par le Bouddha de notre âge : aussi ne tarde-t-il pas à venir au Bois-des-Gazelles lui demander la rémission de sa faute. Tantôt ses têtes de reptile polycéphale sont déjà parvenues à Bénarès que les derniers anneaux de sa queue ne sont pas encore sortis, à cinq cents lieues de là, de son aquatique retraite pandjâbie ; tantôt il se présente sous la forme beaucoup moins terrifiante, mais non plus croyable, d'un novice brahmanique. C'est qu'en effet ces extraordinaires ophidiens passaient et passent encore pour avoir le pouvoir d'assumer à volonté la forme humaine ; mais même alors (ainsi que nous l'ont assuré de la meilleure foi du monde les pandits du Cachemire) il est facile de les reconnaître au fait qu'ils ne peuvent empêcher que leurs cheveux ne restent humides et leurs mains moites : nous nageons en plein folklore de l'Inde du Nord.

La vieille tradition ne connaît pas ces lointaines divagations. Aussi bien, parmi les nombreux habitants de Bénarès même, il ne manquait pas d'âmes atteintes de ce que l'on a appelé le « mal du siècle » et éperdument désireuses de trouver un sens et un remède aux inexplicables misères de la condition humaine dans la certitude et la paix d'une nouvelle religion. En proie aux mêmes affres spirituelles dont était victorieusement sorti le Bouddha, c'était là autant d'adeptes désignés d'avance pour sa doctrine. Le premier et le plus célèbre de ces néophytes laïques était le fils d'un riche banquier[15] de Bénarès que les textes nomment Yasa, Yaças ou Yaçoda, et dont ils nous dévoilent même la naissance antérieure. Son père, désolé de n'avoir pas de postérité, s'adresse en désespoir de cause, et à l'instigation de sa femme, au génie d'un grand figuier indien[16] qui passait pour exaucer toutes les requêtes que les gens lui présentaient. Il lui promet en échange de lui bâtir un temple, mais, pour plus de sûreté, l'épouse stérile le menace en même temps, s'il reste sourd à ses vœux, de faire abattre à la hache l'arbre qui lui sert de résidence[17]. Voilà le pauvre sylvain fort en peine : car, si les femmes sont adonnées aux cultes populaires, il les sait d'autre part vindicatives, et la demande de celle-ci excède ses pouvoirs surnaturels. À son tour il va implorer l'aide de Çakra, l'Indra des Dieux, lequel le rassure. Il y a justement parmi les Trente-trois un *dêva* arrivé au terme de son existence paradisiaque et sur qui apparaissent déjà les signes prémonitoires de sa déchéance : puisqu'il lui faut « chuter », autant qu'il s'incarne dans le sein de la femme du banquier. L'autre fait d'abord des difficultés, car il se promettait de profiter de sa dernière existence humaine pour atteindre la délivrance, et, cinq siècles avant l'Évangile[18], il sait qu'il est particulièrement difficile à un riche de faire son salut. Les assurances de Çakra triomphent enfin de ses hésitations. Comme en mourant il a fixé sa pensée sur Bénarès et la famille du banquier, c'est effectivement là qu'il renaît, et qu'accueilli avec la plus grande allégresse, il est élevé au sein du luxe et des plaisirs. Mais sa nature déjà épurée l'empêche de s'enliser dans cette existence voluptueuse dont il a vite percé la vanité. C'est l'occasion de reprendre pour les mettre à son compte une bonne partie des récits relatifs à la jeunesse et à la vocation du Bodhisattva. On va même jusqu'à attribuer à Yaças le même sursaut de dégoût à la vue de son harem endormi ; et lui aussi s'enfuit de sa maison à la faveur des ténèbres. Fidèle aux promesses qu'il lui a faites, Çakra le mène tout droit à la retraite alors choisie par le Bouddha. L'antique cité de Kâçî doit son autre nom de Vânârâsî à deux petites rivières qui arrosent sa banlieue, la Vânârâ et l'Asî. Le Bienheureux campait alors sur la rive opposée de la première : mais rien n'arrête l'élan d'un jeune exalté, qu'il soit esclave de ses passions ou au contraire désabusé du monde, et Yaças traverse à gué[19] pour venir tomber aux pieds du maître souhaité. Ses précieuses sandales, qu'il a quittées sur l'autre bord, guident vers le Bouddha sa famille éplorée qui le recherche pour le ramener au bercail. Le prestige du Bienheureux agit à leur tour sur ses parents ; et, une fois devenus eux-mêmes fidèles laïques, ils ne peuvent plus décemment s'opposer, si fort que cela leur coûte, à l'ordination de ce fils unique et tant désiré. Cette conversion sensationnelle en détermine toute une cascade d'autres ; ce sont d'abord quatre amis intimes de Yaças qui suivent son exemple, et bientôt la contagion gagne cinquante de leurs ordinaires compagnons. Le nombre des disciples, devenus aussitôt autant de saints, s'élève déjà à soixante.

C'est le moment que, sans plus attendre, choisit la tradition pour nous livrer le secret de la rapide propagation de la nouvelle secte. La saison des pluies est à peine terminée que le Bouddha charge ces soixante moines d'aller, chacun de son côté, prêcher au peuple la Bonne-Loi. Le Christ aussi n'a pas tardé à envoyer ses apôtres annoncer le proche avènement du royaume de Dieu ; et qu'ils soient chrétiens ou bouddhistes, ces missionnaires improvisés ne doivent emporter ni argent, ni provisions, ni vêtements de rechange : la charité publique y pourvoira. Mais si de part et d'autre le but et l'abnégation sont semblables, les moyens diffèrent avec les temps et les milieux. Les apôtres vont deux par deux ; ils sont autorisés à loger dans les maisons amies, et il leur est recommandé de faire des miracles — comme toujours des miracles de guérison. Au contraire les *bhikshou* doivent (du moins au début et en attendant la multiplication de leur nombre) voyager isolément, et la manifestation de leurs pouvoirs surnaturels leur est interdite, de même que la résidence dans les villes[20]. Sur un point surtout le contraste est frappant. Jésus-Christ ne se fait aucune illusion sur l'accueil qui sera le plus souvent réservé à ses missionnaires, « agneaux égarés parmi les loups ». Fort d'une expérience contraire, le Bouddha Çâkya-mouni sait qu'il peut compter sur la douceur des mœurs indiennes. C'est par exception qu'il tiendra plus tard avec le moine Pourna la conversation que la traduction d'Eug. Burnouf a vite rendue célèbre, sur les sévices auxquels ce *bhikshou* s'expose de propos délibéré aux mains d'une population demeurée brutale aux frontières de l'Inde de l'Ouest[21]. Il n'appréhende rien de pareil de la part des habitants du Pays-du-Milieu :

Ô moines (mendiants), je suis libéré de tous les liens humains et divins, et, vous aussi, vous en êtes libérés. Mettez-vous donc en route, et allez pour le bien de beaucoup, pour le bonheur de beaucoup, par compassion pour le monde, pour l'avantage, pour le bien, pour le bonheur des dieux et des hommes. Ne suivez pas à deux le même chemin. Prêchez la Loi qui est bienfaisante en son début, bienfaisante en son milieu, bienfaisante en sa fin ;

prêchez-la dans son esprit et dans sa lettre ; exposez dans la plénitude de sa pureté la pratique de la vie religieuse. Il y a des êtres qui, de nature, ne sont pas aveuglés par la passion ; mais s'ils n'entendent pas prêcher la Loi, ils sont perdus : ceux-là se convertiront à la Loi. Quant à moi, j'irai à Ouroubilvâ, le bourg du chef d'armée, pour prêcher la Loi.

C'est tantôt à Bénarès, tantôt sur le chemin du retour vers Ouroubilvâ que nos sources placent à ce moment un autre magistral coup de filet du nouveau Sauveur. Il convertit en bloc trente joyeux compères qui, pour se mieux divertir de compagnie, avaient fondé ensemble une sorte de club. Lors d'une partie de campagne, à l'un d'eux, le seul qui ne fût pas marié, ils avaient procuré une courtisane pour que sa solitude ne lui pesât point. Pendant qu'ils se livrent aux plaisirs du bain, cette femme sans scrupules s'empare de leurs parures et s'enfuit avec son butin. Quand ils s'aperçoivent de sa disparition et du larcin qu'elle a commis, tous courent de-ci de-là à sa recherche et, rencontrant par hasard le Bouddha, ils lui demandent s'il n'a pas vu passer leur voleuse. La réponse semble tomber de la bouche de Socrate : « Or donc, que pensez-vous, ô jeunes gens, qu'il vaille mieux pour vous, d'aller à la recherche de cette femme ou d'aller à la recherche de vous-mêmes ? » Il n'en faut pas davantage pour transformer et sceller leur destin. La voix du Maître les fait rentrer en eux-mêmes, et, renonçant à leurs joyeuses folies, ils écoutent docilement sa prédication. Ci trente moines de plus : on ne s'inquiète pas de nous dire ce qu'il advint des vingt-neuf épouses si prestement abandonnées[22].

LES CONVERSIONS D'OUROUBILVÂ. — Mais si le Bouddha revient ainsi directement de Bénarès au lieu de son Illumination, c'est parce qu'il rêve d'une pêche d'âmes encore plus miraculeuse. Il ne se peut pas que, dès sa venue à Ouroubilvâ, il n'ait eu connaissance de l'existence, dans le voisinage immédiat de ce village, d'une et même de trois importantes confréries d'anachorètes brahmaniques, ayant pour supérieurs trois frères, réputés descendants du grand rishi Kâçyapa. Coiffés d'un énorme tour de cheveux, vêtus de pagnes d'écorce[23], logeant sous des huttes de feuillage, vivant en bordure de la djangle avec leurs novices et leurs troupeaux et, grâce à ces derniers, se nourrissant à peu près eux-mêmes, pratiquant les sacrifices, les études et les méditations qui conviennent à ceux qui se sont retirés dans la forêt[24], ils formaient une sorte de colonie ou, si l'on préfère, d'avant-poste brahmanique aventuré dans un pays encore mal aryanisé. Leurs austérités, leurs rites compliqués, leurs traditions mythologiques et cosmogoniques, leur bagage littéraire et grammatical déjà considérable en « la langue parfaite » (entendez le sanskrit), les avaient vite imposés à la vénération populaire. Prétendre les convertir à la nouvelle doctrine alors que sur un point capital — la négation bouddhique du Soi et de l'Être-en-soi[25] — celle-ci était justement aux antipodes de leurs propres théories, c'était, pour dire le moins, s'attaquer à forte partie ; c'était aussi, en cas de succès, assurer par un coup d'éclat la prédominance de la Bonne-Loi[26]. Avant son excursion aller et retour à Bénarès, le Bouddha, dans l'enivrement de sa découverte, avait-il amorcé de ce côté quelque tentative dédaigneusement repoussée ? Nous ne pourrons jamais le savoir[27], car le premier soin de la légende aura été de faire le silence sur cet échec, si tant est qu'il se soit produit. Mais voici qu'à présent le Prédestiné revient porté sur les ailes de ses récentes victoires. Plus que jamais sûr de lui-même et convaincu de sa mission salvatrice, il engage sans désemparer la lutte et, fort astucieusement, commence par s'installer dans le camp ennemi. L'aîné des trois frères, le Kâçyapa d'Ouroubilvâ, vieillard extrêmement avancé en âge, ne peut faire autrement que de l'accueillir dans son ermitage ; mais en ce jeune çramane à la tête rasée, jouissant déjà de la faveur des villageois d'alentour, il ne tarde pas à soupçonner un dangereux rival. De l'aveu même de la légende, la contestation sera des plus dures et le Bouddha devra s'employer à fond. Il ne réussira à triompher de l'orgueil obstiné de son vieil adversaire qu'à coup de miracles — trois mille cinq cents, disent les textes *pâli* ; cinq cents, dit le *Mahâvastou*, pour une fois plus sobre. Par bonne chance nul n'a prétendu les décrire ni les énumérer tous, et le tri que les imagiers ont fait à leur tour parmi les plus importants d'entre eux achèvera de nous aider à reconnaître ceux qui, restés les plus vivants dans l'imagination populaire, seuls méritent à ce titre de retenir un instant notre curiosité.

Nous glisserons donc sur les disparitions ou réapparitions quasi instantanées du Bouddha — le temps que met un homme fort à déployer ou à replier son bras — selon qu'il lit dans la pensée du rishi le désir d'être débarrassé de sa présence ou le regret de son absence ; et aussi sur les merveilleuses visites nocturnes que Brahma et Indra rendent au seul Prédestiné et qui illuminent toute la contrée. La verve des conteurs (et, à leur suite, celle des vieux imagiers) s'était particulièrement dépensée en variations comiques sur le thème inépuisable de « l'ermitage ensorcelé » : il est bien permis de s'amuser un peu aux dépens de ses adversaires. Tantôt c'est le sommaire mobilier ou les rares ustensiles de ménage des anachorètes qui deviennent invisibles au moment de s'en servir ; tantôt même ce sont les accessoires rituels du sacrifice qui refusent inopinément leurs services. Tour à tour le bois du bûcher ne consent plus à se laisser fendre, ni le feu sacré à s'allumer, ni l'oblation à se détacher de la cuiller : puis soudain tout rentre dans l'ordre. Chaque fois les brahmanes se doutent bien que ces phénomènes, qui pour eux n'ont rien de divertissant, ne s'expliquent que par l'intervention magique du « çramane Gaoutama », opérant à distance et sans avoir l'air de rien ; mais ils n'en continuent pas moins à se croire plus forts en magie et plus éminents en sainteté que leur mystificateur. Pour courber définitivement leur superbe on comprend que ces petites niches d'apprenti-sorcier ne suffisent pas. Il y faut un miracle sensationnel, et, chose curieuse à noter, ce miracle décisif n'est pas le même dans les deux grandes traditions dites du Sud et du Nord : en bref, pour brusquer le dénouement de ce conflit interminable, celle-là a fait intervenir l'eau et celle-ci le feu.

Toutes deux connaissent d'ailleurs ce dernier prodige bien qu'elles ne soient pas d'accord sur l'importance du rôle qu'il convient de lui attribuer. Le Bouddha demande à Kâçyapa d'Ouroubilvâ la permission de coucher dans la hutte où celui-ci conserve son feu sacrificiel ; et fort honnêtement le vieillard le détourne de commettre une aussi fatale imprudence, car ce lieu est hanté par un mauvais dragon redouté de tous. Çâkya-mouni passe outre à ces sages remontrances, et aussitôt entre le Nâga et lui s'engage une lutte terrible, fumée contre fumée et feu contre feu, si bien que l'édifice paraît en proie aux flammes ; mais le pouvoir surnaturel du Bienheureux parvient à dompter la rage du reptile, et son triomphe détermine à son tour, selon le *Mahâvastou*, la soumission de tous les anachorètes. Toutefois les textes *pâli*, à commencer par le *Mahâvagga*, estiment que pour achever de les subjuguer un autre miracle est encore nécessaire et — seconde surprise pour nous — ce prodige additionnel est parfaitement ignoré du *Mahâvastou*. Or donc, cette année encore, un orage hors saison se déchaîne sur le pays, amenant avec lui des pluies si torrentielles que la Naïrañjanâ déborde et inonde l'ermitage placé sur sa rive. Inquiet du sort de son hôte, le vieux Kâçyapa, dont il faut reconnaître que les mouvements répondent à de bons sentiments, se porte en barque à son secours ; mais il trouve le Bouddha en train de se promener paisiblement à pied sec au milieu des eaux déchaînées, affirmant ainsi de façon indiscutable la supériorité de ses pouvoirs surnaturels. Cette fois le brahmane se rend à l'évidence ; sa vieille perruque s'incline aux pieds du jeune tonsuré, et tous ses disciples suivent naturellement son exemple.

Il y a encore des millions de gens pour qui ces contes sont articles de foi. Pour nous, ce qui nous préoccupe en cette affaire est d'expliquer le désaccord que nous avons dû signaler entre les textes ; et ce qui peut nous intéresser, c'est de découvrir une fois de plus que cette explication nous est fournie par l'examen parallèle des monuments figurés[28]. Nous constatons en effet que l'école de l'Inde centrale et celle de l'Inde du Nord traitent également, de façon plus ou moins pittoresque, le motif du sanctuaire du feu. À Sâñchî comme au Gandhâra nous voyons les flammes jaillir de toutes les ouvertures de l'édifice, qui paraît embrasé, tandis que les vieux anachorètes restent frappés de stupeur et que les novices se précipitent avec des cruches pleines d'eau pour éteindre l'incendie ; mais il va de soi que c'est seulement sur les bas-reliefs gréco-bouddhiques et dans le récit du *Mahâvastou* que le Bouddha en personne présente par-dessus le marché aux brahmanes atterrés leur serpent docilement lové dans son bol-à-aumônes. En revanche c'est en vain que vous chercherez dans le répertoire gandhârien l'épisode de l'eau, et cela pour une raison aussi péremptoire que technique. Jamais en effet les artistes indo-grecs n'ont tenté de représenter un fleuve en sculpture. Ils ont donc dû renoncer à figurer aux yeux, entre autres prodiges, celui que provoque le dévergondage intempestif de la Naïrañjanâ, et dès lors il devient des plus vraisemblables que c'est à l'absence d'images de ce miracle qu'est dû l'oubli où il est tombé d'abord dans la tradition orale, puis dans la tradition écrite du Nord-Ouest. À la lacune de l'imagerie nordique correspond, en tout cas, le silence du *Mahâvastou*. Au contraire, ce n'était qu'un jeu pour les vieux sculpteurs indiens de représenter des eaux courantes par quelques lignes ondulées, entremêlées de poissons et d'oiseaux aquatiques ; et c'est sans doute pourquoi les auteurs de la porte Est du grand *stoupa* de Sâñchî sont d'accord avec le *Mahâvagga* pour mettre en vedette le miracle de l'inondation sur la façade du jambage de gauche. Par un autre trait encore se révèle l'influence que peuvent exercer les monuments figurés sur la teneur de la légende. Fidèles interprètes des idées populaires et d'ailleurs simplistes par définition, les bas-reliefs représentent couramment côte à côte les trois frères Kâçyapas — par exemple à Sâñchî dans leur barque, ou au Gandhâra devant le bol d'où émerge la tête du cobra. Pourtant le *Mahâvagga* stipule bien que c'est le vieux Kâçyapa d'Ouroubilvâ et ses cinq cents disciples qui furent les premiers à se convertir. Dans leur enthousiasme de néophytes, ils jettent à la rivière tous leurs accoutrements et leurs ustensiles brahmaniques, et c'est en voyant passer au fil de l'eau ces objets familiers que les deux autres frères, le Kâçyapa de la Rivière et celui de Gayâ, se doutent que quelque événement extraordinaire vient de se passer chez leur aîné. Pleins d'alarme, ils se hâtent d'accourir, l'un avec ses trois cents, l'autre avec ses deux cents disciples, et c'est alors seulement qu'ils se convertissent à leur tour. Quand donc le *Mahâvastou* transforme d'un seul coup en moines bouddhiques les mille anachorètes et leurs trois supérieurs, il est clair qu'il s'inspire de la version abrégée des imagiers. Toutefois il n'a pas voulu sacrifier le pittoresque détail de la Naïrañjanâ charriant dans ses flots le matériel brahmanique de l'ermitage d'amont : il a donc inventé pour la circonstance un neveu des trois Kâçyapas, placé encore plus bas sur la rivière avec ses deux cent cinquante disciples, si bien que le nombre total des anachorètes se trouve porté par lui de mille à douze cent cinquante[29]. La désinvolture avec laquelle il procède à cette augmentation induit à soupçonner que le chiffre original avait été déjà enflé dans le *Mahâvagga* par l'addition des congrégations particulières attribuées d'office au puîné et au cadet des Kâçyapas.

LES CONVERSIONS DE RÂDJAGRIHA. — Toutefois, au milieu des exagérations auxquelles se complaît la légende, elle garde toujours un certain sens des réalités. Il était admis — et nous n'avons aucune raison pour ne pas l'admettre avec elle — que le nouveau Bouddha avait remporté, moins d'un an après sa Sambodhi et sur les lieux mêmes qui en avaient été le théâtre, une victoire d'autant plus éclatante qu'elle avait été plus difficile à obtenir. Une confrérie brahmanique s'était convertie en masse à sa Loi : tout ce dont nous sommes libres de douter, c'est qu'il ait suffi pour la transformer sur-le-champ, « ainsi qu'un serpent change de peau », en une communauté de moines bouddhiques d'une magique formule d'ordination tombée des lèvres du Maître. Mais ce n'est pas tout que d'arracher d'un seul coup des centaines de gens sédentaires non seulement à leurs idées fausses et à leurs rites futiles, mais encore à leur résidence, à leurs troupeaux, à leurs provisions pour en faire des religieux errants et mendiants : il faut à présent nourrir cette horde famélique, et ni le village d'Ouroubilvâ, ni les hameaux voisins, ni même la ville de Gayâ n'y peuvent longtemps suffire. Aussi la tradition sait-elle que le Bienheureux se hâta d'emmener sa bande de nouveaux disciples à la capitale du Magadha, seule assez riche pour pourvoir sans difficulté à leur nourriture quotidienne. Bien entendu on nous donne pour ce déplacement d'autres raisons, et de plus édifiantes. Il est nécessaire de démontrer *de visu* aux habitants de Râdjagriha, du vieux Kâçyapa et du jeune Çâkya-mouni, lequel reconnaît la supériorité de l'autre[30] ; et le Bouddha prend soin qu'aucun doute ne puisse subsister sur ce point. Surtout il convient que le nouveau Bouddha tienne la promesse qu'il est censé avoir faite sept ans plus tôt au roi Bimbisâra. Peu importe que cette première entrevue nous ait paru (p. 127) n'être qu'un doublet rétrospectif de celle à laquelle on nous convie à présent : c'est déjà beaucoup de reconnaître que celle-ci est au fond vraisemblable et d'ailleurs confirmée par la suite des événements.

Le roi Bimbisâra. — On ne nous demande plus en effet de croire que le prestige personnel d'un jeune çramane inconnu, simple étudiant en quête d'un maître, ait suffi à révolutionner le bâzâr, à alerter la police et à déranger jusqu'au roi. Çâkya-mouni fait désormais figure de chef de secte ; il traîne à sa suite des centaines de disciples, et les hommages publics que lui rend docilement le vieux Kâçyapa achèvent de le porter au pinacle dans la dévotion populaire. Tout cela vaut bien des honneurs spéciaux ; on peut seulement s'attendre à ce que les hagiographes, désireux de se montrer à la hauteur de ces circonstances nouvelles, les aient magnifiés à plaisir. Fidèles observateurs de la règle ascétique, le Bouddha et son cortège se sont arrêtés en dehors de l'enceinte de Râdjagriha, dans le parc royal du « Bois-des-Perches[31] ». Le *Mahâvastou* veut que tous les habitants de la ville, monarque en tête, se soient portés en grande pompe à sa rencontre. Il nous donne même à cette occasion une énumération, fort intéressante pour l'historien de la civilisation, de toutes les catégories sociales et de tous les corps de métier que comportait la population d'une capitale indienne, il y a deux mille ans et plus. Bien entendu une conversion générale couronne cette démarche inusitée et visiblement imaginée après coup. Le *Mahâvagga* débute de façon beaucoup plus simple. La visite royale se déroule selon le protocole habituel et s'achève, comme de coutume, sur une invitation à dîner au palais pour le lendemain. C'est à l'occasion de cette entrée à Râdjagriha que le texte *pâli* organise à son tour une procession triomphale, et ne craint même pas de la faire précéder, en guise de tambourinaire, par Çakra, l'Indra des dieux ; celui-ci serait descendu tout exprès de son ciel sous la forme d'un novice brahmanique pour chanter à tue-tête les louanges du

Bienheureux[32]. La suite du récit reprend heureusement une couleur plus historique :

Or donc le Bienheureux vint au palais du roi de Magadha, Sêniya Bimbisâra ; et y étant arrivé, il s'assit sur le siège qui lui avait été préparé ainsi que la Communauté des moines. Et alors le roi de Magadha, Sêniya Bimbisâra, de ses propres mains rassasia la Communauté des moines, le Bouddha en tête, avec d'excellente nourriture, tant compacte que diluée[33], et quand le Bienheureux eut mangé et lavé ses mains et son bol, il s'assit à ses côtés. Et comme il s'asseyait ainsi, il lui vint à l'esprit cette pensée : « Où pourrait séjourner le Bienheureux ? En quel endroit qui ne soit ni trop près ni trop loin de la ville, qui soit commode pour les allées et venues, accessible aux gens au gré des désirs de chacun, peu encombré le jour, peu bruyant la nuit, silencieux, respirant la solitude, retraite que ne troublent pas les hommes et qui soit favorable à la méditation ? » Et alors à l'esprit du roi de Magadha, Sêniya Bimbisâra, il vint cette pensée : « Il y a ce parc du Bois-des-Bambous[34] qui m'appartient et qui remplit justement toutes ces conditions : pourquoi ne donnerais-je pas ce parc du Bois-des-Bambous à la Communauté des moines, le Bouddha en tête ? » Et alors le roi du Magadha, Sêniya Bimbisâra, prit une aiguière d'or et versa de l'eau sur les mains du Bienheureux en disant : « Voici, Seigneur, que je donne le parc du Bois-des-Bambous à la Communauté des moines, le Bouddha en tête. » Le Bienheureux accepta le parc. Et alors le Bienheureux, après avoir par une pieuse homélie enseigné, encouragé, incité, réjoui le roi de Magadha, Sêniya Bimbisâra, se leva de son siège et s'en alla.

Ainsi pour la première fois l'errante confrérie se voit attribuer en toute propriété une résidence où les *bhikshou* de passage seront sûrs de trouver en tout temps un asile. C'est dans ce Boisdes-Bambous de Râdjagriha que le Bienheureux passera la prochaine saison des pluies, là qu'au cours de sa longue carrière enseignante il aura plus d'une fois l'occasion de revenir et de s'installer pour de périodiques séjours. Il ne tardera d'ailleurs pas, dinsi que nous verrons, à posséder un pied-à-terre analogue aux abords de la plupart des grandes villes de l'Inde centrale.

Au cours de sa tournée des places saintes du Magadha, Hiuan-tsang n'a pas manqué de visiter les deux parcs en question près de la vieille capitale, dès longtemps tombée en ruines. Il vaut la peine de retenir la notice qu'il consacre au Bois-des-Perches, car la légende qu'il a recueillie sur le site même semble faite tout exprès pour illustrer tour à tour les deux alternatives du vieil adage : *aut ex re nomen, aut ex vocabulo fabula.* Cet ancien parc royal était, nous dit-il, resté une véritable « forêt de bambous, exceptionnellement hauts et vigoureux », et, comme le nom l'indique, les gens du pays venaient s'y approvisionner de ces longues perches dont on fait aux Indes si grand usage. Mais ce fait prosaïque n'avait rien d'édifiant : il fallait imaginer quelque chose qui fût capable d'émouvoir le cœur et de stimuler la générosité des pélerins. Un cicerone ingénieux se rappela fort à propos la perche de bambou dont se serait naguère servi un jeune brahmane présomptueux pour essayer de mesurer la taille exacte du Bouddha. Ne pouvant y réussir, de dépit il jeta loin de lui cette toise improvisée ; et c'est celle-ci qui aurait miraculeusement pris racine, et qui, en sa qualité de plante traçante et drageonnante, aurait fini par couvrir de ses rejetons colline et vallée et par donner naissance au « Bois-des-Perches » ou « de la Perche[35] ». L'invention est joliment concertée : mais le guide trop bien informé et son trop crédule auditeur n'avaient oublié qu'un point : c'est qu'au témoignage formel des Écritures, le Yashti-vana existait déjà bien avant la venue du Bienheureux au Magadha.

Les deux grands disciples. — De l'aveu commun, le fait capital qui signale le premier séjour du Bouddha parfaitement accompli à Râdjagriha fut l'acquisition des deux grands disciples, Çâripoutra et Maoudgalyâyana. Les textes ne tarissent pas sur ces deux éminents personnages qui devaient devenir entre tous les membres de la Communauté, l'un « le premier de ceux qui ont une intelligence pénétrante » et l'autre, à un degré légèrement inférieur, « le premier de ceux qui possèdent des pouvoirs magiques ». Oupatishya, dit Çâripoutra du nom de sa mère, et Kolita, dit Maoudgalyâyana du nom de son clan, étaient originaires de villages assez voisins de la capitale. Issus de bonnes et riches familles brahmaniques, amis d'enfance et tous deux très bien doués, ils avaient fait ensemble de brillantes études et « tels des rois sans couronne » semblaient promis à un brillant avenir mondain. Mais un jour qu'ils s'étaient rendus à une grande assemblée — moitié pèlerinage et moitié foire, comme nos pardons de Bretagne — Çâripoutra est tout à coup frappé par la pensée que de toute cette multitude en fête[36] il ne resterait plus personne en vie dans cent ans. L'inconscience avec laquelle tous ces gens promis à la mort se livrent aux plaisirs de la vie le confond autant qu'elle l'afflige. Il n'a aucune peine à faire partager à son ami Maoudgalyâyana son sentiment profond de la vanité de ce monde ; et, faute de trouver mieux, tous deux entrent en religion sous la direction d'un des six chefs de secte hétérodoxes du nom de Sâñjayin, fils de Vaïratî. Mais comme son scepticisme amoral ne les satisfaisait pas, ils prennent le parti de se mettre, chacun de leur côté, à la recherche d'un meilleur directeur de conscience, non sans s'être réciproquement juré que le premier qui l'aurait découvert se hâterait d'en informer l'autre. Leur bonne étoile, comme nous dirions — leurs mérites passés, comme disent les Indiens — ne devaient pas tarder à leur faire rencontrer dans le Bouddha le seul maître qui fût digne d'eux. Mais mieux vaut passer la parole à la tradition, et mieux encore mettre synoptiquement sous les yeux du lecteur les deux versions anciennes qui nous ont été transmises, l'une en *pâli*, l'autre en *prâkrit* : leurs divergences de détail ne feront que mieux ressortir leur concordance foncière, indice d'authenticité. À la vérité le nom d'un des personnages, lequel est un rouage essentiel de l'histoire, est de part et d'autre différent. C'est le neveu qu'il a inventé aux Kâçyapas que le *Mahâvastou* fait aborder incontinent par Çâripoutra sur la route qui le mène à la capitale. Au contraire le *Mahâvagga* sous-entend que la Bande fortunée des Cinq est venue rejoindre le Maître à Râdjagriha et confie le rôle de l'informateur au moins bien doué d'entre eux, Assadji (*skt* Açvadjit) et comme Çâripoutra (*pâli* Sâripoutta) n'est censé l'apercevoir que déjà entré dans la ville, il attend poliment pour l'interroger que l'autre ait terminé sa quête et soit déjà sur le chemin du retour vers l'ermitage du Bois-des-Bambous : pour tout le reste, scénario, questions et réponses concordent, ainsi qu'on va voir :

Mahâvagga, I, 23-24.	*Mahâvastou*, III, p. 57 s.
Or le révérend Assadji s'étant habillé au matin, ayant revêtu son manteau et pris son bol à aumônes entra dans Râdjagaha pour quêter sa nourriture. Et le religieux Sâripoutta aperçut le révérend Assadji qui faisait sa quête dans la ville avec une façon charmante d'avancer et de reculer, de regarder en avant et en arrière,	Or le révérend Oupasêna, s'étant habillé au matin, ayant revêtu son manteau et pris son bol à aumônes se dirigea vers Râdjagriha pour y quêter sa nourriture. Et le religieux Çâripoutra aperçut de loin le révérend Oupasêna qui venait vers lui avec une façon charmante d'avancer et de reculer, de regarder en

d'étendre et de replier les bras, avec les yeux baissés et un port digne. Et l'ayant vu, il conçut cette pensée : « En vérité c'est là un de ces moines qui ou bien sont saints dès ce monde, ou bien sont entrés dans la voie de la sainteté. Il me faut absolument aborder ce moine et l'interroger… »

[Ici se placent les scrupules de politesse de Sâripoutta.]

Et alors le rel. S. s'approcha du rév. A. ; s'en étant approché, après avoir échangé avec lui des salutations et engagé une conversation courtoise et amicale il se tint à ses côtés. Debout à ses côtés le rel. S. dit au rév. A. : « Ami, ton moral est plein

avant et en arrière, d'étendre et de replier les bras, de porter son costume et son bol, tel un juste[37] qui a accompli sa tâche, avec ses facultés toutes tournées vers le dedans, avec son esprit ferme, conforme à la Loi, les yeux fixés sur le sol à une longueur de joug devant soi. Et, l'ayant vu, il arriva qu'il se sentit l'âme tout à fait rassérénée « Attrayant en vérité est le comportement de ce moine : il faut absolument que je l'aborde. »

Et alors le rel. Ç. s'approcha du rév. Ou., et, s'en étant approché, après avoir échangé avec lui des salutations courtoises et engagé une conversation amicale, il se tint à ses côtés. Debout à ses côtés le rel. Ç. dit au rév. Ou. : « Votre Seigneurie est-elle de sérénité, ton teint est pur et clair. Sous la direction de qui es-tu sorti du monde ? Ou quel est ton maître ? Ou la doctrine de qui as-tu embrassée ? — « Ami, c'est le grand Samane, le fils des Sâkyas, qui est né dans la famille des Sâkyas et qui est sorti du monde. C'est sous sa direction à lui, le Bienheureux, que je suis sorti du monde ; c'est lui, le Bienheureux, qui est mon maître, et c'est sa doctrine à lui, le Bienheureux, que j'ai embrassée. » — « Et que dit ton maître, ami, et qu'enseigne-t-il ? » — « Ami, je ne suis qu'un novice, il n'y a pas longtemps que je suis sorti du monde ; je viens seulement d'embrasser cette doctrine et cette discipline. Je ne puis t'exposer la doctrine dans un maître ou un disciple ? » — « Je ne suis qu'un disciple, ô révérend. » — « (S'il en est ainsi) quelle doctrine professe votre maître ? Que prêche-t-il ? Et comment enseigne-t-il la Loi à ses disciples ? Et en quoi consistent ses préceptes et ses instructions ? Il faut me l'exposer tout au long. » — « Je suis peu instruit : c'est seulement de l'esprit (de la doctrine) que je puis faire part au révérend. » À ces mots, le rel. Ç. dit au rév. Ou. :

« C'est de l'esprit que j'ai affaire ;
Pourquoi attacher tant d'importance à la lettre ?
C'est celui qui comprend l'esprit qui en recueille le prix,
C'est par l'esprit qu'il réalise le prix[38].

Et nous aussi, après

toute son ampleur, mais je puis t'en indiquer brièvement l'esprit. » — « Qu'il en soit ainsi, ami. Parle-m'en peu ou beaucoup, mais dis-m'en l'esprit ; c'est de l'esprit seul que j'éprouve le besoin ; pourquoi attacher tant d'importance à la lettre ? » Alors le rév. A. dit au rel. S. cette formule de la doctrine :

« Les phénomènes qui naissent d'une cause,
Le Prédestiné en a dit la cause,
Il en a dit aussi la cessation :
Telle est la doctrine du grand Samane. »

Et dès que le rel. S. cette formule de la Loi, la vision claire et sans tache de la Loi se leva pour lui : « Tout ce qui est sujet à la production, tout cela est aussi sujet à la avoir absorbé
Pendant bien des jours toute cette collection
De textes et de paroles futiles,
Précédemment, à chaque fois, nous avons été déçus. »
À ces mots le rév. Ou. dit au rel. Ç. :

« Après avoir montré que les phénomènes naissent d'une cause, le Maître en démontre la cessation ». Et alors, en vérité, pour le rel. Ç., sur-le-champ même, tel qu'il se tenait là, s'ouvrit la vision pure et sans tache de la Loi.

Et alors, ayant compris la Loi, rejeté les fausses doctrines, son attente comblée, ses doutes dissipés, la pensée adoucie, la pensée active, tout son destruction ». (Et il dit à A.) : « Quand bien même la Loi ne serait que cela, tu n'en as pas moins atteint l'état où il n'y a plus de chagrin, état qui n'a pas été vu depuis bien des myriades d'âges du monde ».

Et alors le rel. S. se rendit là où se trouvait le rel. Moggalâna ; et celui-ci le vit de loin qui s'approchait ; et, l'ayant vu, il lui dit : « Ami, ton moral est plein de sérénité ; ton teint est pur et clair : serait-ce, ami, que tu as découvert l'absence de mort ? » — « Oui, ami, je l'ai découverte. » — « Alors dis-moi, ami, comment tu l'as découverte. » — « Ici, ami, j'ai aperçu le moine être s'inclinant vers le nirvâna, il dit au rév. Ou. : « rév. Ou., où séjourne ton maître ? » — « Le Maître ? Au Bois-des-Bambous, dans le champ de Kalanda. » Et ayant ainsi parlé le rév. Ou. continua sa route vers la ville de Râdjagriha pour y quêter sa nourriture.

Le rel. Ç. se rendit là où se trouvait le rel. Maoudgalyâyana ; et celui-ci le vit de loin qui s'approchait avec un teint pur de la couleur du lotus et un moral plein et l'ayant vu, il lui dit : « Pur et clair est le teint de Ç. et son moral est plein de sérénité. Serait-ce donc que tu as découvert l'absence de mort et le chemin qui y mène ? Comme un lotus épanoui l'étoffe de ton vêtement[39] est pure et claire, et ton moral apaisé.

Assadji qui se rendait à Râdjagriha pour sa quête…

[Ici s'intercale mot pour mot la répétition de tout le récit qui précède jusques et y compris la formule dite du *credo* bouddhique déjà citée supra p. 207 :]

« Les phénomènes qui naissent d'une cause,
Le Prédestiné en a dit la cause ;
Il en a dit aussi la cessation :

As-tu quelque part obtenu l'absence de mort[40] que de ta personne une aura deux fois plus éclatante irradie ? » — « L'absence de mort, rel. M., je l'ai trouvée et le chemin qui y mène :

Celui-là qui, disent les livres, se manifeste
(Aussi rarement) que la fleur du *ficus glomerata* dans la forêt[41],
Le Bouddha, ce bloc de splendeur,
Il s'est manifesté, lui, le flambeau du monde. »

À ces mots le rel. M. dit au rel. Ç. : Quelle est la doctrine du Maître ? Quelle est sa prédication ? » À ces mots Ç. répondit à M. :

« Les phénomènes qui naissent d'une cause,
Le Prédestiné en a dit la cause ;
Il en a dit aussi la cessation :

Telle est la doctrine du grand Samane. »

Et quand le rel. M entendit cette formule de la Loi, la vision claire et sans tache de la Loi se leva pour lui : « Tout ce qui est sujet à la production est sujet à la destruction ». Et il dit à S. : « Quand bien même la Loi ne serait que cela, tu n'en as pas moins atteint l'état où il n'y a plus de chagrin, état qui n'a pas été vu depuis bien des myriades d'âges du monde. » Et alors le rel. M dit au rel. S. : « Allons, ami, près du Bienheureux ; c'est lui, le Bienheureux, qui est notre Maître. » (Mais S. lui répondit) : « Ami, ces deux cent cinquante religieux, c'est par rapport à nous, par considération pour nous qu'ils demeurent (dans l'ermitage de Sañjaya).

Telle est la doctrine du grand Samane. »

Et alors, en vérité, pour le rel. rel. M., sur-le-champ même, tel qu'il se tenait là, s'ouvrit la vision pure et sans tache de la Loi. Et alors, ayant compris la Loi et rejeté les fausses doctrines, son attente comblée, ses doutes dissipés, la pensée adoucie, la pensée active, et toutes ses propensités s'inclinant vers le nirvâna, il dit à Ç. : « Où séjourne le Maître, ô révérend ? » — « Révérend, le Maître séjourne au Bois-des-Bambous, dans le champ de Kalanda, avec une grande communauté de moines, avec douze cent cinquante moines. Allons, après avoir invité Sañjayin, trouver le Maître au Bois-des-Bambous ; et par-devant le Bienheureux

Informons-les donc (de notre intention) et ensuite ils feront ce qu'ils jugeront à propos ».

Et alors tous deux allèrent là où se trouvaient ces religieux, et, y étant allés, ils leur dirent : « Nous allons, amis, nous rendre auprès du Bienheureux ; c'est le Bienheureux qui est notre Maître » (Ils répondirent :) « C'est par rapport à vous, ô révérends, c'est par considération pour vous que nous demeurons ici ; si vous, ô révérends, vous allez mener la vie

nous pratiquerons la vie religieuse. » À ces mots M. dit à Ç. : « Allons tout droit d'ici au Bois-des-Bambous ; à quoi bon aller voir ce faux docteur de Sañjayin ? » — « Non pas, ô révérend M. ; ce Sañjayin ne nous a pas moins rendu grand service : car c'est grâce à lui que nous sommes sortis de la maison ».

Et alors tous deux, s'étant rendus à l'ermitage, invitèrent Sañjayin en disant : « Allons près du Bienheureux grand Çramane pratiquer la vie religieuse. » À ces mots le rel. Sañjayin leur dit : « N'allez pas près du Cramane Gaoutama pratiquer la vie religieuse. J'ai là cinq cents religieux qui m'appartiennent : vous en dirigerez la moitié. » — « Bien prêchées par le religieuse sous la direction du grand Samane, nous tous, tant que nous sommes, nous en ferons autant. » Et alors S. et M allèrent trouver le rel. Sañjaya et (par trois fois) ils lui dirent : « Ami, nous allons nous rendre auprès du Bienheureux ; c'est lui le Bienheureux qui est notre Maître. » Et (par trois fois) Sañjaya leur répondit : « Arrêtez, amis, ne vous en allez pas ; à nous trois nous dirigerons cette congrégation ». Et alors S. et M ayant pris avec eux ces deux cent cinquante religieux se rendirent au Bois-des-Bambous ; et à ce moment même de la bouche du rel. Sañjaya jaillit du sang chaud[42].

Et le Bienheureux vit de loin S. et M s'approchaient ; et, les Bienheureux sont la Loi et la discipline. Avec lui le succès est en vue et tous les voiles déchirés. Nous en avons assez d'attendre en vain la satisfaction de nos aspirations. » Et ainsi, après avoir invité Sañjayin, ils sortirent de son ermitage et se dirigèrent vers le Bois-des-Bambous ; et les cinq cents religieux s'en allèrent avec eux, et Sañjayin criait : « Ce n'est ni une, ni deux, ni trois, ni quatre, ce sont les cinq centaines qu'Oupatishya emmène avec lui ! »

Et le Bienheureux au Bois-des-Bambous s'adressa à ses moines :

ayant vus, il s'adressa à ses moines : « Voici, ô moines, que s'approchent ces deux compagnons ; Kolita et Oupatissa : entre mes disciples ils seront le couple en chef, le couple fortuné... »

« Préparez, ô moines, des sièges car les rel. Ç. et M. viennent avec un cortège de cinq cents pour pratiquer auprès du Prédestiné la vie religieuse : et ils seront entre mes disciples le couple en chef, le couple fortuné ; l'un, le chef de ceux qui ont une grande intelligence ; l'autre, le chef de ceux qui ont des pouvoirs magiques... »

La légende prend naturellement à tâche de confirmer ces paroles du Bouddha. Elle se plaît à nous le montrer encadré entre ces deux colonnes de son empire spirituel et les chargeant à l'occasion des missions les plus délicates[43]. Quand il agite devant sa congrégation des problèmes de plus en plus difficiles, Çâripoutra est le seul de tout le troupeau qui soit capable de suivre et de comprendre jusqu'au bout sa pensée. De son côté Maoudgalyâyana gravit ou descend à volonté les étages des cieux ou des enfers, et des choses vues au cours de ces voyages extraordinaires il rapporte des sujets d'exhortation qui lui permettent d'opérer d'innombrables conversions. Ni l'un ni l'autre ne devait — la tradition dit : ne voulut — survivre à son Maître. Ils se retirèrent chacun dans son village natal pour y mourir ; mais leurs précieuses reliques, vraies ou fausses, se distribuèrent entre les couvents de l'Inde bouddhique à mesure que se propageait la nouvelle religion. Le pèlerinage de l'empereur Açoka ne serait pas complet si, après les places sanctifiées par le passage de Çâkya-mouni, il ne visitait également les *stoupa* des deux grands disciples. Les pèlerins chinois ont trouvé leur culte établi dans nombre de monastères, et des cassettes de reliques à leurs noms sont sorties des fouilles de Sâñchî[44]. Notons, tout à l'honneur des idées bouddhiques, que l'on reconnaissait une certaine supériorité à Çâripoutra sur son prestigieux confrère. Contrairement aux préjugés courants Maoudgalyâyana aurait été le premier à proclamer, non sans étouffer un soupir, que la sagesse l'emporte sur la magie[45].

Mahâ-Kâçyapa. — Par une association d'idées toute naturelle Açvaghosha passe aussitôt au récit de la conversion du troisième grand disciple, Mahâ-Kâçyapa[46]. Ce dernier était, lui aussi, le fils d'un brahmane magadhien immensément riche — à tel point qu'il ne le cédait qu'au roi pour le nombre de ses serviteurs et l'étendue de ses domaines, et encore n'était-ce là de sa part qu'une simple mesure de prudence. L'enfant admirablement doué qu'il avait enfin obtenu[47] manifesta de bonne heure le plus grand mépris pour les biens de ce monde et un invincible dégoût pour les plaisirs de la chair. Marié malgré lui à une belle jeune fille de Vaïçâlî[47], il a la joie de découvrir chez elle le même éloignement pour les voluptés grossières, et, comme dans telle de nos « Vies des Saints », pendant douze ans ils vivent ensemble en parfaite chasteté. Par esprit d'austérité ils couchaient à part sur les lits bas que prescrit la règle religieuse. Une nuit l'époux aperçut un serpent noir qui s'était glissé dans la chambre conjugale et s'approchait dangereusement de la main que sa femme laissait dans son sommeil traîner à terre. Précipitamment il lui relève le bras. Réveillée en sursaut, son épouse l'accuse d'avoir conçu de coupables pensées. Ils décident enfin de renoncer à leur périlleuse gageure et de se séparer[48] pour entrer en religion chacun de son côté. À première vue le Bouddha et Kâçyapa devinent qu'ils sont faits pour s'entendre : on veut même que le Maître ait échangé aussitôt son manteau contre celui du nouveau disciple et ait invité ce dernier à partager son siège[49]. Ainsi s'appliquait-on à justifier d'avance le rôle éminent que Mahâ-Kâçyapa devait jouer au lendemain de la mort du Prédestiné. Renchérissant encore sur ses fonctions de mainteneur de la Bonne Loi, une tradition postérieure lui attribue la charge de la transmission des pouvoirs entre notre Bouddha et son successeur Maïtrêya. Enfermé en état d'extase à l'intérieur d'une colline du Magadha, Mahâ-Kâçyapa n'attend que la venue du Messie bouddhique pour réapparaître au jour et lui remettre aux yeux d'une foule émerveillée le manteau monastique de Çâkya-mouni[50].

On comprend sans peine l'accueil exceptionnellement courtois fait par le Bienheureux à des néophytes de si bonne famille. Assurément ni la race ni la caste (nous en verrons bientôt des exemples) ne compte pour l'entrée dans l'église bouddhique : mais cela est encore plus vrai à dire du christianisme, et il n'empêche que, de notoriété publique, dans les missions chrétiennes du Sud de l'Inde la conversion d'un brahmane ne soit reçue avec plus de joie que celle d'une centaine de parias. Il n'y a rien là qui excède les bornes permises d'un honnête souci de propagande, et le sentiment est trop naturel pour n'être pas pardonnable. Il n'en aurait pas moins provoqué au sein de la Communauté naissante des remous, hélas, non moins humains. Les égards particuliers témoignés aux deux grands disciples et l'espèce de promotion dont ils avaient été d'emblée gratifiés, auraient, nous dit-on, suscité la jalousie non seulement des « Cinq » et des autres convertis de Bénarès, mais aussi des « Trente » et des trois frères Kâçyapa, sans compter leur entourage[51]. Un tel souci des préséances subsiste-t-il dans l'âme des moines ? Mais cette fois encore qui pourra dire si nous avons affaire à un souvenir authentique ou à une notation psychologique qui en soi n'est que trop vraisemblable, mais peut avoir été inventée après coup ? Accusé de favoritisme le Bienheureux aurait dû recourir pour sa défense à l'unique argument dont il disposât, lequel par bonne chance répond à tout et ne souffre pas de réplique : puisant dans le trésor de sa surnaturelle mémoire, il n'aurait eu qu'à rappeler les vies antérieures de tous les personnages en cause pour que l'incident fût vite clos.

La réaction populaire. — Il n'en reste pas moins que ces retentissantes conversions, obtenues coup sur coup, durent singulièrement rehausser dans l'estime du vulgaire le prestige de la secte nouvelle. L'exemple de tant de gens jouissant d'un si haut statut religieux ou social, et abjurant leur séculaire culture védique pour embrasser la doctrine diamétralement opposée d'un jeune çramane hier encore inconnu, ne pouvait qu'aider l'inlassable prédication de ce dernier à déterminer parmi la population mal aryanisée de la région orientale nombre de « sorties de la maison » ; et celles-ci, pour avoir fait moins de bruit dans le monde et pour destinées qu'elles soient à rester éternellement anonymes, n'en troublaient ou même n'en désorganisaient pas moins autant de familles dans toutes les classes de la société. Nous avons déjà dû faire allusion ci-dessus (p. 153) au mécontentement, après tout justifié, que provoqua parmi les habitants du Magadha l'épidémie de vocations religieuses ainsi propagée chez eux par le rejeton des Çâkyas. La tradition a gardé le souvenir de ce conflit, d'ailleurs fort anodin dans ses manifestations, grâce à deux stances mnémotechniques :

En ce temps-là beaucoup de jeunes gens de bonne famille du pays de Magadha embrassaient les uns après les autres la vie religieuse sous la direction du Bienheureux. Et les gens murmuraient, et ils se fâchaient, et ils se mettaient en colère : « Le çramane Gaoutama vise à apporter l'absence d'enfants, à apporter le veuvage, à apporter l'extinction des familles. Il vient d'ordonner moines les mille anachorètes, puis les deux cent cinquante religieux de Sañjaya, et voici que beaucoup de jeunes gens de bonne famille du pays de Magadha embrassent les uns après les autres la vie religieuse sous la direction du çramane Gaoutama ». Et quand les gens apercevaient les *bhikshou*, ils leur cherchaient querelle avec cette stance :

> « Le grand çramane est venu
> Dans la capitale du pays de Magadha ;
> Il a converti tous les disciples de Sañjaya :
> Qui aujourd'hui convertira-t-il ? »

Et les *bhikshou* entendaient ces gens qui murmuraient et se fâchaient et se mettaient en colère ; et ils firent part de ce fait au Bienheureux.

(Celui-ci leur dit) : « Ces rumeurs, ô moines mendiants, ne seront pas de longue durée ; elles dureront sept jours ; au bout de sept jours elles se dissiperont. Mais vous, si les gens vous cherchent ainsi querelle, ripostez-leur par cette autre stance :

> Les grands héros, les Prédestinés,
> Convertissent par la vraie Loi ;
> Qui peut raisonnablement en vouloir
> À ceux qui convertissent par la vraie Loi[52] ? »

Et que dire en effet ? Le Bouddha ne contraignait personne ; et déjà sans doute l'entrée dans la Communauté était interdite par la coutume non seulement aux malades graves et aux grands criminels, mais encore à tous ceux dont l'ordination aurait porté préjudice aux droits d'une tierce personne, tels que les enfants mineurs, les esclaves, les gens du roi, et encore les débiteurs qui auraient trouvé là un moyen par trop commode de narguer leurs créanciers[53]. L'argument suffit donc à clore la bouche des gens du Magadha ; et il serait pour tous sans réplique si effectivement le Bouddha avait possédé la Vérité totale ; malheureusement (nous le voyons clairement à distance) il n'en avait saisi qu'une parcelle, et celle-ci même était étroitement conditionnée par son ambiance. N'importe : il a suffi qu'il se crût en toute sincérité détenteur de cette force irrésistible pour transformer le plus compatissant des hommes en le plus impitoyable des saints. Ne comptez pas sur lui pour s'attendrir sur le sort des femmes et des enfants, devenus du jour au lendemain veuves et orphelins du vivant de leur époux et père, ni non plus sur celui des vieux parents privés de l'espoir de toute postérité — chose si importante dans les idées indiennes, à cause de la nécessité de perpétuer les rites funèbres en l'honneur des ancêtres. Il partageait la dure et égoïste croyance de son temps selon laquelle il n'y avait pas de salut hors de la vie monastique ; et il tenait que chaque nouveau prosélyte se devait de sacrifier tout et tous, sans remords ni pitié, à la poursuite de son idéal. La « délivrance des êtres », à la manière dont ses contemporains et compatriotes l'entendent, rien d'autre ne compte aux yeux du Sauveur indien. Et son cas est loin d'être unique. Rappelons seulement ici ce que dit l'Évangile : « En vérité je vous le déclare : Quiconque aura quitté sa maison, ses parents, ses frères, ses enfants pour le royaume de Dieu recevra le centuple en ce monde, et, dans le monde à venir, la vie éternelle[54]. » Aussi E. Renan a-t-il pu écrire dans sa *Vie de Jésus* : « Il n'y a pas d'homme, Câkya-mouni peut-être excepté, qui ait à ce point foulé aux pieds la famille, les joies de ce monde, tout soin temporel. » Il faut encore excepter celui qui fut le parfait disciple de l'un et l'inconscient imitateur de l'autre, s^t François d'Assise. De même que le moine mendiant est en définitive le seul chrétien complet, le *bhikshou* est le seul vrai bouddhiste ; et il n'a pas dépendu de ces trois réformateurs, s'ils avaient été écoutés de tous, que la société humaine ne fût bouleversée de fond en comble et finalement détruite. Non plus que le Christ, le Bouddha « n'est pas venu pour apporter la paix sur la terre, mais bien plutôt la division dans les familles » : il va nous en donner une nouvelle preuve, plus que jamais éclatante, quand après sept ans[55] d'absence, il revient visiter sa ville natale dans le dessein de convertir bon gré mal gré tous les siens. Reconnaissons-le ; il y a un grand fond de vérité dans cette définition humoristique recueillie de la bouche d'une missionnaire irlandaise aux Indes : « Nous sommes au catéchisme. — *Question* : Qui sont les saints et les martyrs ? — *Réponse* : Les saints, ce sont les saints, et les martyrs sont ceux qui ont à vivre avec les saints. »

LES CONVERSIONS DE KAPILAVASTOU. — Tâchons une fois de plus de restituer la forme la plus ancienne de la légende que nous puissions atteindre, en la dégageant des ornements postiches qui s'y sont tardivement surajoutés ; c'est là tout ce à quoi nos documents nous permettent, ici encore, de prétendre. Or donc le Bienheureux, dans la plénitude de sa perfection, résidait à Râdjagriha dans le Parc-des-Bambous. La renommée ne peut manquer de l'apprendre à ses compatriotes, les Çâkyas, ni d'éveiller chez eux le désir de recevoir à leur tour sa visite. Comme de coutume, ils vont donc trouver Çouddhodana, et le bon roi, toujours docile à leurs requêtes, décide d'envoyer à son fils une pressante invitation. Qui charger de ce message ? Oudâyin, le fils du chapelain royal, en sa qualité d'ami d'enfance du Maître, est tout indiqué, et de fait c'est à lui que toutes les versions s'accordent à donner en cette affaire le principal rôle[56]. Mais peut-on oublier le fidèle écuyer Tchandaka, compagnon de toutes les promenades et de la fuite même du Bodhisattva ? Certains l'associent donc aux premières démarches d'Oudâyin. Ils ne sont pas plus tôt arrivés tous deux auprès du Bouddha que celui-ci les convie à entrer en religion. Ni l'un ni l'autre n'en a la moindre envie ; mais les instructions qu'ils ont reçues de se conformer en tout aux désirs de l'ex-prince, et aussi la croyance que cela ne les engage à rien pour l'instant, les déterminent à y consentir ; car ils n'aperçoivent autour d'eux ni barbier prêt à leur raser la tête ni vêtements monastiques préparés à leur intention. Ils ont compté sans le pouvoir magique du Bienheureux qui, rien qu'en prononçant les cinq mots de l'habituelle formule, les transforme sur-le-champ en moines régulièrement équipés. Plus tard on a trouvé plaisant de faire dépêcher successivement par le roi à son fils neuf de ses ministres, et toujours sans résultat : aussitôt arrivés en présence du Bienheureux, ils se convertissent, eux et leur cortège[57], et du même coup oublient tout du monde, y compris la mission dont ils sont chargés. Seul Oudâyin en garde présent le souvenir et ne cache pas à celui « avec qui il a joué dans le sable » qu'il est venu le trouver dans le dessein de le ramener à Kapilavastou. Encore faut-il que le Bouddha y consente. Une intervention divine — celle de Çâkyas à qui leurs mérites ont valu de renaître au ciel — n'a pas paru de trop pour l'y décider. C'est ainsi qu'au bout de sept ans, il tourne pour la première fois sa pensée et même son visage dans la direction de sa ville natale. Oudâyin, perspicace, ne laisse pas échapper l'occasion et presse le Maître de profiter de la saison d'automne, la plus favorable au voyage[58], alors qu'il ne fait plus trop chaud et qu'il ne fait pas encore froid. Finalement le Bouddha se met en route pour couvrir en soixante jours les soixante étapes qui séparent la capitale du Magadha de Kapilavastou.

Ici s'intercale un curieux épisode dans lequel on est d'autant plus fortement tenté de voir un souvenir authentique que son caractère peu édifiant l'a fait bannir des textes postérieurs. Selon ces derniers le Bouddha ne se heurte à aucune mauvaise volonté de la part des siens, et l'orgueil légendaire des Çâkyas cède sans résistance devant son prestige. La plus ancienne tradition faisait preuve d'un sens psychologique plus fin. D'après elle le roi Çouddhodana n'a pas encore pardonné à son fils la cruelle déception que le « Grand départ » a infligée à ses espoirs dynastiques. Assurément il commence par aller, comme il sied, au-devant du Bienheureux ; mais rencontrant en chemin des moines qui viennent faire leur quête à la ville, il ne peut supporter l'idée que l'ancien prince héritier soit devenu pareil à l'un d'eux. Il donne ordre à ces mendiants de ne pas paraître devant ses yeux, et, faisant tourner son char à quatre chevaux, rentre au palais royal. Avait-il l'appréhension trop justifiée de l'espèce de cyclone spirituel que la venue du Bouddha allait déchaîner sur sa race ? Toujours est-il que celui-ci doit à son tour envoyer en ambassade près de son père ce même Oudâyin, chargé de lui faire comprendre qu'il est aussi glorieux d'être le père d'un Sauveur du monde que d'un Monarque universel. C'est seulement après avoir reçu ces apaisements que Çouddhodana organise la même procession que naguère Bimbisâra (*supra*, p. 221) pour aller souhaiter la bienvenue au Maître qui, comme de règle, s'est arrêté en dehors de la ville, dans le Parc des Figuiers-des-Banians[59] ; et dès lors l'accord des textes se refait, comme le plus souvent, sur l'invraisemblable.

Le Bouddha n'ignore pas que nul n'est prophète en son pays ; il n'oublie pas non plus que nombre de nobles Çâkyas l'ont connu enfant, et qu'enfin il va se trouver confronté avec son propre père ; mais d'autre part il sait aussi qu'un Prédestiné ne peut se lever, ni encore moins s'incliner devant personne sans que la tête de celui qui accepterait cet honneur excessif n'éclate en sept morceaux. Comment trancher une question d'étiquette compliquée de sanctions aussi terribles ? Il ne saurait évidemment se tirer d'affaire qu'en manifestant par exception ses pouvoirs surnaturels. Il s'y résigne donc et, créant « à la hauteur d'un palmier-éventail » un promenoir magique, il va et vient dans les airs à la vue des Çâkyas stupéfaits. Devant un pareil prodige tous ne peuvent que se prosterner et Çouddhodana lui-même « adore son fils pour la troisième fois[60] ». C'est là du moins ce qui depuis très longtemps se raconte ; car, il y a deux mille ans, cette scène était déjà représentée en grand détail sur l'un des jambages de la porte orientale du grand stoupa de Sâñchî. On y voit la procession royale, en char, à cheval, à éléphants, gardes et musiciens en tête, circuler, tous les habitants aux fenêtres, à travers les rues tortueuses de Kapilavastou, puis sortir de la ville pour se rendre à l'ermitage des Figuiers-des-Banians ; là roi et courtisans ont mis pied à terre, et tous, le nez en l'air et les mains jointes, ont les yeux fixés sur le promenoir aérien de l'invisible Bouddha. Les textes prêtent même à ce moment au Bienheureux les « prodiges jumeaux[61] » de l'eau et du feu, les mêmes qui assureront plus tard sa victoire sur les maîtres hérétiques ; et, pour mêler au merveilleux une note attendrissante, la reine Mahâpradjâpatî, qui avait perdu la vue à force de pleurer le départ de son neveu et fils adoptif, l'a ce jour-là recouvrée en se baignant les paupières dans l'eau qui ruisselait du corps du Bienheureux.

Çouddhodana. — Du coup la glace de la séparation se trouve brisée entre le père et le fils, et entre eux s'engage une conversation amicale. Toujours mal consolé, le roi insiste longuement sur le pénible contraste entre la vie que son fils aurait pu continuer à mener et celle qu'en fait il mène. Tour à tour il le plaint de marcher pieds nus, et de coucher sur la dure, sans bains parfumés, sans vêtements fins, sans parures, sans vaisselle d'or, sans gardes, sans musiciens, sans femmes ; et, point par point, le Bienheureux le reprend doucement en lui démontrant que le sage peut être heureux en l'absence de toutes ces aises, et que l'état de religieux a ses compensations et ses privilèges[62]. Le motif, assez prosaïquement traité, a été longuement repris par un versificateur cachemirien du XIe siècle, enchanté de rencontrer une si belle occasion d'accumuler des antithèses. C'est le père qui parle :

« Toi qui passais agréablement la nuit, sur la terrasse d'un palais de cristal, dans des lits souriants du reflet des soies, comment peux-tu te coucher maintenant à même le sol de la forêt, sur les dures pousses de gazon à demi brouté qu'a laissées la dent des gazelles ?

« Toi qui buvais dans des coupes de pierreries un breuvage aussi pur, aussi frais que la lune, ah, comment peux-tu à présent, dans l'étang où affolés par la chaleur buffles et éléphants se sont baignés, boire l'eau que leurs ventres souillés ont rendue trouble et amère ?

« Comment ta gorge est-elle veuve de ses colliers », etc. [On voit le thème ; mais depuis longtemps le parti du Bouddha est pris et il s'est dit à lui-même :]

« Désormais je n'aurai plus en fait de parasol royal que les arbres de la forêt ; mes amis seront les bêtes des bois ; mon lit de plaisirs sera le sol ; mes vêtements seront faits de l'écorce amincie des arbres ; ma cassette particulière sera le contentement de peu ; ma reine favorite sera la compassion pour les malheureux[63] », etc.

Il faut le reconnaître pour la justification de tous ces jeux d'esprit, à aucun moment ni en aucun lieu l'écart ne pouvait être plus saisissant entre la princière et luxueuse jeunesse du Maître et son présent état de moine mendiant, à la merci de la charité publique. Là se bornent d'ailleurs ces effusions familiales. Aussitôt intervient l'inévitable prédication ; et avant de prendre congé le roi invite son fils et toute la Communauté des moines à venir régulièrement prendre au palais leur unique repas quotidien[64]. Peut-être, insinue-t-on, était-ce une façon de s'épargner à lui-même la honte de voir son fils quêter sa nourriture dans les rues de sa ville ; mais, d'autre part, c'était introduire dans la bergerie, sous les apparences les plus bénignes, le plus dévorant des loups. On le voit, la tradition n'a pas hésité à mettre le Bouddha dans la situation la plus délicate où puisse se trouver un homme qui s'est lui-même retranché du monde. Le voici de nouveau face à face avec les siens, père, mère adoptive, épouse, enfant, demi-frère, oncles, cousins, amis d'enfance, bref tous ceux que lors de son évasion nocturne il a jadis quittés sans un mot d'adieu. Quelle contenance va-t-il faire et quelle conduite tenir à leur égard ? La réponse des textes canoniques se devine d'avance : il est revenu vers eux par compassion pure, et il ne saurait mieux leur témoigner sa tendresse qu'en les convertissant à sa Loi. À la vérité on ne peut nous cacher que Çouddhodana s'est montré de tous le plus récalcitrant ; ses trois frères sont déjà « entrés dans la bonne voie » avec des « myriades » de Çâkyas que lui-même s'y refuse encore[65], et il ne se décide que tardivement à faire don à la Communauté du parc de plaisance où son fils s'est installé d'office. Il faut attendre les versions tardives pour qu'il franchisse successivement (la dévotion postérieure pouvait-elle moins faire pour le père du Maître ?) les quatre degrés de la sainteté. En revanche la tradition la plus ancienne lui attribue déjà une singulière mesure de conscription religieuse : il ordonne que toutes les nobles familles de son fief qui comptent deux ou plusieurs fils en donnent un au Bouddha pour être ordonné moine. Son but, nous explique-t-on, aurait été de constituer à l'ex-prince héritier un cortège de naissance aristocratique, et par là plus digne de lui. Il se peut aussi qu'il entendît limiter ainsi, en faisant la part du feu, le désorganisation des familles, à commencer par la sienne. Il ne nous est pas caché qu'aux termes de son décret son second fils, Nanda, frère consanguin du Maître, et le fils unique de ce dernier, Râhoula, se trouvaient automatiquement exemptés[66]. Mais le redoutable Sauveur ne se laisse arrêter par aucune considération mondaine, et l'ordination de Râhoula et de Nanda sont justement les deux épisodes les plus saillants du « retour à Kapilavastou ».

Râhoula et Nanda. — Le sort du premier est vite réglé. Les femmes aiment à croire ce qu'elles désirent, et Yaçodharâ n'a pas perdu tout espoir de ramener à elle son époux. Textes et bas-reliefs nous la montrent, parée de tous ses atours et poussant devant elle le gage de leur union, alors âgé de six ans. Elle a fait sa leçon à l'enfant qui réclame à son père son héritage ; mais tandis que Yaçodharâ entend par là la royauté, le Bienheureux, qui sait mieux, la prend au mot en ne refusant pas à son fils la vérité qu'il a découverte ; et comme la voix du sang parle et que le garçonnet ne veut plus « sortir de l'ombre paternelle », il l'emmène à son ermitage et le fait ordonner par les soins de ses deux grands disciples[67]. Yaçodharâ en reste pour ses frais d'ingéniosité et de toilette, et le grand-père en conçoit naturellement un vif chagrin. Toutefois une dernière chance subsiste à sa dynastie en la personne du « beau Nanda ». S'il est vrai que ce jour-là même ce dernier devait épouser la plus jolie fille de Kapilavastou, être sacré héritier présomptif et pendre la crémaillère dans un nouveau palais, son impérieux demi-frère aurait troublé trois fêtes à la fois. Pour procéder à son enlèvement, le Prédestiné use de stratagème. Le bon Nanda l'a aperçu qui quêtait dans la rue ; laissant là sa fiancée il se précipite vers son demi-frère, lui prend des mains son bol-à-aumônes, et le lui rapporte aussitôt, rempli des meilleurs mets ; mais dans son astucieuse préméditation le Bouddha ne consent pas à le reprendre, et le pauvre prince, contraint d'être poli jusqu'au bout, l'accompagne, toujours portant le bol, jusqu'à l'ermitage. Là les moines s'emparent de lui, livrent sa tête au barbier et le dépouillent de ses parures pour lui faire revêtir l'habit monastique. Mais pour autant son cœur n'a pas changé et il se donne aux yeux de ses confrères, qui ne lui épargnent pas leurs quolibets, le ridicule de regretter sa bien-aimée. En vain tente-t-il à plusieurs reprises de s'évader du couvent. Pour le guérir du mal d'amour, il faut que le Bienheureux l'emmène, accroché à un coin de son manteau, jusque dans le paradis d'Indra. Au cours de leur route à travers les airs, ils commencent par apercevoir, juchée sur un tronc d'arbre calciné dans une forêt qui vient d'être dévastée par un incendie, une infortunée guenon, échappée par miracle au désastre, roussie, pelée, sanguinolente, lamentable ; après quoi, sans transition, ils contemplent à loisir les nymphes qui font l'ornement et l'agrément du paradis des Trente-trois. Nanda est bien forcé de convenir, à la vue de leurs célestes attraits, qu'il y a autant de différence entre ces houris et sa fiancée qu'entre celle-ci et la guenon de tout à l'heure. Il se résigne donc à prendre en patience l'état de religieux dans l'espoir que les mérites ainsi acquis lui permettront de renaître en si charmante compagnie. Mais tout finit par se savoir, surtout dans un couvent, et bientôt Nanda n'est plus connu que sous le sobriquet d' « amant des nymphes », jusqu'à ce qu'enfin, par un dernier effort de volonté, il se délivre de la fascination exercée sur lui par la vaine et passagère beauté de la femme. On conçoit que cette anecdote[68], semi-édifiante et semi-bouffonne, ait copieusement inspiré artistes et lettrés indiens.

Les Çâkyas. — À propos de la levée religieuse des « fils de famille » de Kapilavastou, la légende n'a pas davantage reculé devant la question qui se pose à l'arrière-plan de toutes les histoires indiennes, à savoir celle des castes. Nous aurons à y revenir, mais déjà nous apprenons qu'au contraire de ce qui se passe dans les cercles brahmaniques, la plus humble naissance n'est nullement un obstacle à l'entrée en religion au sein de la Communauté bouddhique. Recensement fait, un contingent de cinq cents jeunes aristocrates Çâkyas, enrôlés plus ou moins volontaires, vient en somptueux appareil se présenter au Bouddha pour grossir d'autant le nombre de ses disciples. Le barbier Oupâli[69], dont le métier seul suffit à dénoncer la basse extraction, procède à leur tonsure, et chacun d'eux lui fait présent des parures laïques dont il n'aura plus l'emploi. Voilà le pauvre artisan devenu riche ; mais — soit par l'entraînement de l'exemple, soit plus orthodoxement par suite de la « maturation » de ses mérites antérieurs — au lieu de jouir des biens qui lui sont échus, il ne rêve que d'être, lui aussi, ordonné moine, ce que le Bouddha lui accorde aussitôt selon le rite de l'ordination instantanée. Il en résulte que quand les cinq cents jeunes Çâkyas, qui entre temps sont allés prendre congé de leurs parents et amis, reviennent à l'ermitage pour être ordonnés à leur tour, Oupâli, quoique de beaucoup leur inférieur par la caste, est devenu en religion leur *senior*, et ils lui doivent hommage et respect. Le Bienheureux n'obtient pas sans peine qu'ils courbent leur orgueil jusqu'à tomber aux pieds de leur ancien valet de chambre, chacun prenant rang à mesure dans l'ordre de séniorité, la seule hiérarchie que la Communauté primitive admette[70].

Que penser de cette étrange histoire ? Elle éveille d'autant plus de défiance que les textes postérieurs l'ont embrouillée à plaisir. C'est parmi ces Çâkyas que plus tard le traître Dêvadatta, cousin et beau-frère du Bienheureux, aurait recruté des partisans lors du schisme que, comme nous le verrons, il fomenta au sein de la Communauté. Il ne se pouvait donc pas que Çâkya-mouni n'eût conçu à l'avance quelque fâcheux pressentiment en recevant pêle-mêle tous ces aristocrates dans son ordre. Certains vont même jusqu'à spécifier qu'il aurait d'abord écarté Dêvadatta : mais si celui-ci ne fit pas partie de la première fournée, il fallait donc qu'il eût été compris dans une seconde, bien postérieure en date. D'autre part on s'aperçut après coup qu'il devait en être de même pour cinq autres cousins du Bienheureux, attendu qu'ils étaient beaucoup plus jeunes que lui : sinon comment les retrouverions-nous, tel Anourouddha, auprès du lit du Parinirvâna, ou comment se pourrait-il qu'Ânanda ait pu si longtemps survivre à son Maître après avoir été pendant vingt-cinq ans son dévoué serviteur de tous les jours ? Ces cinq princes, en compagnie de Dêvadatta — dont rien ne prouve, en dépit de ce que nous avons lu ci-dessus (p. 85), qu'il fût de beaucoup leur aîné — n'auraient donc rejoint le Bouddha que plus tard, alors qu'il résidait au village d'Anoupiya, dans le pays des Mallas, ce qui est après tout possible ; mais ce qu'on ne saurait admettre, c'est qu'on nous réserve à cette occasion une deuxième édition de la conversion du barbier Oupâli… On voit assez par là comment les souvenirs traditionnels sont susceptibles de se mêler et de se confondre dans l'esprit des rédacteurs tardifs, et combien il est parfois difficile de dégager de ces contaminations le fait initial qui seul peut mériter quelque créance.

De toutes façons, et qu'on accepte ou non en leur totalité les données de la légende, il est une question que l'on ne peut s'empêcher de se poser au sujet du retour à Kapilavastou. Le Bouddha a passé là : sa sublime compassion a-t-elle eu une action bienfaisante ou a-t-elle sévi comme un fléau ? — Qu'on en juge. Il est censé emmener avec lui la fleur de la jeunesse, et il n'est pas de famille qui ne regrette le fils qu'il lui a ravi. La sienne est particulièrement éprouvée : la lignée royale est condamnée à s'éteindre, et l'infortuné Çouddhodana demeurerait seul dans son palais déserté, abandonné même des reines, si le Maître n'avait provisoirement refusé aux femmes l'accès de sa Communauté. D'autre part (c'est toujours la tradition qui nous l'assure) les redoutables guerriers Çâkyas, naguère invincibles, se sont imprégnés en écoutant les sermons du Bienheureux des idées éminemment bouddhiques de « non-résistance à la violence ». Les voilà devenus une proie facile pour leur voisin, probablement même leur suzerain, le puissant roi de Koçala, dont la capitale Çrâvastî n'était que trop proche de leur propre ville. Tant qu'y régnera Prasênadjit, ils n'auront rien à craindre ; mais, dans leur intraitable orgueil, ils ont mortellement offensé son héritier présomptif, Viroudhaka. Aussi, dès que ce dernier, selon la coutume ordinaire des *râdja-koumâra* indiens, aura réussi à détrôner son père, se hâtera-t-il d'entrer en campagne pour les exterminer[71]. Ils sont une première fois sauvés par une intervention opportune du Bouddha ; puis lui-même les abandonne au destin que leur vaut leur mauvais *karma*, se consolant à la pensée que sa prédication aura du moins amélioré leur destinée future. La ville détruite est noyée dans le sang de ses habitants, et c'est sur cette catastrophe que s'achève le cycle de Kapilavastou, où rien ne nous ramènera plus. Les pèlerins chinois signalent plus d'une fois l'existence, au voisinage des places saintes, de vastes nécropoles où se pressait une multitude de petits *stoupa* de formes diverses, élevés par la piété des générations successives sur les cendres des moines morts en odeur de sainteté[72]. Il subsistait justement au Nord-Ouest de la cité les débris d'un grand cimetière de ce genre ; et les guides locaux en tiraient avantage pour le désigner comme étant le lieu du massacre, en quoi évidemment ils trompaient les gens ou se trompaient eux-mêmes. Avaient-ils également inventé de toutes pièces cette tragédie féodale, en soi nullement invraisemblable, et l'avaient-ils placée du vivant même du Maître pour expliquer de la façon la plus impressionnante possible la totale disparition de son clan et l'abandon au désert et à la ruine de sa ville et de son pays natals ? Qui pourrait à présent le dire ? Peut-être cette trop réelle dévastation date-t-elle simplement d'une des invasions scythes, parthes ou tokhares qui ont balayé l'Hindoustan avant et après le début de notre ère. Ce que nous pouvons affirmer sur le véridique témoignage de Fa-hien, c'est que dès le ive siècle la région tout entière était retournée à la djangle.

Le don du Djêta-vana. — Mais ces sinistres événements étaient encore le secret de l'avenir, et c'est au contraire dans une atmosphère d'allégresse et de fête que la tradition conduit à présent le Bienheureux de Kapilavastou à Çrâvastî. Pendant son séjour près de Râdjagriha le Bouddha avait également reçu et accepté à cet effet l'invitation particulière d'un riche marchand du Koçala, que sa charité avait fait surnommer Anâthapindada ou le « Nourrisseur des pauvres ». Venu au Magadha pour ses affaires et descendu chez son correspondant, il avait eu occasion de voir et d'entendre le Maître. Aussitôt converti il avait, dans son enthousiasme de néophyte, supplié le Bienheureux d'honorer de sa présence sa ville de Çrâvastî. Celui-ci n'y aurait consenti qu'à condition de trouver aux abords de cette cité un ermitage prêt à le recevoir, lui et son cortège de moines. Il aurait même adjoint à son nouveau zélateur laïque le grand disciple Çâripoutra, afin d'être plus sûr que tout serait préparé dans les règles. Le choix d'Anâthapindada et de l'émissaire du Maître se porta sur le plus beau parc de plaisance des environs, celui du prince Djêta, c'est-à-dire Victor ; mais celui-ci leur refusa net de s'en dessaisir, « à moins, ajouta-t-il en plaisantant, que vous n'en couvriez toute la superficie en or ». — « Marché conclu », rétorque le banquier ; et vidant les trésors mis en réserve par ses ancêtres, il revêt effectivement de pièces d'or tout le sol du jardin. Seulement pour préserver les ombrages on laisse debout, avec l'agrément du propriétaire, les arbres les plus précieux, manguiers et santals. Cette contribution spontanée du prince vaut à sa mémoire que la place soit restée connue sous la double appellation de « Bois-de-Djêta, l'ermitage d'Anâthapindada ». Situé non loin de son pays natal, dans une plaine fertile, en vue de la haute muraille toujours crêtée de neige de l'Himâlaya, ce beau parc deviendra l'une des résidences favorites du Bouddha qui n'y aurait pas passé moins de vingt-cinq de ces périodes de retraite que ramenait chaque année la saison-des-pluies. Aussi en trouve-t-on la mention en tête de nombre de textes sacrés, et la figuration de sa donation sur tous les Anciens monuments bouddhiques[73].

C'est à ce parc de plaisance que le Bouddha aurait été conduit en grande pompe lors de son arrivée à Çrâvastî, et lui-même en aurait vivement apprécié et vanté les charmes. Là où naguère les grands de la terre venaient prendre leurs ébats circulaient à présent les robes jaunâtres des moines ; et ils s'installaient sous ces ombrages dans les petites huttes détachées qui constituaient originairement leurs cellules. L'artiste de Barhut a même cru devoir représenter d'avance — en l'étiquetant en marge du médaillon pour ne laisser subsister aucun doute — la « cabane parfumée » qu'allait sanctifier la présence du Bienheureux. C'est là que celui-ci menait volontiers l'existence régulière que nous aurons bientôt à décrire ; là que religieux et fidèles laïques affluaient de toutes parts pour lui rendre visite ; là qu'aujourd'hui encore, depuis que le Service archéologique de l'Inde a dégagé la place, les pèlerins reviennent vénérer les vestiges de son séjour. Au temps de Fa-hien le pays était, nous l'avons dit, déserté ; mais la nature, indifférente aux calamités humaines, avait conservé aux eaux des étangs leur transparence, leur luxuriance aux feuillages, aux fleurs de lotus leur éclat et leur parfum. Mystères du cœur humain : la beauté de ces lieux au lieu de les réjouir, lui et son compagnon, ne servit qu'à réveiller chez eux la nostalgie du passé et la mélancolie de l'exil : « Ils y étaient venus, écrit-il dans sa Relation, au péril de leur vie, et ils se trouvaient à présent en pays étranger. De ceux qui, dans le même dessein, avaient avec eux traversé l'une après l'autre tant de contrées, quelques-uns étaient retournés dans leur pays, d'autres étaient morts ; et eux, maintenant, quand ils regardaient de leurs yeux la place qu'avait jadis habitée le Bouddha, mais où sa personne n'était plus visible, leur cœur était déchiré de regret… » Douces larmes, et que nous devons comprendre ; car ne sont-ce pas des émotions analogues que les âmes chrétiennes s'en vont chercher devant les paysages de la Galilée ou de l'Ombrie ?

Gardons cependant notre sang-froid et comptons sur nos doigts : cela fait déjà le troisième parc royal qui échoit en toute propriété « à la Communauté des quatre points cardinaux, absente et présente, le Bouddha en tête » ; et bientôt elle en possédera également près de Vaïçâlî et des autres villes saintes. On conçoit qu'elle s'en réjouisse et considère qu'après Bimbisâra et Çouddhodana, Anâthapindada lui a fait « le plus beau des dons ». Le devoir et le rôle des zélateurs laïques était en effet de pourvoir aux quatre besoins indispensables du religieux qui mène la vie mendiante et « sans maison ». Il est fort bien qu'il renonce à tout en paroles : il ne lui en faut pas moins quotidiennement sa nourriture, périodiquement un nouveau costume, éventuellement des remèdes pour ses maladies, et enfin, en dehors mais près des villes, un abri assuré contre les intempéries, les bêtes féroces et les serpents. Situés hors murs, les parcs de plaisance transformés en ermitages ne violaient pas la règle et permettaient le recueillement nécessaire à l'exercice de la méditation ; mais en même temps ils étaient assez voisins du bâzâr pour que le moine y pût faire commodément sa quête matinale (après tout, c'était sa façon d'aller au marché sans bourse délier) ; et de leur côté, en fin d'après-midi, les fidèles pouvaient venir, sans perte de temps ni fatigue, écouter prêcher la Bonne-Loi. Tout le monde y trouvait donc son compte et l'on conçoit que ce quatrième don, le plus rare parce que de beaucoup le plus princier, passât aussi pour être le plus méritoire : personne, pas même le Bouddha, ne s'avisa qu'il devait devenir le plus funeste…

On sait ce qui est advenu. Voilà une congrégation errante et mendiante qui a fait vœu de pauvreté et qui interdit de la façon la plus expresse à ses membres de posséder la moindre somme d'argent : du jour au lendemain une générosité laïque la transforme en propriétaire foncier, et bientôt, comme il est écrit, « elle prend racine[74] » de la même façon dans tous les coins de l'Inde. Il n'en faut pas davantage pour que la vie cénobitique ou de couvent se substitue peu à peu chez elle à la vie érémitique. Bientôt, avec l'accroissement constant du nombre des moines, les logis se multiplient sur le terrain qui lui appartient en toute propriété. Les cellules, jadis isolées, se soudent et se disposent en vastes quadrangles pareils à ceux des caravansérails et finissent par s'entourer de toutes les dépendances nécessaires à une agglomération humaine, salles de réunion, réfectoires, salles de bain, cuisines, latrines, etc. Les donations accumulées de champs et même de villages entiers transforment même ces monastères en vastes exploitations agricoles, employant un nombreux domestique et ayant parmi les moines eux-mêmes leurs « maîtres » et leurs intendants[75] attitrés. Au terme de cette évolution nous aboutissons aux véritables villes closes que sont les grands couvents lamaïques du Tibet. — Où est le mal ? dira-t-on peut-être ; en France aussi nous avons eu dès les temps mérovingiens de grands établissements de ce genre, asiles de paix et conservatoires des études… — Là n'est pas la question : ce qu'il s'agit de s'expliquer, c'est pourquoi et comment le bouddhisme a disparu de la contrée qui l'a vu naître. On ne voit pas que l'islamisme ait entièrement détruit le christianisme dans le Levant, ni le mazdéisme en Iran, ni l'hindouisme dans l'Inde : en vertu de quel privilège à rebours le bouddhisme s'est-il laissé totalement abolir dans son berceau ? N'hésitons pas à souligner ce qui nous paraît être la raison principale de cette singulière disparition : c'est qu'en fait il n'existait que grâce à sa Communauté monastique, et qu'en permettant à celle-ci d'accepter des donations foncières, le Bouddha a d'avance signé son arrêt de mort. Quand à partir du XIe siècle les Musulmans envahirent la péninsule, les moines bouddhiques, à cause de leur costume spécial et de leur vie conventuelle, furent de tous les religieux les plus aisés à repérer et par suite à exterminer. Une fois les monastères rasés par l'incendie et leurs hôtes passés au fil de l'épée ou réduits à s'enfuir dans les montagnes du Nord et dans les pays des Mers du Sud, la Bonne-Loi était complètement déracinée, et il suffisait de la durée de deux générations pour étouffer dans les masses populaires tout souvenir distinct d'une religion naguère si florissante avec ses milliers de fondations, ses grands centres d'enseignement, ses riches bibliothèques, ses docteurs réputés et leurs légions de disciples. C'est ainsi que le bouddhisme indien a disparu de l'Hindoustan comme du Dekkhan pour se réfugier, hors du courant des invasions, dans l'île de Ceylan ou dans les principautés himâlayennes. Qui ne voit que si les « fils du Çâkya », comme on appelait les *bhikshou*, au lieu de se dénoncer d'eux-mêmes par leurs agglomérations sédentaires à leurs implacables ennemis, s'en étaient tenus à la coutume originelle de la vie errante et dispersée, ils seraient restés insaisissables, et, comme tant d'autres sectes, auraient pu survivre aux premières fureurs de la conquête musulmane : leur fixation à la terre les perdit.

---

1. ↑ *Kṛtaṃ karaṇîyam* (*LV* p. 418 l. 19).
2. ↑ Pâli *majjhattatâ*.
3. ↑ V. à la Liste des titres abrégés *Manual, Vie, Leben* et *Life*.
4. ↑ Il y a toutefois quelques flottements dans la tradition ; v. note à p. **230**, *43*.
5. ↑ C'est la même raison qui explique pourquoi ces textes de *Vinaya* s'arrêtent si vite.
6. ↑ D'autres disent « depuis 60 ans ». Cf. *BC* tibétain XVI, 15 ; *MVU*, I p. 2 ; III p. 92, etc. ; *ANS* p. 289 etc. Toutefois le *MVA* ne dit rien de pareil et la *NK* ne fait intervenir le miracle (p. 88) que pour les messagers envoyés par Çuddhodana à son fils. — Le terme que nous traduisons par « vie religieuse » est *brahmacarya*.
7. ↑ Cette remarque irrévérencieuse n'est pas de notre cru : elle se trouve déjà formulée dans le *Milinda-pañha* (éd. TRENCKNER p. 74 ; trad. L. FINOT, p. 126).
8. ↑ Sur la *pravrajyâ* ou *pabbajâ* et l'*upasampadâ* v. *MVA* I, 12, 3-4 et 22-31. Le « directeur de conscience » est l'*upddhyâya* ou *upajjhâya*.
9. ↑ Cf. *supra* p. 234-5.
10. ↑ Cf. *supra* p. 224.
11. ↑ Sur Âjñata-Kaundinya (ou Âññâta-Kondañña) cf. *AgbG*, I p. 438, et *Life* p. 107.
12. ↑ C'est ainsi que les sources anciennes ne s'inquiètent pas de convertir la serviable Sujâtâ, oubli tardivement réparé par le *Dulva* (*Life* p. 40).
13. ↑ On l'appelle Naradatta, Nârada ou Nââlaka : cf. *BC* I 81 ; *MVU* III p. 383 s. ; *ANS* p. 279 s. et cf. *DA* p. 580 pour sa visite au Vokkâna (Wakân).
14. ↑ Sur cette histoire très embrouillée v. *MVU* III p. 382 ; *ANS* p. 276 ; *Life* p. 45-7 et cf. Barhut pl. XIV et *AgbG* fig. 251 et 317. La légende est bâtie

sur la déformation du nom d'Airâvata en Elâ-pattra (Feuille de cardamome). Cf. J. Ph. VOGEL, *Indian Serpent Lore* (Londres, 1926) p. 10, 50 et 207.

15. ↑ Par « banquier » nous traduisons *çreshṭhin*, pâli *setthi*, hindi *seth*.
16. ↑ Il s'agit d'un *nyagrodha* ou ficus indica, dit « des banians » (ou marchands) parce que les marchés se tiennent volontiers à l'ombre sous les multiples arches de ses racines aériennes qui lui ont valu son nom d'arbre « qui pousse vers le bas ».
17. ↑ *ANS* p. 258-264 : faut-il rappeler le récit analogue d'E. RENAN dans ses *Souvenirs d'enfance et de jeunesse* où la menace se joint aussi à la prière adressée au saint ? — La même légende revient pour Mahâkâçyapa (*supra* p. 227) ; v. aussi *DA* p. 57-8.
18. ↑ Cf. LUC 18, 25 et *MVA* p. 404 l. 8-9.
19. ↑ Peut-être même à pied sec ; sur ce point cf. l'ouvrage de W. N. BROWN cité dans la n. à p. **195**, *37*. Le Buddha a soin de ne laisser apercevoir Yaças à ses parents qu'après leur conversion.
20. ↑ *MVA* I 11 et LUC X (où les envoyés sont au nombre de 70, non compris les douze apôtres). Les missionnaires manichéens descendaient de même chez leurs zélateurs.
21. ↑ V. *DA* p. 38-9 et *IHBI* p. 252-4.
22. ↑ Sur les *Trimça-goshṭika* ou *Bhadra-vargîya* v. *MVA* I 14 ; *MVU* III p. 375 s. ; *ANS* p. 247-8 ; *NK* p. 80 etc.
23. ↑ Skt *jaṭâ* d'où leur nom de Jâṭilas. Il s'agit de l'écorce de certains arbres laquelle se laisse battre en longs filaments d'étoupe. Les *parṇa-çâlâ* sont fréquemment figurées sur les bas-reliefs.
24. ↑ Skt *âraṇyaka*.
25. ↑ Âtman-Brahma.
26. ↑ L'*ANS* p. 293 prête ce calcul au Bouddha. Cf. *Leben* p. 249.
27. ↑ Cf. *supra* p. 192-3. L. FEER, *Des premiers essais de prédication du Buddha Çâkyamuni* (*JA*, 1866 : reproduit dans Études bouddhiques, 1re Série, Paris, 1870) a vainement tenté de tirer des témoignages conservés la démonstration de cette thèse indémontrable.
28. ↑ V. *MVA* I 15-21 ; *MVU* III p. 424-432 ; *ANS* p. 292 s. ; *NK* p. 82-3 ; et cf. Sâñchi p. 210 et pl. 51-2 ; *AgbG* fig. 223, 226, 257 *a*, 434-5, 461.
29. ↑ Les textes tibétains (*Leben* p. 257) complètent au contraire ce même chiffre de 1250 avec les 250 disciples de Sañjaya (*supra* p. 226-7).
30. ↑ Le *BC* tib. XVI 54-71 insiste particulièrement sur ce point.
31. ↑ Skt *Yashṭi-vana* ; p. *Yatthi* ou *Laṭṭhi-vana* ; cf. hind. *lâṭhi*.
32. ↑ V. *MVA* I 22, 13 s. ; *MVU* III p. 436 s. ; *Life* p. 41-2 ; HIUAN-TSANG mélange les deux versions : J II p. 53-4 ; B II p. 176-7. Cf. *AgbG*

fig. 229, 230 et aussi 256 *b* (identification rectifiée).
33. ↑ Il les sert, mais ne mange pas avec eux.
34. ↑ C'est le Veṇu-vana.
35. ↑ Hiuan-tsang J II p. 10 ; B II p. 145 ; W II p. 146 (Cf. *Avadâna-çataka*, III ; *DA* p. 75 et *AgbG* fig. 251 *b* et 256 *c*). Les légendes qui prétendent expliquer le Karaṇḍa°, Karanda° ou Kalanda-nivâpa mis en apposition au Veṇu-vana se contredisent l'une l'autre.
36. ↑ *MVU* III p. 57 s. et *ANS* p. 325. Ce *samâja* sur une colline se retrouve mentionné sur les fragments 22 et 45 retrouvés en Asie centrale du drame écrit sur ce sujet par Açvaghosha sous le titre de *Çaradvatî-putra-prakaraṇam* (H. Lüders, *Bruchstücke buddhistischer Dramen*, Berlin 1911).
37. ↑ Nous traduisons par « Juste » le terme de *nâga* entendu ici par jeu de mot dans le sens de « qui ne commet pas de péché (*âga*) ».
38. ↑ Il y a là un jeu de mot intraduisible sur la double signification d'*artha* = « sens général » ou « gain ».
39. ↑ Nous lisons *vastram* avec certains mss.
40. ↑ L'*amṛtam* (cf. p. **147**, *32*) ne peut être que la délivrance de la nécessité de renaître.
41. ↑ Sur cette rareté de l'apparition d'une fleur sur l'*udumbara* cf. *LV* p. 399 l. 15 et 429, 1.
42. ↑ L'*ANS* p. 330 et la *Vie* p. 153 font même mourir Sañjaya de son crachement de sang ; en revanche le *Manual* lui laisse la moitié de ses disciples, et les textes tibétains, réagissant de plus belle, le font mourir d'avance et recommander en mourant à ses disciples de se convertir au Buddha (*Leben* p. 256 ; *Life* p. 45 ; Feer, *Extraits du Kanjour* p. 4 s.).
43. ↑ Cf. *MVU* III p. 255 l. 15-6 et *supra* p. 274 et 287 (nous laissons de côté les légendes sur la mort tragique de Maudgalyâyana).
44. ↑ Fa-hien ch. xvi (B p. 38) ; Hiuan-tsang J II p. 52 et 54 ; B II, p. 175 et 177 ; Sâñchi p. 44 et 296 ; *Life* p. 111 ; *DA* p. 394-5.
45. ↑ Le *MVU* III p. 67 dit que Maudgalyâyana obtint en 7 jours la maîtrise des pouvoirs magiques et que Çâriputra mit un demi-mois à acquérir la plénitude de la science. Il semble qu'une méprise se soit produite à ce propos, car la *NK* p. 85, la *Vie* p. 153 et le *Manual* p. 202 répètent que Maudgalyâyana mit 7 jours et Çâriputra 15 à atteindre « la sainteté », ce qui est une tout autre question. Comme le remarque judncieusement le Commentateur du *DhP* (I p. 203) la différence des délais indiqués par la vieille tradition s'explique par la difficulté plus ou moins grande des perfections à réaliser : c'est ainsi que les préparatifs de voyage d'un roi prennent plus de temps que pour un pauvre hère. La supériorité foncière

de la *prajña* sur la *ṛddhi* reste clairement attestée par la légende que rapporte HIUAN-TSANG J I p. 298-9 ; B II p. 6-7 ; W I p. 388.
46. ↑ V. *BC* tib. XVIII ; *ANS* p. 316-7 ; le *MVU* place même la conversion de Mahâkâçyapa avant celle des deux grands disciples (III p. 50).
47. ↑ a et b L'enfant est obtenu par les mêmes procédés que dans le cas de Yaças (*supra* p. 215 et cf. SCHIEFNER-RALSTON, *Tibetan Tales*, p. 186 s.), et pour le mariage cf. la note à p. **82**, 3.
48. ↑ Une raison plus prosaïque est donnée à leur décision par la tradition tibétaine : à la mort des parents du jeune homme ils veulent s'épargner le souci d'une grande maison à tenir et d'une grosse fortune à gérer (cf. l'histoire d'Anuruddha *supra* p. 326).
49. ↑ Cf. *DA* p. 395 et *Samyutta-nikâya* p. 221. Açoka visite également le *stûpa* de Mahâkâçyapa.
50. ↑ FA-HIEN, ch. XXXIII ; HIUAN-TSANG J II p. 6 s. ; B II p. 142 s. ; W II p. 143 s., et cf. *DA* p. 61.
51. ↑ *DhPC* I p. 203 ; *Vie* p. 153 ; d'où les calomnies de Kokâlika dans *SN* III 10. Faut-il rappeler les rivalités analogues survenues entre les apôtres ? (E. RENAN, *Vie de Jésus*, p. 159).
52. ↑ Nous ne donnons ici que le texte du *MVA* I 24, 5-6, le *MVU* ayant maladroitement mis la première stance dans la bouche même de Sañjayin.
53. ↑ Cf. *MVA* I 39-71.
54. ↑ LUC XVIII, 29-30 et X 49-53 ; MATHIEU XII 34-6. — Cf. RENAN, *loc. laud.* p. 458.
55. ↑ En comptant « sept ans » nous suivons la chronologie du *MVU*, de beaucoup la plus rationnelle. Le point unanimement admis est que Râhula, le fils du Buddha, était âgé de six ans lors du retour de son père à Kapilavastu : aussi le *MVU* ne le fait-il naître que « dix mois » après le Départ puisqu'il le fait descendre dans le sein de sa mère la nuit même de l'*Abhimishkramaṇa* (II p. 159 1. 3). La *NK* qui veut au contraire que le Bodhisattva ait appris avant son évasion la naissance de son fils (cf. *supra* p. 103) est obligée de resserrer les événements qui suivent immédiatement la *Sambodhi*. Après la première saison des pluies passée (tout le monde en est d'accord) dans le Bois des Gazelles de Bénarès elle compte (p. 88) trois mois pour les miracles d'Urubilvâ et seulement deux mois pour le séjour à Râjagrha, ce qui conduit jusqu'à la fin de l'hiver et permet (en escamotant la deuxième saison-des-pluies, passée au Magadha) d'appliquer au printemps les stances traditionnelles sur le voyage que le *MVU* rapporte à l'automne et de gagner ainsi un an. Quant à la tradition tibétaine, elle accumule à plaisir les difficultés en plaçant le

retour à Kapilavastu non plus six ans après le grand départ, mais six ans après la *Sambodhi*, soit au total après douze ans d'absence, ce qui la contraint à admettre que Râhula est demeuré six ans dans le sein de sa mère et n'est venu au monde que vers la fin des six ans d'austérité (*Life* p. 32). Il est curieux de retrouver cette absurde légende interpolée sans rime ni raison dans le *MVU* (III p. 172 s.) et même justifiée par la prétendue « maturation » d'un acte commis dans une naissance antérieure. — On notera que le cycle de Kapilavastu se poursuit au moins jusqu'à la trente-sixième année du Maître et se trouve ainsi enclore celui de Bénarès et la meilleure partie de celui du Magadha.

56. ↑ *MVU* III p. 92 s.
57. ↑ *NK* p. 86 (chaque messager a une suite de mille hommes) ; *Life* p. 51.
58. ↑ La *NK* p. 87 célèbre au contraire le printemps et chaque jour Udâyin est censé faire la navette entre le père et le fils. Pour le *MVU* il s'agit d'une marche triomphale ; pour Hiuan-tsang le voyage se fait par la voie des airs.
59. ↑ Nyagrodha-ârâma.
60. ↑ Pour les deux autres occasions v. *supra* p. 63 et 94 ; cf. Sâñchi pl. 50.
61. ↑ Sur le *yâmaka-prâtihârya* cf. *supra* p. 284-5 ; *MVU* III p. 114-6 ; *ANS* p. 366.
62. ↑ Ces privilèges sont exposés dans le fameux sermon sur le Fruit de l'ascétisme (cf. la note à p. *282, 17*).
63. ↑ Kshemendra, *Daçâvatâra-carita* (Kâvya-mâlâ, 1891). Sur les 74 stances consacrées au Buddha non moins de 26 (46-72) roulent sur ce thème.
64. ↑ *MVU* (2e version) III p. 256 ; cf. p. 141 : *DhPC* III p. 3.
65. ↑ Cf. *Life* p. 52-3 ; au contraire *NK* p. 90 et *DPhC* III p. 3-4 et *Jâtaka* n° 447.
66. ↑ *MVU* III p. 176 l. 13-14.
67. ↑ Deux versions dans le *MVU* III p. 142 s. et 256 s., la seconde plus développée et plus pathétique ; le bas-relief d'Amarâvati B pl. 42, 5 est reproduit dans *AgbG* fig. 509 (cf. fig. 231 *c*).
68. ↑ À l'épisode de Nanda est consacré le poème d'Açvaghosha intitulé *Saundarânanda* (cf. *BL* p. 262 s.) ; v. aussi *AgbG* fig. 234-8 et Amarâvati B pl. 41, 5.
69. ↑ Sur l'épisode d'Upâli v. *SA* VII 47 (trad. Éd. Huber p. 222 s.).
70. ↑ *MVU* III p. 181 ; cf. *Manual* p. 234 ; *Vie* p. 172 ; *DhPC* I, 12 ; le *Dulva* ne connaît qu'une fournée (*Life* p. 54-5), mais s'embrouille ensuite dans l'âge d'Ânanda (*ibid.* p. 58 n. 3).

71. ↑ Sur le retour à Kapilavastu, le détrônement (cf. *supra* p. 254) et la mort de Prasenajit, et la vengeance de Virûḍhaka v. L. Feer, *Extraits du Kanjour*, p. 65-9 et cf. *Life* p. 75 s. et 112-122 ; v. aussi *DhPC* IV 3.
72. ↑ Par ex. à Bactres (B I p. 46), près de Sânkâçya (B I p. XLIII) et de Vaiçâlî (B II p. 73) et à Bodh-Gayâ (B II p. 115) où l'indication a été vérifiée par les fouilles. Pour Kapilavastu v. B II p. 20.
73. ↑ V. *AgbG* I p. 474 s. les fig. 239 (Gandhâra) et 240 (Barhut) et le curieux contraste entre les deux traitements de la même scène.
74. ↑ *NK* p. 85 l. 8-9.
75. ↑ *Vihâra-svâmin* et *karmadâna* ; sur le développement des monastères v. *AgbG* I p. 158 s.

TROISIÈME PARTIE

LES CYCLES MINEURS

CHAPITRE IX

L'OFFICE DE BOUDDHA

Dès lors que le sage d'entre les Çâkyas est parvenu à la Clairvoyance, qu'il a prêché sa Loi et qu'il a fondé sa Communauté, sa mission est remplie et son rôle terminé. Il n'est pas impie, pas même irrévérencieux de penser et de dire qu'il peut à présent disparaître sans qu'il en résulte aucun dommage pour l'humanité. Assurément ses sectateurs en viendront à croire de lui ce que les Juifs croyaient du Messie, qu'il aurait pu prolonger indéfiniment son séjour sur la terre si seulement il en avait été dûment prié ; et en fait, si l'on en croit la tradition, il lui reste à vivre ici-bas au moins autant d'années qu'il en a vécues. Mais (est-il nécessaire de le rappeler ?) son existence se déroulera désormais sur un autre plan que celui de tous les autres êtres animés. Théologiquement parlant, il est déjà « hors de siècle » ; en langage indien, il est à jamais sorti du tourbillon du *samsâra*. Quand le potier a achevé de modeler son vase d'argile et que déjà il le porte au séchoir, du fait de la vitesse acquise sa roue continue quelque temps à tourner à vide ; il en va de même, nous dit-on, de l'apparence corporelle du « délivré vivant[1] », entendez : du sage qui, dès avant son trépas, est entré dans la paix suprême. Il va, vient, mange, boit, dort, parle, agit, semble-t-il, comme tout le monde ou, plus exactement, comme tous les gens de bien ; mais aucun de ses faits et gestes ne compte plus pour lui, car aucun ne peut plus lui valoir de mérite ni de démérite. Il achève éveillé le rêve à la réalité duquel croient aveuglément les simples mortels ; et quand fatalement arrivera l'heure de ses funérailles, seuls se lamenteront ceux de ses fidèles qui ne seront pas encore arrivés à la pleine intelligence de la doctrine ; la sérénité des grands disciples n'en sera pas un instant troublée.

Ces conceptions qui, pour étranges qu'elles nous paraissent, sont familières aux Indiens ne pouvaient que modifier profondément, à partir du point où nous sommes parvenus, la contexture de la légende. Jusqu'ici nous avons pu suivre pas à pas la marche du futur Bouddha vers la Clairvoyance, puis les pérégrinations du Bouddha accompli à la conquête de ses premiers disciples ; car il savait où il allait et nous savions où il nous menait. À présent que son but est atteint il ne pourra plus, et nous avec lui, que piétiner sur place ou, tout au plus, tourner dans le même cercle. Son entrée anticipée dans le Nirvâna tend forcément à faire sauter directement l'intérêt du troisième au quatrième Grand miracle : aussi bien l'Ultime trépas n'est-il que la mise en scène d'une « Délivrance » dès longtemps consommée, et, s'il la manifeste plus clairement aux yeux du vulgaire, il n'y ajoute ni n'en retranche rien dans l'estimation des penseurs. Pendant l'espèce de sursis, extensible à volonté, que le Prédestiné s'est accordé — la légende dit : qu'il nous a accordé — en vue de guérir les êtres du mal de l'existence, il s'est lui-même condamné à se répéter. Aucune idée directrice nouvelle ne vient en aucun sens orienter sa vie. Dès lors la condition essentielle de toute composition littéraire manque ; et, par une conséquence inévitable, l'amas confus des souvenirs s'est dispersé à tous les vents. Contraste curieux, mais qui s'explique aisément de part et d'autre, tandis que les Évangiles résument en un court membre de phrase toute la jeunesse de Jésus-Christ dans la maison de ses parents : « Et il leur était soumis… », c'est la carrière publique de Çâkya-mouni que les textes bouddhiques condensent parfois en guère plus de paroles : « Et il fit tout son office de Bouddha[2]. » Ainsi que chaque exégète est contraint de le constater à son tour, nous possédons une manière d'épopée du Bodhisattva ; du Bouddha accompli, une fois jetés les premiers feux de son apostolat, nous n'avons ni épopée ni encore moins de biographie.

Que nous reste-t-il pratiquement entre les mains pour meubler l'intervalle évalué à près de neuf lustres[3] — long espace dans une vie humaine — qui s'étend entre l'installation au Djêtavana et les approches de la mort ? Seulement, épars çà et là, dans la trame sans fin des textes sacrés bouddhiques, des renseignements à la vérité très nombreux, mais toujours incidemment transmis, et trop souvent visiblement inventés. C'est surtout en tête des paroles mises dans la bouche du Maître que, pour leur conférer en quelque manière un brevet d'authenticité, les rédacteurs et commentateurs se sont crus obligés d'indiquer, qu'ils s'en souvinssent ou non, le lieu où elles furent prononcées, les personnes à qui elles s'adressaient et l'occasion qui les provoqua. Au total, aucune narration suivie ; en revanche, une collection considérable d'anecdotes tantôt insipides, tantôt pittoresques ou piquantes, mais perdues dans un océan d'homélies et ne comportant entre elles aucun lien. On ne saurait mieux comparer l'impression que l'on retire de ces interminables lectures, bourrées de perpétuelles répétitions, qu'à celle qu'inspirent les paysages où s'est déroulée la prédication du Prédestiné. Nous voulons parler de cette immense plaine du Gange, toute poussiéreuse pendant la saison sèche, toute verdoyante avec le retour des pluies, mais toujours plate et dénudée, et seulement coupée çà et là de bouquets d'arbres marquant l'emplacement des villages. Pareils à ces îlots de verdure semés sur la morne étendue de ce grand pays à la fois si doux et si triste, nous voyons bien aussi nombre d'épisodes se détacher sporadiquement sur le fond en grisaille de la carrière prédicante du Bouddha. Comment pourrait-il en être autrement alors qu'au cours de sa vie nomade il est entré, ou passe pour être entré en contact avec toutes les espèces d'êtres, depuis les damnés jusqu'aux dieux et avec toutes les castes humaines depuis les parias jusqu'aux rois et aux brahmanes ? De combien d'entre eux n'a-t-il pas obtenu les aveux ou recueilli les confidences ? À combien d'entre eux n'a-t-il pas cru devoir révéler pour leur gouverne le secret de leurs vies antérieures ? Ce n'est pas autrement que s'est amoncelé un trésor de contes moraux, récits du présent ou récits du passé, quelquefois bouffons, le plus souvent tragiques, et qui tous à l'envi s'offrent à nous édifier. Mais ce n'est pas d'édification, c'est de sélection et de classification que nous avons ici besoin.

De toute évidence il nous faut commencer par faire un choix entre toutes ces historiettes, et, de prime abord, le choix ne se présente pas dans des conditions difficiles. Comme d'habitude les vieux imagiers viennent aussitôt à notre secours, car la simple vue des motifs légendaires qu'ils traitent nous dévoile ceux qui avaient gardé les prédilections de leurs donateurs. De leur côté des hagiographes singhalais, birmans et tibétains[4] ont dès longtemps pris à tâche de relever dans le désert d'ennui des saintes Écritures les plus divertissantes oasis. À ces artistes comme à ces écrivains nous devons grande gratitude, car grâce à eux la meilleure part d'une laborieuse moisson est déjà engrangée à notre disposition. Il n'y a qu'un malheur, c'est que son ampleur déborde de loin le nombre de pages dont nous disposons, et ne tarderait pas d'ailleurs à lasser une patience européenne. D'autre part nous n'avons pas la ressource de suivre sur ce point l'exemple d'Açvaghosha. Jugeant avec raison que la carrière enseignante du Maître se traduisait dans les faits par une série de conversions, il en expédie l'exposé en trente-deux stances dénombrant une cinquantaine de convertis[5] ; mais nous ne pouvons plus prétendre avec lui qu'une telle liste de noms soit, aujourd'hui et chez nous, suffisamment évocatrice pour se passer de commentaires. On voit ainsi combien est étroit le passage qui nous est laissé entre le Charybde d'une prolixité indéfinie et le Scylla d'une trop sèche énumération : car l'intérêt biographique se briserait aussi bien sur un écueil que sur l'autre. Circonstance aggravante, nous ne pouvons davantage nous dissimuler qu'un troisième piège nous guette où, par la force des choses, nous ne sommes déjà que trop tombés. On peut en effet se demander si, somme toute, et en dépit de tous nos efforts pour nous en défendre, le précédent chapitre n'a pas été bien plutôt consacré à dépeindre le rang social, le caractère, l'humeur des premiers disciples qu'à nous faire pénétrer plus avant dans l'intimité de leur convertisseur. De cet écart de méthode il faudra désormais nous garder encore plus strictement. Non seulement notre choix sera obligatoirement restreint, mais dans les limites qui nous sont tracées il ne sera pas entièrement libre. Loin de pouvoir nous laisser guider, au gré de notre fantaisie, par le fait que tel ou tel récit contient plus ou moins de péripéties romanesques ou plaisantes, il ne nous faudra retenir que ceux qui éclairent de quelque biais le comportement ou la psychologie de notre Bouddha.

Ce premier point acquis nous laisse encore aux prises avec le problème beaucoup plus ardu de savoir comment tirer des débris épars de la légende un exposé biographique tant soit peu suivi. À la vérité les compilateurs tardifs dont nous venons de louer les bonnes intentions et l'industrie ont rétrospectivement essayé de coordonner entre eux tous ces fragments en leur assignant comme cadre la liste des localités où Çâkya-mouni aurait successivement passé chacune de ses retraites annuelles. Mais outre que ce prétendu point d'histoire n'a pas en soi grande portée, il est évident qu'à mesure que l'on avance dans la carrière du Prédestiné il a été de plus en plus arbitrairement fixé, tant et si bien qu'à partir de la vingtième année il a fallu renoncer à poursuivre cette chimérique entreprise. Son résultat le plus clair est d'achever de démontrer qu'un peu plus tôt ou un peu plus tard il faut toujours se résigner à voir le cours de l'existence du Bouddha se perdre comme une rivière dans les sables. C'est alors que se présente une autre solution qui est des plus tentantes. C'est le propre des fortes personnalités historiques d'éclairer de leur rayonnement le milieu et le temps où elles ont vécu. L'Inde ancienne que nous connaissons le mieux avant et après celle d'Alexandre est, sans contredit possible, celle de Çâkya-mouni et celle d'Açoka. Pourquoi ne tenterions-nous pas l'expérience d'introduire, chacun à leur tour et par ordre de préséance, dans le cercle qu'illumine l'auréole du Bienheureux tous ses interlocuteurs d'un jour, amis et adversaires (car, à la honte de la nature humaine, l'apôtre de la bienveillance a connu des ennemis acharnés) ? Mais déjà surgit l'objection dirimante qui nous interdit de prendre ce parti. Le Bouddha plane trop au-dessus des passions de ses visiteurs pour partager aucune de leurs aventures ; au drame de la vie il n'est plus acteur, mais spectateur. La revue des habitants des cinq « voies », toutes plus ou moins douloureuses, qu'entraîne dans sa révolution perpétuelle la grande roue de la transmigration, aurait sans doute l'intérêt de dérouler les divers aspects de la Comédie divine, humaine, animale, spectrale et infernale, telle que les bouddhistes la conçoivent ; et il est non moins certain qu'elle fournirait aisément la matière d'un livre spécial sur les contemporains de Çâkya-mouni ; elle ne nous apprendrait pas grand-chose sur lui-même, et c'est avant tout de lui qu'il s'agit ici. Ainsi à l'ordre chronologique inexistant nous ne pouvons songer à substituer cette sorte d'ordre hiérarchique. Notre barque va-t-elle faire naufrage au moment d'atteindre le port ?...

Peut-être aurions-nous dû épargner au lecteur toutes ces considérations liminaires ; il se peut aussi qu'il préfère avoir été mis au courant des raisons péremptoires qui nous ont dicté notre plan. Un arrangement chronologique des scènes est impraticable, et une classification sociale de leurs personnages, contre-indiquée ; mais il nous reste encore un dernier recours : c'est de voir s'il n'est pas du moins possible d'en établir une répartition géographique. Or cette méthode qui nous a fidèlement servi au cours des deux premières parties de notre étude ne nous abandonne pas davantage dans celle-ci — preuve de plus qu'elle correspond bien à l'une des formes caractéristiques de la mentalité indienne. Un regard jeté sur l'ensemble des souvenirs conservés fait vite distinguer que la plupart d'entre eux demeurent groupés, tels des systèmes planétaires au sein d'une nébuleuse diffuse, autour de l'une de ces étoiles de deuxième grandeur qui complètent le nombre des huit pèlerinages, à savoir les villes saintes de Çrâvastî, de Sânkâçya, de Vaïçâlî et de Râdjagriha. Ils constituent ainsi quatre cycles mineurs qu'il sera loisible d'étudier à part. Ces sortes de noyaux légendaires une fois renvoyés au prochain chapitre, il reste encore toute une poussière de données scripturales, molécules lumineuses flottant sur le noir du temps, à répartir entre les différents paragraphes de celui-ci : mais la tâche est singulièrement simplifiée par le fait que le précédent chapitre nous a déjà donné en raccourci un aperçu de l'œuvre du Bouddha. D'avance nous savons que la suite ne comportera également que déplacements capricieux sur un territoire relativement restreint, que prédications où le plus grand élément de variété tiendra au changement des auditoires, enfin et surtout que conversions ordinairement obtenues par persuasion pure, bref, rien qui rime à autre chose qu'à confirmer chez le Maître un prestige personnel qui n'est plus à démontrer. À raison de leur récurrence fréquente, sinon quotidienne, ces faits divers ne souffrent pas d'être passés sous silence, et certains méritent même qu'on repasse, pour les appuyer, sur des traits déjà connus : mais la grande majorité d'entre eux se laisse docilement ramener à un petit nombre de rubriques ; et quant aux rares incidents qui forcent au contraire l'attention par leur caractère inhabituel, ils viennent à leur tour s'inscrire, à titre d'exceptions confirmant la règle, sur les quelques thèmes fondamentaux où se résume le train ordinaire de l' « office de Bouddha ».

LA VIE JOURNALIÈRE. — Le grand commentateur du canon *pâli*, Bouddhaghosha, a pris soin de tracer pour notre bénéfice, d'après des textes qu'il connaissait mieux que personne, un tableau succinct de la manière dont on concevait de son temps (Ve siècle) les habitudes quotidiennes du Prédestiné[6]. Celui-ci, nous dit-il, se levait de très bonne heure comme c'est, dans l'Inde et ailleurs, la coutume des personnes vouées à la vie contemplative ; et il profitait de ces instants gagnés sur le sommeil pour se livrer à la méditation et promener son œil divin sur l'ensemble de l'univers. En temps voulu il s'habillait pour sortir, prenait en main sa sébile et, tout comme le dernier de ses moines, allait quêter sa nourriture : on se souvient du scandale que, ce faisant, il souleva dans sa ville natale. Rentré au monastère, il lavait la poussière de ses pieds nus, procédait avant midi à son unique repas de la journée, et, en attendant que les membres présents de sa congrégation en eussent fait autant, s'installait sur le seuil de sa cellule. C'était le moment de la journée réservé à ses « fils » spirituels, à leur exhortation, à leur instruction, à la direction de leurs consciences ; et à ceux d'entre eux qui le lui demandaient il donnait un sujet de méditation approprié à leurs dispositions et à leurs besoins, à commencer par les dix objets de dégoût dans le cadavre et les trente-deux impuretés du corps pour finir par des thèmes de plus en plus relevés et abstraits ; car c'était là l'exercice religieux par excellence[7]. Après quoi chacun des *bhikshou* se retirait à l'écart pour passer à sa convenance les heures chaudes du jour, le plus souvent assis au pied d'un arbre dans une demi-somnolence ; et, à en croire les textes, c'est alors que venait le plus volontiers rôder autour d'eux ce « démon de l'après-midi », redouté aussi de nos moines. Le Bouddha lui-même, « couché sur son côté droit comme un lion », faisait aussi ce que nous appelons la sieste ou la méridienne[8] : mais il est bien stipulé que dans son cas il ne s'agissait que d'un état intermédiaire entre la veille et le sommeil et qui, loin d'entraîner une perte totale de conscience, n'interrompait même pas le cours de la pensée. Quand le soleil commençait à décliner et la température à se rafraîchir, c'était l'heure de l'audience publique, ouverte à tout venant, et où affluaient fidèles ou simples curieux. Celle-ci levée, le Bouddha prenait son bain et un instant de repos ; puis dans l'ermitage retombé au calme et au silence, le reste de la soirée appartenait de nouveau aux disciples, et les instructions ou conversations édifiantes se prolongeaient fort avant dans la première veille de la nuit.

On nous permettra de ne pas suivre plus loin les affirmations du pieux commentateur. Trouvant apparemment que la journée de son Maître n'est pas encore assez remplie, il lui fait consacrer la seconde veille de la nuit à la réception des divinités et partager la troisième entre une promenade hygiénique, un court repos éveillé, puis la méditation et la contemplation matinales. Moins impitoyables que le bon moine, nous accorderons au Bouddha quelques heures de sommeil. D'autre part il nous faut signaler dans son emploi du temps l'intervention éventuelle d'une importante modification. Çâkya-mouni acceptait personnellement et autorisait par suite ses « mendiants » à accepter des invitations à dîner dans la maison des fidèles laïques de toute condition. Ce jour-là la nécessité de la quête était supprimée et le premier entretien avec ses disciples remplacé par une homélie adressée à ses hôtes. En définitive sa vie quotidienne se trouvait ainsi repartie entre une méditation suivie d'un tour d'horizon ; une tournée de mendicité ou, exceptionnellement un repas en ville ; une ou deux conférences privées avec ses disciples, et une prédication publique. Du même coup le plan de notre exposé est d'avance tout tracé. Remarquons toutefois, que ce cadre ne s'applique exactement qu'aux périodes sédentaires dans les parcs voisins des grandes cités ; en temps de voyage, c'est-à-dire pendant une bonne partie de l'année, il fallait encore compter, aussitôt après la quête du matin, avec le temps nécessaire pour couvrir l'étape du jour, et ensuite avec les hasards des gîtes de fortune.

La quête-de-nourriture. — Comment le Bouddha s'acquittait-il de sa tournée d'aumônes ? Les règles de sa communauté suffisent à nous l'apprendre, car elles se bornent à codifier la façon d'agir du Maître, modèle inimitable et en tout imité. Aussi bien ne faisait-il lui-même que suivre à la perfection une coutume immémoriale et déjà pratiquée par lui au cours de ses vies antérieures[9]. Il ne jugeait pas suffisant d'être correctement vêtu, digne dans son maintien et recueilli dans sa pensée, tel enfin qu'on nous a déjà décrit tel de ses moines[10]. Comme lui, le vrai religieux devait encore se garder d'aller droit à l'habitation de quelque riche fidèle laïque, où il était d'avance certain de recevoir une large offrande de savoureux aliments. Il lui fallait commencer par le bout de la rue ou du bâzâr, et aller ensuite de porte en porte ou de boutique en boutique, sans en omettre aucune[11] : car c'eût été priver l'occupant de sa chance d'obtenir des mérites en lui faisant la charité. Il devait toutefois s'entendre avec ses confrères pour ne pas ruiner les familles par un trop grand nombre de demandes trop souvent répétées et recueillir ses aumônes comme l'abeille fait son miel, sans froisser la fleur. Par ailleurs il lui était interdit de remercier aussi bien que de quémander ; il devait se tenir immobile, silencieux et les yeux baissés, et attendre, comme on dit, « le temps moral » ; puis, s'il devenait clair qu'on n'avait pas l'intention de lui rien donner, continuer sa route sans un mot de récrimination ni un regard de reproche. Encore moins lui était-il permis, s'il possédait les pouvoirs magiques, de céder à la tentation de les manifester en vue de se procurer quelque présent exceptionnel. Enfin il devait savoir se contenter de ce qui lui était spontanément offert ; et, en revanche, il ne pouvait refuser aucun don que ce fût, venant d'un cœur sincère. De ceci encore le Bienheureux avait donné l'exemple. Un matin qu'il quêtait dans la grand-rue de Râdjagriha[12], un enfant qui jouait, comme ont partout et de tout temps joué les enfants, à faire des pâtés de sable, s'avisa de déposer dévotement une poignée de poussière, en guise de farine, dans le bol du grand çramane qui passait ; et non seulement le Bouddha se prêta à ce geste puéril, mais encore il aurait prédit au garçonnet qu'en récompense de son simulacre d'aumône il renaîtrait comme roi du pays et deviendrait un jour l'empereur Açoka.

Bouddhaghosha n'a pas manqué l'occasion de répéter à propos de Çâkya-mouni, le cliché des textes sacrés sur les prodiges qui accompagnent automatiquement la quête de tous les Prédestinés. Dès que l'un d'eux entre en ville, tout prend un aspect enchanteur ; une pluie fine abat devant lui la poussière ; les oiseaux et les animaux domestiques l'accueillent par leurs chants et leurs cris joyeux, des musiques célestes se font entendre, la terre s'aplanit sous ses pas, et, avertis par tous ces signes de son arrivée, les citadins s'empressent à l'envi de lui apporter leurs offrandes[13]. Il y avait, hélas, un revers à ce tableau : parfois, nous avoue-t-on, — particulièrement dans les « villages de brahmanes » — Çâkya-mouni et ses disciples se heurtaient à l'avarice, voire même à l'animosité des habitants. Bien entendu la faute en était moins à ceux-ci qu'à Mâra qui, de grand dieu devenu le diable, s'abaissait jusqu'à s'emparer de leur esprit et à endurcir leur cœur en vue de jouer un mauvais tour à son ennemi juré et à ses moines. Les pieux vagabonds ne s'en retournaient pas moins avec leurs sébiles vides, et n'avaient d'autre ressource ce jour-là que de se nourrir, comme les dieux des plus hautes sphères, « de leur propre félicité », et sans doute aussi de serrer la ceinture qui retenait sur les hanches leur long pagne[14]. Parfois ils se heurtaient à l'hostilité des chiens qui, comme on sait, n'ont jamais ni nulle part aimé les gens « portant bâton et mendiant » ; et, de fait, l'équipement des *bhiskshou* se compléta bientôt d'un long bâton pour se préserver de leurs morsures. Ils avaient même, soit dit en passant, fort ingénieusement adapté cette arme défensive à un second usage en munissant son extrémité supérieure d'un jeu d'anneaux dont le cliquetis leur permettait, sans rompre le silence, d'éveiller l'attention des patrons par trop distraits. On ne nous dit pas que le Bouddha lui-même ait jamais eu besoin de se servir de cet instrument à double fin[15]. Sa réputation était telle qu'il ne passait jamais inaperçu ; et un jour qu'à Çrâvastî il avait été accueilli au seuil d'une somptueuse demeure par les aboiements furieux d'un chien blanc, favori du propriétaire absent, il n'eut qu'à dire à l'animal, en le regardant fixement : « Quand cesseras-tu enfin de faire le faraud[16] ? », pour qu'aussitôt, la tête et la queue basses, il allât se coucher tristement dans un coin. Quand le maître de la maison rentra, il demanda à ses domestiques : « Qui donc a fait de la peine à ce chien ? » Ils répondirent « C'est le

Bouddha », et aussitôt l'autre s'en courut au Djêtavana pour adresser au Bienheureux de véhéments reproches. Mais celui-ci lui rabattit vite le caquet en lui apprenant que son chien n'était autre que la réincarnation de son père, naguère si avare et si hautain ; s'il en voulait la preuve, il n'avait qu'à demander à l'animal de lui montrer la place où, du temps qu'il était homme, il avait enterré un trésor dont, même en mourant, il n'avait pas révélé l'existence à son fils. Tout se passe comme le Bouddha l'avait dit, et Çouka, à la fois enrichi et convaincu, ne croit pas pouvoir mieux prouver sa reconnaissance que par une invitation à dîner.

Les invitations. — Nous avons déjà assisté à plusieurs de ces cérémonies : il nous reste à prendre connaissance dans les textes de leurs rites, qui étaient assez compliqués. C'est que l'invitation adressée au Maître, et que celui-ci acceptait « par son silence », s'étendait d'office à son cortège de disciples. Il importait à ceux-ci d'être certains de trouver une place au banquet qui leur était offert ; il n'importait pas moins à leurs hôtes de savoir sur combien de convives ils pouvaient compter afin de proportionner leurs préparatifs à ce nombre. Le matin fixé, une personne digne de confiance devait venir avertir le Bienheureux que tout était prêt et « qu'il prît son temps », ceci afin d'éviter toute mauvaise surprise ; car il y a toujours eu partout des mystificateurs, et tel d'entre eux trouvait parfois spirituel de faire tomber à l'improviste chez un voisin avec qui il était en mauvais termes, par le moyen d'une invitation supposée, une bande de religieux affamés par leur jeûne de vingt-quatre heures[17]. Toute crainte de contretemps ainsi écartée, le Bouddha et ses compagnons se rendaient à la maison du fidèle laïque. Des sièges y avaient été préparés pour eux, mais ils apportaient chacun leur vase à aumônes ; car ne l'oublions pas, ils n'étaient après tout que d'honorables « hors-castes », et ils épargnaient ainsi à leur zélateur, outre l'embarras de procurer un bol à chacun d'eux, la perte sèche qui eût résulté pour lui de la nécessité de briser à l'issue du repas toute cette vaisselle rendue impure par leur contact. Dès qu'ils étaient assis, le maître de la maison et les siens s'empressaient à les servir, tout en se gardant de manger avec eux. Des bas-reliefs du Gandhâra nous montrent de petites tables pliantes disposées devant chaque convive pour la commodité du service[18]. L'Inde d'alors n'était pas aussi végétarienne qu'elle l'est devenue depuis ; la viande et le poisson étaient permis aux membres de la Communauté à la seule condition que les animaux ne fussent sacrifiés ni à leur vue ni exclusivement à leur intention[19]. Tous les aliments, sauces et condiments devaient, comme de règle, être déposés ou déversés dans les bols individuels. Il fallait ensuite laver tous ces récipients, et aussi les mains droites qui y avaient puisé : car les Indiens ignoraient, et la plupart d'entre eux ignorent encore aussi bien l'usage de la fourchette européenne que des baguettes chinoises. Ces ablutions terminées, la famille hospitalière s'installait aux pieds du Maître et écoutait dévotement la petite allocution de rigueur par laquelle « il l'enseignait, l'encourageait, l'exhortait et la réjouissait ». Après quoi, ayant payé l'écot pour tous par cette sorte d'action de grâces, il se levait de son siège, et rentrait avec ses moines à l'ermitage ; car aucune robe jaune ne devait se montrer en ville entre midi et l'aube du lendemain[20].

Tel était l'ordinaire cérémonial ; mais il comportait parfois des variantes. Seuls les rois et les banquiers disposaient de demeures assez spacieuses pour recevoir à la fois des centaines de convives. Encore fallait-il, au cours de ces réceptions, empêcher l'afflux de religieux appartenant à d'autres sectes et qui se seraient volontiers invités eux-mêmes. C'est ainsi qu'Anâthapindada donne à son concierge la consigne de leur interdire l'accès de sa maison pendant qu'il héberge le Bouddha et sa communauté ; et quand Mahâ-Kâçyapa, sortant d'une retraite rustique, arrive en retard avec sa barbe et ses cheveux trop longs et ses vêtements déguenillés, le serviteur trop zélé lui ferme la porte au nez, le prenant pour un hétérodoxe[21]. Toutefois les gens logés trop à l'étroit n'étaient pas pour cela contraints de renoncer à améliorer les conditions de leurs renaissances futures en pratiquant l'œuvre méritoire de la nourriture des moines. Ils se rendaient de bon matin au monastère et faisaient prévenir un certain nombre de ses occupants qu'ils n'aient ce jour-là à se déranger pour leur quête, et que leur repas leur serait apporté tout préparé : « Donnez-m'en dix, disait l'un ; donnez-m'en vingt, disait l'autre[22]… » Et ainsi les citadins rivalisaient entre eux de pieuses attentions. Mais il fallait encore prévoir qu'au cours de ses perpétuels voyages, le Bouddha aurait à traverser des régions mal peuplées ou trop stériles, et par suite incapables de le nourrir, lui et son cortège, dont les textes se plaisent à grossir l'importance en l'évaluant couramment à plus d'un millier de *bhikshou*. En ce cas, nous dit-on, « les gens du pays, après avoir chargé sur des chariots des provisions de sel, d'huile, de riz et d'aliments solides, suivaient pas à pas la Communauté des moines avec le Bouddha à sa tête en se disant : Lorsque viendra mon tour, je leur offrirai un repas… ». Parfois même redoublant de prévenances, ils emmenaient avec eux un grand troupeau de vaches afin de leur fournir chaque jour du lait frais ; et, profitant de l'aubaine, une bande d'indigents — ceux-ci mendiant par nécessité pure et non par vœu de pauvreté — s'attachait à la pieuse caravane afin de manger les restes[23]. On voit jusqu'où s'étendait la sollicitude des zélateurs quand il s'agissait, comme ils disaient, « de cultiver leur champ de mérites ». En revanche le Bouddha aurait eu une fois l'occasion de protéger contre une bande de brigands une caravane de marchands qui l'accompagnait volontairement entre Çrâvastî et Râdjagriha[24]. Il n'y a qu'une ombre au tableau qui nous est ainsi tracé de cet échange de services : c'est celle que projetait trop souvent sur la contrée tout entière le spectre de la famine, quand la mousson des pluies venait à manquer ; mais même en temps de disette les fidèles laïques faisaient des prodiges pour que leurs chers révérends n'eussent jamais à souffrir de la faim[25].

La dévotion est une belle chose ; encore faut-il qu'elle ne s'égare pas : sinon elle peut mener jusqu'au crime. Le souvenir s'était conservé d'une invitation qui cachait de criminels desseins. N'oublions pas que de nombreuses sectes exploitaient concurremment la charité du bâzâr, et de tout temps une guerre sourde ou déclarée, dont l'enjeu était pour elles vital, se livrait entre leurs ressortissants autour du partage des aumônes : à plus forte raison la nouvelle congrégation devait-elle exciter la jalousie des anciennes auxquelles elle disputait forcément leur clientèle laïque. Seul, nous assure-t-on, le Bouddha, avec son sens inné des convenances, demandait à ses néophytes de bien réfléchir avant de lui transférer leur allégeance et leur conseillait de continuer leurs charités aux rivaux[26] qu'il supplantait dans leur foi et dans leur cœur. Mais il n'en allait pas de même des hétérodoxes qui n'hésitaient pas à défendre âprement, et par les pires moyens, leurs situations acquises. Il n'est pas, comme nous verrons bientôt, de scélératesse que les bouddhistes ne leur prêtent, particulièrement à ceux qui poussaient le vœu de pauvreté jusqu'à vivre entièrement nus et qui semblent avoir été les plus haïssables à leurs yeux, peut-être parce qu'ils étaient les mieux ancrés dans la vénération populaire. S'il faut en croire nos sources, Pourana, le supérieur de l'une d'elles, n'aurait comploté avec un bourgeois de Râdjagriha, son âme damnée, rien moins que la mort du Bienheureux. Il persuada à son dévot de feindre d'inviter celui-ci à dîner, et de creuser devant sa porte une fosse profonde, pareille à celles qui servaient à prendre les bêtes féroces, et pour plus de sûreté, avant de la recouvrir de minces branchages et d'une natte, d'y amonceler des charbons ardents. Bien qu'il eût pénétré les perfides intentions de ce Çrîgoupta, le Bouddha accepte l'invitation et s'y rend avec tout son entourage ; mais à son approche la fosse ardente se change en un étang de lotus, dont les fleurs jettent comme un pont sous ses pas et ceux de sa suite[27].

Faut-il le dire ? De l'aveu de nos textes il y avait eu provocation. Quelques jours plus tôt, au moment où Pourana entrait comme à l'accoutumée dans la maison de son zélateur pour y prendre son repas, il avait eu un sourire, et aussitôt un de ses disciples, de mèche avec lui, lui en demanda la raison. Il répondit : « C'est que je viens de voir un singe tomber à l'eau et se noyer dans la rivière Lente » — celle qui arrose Çrâvastî[28], à des centaines de lieues de là. Stupeur admirative de tout l'auditoire. Seule l'épouse de Çrîgoupta, en sa qualité de dévote bouddhiste, n'est pas dupe. Elle prend la sébile de l'ascète et, contrairement à l'usage ordinaire y verse d'abord la sauce de cari, puis la remplit de riz jusqu'au bord et la lui rapporte. Quand Pourana surpris de tant de blancheur réclame des condiments, son imposture est aussitôt dévoilée, puisque son prétendu œil divin n'est même pas capable d'apercevoir ce qu'il y a au fond de son bol[29]. Désire-t-on une contre-épreuve démontrant qu'au contraire la parole du Bouddha ne peut être que véridique ? Toujours à Râdjagriha le Prédestiné a prédit à un donateur occasionnel, adepte des Ascètes nus et dont la femme était grosse, qu'il aurait un fils. Il s'agit pour les hétérodoxes de démentir à tout prix la prophétie de leur rival ; et ils ont assez d'empire sur l'esprit de leur imbécile de zélateur pour obtenir de lui qu'à force de manœuvres abortives il fasse mourir son épouse avant terme. Le cadavre est porté au lieu de crémation et déjà ils triomphent quand, pour leur confusion, un beau petit garçon sort indemne du bûcher de la mère[30].

Les visites. — Ces anecdotes, choisies entre bien d'autres, ont cet intérêt immédiat de nous apprendre quel était le reproche essentiel, et souvent trop fondé, que se renvoyaient l'une à l'autre les différentes sectes. En somme elles s'accusaient réciproquement d'escroquerie à la dévotion : car c'est en s'attribuant faussement la possession des pouvoirs magiques, à commencer par l'omniscience, qu'elles maintenaient leur emprise sur les populations. Du même coup nous comprenons mieux quelles sortes de pièges le Bouddha était journellement exposé à se voir tendre par ses irréconciliables adversaires. Comme l'audience des fins d'après-midi était ouverte à qui voulait, rien ne le défendait contre des machinations qui toutes tendaient à le déconsidérer aux yeux du vulgaire, et l'occasion était belle de lui poser publiquement des questions captieuses, voire même de lancer contre lui de calomnieuses accusations[31]. De celles-ci il sera bientôt question ; pour l'instant il suffit de donner de celles-là un exemple typique et dont la pointe ne nous échappe plus. Un jour un sophiste hétérodoxe vient se camper devant le Maître assis au milieu du cercle de ses auditeurs, en tenant dans l'une de ses mains un moineau (l'espèce en est répandue dans tout l'Ancien monde) ; et il le défie de lui dire si l'objet qu'il tient est mort ou vivant. Quelle que fût sa réponse, il se proposait de le démentir au su et au vu de tous soit en étouffant l'oiselet, soit en le laissant s'envoler[32]. À ce jeu de devinette, s'il avait eu l'imprudence de s'y prêter, le Bouddha ne pouvait que perdre la face.

Dès lors en comprend mieux pourquoi le Maître, avant d'engager une controverse, s'informe auprès de son interlocuteur si ce dernier se propose de discuter de bonne foi et de maintenir le débat sur le plan désintéressé des idées pures. Tel était, hâtons-nous de le dire, l'habituelle disposition d'esprit de ses contradicteurs brahmaniques. Du point de vue doctrinal, ils étaient les plus éloignés de lui ; mais ou bien, restés dans le monde, ils exerçaient comme aujourd'hui toutes sortes de professions ; ou bien, voués à la vie religieuse, tantôt ils recevaient des rois quelque apanage, tantôt ils pourvoyaient eux-mêmes dans leurs ermitages au plus clair de leurs besoins matériels : et ainsi ils n'avaient pour la plupart aucune raison d'user des mêmes procédés de concurrence déloyale que les hétérodoxes. Ajoutez qu'on n'échappe pas facilement à l'emprise des préjugés sociaux. Avec une sereine inconséquence les bouddhistes, fiers d'avoir un prince pour fondateur, proclamaient que la caste des nobles est supérieure à celle des brahmanes ; après quoi, pour les besoins de leur polémique, ils soutenaient que les prétendus droits de la naissance n'ont aucune valeur puisque tous les enfants des hommes (à l'exception de leur Maître) naissent pareillement et pareils. Ce qui définit pour eux le brahmane, ce n'est donc ni la couleur du teint, ni la généalogie, ni l'érudition védique, mais seulement la sagesse et la vertu : il n'empêche que ce terme générique a d'ordinaire dans leurs écrits une acception élogieuse, tandis que l'appellation donnée par eux aux çramanes hétérodoxes est toujours un terme d'opprobre ; tant il est vrai qu'il n'est pire haine qu'entre proches voisins[33]. De leur côté les membres de ce que nous appelons à tort la caste sacerdotale tenaient sûrement compte à Çâkya-mouni, jusque sous son manteau de moine, de sa noble extraction, et c'est ainsi qu'un respect mutuel s'établissait souvent entre lui et les chefs d'écoles brahmaniques. Toutefois il ne nous est pas caché que ceux-ci ne se souciaient guère d'affronter en personne sa virtuosité dialectique et sa profonde connaissance du cœur humain — voire même ses cinglants quolibets, si tant est qu'il ne dédaignât pas d'user de ceux par lesquels ses adhérents ne se lassaient pas de ridiculiser leurs adversaires. Ceux-ci prétendaient en effet, pour justifier les sacrifices sanglants, que les animaux égorgés par eux gagnaient le ciel : alors pourquoi ne se hâtaient-ils pas de sacrifier leur parenté pour lui assurer sans plus tarder le même bonheur céleste ? Ou encore ils proclamaient qu'un bain dans leurs fleuves sacrés purifiait de tous les péchés : c'était en vérité faire la partie belle aux crocodiles et aux grenouilles du Gange, etc. Aussi l'entourage des grands docteurs brahmaniques les exhortait-il à ne pas compromettre leur prestige personnel en rendant visite à un çramane, si renommé qu'il fût ; et d'ordinaire ils commencent par lui décocher un de leurs étudiants, chargé de mettre à l'épreuve sa réputation d'omniscience[34]. Une fois même un vieil anachorète lui envoie du fond du Dekkhan non moins de seize de ses disciples. Coiffés de leurs tours de cheveux nattés, et drapés dans leur peau d'antilope noire, ils cherchent de ville en ville le Bienheureux jusqu'à ce qu'ils le découvrent enfin dans une grotte rocheuse du Magadha, en train de prêcher à ses moines, et obtiennent de sa bouche une réponse satisfaisante à toutes les questions qui causent leurs perplexités[35].

On se plaint parfois que l'histoire ne relate guère que les faits et gestes des grands de la terre : la faute n'en est pas tant à l'historien qu'à l'esprit servile de l'humanité. Nous ne nous étonnerons donc pas que les vieux sculpteurs de l'Inde centrale consacrent tant de bas-reliefs aux visites que le Bouddha reçut des rois de son temps. Bimbisâra, le souverain du Magadha, était resté pour lui depuis sa conversion un ami fidèle : et quand il aura été criminellement remplacé par son fils Adjâtaçatrou, ce dernier viendra également chercher dans la conversation du Bienheureux un apaisement aux remords que lui cause son parricide. Avec l'autre grand monarque de l'Inde centrale, Prasênadjit, le roi du Koçala, le Prédestiné aurait également entretenu des relations sinon amicales, du moins courtoises[36]. Ces visites royales se déroulent selon un protocole immuable. C'est le monarque qui se dérange le premier. Entouré de sa cour, précédé de ses musiciens et suivi de ses gardes, il s'avance sur son char aussi loin que le chemin est carrossable, puis continue sa route à pied. Au seuil de l'ermitage, il arrête sa suite et dépose les cinq précieux insignes de son rang : « diadème, parasol, épée, chasse-mouche et sandales[37] ». Enfin quand il arrive en présence du Bouddha, il commence par se prosterner devant lui. On ne saurait plus clairement reconnaître la supériorité de la dignité spirituelle sur le pouvoir monarchique ; mais dans les idées indiennes, cette éclatante manifestation n'entraînait nullement comme en l'Europe médiévale, lors de la fameuse entrevue de Canossa, l'humiliation de la personne royale. Aux abords des villes indépendantes gouvernées par des oligarques, comme celle de Vaïçâlî par les Litchavis ou de Kouçinagara par les Mallas, le même cérémonial se répétait à chacun des passages de l'infatigable inventeur et colporteur de la Bonne-Loi. Des marques de déférence qui lui étaient prodiguées la tradition apporte même une confirmation indirecte en nous contant qu'elles coûtèrent son trône à Prasênadjit. Le ministre entre les mains duquel celui-ci avait laissé les cinq insignes de la royauté met à profit le tête-à-tête entre le roi et le Bouddha pour rentrer en ville avec elles et faire couronner le prince héritier Viroudhaka[38].

Il n'en est pas moins écrit que « la visite faite aux çramanes est une suprême bénédiction[39] ». C'est sans doute pour les visiteurs que l'auteur de ce cantique parle : il oublie que pour le visité cela peut devenir à la longue un ennui. En dépit de son inaltérable patience, le Bouddha, nous avoue-t-on, se sentait parfois fatigué du constant afflux des citadins à ses audiences quotidiennes. C'est ainsi que pendant ses séjours au Bois-des-Bambous de Râdjagriha il aimait à se retirer de temps à autre sur l'une de ces collines rocailleuses qui sont l'élément pittoresque de la plaine magadhienne : là il pouvait enfin méditer en paix. Mais les cicérones qui montraient aux pèlerins les grottes où il abritait ainsi sa solitude s'étaient chargés de corser ce trop simple motif d'édification. À les en croire, le Bouddha ne se délivrait ainsi de l'importunité des hommes que pour être relancé dans sa retraite par les dieux. Dans l'une de ces cavernes Indra était venu en personne lui rendre visite après s'être fait annoncer par son harpiste en chef, Pañcaçikha[40], et il aurait même remporté de l'entrevue, outre une solution à ses « quarante-deux » doutes, une prolongation de son bail dans le paradis des Trente-trois. Comment ne pas le croire, alors que l'on voyait encore gravés dans la pierre les signes mnémotechniques que le roi des dieux, soucieux de n'oublier aucun item de sa longue liste de questions, avait lui-même pris soin de tracer ? Dans la paroi d'une autre grotte les guides montraient également sans rire la fissure par laquelle le Bouddha avait de vive force passé le bras afin de rassurer en lui caressant la tête (d'autres disent l'épaule) son fidèle Ânanda, demeuré au dehors, et que Mâra épouvantait sous la forme d'un gigantesque vautour[41]. On ne pouvait en effet oublier que le Malin continuait à rôder sans cesse autour du Bienheureux et de ses moines, guettant en vain une défaillance de leur part ; et même quand le rédacteur du « Sermon sur la Grande Assemblée » remplit le firmament de toutes les divinités indiennes qui, renversant les rôles, descendent en corps vénérer les simples mortels que sont le Bouddha et sa Communauté, il croit devoir mêler assez mal à propos l'Archi-démon et son armée à ce panthéon d'adorateurs[42].

Mais laissons là les évocations divines et revenons au train ordinaire des choses. Rois ou grands seigneurs, sophistes sans scrupules ou honorables contradicteurs n'étaient après tout que des visiteurs exceptionnels. La majeure partie des auditeurs quotidiens du Bouddha était naturellement composée de fidèles laïques, pour la plupart recrutés parmi les boutiquiers du bâzâr. « Accompagnés de leurs femmes, vêtus de leurs plus beaux habits, portant dans leurs mains fleurs parfums et offrandes », ils venaient comme nous dirions « à vêpres » lui rendre sa visite du matin. Les uns désiraient simplement se faire confirmer dans la bonne voie par le prêche du Maître ; d'autres avaient un but plus précis, une consultation morale à demander, une pétition à soumettre ou une invitation à présenter[43]. Il y avait aussi le flot des indifférents, dont beaucoup venus de fort loin, poussés par la curiosité de voir de leurs yeux et d'entendre de leurs oreilles le grand prédicateur dont la renommée grandissait de jour en jour. Rares étaient ceux qui s'endormaient au sermon ou qui, victimes d'un tic hérité de quelque existence antérieure, passaient leur temps à se gratter ou à lever le nez en l'air[44]. Après le départ des visiteurs l'officieux Ânanda ne manquait pas de faire sa ronde et ramassait pour les mettre en sûreté les objets oubliés par eux. C'est ainsi que quotidiennement se pressait autour du Bouddha une foule de personnes de tout pays et de toutes conditions, où le menu peuple coudoyait les grands de la terre et les courtisanes les plus prudes dames patronnesses : « De même, est-il écrit, qu'un homme altéré court vers l'eau, de même les gens accouraient de toutes parts vers le Maître... » L'abreuvoir, nous l'avons déjà dit, était public ; mais si chacun était libre d'y venir boire, il ne l'était pas de s'en retourner moralement tel qu'il était venu. Pour tous ceux que leurs mauvaises actions passées ou leurs coupables passions présentes n'avaient pas foncièrement corrompus, l'inévitable aboutissement de la visite était l'adhésion, ou même la conversion.

Adhésions et conversions. — Si l'on peut s'exprimer ainsi sans irrévérence, l'art d'apprivoiser les âmes était le sport favori du Bouddha. Lui-même aurait proclamé que le plus agréable présent qu'on pût lui faire était de lui amener un homme à convertir[45]. Il s'y prenait, autant que nous pouvons savoir, avec une adresse consommée. Il se gardait bien de commencer par énumérer froidement devant son interlocuteur occasionnel, en les comptant sur ses doigts, les rigides conclusions auxquelles l'avaient conduit ses méditations pendant la nuit de la Sambodhi, non plus que l'élaboration ultérieure de ces révélations : le pain des forts n'était pas immédiatement assimilable pour les intelligences ordinaires. C'est seulement à ceux qui étaient d'avance préparés à le recevoir qu'il pouvait être présenté d'emblée[46] sans risque de les rebuter. Voici comment, en bon psychologue, procédait d'ordinaire le Maître :

Et alors le Bienheureux prêcha dans l'ordre de gradation suivant, à savoir sur la charité, sur la moralité, sur les paradis [sur l'acquisition et la maturation des mérites[47]], sur le danger, la honte et la souillure des plaisirs sensuels, sur les avantages de la vie religieuse. Puis, quand le Bienheureux vit que l'esprit (de tel ou tel interlocuteur) était préparé, malléable, désobstrué, exalté, confiant, alors il lui prêcha ce qui est le résumé par excellence de la Loi des Bouddhas, la Douleur, son origine, sa suppression et la Voie. Et tout de même qu'une étoffe propre et sans tache s'imprègne bien de la teinture, de même (pour cet auditeur), sur la place même où il était assis, se leva la vision claire et pure de la Loi (et il connut) : « Tout ce qui est sujet à la production est sujet à la destruction ». Et ayant vu, atteint, connu, pénétré la Loi, affranchi de ses doutes, débarrassé de ses incertitudes, plein de confiance et tout entier conquis à l'enseignement du Maître, il s'écria : « Merveille, Seigneur, merveille ! Tout de même, ô Seigneur, qu'on relève ce qui est tombé, qu'on découvre ce qui est caché, qu'on indique son chemin à celui qui est égaré, que dans les ténèbres on apporte une lampe pour que ceux qui ont des yeux voient, exactement de même par le Bienheureux a été diversement prêchée la Loi. Moi que voici, Seigneur, je mets mon recours dans le Bienheureux, dans la Loi et dans la Communauté. »

Déjà l'on devine que ce cliché revient à chaque instant dans les textes. Ce n'est pas autrement que le Bouddha se serait attaché ses légions de fidèles, tantôt individuellement, tantôt par petits groupes, et tantôt en masse — comme par exemple, quand il rallia d'un seul coup à sa Loi les 80 000 maires des 80 000 villages du Magadha ; car le roi Bimbisâra, ayant eu occasion de convoquer ces dignes fonctionnaires pour leur donner des instructions administratives, en avait profité pour les envoyer prendre auprès du Bienheureux sur la Colline-des-Vautours les directives religieuses dont ils n'avaient pas un moindre besoin[48]. Encore le Maître ne pouvait-il user ainsi de persuasion qu'avec des gens paisibles et disposés à écouter docilement sa parole. Il lui arrivait aussi de se heurter à des âmes rebelles que la violence de leurs instincts déchaînés rendait pour l'instant sourds à sa voix. Nous avons vu qu'au matin, en fin de méditation, il promenait son œil divin sur toute l'étendue de ce monde : et parfois, grâce à ce don de télévision, il s'apercevait qu'ici ou là se préparaient des drames qui requéraient d'urgence sa charitable intervention. C'est ainsi qu'un jour, du fond de sa résidence du Djêtavana, il vit à bien des lieues par delà l'horizon de l'Est que Çâkyas et Koliyas allaient en venir aux mains pour se disputer l'eau de la Rohinî qui séparait leurs territoires[49] ; car, alors comme aujourd'hui dans les campagnes indiennes, quand les canaux d'irrigation ne peuvent plus suffire aux besoins des deux rives, les *latthi* de bambou des villageois riverains avaient vite fait d'entrer en danse. Une autre fois c'est le petit prince d'Atavî, victime innocente, dont un Génie anthropophage va s'emparer pour le dévorer[50] ; ou encore le brigand Angoulimâla qui, pour parfaire à cent le nombre de ses victimes — et des doigts coupés sur chacune d'elles, dont, comme l'indique son nom, il se fait une guirlande — s'apprête à égorger sa mère[51]. À ces cas désespérés, rien qu'un miracle n'est capable de porter un assez prompt remède. En un clin d'œil le Bouddha se transporte à travers les airs là où son bon cœur le pousse. Une fois même c'est avec tout un cortège de moines qu'il se rend ainsi de Çrâvastî au Bengale pour répondre à l'appel mental de la fille d'Anâthapindada qui, mariée au fils d'un zélateur des Ascètes nus et leur refusant son hommage, est menacée d'être mise à la porte par son beau-père[52]. Il va sans dire que l'apparition inopinée du Bienheureux suffit en chaque occasion à empêcher toute mauvaise action et à ramener le calme dans les cœurs en proie à la colère. Et pourquoi cela ? C'est qu'il dispose d'une arme irrésistible autant qu'invisible, la force de « bienveillance[53] » qui émane de tout son être et subjugue en même temps qu'elle apaise ceux vers qui il dirige cette sorte de bienfaisant rayon ardent. Plus fait douceur que violence.

Miracle non moins grand, et à peine plus croyable, il aurait aussi triomphé de l'entêtement non seulement de ses contradicteurs loyaux, mais encore, quand ils se risquaient à se mesurer avec lui, de ces controversistes quasi professionnels qui pullulaient déjà dans les cercles religieux de l'Inde et promenaient de ville en ville leurs tours de passe-passe dialectiques. Bien entendu il lui faut employer avec eux des procédés spéciaux de persuasion, mais ils ne le prennent jamais en défaut. Tantôt il met en pratique la méthode grâce à laquelle, moins d'un siècle plus tard, Socrate sur les places d'Athènes accouchait aussi les esprits[54] : feignant d'entrer dans les vues de son adversaire, par une série de questions pertinentes (« les Bouddhas n'en font jamais d'autres »), il le délogeait graduellement de ses positions dogmatiques et le forçait finalement à reconnaître son erreur. Tantôt, à la mode platonicienne, il inventait un « mythe », ou bien, comme le Christ, il parlait par paraboles ; et de ce conte comme de cette allégorie se dégageait peu à peu une morale à laquelle son antagoniste ne pouvait faire autrement que de se rallier. C'est ainsi qu'il dénonçait et démontrait tour à tour, non sans user d'une subtile ironie, le ridicule de maintes pratiques superstitieuses, l'inutile horreur des sacrifices sanglants, l'inanité des préjugés de caste[55], et, pour couronner le tout, l'infatuation des brahmanes qui n'ont inventé l'Être-en-soi que pour lui identifier leur moi et se déifier eux-mêmes. L'effet de ces discours était, nous assure-t-on, immanquable, et toujours revient comme un refrain la formule du recours en la sainte triade : Bouddha, Loi et Communauté.

Nous le croyons volontiers : mais, au fait (il est plus que temps de nous le demander), à quoi le néophyte s'engageait-il exactement par cette formule stéréotypée ? — En somme, s'il s'agit d'un fidèle laïque, à peu de chose. Que des groupes de dévots et de dévotes particulièrement zélés, du type du banquier Anâthapindada ou de la matrone Visâkhâ se soient parfois intéressés et associés d'assez près à la vie du personnel toujours changeant des monastères locaux et aient ainsi formé, comme le veulent certains exégètes européens, une sorte de « tiers ordre », le fait est possible, voire même vraisemblable ; mais ces cercles ont toujours dû être restreints, et, d'une façon générale, zélateurs et zélatrices s'obligeaient simplement à ne pas refuser l'aumône quotidienne aux membres de la Communauté et à observer les cinq premiers commandements du Décalogue imposé aux moines. Ne pas tuer, ne pas voler, ne pas commettre d'adultère, ne pas mentir, ne pas s'enivrer[56], ce n'est là après tout que pratiquer la morale commune ; et d'autre part nous avons vu que le Bouddha, à la différence des hétérodoxes, ne prétendait pas exploiter, comme on dit, « en exclusivité », la charité de ses zélateurs. De ceux-ci, quel que fût leur sexe, il n'était exigé aucun vœu, aucun reniement de leurs anciennes croyances, aucun engagement de brûler ce qu'ils avaient adoré. Aussi ne peut-on parler à leur propos de véritable « conversion ». Le mot est beaucoup trop fort pour désigner ce qui n'était qu'une adhésion mentale tout juste soulignée par une sorte de souscription journellement payable en nature et proportionnée aux moyens de l'adhérent. Il en va tout autrement quand il est question des « moines mendiants ». Non contents d'approuver et de louer l'enseignement du Bienheureux, ceux-ci entreprennent de suivre jusqu'au bout son exemple et sollicitent de lui la grâce de se voir conférer l'ordination : cas beaucoup plus rare et bientôt soumis (nous le savons déjà) à plus de formalités. Seuls ils ont comme lui sacrifié à leur vocation religieuse maison, biens, caste et famille ; seuls ils ont dépouillé le vieil homme et embrassé une vie nouvelle. Et voyez comment à leur intention la prédication du Bouddha prend aussitôt un nouveau tour. Écartant désormais tout artifice oratoire, elle ne craint plus de se faire directe et scolastique, pleine d'énumérations et de répétitions continuelles, bref toute mnémotechnique, ainsi qu'il convient pour des gens qui, de même que les adeptes du Véda, ne se fiaient qu'à leur mémoire pour retenir les instructions orales de leur Maître. Rappelez-vous comment aux cinq premiers disciples, sitôt ordonnés, il répète à satiété, à propos des cinq éléments constituants de toute existence personnelle (forme corporelle, sensations, représentations, volitions, conscience), qu'aucun d'eux n'a de réalité substantielle ; ou encore comment, pour parachever la conversion des mille anachorètes du Magadha, il leur enseigne que les six sens (le sens interne compris), ce qu'ils perçoivent et les impressions qui en résultent sont la proie de l'impermanence. Et à propos de chacun de ces cinq facteurs ou de ces six organes, pris un à un, il ressasse de bout en bout, exactement dans les mêmes termes, le même développement. Il est clair qu'il se croit (ou qu'on l'a cru) obligé de marteler sans relâche ses idées dans le cerveau de ses disciples monastiques jusqu'à être bien sûr qu'à force de répétitions machinales ils ne pourront plus les oublier[57].

LE BOUDDHA ET LA CASTE. — Ainsi, ou à peu près ainsi, prêchait Çâkya-mouni : et de la lecture des textes il ressort du moins jusqu'à l'évidence que, comme nous l'assure la tradition, il savait admirablement adapter sa prédication aux besoins spirituels et au caractère de ses auditeurs. Tour à tour, selon les circonstances, « par le triple prestige soit de son pouvoir surnaturel, soit de ses préceptes de morale, soit de son exposé dogmatique[58] », il étendait et consolidait chaque jour davantage, sur un nombre croissant de disciples, l'empire de la Bonne-Loi. Il ne peut être question d'entrer ici dans le détail des adhésions et conversions dont la tradition avait retenu et transmettait les noms et les circonstances : il nous suffit d'entrevoir comment le Bouddha comprenait et pratiquait son ministère de Sauveur : « Jamais, assure-t-on, il ne lui venait à l'esprit de se dire : Cet homme est noble, cet homme est brahmane, cet homme est riche, cet homme est pauvre : je prêcherai à celui-ci de préférence à celui-là[59] ». Comme la pluie du ciel sa parole s'épandait sur tous sans distinctions, qu'ils fussent jeunes ou vieux, intelligents ou obtus, vertueux ou criminels, de haute ou de basse naissance ; et la caste, ce corselet de fer dont la société indienne n'est pas encore arrivée à se dégager, n'existait pas pour lui[60]. C'est surtout ce dernier trait qui a frappé les Occidentaux, pour la raison que de toute antiquité la lutte des classes existe chez eux à l'état endémique : et certains ont voulu faire du Bouddha une sorte de tribun du peuple, se posant en réformateur social. Il serait bien surpris s'il revenait sur la terre d'apprendre que l'on ait pu travestir à ce point sa personnalité et son rôle. Réfléchissez-y un instant. On n'entreprend pas de réformer un monde qui pour vous n'est qu'un mauvais rêve : on ne songe qu'à en sortir. On ne fomente pas de révolution pour renverser des barrières que l'on sait être aussi instables qu'illusoires : on se borne, en ce qui vous concerne, à les ignorer. Ainsi faisait-il. « Qu'on s'enquière de la caste quand il s'agit d'une invitation à dîner ou d'un mariage », il n'y voit aucun inconvénient : c'est seulement quand il s'agit de l'entrée en religion que pareille préoccupation lui paraît inopportune et même répréhensible. Il eût été d'ailleurs fort mal venu à épouser les préjugés des gens de caste alors qu'il avait (ne l'oublions pas) perdu la sienne et était le premier à en convenir. Lisez :

Voici ce que j'ai entendu : En ce temps-là le Bienheureux demeurait dans le pays de Kosala sur le bord de la rivière Soundarikâ. Et en ce même temps le brahmane Soundarikâ-Bhâradvaja sur le bord de la rivière Soundarikâ célébrait un sacrifice selon les rites védiques. Et, à l'issue de ce sacrifice, le brahmane se levant regarda vers les quatre points cardinaux en se demandant : « Qui bénéficiera en le mangeant du reste de l'oblation ? » Et le brahmane aperçut le Bienheureux qui se tenait non loin de là, assis au pied d'un arbre et la tête voilée. L'ayant vu, il prit dans sa main gauche le reste de l'oblation, dans sa main droite un vase-à-eau (pour la donation) et s'approcha de l'endroit où se trouvait le Bienheureux. Et le Bienheureux, au bruit des pas du brahmane se découvrit la tête. Et le brahmane se disant : « C'est un rasé, c'est un tondu », fut sur le point de s'en retourner. Et il lui vint à l'esprit : « Il arrive aussi que des brahmanes se rasent la tête : il faut que je l'aborde et que je lui demande quelle est sa caste. » Et le brahmane s'approcha du Bienheureux et, s'en étant approché, il lui dit : « Quelle est votre caste ? » Et le Bienheureux lui répondit par ces stances :

« Je ne suis ni brahmane ni fils-de-roi,
Et ne suis pas davantage un bourgeois ;
Me rangeant parmi les gens du commun,
Sans un sou vaillant, pensif, je cours le monde.
Sous la robe de moine, sans domicile je vais,
Les cheveux rasés et l'âme sereine,
Sans tremper ici-bas dans les affaires humaines ;
Hors de saison est la question au sujet de ma caste[61] »…

S'il peut déclarer sans mentir qu'il n'est pas « fils de roi », c'est qu'effectivement il a cessé de l'être ; et, dans ces conditions, de quel droit et sous quel prétexte pourrait-il continuer à considérer un paria comme congénitalement impur et « intouchable », et se refuser soit à accepter son aumône, soit à lui ouvrir, s'il en est moralement digne, l'accès de sa Communauté ? En posant en principe à l'intérieur de son Ordre — mais là seulement, et sous réserve de leur ancienneté — l'égalité de tous ses membres, le Bouddha ne faisait en somme que se conformer à une règle[62] qui s'imposait d'elle-même à lui et était depuis longtemps observée par toutes les sectes non brahmaniques. Ne lui demandons pas de n'être ni de son pays ni de son temps, et encore moins d'être des nôtres.

Les rapports du Bouddha avec ses moines. — C'est donc dans toute la masse de la population de l'Inde centrale, des plus hautes aux plus basses classes, sans aucune différence de conditions, que le Bouddha recrutait en même temps ses deux catégories de disciples, les fidèles laïques et les moines mendiants : catégories évidemment complémentaires l'une de l'autre ; car il va de soi que les quêteurs ne pouvaient vivre qu'en symbiose avec les donneurs. De ces deux groupes, seuls les moines dûment ordonnés avaient pleinement droit au titre qu'on leur donnait communément de « fils du Çâkya » ; et déjà l'on se doute qu'à ces fils spirituels Çâkya-mouni témoignait une sollicitude particulière et toute paternelle. À ceux qui partageaient le même ermitage que lui il réservait chaque jour à tout le moins sa soirée ; et il trouvait toujours le temps de recevoir ceux qui à l'issue de la saison des pluies venaient, souvent de fort loin, lui rendre visite et hommage. Remarquons-le en passant, la façon stéréotypée dont il accueille ces derniers nous révèle immédiatement quelles étaient ses deux grandes préoccupations, et du même coup les deux principaux dangers qui menacent constamment des gens menant en commun et aux dépens d'autrui une vie relativement oisive, à savoir les dissensions intestines et la disette d'aumônes : « C'est la coutume des Bienheureux Bouddhas d'engager une amicale conversation avec les moines de passage : Tout va-t-il bien pour vous ? Trouvez-vous de quoi vivre ? Avez-vous en harmonie et amitié et sans querelles passé une bonne retraite ? Et n'avez-vous pas souffert du manque de nourriture ?... » Le Maître ne se croyait d'ailleurs pas quitte envers ses disciples avec ces marques d'affabilité ; il se sentait responsable de leur bien-être physique comme de leur santé morale, et il y pourvoyait de son mieux, tant en leur prodiguant ses exhortations qu'en mettant à leur service sa haute influence sur les gens du monde. À l'occasion il faisait mieux encore. Nous avons dû constater qu'une fois devenu à force de perfections et de sacrifices « Bouddha parfaitement accompli » il n'avait plus à sortir de sa sereine impassibilité et ne payait que très exceptionnellement de sa personne : cela lui est arrivé pourtant, et dans les circonstances les moins ragoûtantes, pour l'amour d'un de ses *bhikshou* :

En ce temps-là un moine était atteint d'un dérangement d'entrailles, et il gisait tombé dans son urine et ses excréments. Et comme le Bienheureux, suivi du révérend Ânanda, faisait sa ronde du monastère, il arriva à la cellule de ce moine. Et le Bienheureux vit ce moine qui gisait tombé dans son urine et ses excréments, et l'ayant vu il s'en approcha, et s'en étant approché il lui dit : « Quel est, ô moine mendiant, ta maladie ? — J'ai un dérangement d'entrailles, ô Bienheureux. — As-tu quelqu'un qui prenne soin de toi ? — Je n'ai personne, ô Bienheureux. — Pourquoi les moines ne te soignent-ils pas ? — Je ne leur suis, Seigneur, d'aucun service ; c'est pour cela qu'ils ne me soignent pas ». Et alors le Bienheureux s'adressa au révérend Ânanda : « Va chercher de l'eau, ô Ânanda, et nous baignerons ce moine. — Bien, Seigneur », dit le révérend Ânanda ; et en obéissance au Bienheureux il apporta de l'eau ; et le Bienheureux aspergea l'eau et le révérend Ânanda lava. Puis le Bienheureux prit le moine par la tête et le révérend Ânanda par les pieds, et, l'ayant soulevé, ils le déposèrent sur son lit. Et en cette occasion et à ce propos le Bienheureux convoqua une réunion des moines et (après les avoir interrogés) il leur dit : « Ô moines mendiants, vous n'avez plus ni père ni mère qui puissent prendre soin de vous ; si vous ne prenez pas vous-mêmes soin les uns des autres, qui donc le fera ? Quiconque veut prendre soin de moi, qu'il prenne soin des malades[63]. »

Tel est l'un des rares exemples et préceptes de charité active — on est tenté de dire de charité chrétienne — que l'on puisse citer du Bouddha parfaitement accompli ; et encore ne voit-on pas que sa portée déborde le cercle étroit de la Communauté. Il est vrai que, mises en pratique, ses recommandations eussent transformé chaque ermitage en un paradis terrestre, si seulement tous les moines avaient été de petits saints. Mais nul n'a tenté de nous le faire accroire. Tout au contraire les Commentaires sont pleins d'histoires où le Bienheureux se voit contraint de réprimander et morigéner ses moines et de les rappeler aux bonnes manières, à la modération, voire même à la pudeur[64]. Il lui fallait en effet prendre grand soin de ne rien leur permettre qui pût scandaliser les laïques, ni choquer de front les vieilles coutumes universellement admises de l'ascétisme indien. Ainsi, bon gré mal gré, il dut, comme les autres chefs de secte, édicter de bonne heure un règlement détaillé de la vie monastique et prévoir des pénitences pour toutes les infractions qui viendraient à être commises, depuis la simple négligence dans la tenue jusqu'aux quatre péchés capitaux (luxure, vol, meurtre, et fausse prétention aux pouvoirs magiques) qui entraînaient l'exclusion de la Communauté. Les mauvais chenapans qui constituaient la « Bande des Six » — inventés tout exprès par les casuistes bouddhiques pour servir de pendant-repoussoir à la « Bande bénie des Cinq » — interviennent pour commettre successivement tous les méfaits imaginables et provoquer à chaque fois la promulgation d'une défense nouvelle, si bien que la liste des prohibitions contenues dans le « Formulaire de confession » (qui devait être chaque quinzaine récité en commun par chaque chapitre de moines) finira par compter plus de deux cents paragraphes. Mais que ce chiffre n'effraye personne : il y avait avec la règle des accommodements. On déclarait bien accepter en principe le statut traditionnel de la vie ascétique au sujet des « Quatre ressources[65] », c'est-à-dire des quatre seules choses de première nécessité que le religieux mendiant fût en droit de requérir ; mais en fait, on ne s'y conformait pas.

Théoriquement le moine ne devait vivre que du produit de sa quête, ne se vêtir que de haillons ramassés dans les ordures et rapiécés ensemble, n'avoir d'autre abri qu'un arbre de la forêt et se contenter pour tout remède de « l'urine fétide » de la vache : mais le Bouddha permettait pratiquement aux siens d'aller dîner en ville, de recevoir en cadeau costumes et couvertures, de loger sous un toit et d'accepter toutes sortes de médecines. La meilleure partie des traités de discipline est ainsi consacrée à apporter des adoucissements à la règle beaucoup plus qu'à en renforcer la rigueur ; et comme tout ce qui n'était pas expressément interdit était considéré comme permis pourvu que les bienséances fussent respectées, les zélateurs laïques pouvaient donner pleine carrière à leur préoccupation constante d'épargner aux moines mendiants toute peine ou privation « qui ne conduisît pas au salut[66] ».

Comment ne pas reconnaître à tous ces traits le constant souci qu'avait le Bouddha de s'en tenir à la « voie moyenne » qu'il avait préconisée dès le début de sa Première prédication, et de rester à égale distance de toute coupable indulgence aux plaisirs sensuels comme de toute incitation à des macérations aussi vaines qu'ostentatoires ? Ce parti était la sagesse même ; le difficile était de savoir exactement où tracer cette ligne du juste milieu, et l'inconvénient, de prêter sur ses deux flancs à la critique des gens engagés dans les voies extrêmes ; car nul en ce monde n'a impunément raison. D'une part l'idée de devoir éventuellement se restreindre aux « Quatre ressources » indispensables effrayait nombre d'âmes timorées et faisait avorter bien des vocations. Le pas semblait à beaucoup si dur à franchir que, nous assure-t-on, le Bienheureux aurait prescrit de ne rappeler ces quatre obligations à l'intéressé qu'une fois la cérémonie de son ordination terminée, quand il était trop tard pour qu'il pût reculer sans esclandre. Fort heureusement la chronologie des textes permet d'admettre que ce procédé par trop machiavélique n'a été mis au compte du Bouddha qu'après sa mort par un bonze moins scrupuleux que nous n'avons appris à le connaître[67]. D'autre part les membres des sectes rivales, astreints à des pratiques beaucoup plus austères, ne se privaient pas de railler et de décrier le relâchement de la discipline bouddhique. Une stance bien connue dépeint le « fils du Çâkya » comme menant une vie des plus confortables, mangeant bien, buvant frais, couchant dans un bon lit et s'endormant la bouche pleine de sucreries ; et en effet, la prescription même de l'unique repas par jour n'était pas rigoureusement observée : l'on était convenu que certains aliments, notamment les friandises, ne rompaient pas le jeûne. Et qu'on ne croie pas pouvoir balayer d'un mot ces critiques malveillantes et évidemment excessives en faisant observer qu'elles émanent de rivaux rien moins que désintéressés. Les Écritures elles-mêmes reconnaissent qu'elles n'étaient pas sans quelque fondement. Les gens, nous avoue-t-on, se disaient couramment : « Ces fils du Çâkya ont un code de morale facile ; ils ont une manière de vivre agréable : ils mangent de la bonne nourriture et couchent à l'abri des intempéries. » Et on ne fait aucune difficulté pour nous conter comment deux tendres parents, rêvant à l'avenir de leur fils, écartent tour à tour, comme trop pénibles pour lui, les métiers de scribe, de comptable ou de changeur, et finalement le destinent à devenir chômeur professionnel[68] dans la Communauté bouddhique. Surtout l'on n'a pu nous laisser ignorer qu'au sein même de l'Ordre un groupe de rigoristes, dont nous verrons bientôt le traître Dêvadatta prendre la tête, s'était insurgé du vivant de leur Maître contre l'excès de sa complaisance et réclamaient la stricte application en tout temps de la règle des « Quatre (dernières) ressources[69] ». Bref si dans sa recherche d'un parfait équilibre le Prédestiné a penché d'un certain côté, c'était plutôt au gré de ses contemporains, dans le sens de la facilité : qui songerait aujourd'hui à lui en faire reproche ?

Ce n'était d'ailleurs pas une tâche aisée que de faire régner la concorde et l'unanimité dans une Communauté instituée sur des bases aussi démocratiques. Des trois grands vœux monastiques qui sont de tradition en Europe : pauvreté, chasteté et obéissance, les adeptes des sectes indiennes, qu'elles fussent ou non brahmaniques, prononçaient bien les deux premiers, mais nulle part il n'est question du troisième. La raison de ce qui peut paraître un curieux manque de prévoyance était sans doute que dans l'Inde la soumission totale et sans réserve du disciple à la parole du Maître était, de mémoire d'homme, chose qui allait de soi. En fait comme en principe, le Bouddha était le souverain arbitre au sein de son ordre ; mais il est non moins certain que les membres de son ordre ne reconnaissaient pas d'autre autorité que la sienne. On conçoit aisément combien, au milieu d'une secte dépourvue de toute hiérarchie ecclésiastique et par ailleurs si dispersée, ce seul lien personnel, si prestigieux fût-il, pouvait à l'occasion s'avérer fragile. On ne nous cache pas que certains moines, surtout parmi ceux qui n'avaient été ordonnés que tard dans leur vie, supportaient impatiemment la direction, pourtant si douce, du Bienheureux. Au lendemain de sa mort, l'un de ces mécontents ne se serait-il pas écrié : « Bon débarras, mes amis ; le Grand çramane était tout le temps sur notre dos à nous dire : Il convient que vous fassiez ceci, il ne convient pas que vous fassiez cela. À présent nous ne ferons que ce qui nous plaira[70]. » Il suffisait d'un rebelle obstiné pour ébranler jusque dans ses fondements l'organisation de l'Ordre et faire éclater l'impuissance des seules armes spirituelles dont il disposât : car les menaces d'interdit et d'excommunication[71] ne produisent d'effet qu'autant que celui qui en est l'objet veut bien y attacher la même valeur que ceux qui les énoncent. Dès lors on comprend mieux pourquoi l'on redoutait tant et l'on blâmait si fort le péché qui consistait à provoquer un schisme : c'est qu'on ne connaissait à ce mal aucun remède, et c'est en vain que plus tard Açoka usera de son autorité impériale pour tenter d'en enrayer les progrès[72]. Le texte de son édit a été justement rajouté tout exprès sur un pilier érigé par lui à Kauçambî, c'est-à-dire dans la ville même où s'était produit un cas de discorde particulièrement aigu et dont le souvenir s'est conservé[73]. Un des moines du lieu, par ailleurs savant et vertueux, avait commis ce que parmi ses confrères les uns considéraient comme une faute et les autres non : si bien qu'il se forma bientôt deux partis en désaccord sur ce point de discipline, et que, de discussions en disputes, le conflit alla vite s'envenimant. On entend d'ici les criailleries, car les moines n'étaient pas astreints à la règle du silence ; et ceux qui, pour être plus sûrs de n'en pas venir à se quereller entre eux, se l'imposaient à eux-mêmes, étaient sévèrement blâmés[74] pour avoir imité en cela l'exemple des hétérodoxes. Dès que l'affaire arriva, un peu tard, aux oreilles du Bouddha, il s'écria, sans déguiser ses alarmes : « La Communauté est divisée ! », et en hâte il alla trouver tour à tour les partisans de l'excommunication pour leur conseiller de retirer leur sentence et le clan opposé pour lui persuader de l'accepter : tant il était désireux d'éviter à tout prix « altercations, querelles, disputes, controverses et dissensions ». Mais cette fois il n'a pas plus de succès d'un côté que de l'autre, soit qu'il prône la tolérance ou qu'il prêche la docilité. En vain il les réunit tous et, pour fléchir leurs esprits en touchant leur cœur, leur raconte-t-il une émouvante histoire d'où il ressort que la chaîne des vendette ne peut s'interrompre que par un mutuel pardon[75] ; en vain il leur rappelle qu'ils doivent aux laïques l'exemple de l'indulgence et de l'esprit de conciliation. Un porte-parole des moines révoltés le prie, non sans y mettre les formes, de se mêler de ce qui le regarde : « Seigneur, que le Bienheureux prenne patience, lui, le Maître de la Loi ; qu'il ne s'inquiète pas et jouisse en paix de son bonheur dès ce monde. Pour ce qui est de ces altercations, querelles, disputes et controverses, nous en prenons sur nous la responsabilité. » Et alors le Bienheureux pensa : « Ces insensés sont un cas désespéré ; impossible de leur faire entendre raison. » Et se levant de son siège il s'en alla… » C'est seulement sous la pression de l'opinion publique que les deux partis se décident à convenir de leurs torts réciproques ; car les habitants de Kaouçâmbî se montrent indignés contre eux du fait que leur obstination ait contraint leur Maître de quitter la ville pour se retirer dans la forêt ; et la raréfaction des aumônes est, elle, une sanction avec laquelle on ne badine pas. Cependant au fond de la djangle le Bienheureux a fait la rencontre d'un noble éléphant qui, lui aussi, fuyait les importunités de sa harde ; et également dégoûtés de la compagnie de leurs semblables, ces deux grands esseulés se consolaient entre eux[76].

LE BOUDDHA ET LES NONNES. — L'égalité des castes devant le salut, comme devant la douleur et la mort, avait pour corollaire obligé celle des sexes. Il n'existait en bonne logique aucune raison de refuser aux femmes leur droit aux contraintes comme aux privilèges de la vie religieuse. Dans les plus vieilles Oupanishads nous voyons que les cercles brahmaniques étaient arrivés (à titre assez exceptionnel, il est vrai) à cette conclusion[77], et les sectes hétérodoxes ouvraient leurs rangs à des nonnes. Au risque de déconsidérer le Bouddha aux yeux de nos modernes féministes, il faut avouer qu'à en croire la tradition il ne se résigna qu'à contrecœur à suivre sur ce point leur exemple. Pour l'y décider il n'aurait pas fallu moins que l'insistance de sa tante et mère adoptive, et l'intercession du bon Ânanda. Après avoir essuyé plusieurs refus, Mahâpradjâpatî lui aurait en quelque sorte forcé la main. Après la mort de Çouddhodana elle ne se serait pas bornée, comme toutes les veuves indiennes, à se faire raser la tête ; elle aurait encore revêtu par avance l'habit monastique et, avec nombre de princesses, se serait rendue à pied de Kapilavastou à Vaïçâlî, où séjournait alors le Bienheureux. Attendri par le spectacle de la vieille reine, qui, « les pieds gonflés, le corps couvert de poussière, en larmes et gémissante » assiégeait l'entrée de l'ermitage, Ânanda prend sur lui de rappeler au Maître tout ce qu'il doit aux soins maternels de l'impétrante ; et, après lui avoir fait convenir que les femmes sont capables, elles aussi, de franchir successivement les quatre degrés de la sainteté[78], il lui arrache enfin pour elles l'autorisation de « sortir du monde et de quitter la vie dans la maison pour la vie sans maison sous la doctrine et la discipline qu'enseigne le Prédestiné ». Encore celui-ci ne cède-t-il qu'à condition qu'elles se soumettront sans réserve à huit règles des plus sévères, qui placent les nonnes sous l'étroite surveillance et la juridiction absolue de leurs confrères masculins ; et quand ces humiliantes stipulations ont été acceptées d'enthousiasme « comme on reçoit des deux mains et l'on pose sur sa tête une guirlande de fleurs », le Bienheureux gronde et soupire encore : « Si les femmes n'avaient pas obtenu leur admission dans l'Ordre, ô Ânanda, la vie religieuse aurait duré longtemps, la Bonne-Loi aurait duré mille ans ; mais maintenant, ô Ânanda, elle ne durera plus que cinq cents ans[79]… »

Il y aurait sur ce point beaucoup à dire. Après tout quand, au lieu de prophétiser que « sa parole ne passerait pas », il prédit pour sa religion un terme qui s'est révélé beaucoup trop court, le Bouddha ne fait que rester fidèle à sa doctrine sur l'impermanence des choses de ce monde. D'autre part un apologiste à gages pourrait soutenir, non sans un fond de vérité, que les pudibonds rédacteurs des traités de discipline (ils ne désignent jamais le beau sexe que par la circonlocution de « collection des mères ») ont forcé le tableau des répugnances de Çâkya-mouni pour mieux servir leurs propres rancunes. Mais ont-ils exagéré de beaucoup ? Nous savons déjà que le Bouddha n'était pas d'humeur révolutionnaire. Selon toute vraisemblance il partageait la vieille idée indienne, codifiée par Manou, qu'une femme doit toujours vivre dans la dépendance d'un membre masculin de sa famille, père, époux, frère, fils, etc. Pis encore à nos yeux : entre les sept variétés d'épouses qu'il distingue (celle qui est comme un bourreau, ou comme un voleur, ou comme une maîtresse, ou comme une mère, ou comme une sœur, ou comme une amie, ou comme une servante[80]), c'est la dernière qu'il préfère et place au premier rang, avec sa patience à toute épreuve et sa soumission que rien ne rebute : car les hommes ont toujours eu un faible pour le type de tout repos que personnifie chez nous la touchante Grisélidis. Écoutez enfin les suprêmes instructions que sur son lit de mort il aurait données à Ânanda[81] : « Comment, Seigneur, nous conduire à l'égard du sexe féminin ? — Ne pas les voir, ô Ânanda. — Mais, Bienheureux, si on les voit… ? — Ne pas leur parler, ô Ânanda. — Mais, Seigneur, si elles vous parlent… ? — Alors il faut prendre bien garde à soi, ô Ânanda… » N'oublions pas que, lui aussi, s'était fait moine, et qu'en tout pays et en tout temps la gent monacale a professé que, de tous les pièges du Malin, l'éternel féminin était le plus redoutable, parce qu'il est le plus séduisant. Les femmes ne s'y sont jamais trompées ; et l'extrême sollicitude qu'elles ne manquent jamais de témoigner à ceux qui font profession d'avoir renoncé à elles procède sans doute d'un sentiment fort complexe où beaucoup d'admiration et de respect le dispute à quelque compassion ; surtout, qu'elles se l'avouent ou non, elles se sentent intérieurement flattées de l'hommage indirectement rendu au charme de leur beauté par la défiance qu'on leur marque, voire même par les injures dont on prétend les accabler. Craindre de les aimer, c'est avouer qu'elles sont aimables, et là-contre un Bouddha même ne peut rien.

L'INDICE PERSONNEL DU BOUDDHA. — Est-ce trop de présomption que de prétendre tirer d'un examen aussi rapide et superficiel d'une littérature considérable une image suffisamment approchée de la longue carrière enseignante de Çâkya-mouni ? Il reste en tout cas que les textes reconnus comme les plus anciens nous la dépeignent telle qu'elle s'était fixée dans le souvenir de sa Communauté un ou deux siècles au plus après sa mort. Assurément nous n'avons plus guère dans le corps des Écritures bouddhiques, par morceaux détachés, que des discours diffus et traînants, et l'on ne saurait un instant les considérer comme autant de procès-verbaux authentiques d'entretiens qui furent si variés et durent souvent s'animer d'une vie si intense. Mais si la plante desséchée dans l'herbier perd sa couleur et son parfum, du moins sa silhouette demeure ; et nous croirions volontiers qu'il en est advenu de même pour tous ces contes, paraboles, homélies ou dialogues mis dans la bouche du Bienheureux. Quand après avoir été ressassés de mémoire ils furent couchés par écrit, ils avaient déjà perdu le meilleur de leur spontanéité naturelle, et c'est à peine si sur leur aridité fleurissent encore çà et là — d'autant plus appréciées par le contraste, tel le chardon bleu des sables — des stances d'une belle venue et qui ont gardé leur fraîcheur[82]. Néanmoins la délinéation générale de leurs contours subsiste, et, par suite, il n'est pas absolument chimérique de tenter d'esquisser la façon dont Çâkya-mouni, pendant la deuxième moitié de sa vie, a compris et rempli son office de Bouddha. On a osé à ce propos mettre en parallèle les Dialogues de Platon et ceux que nous ont transmis les rédacteurs du canon bouddhique[83]. La comparaison est écrasante pour ces derniers, mais elle n'est pas sans apporter une fiche de consolation à l'indianiste. Certes ce fut une grande chance pour la renommée de Socrate — qui, lui non plus, n'a rien écrit — d'avoir eu comme disciple un écrivain de génie ; mais quand ils voient la peine qu'ont les historiens de la philosophie grecque à distinguer dans ces magnifiques compositions la part qui revient au maître, ceux de la pensée indienne éprouvent quelque soulagement à constater que les paroles de Çâkya-mouni ont été originairement recueillies par des gens dénués de talent littéraire (à l'exception toutefois de celui de conteur) ; car il y a beaucoup à parier que ces interprètes plus plats auront aussi été en un sens plus fidèles, et, qu'en tout cas, s'ils n'ont pas su tout retenir et tout rendre, ils n'ont rien ajouté de leur cru. Ce soin était réservé à des générations plus tardives, et l'on sait assez quelle incessante prolifération de sectes et de doctrines a fini par donner naissance après le début de notre ère, sous l'action d'influences venues d'occident[84], à un Néo-bouddhisme fort différent du bouddhisme primitif. Mais au cours des siècles précédents on ne sache pas qu'il ait surgi au sein de la Communauté aucun s^t Paul capable d'imprimer à la Bonne-Loi une orientation nouvelle et de modifier en conséquence la conception que le Sangha se faisait du rôle et du comportement de son fondateur.

Nos scrupules apaisés sur ce point, il semble que nous puissions pousser encore plus loin et restituer en quelque mesure — du moins en imagination, mais pour des raisons proprement historiques — aux élucubrations des premiers rédacteurs des Écritures bouddhiques ce qui leur fait le plus grandement défaut, à savoir la vie. Eux-mêmes nous y invitent et nous y aident par leurs constantes allusions à la façon dont la sereine beauté du Bouddha et la pénétrante douceur de sa voix lui gagnaient les cœurs en même temps que sa dialectique avisée lui conquérait les esprits. Et sans doute là encore, comme il arrive trop souvent dans l'Inde, le mauvais démon de la statistique est venu gâter les choses. Persuadés que redondance vaut éloquence, les bons docteurs se sont infligés à eux-mêmes (et, par ricochet, à nous comme à leurs élèves), après la liste des cent douze marques de beauté[85], celle des soixante qualifications louangeuses de la voix du Bienheureux ; mais à travers ces excès d'analyse et cette grêle d'épithètes il reste permis d'entrevoir le charme que ces artifices masquent en prétendant l'exposer mieux. À cette mystérieuse attirance de la personne du Bouddha, on nous le répète sans cesse, nul n'échappait, si bien qu'on avait fini par lui attribuer une sorte de prestige magique et que, pour conserver leurs disciples, les hétérodoxes n'avaient trouvé d'autre moyen que de leur interdire de jamais regarder ni écouter le grand Sage[86]. Et que le critique ne se hâte pas trop de traiter avec dédain, comme trop attendue pour être vraie à la lettre, cette exaltation d'un chef de secte par ses propres sectateurs : ce serait négliger indûment la confirmation que plus de vingt siècles d'histoire — d'une histoire telle que les premiers panégyristes du Bouddha n'en auraient jamais rêvé de pareille — sont venus apporter à leurs dires. Il n'est pas de témoignage plus sûr que celui qu'apportent les faits ; et il faut bien que la parole de Çâkya-mouni ait exercé sur ses contemporains une influence extraordinairement profonde pour que l'écho s'en soit propagé à travers toute l'Asie orientale et se prolonge aujourd'hui, sans rien perdre de sa force de pénétration, dans tant de millions d'âmes. Devant l'étonnant phénomène de la propagation et de la persistance des grandes religions on crie volontiers au miracle historique ; le fait de leur naissance est un prodige plus surprenant encore et qui n'en est pas moins réel.

---

1. ↑ Il y a deux sortes de nirvâṇa, celui qui comporte encore un résidu d'apparente personnalité dit *upadhiçesha* (c'est le cas du *jîvan-mukta*), et celui qui se réalise totalement à la mort. Il est commode de réserver à ce dernier le terme de Pari-nirvâṇa pour le distinguer de l'autre (cf. R. Pischel *Leben und Lehre des Buddha* p. 75) ; mais cet usage distinctif ne semble pas confirmé par les textes (cf. E. J. Thomas, *Nirvâṇa and Pari-nirvâṇa* dans *India antiqua*, Leyde 1947 p. 294-5).
2. ↑ *Sakalaṃ Buddha-kâryaṃ kṛtvâ* ; cf. *DA* p. 269, 394 etc.
3. ↑ Du moins si l'on en croit la tradition ; mais v. *supra* p. 322-3.
4. ↑ Cf. la n. à p. **218**, *3*.
5. ↑ *BC* tib. xxi.
6. ↑ *Sumangala-vilasinî* (cf. *BT* p. 91 s. et *Vie* p. 187 s.).
7. ↑ V. la liste des 40 « sujets de méditation » (*dhyâna-sthâna*) dans *DhPC*, I p. 2.
8. ↑ C'est la *yoga-nidrâ* des *yogin* pendant leurs longues séances d'immobilité.
9. ↑ *MVU* III p. 418-420.
10. ↑ *MVU* III p. 49 s.
11. ↑ Contre Luc x 7 : « N'allez pas de maison en maison ».
12. ↑ Sur le *pâṃçupradâna* dans la Rue royale (*râja-pâtha*) v. surtout *DA* p. 366 et 402 et cf. *AgBG* fig. 255 et 256 *a*.

13. ↑ Cf. *DA* p. 365.
14. ↑ *Mâra-saṃyutta* II 8 et *DhPC* XV 2.
15. ↑ Pourtant on a montré à Fa-hien (ch. XIII) le bâton de santal du Buddha.
16. ↑ Litt^t : « Cela n'est pas assez pour te dresser d'en être venu de faire « Bho ! » (Manière hautaine d'interpeller les gens) à faire « Bhok ! » (c.-à-d. à aboyer) ». Cf. *Mahâ-vibhanga*, éd. S. Lévi (Paris 1932) p. 21 s. et *AgbG* fig. 257.
17. ↑ D'où l'usage de distribuer à l'avance des tickets de bois (*çalâkâ* ; cf. *DA* p. 44, 184, etc.) en guise de cartes d'invitation ; cf. *SA* XV 74 (trad. É. Huber p. 426).
18. ↑ *AgbG* fig. 262.
19. ↑ Cf. *Jâtaka* n° 246 ; d'autres sectes étaient plus strictes ; toutefois la chair d'homme, de cheval, d'éléphant, de bête fauve, etc. était interdite (*MVA* VI 23).
20. ↑ *DhPC* XIX 8.
21. ↑ *DA* p. 61.
22. ↑ Tel est le procédé qu'emploie aussi bien un donateur intéressé qu'un couple de pauvres gens qui se font « esclaves pour dettes » afin de se procurer l'argent nécessaire pour offrir un repas à la Communauté (*SA* VI 37 et XV 75). Cf. la rivalité d'Âmrapâli et des Licchavis *supra* p. 290.
23. ↑ *MVA* VI 22 et cf. 34, 17-21 et 32, 17. Noter la distinction entre les *bhikshu* et les *vighâsâda* nourris de leurs restes.
24. ↑ *DA* p. 91 s.
25. ↑ Il y avait forcément en cas de disette des atténuations à la règle (*MVA* VI 17, 8-9 et cf. 32, 2, 19, 21).
26. ↑ V. par ex. *MVA* VI 31, 10 et cf. l'*Upâli-sutta* du *Majjhima-nikâya* (trad. L. Feer, J. A. 1887). — La rivalité était surtout âpre avec les Nirgrantha (Jainas) de Jñâti-putra (Nâtaputta) et les Âjîvika de Maskarin (Makkhalî-putta) ; sur ces derniers voir l'article de Hoernle dans l'Encyclopédie Hastings. Les bouddhistes se voilaient la face devant cet attentat public à la pudeur. Cf *MVA* VI 34, 12, 13 etc. et *DhP* st. 316.
27. ↑ Sur le guet-apens de Çrî-Gupta (Siri-Gutta) v. *Leben* p. 204-5 et le long délayage de *DhPC* XV 12. Fa-hien rappelle l'incident (B p. 59) et Hiuan-tsang a encore vu la fosse (J II p. 18-9 ; B II p. 151-2 ; W II p. 150). Pour une image v. *AgbG* fig. 262.
28. ↑ Il s'agit de l'Aciravatî, auj. la Rapti (qu'il ne faut pas confondre avec l'Ajitavatî, rivière de Kuçinagara). On remarquera le machiavélisme avec lequel les rédacteurs bouddhiques prêtent à Pûraṇa une réflexion non seument niaise, mais méchante.

29. ↑ Dans le *SA* (trad. É. HUBER p. 363) c'est la cuiller qui est cachée au fond du bol.
30. ↑ Sur l'histoire de Jyotishka sauvé du feu v. *DA* p. 262 s. ; *Life* p. 65 ; et *AgbG* fig. 258-260.
31. ↑ Pour les calomnies v. *supra* p. 277 s.
32. ↑ Pour l'héterodoxe au « passereau » ou au « loriot » v. HIUAN-TSANG, J II p. 49 ; B II p. 173 ; W II p. 170.
33. ↑ V. par ex. dès le début du *MVA* I 2, la rencontre avec le « brahmane grognon » ; mais la section 26 du *DhP* exalte le vrai brahmane tandis que le *SN* st. 381, 891-2 etc. critique les *tîrthya* ou *tiṭṭhika* et leur façon de discuter.
34. ↑ V. notamment l'histoire du brahmane Pokkharasâdi (Pushkarasârin) dans *Dial.* I p. 108 (cf. *Life* p. 82 s.) et celle de Sonadaṇḍa (*ibid.* p. 144).
35. ↑ V. *Pârâyaṇa-vagga* du *SN* V et cf. *AgbG* fig. 432 où le « sanctuaire rocheux » (*pâsana-cetiya*) est effectivement représenté.
36. ↑ cf. Barhut pl. 16, 3 ; et Sâñchi, pl. 34, 35, 51 ; on notera qu'il n'est pas question du roi Udayana de Kauçâmbî (cf. *infra* n. à p. **273**, *38*).
37. ↑ Cf. *DA* p. 147 et cf. HIUAN-TSANG (J II p. 20-1 ; B II p. 153).
38. ↑ V. la n. à p. **287**, *21*.
39. ↑ C'est le refrain du *Mangala-sutta* (trad. CHILDERS JRAS 1869 ou FEER JA 1871).
40. ↑ Sur la visite d'Indra v. *Dial.* II p. 209 s. et *AgbG* fig. 246-8 etc. ; cf. FA-HIEN (B p. 58) et HIUAN-TSANG (J II p. 58-59 ; B II p. 180 ; W II p. 176).
41. ↑ Cf. *AgbG* fig. 249 ; FA-HIEN (B p. 68) ; HIUAN-TSANG (J II p. 21-2 ; B II p. 154). L'absence de cet épisode dans le *Mâra-samyutta* là où on l'attendrait (II 7) dénonce son invention tardive.
42. ↑ *Mahâ-samaya-sutta* (trad. dans *Dial.* II p. 282 s.) ; cf. le début du *Mahâ-Govinda-sutta*, *ibid.* p. 253 s. ou *MVU* III p. 197 s.
43. ↑ À en croire un passage du *MPS* (*Dial.* II p. 98) le Buddha aurait été trop souvent importuné par des questions relatives aux vies antérieures.
44. ↑ Cf. *DhPC* XVIII 9.
45. ↑ *DA* p. 36. Sur la vraie façon d'honorer le Buddha cf. *Dial.* II p. 150.
46. ↑ Tel est le cas pour certains des brahmanes (*DA* p. 71 l. 21 s. et 462 l. 9 s.) et encore y a-t-il eu préparation.
47. ↑ Les mots entre crochets sont insérés d'après le *MVU* (par ex. III p. 413 l. 2) dans la citation du *MVA* I 7, 5-6 et 10 ; 9, 3 etc. ; cf. *DA* p. 616-7 ; *SA* (trad. É. HUBER p. 427).
48. ↑ *MVA* V 1 ; toutefois le rédacteur suppose que pour obtenir l'attention d'une telle multitude il fallut que le Buddha leur fit d'abord donner par un de ses moines une exhibition miraculeuse.
49. ↑ *DhPC* XV 1 ; *Manual* p. 317 ; *Vie* p. 190.

50. ↑ *AgbG* fig. 252-3.
51. ↑ *DhPC* XIII 6 et *AgbG* fig. 304. et cf. le bon larron de Luc XXIII 39-40.
52. ↑ *DA* p. 402 ; *DhPC* XXI 8 et *AgbG* fig. 261.
53. ↑ C'est la *maitrî* (p. *mettâ*) : ex. typique dans *MVA* VI 36, 4. Ce sont seulement les légendes du Nord-Ouest qui lui font user de la force de Vajrapâṇi pour convertir le Nâga Apalâla (*AgbG* fig. 272-5).
54. ↑ *MVA* IV 1, 10. Sur la prédication du Buddha cf. Rhys Davids *Dial.* I p. 161 et 206 et Oldenberg p. 189 s.
55. ↑ Contre les superstitions v. *Brahma-jâla-sutta* (*Dial.* I p. 16-29 ; cf. à propos de l'éternûment JAOS XIII Proceedings p. 17 et *SA* X 60, trad. Éd. Huber p. 302) ; contre la caste l'*Ambaṭṭha-sutta* (*Dial.* I p. 98 s.) et *SN* I 7 ; contre le sacrifice sanglant le *Kuṭa-danta-sutta* (*Dial.* II p. 160 s.), *DhPC* V 1, *BC* XI 64-6 ; contre le panthéisme le *Tevijja-sutta* (*Dial.* I p. 298) etc.
56. ↑ Tel était le code à l'usage des *upâsaka* ; tout *bhikshu* devait en outre s'abstenir de manger à toute heure (6), d'user de guirlandes ou de parfums (7), de dormir sur des lits de parade (8), de suivre des séances de danse et musique (9) et de posséder de l'argent (10). Les n°s 6, 7 et 8 (ou parfois 6, 7 et 9) étaient recommandés aux laïques et s'imposaient à eux les jours de jeûne (*uposatha*) à la nouvelle lune, au premier quartier, à la pleine lune et au dernier quartier : aussi L. de la Vallée-Poussin et d'autres ont-ils pu penser à une sorte de tiers-ordre.
57. ↑ Cf. *supra* p. 208.
58. ↑ *MVU* III p. 137.
59. ↑ Cf. *BC* tib. XXI ou *SA* (trad. Éd. Huber p. 204).
60. ↑ *DhPC* XVIII, 9 ; *SA* (*ibid.* p. 92-3, 226, 228) ; cf. toutefois *supra* p. 228.
61. ↑ *SN* III 4.
62. ↑ « De même que toutes les rivières se perdent dans l'océan » (*CVA* IX 1, 4).
63. ↑ *MVA* VIII 26 ; cf. *DhPC* III 7.
64. ↑ *DhPC* IX 2 ; XII 2 et 8 ; XIX 10 ; XXI 3 etc.
65. ↑ Ce sont le quatre *nissaya* ou *niçraya*.
66. ↑ *MVA* VI 40 ; cf. *supra* p. 250.
67. ↑ *MVA* I 31, 1.
68. ↑ *MVA* I 49 ; cf. I 30 et 62.
69. ↑ Cf. *supra* p. 287.
70. ↑ *CVA* XI 1.
71. ↑ Devadatta fut ainsi excommunié ; sur le cas de Channa v. *ibid.* X 1, 12 s. et cf. *Dial.* II p. 171.
72. ↑ Sur le *sangha-bheda* v. *Corpus Inscr. Ind.* I p. 159 s.

73. ↑ Tout le ch. x du *MVA* lui est consacré.
74. ↑ *MVA* IV 1.
75. ↑ L'histoire est tout au long traduite dans Oldenberg p. 332-3.
76. ↑ Sur l'éléphant de Pârileyyaka v. *MVA* x 4, 6 ; *DhPC* I 5 et cf. XXIII 7 ; *Jâtaka* n° 428 etc.
77. ↑ *Bṛhad-âraṇyaka-up.* III 6 et 8 ; IV 5.
78. ↑ Sur les quatre degrés de la sainteté cf. n. à p. **30**, *42*.
79. ↑ Sur l'admission des nonnes v. *CVA* x et sur le *garu-dhamma* cf. Oldenberg p. 416 n. 1.
80. ↑ V. *Manual* p. 498-500.
81. ↑ *Dial.* II p. 154.
82. ↑ Il s'agit du fameux recueil du *Dhamma-pada*.
83. ↑ Rhys Davids *Dial.* I p. 207.
84. ↑ Sur l'influence occidentale dans le *Mahâyâna* v. *Mém. Dél. arch. fr. en Afghanistan* I p. 283 s.
85. ↑ Cf. *supra* p. 58 s. et 147 ; sur la voix du Buddha v. encore *MVU* I p. 170-1 ; III p. 342-3 et *Hébôgirin* s. v. *Bonnon*.
86. ↑ Cf. l'*Upâli-sutta* (n. à p. **251**, *15*) et le bandeau sur les yeux de Migara dans *Manual* p. 232.

CHAPITRE X

LES QUATRE PÈLERINAGES SECONDAIRES

Les Écritures canoniques viennent de nous donner un aperçu, que l'on voudrait croire dans l'ensemble fidèle, des faits et gestes du Bouddha au cours de sa longue carrière enseignante et, par la même occasion, elles nous ont retracé un portrait — assurément fait de mémoire et embelli par le regret, mais encore ressemblant — de son attachante personnalité. Elles vont également nous permettre, sinon de relever au jour le jour l'itinéraire de ses pérégrinations incessantes (nous n'en demandons pas tant), du moins d'en délimiter le champ et d'en fixer les principales étapes. Un fait peut déjà être considéré comme acquis : le pays à travers lequel Çâkya-mouni, quelque quarante-cinq années durant, aurait promené son infatigable prédication est la partie centrale du bassin du Gange ; et de ce territoire relativement restreint, bien qu'égal en superficie à la moitié de la France, il n'est jamais sorti. Plus tard, quand sa religion répandue dans toute la péninsule eut conquis à fond et Ceylan et le Gandhâra, il était inévitable que la légende accordât à la dévotion des habitants de ces nouvelles terres saintes la satisfaction de croire que leurs ancêtres avaient jadis reçu la visite du Bienheureux ; et l'on en vint à prêter à celui-ci de miraculeuses tournées jusqu'aux extrémités de l'Inde, tant dans la grande île du Sud que dans les montagnes du Nord-Ouest ; mais ces récits ont tout juste la même valeur que ceux qui font voyager Jésus-Christ en Bretagne[1]. Pour dresser la carte de la région évangélisée par le Maître en personne, il suffit de marquer le site des huit villes qui, consacrées au souvenir de ses huit principaux miracles, sont longtemps restées et sont en train de redevenir le but des huit pèlerinages bouddhiques[2]. Une fois de plus l'excellente mémoire topographique des Indiens n'a pas été trouvée en défaut. L'archéologie aidant, il est possible grâce à elle d'établir de façon certaine le cadre géographique où s'est tout entière déroulée l'activité de Çâkya-mouni.

LES LIEUX SAINTS. — Reste à savoir comment s'est constituée sur ce point la tradition. Le procédé nous est si familier que nous aurions pu le deviner sans l'assistance des textes ; mais ceux-ci ont tenu à nous l'exposer avec une ingénuité parfaite. Un seul détail réclame à l'avance quelque éclaircissement : que faut-il comprendre ici par « miracle » ? Inconsciemment ou non, les Occidentaux associent généralement à ce mot, outre l'idée d'un acte contraire aux lois naturelles, celle d'une guérison obtenue contre toute attente ; et la hantise de leur bien-être physique est chez eux si grande que, de leur propre aveu, nombre de leurs pèlerinages religieux ont un but thérapeutique. L'Inde fataliste l'entend si peu ainsi que les bains sacrés de ce qu'on pourrait appeler ses « villes d'eaux » se vantent de désintoxiquer les âmes, mais non les corps, et de laver les péchés, mais non les reins ni les foies. Ne cherchez dans les Écritures bouddhiques rien qui ressemble à la guérison de l'Hémorroïsse ou à la résurrection de Lazare. Nous venons de voir le Bouddha soigner de ses mains l'un de ses moines malades : il n'est pas question qu'il lui confère instantanément la santé ; et quand Kriçâ Gaoutamî, affolée de chagrin et tenant dans ses bras son enfant mort[3], vient le supplier de rendre la vie à l'innocente créature, si fort qu'il compatisse à sa douleur il ne sait que lui enseigner la résignation à la règle commune. Jamais les textes anciens ne nous rapportent de lui une intervention délibérée pour contrarier de quelque façon et en faveur de qui que ce soit la loi qui régit toute destinée, à savoir celle du *karma*. Lors même qu'il entreprend d'opérer une conversion que l'on pourrait taxer de miraculeuse, telle par exemple que celle du brigand Angoulimâla, on prend soin de nous avertir qu'il agit à bon escient : son œil divin lui a révélé qu'en dépit des apparences cet homme souillé de tant de crimes était mûr pour le salut. Qu'est-ce donc que son Église a choisi de commémorer de lui comme autant de miracles ? — Ce parfois à quoi nous songerions le moins : car qu'y a-t-il de merveilleux dans le fait de se donner la peine de naître ou de se laisser mourir ? Pourtant, nous le savons déjà, c'est sa Nativité et son Trépas que la tradition place avec son Illumination et sa Première prédication au premier rang de ses prodiges ; et nous allons voir que les quatre prodiges secondaires ne sont, eux aussi, que des épisodes plus ou moins exceptionnels de sa biographie. Sans doute ces incidents l'obligent à déployer peu ou prou sa puissance magique, et l'un d'eux nous est même expressément donné comme un « Grand tour de magie[4] » : mais nombre de ses disciples et même les maîtres hétérodoxes sont aussi capables de faire de ces tours ; et puisque, dans les idées indiennes, les pouvoirs surnaturels n'excèdent pas les bornes de la nature, on pourrait soutenir sans paradoxe que le bouddhisme primitif n'est pas une religion exigeant de ses sectateurs la croyance aux miracles. En fait nous ne pouvons sans abus de langage employer ici ce mot dans son sens plein : tout au plus devons-nous l'entendre comme désignant des manifestations sortant de l'ordinaire. Ceci entendu, tout se passe comme nous voyons que les choses se passent encore sous nos yeux. Que survienne en un coin quelconque de l'Europe un événement qui puisse être qualifié de miraculeux, il se trouve aussitôt un syndicat d'initiative, un consortium d'hôteliers et des agences de voyages pour le faire valoir. L'industrie du pèlerinage fleurit également, bien qu'avec des moyens plus rudimentaires, dans l'Hindoustan contemporain ; elle est même restée d'autant plus florissante que son caractère spécial la garantit contre la concurrence des usines britanniques ; et si, comme l'expérimentent tous les touristes, Bénarès en est le centre le plus important et le plus éhonté, ses succursales abondent. L'exploitation de la dévotion populaire n'était pas moins bien organisée dans l'Inde ancienne. Le *Mahâbhârata* et les *Pourâna* sont pleins de réclames pour des « places de bains[5] » purificatrices ; et si vous voulez savoir comment la commémoration du

Bouddha a pris de très bonne heure ce même tour, vous n'avez qu'à lire le prospectus adroitement inséré dans le récit traditionnel de l'Ultime trépas. Le Bienheureux est couché sur son lit de mort, et Ânanda lui demande sans ambages ses dernières instructions :

« Au temps jadis[6], Seigneur, après avoir passé en différents lieux la (retraite de la) saison-des-pluies, les moines venaient rendre visite au Prédestiné et nous les recevions. Mais à présent que le Bienheureux aura disparu, comment ferons-nous ?... — Il y a quatre places, ô Ânanda, qu'un fils de famille croyant doit visiter avec une profonde émotion. Quelles sont ces quatre ? (Celles où il peut dire[7] :) C'est ici que le Prédestiné est né... C'est ici que le Prédestiné a atteint la suprême et parfaite Illumination... C'est ici que le Prédestiné a fait tourner la roue de sa Loi... C'est ici que le Prédestiné est entré dans le Nirvâna sans reste ni retour. Telles sont, ô Ânanda, les quatre places qu'un fils de famille croyant doit visiter avec une profonde émotion. Et là, ô Ânanda, viendront tous les croyants, moines et nonnes, zélateurs et zélatrices (et ils diront :) C'est ici que le Prédestiné est né, etc. Et tous ceux, ô Ânanda, qui trépasseront tandis qu'ils seront dévotement engagés dans la tournée de ces sanctuaires, tous ceux-là renaîtront heureusement après leur mort dans les célestes paradis. »

L'assurance donnée par la dernière phrase contre les risques du voyage est, du point de vue publicitaire, la perle des trouvailles. Elle n'ôte d'ailleurs rien à l'authenticité du texte, non plus qu'à la sincérité des fidèles dont elle encourage les pieux déplacements. On a même pu trouver dans l'ambulante dévotion de ces derniers le germe de l'art bouddhique et l'explication de la sorte de déformation congénitale qu'on constate chez lui à ses débuts. Ces quatre pèlerinages originels ont eu vite fait de créer, comme toujours et partout, une demande pour des ex-voto à dédier et des mémentos à emporter ; et ceux-ci durent forcément symboliser de façon plus ou moins schématique les prodiges locaux. Ainsi s'explique la surabondance de lotus de la Nativité, d'arbres de la Sambodhi, de roues de la Prédication et de tumuli du Parinirvâna qui décorent à profusion les plus anciens monuments bouddhiques ; et l'on aperçoit du même coup comment les premiers sculpteurs ont hérité des vieux fabricants d'objets de piété l'étrange habitude de figurer les miracles du Bouddha sans jamais représenter celui-ci autrement que par un symbole. Le nombre des stèles et des bases de *stoupa* qui continuent à grouper invariablement[8] sur leurs quatre compartiments ou sur leurs quatre faces ces quatre scènes s'est multiplié à ce point qu'on est conduit à penser que leur dédication remplaçait — sans fatigue, sinon sans débours — pour les dévots d'humeur sédentaire l'accomplissement des quatre pèlerinages et était censé leur valoir des mérites équivalents[9]. Mais si textes et monuments sont dès l'abord et restent jusqu'au bout d'accord au sujet des quatre prodiges principaux et des quatre villes correspondantes, il n'en va plus de même en ce qui concerne les prodiges et les cités qui devaient compléter le chiffre sacré de « huit[10] ». On conçoit aisément que les villes de Kapilavastou et de Bénarès et les deux bourgades d'Ouroubilvâ et de Kouçinagara n'aient pu longtemps monopoliser à leur seul profit les « vestiges » du Maître et les bénéfices afférents[11] ; mais les textes varient suivant les époques tant sur le choix des localités à leur adjoindre que sur celui de l'événement qu'il convient d'y commémorer. Il semble qu'une compétition se soit instituée à cette occasion entre les diverses cités du bassin moyen du Gange et, aux alentours de chacune d'elles, entre les divers couvents. Cette fois encore c'est aux monuments figurés que nous sommes redevables de la formule à laquelle finirent par s'arrêter tous les artistes et se rallier la majorité des donateurs. Il fut définitivement convenu que les pèlerins devaient aller vénérer avant tout à Sânkâçya le souvenir de la « Descente du ciel », à Çrâvastî celui du « Grand prodige magique », à Râdjagriha celui de la « Subjugation de l'éléphant furieux », et à Vaïçâlî celui de « l'Offrande du singe[12] ».

Le premier étonnement que cause la lecture de cette liste est d'y constater l'absence de trois villes dont l'importance ancienne nous est connue : Mathourâ, Sakêtâ et Kaouçambî[13]. À la vérité la première, dont le zèle bouddhique sera plus tard attesté par tant de fondations, était restée en marge des itinéraires du Bouddha ; mais tel n'était pas le cas des deux autres, aux portes desquelles on nous dit que la Communauté possédait un ermitage où le Maître aurait souvent résidé[14]. Il faut croire que Sakêtâ, Kaouçambî, et, avec elles, Prayâga et tout le cœur de l'Inde centrale étaient dès lors trop profondément brahmanisés pour que la prédication du Bienheureux y rencontrât le même succès que dans le Koçala septentrional, le Tirhout et le Magadha[15]. N'oublions pas non plus que Sakêtâ, de son autre nom Ayodhyâ, était la ville sainte de Râma, comme la « Mathourâ des dieux » de Ptolémée était celle de Krishna. Quant à Kaouçambî, capitale des Vatsas, il semble que les relations du Bouddha avec son roi Oudayana soient restées des plus distantes[16] ; et d'autre part on ne pouvait aisément pardonner aux moines querelleurs et indociles de cette ville l'affront qu'ils avaient infligé à leur Maître. Qu'en revanche la Çrâvastî de Prasênadjit, la Vaïçâlî des Litchavis et le Râdjagriha de Bimbisâra fussent à l'honneur, rien de plus naturel. Mais qui nous dira à présent pourquoi, entre tous les faits édifiants dont ces deux dernières villes auraient été le théâtre, on est allé choisir, comme pour se faire pendant, deux anecdotes ayant pour principal personnage un animal ? Et enfin que faut-il penser de Sânkâçya et de son miracle ?

Le prodige de Sânkâçya. — Commençons par écouter attentivement ce que nous rapporte la tradition au sujet de ce dernier. En ce temps-là (c'était, à ce que certains croient savoir, la seizième année après l'Illumination), le Bouddha résolut de monter au ciel des Trente-trois dieux où sa mère Mâyâ était re-née afin de lui enseigner la Bonne-Loi. Il disparut donc mystérieusement de la terre et n'y redescendit que trois mois plus tard, le jour de la pleine lune d'octobre, près de la ville de Sânkâçya. Mais si son « Ascension » — fait donné comme assez banal et à la portée d'autres que lui[17] — passa inaperçue, il n'en fut pas de même de sa « Descension ». Celle-ci se fit en grande pompe, par un triple escalier en matières précieuses créé tout exprès par les dieux, entre Brahma à sa droite et Indra à sa gauche, sur un fond de ciel tout meublé de divinités chantant ses louanges et faisant pleuvoir des fleurs. Au bas des degrés l'attendait la foule de ses fidèles avec ses principaux disciples. De bonne heure le motif se fixa ainsi en une sorte de triptyque, mais à volets verticalement superposés, représentant en haut la prédication chez les dieux, au milieu la descente sur la terre, en bas la reprise de l'enseignement et l'espèce d'examen que le Bouddha fit passer aux membres de la Communauté en leur posant des questions de plus en plus difficiles[18] ; à l'avant-dernière seul Çâripoutra put encore répondre, et il n'y eut que Câkya-mouni pour donner la solution de la dernière.

Tel est en abrégé le récit qui nous est fait, et la première conclusion qui s'en dégage est qu'il n'y a jamais eu de prodige de Sânkâçya. Les quatre grandes Manifestations ont un fond historique ; et les trois autres Manifestations secondaires peuvent recéler sous les fictions le souvenir d'un authentique fait divers : ici il ne subsiste aucune parcelle de vérité ni de vraisemblance. C'est du merveilleux à l'état pur : que ceux qui ont la foi y croient. Il n'est pas jusqu'au théâtre choisi pour ce mythe qui n'éveille aussitôt la défiance[19]. Assurément tous les témoignages anciens s'accordent pour le placer à Sânkâçya ; et il y a de fortes raisons, sinon des raisons décisives, de penser que cette cité soit aujourd'hui représentée par les ruines de Sankissa, où subsistent encore des vestiges du temps d'Açoka. Mais un regard jeté sur la carte suffit à montrer à quel point ce site est excentrique par rapport aux autres villes saintes. Il nous entraîne loin, vers l'Ouest, dans la mésopotamie[20] entre la Djamna et le

Gange, c'est-à-dire dans ce qui fut le « Pays du Milieu » des Brahmanes, bien distinct et distant de celui des Bouddhistes, reporté beaucoup plus à l'Est. Autre considération qui a son poids : quiconque recommence le tour des « huit pèlerinages » ne peut s'empêcher de remarquer que ses pérégrinations le promènent constamment, à cette seule exception près, à travers des campagnes couvertes de rizières, tant et si bien que s'établit inévitablement dans son esprit une étroite association entre le bouddhisme et cette sorte de marécage industrieusement compartimenté, comme avec la céréale qu'on y récolte[21]. Sankissa se trouve au contraire en pleine terre à blé, dans une plaine où la nappe d'eau ne règne qu'à une grande profondeur sous les alluvions. Non seulement on reste parfaitement incrédule devant le miracle, mais on se sent complètement dépaysé devant son site…

Il ne nous échappe pas à quel point il est vain de tenter une explication rationnelle d'un mythe : aussi n'entreprenons-nous rien de pareil, mais seulement de rechercher quelles peuvent avoir été les raisons originelles de l'invention et de la localisation de celui-ci. Sur le premier point aucune hésitation n'est permise : n'est-il pas écrit que c'est un des devoirs essentiels de tout Prédestiné « d'établir son père et sa mère dans les vérités[22] » et d'assurer ainsi leur salut ? Comment admettre que Çakya-mouni eût manqué à cette obligation de conscience envers celle à qui, au cours de tant d'existences avant la dernière de toutes, il avait dû de voir le jour[23] ? Ce point admis, le reste suit. Puisque Mâyâ, promue en manière de récompense à la fois au rang de divinité et au sexe supérieur, était re-née dans le ciel d'Indra, il convenait que son fils s'y transportât pour lui rendre visite, chose pour lui facile à raison de ses pouvoirs surnaturels. (Telle était du moins, soit dit entre parenthèses, la forme que les idées du bouddhisme primitif devaient imposer à la légende ; et que celle-ci ait pris en effet cette forme est une preuve de sa relative ancienneté ; car, plus tard, on eût trouvé, et en fait on trouva plus commode, en même temps que plus pathétique, de faire descendre une fois de plus Mâyâ de son ciel en lui restituant sa féminité.) Seconde exigence protocolaire : pour une tâche aussi sacrée, il ne pouvait décemment s'agir d'une visite en coup de vent : le moins et le mieux que le Bouddha pût faire était de consacrer à sa mère une de ces périodes sédentaires que ramenait chaque saison-des-pluies. (Notons encore en passant comment cette absence de trois mois fournit plus tard aux bonnes âmes une explication édifiante, autant que satisfaisante, de l'origine des images du Bienheureux, quand celles-ci furent enfin créées et leur culte mis à la mode : c'est pour adoucir l'amertume d'une si longue séparation que tel ou tel roi aurait passé commande à ses sculpteurs de la première statue du Maître[24] — dont la ressemblance se trouvait de plus garantie, puisque exécutée du vivant même du modèle. Et, brodant sur le tout, des théologiens ingénieux trouvèrent de leur côté l'occasion excellente de faire prêcher au Bouddha, pendant cette céleste retraite, le texte de l'*Abhidharma*, et d'authentifier ainsi, sans crainte de contradiction, la troisième des trois Corbeilles des Écritures sacrées.) — Enfin, quand le temps est venu pour le

Bienheureux, son devoir rempli, de retourner à sa tâche terrestre, comment les dieux, ordinaires ministres de ses volontés, aussi bien Indra dont il était l'hôte que Brahma descendu tout exprès de son étage supérieur, ne se seraient-ils pas fait un devoir, eux et leurs divines cohortes, de le reconduire solennellement jusqu'à ce qu'il ait repris pied sur la terre ? Tout cela coule de source ; mais ce serait s'abuser volontairement que de croire que cet enchaînement de lieux communs suffise à rendre compte du tour particulier qu'a pris la mise en scène de la légende. Relisez-en toutes les versions : vous serez toujours ramené au fait que l'incident entre tous mémorable est la Descente par le triple escalier[25]. Regardez-en toutes les représentations anciennes : vous constaterez que leur élément essentiel est la figuration du triple escalier de la Descente[26]. C'est encore et toujours ce triple escalier — tel qu'à l'imitation de celui des dieux l'avait dressé vers le ciel la piété d'Açoka, seulement réduit par le malheur des temps à de simples pierres de taille — qu'ont encore vu de leurs yeux, sur la place traditionnelle du prodige, aussi bien Fa-hien que Hiuan-tsang. C'est donc aussi l'insolite silhouette de cet édifice religieux qu'il reste à expliquer en même temps que sa situation géographique.

Si nous avons quelque chance de retrouver un secret depuis si longtemps perdu, ce ne pourra être que sur les lieux mêmes. Mettons-nous donc en route, au départ de Fatehgarh, à travers la plaine gangétique, en général fertile, coupée seulement çà et là de grands espaces stériles parce que couverts d'une blanche efflorescence saline[27]. Au début de novembre, sous le ciel redevenu immuablement bleu, on chemine entre les champs de millet, de légumineuses et de cannes à sucre, restes encore sur pied de la récolte d'été, et ceux où pointe déjà le blé de la récolte d'hiver[28]. L'horizon est de toutes parts borné par des bosquets de manguiers, où se cachent les villages. Çà et là des antilopes s'enfuient, tandis que des paons se promènent sans crainte ; et les pigeons bleus nichent dans les puits abandonnés. Le seul trait un peu saillant du paysage est le grand nombre de plans inclinés, faits de terre battue, qui d'une part surmontent les puits et de l'autre s'enfoncent dans le sol alluvial. Le long de ces rampes artificielles montent ou descendent avec une régularité d'horloges, sous les cris de leurs conducteurs, de patients attelages de bœufs, occupés presque sans relâche à élever au-dessus de la surface, dans de grandes outres de cuir, l'eau de la nappe souterraine[29] ; car celle-ci est beaucoup trop basse pour qu'on puisse comme d'ordinaire assurer à l'aide de norias ou de simples balanciers cette irrigation quasi constante sans laquelle les moissons subtropicales ne sauraient résister à l'ardeur du soleil. L'avouerons-nous ? À force de voir se dresser de tous côtés le profil de ces rampes inclinées à environ 30° au-dessus de la plaine, on ne peut se défendre de penser qu'elles sont responsables de la localisation en ces parages de la « Descension de chez les dieux ». Le fait indéniable est qu'elles dessinent sur le ciel l'élévation du monument commémoratif de ce miracle, tel que les témoins oculaires sont d'accord pour nous le décrire. Il suffirait de revêtir l'une d'elles de trois rangs contigus de degrés de pierre pour recréer de toutes pièces la triple Santa Scala attribuée à Açoka ; et, pour compléter la restitution du vieux sanctuaire, il ne resterait plus qu'à ériger au sommet le groupe traditionnel du Bienheureux debout entre ses deux divins acolytes — ce groupe que le roi Harsha de Kanaudj et son vassal Koumâragoupta, respectivement costumés en Indra et Brahma, et tenant en main, l'un un parasol et l'autre un chasse-mouches, se plaisaient à reproduire aux côtés d'une statue d'or du Bouddha[30].

Le cycle de Çrâvastî. — Le prodige de Sânkâçya aurait, nous dit-on, immédiatement suivi, et non précédé, celui de Çrâvastî : mais dans notre hâte de nous débarrasser d'un miracle aussi visiblement apocryphe et hors cadre, nous n'avons pas hésité à renverser l'ordre de l'exposé. Non que le « Grand tour de magie » soit en lui-même plus croyable sous toutes les fictions dont l'imagination populaire, aidée en l'espèce par une succession de médiocres écrivains se battant les flancs pour l'embellir, a fini par le surcharger : mais du moins découvre-t-on sous ces enjolivements postiches le souvenir incontestable des rivalités qui ne purent manquer de mettre en opposition le Bouddha avec les chefs de sectes, ses contemporains ; le reste n'est qu'une mise en scène plus ou moins heureusement concertée. L'épisode particulièrement mis en vedette fait d'ailleurs partie d'un cycle tournant tout entier autour de l'inévitable compétition pour les aumônes et comportant des affabulations variées ; car la légende n'est jamais lasse de noircir la réputation des hétérodoxes en contant comment ceux-ci ont vainement tenté, à grand renfort de calomnies, de ruiner celle du Bouddha dans l'esprit de la population et du même coup de l'affamer, lui et sa Communauté, en tarissant à la source les offrandes qui assuraient leur subsistance. Cela ne l'empêche pas d'ailleurs de convenir sans ambages, et même avec une certaine complaisance, que, ce faisant, les adversaires du Bienheureux luttaient pour défendre leur propre droit à la vie contre une concurrence écrasante. Toutes ces intrigues et ces commérages de moines mendiants se disputant leur provende nous laissent à distance beaucoup plus froids que les intéressés : un ou deux incidents valent toutefois la peine d'être rapportés à raison du jour qu'ils jettent sur les arrière-plans de la vie religieuse du temps :

À partir du moment où le Possesseur-des-dix-forces[31] (intellectuelles) eut atteint la Clairvoyance, que le nombre des disciples se fut multiplié, qu'une foule innombrable de dieux et d'hommes fut parvenue à la sainteté et que la pratique de la vertu se fut répandue, profits et hommages affluèrent (vers le Bienheureux). Les religieux hétérodoxes devinrent pareils aux lucioles quand le soleil s'est levé. Privés de tout profit et honneur, (ils criaient) debout au milieu des rues : « Quoi donc, n'y a-t-il que le çramane Gotama qui soit un Clairvoyant ? Nous aussi nous sommes des Clairvoyants. N'y a-t-il que les offrandes qu'on lui présente qui soient méritoires ? Celles que l'on nous présente rapportent aussi de grands mérites. Allons, faites-nous l'aumône ! » Mais ils avaient beau faire ainsi appel aux gens, ils n'obtenaient ni profits ni honneurs. Alors ils tinrent un conciliabule secret et délibérèrent : « Par quel moyen arriverons-nous, en déshonorant le religieux Gotama aux yeux des gens, à mettre fin à ses profits et honneurs ? »

Or il y avait en ce temps-là à Çrâvastî une religieuse (hétérodoxe) nommée la novice Tchiñtchâ qui était très belle, pleine de grâce, pareille à une nymphe céleste ; et une lumière radieuse émanait de sa personne. Et un conseiller sans vergogne parla ainsi : « Servons-nous de la novice Tchiñtchâ pour perdre de réputation le çramane Gotama et mettre fin à ses profits et honneurs. » Et tous se trouvèrent d'accord pour dire : « Oui, c'est bien là le moyen. »

Quand donc Tchiñtchâ vint à l'ermitage des Hétérodoxes, elle les salua et attendit : les Hétérodoxes ne lui adressèrent pas la parole : « Quelle peut bien être ma faute, Seigneurs ? Voilà trois fois que je vous salue, dit-elle ; quelle peut bien être ma faute que vous ne m'adressez pas la parole ? — Ne connais-tu pas, ma sœur, ce çramane Gotama, notre ennemi, qui par ses menées nous prive de tout profit et honneur ? — Je ne le connais pas, Seigneurs, et d'ailleurs qu'y puis-je faire ? — Si tu nous veux du bien, ma sœur, emploie-toi à déshonorer le çramane Gotama pour mettre fin à ses profits et honneurs. — Bien, Seigneurs, j'en fais mon affaire ; soyez sans inquiétude. » Et ayant ainsi parlé, elle se retira.

Experte qu'elle était en artifices de femmes, à partir de ce jour, quand (à la nuit tombante) les habitants de Sâvatthî, après avoir écouté le sermon, sortaient du Djêtavana pour rentrer chez eux, elle, vêtue d'une robe écarlate et tenant à la main parfums et guirlandes, se dirigeait (au contraire) vers le Djêtavana ; et si quelqu'un lui demandait : « Où vas-tu à cette heure ? », elle répondait : « En quoi cela vous regarde-t-il où je vais ? » Elle passait la nuit dans un couvent d'Hétérodoxes situé dans le voisinage du Djêtavana ; et dès l'aube, quand les zélateurs (du Bouddha), désireux de venir lui faire leur salutation matinale, sortaient de la cité, elle, tout comme si elle avait passé la nuit au Djêtavana, rentrait en ville ; et si quelqu'un lui demandait : « Où as-tu passé la nuit ? », elle répondait : « En quoi cela vous regarde-t-il où je couche ? » Au bout de quelques semaines, quand on l'interrogeait (elle se mit à dire) : « J'ai couché au Djêtavana avec le çramane Gotama dans sa cellule privée ». Et les gens du commun étaient pris d'un doute : « Est-ce que c'est vrai ou non ? » Au bout de trois ou quatre mois elle s'enroula des étoffes autour du corps pour se donner l'apparence d'être enceinte, et elle fit croire aux imbéciles qu'elle était grosse des œuvres du çramane Gotama. Au bout de huit à neuf mois elle s'attacha sur le ventre un hémisphère de bois, se battit les mains, les pieds, les flancs avec une mâchoire de bœuf pour se couvrir d'enflures et prit un air languissant. Un soir que le Prédestiné prêchait, assis sur le splendide siège de la-Loi, elle entra dans la salle et vint se camper en face de lui : « Grand çramane, dit-elle, tu prêches au peuple la Loi, et ta voix est douce, et plaisantes tes lèvres ; me voici cependant, moi, grosse de tes œuvres et prête à accoucher : et tu ne t'occupes nullement de me procurer ni une chambre pour faire mes couches, ni le beurre fondu, l'huile et le reste ; et non seulement tu ne fais rien, mais tu ne dis même pas à l'un de ceux qui te sont dévoués, soit au roi de Kosala, soit à Anâthapindada, soit à la grande zélatrice Visâkhâ[32] : Faites le nécessaire pour cette novice. Tu sais bien faire l'amour, mais tu ne sais pas parer à ses conséquences. » C'est ainsi qu'en pleine assemblée elle prit à partie le Prédestiné, pareille à qui s'efforcerait de souiller le disque de la lune avec une poignée d'ordures. Et le Prédestiné, interrompant sa prédication, lui répondit avec le rugissement d'un lion : « Ma sœur, si ce que tu viens de dire est vérité ou mensonge, il n'y a que toi et moi à le savoir. — Oui vraiment, çramane ; il n'y a que nous deux qui sachions à quoi nous en tenir sur ce point... »

On le voit, le narrateur se rendait parfaitement compte du caractère particulièrement insidieux de l'accusation portée contre le Maître. Vraie ou fausse, c'est une de celles dont il est le plus difficile à un homme de se disculper ; et c'est pourquoi, dans sa sagesse, notre Code civil interdisait en principe la recherche de la paternité. Par bonne chance pour le Bouddha, la grossesse de Tchiñtchâ n'est que feinte ; et puis n'a-t-il pas à son service Indra, le roi des dieux ? À ce moment même celui-ci sent que son siège de marbre s'échauffe sous lui ; pour découvrir la cause de ce phénomène insolite, il parcourt l'univers de son œil divin, voit de quoi il retourne et arrive instantanément escorté de quatre de ses divins sujets. Ses aides-de-camp, prenant la forme de souris, grimpent dans les vêtements de Tchiñtchâ, rongent les liens qui attachent sur son ventre l'hémisphère de bois, et le lui font tomber sur les orteils. La chute de cet objet, la grimace de douleur de la donzelle et son amaigrissement subit démontrent d'un trait aux fidèles l'abominable calomnie dont elle s'est faite l'instrument. Elle doit s'enfuir sous les huées, les crachats et les coups ; et, dès qu'elle a quitté le sol sacré du Djêtavana et se trouve hors de la vue du Maître, la terre s'entr'ouvre sous elle et, tout enveloppée de flammes, elle est précipitée au plus profond des enfers[33].

Telle est l'histoire de la novice Tchiñtchâ ; et il faut reconnaître qu'elle nous est très adroitement contée. Sans doute l'héroïne est un parangon d'astuce et d'effronterie féminines, et elle est justement damnée ; mais pourtant on la plaint, car on la sait en définitive victime de son dévouement à ses supérieurs, et c'est sur ceux-ci que retombe toute la responsabilité de son crime comme de son châtiment. Sa punition, notez-le, n'est nullement le fait du Maître, qui n'en est même pas spectateur : c'est une de ces manifestations de la loi immanente du *karma*, qui parfois sanctionnent immédiatement le crime[34]. On ne veut d'ailleurs pas que ce terrible exemple ait le moins du monde découragé les Hétérodoxes : l'échec de leur machination les incite seulement à en inventer une meilleure. Cette mauvaise langue de Rudyard Kipling (en ce temps-là il était encore journaliste) prétend que dans l'Inde du XIXe siècle rien n'était plus facile que de monter contre son ennemi, pour quelques centaines de roupies, une accusation d'assassinat, cadavre compris. C'est à ce procédé perfectionné de dénigrement qu'ont recours les rivaux du Maître : car un faux témoin peut être confondu, mais une macabre et muette pièce à conviction n'est pas si facile à récuser. Les textes reprennent donc mot pour mot, à propos de la novice Soundarî, « la

Belle », le même récit que nous venons de lire sur le compte de la novice Tchiñtchâ, « le Plant de tamarin » : mais cette fois la séduisante émissaire des Hétérodoxes n'a pas plus tôt lancé dans la circulation une seconde édition de la même calomnie que ces monstres de scélératesse la font égorger par des bravi à leur solde et cacher son cadavre dans le Djêtavana sous un tas de guirlandes fanées, aux abords mêmes de la cellule du Bienheureux : après quoi il ne leur reste plus qu'à signaler sa disparition à la police royale. Ils ont tôt fait de retrouver le cadavre et de promener sur une civière à travers les rues de Çrâvastî cette preuve indéniable de la luxure du sci-disant Bouddha et du zèle excessif avec lequel ses disciples ont, pour cacher sa faute, ôté la vie à la partenaire de ses débauches. Mais le triomphe des Hétérodoxes est de courte durée. Ils n'ont oublié qu'un point, c'est que leur stratagème n'a pu se passer de complices. Sitôt leur pourboire touché, les assassins n'ont rien eu de plus pressé que de courir à la taverne ; une fois ivres, ils se sont querellés sur le partage de leur salaire et se sont mutuellement jeté à la tête tous les détails de leur forfait. La police l'apprend ; le Bouddha est innocenté et les exécuteurs comme les instigateurs du complot punis : car il y a parfois une justice dès ce monde[35].

Ne vous croyez pas encore quittes avec les infatigables conteurs que sont les moines bouddhistes. Le moment vient où ils se mettent à classer et à rédiger leurs souvenirs traditionnels. Dans l'anecdote de Tchiñtchâ (et c'est à quoi nous devons de l'avoir conservée) ils voient un excellent préambule à mettre en tête du récit d'une et même de plusieurs des vies antérieures de leur Maître : car rien n'arrive guère à celui-ci qui ne lui soit déjà arrivé jadis. À cette occasion encore le Bienheureux aurait dit à ses moines : « Ce n'est pas la première fois, ô mendiants, que cette femme m'a calomnié », sur quoi on lui met dans la bouche, entre autres contes, celui du prince Mahâpadma, qu'il est bien inutile de répéter en français, car nous le connaissons tous d'avance ; c'est l'aventure d'Hippolyte avec Phèdre ou, si vous préférez, de Joseph avec la femme de Putiphar. Voilà qui va bien : mais la théorie du *karma* est une arme à deux tranchants et qui peut se retourner contre qui la manie. On en vint à croire que le Bouddha lui-même ne lui échappait pas de son vivant. Puisqu'il a été ainsi persécuté par ses ennemis, c'est donc qu'il avait mérité de l'être ; et tel texte postérieur n'a pas reculé devant cette conclusion qui, à nous profanes, apparaît comme pis qu'un crime de lèse-majesté, un véritable sacrilège. Froidement il fait reconnaître par le Bienheureux en personne que les accusations calomnieuses dont il a été l'objet sont la juste sanction d'une faute pareille commise par lui au temps d'une de ses existences passées : étant ivre, il avait jadis calomnié un saint[36]. Telle est la lointaine répercussion de nos actes, à laquelle seul le Nirvâna peut mettre un terme : tel est aussi l'enchaînement sans fin des fables édifiantes qui se greffent les unes sur les autres, sans autre limite que la patience du lecteur. Comme il arrive toujours dès qu'on tire sur le fil d'un conte bouddhique, il en vient un écheveau.

Ce n'est pas tout encore. Rabâcher et combiner ensemble de vieilles histoires est bien : paraître les authentifier en les localisant est encore mieux, et surtout d'un meilleur rapport. Les moines des couvents voisins de Çrâvastî s'y employèrent avec le même succès que leurs confrères des autres villes saintes. Au VIIe siècle leurs rares héritiers (car, répétons-le, toute cette région avait été de bonne heure dévastée et à peu près désertée) montraient toujours à Hiuan-tsang le trou béant par lequel Tchiñtchâ avait été engloutie : comment douter après cela de son forfait ? Il faut même croire que l'exploitation de ce singulier lieu saint était d'un excellent revenu, et aussi que le territoire abondait en ces excavations naturelles que l'on croyait « sans fond, parce que l'eau de la saison-des-pluies n'y séjournait pas ». À 800 pas (chinois, donc doubles) plus au Nord, mais toujours près de la clôture orientale du Djêtavana, on menait également les pèlerins devant deux autres fosses profondes, situées côte à côte, et qui étaient censées s'être ouvertes, l'une sous les pas du traître Dêvadatta (dont nous lirons bientôt les perfides machinations), et l'autre sous ceux du moine Kokâlika, son complice ; après quoi on traînait les visiteurs plus loin dans l'Est devant l'étang desséché où le cruel Viroudhaka, en expiation du massacre des Çâkyas, avait reçu le même châtiment. L'agenda de la tournée était ainsi des plus chargés. Il ne comportait pas seulement, tant à l'intérieur qu'à l'extérieur de la cité, l'évocation du Maître et de ses persécuteurs, mais aussi celle des deux principaux disciples, des deux grands zélateur et zélatrice Anâthapindada et Viçâkhâ, du brigand Angoulimâla, des jeunes filles Çâkyas cruellement suppliciées pour avoir refusé d'entrer dans le harem du vainqueur, des cinq cents aveugles qui recouvrèrent la vue et créèrent un bois de leurs bâtons plantés en terre, etc. L'enclos relativement restreint du Djêtavana, tout comme celui de l'arbre de la Bodhi, avait ainsi fini par s'encombrer de monuments commémoratifs et de monastères, d'abord placés côte à côte, puis, à mesure qu'ils tombaient en ruines, remplacés par d'autres édifices, si bien que les fouilles archéologiques ont retrouvé, sous la brousse et la jonchée de briques de la surface, deux ou trois couches superposées de *stoupa*, de temples, de promenoirs et de couvents. Le fait a été mis hors de doute par le témoignage des inscriptions : les tertres de Saheth-Maheth, situés dans l'État hospitalier de Balrâmpour, représentent le parc du prince Djêta et la vieille capitale du Koçala ; et c'est à bon escient que les bouddhistes d'aujourd'hui peuvent venir comme ceux d'autrefois y promener leur mélancolie, à présent que les recherches de l'Archæological Survey leur en ont rappris le chemin[37].

Le grand prodige magique. — Mais il est grand temps d'en venir enfin au miracle dont Çrâvastî était jadis le plus fière de proposer le site à la vénération publique. On ne s'étonnera pas que Fahien et Hiuan-tsang, distraits par l'abondance des « saints vestiges » et ne sachant plus auquel entendre de leurs cicérones, l'aient à peine mentionné en passant[38]. Évidemment il finissait par se noyer dans le flot montant des commémorations pieuses : mais des textes relativement anciens proclament sa prééminence et le donnent comme l'un des actes essentiels que doit accomplir tout Bouddha[39]. De fait nul ne songe à contester qu'un conflit entre le Prédestiné et les chefs des Communautés antérieures à la sienne ne fût rendu inévitable par les conditions mêmes de leur concurrence vitale. Tout ce qu'il est légitime de supposer c'est que nos informateurs bouddhistes n'auront pas manqué d'attribuer à l'hostilité des Hétérodoxes les motifs les plus bas comme aux manifestations de leur animosité les formes les plus criminelles. C'est à peine s'ils consentent parfois à faire allusion à des dissentiments d'un ordre plus relevé, parce que portant sur des différences de doctrine ou de discipline ; et alors même qu'ils prétendent nous exposer les idées philosophiques de leurs adversaires, il est fort à craindre qu'ils ne se plaisent à leur imprimer un tour ridicule, ou tout au moins inacceptable pour les gens sensés : car la bonne foi n'a jamais été la règle de la polémique[40]. Il paraît également surprenant que les émules de Çâkya-mouni aient pu oublier leurs rivalités particulières au point de faire cause commune contre le nouveau venu. Mais que d'un camp à l'autre des défis aient été lancés et des luttes de paroles engagées, c'est là un trait de mœurs indiennes qui depuis la plus haute antiquité nous est trop souvent attesté pour susciter le moindre doute. Les annales brahmaniques aussi bien que bouddhistes retentissent des échos de grandes discussions publiques, engagées souvent sur initiative ou même sous présidence royale, et dont l'enjeu est tantôt la suprématie du controversiste vainqueur, tantôt celle du groupe dont il s'est (ou a été) constitué le champion[41]. Débats solennels ou simples prises de bec, ce sont toutes ces joutes oratoires qu'à tort ou à raison la légende a, si l'on peut ainsi dire, condensées en un sensationnel « Colloque » —

pour employer le terme dont nous usions nous-mêmes au temps de nos guerres de religions — de telle façon que le Bienheureux pût confondre en une seule séance tous ses rivaux à la fois. Qu'un triomphe si prompt et si complet n'ait pu être obtenu sans quelque miracle, c'était l'évidence même aux yeux des croyants ; et les prodiges sont venus en effet s'échafauder les uns par-dessus les autres, à mesure que se succédaient, chacun renchérissant sur la précédente, les versions de plus en plus édifiantes de l'événement. Exactement comme sous les tertres de Saheth-Maheth, l'observateur peut déceler dans l'amoncellement des textes des couches appartenant à différentes époques et peu à peu superposées, ici au sol naturel et là au fond commun primitif. C'est évidemment la plus ancienne forme du récit qui nous intéresse avant tout, car c'est la seule qui ait chance de nous retracer quelque ombre des agissements d'autrefois : mais peut-être n'est-il pas hors de propos, puisque le cas s'y prête, d'examiner comment se forge de toutes pièces un « Grand prodige magique ».

Il semble, pour commencer, que nous puissions restituer dans ses grandes lignes et justifier en raison le point de départ de la légende. Sur les origines tant matérielles que doctrinales du conflit, il est inutile de revenir. En ce qui concerne les docteurs hétérodoxes, on ne peut qu'être favorablement impressionné par le fait qu'ils ne sont jamais qu'au nombre fort raisonnable de six et qu'on nous donne toujours pour eux exactement les mêmes noms ; et puisque celui qui clôt l'énumération a été identifié comme le fondateur de la secte toujours florissante des Djaïnas ou

Djinistes, son historicité certaine confère à ses confrères un suffisant brevet de réalité. D'autre part le choix de Çrâvastî nous est expliqué de la façon la plus plausible. Se défiant à bon droit de l'amitié que Bimbisâra, le roi du Magadha, porte à Çâkya-mouni, les Hétérodoxes ont au contraire des raisons de compter sur l'impartialité de Prasênadjit, le roi du Koçala. Plus tard on a prétendu connaître jusqu'à l'occasion de ce grand tournoi spirituel. On s'est souvenu (assez ingénieusement d'ailleurs) qu'à la suite de la frasque intempestive de Pindola Bharadhvâdja, le Bouddha avait interdit à ses moines toute manifestation publique de leurs pouvoirs surnaturels. Cette interdiction paraissant le mettre lui-même en état d'infériorité, les Hétérodoxes en auraient pris aussitôt avantage pour le provoquer à une compétition publique. Mais de même qu'une ordonnance royale n'oblige pas le roi, une interdiction édictée à l'usage des disciples ne lie pas le Maître ; et ainsi les faux prophètes sont pris à leur propre piège... Et voilà comme on risque de détruire la vraisemblance à force de vouloir trop prouver. Renonçons donc à deviner le mobile des actes et contentons-nous de connaître le théâtre où s'agitent les acteurs. L'emplacement de ce dernier est fixé de la façon la plus précise entre Çrâvastî et le Djêtavana (donc en terrain neutre) à l'Ouest de la route qui menait et mène encore de la porte méridionale de la cité à la porte orientale de l'ermitage, à environ 150 pas au Nord de celle-ci. Là, le roi Prasênadjit (plus tard remplacé dans cette tâche par Viçvakarman, l'architecte des dieux) avait élevé pour la circonstance une vaste salle de conférence. Celle-ci était encore représentée au temps des pèlerins chinois par un temple haut de soixante à soixante-dix pieds, à l'intérieur duquel une image du Bouddha était « assise », face à l'Est, telle qu'il s'était jadis tenu quand son éloquente dialectique réfuta toutes les critiques ou objections de ses adversaires. Ainsi réduite à ses traits essentiels, pas plus qu'elle n'excède les limites de la vraisemblance, la scène ne dépasse pas les faibles moyens de la vieille école indienne. Sur un bas-relief de Barhut[42] (IIe siècle avant notre ère), un roi dûment étiqueté « Prasênadjit de Koçala », sort en char de sa bonne ville pour se rendre à un vaste pavillon qui abrite la « roue de la Loi », symbole attitré de la victorieuse prédication du Maître. En vérité l'on ne voit pas quels procédés meilleurs la tradition, tant écrite que figurée, aurait pu employer pour établir l'authenticité du principal miracle de Çrâvastî. Il semble bien que nous touchons là ce qu'Eug. Burnouf appelle « la simplicité primitive et le bon sens pratique du Bouddhisme ancien[43] ».

Mais où et quand l'humble vérité a-t-elle satisfait la dévotion de la foule ? Que le Bienheureux ait triomphé par la force invincible de sa parole, c'était là chose admise d'avance ; mais ne fallait-il pas qu'en un débat d'une importance si décisive sa prédication eût revêtu, ne serait-ce que par ses accessoires, un aspect exceptionnel ? C'est à ce point que, bien que travaillant toutes les deux dans le même sens, les traditions du Nord et du Sud commencent à diverger. Pour celle-ci le Grand prodige devient avant tout et restera jusqu'à nos jours, dans les textes comme dans l'imagerie, le « Prodige sous le Manguier ». En cette occasion solennelle le Bouddha aurait commencé par opérer le miracle qu'imitent encore aujourd'hui, jusque sur le pont des paquebots à l'escale, les prestidigitateurs indiens ; mais tandis que ces derniers ne font pousser en quelques minutes d'un noyau de mangue que l'arbuste de quelques décimètres de hauteur dissimulé dans leur sac de jongleur, c'est un arbre immense, tout couvert de fleurs et de fruits et tout bourdonnant d'abeilles, que le Bienheureux fait s'élever en un instant jusqu'au ciel et au pied duquel il prend place. Tel il est encore aujourd'hui représenté en Indochine indienne ou à Ceylan sur de pieuses chromo-lithographies ; et tel il était déjà symbolisé dès le Ier siècle avant notre ère sur la porte Nord du grand *stoupa* de Sâñchî[44]. De son côté la légende du Nord-Ouest a préféré prêter en cette occasion au Bouddha une de ces « pensées mondaines » que tous les êtres de l'univers s'empressent à réaliser : et c'est ainsi que, par les soins de deux génies aquatiques, jaillit du sol un énorme lotus « à mille pétales, large comme une roue de char », sur lequel le Bienheureux s'installe dans la pose de la prédication et qui restera le trait caractéristique de toutes les représentations à la mode gandharienne du Grand prodige, — de toutes celles du moins où le Maître est figuré assis[45].

Voilà donc déjà étendu sur le fait original de la victoire verbale un premier vernis de merveilleux. D'autres applications pareilles suivront ; mais déjà il devient difficile de discerner entre elles des lignes de démarcation très nettes. Archéologues et philologues ne savent que trop comment les couches successives dont nous parlions tout à l'heure ont la mauvaise habitude de s'entrepénétrer : et c'est ce qui rend si délicate l'étude stratigraphique des tertres comme des textes.

Dès le niveau le plus bas que nous atteignions nous voyons déjà pointer le souci d'adjoindre à la parole du Maître d'autres manifestations, de plus en plus fulgurantes, de ses pouvoirs surnaturels. Un premier temps se marque où l'une et l'autre tradition se bornent à faire intervenir les fameux « miracles jumeaux » — lesquels, on s'en souvient, consistent pour le Prédestiné à évoluer dans les airs en faisant tour à tour jaillir, de la partie supérieure ou inférieure de son corps, tantôt des jets d'eau et tantôt des langues de feu, « tel une montagne à la fois embrasée et ruisselante[46] ». De cette version nouvelle nous connaissons plusieurs répliques dans l'école gréco-bouddhique du Gandhâra : mais sa figuration était interdite à la vieille école indienne puisqu'elle nécessite celle de la personne du Bouddha ; et là est peut-être la raison pour laquelle la tradition du Sud n'a pas glissé plus avant sur la pente des fictions fabuleuses. Tout au contraire, celle du Nord, aussi bien dans son imagerie que dans les textes canoniques dont celle-ci s'inspire, continue d'y chavirer. Elle avait déjà trop souvent fait répéter par le Maître, et même par de simples disciples, la « paire de miracles » pour se contenter à l'occasion du Grand prodige d'une aussi banale exhibition. À toute force il lui faut (et elle ne s'en cache pas) inventer pour la circonstance un tour de magie encore plus extraordinaire et à la portée du seul Prédestiné. C'est ainsi qu'elle aboutit à la description littéraire comme à la représentation artistique d'une fantasmagorique multiplication de Bouddhas qui, dans les quatre poses consacrées, debout, marchant, assis ou couchés, emplissent le firmament et couvrent toute la superficie des stèles ou des parois rupestres. Pour exubérante qu'elle soit, l'imagination indienne n'a pas dépassé ce stade ; mais dans l'éblouissante splendeur de ces visions apocalyptiques le petit noyau de réalité historique que nous nous efforcions de dégager tout à l'heure achève de se volatiliser. Seuls les incroyants tiendront que c'est dommage.

Le deuxième cycle de Râdjagriha. — On conçoit que cette prodigalité de miracles aérostatiques ait incité les biographes tardifs à en compléter la série par l'ascension du Bienheureux au paradis des Trente-trois. Là il reprendra haleine en convertissant à loisir sa mère et les autres hôtes de ce ciel. Mais il n'a pas encore atteint le terme de sa dernière existence terrestre et, dès lors, il n'est pas au bout de ses tribulations. Comme à propos de sa ville natale de Kapilavastou, la légende se souvient tout particulièrement d'un de ses « retours » à Râdjagriha, théâtre de ses premiers triomphes. Que les temps sont changés ! Son vieil ami, le roi Bimbisâra, n'est plus ; non content de détrôner son père selon la quasi invariable coutume des princes héritiers indiens, Adjâtaçatrou l'a laissé mourir de faim dans sa prison, et son parricide fait de lui un ennemi du Maître. Des grands zélateurs déclarés il ne reste plus guère que le fameux médecin Djîvaka[47], dont il serait trop long de conter les cures merveilleuses. Peu sert au Bienheureux la déconfiture, à deux cents lieues de là, des six docteurs Hétérodoxes : voici qu'à présent c'est au sein de sa propre Communauté qu'un rival sans scrupules fomente la discorde et cherche par tous les moyens à le supplanter. Le pis est que le scélérat trouve partout des complices, aussi bien dans les couvents qu'à la ville ou à la cour. Ainsi va l'humanité. Soyez bon, soyez grand, soyez aussi miséricordieux que lucide et vouez votre vie au salut de vos semblables : vous ne tarderez pas à vous apercevoir, même dans l'Inde, que vous avez embrassé le plus ingrat des métiers. Par une amère ironie, votre amour du prochain ne manquera pas de vous créer des ennemis, et plus ils seront proches de vous, plus ils se montreront acharnés à votre perte.

Dans l'histoire comme dans la littérature il n'est guère de situation pathétique qui ne demande à être machinée par un traître. Il n'est guère non plus de traître que romanciers ou dramaturges ne noircissent à plaisir. L'historien se doit de garder une attitude plus équitable. Quelle idée faut-il nous faire au juste de ce Dêvadatta, cousin germain de Çâkya-mouni, que l'on a souvent surnommé le Judas Iscariote du Bouddhisme ? À lire les nombreuses pages que les Écritures lui consacrent on ne tarde pas à distinguer (une fois de plus) deux courants traditionnels qui se côtoient, non sans parfois se mêler ni se contredire. L'un le charge de tous les crimes imaginables pour la simple raison qu'il a commis le plus inexpiable de tous en tentant de créer un schisme ou, comme on disait, une « rupture de la Communauté » : c'est la version populaire. L'autre, élaborée dans des cercles plus intellectuels, expose de façon beaucoup plus rassise et vraisemblable les motifs invoqués et les ressorts mis en œuvre par lui en vue de la réalisation de son criminel dessein. Il va sans dire que, de part et d'autre, on le condamne sans appel. Mais, tout comme à propos des

Hétérodoxes, nous ne pouvons en bonne justice oublier qu'après tout, dans ce procès, nous n'entendons que le réquisitoire. S'il ne nous appartient pas de plaider la cause du coupable, notre devoir est du moins de peser les griefs portés contre lui et de relever jusque dans l'acte d'accusation les circonstances qui, à des yeux non prévenus, pourraient paraître atténuantes.

Vu de ce biais, Dêvadatta cesse d'être le monstre que d'aucuns nous dépeignent. Ce n'est en définitive qu'un homme pareil ou même supérieur à bien d'autres, seulement gonflé d'orgueil et d'ambition, et intérieurement rongé par le plus répandu et le plus méprisable des péchés capitaux, à savoir l'envie. Qu'il soit censé avoir fait partie de la première ou de la seconde levée monastique des jeunes Çâkyas[48], il a sollicité et obtenu son entrée dans l'ordre. On reconnaît qu'il a étudié, qu'il a franchi les degrés de la méditation, qu'il a acquis les pouvoirs surnaturels, qu'il jouit de la considération des laïques, et même qu'il ne lui manque que deux ou trois des signes caractéristiques du Bouddha, dont il est l'égal par la naissance. Il considère que le Maître se fait vieux, qu'il est temps pour lui de songer à la retraite ; et il s'offre à le remplacer à la tête de la Communauté. Sa demande est écartée sans ménagement aucun : le Bienheureux ne songe même pas à se démettre en faveur des deux grands disciples ; comment céderait-il sa place et confierait-il son troupeau à un homme dans l'esprit duquel il lit à livre ouvert la bassesse et l'envie ? Furieux de cette rebuffade, Dêvadatta change ses batteries. Il ne manquait pas dans la Communauté de moines imbus du vieil idéal ascétique ; piqués d'émulation par l'exemple et plus encore par les railleries des sectes plus rigoristes, ils critiquaient comme excessives les concessions faites par Çâkya-mouni sur les cinq chapitres de la résidence, des invitations à dîner, du vêtement, de l'abri et de la nourriture. Soit par conviction personnelle, soit (comme on nous l'assure) par pur pharisaïsme, Dêvadatta se met à la tête du clan des puritains mécontents et se fait leur interprète. Au cours d'une assemblée plénière, il demande en leur nom au Bienheureux de rétablir dans toute sa sévérité la vieille règle qui prescrivait au moine la vie solitaire, la nourriture quêtée, le costume fait de haillons rapiécés, l'absence de toit sur sa tête et l'abstention de viande ou de poisson. Latitudinaire convaincu, le Bouddha s'obstine à laisser ses disciples libres de suivre ou non sur ces cinq points la stricte observance. Aidé par un autre envieux et calomniateur de son espèce[49], Kokâlika, Dêvadatta prend avantage de ce refus pour se parer aux yeux des laïques de sa supérieure austérité. Il réussit même à entraîner à sa suite cinq cents moines originaires de Vaïçâlî[50] et tout fraîchement entrés dans l'ordre. Les deux grands disciples, dépêchés par le Bienheureux, ont vite fait, nous dit-on, de ramener au bercail, sans aucune exception, toutes ces brebis égarées ; mais c'est en quoi la tradition canonique se trompe ou nous trompe : car les pèlerins chinois ont encore trouvé aux deux extrémités de l'Inde gangétique des religieux restés fidèles à la règle de Dêvadatta et qui, continuant à vénérer les Bouddhas du passé, n'avaient retiré qu'au seul Çâkya-mouni leur allégeance[51].

Telle aurait été l'impardonnable outrecuidance du cousin du Bouddha et l'origine de la canonisation à rebours dont il est l'objet dans les Écritures bouddhiques. C'est autour de ce fait initial — dont tous les traits sont empruntés à la vieille tradition et que vient si inopinément confirmer *in fine* un témoignage historique — que la légende va broder à sa façon une série de forfaits, vrais ou supposés. Tout d'abord la haine de Dêvadatta pour le Bienheureux deviendra l'héritage d'un fabuleux passé et se sera déjà vainement manifestée au cours d'innombrables vies antérieures[52]. Elle renaît, toujours vivace, en cette existence, se fait jour au moment des jeux de l'enfance comme des sports de la jeunesse ; et va s'aggravant avec le temps. Finalement c'est Dêvadatta qui incite le prince Adjâtaçatrou au parricide, dans l'espoir que, quand il l'aura fait roi, l'autre l'aidera à détrôner le Bouddha. Désormais sûr de l'impunité, il organise contre le Maître trois guets-apens consécutifs. Il commence par charger de son assassinat des tueurs à gages : mais ces gens de sac et de corde ne savent que tomber aux pieds du Prédestiné et se convertir à sa Loi. Il fait alors rouler sur son cousin, du haut du Pic-des-Vautours, un quartier de roche ; mais seul un éclat de pierre fait quelque peu saigner l'un des pieds du Bienheureux : deuxième crime inexpiable au compte de l'agresseur, et, pour la victime de l'agression (si du moins l'on en croit les théologiens tardifs), juste rétribution d'un vieux *karma* depuis longtemps oublié et qui soudain se réveille[53]. Enfin, avec la complicité royale, il tente de faire fouler aux pieds Çâkya-mouni par un éléphant furieux. C'est seulement quand toutes ces embûches ont échoué qu'il ne s'en fie plus qu'à lui-même et que, pour venir à bout d'un rival exécré, il imagine un procédé entre tous exécrable. Il rejoint le Bienheureux à Çrâvastî et feint de vouloir demander son pardon avec l'idée qu'en se prosternant devant lui, il lui fera aux pieds, avec ses ongles chargés de poison, des égratignures mortelles. Qu'inventer de pire ? L'imagination des conteurs demeurant court, il ne leur resté d'autre ressource que de déclarer la mesure comble et de précipiter le scélérat au fond des enfers. Nous avons déjà vu qu'il s'était trouvé des compères pour montrer l'ouverture de la trappe par laquelle le traître du mélodrame avait finalement disparu.

La subjugation de l'éléphant furieux. — Le fait que nous ne puissions accorder aucune créance au théâtral dénouement des intrigues et des attentats de Dêvadatta n'est pas une raison suffisante pour que nous accordions à l'incriminé le bénéfice du doute ; mais il n'est pas non plus nécessaire à l'authenticité du prodige communément choisi pour être le « clou » du pèlerinage de Râdjagriha que Dêvadatta ait trempé dans l'affaire. Ce peut être par simple accident que le Bouddha se soit un jour rencontré nez à nez dans la grand-rue de la capitale avec un éléphant en fureur et ait miraculeusement échappé à la mort. Les textes les plus anciens conviennent que Nâlâguiri était de son naturel « méchant et tueur d'hommes[54] ». Et n'allez pas là-dessus crier à l'invraisemblance : on nous a montré dans un temple de l'Inde du Sud un éléphant attaché au sanctuaire et dont on citait avec respect le nombre impressionnant d'hommes qu'il avait déjà occis. L'idée ne venait à personne de se défaire d'une bête aussi dangereuse : il faisait trop bel effet dans les processions ! Que Dêvadatta ait joué de son crédit auprès du jeune roi pour persuader au cornac de Nâlâguiri de le lâcher contre le Bienheureux à l'heure de sa quête, la chose n'est pas impossible ; les textes tardifs veulent même qu'à l'instigation du traître, les gens des étables royales aient tout exprès enivré l'animal. Que ce soit sous l'influence de l'alcool, du rut ou de son mauvais naturel, tout ce qui importe est que l'énorme pachyderme, « trompe érigée, oreilles dressées, queue raidie », se lance au rapide galop de sa lourde masse à travers les rues de la cité. Tout fuit et se cache devant lui. Seul le Bouddha reste impassible et refuse de chercher un asile dans quelque maison proche : et c'est alors que le miracle se produit. Pénétré par le rayonnement de « bienveillance » qui émane de la personne du Bienheureux, l'animal recouvre subitement la raison. Calmé et soumis, il vient s'agenouiller devant le Maître qui de la main droite lui caresse le front : illustration admirable, sinon aisément croyable, de l'empire de la bonté sur la force brutale et qui ne peut manquer de rappeler la conversion par s^t François d'Assise du loup de Gubbio. Un médaillon d'Amarâvati représente cette scène avec un art consommé : mais comptez sur les dévots pour en gâter tout le charme en prétendant l'enjoliver. Selon les informateurs de Hiuan-tsang, comme d'après les miniatures népâlaises ou les dessins chinois, ce sont cinq lions qui, jaillissant des cinq doigts de la main étendue en avant de Çâkya-mouni[55], sont à présent chargés de tenir en respect le pachyderme. On ne peut plus bassement trahir le geste et la pensée du « Grand être » que l'on veut exalter. Et les ravaudeurs de légendes ne s'en tiennent pas là. Veut-on un autre échantillon de leur parfaite niaiserie ? Lisez d'abord la conclusion du texte ancien : « Et l'éléphant Nâlâguiri, étant retourné à l'étable des éléphants, se tint à sa place et redevint l'éléphant domestique Nâlâguiri ; et à cette occasion le peuple chantait cette stance :

« Les gens les domptent à coups de bâtons, de crocs et de fouets ;
C'est sans bâton ni arme que l'éléphant a été dompté par le Grand Sage. »

Cela est évidemment beaucoup trop simple pour être édifiant ; aussi la version tibétaine nous apprendra-t-elle que, le cœur plein d'amour, le pachyderme s'attache obstinément aux pas de son placide vainqueur. Il le suit jusqu'à la maison où celui-ci est invité à dîner, et dont, par égard pour ses pieux sentiments, le Bouddha rend les murailles transparentes. Mais le méchant roi fait instantanément élever un mur qui cache la vue du Maître au pauvre éléphant et celui-ci en meurt sur place de chagrin[56]. — Inventions stupides et qui ne tiennent pas debout, direz-vous sans doute. — Il est vrai ; mais c'est que l'auteur est pressé de faire, pour notre édification, renaître l'animal dans le ciel des Quatre rois gardiens du monde.

Le cycle de Vaïçâlî. — Un autre fragment de la légende, qu'on ne sait trop à quel moment de la carrière du Maître rattacher, va ramener à présent celui-ci, et nous avec lui, de l'autre côté du Gange, à la ville libre de Vaïçâlî. Là aussi s'était constitué et perpétué, sur la base de localisations plus ou moins authentiques, tout un ensemble de souvenirs traditionnels relatifs au Bienheureux. Là il avait déjà vécu jadis lors d'une de ses naissances antérieures. Là il avait, au cours de son existence dernière, étudié sous la direction d'Arâda Kâlâma. Là, devenu Bouddha, il avait été invité à revenir pour mettre fin à une épidémie de peste qui désolait la contrée ; et les mauvais esprits qui, microbes de ce temps-là, étaient la cause du fléau, exorcisés par sa seule présence, s'étaient empressés de déguerpir. Ce fut à cette occasion que Goçringuî le fit inviter à l'avance par un perroquet parleur, et lui fit don au dessert d'un « Grand-Bois » dans la banlieue Nord de la ville[57]. C'est dans cet ermitage que (nous l'avons vu) sa tante et mère adoptive Mahâpradjâpatî était venue le relancer et lui arracher la permission pour les femmes d'entrer dans l'ordre ; et c'est aussi à Vaïçâlî que la vénérable reine douairière était censée avoir atteint la sainteté et être entrée dans le Nirvânâ. C'est là enfin que des passages célèbres des Écritures reconduiront encore par deux fois le Prédestiné.

Il vous faut savoir que « En ce temps-là Vaïçâlî était une cité opulente, prospère, populeuse, où régnait l'abondance, et qu'elle comptait 7 777 palais à terrasses, 7 777 maisons à pignons, 7 777 parcs et 7 777 étangs de lotus. Et elle possédait encore la courtisane Amrapâlî qui était toute belle, charmante, gracieuse, dotée d'une merveilleuse fleur de teint, habile dans la danse, le chant et la musique, recherchée à l'envi par le désir des hommes ; sa nuit coûtait cinquante (écus) et grâce à elle la splendeur de Vaïçâlî allait toujours croissant[58] ». La cité était d'autre part gouvernée par l'oligarchie des Litchavis et si vous voulez vous faire une idée de la belle apparence de ces princes et de la somptuosité de leurs parures comme de leurs équipages, lisez ce qu'a dit d'eux le Bouddha, un jour qu'ils se rendaient en corps auprès de lui : « Que ceux d'entre vous, ô moines mendiants, qui n'ont jamais vu la compagnie des Trente-trois dieux regardent celle des Litchavis : elle est pareille ». Dès que les oligarques et la courtisane ont vent de l'approche du Bouddha, c'est à qui s'empressera d'aller au-devant de lui. Mais Amrapâlî devance les seigneurs du lieu et présente la première son invitation que le Maître ne fait aucune difficulté pour accepter ; et honni soit qui mal y pense ! À son retour vers la ville, le char de la belle courtisane se heurte à ceux des jeunes Litchavis qui se rendent là d'où elle revient : « Seigneurs, leur annonce-t-elle triomphalement, j'ai invité pour demain la Communauté des moines, le Bouddha en tête. » — « Amrapâlî, répondent-ils, cède-nous ce repas pour cent mille (écus). » — « Même si vous me donniez Vaïçâlî avec tout son territoire, je ne vous céderais pas ce repas ». Et alors les Litchavis firent claquer leurs doigts en disant : « En vérité nous avons été refaits par une femmelette ! » Le lendemain le Bouddha avec ses disciples se rend à l'invitation d'Amrapâlî et, le repas terminé, celle-ci leur fait don en toute propriété de son Parc-des-Manguiers : « Et après avoir par une homélie enseigné, encouragé, incité et réjoui la courtisane, le Bienheureux se leva de son siège et s'en alla au Grand-Bois. Et le Bienheureux demeura à Vaïçâlî, dans le Grand-Bois, à la salle du Belvédère[59] ».

C'est aussi justement là que nous avons à conduire le lecteur. Une fois le Gange traversé à Patna, si nous prenons la direction du N.-N.-E. à travers les fécondes plaines du pays de Trabhoukti, aujourd'hui le Tirhout, nous rencontrons, à une trentaine de kilomètres de la rive gauche du grand fleuve, le vieux village de Basârh. Dans son voisinage immédiat, un grand quadrilatère terreux, entouré d'un large fossé et connu sous le nom de « Château du roi Visâl », marque la place de la « ville royale » de Vaïçâlî. Poussons encore trois kilomètres plus loin dans le Nord-Ouest[60], et nous atteindrons le but de notre excursion archéologique. Bien entendu nous avons emporté avec nous notre *Hiuan-tsang*, comme d'autres ailleurs ne se séparent pas de leur *Pausanias* ; et voici qu'en levant les yeux de dessus notre livre nous apercevons, toujours debout, la haute colonne monolithe, surmontée d'un lion, qu'il y a treize siècles le pèlerin a déjà vue et notée sur ses tablettes ; et voici tout à côté, au Nord, le grand *stoupa* dont il a également entendu attribuer l'édification à Açoka, et au Sud l'étang près duquel des singes auraient dévotement rempli de miel le vase-à-aumônes du Bienheureux. Or (le canon sanskrit nous l'atteste) « la salle du Belvédère dans le Grand-Bois », laquelle était le séjour favori du Maître près de Vaïçâlî, était située « au bord de l'Étang du singe (ou des singes) ». Et certes les arbres de la forêt sont aujourd'hui bien éclaircis ; les briques de l'édifice à étages ont été depuis longtemps réemployées ; et l'image du quadrumane érigée à l'angle Nord-Ouest de la pièce d'eau n'a pas trouvé grâce devant les iconoclastes musulmans : mais les traits essentiels du paysage, colonne, tumulus, étang sont toujours là sous nos yeux, à la place respective que leur a jadis assignée un observateur exact. Il n'y a donc pas de doute que nous ne foulions le site du miracle de Vaïçâlî : que grâces en soient rendues à notre excellent guide.

Un grand point est ainsi acquis : mais nombre de difficultés surgissent. Si, à notre habitude, nous nous tournons vers les textes pour obtenir d'eux de plus amples renseignements sur cette aumône simiesque, nous n'y découvrons qu'omissions ou, qui pis est, que contradictions. Le canon *pâli* ignore totalement l'épisode. Nos sources sanskrites connaissent et situent bien à Vaïçâlî « l'Étang-du-Singe », mais ne soufflent mot de l'incident qui lui a valu son nom. Fa-hien ne le mentionne même pas parmi les curiosités de Vaïçâlî. En revanche Hiuan-tsang renchérit sur l'offrande en faisant creuser l'étang par les singes et persiste à parler d'eux au pluriel. Il y a plus déconcertant : le grand pèlerin a déjà entendu conter à Mathourâ, à côté d'un grand étang desséché, exactement l'histoire que nous n'attendions qu'à Vaïçâlî ; et, pour comble, un texte tibétain bien connu localise de son côté l'incident à Çrâvastî[61]. Ce qui achève de nous égarer c'est que les traducteurs sont unanimes à vouloir que l'offrande en question ait été de « miel » : or il est hors de question qu'un singe puisse, même pour le meilleur des motifs, dérober du miel aux redoutables abeilles sauvages de l'Inde. Bref il nous faudrait renoncer à sortir de ce brouillamini, si par bonne chance les monuments figurés ne venaient une fois de plus à notre secours et ne nous apportaient une aide aussi efficace que bienvenue.

Tout d'abord la représentation de l'Offrande du singe sur la Porte Nord du grand stoupa de Sâñchî prouve que cette singulière légende était populaire dans l'Inde centrale dès avant notre ère. Douze siècles plus tard, l'étiquette d'une miniature népâlaise, faisant écho au vieux cliché canonique, la situe encore « à Vaïçâlî en Tirabhoukti ». L'intervalle entre les deux documents est pas à pas jalonné d'abord par des bas-reliefs gréco-bouddhiques, puis à Bénarès par une stèle de style Goupta, enfin par des sculptures médiévales du Magadha[62]. Dès lors le « doublet » de Mathourâ se dénonce comme une contrefaçon, et l'assertion de l'auteur tibétain, à prendre les choses au mieux, comme un lapsus. Le silence de Fa-hien n'est plus imputable qu'à lui-même et ne peut nullement servir à prouver, comme on aurait pu être tenté de le croire, que le miracle avait été inventé et localisé à Vaïçâlî entre son passage et celui de Hiuan-tsang. Quant aux divagations de ce dernier, elles sont, comme nous allons voir, à mettre une fois de plus au compte de la sottise de ses informateurs. Non contentes d'attester l'ancienneté du motif, les images nous permettent en effet d'en restituer une version parfaitement cohérente, sinon tout à fait vraisemblable.

On sait l'instinct d'imitation des singes, et aucun touriste n'ignore à quel point ceux qui vivent en liberté dans l'enceinte des sanctuaires de l'Inde se montrent familiers, pour ne pas dire effrontés. Même les sculpteurs du Nord-

Ouest s'amusent à figurer tel de ces animaux qui, assis en *yogui* (ou, comme nous dirions, en tailleur), copie l'attitude du Bouddha en méditation ; car « à vivre dans le voisinage des saints, on devient saint[63] ». Le héros du Prodige de Vaïçâlî fait mieux encore, et grâce aux imagiers, aucun détail de son manège ne nous échappe. Pour commencer nous le voyons en train de grimper à un palmier. Ce qu'il va chercher là-haut, c'est bien du *madhou* : mais ce *madhou* n'est pas du miel, c'est la liqueur sucrée qui exsude de la cime incisée des palmiers-éventails et des dattiers et qui s'égoutte dans des pots de terre disposés à cette intention. Des gens de basse caste font toujours métier d'aller recueillir matin et soir le contenu de ces pots dont ils tirent, après fermentation, le breuvage alcoolique qu'en anglo-indien on appelle le *toddy*[64]. L'alcool est tout naturellement interdit aux moines, comme d'ailleurs aux laïques ; mais il leur est à tous loisible (et de plus agréable) de boire frais ce jus de palme, après qu'on en a ôté les mouches qui ne manquent pas de s'y engluer. Notre singe, on le voit, sait fort bien ce qu'il fait. Il n'entreprend rien qui ne soit dans ses moyens d'agile grimpeur et ne présente d'autre offrande que celle dont il est sûr qu'elle est acceptable et sera gracieusement acceptée. Il ne lui reste plus ensuite qu'à saluer le Bouddha et à se retirer, ce qu'il fait fort civilement sur les anciens bas-reliefs. Mais comment nos incorrigibles cicérones se seraient-ils tenus quittes envers lui pour si peu ? Tantôt les folles gambades auxquelles se livre dans l'excès de son allégresse « l'animal des branches » le font tomber et périr dans une fosse : c'est la version recueillie par Hiuan-tsang à

Mathourâ. Tantôt c'est volontairement qu'il se noie, et c'est pourquoi nous le voyons sur les sculptures tardives du Magadha en train de se précipiter dans un puits. Accident opportun ou pieux suicide, il s'agit de lui faire recueillir au plus tôt (comme tout à l'heure à l'éléphant Nâlâguiri), grâce à une heureuse renaissance, le fruit de sa bonne action. Mais ce dénouement trop prévu d'avance ne saurait étancher la soif d'édification des pèlerins : il faut encore inventer quelque merveille accessoire. La trouvaille de Mathourâ consistait à prétendre que le contenu de l'unique bol-à-aumônes offert par le singe, indéfiniment étendu d'eau sans rien perdre pour autant de sa saveur, avait suffi à désaltérer, outre le Bouddha, la Communauté tout entière[65]. À Vaïçâlî il semble que l'imagination des moines ait été aiguillée sur une autre piste par les fabricants d'images. Conteurs par métier d'histoires sans paroles, ceux-ci n'hésitaient pas plus que les artistes qui ciselèrent les retables de notre Moyen Âge à répéter le même personnage autant de fois qu'il était nécessaire pour l'intelligence des divers épisodes réunis en un même tableau[66]. À Sâñchî comme au Gandhâra nous n'apercevons que deux fois le singe, d'abord faisant son offrande, puis prenant congé ; miniatures et sculptures tardives nous le montrent encore grimpant à l'arbre, gambadant, ou en train de se noyer. Est-ce la vue de représentations multipliant ainsi la figure du protagoniste autour de l'immobile Bouddha central qui a conduit les moines de Vaïçâlî à admettre, puis à professer l'existence d'une pluralité de singes ? Il est permis de se le demander. En tout cas, une fois nantis d'une bande de ces animaux, ils ont tenu à employer à fond cette main-d'œuvre gratuite au service du Maître ; et c'est ainsi que l'idée leur est venue de leur faire creuser par-dessus le marché l'étang qui immortalisait le souvenir de leur charité.

Que reste-t-il cependant des deux prodiges de Râdjagriha et de Vaïçâlî, une fois qu'on les a débarrassés de leurs embellissements ? — Deux faits divers, inconcevables hors de l'Inde, mais conçus tout à fait dans le goût indien, et à peine surprenants pour des gens qui, croyant d'enfance à la transmigration des âmes, savaient que « toutes les espèces comptent des individus doués de vertueuses dispositions[67] ». En fait ces deux fables édifiantes où un animal joue le principal rôle ne diffèrent de maintes histoires des « Vies antérieures » qu'en ce qu'elles sont par exception rapportées à l'existence dernière du Bouddha. De là vient leur succès non seulement dans les milieux populaires, mais aussi auprès des corporations artistiques : car les vieux imagiers, justement confiants dans leur talent d'animaliers, traitaient plus volontiers des thèmes de ce genre. On conçoit donc fort bien que, d'accord entre donateurs et artistes, deux panneaux sur huit aient été finalement réservés dans les représentations des huit miracles aux hauts faits d'un éléphant et d'un singe, et que les couvents des deux grandes cités orientales aient tiré localement bon revenu de ces deux contes. Il n'en reste pas moins permis de se demander ce qu'en pensaient les intellectuels de la secte et les pèlerins étrangers. D'une façon générale il semble que la Subjugation de l'éléphant furieux leur ait paru mériter sa renommée : n'illustrait-elle pas de façon éclatante la toute-puissante influence qui était censée irradier de la personne du Bienheureux ? En revanche l'Offrande du singe, où le Maître ne tenait qu'un rôle passif, ne leur a jamais inspiré qu'un intérêt des plus minces. Le mutisme des hagiographes, de même que le silence de Fa-hien, ne manque pas d'éloquence sur ce point. À la vérité, tout en nous avertissant qu'aux abords de Vaïçâlî les « sacrés vestiges » étaient trop nombreux pour qu'on puisse songer à en donner une énumération complète, Hiuan-tsang ne manque pas de mentionner dans le tas l'étang sanctifié par la charité simiesque, mais il ne le met nullement en vedette. Au siècle suivant un document explicite vient enfin confirmer notre méfiance en nous apportant la preuve qu'à côté de la liste des huit sanctuaires standardisée par la dévotion et l'imagerie populaires, il en existait une, sinon même plus d'une autre à l'usage des penseurs. En 764 de notre ère un voyageur chinois nommé Wou-k'ong, attaché à une mission diplomatique, s'étant converti dans l'Inde au bouddhisme, entra dans l'Ordre et se fit un devoir d'accomplir à son tour les « huit pèlerinages » : or il ne mentionne dans sa relation ni le singe charitable ni même l'éléphant furieux. Esprit peu cultivé mais profondément sérieux, il ne s'est arrêté ni à l'une ni à l'autre de ces fables enfantines. Ce qu'il a préféré retenir de sa visite à Râdjagriha, c'est avant tout le fait (d'ailleurs apocryphe) de la prédication par le Maître sur le Pic-des-Vautours du célèbre « Lotus de la Bonne Loi » ; et ce qui lui a paru le plus digne de commémoration à Vaïçâlî, c'est le « Rejet de la Vie » prélude du Parinirvâna. Comme nous allons avoir dans un instant à conter cet émouvant épisode, le lecteur jugera bientôt, ou nous nous trompons fort, que la ferveur du bon pèlerin aurait pu plus mal choisir[68].

---

1. ↑ Cf. J. Przyluski, *Le Nord-Ouest de l'Inde dans le Vinaya des Mûla-Sarvâsti-vâdin*, JA nov.-déc. 1914 et *Mahâvaṃsa* II ou *Manual* p. 212 s.
2. ↑ V. la carte (fig. 2) ; de Bénarès à chacun des autres sites la distance varie de 200 à 400 kilomètres pour Sânkâçya dont on notera la position excentrique.

Fig. 2. — Le pays d'origine du Bouddhisme.
Le nom des huit villes saintes, théâtres des huit grands miracles et buts des huit pèlerinages, sont en petites capitales.

3. ↑ Pour le moine malade v. *supra* p. 261 ; mais la tradition postérieure croit au miracle de la guérison instantanée (Hiuan-tsang J I p. 297-98 ; B II p. 5-6 ; W I p. 387). — Pour Kṛçâ Gautamî à qui le Buddha indique pour unique remède quelques grains de moutarde blanche obtenus d'une famille où n'est jamais entrée la mort v. *DhPC* VIII 13 (avec bibliographie).
4. ↑ C'est le *ṛddhi-prâtihârya* de Çrâvastî (cf. *DA* p. 144 s.).
5. ↑ Skt *tîrtha*.
6. ↑ *MPS* v 7-8.
7. ↑ C'est exactement ce que dit l'inscription d'Açoka (*supra* p. 42).
8. ↑ Cf. *JA* janv.-fév. 1911 ou *BBA* p. 1 s. (avec planches).
9. ↑ *AgbG* fig. 208 ou *BBA* pl. IV.
10. ↑ La st. brahmanique citée *Cambridge Hist. of India* I p. 531 doit être corrigée pour porter le nombre des places saintes à ce chiffre.
11. ↑ Des reproches rétrospectifs au Buddha pour avoir choisi de mourir à Kuçinagara sont mis dans la bouche d'Ânanda *supra* p. 310.
12. ↑ V. fig. 3 et cf. *AgbG* fig. 498 et 500.

Fig. 3. — Schéma de la figuration des huit grands miracles :
a) Style Gupta.

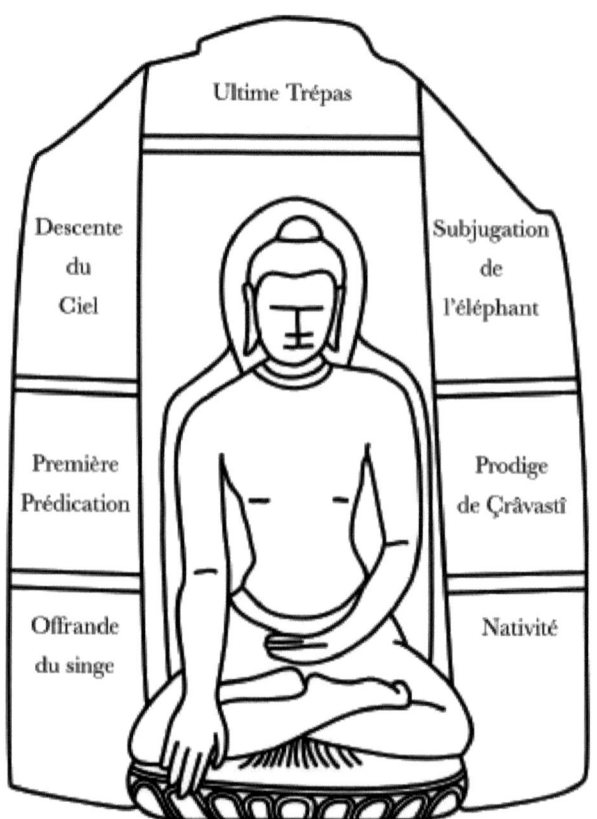

Fig. 3. — Schéma de la figuration des huit grands miracles :
b) *Style Pâla*.

13. ↑ Mathurâ est la Muttra des cartes anglaises sur la rive droite de la Yamunâ (Jumna) à peu près à mi-chemin entre Agra et Delhi. — Les ruines de Saketâ-Ayodhyâ sont situées en Aoudh à quelques kilomètres de Faizâbâd. Celles de Kauçâmbî ont été identifiées par Al. Cunningham avec Kosâm sur la rive gauche de la Yamunâ, à une cinquantaine de kilomètres en amont de la jonction de cette rivière avec la Gangâ à Prayâg (Allahâbâd).
14. ↑ l'*Añjana-vana* à Sakêta et l'*ârâma* du ministre Ghoshila (ou Ghosita) à Kauçâmbî.
15. ↑ Hiuan-tsang y notera une grande majorité d'hétérodoxes.
16. ↑ Le *DA* xxxvi explique le fait par l'animosité de la fille de l'ascète Makandika, que le Buddha avait refusée et qui était devenue l'épouse

favorite d'Udayana ; le *DhPC* II 1 incorpore tardivement le cycle des aventures extraordinaires d'Udena à la légende bouddhique. V. aussi n. à p. **275**, *41*.

17. ↑ C'est ainsi que Maudgalyâyana serait allé lui demander au ciel la date de sa descente, ce qui a pour but d'expliquer l'affluence qu'aurait attirée celle-ci au jour fixé.
18. ↑ Cf. Barhut pl. 17 et Ajaṇtâ pl. 54 ; et *supra* p. 227.
19. ↑ Le Kapitha de Hiuan-tsang semble n'être qu'un autre nom de Sânkâçya : c'est seulement Fa-hien qui transporte le miracle à Kanyakubja (Kanauj). Cf. Cunningham, *Anc. Geogr. of India* p. 369 et *ASI* I et XI ; toutefois le chapiteau de colonne d'Açoka qui a été retrouvé porte un éléphant et non, comme le dit Hiuan-tsang, un lion.
20. ↑ Mésopotamie = *doâb*.
21. ↑ Il ne faudrait pas beaucoup nous pousser pour nous faire admettre une sorte d'affinité élective entre l'alimentation à base de riz et la non-violence ou *ahiṃsâ* gangétique.
22. ↑ *DA* p. 150 l. 24-5 ; pour le père v. *supra* p. 233.
23. ↑ On trouva plus tard qu'il avait trop attendu ; cf. *supra* p. 192.
24. ↑ Cette tradition tardive hésite entre Prasenajit de Çrâvastî d'après Fa-hien et Udayana de Kauçâmbî d'après Hiuan-tsang : cf. Beal I p. 44 et 235.
25. ↑ Sur le *Deva-avatâra* v. *DA* p. 150 et 401 ; *Jâtaka* n° 463 ; *Manual* p. 311 s. ; *Life* p. 81 et cf. Fa-hien (B p. 39) et Hiuan-tsang J I p. 238 ; B I p. 203 ; W I p. 333.
26. ↑ Barhut pl. 17 ; Sâñchî pl. 34 ; Ajaṇtâ pl. 54 ; *AgbG* fig. 205 ; *Icon. bouddh. de l'Inde* fig. 29-30 et p. 157 et 205 etc.
27. ↑ C'est le *rêh* qui rend les terres stériles (*kallar*) ; cf. JRAS 1863 p. 326.
28. ↑ Entendez la récolte semée au printemps (*rabi'*) et celle semée à l'automne (*kharif*), d'où leurs noms empruntés à l'arabe.
29. ↑ V. la fig. 4.

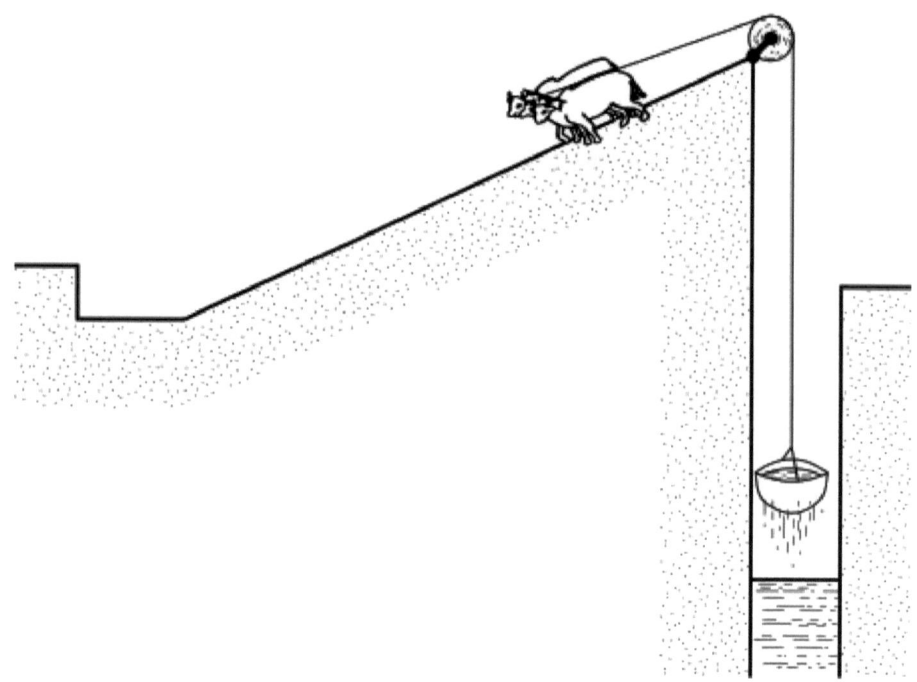

Fig. 4. — Schéma du mode d'élévation de l'eau dans le Doâb.

30. ↑ Hiuan-tsang J I p. 258 ; B I p. 218.
31. ↑ Daça-bala, une des désignations courantes du Buddha (cf. Eug. Burnouf *Lotus* p. 781).
32. ↑ Sur la dévote et généreuse Visâkhâ il suffit de renvoyer à Oldenberg p. 186 s.
33. ↑ *Jâtaka* n° 472, cf. *DhPC* XIII 9 ; elle tombe dans l'enfer Avîci, le plus bas et terrible des huit enfers chauds (cf. *BPh* p. 62).
34. ↑ Son cas et le suivant sont de ceux qui entraînent rétribution immédiate (cf. *ibid.* p. 180).
35. ↑ *Jâtaka* n° 285 ; cf. *DhPC* XXII 1. Selon les informateurs de Hiuan-tsang chez qui les deux histoires se suivent de près avec celles de Devadatta et de Kokâlika (J I p. 300-3 ; B II p. 7-10 ; W I p. 389-93), Sundarî était une courtisane embauchée dans cette mauvaise intention ; naturellement les cicérones montraient les soupiraux ainsi ouverts sur les enfers.
36. ↑ L'*Avadâna-kalpalatâ* ne recule plus devant cette conception ; le *MVU* I p. 35-45 est moins explicite ; mais le *Milinda-pañha* (éd. Trenckner p. 134 s.) rejette énergiquement l'idée que les mésaventures survenues au

Bienheureux aient été des expiations et soutient avec la vieille doctrine qu'il y a d'autres causes accidentelles que le *karma* (cf. *BPh* p. 165-6 et P. OLTRAMARE *La Théosophie bouddhique* p. 177-8).

37. ↑ Cf. *ASI* (CUNN.) I p. 317 s. ; XI p. 78 s. ; *Annual Report* 1907-8 p. 81 s. ; 1908-9 p. 133 s. ; 1910-11 p. 1 s.
38. ↑ Les pèlerins ne le mentionnent qu'à propos du temple commémoratif et ce qu'ils ont surtout retenu est qu'au coucher du soleil l'ombre portée de ce temple tombait sur un temple brahmanique voisin.
39. ↑ Pour la tradition sanskrite v. *DA* XII p. 143 s. (traduit *in-extenso* par Eug. BURNOUF *IHBI* p. 161 s.) et pour la *pâlie Jât.* n° 483 ; *DhPC* XIV 2 ; *Manual* p. 300 s. Les deux traditions sont comparées avec nombre de planches à l'appui dans le *JA* 1909 p. 9 s. ou *BBA* p. 151 s.
40. ↑ Par ex. dans le « Sermon sur le Fruit de l'ascétisme » (trad. Eug. BURNOUF *Lotus* p. 449 s. et RHYS DAVIDS *Dial.* I p. 56 s.).
41. ↑ Il suffit de rappeler ici le grand tournoi dialectique organisé par le roi Janaka dans la *Bṛhad-âraṇyaka-upanishad* III, ou le récit que fait HIUAN-TSANG (J I p. 430 s. ; B II p. 99 s. ; W II p. 100) de la joute entre le moine Deva et les hétérodoxes etc.
42. ↑ Barhut pl. XIII 3 ou *JA* 1909 pl. 17 ou *BBA* pl. 28, 2, et aussi Sâñchî pl. 34.
43. ↑ *IHBI* p. 319.
44. ↑ Sâñchî pl. 34, 1 en pendant à la Descente du ciel sur le pilier de droite.
45. ↑ V. *JA* 1909 pl. 1-16 ou *BBA* pl. 19-28.
46. ↑ *AgbG* fig. 263 et *Mém. Délég. arch. fr. en Afgh.* I pl. 40.
47. ↑ V. *MVA* VIII etc.
48. ↑ *Supra* p. 236 ; tout donne à penser que Devadatta était sensiblement plus jeune que le Buddha en dépit de la légende contée *supra* p. 85 ; l'histoire de ses complots est rapportée dans *CVA* VII.
49. ↑ Autre exemple de ces calomnies dans *SN* III 10.
50. ↑ Pourquoi de Vaiçâlî ? Pour nous faire prévoir que les moines de cette ville nécessiteront par leurs écarts de conduite un concile spécial (*CVA* XII) ?
51. ↑ FA-HIEN (B p. 48) à Çrâvastî ; HIUAN-TSANG à Karṇa-suvarṇa (J II p. 85 ; B II p. 201 ; W II p. 191).
52. ↑ Force est de renvoyer sur ce point à l'index du *Jâtaka* et du *MVU*.
53. ↑ Cf. *supra* p. 280.
54. ↑ Nalagiri (appelé aussi Dhanapâla) est dit *caṇḍo manussa-ghâtako*.
55. ↑ V. *AgbG* fig. 510 ou *Rev. des Arts asiat.* V^e année n° 1 pl. x 2 ; au contraire HIUAN-TSANG (J II p. 16 ; B II p. 150 ; W II p. 149) et *Icon. bouddh.* I pl. x 5 et p. 170 ; II p. 14.
56. ↑ *CVA* VII 3, 12 et *Life* p. 93-4.

57. ↑ *MVU* I p. 251 s. Cf. *DhPC* XXI 1 ; *Manual* p. 244 etc. Le Grand-bois (Mahâ-vana) était planté d'arbres *çâla* (shorea robusta), d'où son autre nom de Çâla-vana.
58. ↑ *MVA* VIII 1 et cf. VI 30 ; Âmra-pâli, « qui a pour protecteur un manguier », devait sans doute son nom au fait que, selon la coutume des dames de sa profession, elle avait été mariée fictivement à un arbre de cette essence.
59. ↑ *Mahâ-vane Kûṭâgâra-çâlâyâm* (pour *Kûṭa* + *agâra* qui désigne un édifice avec étages et un pignon nous adoptons la traduction de H. KERN) ; les textes skt ajoutent (*DA* p. 135 et 200) *Markaṭa-Kkrada-tire* « sur le bord de l'étang du singe » (ou « des singes », les deux sens étant grammaticalement possibles).
60. ↑ Al. CUNNINGHAM, *Anc. Geogr. of India* p. 443 et *ASI* I p. 55 ; *Ann. Rep.* 1903-4 p. 81 s. ; 1913-4 p. 98 s..
61. ↑ HIUAN-TSANG J I p. 387 et 210 ; B II p. 68 et I p. 180 ; W II p. 65 et I p. 309 ; *Leben* p. 302 ; SCHMIDT *Der Weise und der Thor* ch. X. Le *DhPC* I 5*b* mêle la même histoire à celle de l'éléphant de Pârileyyaka (*supra* p. 265).
62. ↑ Sâñchî pl. 26 ; *AgbG* fig. 244, 498, 500 ; *Icon. bouddh.* I p. 168 et pl. VII 1 et X 4 et II p. 114.
63. ↑ *Jât.* n° 175 (où d'ailleurs le saint n'est qu'un hypocrite) et cf. *AgbG* fig. 246.
64. ↑ Hindi *târî* tirée du *târ* (skt *tâla*, borassus flabellifera) ; cf. *Patimokkha* n° 51 et *MVA* VI, 35-6.
65. ↑ D'où prétexte à comparaison avec tel miracle chrétien.
66. ↑ Au sujet de ces répétitions de personnages v. *AgbG* I p. 605-6.
67. ↑ *Jât.* n° 175 st. I.
68. ↑ La relation de Wou-k'ong a été trad. par Éd. CHAVANNES et Sylvain LÉVI dans le *JA* (sept.-oct. 1895 p. 358 s.). On sait que le *Saddharma-puṇḍarika-sûtra* ou « Lotus de la Bonne-Loi » (trad. par Eug. BURNOUF et H. KERN) est un texte mahâyânique bien postérieur au Buddha. Dans sa révérence pour ces nouveaux textes Wou-k'ong commémore également à Çrâvastî, au lieu du grand prodige magique, le sûtra de la *Mahâ-prajñâ-pâramitâ*. *L'hymne aux huit grands sanctuaires*, traduit par Fa-t'ien entre 982 et 1001, retient de même à Râjagṛha « l'enseignement » et à Vaiçâlî « l'annonce de la mort ». V. Sylvain LÉVI *Une poésie inconnue du roi Harsha Çîlâditya* dans Actes du Xe Congrès international des Orientalistes, Session de Genève 1894 IIe section I p. 190 ou *Mémorial* p. 245.

CHAPITRE XI

LE QUATRIÈME GRAND PÈLERINAGE

Oserons-nous, tout compte fait, prétendre qu'écritures et imagerie combinées nous permettent de restituer à distance de façon suffisamment sûre le déroulement de la mission salvatrice du « Précepteur des hommes et des dieux » ? Témoins trop tardifs, mais les seuls qui nous restent, ils nous aident du moins à nous représenter de la même façon que l'ont fait jadis ses fidèles son incessant labeur pendant cette période de « quarante-cinq » années, avant tout consacrée à l'organisation intérieure de sa Communauté et à sa protection contre les sectes rivales. Sur ce fond perpétuel d'exhortations ou de remontrances, de prédications ou de controverses, seulement coupé par l'alternance, selon les saisons, de voyages pédestres et de retraites sédentaires, se détachent çà et là, pareils à d'inconsistants îlots d'herbages flottant à la dérive sur un lac, quelques épisodes plus ou moins déformés ou même controuvés — *disjecta membra* d'une légende qui (répétons-le une dernière fois) n'a jamais réussi à se constituer en une biographie suivie et cohérente.

Cependant le temps a passé, inexorable ; et conformément à la loi constamment proclamée par lui de l'impermanence de toutes choses humaines, le Maître vieilli penche vers son déclin. L'heure de la séparation définitive approche ; et, comme on pouvait s'y attendre, l'amertume de sa perte grave dans la mémoire de ses disciples la succession des incidents qui marquèrent ses derniers jours. Ainsi le regret et le chagrin font pour la fin de sa carrière ce que la joie et l'enthousiasme avaient fait pour ses triomphants débuts. Il ne tient qu'à nous de le suivre pas à pas jusqu'au lieu du dernier des quatre Grands miracles et des quatre Grands pèlerinages, celui de l'Ultime trépas. Nous possédons en effet de sa suprême année une relation d'une antiquité et d'une authenticité relatives, mais qui du moins est détaillée, continue et se déroule dans un cadre parfaitement précisé[1].

Est-il nécessaire, pour en convaincre les incrédules, d'appeler une fois de plus la géographie à la rescousse de l'histoire ? Rien n'est plus facile que de reporter sur la carte à la lumière de nos sources, depuis Bodh-Gayâ jusqu'à Çrâvastî, ce qu'on pourrait appeler la voie sacrée des pèlerins bouddhistes : car elle ne réunissait pas moins de six villes saintes sur huit et ne laissait en dehors de son tracé que la cité, commune à toutes sectes, de Bénarès, et le pèlerinage, aussi suspect qu'aberrant, de Sânkâçya. Du village de l'Illumination parfaite à Râdjagriha par Gayâ[2], la route nous est déjà familière ; de là au Gange on comptait trois jours de marche et, à partir de la rive nord du Grand fleuve, trois jours de plus jusqu'à Vaïçâlî (Basârh). Sept étapes plus loin (leur nom à toutes nous a été transmis), on atteignait le bourg de Kouçinagara (aujourd'hui Kasia), auquel devait échoir l'honneur inattendu d'être le lieu saint du Parinirvâna. Au total entre Râdjguir et Kasia la distance était estimée à 25 *yodjana*. Un trajet à peu près égal séparait le site de l'Ultime trépas de celui de l'Ultime naissance près de Kapilavastou, et égrenait en route trois grandes stations. La première arrêtait le pèlerin devant le « *stoupa* de la Braise » et la troisième devant celui de Râmagrâma[3] : nous ne tarderons pas à apprendre les raisons de la vénération particulière qui s'attachait à ces deux tumuli. Entre eux un groupe de sanctuaires marquait la place traditionnelle où le Bodhisattva, lors de son évasion de sa ville natale, avait donné congé à son écuyer et à son cheval. Sur les douze *yodjana* qu'il restait encore à couvrir entre Roumindei (Loumbinî) et Saheth-Maheth (Çrâvastî) on ne nous signale rien qui concerne Çâkya-mouni, mais on montrait des monuments qui étaient censés remonter aux Bouddhas, ses prédécesseurs.

Tel était l'itinéraire, plus tard jalonné de colonnes par la dévotion d'Açoka, que le Bouddha avait suivi en sens inverse lors de son Départ de la maison, et qu'il entreprit de couvrir une fois encore en dépit du nombre de ses ans. Selon toute apparence, sentant sa fin prochaine, le désir lui était venu de retourner au pays de son enfance et de revoir du fond de son ermitage favori du Djêtavana les neiges éternelles des cimes himâlayennes. Sa jeunesse sportive, sa vie de plein air et l'exercice quotidien de la marche, joints à la robustesse de sa constitution, l'avaient jusqu'alors entretenu en bonne santé : du moins ne nous parle-t-on que d'indispositions sans gravité et dont le médecin Djîvaka n'a aucune peine à le guérir. Une étape quotidienne de quinze ou vingt kilomètres n'était pas pour effrayer sa verte vieillesse. Toutefois il avait trop présumé de ses forces, et la mort devait le surprendre à mi-chemin. C'est dans un village des environs de Vaïçâlî où il s'était arrêté pour passer la saison des pluies qu'il fut atteint d'une première et violente attaque de la dysenterie à laquelle il devait finalement succomber. Par un effort de volonté il surmonte son mal et reprend courageusement la route. Six étapes plus loin, à Pâvâ, un écart de régime imposé à sa bonne grâce par un zélateur aussi maladroit que bien intentionné lui cause une grave rechute. Toutefois il ne devait se coucher pour ne plus se relever qu'à l'étape suivante, la septième, celle de Kouçinagara. Telle est la trame sur laquelle la légende s'est naturellement crue obligée de broder de prétendus ornements. Ceux d'entre les chronologues bouddhistes qui voulaient que le Bouddha fût mort le huitième jour de la seconde quinzaine du mois de *karttika* (octobre-novembre) considéraient sans doute qu'il avait dû se remettre en chemin, au départ de Vaïçâlî, dès la fin de la saison-des-pluies. D'autres lui accordaient un sursis de quelques mois et le laissaient séjourner à Vaïçâlî jusqu'au début de la seconde saison favorable au voyage, à savoir le printemps ; selon eux il ne serait mort qu'en *vaiçâkha* (avril-mai) de l'année suivante[4] ; mais leur but était évidemment de dater le quatrième Grand miracle du même mois que le premier. Ce détail, avec le temps, a beaucoup perdu de son importance et ne change d'ailleurs rien à la suite traditionnelle des événements.

La visite d'Adjâtaçatrou. — Quand le rideau se lève pour le dernier acte nous nous retrouvons une fois de plus transportés à la capitale du Magadha. La situation a de nouveau évolué : n'étant plus soumis à la néfaste influence de Dêvadatta, le roi parricide éprouve des remords de son crime et commence à redouter aux mains de son fils Oudâyibhadra le sort qu'il a lui-même infligé à son père et auquel, nous dit-on, il ne devait pas échapper à son tour. Ici se place un incident resté littérairement et artistiquement célèbre[5]. Les plus beaux clairs de lune de l'Inde sont ceux du début de l'automne, quand dans le ciel lavé de ses poussières par les pluies l'astre des nuits répand plus de lumière que n'en connaissent à la même époque de l'année bien des jours brumeux de nos pays. Le roi Adjâtaçatrou, en compagnie de sa cour, prend le frais sur sa haute terrasse le soir de la pleine lune d'octobre-novembre. Voyant la nuit si pure et sentant sa conscience si troublée, il soupire et se demande de quel saint brahmane ou çramane il pourrait solliciter et obtenir que lui soit rendue la paix du cœur. Bien entendu le rédacteur ne manque pas cette occasion de lui faire proposer tour à tour par ses ministres chacun des six maîtres hétérodoxes : mais le roi a déjà éprouvé leur insuffisance et ne se soucie pas de retourner auprès d'eux. Cependant son médecin Djîvaka garde le silence et c'est seulement sur un appel direct du monarque qu'il se décide à lui révéler que le Bouddha demeure en ce moment même dans son Parc-de-manguiers avec douze cent cinquante moines : « Que Votre Majesté aille lui rendre visite, et votre cœur retrouvera la paix. » Le roi donne aussitôt l'ordre de faire préparer cinq cents éléphants pour cinq cents de ses femmes, monte sur le sien et, à la lumière des torches, le cortège sort par la porte méridionale de la Ville-neuve de Râdjagriha. Il lui faut ensuite s'engager dans l'étroit défilé qui donne accès à l'enceinte de collines qui enserrait la vieille cité et tourner à gauche pour se rendre au Parc-de-manguiers du médecin ; et soudain le roi, n'entendant que le silence, se sent saisi de terreur : Djîvaka n'est-il pas en train de l'attirer dans un guet-apens ? Car comment s'expliquer que dans le voisinage d'une assemblée aussi nombreuse on ne perçoive pas le moindre bruit, ne serait-ce que d'une toux ? Djîvaka le rassure et lui montre de loin les lampes éclairant le grand pavillon circulaire qu'il a fait élever pour les réunions de la Communauté et où le Bouddha est assis, face à l'Est, près du poteau central, au milieu de ses moines. Après les salutations d'usage le monarque demande au Bienheureux la permission de lui poser une question, des plus inattendues en la circonstance, sur les profits petits et grands qu'on peut tirer de la profession d'ascète. Le Bienheureux satisfait abondamment sur ce point sa curiosité ; et voici qu'enfin le dénoûment de l'histoire se relie à son préambule. Après s'être déclaré convaincu et avoir fait profession de zélateur laïque, Adjâtaçatrou entre dans la voie des aveux : « J'ai commis une faute, Seigneur, dans ma folie, dans mon aveuglement, dans ma perversité :

pour l'amour de la souveraineté j'ai fait périr mon père, cet homme vertueux, ce roi vertueux. Que le Bienheureux, Seigneur, accepte l'aveu de ma faute afin qu'à l'avenir je ne retombe plus dans le péché. — Il n'est que trop vrai, ô grand roi, que tu as commis une faute…, mais puisque tu la reconnais comme faute et que tu en fais amende honorable selon la règle, nous acceptons ton aveu. Tel est, ô grand roi, le bienfait de la Noble Discipline que quiconque, reconnaissant sa faute comme faute, en fait amende honorable selon la règle, celui-là ne retombe pas à l'avenir dans le péché ». Là-dessus le roi s'en retourna, apparemment rasséréné. Il ne faut toutefois pas croire que dans les idées bouddhiques confession entraîne *ipso facto* absolution pleine et entière[6]. Le monarque n'est pas pour autant sauvé. Ainsi que le Bouddha en fait aussitôt la remarque à ses moines, en dépit de sa contrition évidente, sa faute a empêché que, selon la formule consacrée, « se levât pour lui, sur la place même, la vision pure et sans tache de la vérité ».

DE RÂDJAGRIHA À VAÏÇÂLÎ. — Il était nécessaire que nous fussions mis au courant du tour nouveau qu'ont pris les relations entre le Bouddha et le meurtrier de son vieil ami Bimbisâra pour comprendre l'entrée en matière du « Fascicule de l'Ultime trépas ». S'étant emparé du pouvoir au prix d'un crime, quel autre usage pourrait en faire Adjâtaçatrou que de tenter de l'étendre encore aux dépens des États voisins ? Déjà sans doute de graves traités sur la « Science de la politique[7] » avaient commencé à ériger en lois les pires instincts des despotes indiens et à cataloguer les moyens les plus propres à favoriser leurs ambitions qui renaissaient avec chaque saison sèche. Fils d'une infante du Vidêha[8], Adjâtaçatrou se réclamait-il des droits de sa mère pour soumettre à sa domination les pays qui bordaient la rive gauche du Gange, face au Magadha ? Il projette en tout cas d'asservir les Vridjis et, pour commencer, de s'en prendre au clan des Litchavis de Vaïçâlî, — et cela en dépit, ou peut-être à cause de leur richesse et de leur puissance qui lui portent ombrage. Mais avant de les envahir il désire savoir ce que le Bienheureux augurerait d'une telle entreprise : car la parole des Bouddhas se vérifie infailliblement. Il décoche donc aux fins d'information l'un de ses deux premiers ministres, le brahmane Varshakâra, auprès de Çâkya-mouni qui résidait à ce moment sur le Pic-des-Vautours. Et certes nous savons que le Maître a depuis longtemps dépouillé tous les belliqueux préjugés de sa caste, et qu'il est devenu le plus déterminé de tous les pacifistes : mais il connaît le monde et sait ce qui fait les nations fortes et respectées. À l'enquête du ministre il répond de façon indirecte par des contre-questions adressées à son fidèle Ânanda, debout à ses côtés et qui l'évente. Il s'enquiert auprès de son disciple de ce qu'il sait mieux que personne, à savoir de la façon dont se comportent entre eux les Vridjis ; et, par cet ingénieux détour, il définit pour le bénéfice de son interlocuteur les sept fondements inébranlables de leur prospérité. Tant qu'ils continueront à tenir des assemblées fréquentes, à vivre en concorde, à observer leurs lois, à honorer les vieillards, à respecter les femmes, à vénérer leurs sanctuaires et à bien traiter les saints, ils resteront invincibles : or, c'est là justement ce qu'ils font. Politicien incorrigible, le ministre en conclut, non pas qu'il ne faut à aucun prix les attaquer, mais qu'il ne faut le faire qu'après avoir semé parmi eux la discorde ; et là-dessus il prend congé dans les termes habituels aux hommes d'État : « Allons, il me faut à présent partir, ô Gotama ; nous sommes très occupés et avons beaucoup à faire… » Nous ne tarderons pas d'ailleurs à le rencontrer à nouveau, et c'est en prévision de cette seconde entrevue que peut à la rigueur se justifier cette première entrée en scène de l'astucieux ministre.

Le passage que nous venons de lire mériterait sans doute d'être rappelé et médité en tout pays — notamment dans un pays que le lecteur français connaît bien — car il n'est que trop certain que le sort d'une patrie repose essentiellement sur la concorde entre ses citoyens[9]. Il n'en constituerait pas moins un étrange prologue pour un récit du dernier voyage du Bouddha, s'il ne trahissait dès le début la singulière façon dont a été composé ce livre. Non seulement son rédacteur a emprunté ce préambule à un autre texte, mais, quand il était en train, il a froidement copié ce texte jusqu'au bout, et il fait à présent énumérer au Maître, après les sept raisons de la prospérité des habitants de Vaïçâli, les $(7 \times 5) + 6$ conditions de la prospérité de son Ordre. Et ainsi procède-t-il par la suite[10]. La relation du Parinirvâna n'est pour plus de la moitié qu'une mosaïque de ce que nous appellerions des « plagiats » tirés des Écritures et reliés entre eux par de courts passages narratifs, parfois même par la seule formule stéréotypée qui annonce automatiquement les déplacements successifs du Bouddha et dont nous rencontrons incontinent des exemples : « Et quand le Bienheureux eut séjourné à Râdjagriha tant qu'il lui plut, il dit au révérend Ânanda : Allons, Ânanda, rendons-nous à Amba-latthikâ (la Pépinière-de-manguiers) ». C'était la première étape (et, comme toutes les premières étapes, assez courte) dans la direction du Nord : le roi y possédait un pavillon de plaisance dans un parc de manguiers. C'est en ce lieu, où il avait déjà prononcé deux sermons célèbres[11], que le Bouddha s'installe une fois encore avec sa compagnie de moines, à laquelle il ne manque pas d'adresser le sermon accoutumé. « Puis, quand le Bienheureux eut séjourné tant qu'il lui plut à Amba-latthikâ, il dit au révérend Ânanda : Allons, Ânanda, rendons-nous à Nâlanda ». On se souvient que ce village qui devait devenir la grande université bouddhique de l'Inde médiévale, et où le Service archéologique de l'Inde a conduit des fouilles si fructueuses[12], était la patrie du grand disciple Çâripoutra. L'occasion a paru bonne au scribe de faire renaître celui-ci de ses cendres et, sans souci de se répéter, reprendre *verbatim* avec le Maître une de leurs anciennes conversations. Une troisième marche conduit enfin le Bouddha et son cortège jusqu'au bord du Gange, au village de Pâtali (Le Bignonia) où les zélateurs laïques organisent aussitôt une réception en son honneur : et là s'intercale une large tranche, d'ailleurs non dénuée d'intérêt, prélevée sur un vieux traité de Discipline[13].

Situé, comme l'a déjà noté Fa-hien, juste au-dessous du confluent de plusieurs puissantes rivières, le village de Pâtali (aujourd'hui Patna[14]) était de temps immémorial le grand lieu de passage du Moyen Gange. Son importance commerciale autant que stratégique était évidente. De fait il ne devait pas tarder à devenir sous le nom de Pâtalipoutra[15] (la Palibothra de Mégasthène) la capitale, célèbre jusqu'en Occident, de l'empire quasi pan-indien des Mauryas. Nous ne nous étonnerons donc pas d'y trouver les deux premiers ministres d'Adjâtaçatrou, Sounîdha et Varshakâra, en train d'y édifier une forteresse pour tenir en respect les Litchavis, maîtres de l'autre rive, et servir en même temps de base de départ à l'offensive qu'ils persistent à méditer. Nous admettrons sans plus de peine que le Bouddha ait pu prévoir le grand avenir réservé à leur fondation en même temps que les trois habituels dangers à redouter pour elle : inondation, incendie et discordes intestines. Comme la saison du printemps est déjà avancée, il ne peut être question de traverser le Gange à gué, de banc de sable en banc de sable : grossi par la fonte des neiges himâlayennes, le grand fleuve coule à pleins bords « si bien que les corneilles perchées sur ses rives n'ont qu'à se pencher pour y boire[16] ». Qu'à cela ne tienne : Çâkya-mouni le traversera donc en bac, et — encore un indice topographique précis — l'on continuera à signaler à la vénération des pèlerins la porte par laquelle il est sorti de la ville pour gagner l'embarcadère. Ainsi tout se passera le plus naturellement du monde : mais c'est justement là ce qu'un cœur dévotieux ne saurait souffrir, et les hagiographes y ont mis bon ordre. Tout d'abord le Bouddha ne se borne plus à prévoir la grandeur future de la nouvelle ville : il précise qu'elle deviendra une « métropole[17] » ; et, loin d'être fondée sur des raisons topographiques, sa prédiction lui est inspirée par le fait que son œil divin perçoit la multitude des génies qui hantent ce lieu prédestiné. Notez en passant que ce genre de divination est condamné ailleurs comme une forme de charlatanisme[18] indigne d'un vrai religieux : mais ici il n'importe, car ce qu'il faut obtenir à tout prix est que le fidèle reste bouche bée devant la prescience du Bouddha ; tant pis si les profanes seront plus tard en droit de soupçonner que la prophétie a été consignée par écrit après coup et rabaisseront d'autant la date du texte qui la relate. Voilà pour la ville ; passons aux ministres. Flattés de l'éloge adressé par Çâkya-mouni à leur perspicacité (il va jusqu'à dire qu'ils sont dans le secret des dieux pour avoir si bien choisi le site de leur nouvelle ville), ils ne peuvent moins faire que de l'inviter à dîner, lui et sa compagnie, et de décréter officiellement que la porte de la ville conduisant au Gange portera désormais le nom de « Porte de Gotama ». Enfin, tandis que chacun s'affaire à réunir des barques pour assurer le passage du Maître et de ses moines, on lui prête à nouveau, mais cette fois sans prétexte aucun, le miracle auquel il était censé avoir eu recours au temps de sa lointaine jeunesse, quand le passeur lui avait refusé l'accès de son bac : il disparaît de la rive droite du fleuve pour reparaître instantanément sur la rive gauche, lui et toute sa suite[19]. La vraisemblance achève d'être mise en déroute, mais l'édification est sauve ; et pour beaucoup là est l'essentiel.

Le rejet de la vie à Vaïçâlî. — Ne nous laissons pas arrêter par tant de billevesées et de redites : encore deux étapes et deux homélies, et nous arrivons à Vaïçâlî. Il va de soi que la réédition *in extenso* des visites et des donations de la courtisane Amrapâlî et des seigneurs Litchavis ne nous est pas épargnée[20] : mais voici enfin un peu d'inédit. La saison-des-pluies est proche ; le Bouddha recommande à ses moines de se disperser dans tous les villages des environs, au gré des amis et connaissances qu'ils y possèdent, afin d'y passer leur période annuelle de retraite[21] : lui-même choisit comme résidence le village de Belouva[22] :

Et chez le Bienheureux, quand il fut entré en retraite, une grande maladie se déclara, accompagnée de fortes, de mortelles douleurs : et lui, dans le recueillement de son âme, les supporta sans se plaindre. Et il pensa : « Il ne serait vraiment pas bien de ma part que je m'éteigne sans avoir parlé à mes disciples ni pris congé de la Communauté. Allons, il me faut virilement dompter cette maladie et par un sursaut de volonté vivre ce qui me reste de vie. » C'est ce qu'il fit, et la maladie se calma. Et dès qu'il fut convalescent le Bienheureux se leva, sortit de sa demeure et s'assit à l'ombre de celle-ci sur le siège préparé pour lui. Et le révérend Ânanda s'approcha de lui et, après l'avoir salué, s'assit à ses côtés : « Je vois, lui dit-il, Seigneur, que le Bienheureux est en voie de rétablissement. Bien que, du fait de la maladie du Bienheureux, mon corps fût comme défaillant et ma vue brouillée et obscurcie, néanmoins je trouvais quelque réconfort dans la pensée que le Bienheureux ne s'éteindrait pas sans avoir laissé ses instructions au sujet de la Communauté. — Que veut donc encore de moi la Communauté, ô Ânanda ? J'ai enseigné la Loi sans restriction aucune : car le Prédestiné n'est pas de ces maîtres qui gardent leur poing fermé[23] (sur certaines vérités qu'ils se réservent jalousement). Certes, ô Ânanda, celui qui penserait « C'est moi qui suis le directeur de la Communauté » ou « C'est moi qui suis le chef de la Communauté », celui-là assurément laisserait ses instructions au sujet de la Communauté ; mais telle n'est pas la pensée ni l'intention du Prédestiné. Me voici devenu un vieillard débile ; je suis au bout de ma route ; ma vie est à son terme, le chiffre de mes ans approche de quatre-vingts. De même, ô Ânanda, qu'un chariot usé ne marche qu'à condition d'être radoubé, ainsi, je pense, en est-il de mon corps. C'est seulement quand le Prédestiné demeure plongé dans la méditation la plus abstraite que son corps est à l'aise. Ainsi donc, ô Ânanda, soyez à vous-mêmes votre flambeau, soyez à vous-mêmes votre recours ; n'ayez d'autre flambeau que la Loi, d'autre recours que la Loi… »

Ainsi le Bouddha se serait défendu d'avoir jamais régenté ni voulu régenter la Communauté. Peut-être se faisait-il à lui-même quelque illusion sur ce point, et nous aurons à y revenir ; mais, pour l'instant, poursuivons notre lecture : elle nous réserve bien d'autres surprises. Notre texte va soudain se découvrir en complet désaccord avec tout le reste de la doctrine : mais quand une âme dévote a-t-elle reculé devant une contradiction ? Le grand leitmotiv de la prédication du Bouddha, on nous l'a sans cesse répété, était l'impermanence de toute chose humaine ; et voici que l'on se croit obligé de lui chercher des excuses pour s'être laissé mourir ! Assurément on ne pouvait oublier que le Maître avait constamment proclamé que tout ce qui naît est inexorablement voué à la mort ; et on ne pouvait davantage se dispenser de se rappeler qu'il avait lui-même promis à Mâra que, sa tâche achevée, il entrerait dans le Nirvâna sans reste ni retour. Mais tout cela était loin ; et l'idée qu'on se faisait de sa personne sacrée avait eu le temps de se transfigurer dans les esprits. Déjà il était devenu pour ses fidèles le « dieu supérieur aux dieux », l'Être unique, exceptionnel, autonome, placé au-dessus des lois qui régissent cet univers. De même qu'il était censé avoir choisi de sa propre autorité toutes les circonstances de sa naissance, il lui appartenait de fixer à son gré l'heure de sa mort. Il ne tenait donc qu'à lui de prolonger indéfiniment son existence ; et, puisqu'il le pouvait, il le devait. Doué, comme il l'était, de toutes les puissances surnaturelles, que lui coûtait-il de réaliser le même miracle que les Juifs attendaient du Messie et de demeurer parmi nous jusqu'à la consommation des temps[24] ? Il eût été tellement plus charitable de sa part, au lieu d'entrer dans le Parinirvâna, de continuer à illuminer le monde et à tenir grande ouverte pour tous les êtres la porte du Salut. Consentir délibérément à nous priver de sa présence et de son assistance, nous, infortunées générations postérieures, qui n'avons pas eu l'inestimable bonheur d'être ses contemporains, c'eût été cruellement démentir tout ce qu'on était en droit d'attendre de son infinie Bienveillance. Non, il était décidément par trop sacrilège d'admettre qu'il se fût volontairement dérobé à ses obligations de Sauveur : mais, s'il ne l'a pas fait exprès, à qui la faute ?

Voici ce que j'ai entendu. En ce temps-là le Bienheureux séjournait à Vaïçâlî dans le Grand-Bois, au Belvédère (près de l'Étang-du-Singe). Et au matin, s'étant habillé et ayant pris son manteau et son vase à aumônes, il entra à Vaïçâlî ; puis, sa tournée achevée et son repas pris[25], il se rendit au bois sacré de Tchâpâla et s'assit au pied d'un arbre pour y passer la journée. Et à ce moment le Bienheureux adressa la parole au révérend Ânanda : « Elle est charmante, ô Ânanda, cette ville de Vaïçâlî, cette terre des Vridjis, avec ses édifices, ses parcs et ses sanctuaires ; varié dans sa beauté est le continent de l'Inde, et la vie y est douce pour les hommes. Quiconque, ô Ânanda, a cultivé, développé, pratiqué à fond les quatre sources de la puissance surnaturelle, peut, s'il en est prié, subsister pendant une période cosmique ou le reste d'une période cosmique. Or tel est justement le cas du Prédestiné, et lui aussi pourrait, s'il en était prié, subsister pendant une période cosmique ou le reste d'une période cosmique. » Il dit, et Ânanda garda le silence.

(Une deuxième, une troisième fois le Bouddha répète cette même suggestion : et Ânanda se tait toujours ; c'est donc, pense son Maître, que son esprit est possédé par le démon, et il se décide à l'écarter. Ânanda va s'asseoir au pied d'un autre arbre. Il ne s'est pas plutôt éloigné que Mâra le Malin s'approche à son tour du Bienheureux et renouvelle la requête qu'il lui a naguère adressée au lendemain de la parfaite Illumination. Il lui rappelle qu'il s'est alors refusé à entrer dans le Parinirvâna avant d'avoir prêché sa doctrine et établi fermement les disciples dans la Bonne-Loi. Or c'est là aujourd'hui chose faite[26].) « Et voilà pourquoi je dis : Que le Bienheureux entre dans le Parinirvâna ; le moment est venu pour le Bienheureux d'entrer dans le Parinirvâna. — Sois sans souci, ô Malin, tu n'as plus longtemps à attendre : d'ici peu[27] aura lieu le Parinirvâna du Prédestiné. » Et Mâra le Malin, plein d'allégresse, disparut sur place. Et là, dans le Bois sacré de Tchâpâla, en pleine conscience et connaissance, le Bienheureux renonça à ce qui lui restait de vie : et aussitôt la terre trembla…

(La violence de ce tremblement de terre tire enfin Ânanda de son intempestive hébétude ; et quand le soleil déclinant ramène l'heure des audiences, il s'informe respectueusement auprès de son Maître de la raison de ce phénomène insolite. Quand il l'apprend, c'est en vain qu'il conjure le Bouddha de demeurer jusqu'à la fin de notre æon : le temps est passé pour une telle supplique. Le Prédestiné n'a qu'une parole et ne saurait démentir la promesse qu'il vient de faire à l'Archi-démon) : « C'est de ta faute, ô Ânanda ; alors qu'une allusion, qu'une suggestion si évidente t'avait été faite par le Prédestiné, tu n'as pas été capable de les comprendre et tu n'as pas prié le Prédestiné en disant : Que le Bienheureux demeure toute une période cosmique pour le salut de bien des gens, pour le bonheur des hommes et des dieux. Si tu en avais prié le Prédestiné, ô Ânanda, l'aurait rejeté la première et la deuxième fois ta demande, mais à la troisième fois il te l'aurait accordée. C'est donc bien de ta faute, ô Ânanda... »

Telle est l'injustice des hommes. D'une part la plus vieille tradition, héritée des gens qui avaient personnellement connu Ânanda, nous assure qu'il a consacré vingt-cinq ans de sa vie, avec un dévouement de tous les instants, à un Maître difficile à plaire : et voici qu'en récompense de ses bons et loyaux services, des nouveaux venus imaginent de le rendre responsable de la disparition à jamais regrettable du Prédestiné. Remarquons toutefois que, dans l'ensemble, ni la légende ni l'église bouddhiques ne lui ont gardé la rancune qu'aurait méritée une aussi impardonnable distraction. Évidemment l'on ne croyait qu'à moitié à l'expédient dont on s'était tardivement avisé pour rejeter sur autrui la responsabilité du Parinirvâna du Maître[28]. Alors que le Bouddha, en parvenant à la

Clairvoyance, avait du même coup extirpé de sa personne toute racine de renaissance future, il n'était guère nécessaire que pour terminer sa carrière il fît à nouveau craquer l'armature de l'univers « comme l'oiseau brise la coquille de l'œuf ». N'a-t-il pas lui-même déclaré que le sort nous condamne à la séparation d'avec tout ce que nous aimons ? Bien mieux, dès la ligne suivante, n'est-il pas le premier à rappeler à Ânanda en guise de consolation (de même qu'il le fera encore plus tard sur son lit de mort) cette fatalité inéluctable ? Et la première phrase du sermon qu'il adresse, aussitôt après, à ses moines spécialement réunis pour la circonstance, n'est-elle pas pour leur répéter que tout ce qui existe doit périr ? Évidemment les fidèles se rendaient compte que le touchant épisode du « Rejet de la vie » n'était en somme qu'un jeu d'imagination à l'intention des âmes sensibles et avides de pathétique : il contredisait trop manifestement le premier article de leur foi. Mais quoi ! Les gens d'esprit sont, dit-on, prêts à tout sacrifier, même une vieille amitié, pour ne pas perdre un bon mot : pour se procurer une douce émotion, un cœur dévot ne recule pas davantage devant un soupçon d'hérésie.

LE DERNIER REPAS À PÂVÂ. — Ce qui achève de démontrer que nous avons affaire à une scène interpolée, c'est qu'après nous ne sommes guère plus avancés qu'avant. Toutefois le sort en est à présent jeté et le Bouddha, à peine remis de sa maladie, quitte l'hospitalière et plaisante cité des Litchavis. À peine hors des murs, il se retourne pour jeter un regard en arrière : « C'est la dernière fois, ô

Ânanda, que le Prédestiné contemple Vaïçâlî : il n'y reviendra plus jamais. » Ces simples paroles déclenchent un attendrissement universel. Au grand étonnement d'Ânanda, de larges gouttes d'eau tombent d'un ciel sans nuage ; et il faut que le Bouddha explique à son disciple que ce sont les pleurs que versent au firmament les divinités locales, affligées de l'imminente et définitive séparation. Plus tard on montrera à Hiuan-tsang, « à 50 ou 60 *li* au Nord-Ouest de la cité », la place jusqu'où les habitants, sortis en masse à la suite du Prédestiné, lui avaient fait la conduite : encore avait-il fallu, pour décider leur foule gémissante à s'en retourner chez elle, qu'il créât par magie devant leurs pas une rivière infranchissable[29]. Et voici que recommence le monotone déroulement des étapes — monotone pour le lecteur, cela s'entend ; car, pour le chemineau, religieux ou non, c'est une source continuelle de distractions variées. La sixième marche amène sans encombres le Bouddha et son cortège à la petite ville de Pâvâ, celle-là même où son grand rival, le Djina, devait mourir quelques années plus tard. La bande pieuse s'installe pour la nuit dans le verger de manguiers de Tchounda, « le fils du forgeron » — et, par conséquent, selon la coutume des castes indiennes, forgeron lui-même[30]. Celui-ci s'empresse, ainsi qu'il se doit, d'inviter à dîner pour le lendemain le Bouddha et sa congrégation ; mais il a la fâcheuse idée de leur faire préparer, comme plat de résistance, de la viande de porc. Ce mets provoque chez Çâkya-mouni une « diarrhée sanguinolente[31] », apparemment une rechute de la maladie dont il se relevait à peine. Le Bienheureux supporte avec sa force d'âme coutumière cette nouvelle et non moins douloureuse attaque : mais ses forces affaiblies ne lui permettront pas d'y résister. Tel est du moins le souvenir aussi précis que peu glorieux qu'au temps où le Bouddha n'était encore pour ses contemporains qu'un homme sujet aux infirmités humaines, le témoignage de ses compagnons imposa à la tradition de sa Communauté : le Bienheureux, le Prédestiné, le Parfait est misérablement mort dans une bourgade obscure d'une crise de dysenterie consécutive à une indigestion de porc. Quelle dégradation pour l'Être sublime qu'un siècle ou deux plus tard ses fidèles auraient volontiers exempté de toutes les nécessités naturelles ! Mais aussi quelle garantie d'authenticité pour un trait que la légende aurait eu tant d'intérêt à taire ou à déguiser !

Comme bien on pense, les générations postérieures ne devaient pas tarder à s'insurger contre un aveu aussi dépouillé d'artifice et qui, à mesure que l'Inde devenait de plus en plus strictement végétarienne, prêtait davantage le flanc aux critiques adverses. Dans le texte que nous suivons chapitre par chapitre leur réaction ne se manifeste qu'assez timidement, bien qu'à deux reprises différentes. Rien n'échappe, comme chacun sait, à la pénétration du Bienheureux et sa bienveillance s'étend sur tous les êtres : aussi à peine est-il assis chez Tchounda qu'il le prie de ne servir de porc qu'à lui seul et d'offrir d'autres aliments à ses moines ; et, à l'issue du repas, il recommande également à son hôte du jour d'enterrer au plus vite ce qui reste de viande, car il n'aperçoit dans tout l'univers personne, ni homme ni dieu, qui puisse digérer cette nourriture après l'avoir absorbée — à l'exception du Prédestiné, ajoute niaisement le scribe, oubliant que le Prédestiné lui-même n'a pas été capable de l'assimiler[32]. La seconde réflexion faite après coup procède de la même inspiration, mais est d'une rédaction plus heureuse. Le Bouddha prévoit que l'on fera reproche au pieux forgeron d'avoir été la cause de sa mort ; et, comme il sait que ses intentions étaient pures, il le prend en pitié et charge Ânanda d'un message réconfortant pour lui : « Il y a deux offrandes de nourriture de mérite égal, de fructuosité égale, plus méritoires et plus fructueuses qu'aucune autre : ce sont celle qu'après avoir mangée le Prédestiné s'illumine de la suprême et parfaite Illumination, et celle qu'après avoir mangée le Prédestiné trépasse de l'absolu Trépas… » Et ainsi Tchounda n'a à concevoir ni remords du passé ni crainte pour ses vies futures[33].

Notre source en reste là ; et les textes postérieurs ne font que renchérir dans le même sens. Ce qu'ils ont surtout retenu, c'est le parallèle ainsi établi entre le dernier repas avant la Sambodhi et le dernier repas avant le Parinirvâna. Puisque l'offrande de l'artisan Tchounda était aussi méritoire que celle de la bergère Soudjâtâ, on voulut également qu'elle ait été aussi agréable au goût, et l'on chargea les déités de lui instiller une saveur exceptionnelle. Il ne se pouvait pas dès lors qu'une nourriture aussi délicieuse se révélât nocive et du même coup s'affirmait la tendance à exonérer Tchounda de toute culpabilité. Si le Bienheureux n'avait guère survécu à son invitation à dîner, la faute en était à la décrépitude de l'âge ; et comme d'autre part on ne lisait dans les vieux traités de Discipline aucune interdiction absolue de l'usage de la viande ou du poisson, on ne voyait aucune raison de contester ni aucun moyen de modifier une tradition tant de fois séculaire. Ce coup d'audace était réservé à notre époque, fertile en gens plus royalistes que le roi. En Amérique, au temps de la « prohibition », n'a-t-on pas entendu des ministres déclarer du haut de la chaire que le jour des noces de Cana, au lieu de changer miraculeusement l'eau en vin, « le Christ aurait bien mieux fait de se tenir tranquille » ? Il s'est de même trouvé en Europe des exégètes du bouddhisme pour interdire rétrospectivement au Bouddha d'avoir à son dernier repas mangé de la viande, et surtout de la viande de porc : cela leur paraissait par trop choquant de la part du héros de leurs études favorites. Le pis est qu'un recours au texte, loin de trancher la question, n'aboutit qu'à déconcerter les philologues. S'il était écrit, comme on s'y attendrait, *soukara-maddanam*, le sens ne pourrait être que « hachis de porc » et l'affaire serait réglée. Mais les manuscrits portent *s°maddavam*[34]. Toute l'Asie bouddhique — les Chinois, grands amateurs de cochon laqué, plus aisément que les Indiens — a consenti de mémoire d'homme à entendre par là, à la mode allemande, quelque « délicatesse de porc », saucisse ou autre forme de charcuterie. Fi donc ! Entre gens bien élevés il ne peut être tout au plus question que d'un « régal de porc », c'est-à-dire d'un certain champignon, ou encore d'une de ces racines bulbeuses dont cet animal fouisseur se montre friand : et c'est en effet ce que permet à la rigueur de comprendre une autre façon non moins grammaticale d'analyser ce composé. Dans la première édition de la traduction anglaise (1891) le Bouddha meurt encore pour avoir mangé de « la viande de sanglier séchée », ce qui est déjà un peu moins malsonnant ; dans la seconde (1910) cette viande de conserve a cédé la place à un plat de truffes, ce qui n'est peut-être pas moins indigeste, mais est beaucoup plus avouable[35]. Et aussitôt quel soulagement, non seulement pour les végétariens scrupuleux et les amis de la bienséance, mais encore pour les fidèles bouddhistes, toujours exposés de ce chef aux injurieux brocards des incroyants[36] ! Grâce à la diffusion mondiale de la pruderie anglo-saxonne, il y a fort à parier que cette nouvelle interprétation finira par devenir parole d'évangile et par supplanter la vieille tradition. Et après tout, pourquoi pas ? Tant qu'une Église dure, n'est-elle pas, comme toute chose vivante, en constante évolution ?

La dernière étape. — Cependant, malgré l'état de faiblesse où il est retombé, le Bouddha reprend courageusement sa route : mais ses forces le trahissent bientôt. À moitié route entre Pâvâ et Kouçinagara il est contraint de faire halte au pied d'un arbre : « Allons, Ânanda, étends mon manteau plié en quatre ; je suis fatigué et je voudrais m'asseoir[37]. » Et, sitôt assis, il demande à son fidèle serviteur de lui apporter un peu d'eau pour calmer la fièvre qui le brûle. Mais cette fois, celui-ci, à notre grand étonnement, ne s'empresse pas de lui obéir. Il fait remarquer à son Maître qu'une caravane de cinq cents chariots vient de traverser le ruisseau le plus proche, et que l'eau en est restée trouble et fangeuse ; un peu plus loin coule, fraîche et pure, la rivière Kakoutsthâ où le Bienheureux pourra étancher sa soif et rafraîchir ses membres fatigués. Mais le Bouddha est pour l'instant incapable de bouger et insiste pour obtenir à boire. À la troisième requête Ânanda se décide enfin à descendre au ruisseau pour remplir son vase à aumônes : que dans l'intervalle l'eau en soit redevenue claire, nous en sommes moins surpris que lui.

À ce moment passe, se rendant à Pâvâ, un seigneur Malla, membre de l'oligarchie qui gouverne Kouçinagara. Le commentateur nous le donne comme le propriétaire de la caravane qui le précède[38]. Il engage la conversation avec le Bouddha. Il se trouve qu'il a été, lui aussi, disciple d'Alâra Kâlâma[39], et est resté fidèle à sa doctrine. Pour illustrer l'étonnante faculté d'abstraction des ascètes, il conte de but en blanc une anecdote relative à leur commun maître. Un jour qu'Alâra Kâlâma était assis en méditation au bord d'une grand-route, cinq cents chariots avaient défilé devant lui sans qu'il en eût la moindre notion, et seule la poussière dont ils l'avaient couvert en le frôlant lui attesta après coup leur passage. En réponse le Bouddha ne lui cache pas qu'une de ses expériences personnelles est bien plus extraordinaire encore. Il résidait alors près du village d'Atoumâ sous une grange[40] ; survint un violent orage, accompagné d'une pluie torrentielle, et la foudre en tombant tua à côté de lui deux laboureurs qui étaient frères et les quatre bœufs de leurs attelages ; mais la méditation dans laquelle il était plongé était si profonde qu'il ne vit et n'entendit rien. N'est-ce pas là un exploit supérieur à celui d'Alâra Kâlâma ? Émerveillé, le Malla en convient, prononce aussitôt sa profession de foi de fidèle laïque et, sans plus tarder, fait apporter par l'un de ses gens deux pièces d'étoffe « couleur d'or, lustrées et prêtes à mettre ». Le Bouddha consent à en accepter une pour lui-même et l'autre pour Ânanda, et le donateur princier poursuit sa route. — À quoi rime cet épisode[41] ? Est-ce un vieux souvenir traditionnel ? N'est-ce pas plutôt une interpolation destinée à préparer celle, beaucoup plus évidente, qui va suivre ? Il est bien tard pour prétendre en décider. Toujours est-il que dès que le Malla a le dos tourné, Ânanda revêt son maître à la fois des deux pièces d'étoffe, et qu'alors un miracle se produit : éclipsé par l'éclat qui émane du corps du Bouddha le splendide tissu perd soudain tout son lustre. Et à son serviteur qui crie au miracle le Bienheureux explique qu'en deux circonstances la peau du Prédestiné devient ainsi prodigieusement brillante, à la veille de la parfaite Illumination et à la veille de l'ultime Trépas. D'aucuns ont voulu établir un rapport entre cette scène et le miracle chrétien de la Transfiguration sur la montagne : il y faut une singulière bonne volonté.

Là-dessus, sans transition, le Bouddha se remet debout et marche. Le bain qu'il prend au passage dans la rivière Kakoutsthâ ranime pour un instant ses forces défaillantes : mais elles l'abandonnent à nouveau avant qu'il ait atteint l'autre rivière qui barre encore sa route, l'Hiranyavatî, et il lui faut s'arrêter une seconde fois pour prendre un peu de repos. Plus tard on multiplia à plaisir ces stations forcées, et on en porta le nombre à vingt-cinq, alors que nos Chemins de la Croix n'en comptent que quatorze. En même temps se faisait entendre une note qui sonne familièrement à nos oreilles. Comme rien ne pouvait arriver au Prédestiné qu'il n'y eût d'avance consenti, s'il a bien voulu avant de mourir faire montre de tant de faiblesse et supporter tant de souffrances, c'était pour donner aux hommes un dernier avertissement des misères qui les guettent[42] et une suprême leçon de résignation. Mais c'est en vain que l'on chercherait dans les textes anciens ces retours attendris sur la passion du Maître et ces pressants appels à son imitation : le temps n'en était pas encore venu.

L'ARRIVÉE À KOUÇINAGARA. — Encore un suprême effort : « Allons, Ânanda, sur l'autre rive de la rivière Hiranyavati, à Kousinârâ, au bois d'arbres *sâla* qui est la Promenade des Mallas[43]. » Ils n'y sont pas plutôt parvenus que le Bouddha se sent de nouveau terrassé par la fatigue : « Allons, Ânanda, dispose-moi un lit, la tête au Nord, entre un couple de sâlas ; je suis fatigué, ô Ânanda, et voudrais me coucher[44] »… « Et le Bienheureux se coucha comme un lion, sur le côté droit, un pied posé sur l'autre, recueilli et en pleine connaissance… », et cette fois il ne se relèvera plus. Cette description vaut pour les innombrables répliques, non moins nombreuses que chez nous les images de la Crucifixion, qui, peintes ou sculptées, représentent pour toute l'Asie orientale le Parinirvâna de Çâkya-mouni. La vieille école indienne n'avait longtemps pu que symboliser cette scène par un tumulus funéraire ; mais l'école gréco-bouddhique se sentit en mesure d'en aborder une représentation directe en parfaite conformité avec la lettre des textes[45]. En cette seule occasion elle nous montre le Bouddha autrement qu'assis ou debout. Sur un lit assez pareil à la couche des banquets funéraires de notre antiquité classique il est couché sur le côté droit, la tête à gauche du spectateur, de façon que nous puissions voir son visage ; et, comme il est écrit, les deux jambes sont plus ou moins gauchement allongées l'une sur l'autre. Quand Açvaghosha ajoute que « le Bouddha avait sa main droite repliée sous sa tête », il est bien tentant de croire qu'il avait déjà sous les yeux une de ces représentations : du moins ce détail, omis des vieux textes, se retrouve-t-il de façon constante sur les images. Tous les comparses, moines, laïques ou déités, sans oublier le fidèle Vadjrapâni, sont soigneusement disposés de telle sorte qu'ils ne nous cachent pas la vue du Prédestiné ; et ainsi celui-ci n'a pas lieu de leur adresser la même réprimande qu'au serviable Oupananda qui, sans penser à mal, le masquait en l'éventant : « Va-t'en, moine mendiant ; ne te tiens pas devant moi… » : mouvement d'impatience si rare de la part du Maître qu'Ânanda ne peut s'empêcher d'en marquer son étonnement[46].

Où nous ont cependant conduit tous ces pénibles efforts ? Les renseignements sur la direction et les distances convergent vers le village actuel de Kasia, situé à 56 kilomètres à l'Est de Gorakhpour, au croisement de deux grandes routes, dans les fertiles plaines sillonnées par les nombreux chenaux du Gandak, et tout invitait à y chercher l'emplacement de Kouçinagara (*pâli* Kousinârâ). Dès avant la fin du siècle dernier la découverte dans son voisinage, près d'un antique *stoupa* ruiné, d'un temple spécialement consacré à abriter une grande image de pierre, longue de six mètres, du Bouddha couché sur son lit de mort venait appuyer, mais non démontrer la justesse de cette hypothèse. Vingt ans plus tard, trois campagnes de fouilles révélaient un entassement de sanctuaires et de couvents, dont les couches inférieures remontaient à l'époque des Koushâns, sinon même des Mauryas, et de nombreux cachets portant le sceau du « couvent du Mahâ-parinirvâna » sortaient des décombres ; mais le témoignage même de ces derniers n'était pas encore décisif, car rien ne prouvait que ces cachets, d'ordinaire attachés à des paquets ou des missives, avaient bien été trouvés au lieu de leur émission et non à celui de leur destination. Toutefois il était déjà évident que l'on avait affaire à une place de pèlerinage dès longtemps fréquentée. Kasia n'allait pas tarder à le redevenir. La dévotion des Birmans, non contente de bâtir une hôtellerie pour les modernes pèlerins et de replanter les arbres *çâla* que la tradition réclame, réunit bientôt par souscription les fonds nécessaires à la remise en état du grand tumulus. Un sondage opéré à cette occasion au centre du tertre permit de retrouver une urne de cuivre, en forme de cruche ronde, dont l'ouverture était obturée par une tablette de cuivre inscrite ; et l'inscription spécifiait que le dépôt avait été fait « dans le sanctuaire du Parinirvâna[47] ». Cette fois aucun doute n'était plus permis sur le site du monument commémoratif du quatrième Grand miracle. Attribué à Açoka, restauré au Ve siècle par l'abbé Haribala en même temps qu'était installée la grande statue monolithe du Bouddha couché, il commençait derechef à tomber en ruines lors du passage de Hiuan-tsang, bien qu'il eût encore une hauteur de deux cents pieds. Convenait-il de l'abandonner de nos jours aux pieuses restaurations birmanes ? Ceci est une autre question. L'important est que nous connaissions exactement l'emplacement du trépas de Çâkya-mouni, tout comme celui de sept autres grands événements de sa vie. Y a-t-il beaucoup de personnages historiques appartenant à une antiquité aussi reculée et dont on puisse dire autant ?

Les fouilles de Kasia nous ont également appris que le groupe local de sanctuaires bouddhiques occupait un enclos sacré d'une superficie d'environ quinze hectares, rivalisant en étendue avec celui du Djêtavana à Çrâvastî. Mais ici il n'est pas question de trouver dans les environs les restes d'une grande ville. De l'aveu commun Kouçinagara n'était qu'une agglomération sans importance, et la dernière que la tradition eût choisie, si elle avait eu le choix, pour en faire le théâtre de l'Ultime trépas. Écoutez-la, par la bouche d'Ânanda, morigéner sur ce point le Maître : « Que le Bienheureux, Seigneur ne s'éteigne pas dans cette petite bourgade rustique[48]. Il y a, Seigneur, d'autres grandes villes, telles que Tchampâ, Râdjagriha, Çrâvastî, Sakêtâ, Kaouçambî, Bénarès ; c'est là que le Bienheureux devrait s'éteindre ; c'est là que quantité de nobles, de brahmanes, de bourgeois, tous très riches et dévoués au Prédestiné, feraient au Prédestiné de dignes funérailles… » Malheureusement le fait était constant, et il était trop tard pour le démentir, mais non point pour l'embellir. Disposant à son gré du passé comme de l'avenir, l'ingéniosité indienne n'est jamais embarrassée pour trouver une clef aux mystères du présent : « Ne parle pas ainsi, ô Ânanda », réplique aussitôt le Bouddha. Il se souvient parfaitement qu'au temps où il était le plus grand et le plus vertueux des Rois des rois, Kouçinagara, sous le nom de Kouça-vatî, était sa capitale ; et il n'existait pas alors dans le monde de cité plus vaste ni plus florissante. S'il lui plaît de mourir au lieu témoin de toutes ces splendeurs passées, on serait mal venu de l'en blâmer[49].

LE RÔLE D'ÂNANDA. — Nous avons pendant tout ce temps laissé Çâkya-mouni étendu sur sa couche funèbre. Certes sa fin est proche, mais elle n'est pas immédiate : il n'expirera qu'à la troisième veille de la nuit qui vient. Nous aurions grand-peine à suivre le fil du récit à travers l'incohérence des incidents et des propos qui meublent les heures qui lui restent à vivre si, du fait de la complète immobilisation de son Maître et en sa qualité de chambellan attitré, Ânanda ne devenait (mais pas pour longtemps) le meneur du jeu. C'est lui qui recueille les dernières recommandations du Prédestiné, lui qui s'acquitte de ses dernières commissions, lui qui veille sur ses dernières réceptions, tout cela en dépit d'un chagrin profond, encore que légèrement égoïste. Il n'a qu'un moment bien excusable de faiblesse, où il se retire à l'écart du mourant pour donner libre cours à ses larmes, debout, appuyé à la corniche d'un mur[50] : « Je ne suis qu'un disciple ayant bien des progrès à faire, et voici que mon Maître va s'éteindre, qui avait tant de compassion pour moi ». Le Bouddha ne tarde pas à remarquer son absence et le fait rappeler pour lui prodiguer d'affectueuses consolations : « Assez, Ânanda ; cesse de t'affliger et de gémir. N'ai-je pas pris la précaution de t'avertir qu'il faut se séparer ici-bas de tout ce qu'on aime. Comment admettre que ce qui est né ne meure pas ? C'est chose absolument impossible. Voilà longtemps, ô Ânanda, qu'en actes, en paroles et en pensées tu as été pour le Prédestiné le plus utile et affectionné des serviteurs. Tu as acquis de grands mérites ; encore un effort et tu parviendras à la sainteté. » Et après l'avoir ainsi réconforté privément, il reprend son panégyrique devant la Communauté assemblée. Jamais, assure-t-il, les Prédestinés du passé n'ont eu ni ceux de l'avenir n'auront de meilleur assistant. Personne ne s'entend aussi bien que lui à organiser les audiences du Prédestiné à la satisfaction générale. Qu'il s'agisse de recevoir des moines ou des nonnes, des zélateurs ou des zélatrices, des rois, des ministres ou des religieux hétérodoxes, il n'est pas de plus habile introducteur des visiteurs ni qui sache se faire mieux venir d'eux.

Or voici justement qu'il va donner une nouvelle preuve de son adresse comme chef du protocole. Le Bouddha l'envoie en ambassade à Kouçinagara avertir les notables de sa fin prochaine : « Faites diligence, a-t-il mission de leur dire ; n'ayez pas plus tard à vous repentir en pensant : Sur le territoire de notre village a eu lieu le Parinirvâna du Prédestiné et nous n'avons pas profité de l'occasion pour lui rendre visite à sa dernière heure. » L'appel n'est que trop bien entendu : hommes, femmes, enfants, tous les Mallas sortent en foule et se rendent avec de grandes démonstrations de douleur à leur Bois-de-Çâlas. Menacé d'être débordé par leur nombre, Ânanda se tire ingénieusement de la difficulté. S'il présente les Mallas un par un, la nuit entière sera passée avant que leur défilé ne soit terminé ; il les introduit donc par famille, chacune avec le chef de maison à sa tête : « Seigneur, un Malla de tel ou tel nom, avec ses enfants, sa femme, son entourage, ses intimes, se prosterne aux pieds du Bienheureux. » Et par fournées successives la présentation s'achève avec la première veille de la nuit.

Mais il n'est pas de repos pour le serviteur non plus que pour le Maître. À peine les Mallas s'en sont-ils retournés chez eux que le religieux Soubhadra[51] vient solliciter une entrevue avec le Prédestiné. Il sait combien est rare en ce monde l'apparition d'un Bouddha ; or il vient d'apprendre que le Çramane Gaoutama va s'éteindre ; et il n'a d'espoir qu'en lui pour obtenir une solution aux doutes qui le tenaillent toujours. Comme de raison Ânanda tâche par trois fois de l'éconduire : « Assez, ami Soubhadra, n'importune pas le Prédestiné ; le Bienheureux est fatigué… » Mais celui-ci entend de son lit leur conversation et se montre jusqu'au bout accueillant pour les consciences sincèrement tourmentées : « Assez, Ânanda, ne renvoie pas Soubhadra. Tout ce qu'il me demandera, ce sera dans un dessein d'instruction et non d'importunité ; et tout ce que je lui dirai en réponse à ses questions, il aura vite fait de le comprendre. » L'entretien se résume, comme on pouvait s'y attendre, en une condamnation en bloc des doctrines des six maîtres hérétiques et une exaltation de la Bonne-Loi. Aussitôt converti que convaincu, Soubhadra demande à être reçu dans l'Ordre : mais on s'aperçut après coup que sa requête se heurtait à la règle qui, en cas de conversion d'un religieux hétérodoxe, imposait au récipiendaire un stage de quatre mois[52]. Toutefois le Bouddha, expert connaisseur d'âmes, aurait prescrit à Ânanda de l'ordonner sans plus attendre — faveur exceptionnelle et aussitôt justifiée par l'arrivée à la sainteté de celui qui en est l'objet : « C'est ainsi que le révérend Soubhadra devint l'un des saints ; ce fut le dernier des disciples convertis par le Bouddha en personne. » Plus tard on voulut même qu'il se fût refusé à survivre à son Maître et fût entré avant lui dans le Nirvâna. Mieux encore, on crut savoir que ce n'était pas la première fois que le Bienheureux avait ainsi procédé *in extremis* à son sauvetage. Déjà, dans une de ses naissances antérieures comme roi des cerfs, il avait en ce lieu même, au coût de sa vie, servi de pont à travers la rivière déchaînée aux animaux fuyant devant un incendie de forêt ; et le dernier fuyard à passer sur son échine avant qu'il ne fût entraîné et englouti par le courant n'était autre que ce même Soubhadra. Ce conte, qui a passé dans les Écritures tibétaines, a été également recueilli sur place par Hiuan-tsang[53] ; et là n'est pas la seule preuve que nous ayons de la grande popularité du dernier disciple : selon toute vraisemblance c'est Soubhadra, déjà revêtu du costume bouddhique, que nous devons reconnaître sur les représentations du Parinirvâna dans le moine régulièrement assis en méditation devant le lit de mort du Bouddha[54].

L'ULTIME TRÉPAS. — Cependant le jour va bientôt paraître, que Çâkya-mouni ne doit plus revoir. Il adresse encore quelques recommandations à Ânanda et convoque ses moines. Subsiste-t-il dans l'esprit de quelqu'un d'entre eux quelque doute ou quelque perplexité au sujet de la Doctrine ou de la Discipline ? Qu'il se hâte, avant qu'il ne soit trop tard, d'en référer au Maître. À la troisième sommation, tous persistent à garder le silence. Et alors le Bienheureux leur dit : « C'est à vous que je m'adresse, ô moines mendiants : la périssabilité est la loi des choses ; ne relâchez pas vos efforts ! Telles furent les dernières paroles du Prédestiné ! » Déjà l'agonie commence ; mais, comme bien on pense, un Bouddha ne peut pas mourir de simple épuisement physique ; en bon adepte du *yoga* il doit passer par une série de transes spirituelles qui ne représentent rien pour les profanes, mais qui ont été soigneusement cataloguées par les initiés. C'est du sommet de l'extase que, par une transition naturelle, il verse doucement dans l'état suprême autant qu'ineffable du Nirvâna définitif. Ici encore on croit deviner qu'une première version plus simple a subi une amplification destinée à la mettre au courant du développement de la théorie des phases extatiques. Originairement Çâkya-mouni ne passait que par les quatre degrés, bien connus de tous, de la Méditation, les mêmes qu'il avait déjà découverts et gravis à l'aube de sa vocation, sous l'ombre immobile du pommier-rose. Plus tard on voulut qu'il eût franchi cinq étapes de plus sur la voie de la sublimation et parcouru successivement les neuf étages de la « Dissociation[55] » d'avec les choses de ce monde. Il semble toutefois qu'on ait reculé devant une modification trop ouverte du récit traditionnel, car on fait ensuite redescendre le Bouddha jusqu'au bas de l'échelle pour ne remonter qu'au quatrième échelon ; et ainsi la ligne de démarcation entre les deux versions reste dessinée dans le corps même du texte :

Et alors le Bienheureux entra dans la première méditation ; puis ayant émergé de la première, il entra dans la seconde ; ayant émergé de la seconde, il entra dans la troisième ; ayant émergé de la troisième, il entra dans la quatrième ; ayant émergé de la quatrième, il entra dans la sphère de l'infinitude de l'espace ; de là dans la sphère de l'infinitude de la vie ; de là dans la sphère de l'infinitude du néant ; de là dans la sphère où il n'y a plus ni conscience ni inconscience ; de là dans la cessation de la conscience et du sentiment.

Et à ce moment le révérend Ânanda dit au révérend Anourouddha : « Le Bienheureux, seigneur Anourouddha, s'est éteint. — Non, ami Ânanda, le Bienheureux ne s'est pas éteint ; il a atteint la cessation de la conscience et du sentiment ».

Et alors le Bienheureux, ayant émergé de la cessation de la conscience et du sentiment, entra dans la sphère où il n'y a plus ni conscience ni inconscience ; de là dans la sphère de l'infinitude du néant ; de là dans la sphère de l'infinitude de la vie ; de là dans la sphère de l'infinitude de l'espace ; de là dans la quatrième méditation ; de là dans la troisième ; de là dans la seconde ; de là dans la première.

Ayant émergé de la première méditation, il entra dans la seconde ; ayant émergé de la seconde, il entra dans la troisième ; ayant émergé de la troisième, il entra dans la quatrième ; ayant émergé de la quatrième, immédiatement après le Bienheureux s'éteignit. »

C'est probablement là ce qu'à l'origine il faisait d'emblée, sitôt le stade de la quatrième méditation dépassé pour la première fois, sans évoluer aussi laborieusement, en gamme ascendante et descendante, à travers tant de plans successifs. Il va de soi que la terre tremble et que les tambours des dieux retentissent — ces énormes tam-tam[56] que les sculpteurs de Sâñchî suspendent dans les airs au-dessus de leurs représentations des Grands prodiges. À ce moment se place habituellement le miracle des arbres çâla[57] qui instantanément fleurissent hors de saison pour mêler leur tribut d'hommage aux fleurs que les dieux font au même moment pleuvoir du haut des cieux sur le cadavre du Bienheureux. Tour à tour les assistants de premier rang, Brahma, Çakra, Anourouddha, Ânanda laissent exploser leurs sentiments en une stance appropriée à leur caractère. Quant à la foule des religieux et des laïques, elle se partage en deux camps : les uns s'abandonnent bruyamment et avec de grands gestes à leur désespoir en répétant : « Trop tôt le Bouddha s'est éteint, trop tôt s'est fermé l'œil du monde » ; les autres, sachant l'impermanence de toutes choses, se résignent dans un silencieux recueillement ; et Anourouddha morigène ceux des moines qui se livrent en cette occasion à des manifestations de chagrin qu'il juge complètement déplacées.

Les funérailles. — On n'aura pas été sans remarquer qu'un autre cousin du Bouddha, devenu son disciple en même temps qu'Ânanda vient de déposséder ce dernier de la prééminence que nul n'avait songé à lui disputer jusqu'ici. Le sage et impassible Anourouddha assumera désormais le premier rôle, ou du moins il ne le partagera qu'avec un autre grand disciple, Mahâkâçyapa, celui-là même qui ne va pas tarder à prendre en mains la direction de la Communauté privée de son chef. Désormais le beau, le doux, l'aimable Ânanda, le chéri des nonnes et l'aristocratique arbitre des convenances, va être relégué au second plan : il ne jouera plus que les utilités. On ne peut empêcher que, de même qu'il avait l'oreille du Bouddha, il ait mieux que personne recueilli toutes les paroles tombées de sa bouche ; mais on lui fera cruellement sentir le fait qu'il n'est pas encore parvenu à la sainteté. Nous percevons, répercuté à travers les textes, l'écho d'une cabale montée contre lui dès le lendemain de la mort du Maître par des confrères jaloux, déguisant leur animosité sous une affectation d'austères scrupules. Le changement de ton est d'autant plus frappant que nous venons d'entendre Çâkya-mouni en personne faire une véritable apologie du disciple bien-aimé. Maintenant Mahâkâçyapa ne se gêne plus pour le réprimander « comme un jouvenceau[58] » parce qu'il ne tient pas ses disciples en bride suffisamment serrée ; et la nonne Sthoulanandâ, qui a osé prendre sa défense, expie actuellement dans l'enfer, où l'a précipitée un simple regard désapprobateur de Mahâkâçyapa, l'excès de son indiscrétion. Lors du prétendu « concile » de Râdjagriha où devait être fixée la lettre des Écritures, il faut bien en venir à prier Ânanda de réciter de mémoire les discours du Bouddha ; mais un véritable réquisitoire, avec sept[59] chefs d'accusation, est au préalable dressé contre lui. Il va de soi que ces zizanies de couvent, banales à force d'être fréquentes, n'auraient pas ombre d'intérêt pour nous si l'exégète ne prenait son bien partout où il le trouve : or cette querelle depuis si longtemps éteinte va, par un effet réflexe inattendu, nous permettre de restituer au sujet des funérailles du Bouddha, à défaut du procès-verbal authentique qui n'a jamais été dressé, un état plus ancien, et probablement plus sincère, de la légende.

Reprenons en effet la liste des sept reproches qui sont successivement adressés à Ânanda et à l'encontre desquels il se borne humblement à plaider les circonstances atténuantes. Nous en connaissons déjà trois : il a insisté pour l'admission des femmes dans la Communauté, il a omis de prier le Bienheureux de prolonger sa vie, il a fait la sourde oreille quand celui-ci, en proie à la fièvre, lui a demandé de l'eau à boire. Des quatre autres, deux sont sans intérêt pour nous : il aurait une fois piétiné le costume du Maître ; et, quand celui-ci, peu avant sa mort, a autorisé la Communauté à modifier les préceptes mineurs de la Discipline, il a négligé de lui faire préciser exactement de quels préceptes il parlait. En revanche les deux derniers nous touchent particulièrement ici : après le Parinirvâna il aurait exposé aux yeux des gens la nudité du Bouddha, et il aurait permis aux femmes de souiller son cadavre de leurs larmes[60]. Or, ce sont là deux incidents dont il n'est plus — disons mieux : dont il ne saurait plus être un instant question dans les nombreux récits qui nous ont été transmis des funérailles. Il s'ensuit que ces derniers ont été remaniés dans l'intention de jeter un voile pieux sur des circonstances qui ne cadraient plus avec les conceptions nouvelles ; et dès lors comment ne pas soupçonner qu'originairement Ânanda, en sa qualité d'ordonnateur désigné des cérémonies, continuait, après comme avant le Trépas, à prendre toutes les initiatives, quitte à s'exposer plus tard à toutes les critiques et à être rétrospectivement démissionné ?

Tâchons de nous représenter la suite des rites funéraires tels que les prescrivait la coutume générale et que les comportaient les circonstances locales : nos soupçons ne tarderont pas à se confirmer. Tout d'abord c'est chose entendue que les obsèques des religieux sont entièrement à la charge des fidèles laïques[61] : leurs confrères n'ont aucunement à se distraire en cette occasion de l'absorbante préoccupation de leur salut. À la nouvelle du décès du Bouddha, ceux d'entre les Mallas qui sont des zélateurs bouddhiques accourent aussitôt en famille, avec leurs épouses et leurs enfants. Leur premier soin, selon l'usage antique et quasi universel, est de se livrer autour du lit de mort à la déploration ou lamentation funèbre[62] : et c'est alors qu'au dire des vieux bonzes les femmes ont « souillé » de leurs larmes le corps du Bienheureux. Leur douleur dûment manifestée, les bonnes gens procèdent, comme de règle, au lavage du cadavre : et c'est ainsi qu'Ânanda a pu être accusé et convaincu d'avoir laissé exposer aux yeux de tous l'auguste nudité du Prédestiné. Sitôt ces apprêts terminés et le corps à nouveau revêtu de son costume monastique, des volontaires s'offrent, sans distinction d'âge ni de sexe, pour porter au lieu de crémation du bourg la civière sur laquelle le mort repose ; et, sur un bûcher improvisé à la mesure de leurs moyens[63], la dépouille de Çâkya-mouni, comme le veut la coutume et comme l'exige le climat de l'Inde, est incinérée le jour même de son trépas.

Dès lors il ne reste plus aux assistants d'autre tâche que de recueillir les reliques dans les cendres, ni d'autre soin que de se purifier par un bain rituel et de changer de vêtements avant de regagner leurs demeures : car tout cadavre est réputé impur et contamine qui l'approche.

Ainsi, ou à peu près ainsi, ont dû se dérouler les rustiques funérailles du Bouddha ; sinon, les blâmes infligés par la suite à Ânanda n'auraient eu ni fondement ni sens. Qui mieux est, nous tenons la preuve que l'Église bouddhique a longtemps cru que les choses s'étaient passées de cette modeste manière, si indigne qu'elle fût d'un Prédestiné. À présent que les reproches des docteurs nous ont donné l'éveil, nous décelons dans les textes maintes traces de cette croyance en dépit du souci que les hagiographes postérieurs ont pris de les effacer. Notre source principale avoue encore que la première idée des Mallas a été d'aller incinérer le Bouddha « au Sud et en dehors de leur ville » ; car le Sud est la région des Mânes, et un cadavre ne doit pas être introduit dans une cité ; il faudra tout à l'heure faire intervenir les dieux pour qu'ils consentent à parader le corps du Bienheureux à travers leurs rues. Une version tibétaine confie le transport de la funèbre civière à « des femmes et des jeunes gens ». Un texte sanskrit tardif admet encore que le Bienheureux n'a eu d'autre linceul que son costume monastique (il est vrai, multiplié par mille[64]). Une traduction chinoise reconnaît que le cadavre a été lavé avec de l'eau parfumée, et raconte un peu plus loin que, quand les pieds du Prédestiné sortirent miraculeusement de son cercueil pour recevoir l'hommage de Mahâkâçyapa, celui-ci remarqua que leur éclat avait été terni par des larmes féminines… Mais ce ne sont plus là que d'importuns souvenirs qui auraient dû être totalement éliminés de la légende. Sévères théologiens et dévots laïcs s'étaient mis bientôt d'accord pour les bannir de leur mieux. La misogynie des premiers était trop véhémente pour consentir à ce qu'on eût laissé les femmes s'approcher du lit de mort du Bienheureux ; et comment les seconds auraient-ils pu continuer à croire que son corps, substance précieuse entre toutes, ait eu besoin d'être lavé et ait pu être un seul instant considéré comme impur ? Mieux valait laisser tomber deux des reproches traditionnellement adressés à Ânanda. Aux yeux des uns comme des autres, l'important était que, dans le cas des funérailles d'un être aussi exceptionnel que leur « plus que divin » Maître, rien ne se fût passé comme à l'accoutumée ; et c'est ainsi qu'à l'ancienne *versio simplicior* qui se laisse encore deviner est venue se substituer une *verso ornatior* qui, presque sur tous les points, en prend exactement le contre-pied.

Le point de départ essentiel de la tradition nouvelle nous est ingénûment révélé. Ânanda a pris la précaution de consulter le Bouddha sur les rites de ses funérailles, et celui-ci a répondu qu'il fallait procéder avec le corps du Prédestiné comme avec celui d'un Monarque universel — ce qui revient à dire avec toute la solennité et la magnificence imaginables. Dès lors le programme est tout tracé et la voie ouverte à toutes les surenchères. Dès que le jour luit, Anourouddha, brusquement promu au rôle de protagoniste, envoie Ânanda, accompagné d'un autre moine, avertir officiellement les autorités de Kouçinagara du décès du Bienheureux : à elles de savoir ce qu'il leur reste à faire. La nouvelle est toujours accueillie avec des transports de douleur par la population tout entière : mais en revanche, il n'est plus question ni d'une intervention quelconque des femmes ni d'une toilette du cadavre. Les dignes notables connaissent à présent leurs nouveaux devoirs. Ils commencent par réquisitionner d'office dans leur bourgade tous les accessoires dont ils vont avoir besoin pour s'en acquitter : « Holà, disent-ils à leurs serviteurs, rassemblez tout ce qu'il y a de parfums, de guirlandes et d'instruments de musique ... Puis s'étant rendus au Bois-des-Sâlas auprès du corps du Bienheureux, ils lui rendirent hommage, honneur, respect et culte avec des danses, des chants, de la musique, des guirlandes et des parfums... » Singulière façon, pense-t-on peut-être, de mener grand deuil. Sans doute chaque pays a ses mœurs : mais telle n'est pas la façon dont l'Inde a coutume de conduire la cérémonie des obsèques. — Il nous faut comprendre qu'avec le temps la conception qu'en se faisait des funérailles du Bouddha avait perdu tout caractère funèbre ; elles s'étaient transformées dans les esprits des fidèles en cette sorte de fêtes anniversaires qui se célébraient sur la terre (et aussi, disait-on, dans le ciel) en l'honneur des reliques du Prédestiné ; et, de fait, c'est bien une sorte de kermesse villageoise que, sur l'un des jambages de la Porte

Nord de Sâñchî, les Mallas organisent autour du tumulus qui symbolise le Parinirvâna du Bienheureux[65].

Voilà toujours de quoi les occuper pendant une semaine, d'autant qu'il faut bien leur laisser le loisir de faire leurs préparatifs pour la suite. Au bout de sept jours ils songent enfin à transporter le corps au lieu de crémation « au Sud et en dehors de la ville » : mais leurs intentions ont cessé de plaire en haut lieu. Elles ne cadrent plus avec celles des divinités, dont Anourouddha continue à se charger d'être l'interprète. En vain huit chefs Mallas, par avance baignés et vêtus de vêtements neufs[66], essayent de soulever le cadavre : ils ne peuvent y parvenir. Pourquoi ces vains efforts ? C'est qu'à présent les dieux, prenant à leur compte les pieux desiderata des générations postérieures, veulent que le corps passe par le Nord, qu'il entre dans la ville par la porte septentrionale, qu'il pénètre jusqu'en son centre et qu'il en ressorte par la porte orientale pour être enfin amené au « Sanctuaire du Couronnement » des princes Mallas (quelque chose comme leur Salle-du-trône[67]), bref qu'il reçoive les honneurs les plus exceptionnels dont un cadavre puisse être l'objet. On se conforme donc à ce nouveau programme, car on ne saurait aller contre les volontés du ciel.

À ce moment se pose la question de l'ensevelissement et de la mise en bière. Il n'est plus désormais possible de laisser au Bouddha mort son costume monastique, puisqu'il doit être traité comme un Roi des Rois. Par une heureuse précaution, les Mallas se sont déjà munis de cinq cents costumes laïques, chacun composé de deux pièces d'étoffe[68] : il ne leur reste plus qu'à faire rassembler par leurs domestiques tout ce qu'il y a de coton cardé dans Kouçinagara : « Et alors ils enveloppèrent le corps du Bienheureux dans une pièce d'étoffe neuve, puis dans une couche de coton cardé, puis dans une pièce d'étoffe neuve et ainsi de suite jusqu'à épuisement des cinq cents paires d'étoffes[69] ; puis ils le déposèrent dans une auge à huile et recouvrirent celle-ci avec une seconde auge ; et, ayant fait un bûcher composé tout entier de matières odoriférantes, ils déposèrent dessus le corps du Bienheureux. » Comment se sont-ils procuré assez de bois de senteur, santal et autres, pour édifier un bûcher qu'on imagine de plus en plus gigantesque, cela reste un secret. On ne voit pas non plus très bien l'utilité de cette double auge à huile puisqu'il n'est pas question de conserver plus longtemps le corps : mais peut-être a-t-on pensé que ce cercueil de fer garantirait mieux les saintes reliques de tout mélange avec les cendres du bûcher. Ne demandez pas d'ailleurs comment ils ont pu introduire dans ce sarcophage, qui plus tard deviendra d'or, l'énorme momie gonflée de ses mille linceuls doublés de coton ; mais si vous voulez savoir quelle forme on prêtait à ce coffre de métal vous n'avez qu'à vous reporter aux bas-reliefs gréco-bouddhiques[70].

Tout est donc enfin prêt pour la crémation. Quatre princes Mallas se mettent également en tenue appropriée à la cérémonie et s'approchent avec des torches pour mettre le feu au bûcher ; mais la flamme se refuse à jaillir. C'est qu'il importe à la légende — à laquelle nous avons reconnu l'art des préparations théâtrales — de donner à présent la vedette à celui qui va devenir, comme on l'appelle communément, le premier « patriarche » de l'église bouddhique. Que Mahâkâçyapa n'eût pas assisté aux derniers moments du Maître, le fait était constant ; mais qu'il eût été complètement absent des scènes du Parinirvâna, la chose était promptement devenue inconcevable : « Je suis le fils aîné du Bouddha (lui fait dire un texte tardif) ; je dois procéder à sa crémation. » Apparemment il suivait la même route que son Maître, à huit jours d'intervalle, en compagnie d'une autre escouade de moines : car il fallait bien à la fois éviter l'encombrement des lieux d'étape et donner quelque répit à l'hospitalière charité des villages de la route. Il se trouvait alors avec ses compagnons, à mi-chemin entre Pâvâ et Kouçinagara, et, lui aussi, s'était assis au pied d'un arbre pour se reposer un instant. Passe en sens inverse un ascète nu, tenant à la main une des fleurs célestes que les dieux ont fait pleuvoir sur le corps du Bienheureux ; et cette pièce à conviction confirme la triste nouvelle qu'il colporte en même temps qu'elle : il y a sept jours que le Bouddha est mort. Aussi est-il urgent que, toujours par le truchement d'Anourouddha, les déités interviennent et signifient leurs intentions aux Mallas stupéfaits : elles ont décidé que le bûcher attendrait pour s'allumer que « Mahâkâçyapa ait rendu hommage aux pieds du Bienheureux ». C'est là l'expression indienne courante pour signifier l'acte de se prosterner devant quelqu'un : mais qu'on s'avise de la prendre à la lettre et il n'en faut pas davantage pour fabriquer de toutes pièces un miracle de plus. Effectivement les pieds du Bouddha sortent de leur cercueil et de leurs multiples linceuls pour que le grand disciple puisse les vénérer en les touchant de son front, après quoi tout rentre dans l'ordre « aussi aisément que la lune tour à tour se dégage et se voile d'un nuage ». Et là-dessus le bûcher, soudain désensorcelé, s'allume spontanément. Restent à inventer les diverses manières, toutes plus extraordinaires les unes que les autres, qui ont dû servir à l'éteindre : car il ne se peut pas qu'il se soit éteint naturellement. Appel est fait aux pluies célestes comme aux eaux souterraines ; mais leur intervention n'empêche nullement, pas plus dans les textes que sur les monuments, les Mallas de déverser sur lui, au moyen de cruches munies d'un long manche, l'eau parfumée (d'autres disent le lait) des aspersions habituelles[71].

LE PARTAGE DES RELIQUES. — C'est un fait bien connu que, dans les civilisations antiques, la mort d'un individu quelconque n'est pas une conclusion : la question des funérailles importe trop au sort de sa vie d'outre-tombe pour qu'on puisse la passer sous silence. Dans le cas du Bouddha cette question n'aurait pas dû être posée, car « il n'y aura pas de renaissance pour lui ». Sages sont ceux d'entre les moines qui se refusent à déplorer la Délivrance finale du Prédestiné ; et, sages ou non, tous les disciples sont d'accord pour se désintéresser totalement de ses obsèques. Pourtant après que les fidèles laïques se sont généreusement acquittés de ce soin, leur tâche n'est pas achevée ni la dernière page de la biographie tournée : il leur faut encore apprendre comment on dispose des précieux restes d'un Bouddha. Le culte des reliques des saints (ou, comme on dit aussi, des « saintes reliques ») nous est trop familier en Occident pour réclamer une explication quelconque, et beaucoup seraient choqués de l'entendre traiter de superstition. Les bouddhistes en distinguaient trois sortes : il y avait d'abord les débris organiques, recueillis dans les cendres du bûcher ; puis les divers ustensiles dont le Bienheureux s'était servi de son vivant, tels que son vase-à-aumônes, sa cuvette ou son balai ; et enfin les objets ou édifices commémoratifs des grands événements de sa vie[72]. Plus tard, à défaut de ces souvenirs matériels, dont la multiplication, si large qu'elle fût, ne pouvait être indéfinie, on dut se contenter de reliques spirituelles, c'est-à-dire de fragments de la Bonne-Loi inscrits sur des feuilles de palmier, sur écorce de bouleau ou sur boulettes d'argile ; mais la sorte la plus vénérable et vénérée était naturellement les « corporelles ». Or il est écrit que le corps du Bienheureux fut intégralement consumé à l'exception des ossements, « sans laisser ni cendre ni noir de fumée ». Seuls deux des mille linceuls, le plus intérieur et le plus extérieur, demeurèrent (par miracle !) intacts[73] : par ailleurs on ne retrouva sans doute que les débris du squelette qui, de notoriété publique, résistent le mieux à l'action du feu, notamment les os du crâne et les dents[74]. La première idée prêtée aux Mallas est naturellement de thésauriser comme un porte-bonheur l'aubaine que le sort leur a dévolue. Au lieu de jeter ces restes au fleuve le plus proche, ainsi qu'il est d'usage pour les simples mortels, ils les transportent processionnellement dans leur « Chambre-de-réunion » (ou, comme nous dirions, dans leur hôtel de ville) et là danses, chants et musique recommencent de plus belle en leur honneur.

C'est là que les bas-reliefs nous montrent les Reliques déposées sur un trône drapé et recouvertes d'un dais d'étoffe en forme de cloche, que surmonte un royal parasol ; mais déjà guerriers ou guerrières, appuyés sur leur lance, montent la garde près d'elles ou aux portes de la cité[75]. Notre texte va plus loin et veut que les Mallas aient abrité leur trésor dans une cage de javelots et derrière un rempart d'arcs. C'est qu'ils se doutent déjà de ce qui va suivre. Le nouvelle ne tardera pas en effet à se répandre : « Et le roi du Magadha, Adjâtasattou, le fils de l'infante de Vidêha, apprit que le Bouddha s'était éteint à Kousinârâ ; et il députa un envoyé aux Mallas pour leur dire : Le Bienheureux était de caste royale, je le suis aussi ; moi aussi je suis digne d'avoir une part des reliques corporelles du Bienheureux, et moi aussi je leur élèverai un tumulus et j'instituerai (en leur honneur) une fête ». Tour à tour six chefs de clan du voisinage, les Litchavis de Vaïçâlî, les Çâkyas de Kapilavastou (ressuscités pour la circonstance), les Boulis d'Allakappa, les Kolis de Râmagrâma, le Brahmane de Vishnoudvîpa et les Mallas de Pâvâ, à l'ouïe de la mort du Bouddha, formulent la même demande à peu près dans les mêmes termes[76]. Ainsi sollicités de toutes parts, les notables de Kouçinagara convoquent l'assemblée du peuple, et décident : « Le Bienheureux est mort sur notre territoire : nous ne partagerons pas ses reliques ». Mais alors les requêtes se transforment en sommations et, pour appuyer leurs revendications, les sept prétendants, pareils aux Sept devant Thèbes, viennent avec leurs armées mettre le siège devant Kouçinagara. Un linteau de la Porte Sud de Sâñchî dépeint admirablement cette scène. Déjà les assaillants sont prêts à en venir aux mains avec les guerriers qui garnissent les remparts de la ville. Les mauvais instincts d'avarice et de convoitise vont-ils l'emporter une fois de plus et, par une amère ironie, faire que les gens s'égorgent pour l'amour de l'apôtre de la paix ? Ce scandale est heureusement épargné à l'histoire : la raison prévaut par la bouche du sage brahmane Drona[77] et, d'un commun accord, on s'en remet pacifiquement à lui du soin de partager les reliques en huit parties égales. On lui abandonne même, en récompense de son heureuse intervention, l'urne funéraire qu'il vient de vider ; et quand les Mauryas de Pippalîvana arrivent trop tard pour participer au partage, ils doivent se contenter de la braise du bûcher. Tout semblait donc arrangé pour le mieux et une fois pour toutes ; mais un temps vint où l'on s'avisa avec horreur que l'on avait oublié dans la distribution de satisfaire les vœux qu'avaient dû immanquablement formuler les dieux et les génies. Tant bien que mal on répara cette omission en feignant de se souvenir que les reliques avaient d'abord été divisées en trois portions, dont une seule était échue aux hommes. Par mesure de compensation, les restes du Bienheureux furent alors censés avoir rempli non moins de huit boisseaux, chacun d'une contenance d'un millier de poignées ; et ainsi il y en eut pour tout le monde.

Mais revenons à notre plus ancienne version tant écrite que figurée. Le partage des reliques en huit parts est représenté sur les vieux monuments, et l'on y voit aussi les sept prétendants remporter triomphalement leurs lots dans une cassette cérémonieusement placée sur la tête de leur éléphant de parade[78]. Où courent-ils ainsi ? Remplir la prescription qu'on a eu soin de placer dans la bouche du Bouddha mourant : « Ainsi qu'on traite les restes d'un Monarque universel, ainsi l'on doit traiter ceux d'un Prédestiné. Qu'à un grand carrefour on élève un tumulus au Prédestiné ; ceux qui lui offriront guirlandes, parfums ou badigeons, ou qui le salueront, ou qui se recueilleront devant lui, pour ceux-là il y aura profit et bonheur de longue durée[79]... » Nous rencontrons ainsi jusqu'au terme de la carrière du Maître l'assimilation que dès sa Nativité l'on prétendait établir entre le plus puissant des Monarques et le plus éclairé des Clairvoyants. Du même coup nous tenons les origines de ce culte du *stoupa* qui, bien qu'il n'ait jamais été dans l'Inde le monopole exclusif des bouddhistes, est devenu et demeuré dans toute l'Asie orientale le monument caractéristique de leur foi. On sait les formes variées et les extraordinaires dimensions que revêtent ou atteignent parfois ces curieux mausolées ; anciennement ils ne comportaient qu'un dôme de taille modeste, juché sur une terrasse et abrité d'un parasol, que protégeait une balustrade à une ou quatre entrées chicanées. C'est un édifice de ce genre que les huit copartageants se sont engagés à élever chacun chez eux, en guise de reliquaire, sur le trésor sans prix qu'ils ont conservé ou obtenu ; et (soit dit entre parenthèses) il faut se garder de confondre ces huit *stoupa* ou tumuli avec les huit *tchaïtya* ou sanctuaires qui marquaient l'emplacement des huit Grands miracles et qui pouvaient aussi bien être un arbre ou un temple[80]. Ce sont ces huit tertres primitifs, ou plus exactement sept d'entre eux (car les génies-serpents se refusèrent à lui abandonner celui de Râmagrâma) qu'environ deux siècles plus tard l'empereur Açoka, pieusement sacrilège, aurait tour à tour violés afin de distribuer leurs précieux dépôts entre les 84 000 reliquaires du même genre dont il passera pour avoir parsemé l'Inde entière. C'est apparemment de cette impériale initiative que date l'extraordinaire fortune réservée à ces massifs monuments[81]. D'une part ils vont se répandre dans l'Asie centrale et l'Extrême Orient en élançant de plus en plus vers le ciel leurs coupoles et leurs pinacles ; de l'autre ils ne tarderont pas à acquérir en propre un caractère sacré, la vénération populaire passant insensiblement des reliques qu'ils contiennent à la bâtisse qui les contient : tant et si bien que finalement ils n'auront même plus besoin d'en contenir pour demeurer l'édifice religieux par excellence en tout pays bouddhique. Mais l'exposé de leur évolution formelle en même temps que de leur consécration spirituelle fournirait la matière d'un volume spécial[82].

Nous avons ainsi conduit le Bouddha jusqu'à ses innombrables tombes : il ne nous reste plus d'autre tâche que de fixer la date de sa mort. Cette question, si longuement et laborieusement discutée, ne nous retiendra pas longtemps. La chronologie singhalaise (de toutes les supputations proposées par les diverses sectes bouddhiques la plus vraisemblable) place cet événement en 543 avant notre ère ; les calculs des érudits européens le font descendre jusqu'en l'an 477 : l'écart est d'environ 65 ans. D'autre part la tradition veut (et nous l'avons docilement suivie au cours des pages qui précèdent) que le Prédestiné ait encore vécu une cinquantaine d'années après son départ de la maison, soit au total 80 ans[83]. L'assertion n'a rien en soi d'invraisemblable ; toutefois rien n'en vient confirmer l'authenticité. Ce qu'en revanche nous savons de source certaine, c'est que le Bouddha se devait à lui-même et à ses fidèles d'avoir au moins atteint cet âge au cours de son existence dernière, car c'est là dans les idées indiennes la durée normale *minima* d'une pleine vie humaine, et de bonne heure l'on ne put admettre que le Bienheureux fût mort prématurément. Dès lors le soupçon naît que le désaccord entre le comput des Indiens et celui des indianistes proviendrait simplement du fait que les premiers auraient au cours des temps confondu les dates et assigné au Trépas de leur Maître celle qui se rapporterait à sa Nativité.

Ce qui donne quelque consistance à cette hypothèse, ce n'est pas seulement que le chiffre de 80 est trop conventionnel pour n'être pas suspect ; c'est encore la curieuse constatation que nous avons dû faire ci-dessus (p. 244) à la suite de tous les biographes anciens ou modernes. La tradition prétend suivre pas à pas les étapes de l'itinérante prédication du Bouddha pendant les vingt ou vingt-cinq années qui ont suivi l'arrivée à la Clairvoyance : mais de son propre aveu les quinze dernières années restent un blanc absolu, que ne meuble plus aucun souvenir, jusqu'au soudain réveil de la chronique aux approches du Parinirvâna. La première explication qui se présente de cette totale lacune est que ces quinze années n'aient jamais été vécues et que Çâkya-mouni soit effectivement mort vers l'âge de 65 et non de 80 ans. Assurément, cette fois encore, la certitude nous échappe, et loin de nous est la pensée d'insinuer qu'à la faveur du recul des siècles aucune erreur puisse être qualifiée d'insignifiante : mais déjà, en attendant mieux, on est sûr de ne pas se tromper de beaucoup en écrivant à la suite du nom de notre Bouddha historique : *circa* 543-477 av. J.-C.

1. ↑ C'est le *Mahâ-parinibbâna-sutta* (éd. CHILDERS dans JRAS New Series 1875 VII p. 49 s. ; VIII 1876 p. 219 s. ; deux trad. par RHYS DAVIDS dans *Sacred Books of the East* t. XI ou *Dial.* II).
2. ↑ V. la carte de la fig. 3.
3. ↑ Nous avons dû nous borner à mentionner les *stûpa* de la Braise et de Râmagrâma *supra* p. 321 l. 10 et 322 l. 4-5.
4. ↑ Cf. HIUAN-TSANG (J I p. 335 ; B II p. 33 ; W II p. 28). Les Sarvâsti-vâdin tenaient pour le mois de *kârttika,* les Thera-vâdin tiennent toujours à Ceylan pour le mois de *vaiçâkha* (JRAS New Series VII, 1875 p. 1). Cf. *supra,* à propos d'une divergence analogue, la note à p. **231**, *44*.
5. ↑ Sur le *Samañña-phala-sutta* v. n. à p. **282**, *17* ; sur les représentations de la visite d'Ajâtaçatru la n. à p. **254**.
6. ↑ *LV* p. 379 l. 12.
7. ↑ Skt. *nîti-çâstra.*
8. ↑ Videha, *alias* Tîrabhukti, *alias* Mithila : l'onomastique de l'Inde est d'une richesse déconcertante.
9. ↑ Il n'est nullement nécessaire d'imaginer une connexion entre ce texte bouddhique et le verset XII 25 de l'Évangile selon st Mathieu : « Tout royaume divisé contre lui-même périra... » : le fait est d'expérience universelle.
10. ↑ Sur la composition du *MPS* cf. *Dial.* II p. 71-2 ; nous ne nous en servirons pas moins constamment et aussi de l'étude de J. PRZYLUSKI sur les diverses versions conservées en chinois qui concernent le *Parinirvâna et les funérailles du Buddha* (*JA* 1918-1920). Nous regrettons de n'avoir pu utiliser l'étude de M. WALDSCHMIDT.
11. ↑ Le *Râhula-vâda-sutta* (sur le mensonge) et le *Brahmajâla-sutta* (*Dial.* I) sont donnés comme prononcés à Ambalaṭṭhikâ.
12. ↑ Cf. *ASI Ann. Report* 1921-2 et suiv.
13. ↑ *MVA* VI 28-30.
14. ↑ FA-HIEN (B p. 54) dit « cinq » rivières ; trois s'imposent, outre le Gange lui-même, à savoir la Gandhakî et le Goghra (Gharghara) au N. et au S. le Sôn (Suvarṇa = Hiraṇyavatî = Errannoboas) : on cherche la cinquième. CUNNINGHAM (*ASI* XI p. 163) propose la Phalgu qui débouche un peu en aval.
15. ↑ Sur l'origine du nom de Pâṭaliputra v. la légende contée par HIUAN-TSANG (J I p. 410 ; B II p. 83 ; W II p. 86) et consultez le *Pâli Dictionary* s. v. *Puṭa* ; sur les fouilles de Patna v. *ASI Ann. Report* 1912-3.
16. ↑ Skt *kâkapeya.*
17. ↑ En pâli *agga-nagara.*
18. ↑ Cf. *Dial.* I p. 18 (n° 17) et II p. 92 n. 2.

19. ↑ Le miracle s'étend aussi à tout le cortège du Buddha dans *BC* tib. XXII 9. Cf. *supra* p. 195.
20. ↑ Cf. *supra* p. 290.
21. ↑ La tradition tibétaine (*Life* p. 130) croit devoir expliquer cette recommandation du Buddha par le fait qu'une famine, ce mal endémique de l'Inde, désolait le pays ; mais en fait cette dispersion était de règle pour alléger en la distribuant entre un plus grand nombre de fidèles la charge des laïques qui devaient, jour après jour, nourrir les moines, pendant leur retraite sédentaire.
22. ↑ Encore un village qui tire son nom du *bilva* (Ægle marmelos) ; le *BC* tib. XXIII 62 l'appelle Veṇumatī.
23. ↑ Sur le sens de l'expression idiomatique d'*âcârya-mushṭi* (*LV* p. 179 l. 12), ou *âcaritya-muṭṭhi* (*Milinda-pañha* p. 144) RHYS DAVIDS (*Dial.* II p. 107 n. 2) renvoie aux *jât.* n°s 231 et 243 ; elle rappelle curieusement le mot de Fontenelle auquel il a été fait allusion *supra* p. 179 et cf. p. 167.
24. ↑ *Kalpaṃ tishṭhet = eis ton aiôna menei* (cf. *supra* p. 303 l. 14).
25. ↑ Ce passage du *MPS* correspond à *DA* p. 200 s. (traduit par Eug. BURNOUF *IHBI* p. 4 s.) et remonte évidemment à la même source. Comme E. WINDISCH (*Mâra und Buddha* p. 33 s.) a soumis ces deux versions parallèles à une comparaison minutieuse et traduit à nouveau le texte *pâli* nous prenons ici plus de liberté avec le texte en éliminant les répétitions et énumérations oiseuses.
26. ↑ Cf. *supra* p. 184-3.
27. ↑ Le *MPS* dit : « d'ici trois mois » ; le *DA* dit : « à la fin des trois mois du *varsha* », c'est-à-dire dans quelques jours : cf. *supra* p. **297**, 8.
28. ↑ On remarquera que le *BC* ne fait allusion nulle part à une « faute » d'Ânanda (XXIII 64 s.) et que le *parinirvâna* de ce dernier est entouré d'une pompe exceptionnelle (*AgbG* fig. 444).
29. ↑ *DA* p. 200 ; HIUAN-TSANG J I p. 396 ; B II p. 73 ; W II p. 68. La « Biographie » (J p. 135-6 ; B p. 100) mentionne aussi le *stûpa* commémoratif du dernier « Regard en arrière ».
30. ↑ La *Vie* en fait un orfèvre, ce qui est mieux porté.
31. ↑ Pâli *lohitapakkhandika*.
32. ↑ *Dial.* II p. 138 et 147-8.
33. ↑ Cf. *Manual* p. 357-8 et *Vie* p. 275 s.
34. ↑ Skt *sûkara-mardanam* de la racine *mṛd* « broyer » et *sûkara-mârdavam* substantif dérivé de l'adjectif *mṛdu* « doux, délicat »
35. ↑ Cf. *SBE* XI p. 71 ou *Dial.* II p. 138.
36. ↑ Cf. l'anecdote moderne contée dans *Vie* n. à p. 280.

37. ↑ C'est à tort qu'on traduit *nisîdissâmi* par « je voudrais me coucher » : dans le texte comme sur les bas-reliefs le Buddha ne se couche que pour mourir : cf. *infra* n. à p. **308**, 35.
38. ↑ Le *pâli* l'appelle Pukkusa, les Mûla-sarvâsti-vâdin Purṇa. Il ne paraît pas dans le *BC*. Cf. J. Przyluski *JA* 1909 p. 1918.
39. ↑ Le même que l'Ârâḍa Kâlâpa du *LV* (*supra* p. 120).
40. ↑ La *Vie* traduit *bhusa-agâra* par « hangar » ; Rhys Davids préfère « aire-à-battre » : mais *bhusa* en hindi a le sens général de « fourrage », d'où la traduction par « grange ».
41. ↑ Przyluski a essayé de deviner les raisons des rédacteurs (*ibid.* p. 415 s.).
42. ↑ Cf. *Manual* p. 357 et *Vie* p. 283.
43. ↑ Tel paraît être le sens de *Malla-upavartana*.
44. ↑ Ici *nipajjissâmi*.
45. ↑ Cf. *AgbG* fig. 276-283 et 437 et cf. 506-7.
46. ↑ *Dial.* II p. 151 ; confusion de personnages dans *Vie* p. 286-7.
47. ↑ Sur tous ces points v. *ASI* (Cunn.) I p. 76 s. ; XVIII p. 55 s. ; *Ann. Report* 1904-5 p. 43 s. ; 1905-6 p. 61 s. ; 1906-7 P. 44 s. ; 1910-1 p. 60 s.
48. ↑ « De torchis », dit Rhys Davids forçant légèrement le sens de *kuḍḍa* = skt *kûḍya*.
49. ↑ *Dial.* II p. 161 et cf. *Mahâ-sudassana-sutta* (trad. *ibid.* p. 192 s. ainsi que le *Jâtaka* du même nom n° 95).
50. ↑ Tel paraît être le sens de *kapi-sîsa* = skt *kapi-çîrsha*.
51. ↑ Le *MPS* ne parle pas de l'âge de Subhadra ; la *Vie* semble le croire jeune ; Hiuan-tsang et le Dulva (*Life* p. 138) lui attribuent 120 ans.
52. ↑ Cette règle existait-elle du vivant du Buddha ?
53. ↑ J I p. 337 ; B II p. 33 ; W II p. 29.
54. ↑ Sur cette question v. *AgbG* II p. 259 s.
55. ↑ Ce sont les neuf *vimokkha*.
56. ↑ Sur ces *dundubhi* cf. Sâñchî pl. 34, 35 et Ajaṇṭâ cave XVII.
57. ↑ L'incident est reporté plus haut par le *MPS* au moment où le Buddha se couche (*Dial.* II p. 140).
58. ↑ *MVU* IIII p. 47 s.
59. ↑ Sur les six, sept, ou neuf chefs d'accusation v. les textes réunis par J. Przyluski, *Le Concile de Râjagriha* (Paris, 1926) et *Life* p. 152.
60. ↑ *CVA* XI 1, 10 s. et X 1, 9 s. ; le *CVA* ne retient d'ailleurs que cinq chefs, omettant le refus de l'eau et la dénudation du cadavre.
61. ↑ On le fait répéter au Buddha lui-même (*Dial.* II p. 154).
62. ↑ Cf. Przyluski *JA* 1920 p. 7 s.

63. ↑ Telle était la règle bouddhique ; dans d'autres communautés le cadavre doit être ou enterré ou jeté au fleuve, ligoté entre deux dalles de pierre, comme nous l'avons encore vu faire à Bénarès.
64. ↑ *Avadâna-çataka* (trad. L. FEER dans Ann. du Musée Guimet XVIII p. 430) ; cf. PRZYLUSKI *JA* 1918 p. 401 et 1920 p. 17 et 13.
65. ↑ Sâñchî pl. 30 : c'est un *maha*.
66. ↑ Cela ne se fait régulièrement qu'après les obsèques.
67. ↑ Le *Mukuṭa-bandhana-caitya*.
68. ↑ Cf. sur ce point *AgbG* II p. 17-8.
69. ↑ Nous entendons les *pañcehi yugasatekhi* comme rappelant les *pañca-dussa-yuga-satâni* dont il vient d'être question (éd. CHILDERS p. 254 et 256). RHYS DAVIDS préfère ne compter que « cinq cents fois la double enveloppe d'étoffe et de coton » : on ne voit pas ce que la vraisemblance y gagne.
70. ↑ *AgbG* fig. 285. — Nous passons ici sous silence l'histoire tardive de l'intervention de Mâyâ à laquelle il a été fait allusion *supra* p. 68.
71. ↑ *AgbG* fig. 287 : cf. PRZYLUSKI *JA* 1919 p. 19 et 1920 p. 35 s.
72. ↑ Les quatre sortes de *dhâtu* sont ainsi les *çârîrika*, les *paribhogika*, les *uddeçika* et les *dharma-çârîra*.
73. ↑ Nous croyons avec J. PRZYLUSKI *JA* 1918 p. 515 que la négation est tombée dans le texte pâli qui dit le contraire de tous les autres.
74. ↑ De fait on nous parle de sommet du crâne, de clavicules et surtout de dents — la plus célèbre de celles-ci étant censée conservée à Kandy (Ceylan).
75. ↑ Cf. *AgbG* fig. 288-201.
76. ↑ Les termes diffèrent dans le cas des Çâkyas qui invoquent leur parenté avec le défunt, et du dynaste de Vishṇu-dvipa (p. Veṭha-dîpa) qui est brahmane.
77. ↑ Ce brahmane doit sans doute son nom au récipient des reliques (*droṇa* est une mesure de capacité contenant 1 024 *mushṭi* ou « poignées ») : cf. les vers apocryphes à la fin du *MPS*.
78. ↑ Sâñchî pl. 15 ; Amarâvatî B pl. 25, 2 (cf. Barhut pl. 12) et F pl. 7.
79. ↑ *Dial.* II p. 156 et 183.
80. ↑ Cf. *JA* 1909 p. 1 ou *BBA* p. 147 ; sur le *stûpa* de Râmagrâma v. Sâñchî pl. 11, 2 (cf. pl. 46, 3) et Amarâvatî F pl. 11-2. — Sur l'inscription du dépôt de Reliques du *stûpa* de Piprâwâ (à environ 12 kil. au S.-O. de Kapilavastu) v. Aug. BARTH *Œuvres* vol. V p. 259 s.
81. ↑ Telle est l'opinion autorisée de Sir John MARSHALL Sâñchî vol. I p. 20-23.
82. ↑ V. Gilbert COMBAZ *L'évolution du stûpa en Asie* (Bruxelles-Louvain 1933).

83. ↑ Cf. la stance mise dans la bouche du Buddha mourant (*Dial.* II p. 167 ; cf. *BT* p. 106 et Th. Watters *On Yuan Chwang's Travels in India* II p. 33).

CONCLUSIONS

Dès le début de notre étude nous avons averti le lecteur que, d'après les idées indiennes, la biographie du « Grand être » qui, dans sa dernière existence terrestre, la seule qui soit pour nous historique, devait devenir le Bouddha Çâkyamouni, n'avait pas de commencement (ou du moins que le commencement s'en perdait dans un insondable passé), mais qu'en revanche elle avait la plus définitive des fins, celle-là même que l'on vient de nous décrire. Le Bouddha est mort, car il n'était après tout qu'un homme et tous les hommes sont mortels. Il est mort en plein air comme il était né et comme il a le plus souvent vécu au cours de sa longue carrière, depuis sa « Sortie de la maison ». Il est mort de maladie, dans un âge avancé, soigné par ses disciples et entouré de la vénération publique. Il n'a pas péri plus ou moins légalement assassiné, victime de l'imbécile cruauté de son milieu, ainsi qu'il est arrivé à Socrate, à Jésus et à Mânî : l'Inde ancienne, et c'est son honneur, ne tuait pas ses sages et ses prophètes. L'absence de l'auréole du martyre ne semble d'ailleurs pas avoir amoindri son prestige aux yeux des Asiatiques : dans notre Occident, toujours assoiffé du sang des sacrifices, il en eût peut-être été autrement. Tout s'est donc passé jusqu'au bout le plus décemment du monde : mais en revanche les vieilles Écritures nous demandent de bien comprendre que le Bouddha est mort sans retour. Loin d'attendre de lui aucune résurrection, l'opinion orthodoxe de son église ne croit même pas à sa survie : elle professe qu'il est à tout jamais « éteint » et désormais devenu sourd à toute prière. Chacun peut, s'il lui convient, à l'instar de ses millions de fidèles, l'admirer pour ses perfections, le louer pour ses vertus et l'aimer pour sa bienveillance ; mais il n'y a plus à compter sur aucune assistance directe de sa part. Ainsi qu'il est écrit dans la brochure de propagande à l'usage des Indo-Grecs que fut la version originale du *Milinda-pañha*, « il ne subsiste plus que sous les espèces de sa Loi ».

Mais si le plus impénétrable des rideaux de fer vient de s'abaisser définitivement sur le dénoûment de sa vie, le silence ne tombe pas en même temps sur lui. Près de deux mille cinq cents ans ont passé depuis lors et sa mémoire ne semble nullement vouée à l'oubli. Apparemment, tant que durera la douleur du monde — et elle durera autant que le monde — on se souviendra du grand médecin des âmes qui jadis dans l'Inde a consacré sa vie à en découvrir le remède, puis à en prescrire la guérison. Le sillon lumineux qu'il a tracé dans notre ténébreux destin ne s'est pas éteint avec lui, comme fait celui des étoiles filantes : il a laissé sur notre sombre horizon une lueur persistante. À tout homme soucieux de son salut éternel il appartient de décider en conscience si cette lueur est pour lui, comme aux yeux de tant de ses semblables, l'aurore d'une consolante espérance, ou si ce n'est au contraire que le couchant d'une déception de plus. Tout autre est la conclusion que notre dessein commande à notre tâche. Il ne s'agit plus ici que de résumer aussi brièvement et clairement que possible ce que les documents indiens nous apprennent sur le compte du « Sage d'entre les Çâkyas » sous les divers aspects que nous lui avons reconnus. Nul n'ignore qu'il est avant tout l'initiateur d'une religion mondiale et, plus précisément, le fondateur d'une communauté monastique, l'une et l'autre encore florissantes. Il fut en outre, pour son temps, un moraliste plein de mesure en même temps qu'un libre et vigoureux penseur. Non moins sûrement il nous a été transmis de lui le souvenir d'une grande âme, de ce que les Indiens appellent un Mahâtma, un « Magnanime ». Nous ne songeons pas plus à lui marchander nos louanges qu'à lui épargner nos critiques ; mais qu'il ait droit à tous nos respects, c'est ce qu'aucun homme de bonne foi ne saurait mettre un seul instant en doute.

Le Religieux. — Est-il nécessaire de rappeler les faits actuels qui continuent à attester sa grandeur passée ? Assurément aucun de ceux qui ont visité l'Asie ne voudrait se porter garant des cinq cents millions de zélateurs que les statistiques des géographes lui accordent, en englobant d'un trait de plume dans sa sphère d'influence tout l'Extrême Orient : mais il est bien certain qu'il compte à tout le moins autant de vrais fidèles que l'on en peut attribuer à la religion de beaucoup la plus répandue après la sienne, à savoir le christianisme ; et si la popularité posthume d'un personnage historique se mesure au nombre de ses images, nul peut-être n'a été plus souvent portraituré ou statufié. Ce sont là des faits constants et de notoriété publique, sur lesquels il est superflu d'insister : mais il n'est sûrement pas inutile d'aller au-devant de la surprise du lecteur européen en lui expliquant comment une doctrine qui ne reconnaît ni âme substantielle à qui promettre une bienheureuse immortalité, ni Dieu-Providence à qui avoir recours dans ses prières, a pu conquérir de si nombreux prosélytes : car elle lui semble manquer des deux éléments essentiels de toute religion.

Le mystère n'est pas difficile à éclaircir. Il n'est que trop vrai que tout en ce monde n'est qu'impermanence et douleur et qu'à cela le Bouddha n'a trouvé d'autre remède que de ne plus renaître. Sur ce point tous les bouddhistes, qu'ils soient moines ou laïques, tombent d'accord : pour les uns comme pour les autres le but suprême ou, comme nous disons, « le souverain bien » est le Nirvâna. Mais ce mot peut se comprendre de bien des manières. L'immense majorité des fidèles, sans s'inquiéter des théories des docteurs au sujet de la désintégration de l'âme après la mort, borne ses ambitions futures aux joies promises à tous les amis de la vertu dans des cieux gradués selon leurs mérites. Nirvâna est pour eux synonyme de Paradis. Nous avons entendu dans le fameux temple de la Dent à Kandy un guide singhalais qui, montrant à un groupe de pèlerins une peinture murale représentant un des palais célestes, appliquait à cette voluptueuse image le nom sacré de *nibbân* ! Un indianiste ne pouvait qu'en être scandalisé — peut-être à tort : car le cicerone ne faisait que se mettre à la portée de sa bande de visiteurs, si même il ne partageait pas leurs croyances. Assurément les bonzes du couvent voisin entendent autrement les choses : mais beaucoup d'entre eux, même parmi ceux qui lisent et qui pensent, n'aspirent au Nirvâna que comme à un havre de grâce, un port de refuge, asile sinon de béatitude, du moins de quiétude éternelle — de cette *requies aeterna* que, par une curieuse inconséquence, notre liturgie funéraire implore aussi pour chacun de nos défunts. Ceux-là mêmes qui restent dans la pure tradition du Maître, loin de voir dans la cessation de toute existence une perspective désespérante, saluent à l'avance cette extinction comme la plus heureuse des chances et la plus belle des victoires. Aussi bien quand le Bouddha est parvenu du même coup à la Clairvoyance et au Nirvâna, c'est un cri de triomphe et d'allégresse qui s'échappe de ses lèvres à l'idée qu'il a enfin brisé les chaînes du Destin et s'est pour toujours libéré de la prison corporelle. Il est une ivresse du néant comme un vertige du vide, et l'Europe aussi connaît l'enchantement du désenchanté.

On ne vit pas d'ailleurs perpétuellement en état d'exaltation métaphysique : sur le plan quotidien d'autres éléments d'appréciation, pour être beaucoup plus prosaïques, ne sont pas moins efficients. Rien de plus instructif à ce propos que de lire, par exemple, le récit des circonstances qui déterminèrent le grand disciple Anourouddha à se convertir. Élevé dans les oisives délices du luxe (il croyait que le riz sortait spontanément de la marmite), il commence par se déclarer incapable de suivre l'exemple des jeunes Çâkyas qui se sont enrôlés dans la Communauté de son cousin : comment lui, si délicat, pourrait-il supporter les privations de l'indigence monastique ? Mais il suffit qu'il s'entende énumérer les mille et un soucis et servitudes qui l'attendent en sa qualité de propriétaire exploitant d'un vaste domaine foncier pour que, horrifié, il ne songe plus qu'à sortir du monde au plus vite[1]. Entrer dans l'Ordre, c'est en effet s'affranchir de toutes les obligations, familiales, professionnelles ou sociales : « Être dépendant d'autrui, c'est une grande souffrance ; ne dépendre que de soi est la plus grande félicité[2] » : et, en effet, on ne tient par rien celui qui ne tient plus à rien. Qui s'est retiré du jeu ne connaît plus ni gain ni perte, et avanies ou bienfaits glissent sur lui comme l'eau roule sur la feuille de lotus. Le roi indo-grec Ménandre, que la crainte de ses trop nombreux ennemis rive à son trône, soupire d'envie devant le moine mendiant qui passe, débarrassé de tout souci, et se compare lui-même à un lion enfermé dans une cage d'or[3]. On n'en peut douter : c'est dans le sentiment de sa totale indépendance que le chemineau religieux, « libre comme l'oiseau dans l'air, sans haine parmi les haineux, sans envie parmi les envieux, sans désir parmi les cupides », puise la joie supérieure qui éclate dans tant de stances du *Dhamma-*

pada[4]. À cette intime satisfaction ajoutez le goût de la solitude et sa douceur secrète, un sentiment de la nature non moins vif dans la plaine et la montagne indiennes que parmi les collines de la Galilée ou de l'Ombrie, une sympathie universelle qui s'étend jusqu'aux animaux ; et vous découvrirez dans le renoncement total des abîmes de félicité inconnus du vulgaire. Curieuse et, somme toute, heureuse inconséquence de l'esprit humain : incontestablement le bouddhisme est en son fond dernier la plus pessimiste des doctrines, et cependant on a pu parler sans paradoxe excessif, et en s'appuyant sur nombre de citations précises, de « l'exubérant optimisme » de ses adhérents[5].

Sur un autre point encore il convient d'attirer l'attention des étudiants du bouddhisme. La personnalité de son fondateur ne nous est pas seulement donnée comme éminente entre toutes : il ne nous est pas caché qu'elle est double. Pendant une période infiniment longue il a été le Bodhisattva, l'être prédestiné à la parfaite Clairvoyance, et à ce titre, on s'en souvient, il est censé avoir accompli à chacune de ses renaissances une multitude d'actions généreuses et poussé tour à tour à leur comble toutes les vertus altruistes. Dès qu'il fut devenu pour le bref, mais non moins important espace de quelques lustres le Bouddha parfaitement accompli, planant désormais comme du haut de l'empyrée au-dessus de toutes les vicissitudes humaines, il ne s'est plus guère préoccupé que d'assurer, à force de préceptes et surtout de défenses, le salut des disciples qui avaient mis leur recours en lui. À se souvenir de ces deux aspects différents du Maître, on comprend mieux ce qu'il est advenu de son église. D'une part la vieille communauté de l'Inde centrale a particulièrement retenu le côté monacal et disciplinaire de son enseignement, et s'est arrêtée à l'idéal saintement égoïste de l'*arhat*, uniquement soucieux d'échapper aux lacs de la douleur et déterminé à briser sans pitié tous les obstacles, familiaux ou autres, qui peuvent se dresser sur le chemin de sa Délivrance. D'autre part les sectes du Nord-Ouest, se développant dans un autre climat et ouvertes aux influences occidentales, ont préféré se réclamer de l'exemple du prince de la Charité, du héros toujours prêt à tous les sacrifices imaginables ; et par là elles ont eu le sentiment d'ouvrir une « Voie supérieure » à celle où s'étaient enlisés les Anciens et qui est en fait restée stigmatisée du nom de « Voie inférieure[6] ». Ainsi naquit et est toujours allé en s'affirmant le grand schisme qui divise encore l'Église bouddhique en deux camps ; l'un mettant l'accent sur la compassion, la bienveillance universelle, le dévoûment désintéressé, l'amour du prochain étendu à tous les êtres vivants et poussé jusqu'au complet oubli de soi-même ; l'autre prônant avant tout le repli sur soi, la concentration d'esprit, la vigilante et constante surveillance des actes, paroles et pensées, la méditation solitaire et la radicale suppression de toute émotivité. En définitive l'on peut dire que le premier a pris pour règle l'imitation du Bodhisattva, et le second, celle du Bouddha ; et c'est dans l'opposition de ces deux attitudes morales plus encore que dans l'inégal développement de leurs créations mythologiques et de leurs spéculations métaphysiques que réside la distinction foncière entre le Mahâ-yâna et le Hîna-yâna.

Cette observation mérite d'être poussée plus avant, car elle aide à comprendre aussi bien les heurts qui se sont parfois produits entre les membres de la plus ancienne Communauté que les divergences d'opinion qui séparent les plus récents commentateurs du bouddhisme : c'est qu'en fait les uns et les autres, selon leurs dispositions d'esprit et de cœur, se partageaient et se partagent entre les deux tendances restées dominantes à l'intérieur de l'Église. Lisez les exégètes modernes : les uns découvrent dans l'amour du prochain le fondement même de la doctrine et la meilleure clef de son interprétation ; d'autres au contraire ne veulent voir dans la Bonne-Loi qu'une discipline uniquement tendue vers le salut personnel et froidement détachée de tout le reste. En termes techniques le mot d'ordre du bouddhisme serait, selon les premiers, la *maitrî*, l'universelle bienveillance qui pousse à la plus large expansion altruiste ; selon les seconds, ce serait l'*apramâda*, la vigilance soutenue qui préside au plus égocentrique des réfrènements[Z]. On n'est pas sans entrevoir également, dans l'entourage même du Maître, des représentants d'un généreux sentimentalisme humanitaire ou, au contraire, de l'individualisme le plus strict. Plusieurs de ses disciples avaient été ses amis d'enfance et de jeunesse avant de l'accepter comme Précepteur des hommes et des dieux ; quelques-uns n'avaient embrassé sa doctrine que pour l'amour de lui. L'affection que lui portait par exemple un Ânanda, méritait déjà le nom de cette dévotion passionnée, et prête à déborder sur le monde entier, de cette *bhakti* que les Mahâyânistes crurent avoir inventée. Au contraire, des convertis venus sur le tard de sectes hétérodoxes et restés imbus de tous les préjugés ascétiques, tel un Mahâkâçyapa, persistaient à incarner dans sa sèche roideur le type presque inhumain du moine indifférent aux souffrances d'autrui et totalement retranché du siècle. Là gît probablement la raison profonde du désaccord survenu entre eux et dont le souvenir nous a été conservé[8]. Leur mésintelligence aurait même vite tourné au conflit si la douce patience de l'un des intéressés n'avait désarmé l'intransigeante agressivité de l'autre. Pourtant les sculpteurs chinois qui ont taillé dans les falaises rocheuses de Long-men de gigantesques images de Çâkya-mouni ont eu raison de l'encadrer justement entre ces deux disciples. Le jeune moine avenant debout à sa droite, tout comme l'austère vieillard décharné debout à sa gauche, personnifient admirablement, sur le plan physique aussi bien que moral, le dédoublement, poussé à ses limites extrêmes, des deux composantes qui se fondent en la pensive sérénité de leur Maître, figuré entre eux en son âge mûr. En dépit de leurs divergences, Ancien et Nouveau bouddhisme ont tous deux leur source en la personne du Maître ainsi que le Gange et l'Indus, bien que se jetant dans des mers différentes, sortent des deux versants du même massif himâlayen.

Les considérations qui précèdent peuvent servir à préciser le rôle historique de Çâkya-mouni dans l'évolution religieuse d'une grande partie de l'Asie. À qui n'est pas né dans sa religion, il est impossible de définir exactement la nature de son influence spirituelle, et d'en mesurer toute la profondeur. Il est en revanche facile d'en déterminer du dehors les plus évidentes limitations. À ce propos, trois observations de fait s'imposent. En premier lieu c'est à tort que l'on parle et qu'il nous est à nous-même arrivé de parler du « Sauveur » indien : l'expression n'est que partiellement exacte. N'est vraiment dit un Sauveur, dans le sens plein du mot, que celui qui paye de sa personne et qui, l'ayant fait, continue par l'opération de sa grâce efficace à tendre à ses orants une main secourable pour les retirer de cet océan de misères et les élever jusqu'à lui. Or on a bien vu le Bouddha faire parfois de son vivant de pareils gestes pour assurer à sa façon le salut de personnages plus ou moins recommandables[9] : mais depuis son Parinirvâna aucune aide quelconque n'est plus à attendre de lui, en dehors de ses préceptes et de son exemple, et il a laissé à chacun de ses adeptes le soin d'assurer lui-même son propre salut. Pour les générations présentes, il n'est plus que le pionnier, « le guide, le chef de caravane » qui, avant de disparaître, a frayé à l'intention de tous le chemin de la délivrance ; car n'oublions pas que son système est avant tout un « chemin ». Il n'importe que davantage, avant de s'y engager, de savoir où il mène. La réponse, que vous connaissez déjà, est des plus nettes : il ménage une issue hors du *Saṃsâra*, du tourbillon des renaissances ; et en effet la méthode du salut n'a été construite qu'en fonction de cette donnée primordiale, et par suite n'a de sens et de valeur qu'à partir d'elle. En fait la Bonne-Loi ne s'adresse directement qu'à ceux d'entre les hommes qui partagent la croyance en une forme quelconque de transmigration, et qui, las de se sentir perpétuellement entraînés dans ce cycle impitoyable, ne songent qu'à s'en évader, fût-ce dans le néant. On ne peut se dissimuler que par là se rétrécit singulièrement le champ d'opération du bouddhisme. L'aire de son extension devient encore plus étroite si, en troisième lieu, on l'interroge sur les moyens d'évasion qu'il met à la disposition de ses sectateurs : il n'en recommande qu'un comme expéditif et sûr, à savoir l'entrée dans un ordre de moines errants et mendiants. Cette obligation non plus ne saurait être du goût de tout le monde ; et en apportant à la propagation de la Bonne-Loi une restriction additionnelle, elle achève de lui ôter le caractère œcuménique que ses partisans prétendent lui faire partager avec le christianisme. Le Christ des Évangiles a pu être appelé l'Homme-Dieu ; le Bouddha des vieilles écritures canoniques n'est que le Moine-Dieu.

Qu'ici encore le lecteur veuille bien se donner la peine de nous comprendre. Il n'est pas plus question de blâmer Çâkya-mouni d'avoir cru à une certaine sorte de métempsychose que de faire grief à Pascal d'avoir pris à lettre le mythe du péché originel. Plongeant dans le mystère, les dogmes sont articles de foi, et pas plus que leur vérité, leur fausseté n'est un objet de démonstration.

Comme tout le monde autour de lui, le Bouddha avait été élevé dans l'idée que les êtres renaissent selon leurs mérites ou leurs démérites, et rien n'est jamais venu lui prouver l'irréalité de cette théorie. Fondée sur l'axiome généralement accepté que « nos actes nous suivent », elle a même dû lui paraître confirmée tant par le consentement universel de son entourage, que par les curieuses expériences mentales des réminiscences et le sentiment qu'elles nous donnent du « déjà vu » ou du « déjà éprouvé ». Elle rend également compte des faits réels que l'Occident classe sous la rubrique soit de l'instinct chez les animaux, soit de la prédestination chez les hommes, soit chez les uns et les autres, de l'hérédité. Enfin, traitant chacun selon ses œuvres, elle satisfait notre besoin inné de justice. Libre donc au Bouddha d'y croire ; mais libre aussi à ceux qui ne sont ni hindous, ni bouddhistes, ni théosophes de ne considérer la théorie de la métempsychose, encore qu'elle ait un instant intéressé l'esprit de Platon, que comme une fantasmagorie dont le seul mérite est de suggérer une solution aussi ingénieuse que chimérique à la question sociale de l'inégalité des conditions et au problème métaphysique du mal.

Ainsi donc le postulat dogmatique sur lequel est tout entière fondée la Bonne-Loi n'est pas d'emblée acceptable pour une bonne partie de l'humanité. Il faut en dire autant de l'unique remède garanti efficace qu'elle propose à la douleur de vivre. Assurément il faut se hâter de reconnaître que Çâkya-mouni n'a pas été seul à penser que « la vie domestique n'est que souillure[10] » et que la fuite « hors de la maison » est le préliminaire indispensable du salut. À la faveur de certains propos échappés à Jésus-Christ et repris par saint Paul, le monachisme s'est introduit en Occident et y fleurit encore. On y trouverait néanmoins bien peu de personnes pour approuver, et moins encore pour adopter sous la bannière d'une religion exotique un genre de vie aussi antisocial et (qui pis est, par ces temps mercantiles) aussi « anti-économique » que celui de moine mendiant. Et qu'on ne vienne pas dire que pour être un vrai bouddhiste, il n'est pas nécessaire de se faire *bhikshou* et qu'un fidèle laïque peut fort bien adhérer totalement à la doctrine sans renoncer pour cela à la vie mondaine. Il peut certes le dire et même le croire (car, en tant qu'animal religieux, l'homme n'est jamais à une contradiction près), mais non sans se mettre intellectuellement dans une position intenable et par chacun de ses actes démentir ce que professent ses lèvres. Car qui persisterait en bonne logique à participer à l'activité d'un monde que, selon la juste et frappante expression de Th. Tscherbatsky, sa doctrine transforme en un « cinéma[11] » — un cinéma continu, mais où rien, ni la salle, ni l'écran lumineux, ni les images qui sans cesse y défilent, l'une chassant l'autre, n'ont de consistance réelle ? Et comme le film ne déroule perpétuellement que fausses joies payées de trop réelles souffrances et tremblantes vies constamment fauchées par la mort, la seule démarche rationnelle pour quiconque en a compris l'incurable et douloureuse vanité est celle du spectateur écœuré autant qu'horrifié qui, prenant en pitié ceux qui communient avec un tel spectacle, ne songe qu'à gagner la sortie pour retrouver la paix dans l'obscurité de la nuit.

Nous nous gardons de l'oublier : le métier du philologue n'est pas de peser les mérites respectifs des religions ni surtout de fonder la louange de telle d'entre elles sur le mépris de telle autre : mais le respect de la vérité historique est la loi de sa conscience professionnelle ; et ce souci d'exactitude justifie les remarques que l'on vient de lire. Jamais peut-être elles n'ont été moins oiseuses. Dans l'Europe meurtrie et avilie par ses périodiques accès de fureur guerrière dont dix-neuf siècles de christianisme n'ont pas réussi à la guérir, beaucoup d'âmes désemparées se tournent de nouveau vers la lumière qui vient de l'Orient ; et, de son côté, l'Asie réveillée et méprisante se sent plus que jamais capable de nous faire à nouveau la leçon. Travaillée sans grand succès depuis tantôt quatre siècles par nos missionnaires chrétiens, elle estime qu'elle est en droit de nous rendre la pareille. Que ce soit son droit, qui pourrait le contester ? Reste à examiner la manière dont elle l'exerce. Or les tracts de propagande et les propagandistes qu'elle nous envoie et se propose de nous envoyer en nombre toujours croissant nous présentent avec trop d'adresse un bouddhisme adapté au goût européen et travesti à la moderne. Prenant avantage de la liberté d'esprit, du prudent agnosticisme et du sens moral de Çâkya-mouni, ils font miroiter à nos yeux, comme qualités caractéristiques de sa doctrine, l'absence de cérémonial, de pratiques rituelles, de « papisme », d'obscurantisme, et en général de tout mystère inaccessible à la raison[12] : sur quoi ils concluent triomphalement qu'en chargeant chacun de nous d'être l'artisan de son propre salut sans aucune intervention d'autorité ecclésiastique ou de grâce divine, le Bouddha nous a légué la religion « la plus rationnelle et intellectuelle qui soit au monde », et celle qui par suite s'accommode le mieux des exigences scientifiques des temps nouveaux. Que cela leur plaise à dire, on le conçoit, et si leur pieux enthousiasme les entraîne parfois un peu loin dans l'exaltation de leur foi, l'exagération reste pardonnable. Où la supercherie commence (le mot n'est pas trop fort : mais à quoi ne peut mener l'ardeur du prosélytisme ?), c'est dans ce qu'ils taisent ; c'est dans le soin qu'ils mettent à nous cacher que, de par l'évidence des textes, le Bienheureux dans sa compatissante sagesse n'a en définitive rien trouvé de mieux à offrir à ses compagnons de captivité qu'un espoir d'évasion hors du cycle des renaissances — opération qui, en mettant tout au mieux, s'effectuera en deux temps : d'abord de leur vivant en mourant au monde, puis à l'heure du trépas définitif, en entrant dans le noir absolu du Nirvâna. Soit dit encore une fois, c'est là une perspective tentante pour quiconque croit à la transmigration du *karma* ; elle a le tort de laisser parfaitement indifférents ceux qui ne partagent pas cette croyance. Interrogez l'histoire : la doctrine du Bouddha a conquis tout l'Orient de l'Asie, jamais elle n'a fait de sérieux progrès du côté de l'Occident. Sans doute il faut tenir compte de la barrière que de ce côté lui opposa l'Iran[13] : il n'est pas moins frappant qu'elle ne tient presque aucune place dans cette mêlée de religions orientales qui, au cours des premiers siècles de notre ère, envahirent l'empire romain. On a pu se demander un instant si l'Europe deviendrait chrétienne ou mithriaste : jamais la question ne s'est posée de savoir si elle deviendrait bouddhiste ; et moins que jamais il n'y a de chances pour qu'elle le devienne aujourd'hui.

Le penseur. — Une mise au point analogue ne serait pas moins nécessaire pour les extravagantes louanges que reçoit également de la part de ses apologistes asiatiques le système philosophique de Çâkya-mouni. Certains d'entre eux ne craignent pas de faire de lui le précurseur des derniers développements de la pensée européenne et l'initiateur de la théorie de l'Évolution. Il n'est pas douteux qu'on ne puisse parfois entrevoir dans les spéculations des vieux rationalistes indiens aussi bien qu'ioniens comme un obscur pressentiment des idées aujourd'hui reçues. Dès son premier essor l'esprit humain s'est vu tracer par les formes de son organisme pensant les cadres de la connaissance qu'il est susceptible de prendre de lui-même et du monde ; il lui faudra encore bien des siècles pour donner à ces cadres relativement peu nombreux un contenu vraiment scientifique, autrement dit vérifié et constamment vérifiable. Quand, d'accord avec le Sânkhya, Çâkya-mouni nie toute intention ou intervention divine dans le mécanisme d'un univers incréé, il semble anticiper les plus rigoureuses conceptions des physiciens modernes : mais en fait, dans le même vide sidéral que le leur, il ne trouve à faire tourner que l'enfantine image de la Grande roue. Quand il professe une sorte de phénoménisme intégral, cela ne veut pas dire qu'il ait poussé l'analyse des sensations aussi loin que Hume et que l'école anglaise. Quand il traite sur le même pied données physiologiques ou psychiques, ce n'est pas davantage qu'il soit arrivé au même stade d'expérimentation que nos psycho-biologistes, mais seulement qu'il ne différencie pas encore nettement ces deux ordres de faits. Ne lui demandez pas s'il est matérialiste ou idéaliste ; non plus que les présocratiques, il n'en sait rien : matière et esprit s'interpénétrant encore, le monde et l'idée qu'il s'en fait se confondent pour lui dans le même acte. Les éléments ultimes du Devenir, pour évanescents qu'il les conçoive, ont néanmoins une sorte de réalité : on ne peut pas dire qu'ils sont, mais, puisque connaissables et par suite nommables, on ne peut davantage dire qu'ils ne sont pas — non pas même le Nirvâna qui, étant le seul inconditionné, est proprement le contraire de tous les autres. Travaillant à la suite du Maître sur ces « normes » (*dharma*[14]), la secte des Doyens n'en compte pas moins de cent soixante-dix, et, en ce cas particulier, il est à croire que la liste la plus longue est la plus ancienne, parce que la plus confuse[15]. Or, si l'on parcourt ce catalogue à peine coupé de quelques rubriques classificatrices, on y voit se coudoyer les notions les plus hétéroclites. Organes sensoriels et sensations, états affectifs et concepts, facultés intellectuelles et forces morales, idées et volitions, vertus et vices, potentialités salutaires, funestes ou neutres, tout cela s'aligne à la file et sur le même plan. On tient en mains la preuve qu'au lendemain de la mort du Bouddha, et *a fortiori* de son vivant, physiologie et psychologie, physique et métaphysique, systématique et morale étaient toujours mal débrouillées. Nous sommes au temps où, de l'aveu même des peuples qui nous ont laissé par écrit leurs mémoires, le siège de la pensée n'était pas encore placé dans le cerveau, mais dans le cœur.

Le résultat immédiat de ces observations n'est pas seulement de dissiper les illusions rétrospectives que d'aucuns nourrissent et propagent sur la prétendue modernité des vieux penseurs indiens. En même temps qu'elles nous empêchent d'oublier les vingt-quatre siècles qui nous séparent de Çâkya-mouni et de faire trop bon marché de l'apport des civilisations qui, en dépit de bien des éclipses, ont brillé dans l'intervalle, elles nous permettent de proposer une solution à la plus grave difficulté que rencontre l'interprétation du système du Bouddha — nous voulons dire le raccord entre sa métaphysique et son éthique. On a vu ci-dessus comment il a tiré de la Formule de la Production conditionnée, deux moutures bien distinctes, d'une part dans sa Première prédication, et d'autre part dans la seconde homélie adressée aux mêmes auditeurs[16]. Tandis que la conclusion des Quatre vérités affirme et précise son intention moralisatrice, celle du Sermon sur l'illusion du moi entraîne des conséquences des plus inquiétantes, voire même dirimantes pour la loi morale — à telles enseignes que plus d'un chef de secte contemporain du Bouddha avait pris texte de la périssabilité des âmes pour les affranchir de toute responsabilité[17]. Et en effet, au milieu de la perpétuelle intégration et désintégration des assemblages phénoménaux et des non moins incessantes apparitions et disparitions des phénomènes eux-mêmes, on voit bien surgir d'innombrables occasions de douleur, mais on n'aperçoit pas de place pour les notions de bien et de mal. Si l'homme n'est qu'un nom et une ombre, à plus forte raison en est-il de même de la vertu. Pourtant nul n'ignore que le Prédestiné n'a pas professé avec moins de vigueur la rétribution des actes que la « vacuité » des acteurs. La permanence de la loi du *karma* est pour lui un dogme aussi essentiel que la fugace insubstantialité des êtres et des choses : ce sont là pour lui deux évidences devant lesquelles il n'est pas seulement funeste, mais stupide de fermer les yeux. Innombrables sont les passages des Écritures qui condamnent aussi irrémissiblement la négation de la sanction morale que l'affirmation de la réalité de l'individu auquel doit s'appliquer cette sanction. Comme bien on pense, ce n'est pas d'aujourd'hui que les incroyants ont crié à l'illogisme et que les théologiens bouddhiques ont essayé de réduire cette contradiction. Mais qu'ils n'espèrent pas se tirer d'affaire, comme l'apologète du *Milinda-pañha*, déjà aux prises il y a deux mille ans avec les objecteurs indo-grecs, par de simples métaphores : comparaison n'est pas raison. Rien ne sert non plus d'avancer que, si le *poudgala* sur qui retombe le poids des œuvres n'est pas celui qui en est l'auteur, ce n'est pas non plus tout à fait un autre, et qu'héritant du crédit et du débit de celui qui vient de disparaître, il ne peut se refuser à endosser le solde. Il ne suffit même pas de dire, comme nous l'avons déjà vu (p. 206), que la seule chose à considérer est le complexe karmique qui, tel un germe épidémique, évolue en passant de porteur en porteur, s'acheminant soit vers la virulence, soit vers l'innocuité, et que la personnalité de ces porteurs aussi irréels qu'éphémères et dont la vie n'est qu'une mort de tous les instants, n'a pas à entrer en ligne de compte : c'est là diluer la difficulté, ce n'est pas la résoudre. La vraie question est de savoir quand, pourquoi et comment la notion de qualité bonne ou mauvaise vient s'introduire dans le déroulement mécanique des groupes phénoménaux au point d'en modifier la valeur et d'en altérer le cours — précisons mieux : au point de substituer au vague lien causal qui les organise en séries le déterminisme de plus en plus strict de la loi qui les classe d'après leur mérite ou leur démérite.

Comme le Bouddha ne s'est jamais expliqué sur ce point, les exégètes modernes ont dû inventer une explication ; et la première qui se présente à l'esprit est que Çâkya-mouni, quand en son âge mûr il a élaboré son système philosophique, n'a pas pour autant renoncé aux croyances de son enfance : il leur aurait seulement « juxtaposé » la doctrine de la vacuité universelle[18]. N'a-t-on pas vu de nos jours plus d'un savant réputé porter dans sa tête, comme en des cases séparées, deux ordres d'idées incompatibles entre elles, dont les unes, scientifiques, emportaient l'adhésion de sa raison sans pourtant le décider à leur sacrifier celles qui, religieuses, restaient l'objet de sa foi ? L'hypothèse est donc plausible : mais, tout en lui reconnaissant une part de vérité, nous préférons en suggérer une autre, historiquement plus défendable : c'est à savoir que la question ne se posait pas pour Çâkya-mouni dans les mêmes termes que pour nous. Depuis que Descartes a séparé de la façon tranchée que l'on sait la « pensée » de « l'étendue », les philosophes sont contraints de s'atteler à la tâche de jeter un pont entre ces deux contradictoires : jamais le Bouddha n'a éprouvé le besoin de résoudre une antinomie qu'il ne percevait pas. Pas plus qu'il n'a songé à reconstruire la réalité dissoute par la raison pure sur le fondement de la loi morale, il ne s'est cru obligé de défendre la sanction des actes contre l'effet dissolvant de l'analyse phénoménale : ces difficultueux et peut-être insolubles problèmes étaient encore hors du cercle de l'horizon intellectuel de son temps. Au milieu du confus mélange de principes disparates que l'introspection méthodique commençait à peine à débrouiller, aucune distinction foncière entre le physique et le moral ne pouvait clairement ressortir : elle eût d'ailleurs semblé une complication beaucoup plus gênante qu'utile. L'imagination romantique d'Alfred de Musset a bien pu transformer en une relation d'amour entre les planètes la loi mathématique de la gravitation universelle : qu'est-ce que cela change au spectacle de la voûte céleste ? Il en va de même quand nous lisons dans les textes tantôt que les cinq agrégats dont est fait notre semblant de personnalité se décomposent et se recomposent sans cesse, et tantôt que les actes « mûrissent » dans ces mêmes agrégats : les deux processus sont concomitants et l'un n'empêche pas l'autre. Ainsi qu'un arbre, selon son essence, produit naturellement au cours de sa croissance des fruits sucrés, âcres ou insipides, de la même façon tout organisme animé, selon ses prédispositions, engendre en évoluant un *karma* doux, amer ou indifférent. Qu'importe aux séries phénoménales que nous nous bornions à contempler leur déroulement quasi automatique ou que nous escomptions leurs résultats qualificatifs ? Il n'y a là qu'une alternance de points de vue. Éthique et métaphysique ne sont pour le Bouddha que les deux aspects connexes d'un même Devenir — ou, si l'on préfère ainsi dire, puisque ce Devenir ne nous est connu qu'en tant que subjectivement appréhendé, d'une même psycho-physiologie. Si celle-ci nous paraît encore bien trouble, nous le devons à tous les chercheurs qui, repensant après lui le complexe humain, l'ont quelque peu clarifié sans davantage parvenir au terme synthétique de leur analyse.

Ce n'est pas, croyons-nous, diminuer Çâkya-mouni que de le replacer ainsi dans son ambiance, ce serait le trahir que de le transposer dans la nôtre. Nul critique impartial ne saurait ménager l'éloge à sa faculté d'objectivation et au courage intellectuel qu'il lui a fallu pour se dégager de la routine mentale du troupeau humain et découvrir ce qui a paru à tant de ses contemporains et paraît encore à tant des nôtres la plus adéquate solution au douloureux problème de l'humaine destinée : mais vigueur de pensée n'est pas synonyme d'originalité et de largeur d'esprit. Il apparaît de plus en plus distinctement que la doctrine bouddhique n'est dans ses grandes lignes que le fidèle reflet des croyances populaires (nous sommes loin de dire les superstitions) et des doctrines philosophiques qui prévalaient dans l'Inde orientale au VIe siècle avant notre ère. La tradition elle-même convient qu'elle s'est inspirée de la forme alors courante du Sânkhya et du Yoga : au premier elle a emprunté sa conception mécaniste de l'univers, au second les procédés de sa psychothérapie. Tout compte fait, l'apport philosophique de Çâkya-mouni se réduit à travers les Quatre vérités et ce que nous avons cru pouvoir appeler la Cinquième, à l'énumération des douze occasions dont l'ordre invariable scande l'existence de chaque individu. Non seulement aux grandes questions concernant l'origine et la fin des choses il n'a jamais proposé de réponse, mais il n'a pas dissimulé son aversion pour ce genre de spéculations téléologiques[19]. Dans les plus anciens textes le mot qui les désigne (*drishti*, littéralement « vue ») a toujours (comme *doxa* chez Héraclite) le sens péjoratif de « vision erronée ». Que ses sectateurs aient eux-mêmes ressenti l'étroitesse de son système et les bornes de son enseignement, nous en avons relevé ci-dessus une double preuve ; car tantôt ils prennent à tâche de torturer la Formule de la production en série conditionnée pour lui instiller la généralité abstraite et la rigueur logique qui lui font par trop visiblement défaut ; et tantôt, pour sauver le dogme de l'Omniscience de leur Maître, ils ne trouvent d'autre expédient que de prétendre qu'il a volontairement restreint le nombre et la portée de ses instructions[20]. Les libertés qu'ils prennent dans l'interprétation de sa thèse capitale comme la façon embarrassée dont ils excusent ses limitations témoignent bien qu'ils étaient au fond d'accord avec nous pour estimer que, beaucoup plus qu'un philosophe, le Bouddha a été moraliste.

LE MORALISTE. — Et en effet, ainsi que l'a judicieusement écrit Émile Senart, le bouddhisme est essentiellement « une discipline de moralité ». C'est comme tel que, lors de son apparition dans l'histoire, il inspire les édifiants édits de l'empereur Açoka ; c'est encore comme tel qu'il exerce sur notre temps une action profonde et s'impose dans les deux hémisphères à la respectueuse considération de tous, croyants ou incrédules. C'est enfin ce que les deux primitives corbeilles de son énorme littérature attestent presque à chaque ligne. Souvenons-nous seulement de la description qui nous a été donnée de l'arrivée du Bienheureux à la Clairvoyance. Né homme, jeté sans l'avoir voulu dans un univers dont le mystérieux fonctionnement le condamne à d'intolérables souffrances, le Prédestiné s'est résolument placé au centre même du problème qui confronte chacun de nous. Quel parti prendre ? Se résigner lâchement, en bon fataliste oriental, à être le jouet passif et distrait d'un inexorable destin ? Sa forte intelligence et la compassion qu'il porte à ses semblables le lui interdisent. S'irriter puérilement contre un ciel qui demeure « muet, aveugle et sourd au cri des créatures[21] » ? À quoi bon, puisqu'il n'attend d'en haut aucune apparition ni révélation surnaturelles ? Se briser la tête contre les murs de sa prison ? Ce n'est pas davantage une solution pour qui se sent pris dans le cycle fatal des renaissances. Sa seule ressource, soit dit encore une fois, est d'imaginer un plan d'évasion hors d'un monde jugé décidément inacceptable. C'est à ce moment qu'intervient pour lui la nécessité de prendre une vue d'ensemble de son lieu de détention et d'éprouver la solidité de son cachot comme de ses chaînes. Et dès lors nous comprenons mieux pourquoi il tient tant à en affirmer le caractère insubstantiel et instable : là gît sa chance de libération. Quel espoir pourrait-il entretenir de dégager son moi personnel du perpétuel renouvellement de l'Être, si tous deux existaient en soi et de façon permanente ? Il se trouverait dans l'impossibilité de les dissoudre l'un et l'autre dans le vide apaisant du Nirvâna. Sans doute il lui resterait l'alternative, en faveur chez les brahmanes, de résorber finalement l'*âtman* individuel dans l'universalité du *brahman* : mais, bien que le Védantiste et lui boivent l'eau du même fleuve, dans la sphère de l'esprit leur attitude intellectuelle les situe aux antipodes, entièrement tendue chez le premier vers l'unité de l'Absolu, toute penchée chez le second sur la pluralité et la relativité des Contingences. Là n'est pas d'ailleurs pour l'instant la question. Ce qui nous importe ici, c'est de constater que, de l'aveu même de la tradition, pour peu qu'on lui prête une oreille attentive, le Bouddha ne s'est fait philosophe qu'*a posteriori* et par nécessité. Il y a été contraint par la mission même qu'il avait cru devoir assumer et s'est vu dicter par elle le plus clair de ses théories. Le meilleur, sinon l'unique moyen de décourager la tenace obstination du désir, cause de tout le mal, n'est-il pas de démontrer la totale inanité de son objet ? Et quel procédé plus radical trouver pour couper l'égoïsme dans sa racine que de nier l'existence même de l'*ego* ? Ainsi, non moins que le milieu qui acheva sa formation, toute l'orientation de son effort mental vouait d'avance le Prédestiné au phénoménisme. Loin que sa métaphysique soit en contradiction avec sa morale, il se découvre finalement qu'elle en est le postulat nécessaire, peut-être inventé après coup.

Ce qui encourage à penser que cette interprétation de la doctrine bouddhique soit sur la bonne voie, c'est qu'elle ne permet pas seulement de lui restituer cohérence et unité : elle nous aide à comprendre l'étonnante rapidité comme le durable succès de sa propagation. Qu'au même titre que l'image de la Roue des renaissances la théorie de la « vacuité » universelle se tienne constamment présente à l'arrière-plan de la pensée du Bouddha, on n'en saurait douter : mais on ne peut s'empêcher de remarquer que dans ses discours elle ne passe que rarement au premier plan, et uniquement dans le cas de néophytes déjà préparés à la comprendre ou d'esprits d'avance familiers avec le maniement des idées abstraites. Traités de *Vinaya* et *Soutra* sont avant tout des recueils de prescriptions et d'instructions morales. La part de la vérité est plus grande que celle de l'exagération dans les déclarations que les textes mettent couramment dans la bouche du Maître : « Je n'enseigne que la douleur et la délivrance de la douleur » ; ou encore : « Je n'enseigne que la rétribution des actes[22]. » Une stance bien connue ne craint même pas de poser cette loi générale : « L'abstention de tout péché, la pratique du bien, la purification de la pensée, voilà en quoi consiste l'enseignement des Bouddhas[23]. » Il faut le reconnaître ; du point de vue didactique aussi bien que philosophique, l'horizon de la Bonne-Loi est borné. On a pu à juste raison la qualifier de salutisme à courte vue et la noter d'anthropocentrisme excessif. Mais à ces critiques, si pertinentes qu'elles soient, il n'est nullement paradoxal de répondre que ces heureux défauts sont à la source même de sa popularité. Que les beaux esprits censurent sa métaphysique et en déplorent les inconséquences ou les lacunes : tout ce qui diminue son prestige aux yeux des fabricants et des amateurs de systèmes accroît d'autant son autorité sur les masses. Que dites-vous ? La Formule duodécimale de la génération conditionnée est la banalité même ? — Elle n'en sera que plus aisément comprise par tous. L'assertion que le plus sûr remède aux maux de la vie et à la mort soit de ne pas naître est la reine des lapalissades ? — Elle ne s'imprimera que mieux dans tous les esprits. Plaise au Védantiste, ébloui par les perspectives infinies de déification que lui ouvre son idéalisme panthéistique, d'afficher son mépris pour ce pragmatisme hypnotisé par le souci de l'abolition de la douleur : il n'en reste pas moins que ce souci est commun à tous les hommes, et pour chacun d'eux primordial. C'est pour avoir su se limiter à la question la plus urgente, sinon la plus essentielle, c'est pour avoir fait porter sur elle tout l'effort de sa pensée comme de sa prédication que Çâkya-mouni a réussi à fonder une Communauté capable de s'élargir, des siècles après sa mort, en une église à l'échelle mondiale. Songez un instant à tous ceux qui, plus près de nous, dans les jardins ou sous les portiques d'Athènes, se pressaient aux leçons de philosophes plus grands que lui : que subsiste-t-il aujourd'hui de leurs doctes et brillantes confréries ?

Dès lors peu importe à l'historien qu'on puisse également accuser la morale du Bouddha, après sa philosophie, de manquer d'originalité : c'était la condition même de sa réussite ; et d'ailleurs une morale se codifie, elle ne s'invente pas, la vie en société y ayant déjà pourvu. Si le Prédestiné a passé dès son vivant pour le parangon des êtres, c'est parce que mieux que personne il a su tirer au clair les conceptions et aspirations de son milieu ; et il ne conserve cette position exaltée que là où celles-ci continuent à régner. Il n'est pas moins évident qu'il n'a pu les formuler de façon si entraînante qu'à condition de commencer par les partager. Tout le monde autour de lui, et lui plus que tout le monde avait été gagné par l'horreur du *Samsâra* et était convaincu que la « Sortie de la maison » était le plus sûr moyen de s'en échapper. Nul n'ignorait que la cruauté, le mensonge, le vol, la luxure et l'alcoolisme étaient les cinq péchés capitaux. Les religieux de toutes dénominations s'imposaient en outre cinq restrictions supplémentaires et observaient souvent ce vieux décalogue avec plus de rigueur que le Bouddha n'en exigeait de ses moines, qu'il s'agit de respecter toute vie animale ou de s'interdire toute espèce de divertissement et de confort. Bien avant lui les *yogui* avaient pratiqué exercices respiratoires et méditations extatiques, et gradué les degrés successifs du « recueillement » en correspondance avec les étages superposés des cieux[24]. Sur aucun de ces points Çâkya-mouni ne semble avoir apporté d'innovations. Il n'est pas jusqu'à la réunion générale de quinzaine, le seul rite observé en commun par les membres de son Ordre, qui de l'aveu même des traités de discipline n'ait été une observance imitée d'autres Communautés[25]. Autant qu'on peut voir, son originalité entre les autres chefs de sectes non brahmaniques — son exceptionnelle personnalité mise à part — portait surtout sur des questions de méthode. Tout d'abord il s'en distinguait par la constante préoccupation qu'il a marquée dès le début de sa carrière et dont il ne s'est jamais départi, de suivre en tout la voie moyenne : « Qu'en penses-tu, Sôna ? Quand les cordes de ta *vînâ* ne sont ni trop tendues ni trop lâches, mais au point, n'est-ce pas seulement alors qu'elle est accordée et bonne à en jouer ? — Il en est ainsi, Seigneur[26]. » De même faut-il dans sa conduite tenir le juste milieu entre les deux excès de l'hédonisme et de l'ascétisme. En second lieu c'est avec une énergie sans rivale qu'il s'est toujours refusé à déduire de son effroyable découverte de la totale « vacuité » de ce monde l'indifférence en matière de morale, et qu'il met l'accent sur l'inéluctabilité de la sanction des actes en dépit de l'irréalité de l'agent. Enfin ces actes eux-mêmes, qu'ils soient de corps, de parole ou de pensée, il les veut jugés avant tout d'après leur intention. Pour lui comme pour ceux de ses disciples qui étaient capables de le comprendre, le péché n'est plus cette impureté gluante, cette sorte de pus adhérant à l'âme[27], qui pouvait être lavé par les bains sacrés ou desséché par la ferveur ascétique ; le drame de la vie se joue tout entier dans l'esprit, et plus que ce qu'il a fait, l'homme devient ce qu'il a voulu faire.

La morale bouddhique n'est donc pas si banale que certains le prétendent : ce qu'il est vrai de dire c'est que — de si grand service qu'elle puisse être pour tous les hommes — elle est foncièrement indienne et qu'elle le reste jusque dans ses contradictions. De celles-ci les textes fourmillent et les offrent à qui trouve intérêt à les relever. Tantôt le Prédestiné recommande à ses ouailles les bonnes œuvres, les vertus familiales, le culte des divinités qui s'en montreront reconnaissantes, bref toutes les pratiques considérées comme méritoires par les personnes bien pensantes, et il leur promet en échange le paradis à la fin de leurs jours ; ou inversement il les met en garde contre les fautes, sources de démérites, qui ne manqueraient pas de les précipiter après leur mort dans une mauvaise renaissance, voire dans des enfers brûlants ou glacés. Tantôt il insiste sur le fait que l'acquisition de la connaissance vraie (naturellement celle de sa doctrine) est la condition nécessaire et suffisante du salut, tandis que les croyances erronées sont la cause la plus certaine de la perdition. Tantôt enfin il donne à entendre que le secret de la délivrance gît dans une dévotion ardente pour sa personne et une foi absolue en sa loi. Bref, à en croire les propos qu'on lui prête, il aurait recommandé indifféremment les trois voies de libération que distingueront si soigneusement les générations postérieures, celles de l'œuvre pie, de la gnose et du quiétisme[28] ; et l'on rencontrerait ainsi dans son éthique les mêmes confusions de principes disparates que nous observions il y a un instant dans sa psycho-physiologie. Sans doute il serait facile de répliquer que le Bouddha n'est pas responsable de tout ce qui a été écrit sous son nom ; que d'ailleurs ces contradictions sont plus apparentes que réelles ; qu'elles marquent simplement des accommodations particulières de la prédication du Maître au niveau moral des auditoires si variés qu'il a pris à tâche d'évangéliser tour à tour ; et qu'enfin toute pratique vertueuse fait faire un pas de plus sur la longue route qui mène au Nirvâna, si bien que, même au plus bas degré de ses exhortations, le Bienheureux n'oublie pas le but final par lui proposé à l'élite humaine. Il n'en reste pas moins que ces flottements didactiques n'ont pu passer inaperçus et sont à l'origine des jugements opposés que des exégètes d'égale bonne foi ont passés sur la morale bouddhique. Selon les uns, si intransigeante ennemie du moi qu'elle se prétende, elle est essentiellement égoïste. Négative et non positive, elle est faite de défenses plus que de préceptes, et prohibe le mal plus qu'elle ne prêche le bien. Enfin, ne jugeant les actes qu'à leurs fruits, elle transforme la vertu en un bon placement sur l'avenir, gage de condition meilleure ou assurance contre condition pire que la présente. D'autres veulent au contraire que l'amour pur, désintéressé, illimité de tous les êtres soit la vertu cardinale et l'essence même de la Bonne-Loi : et les uns comme les autres appuient leurs dires sur d'explicites citations. Tantôt, en effet, nous lisons que la supériorité de la vie religieuse sur la vie laïque est tout à fait comparable à celle du commerce sur l'agriculture, car il est de notoriété publique que le marchand réalise de bien plus gros profits que le cultivateur[29] : et tantôt il est écrit de l'homme de bien : « Exempt de convoitise, libéré de la haine, — Produisant une pensée d'amour sans limites, — Jour et nuit, toujours, sans défaillance — Vers tous les points cardinaux il la diffuse à l'infini[30]. »

En dépit de l'aversion professée par le grand Sage pour toute polémique, nous ne pouvons nous dispenser d'entrer dans une discussion dont l'issue influe à tel point sur l'idée qu'il convient de nous faire de sa religion. Commençons par reconnaître que nous manquons de toute base de comparaison entre la charité bouddhique et la charité chrétienne. Celle-ci consiste essentiellement en l'amour de Dieu, et subsidiairement, du prochain en Dieu : or la notion de Dieu, telle que les chrétiens l'entendent, est totalement ignorée du bouddhisme. Peut-on en déduire que la notion de charité lui soit, sur le plan humain, également étrangère ? On n'en a pas le droit. Assurément le fait que chaque homme est l'artisan responsable de son propre salut le force à se replier sur lui-même et à concentrer son effort sur la grande affaire de sa vie, laquelle consiste à abolir en lui toute nécessité de recommencer à vivre. Le Bouddha lui-même, nous l'avons vu, a dû se résoudre à briser tous les liens qui le rattachaient au monde, les plus puissants comme les plus chers ; et, son but atteint, il a balancé un instant avant de se décider à faire part aux autres de sa découverte. *Arhat* et *Pratyêka-Bouddha*, abîmés dans le superbe isolement de leur expérience intime, peuvent être de parfaits individualistes sans cesser pour autant d'être des saints. Plus d'un bon moine sans doute se sera borné à ressentir et diffuser *in abstracto* « debout, marchant, assis ou couché, — en haut, en bas ou en travers[31] » une infinie bienveillance à l'égard de tous les êtres, sans jamais remuer un doigt pour les assister. Par ailleurs il est certain que ladite « bienveillance, purification du cœur » est parfois prônée pour des raisons qui n'ont rien d'altruiste : elle procure à elle seule, assure-t-on, seize fois plus de mérites qu'aucune autre œuvre pie[32] ; et il est également rappelé à titre d'encouragement à la pratique de toutes les vertus, que « faire le bien est la meilleure façon de s'aimer soi-même[33] ». Mais, après tout, cela n'est pas si mal pensé ni dit ; et on ne saurait, en équité, passer sous silence qu'à côté du détachement, la vieille doctrine bouddhique a aussi préconisé, bien avant que le Néo-bouddhisme n'en fasse sa sublime monomanie, quatre sortes d' « engagements » à l'égard d'un prochain qui embrasse tout ce qui vit. Au plus bas degré il y a le sentiment d' « équanimité », lequel n'est pas fait seulement d'impartialité et de désintéressement, mais encore de calme imperturbable à l'égard des pires avanies ; il comporte en conséquence l'absence de tout ressentiment et de toute inclination à rendre le mal pour le mal. Puis vient la « compassion » à l'égard de toutes les souffrances, ce qui n'exclut pas le souci de les adoucir de son mieux. En troisième lieu la « sympathie joyeuse » prend part à tout ce qui arrive d'heureux à autrui, bannissant ainsi l'ignominieux péché d'envie après l'insensibilité et la haine. Enfin, couronnant le tout, vient la *maîtri* ou *mettâ*, et quand on nous la définit en sanskrit aussi bien qu'en *pâli* comme « l'amour qu'une mère ou qu'un père et une mère portent, dût-il leur en coûter la vie, à leur fils unique[34] », il n'y a plus ici d'équivoque possible : cet amour n'est pas le sentiment neutre et passif que d'aucuns se plaisent à dénoncer. Tout vrai bouddhiste doit, faute de rédempteur, se racheter lui-même de la vie par la vertu ; mais, ce faisant, il travaille effectivement au bonheur universel. Seulement — en matière de morale humaine il y a toujours quelque réserve à sous-entendre — il faut bien se rendre compte que la charité du moine ne saurait être la même que celle du laïque. Celui-ci peut dans la mesure de ses moyens imiter de loin les perfections altruistes du Bodhisattva, à commencer par sa bienfaisance ; ne possédant rien, le moine ne peut plus faire d'autre aumône que celle de la Bonne-Loi. En revanche, connaissant mieux que les gens du monde où gît le souverain bien, le bouddhiste est en droit d'user parfois à leur égard de rigueur, sinon de coercition. C'est en le tirant bon gré mal gré par les cheveux qu'un ami d'enfance aurait jadis amené Çâkya-mouni lui-même, alors né comme brahmane, aux pieds du Bouddha Kâçyapa, son prédécesseur immédiat[35]. Ainsi, pour sauver les âmes, on peut parfois aller jusqu'à maltraiter les corps. C'est aussi ce que pensait Torquemada, mais il exagérait. Quand le Bienheureux faisait des convertis malgré eux, c'était « par la force de sa bienveillance » : ce sont les légendes apocryphes du Nord-Ouest de l'Inde qui lui font se servir à l'occasion de son bras séculier, le porte-foudre Vadjrapâni[36].

L[e] [gentilhomme]. — Reconnaissons-le sans ambages : depuis le temps que nous tournons à l'aide des textes de sa primitive église autour de la personne du Bouddha, sa riche complexité nous laisse des plus perplexes. Nous voyons bien qu'en elle venaient se fondre toutes les contradictions, s'éclairer toutes les obscurités, se valoriser toutes les banalités de sa morale ou de sa philosophie : mais, de quelque point de vue qu'on l'envisage, il est chaque fois beaucoup plus facile de dire ce qu'il ne fut pas que ce qu'il fut. On ne peut accepter sans restriction l'opinion d'Ernest Renan quand il veut que « seul parmi les grands fondateurs de religion, Çâkya-mouni ait été un métaphysicien[37] » : pourtant il est indéniable qu'il a voulu faire de sa doctrine une œuvre de raison et non de foi. Il n'est pas réaliste, quoiqu'en disent les vieux *Sarvâstivâdin*, puisque pour lui ce monde n'est qu'un « mirage » ou un « reflet de lune sur l'eau » ; mais il se défend sincèrement d'être nihiliste, puisqu'il accepte les données de l'expérience en tant que telles. Il n'est pas athée puisque, tout comme Épicure, il croit en l'existence des dieux ; mais puisque, toujours comme lui, il leur refuse toute espèce d'influence sur le mécanisme de l'univers ou le destin de l'homme, on ne saurait le qualifier de théiste. Il n'est pas non plus un véritable épicurien, car par la pratique de la vertu il ne recherche pas le plaisir, mais seulement la suppression de la souffrance ; il est encore moins stoïcien, car le point de départ de tout son système est la constatation de l'évidence de la douleur. À l'entendre il n'affirme ni l'être ni le non-être ; il ne nie pas à proprement parler l'existence du moi, mais seulement sa substantialité et sa permanence, et il réfute aussi bien ceux qui professent son annihilation totale après la mort que ceux qui affirment son éternité. Ne l'accusez pas d'être fataliste, car il sait que, si l'homme est le prisonnier de son passé, il est dans une certaine mesure le maître de son avenir, à preuve que lui-même vient de briser sa chaîne. Ne le donnez pas non plus comme un révolutionnaire social, car c'est seulement à l'intérieur de sa Communauté qu'il abolit toute distinction de caste, etc. On pourrait se livrer sans fin à ce petit jeu de thèses et d'antithèses. N'en voilà-t-il pas assez pour être contraint de conclure que, tout comme l'*âtman* inconnaissable des vieilles Oupanishads, le Prédestiné ne peut se définir qu'à l'aide de négations et que, par conséquent, nous ne connaîtrons jamais le fond de sa nature ? C'est justement là ce que nous avions appris à redouter dès le début de notre étude. Les mythologues nous en avaient avertis : à dépouiller le Bouddha du somptueux manteau de sa légende, on s'expose à ne retrouver par-dessous qu'une sorte de soliveau mal équarri et bon tout au plus à cristalliser autour de soi les croyances et les mythes qui flottaient en suspension dans son ambiance.

Ne nous tenons cependant pas pour battus, ni tout le travail de critique auquel nous nous sommes livrés pour stérile. Trop souvent au cours des pages qui précèdent nous avons senti un cœur d'homme battre sous l'impassibilité du prétendu dieu ; trop d'anecdotes typiques nous ont été contées, trop de paroles expressives nous ont été rapportées du Bienheureux pour que rien ne nous soit révélé de son naturel. L'espoir subsiste de discerner le trait distinctif qui, unifiant et vivifiant les menus indices dispersées dans les textes, nous mettra au fait de son caractère original. Toutefois il ne nous est pas caché que, tel le Protée de notre fable antique, Çâkya-mouni se plaisait à glisser entre les doigts des étrangers qui venaient de but en blanc le presser de questions. Toujours il décline de leur répondre par oui ou par non ; il leur déclare n'être, ni ne penser, ni n'enseigner ni ceci, ni cela, ni le contraire ; et quand il les voit bien déconcertés, il les ramène au seul sujet qui l'intéresse parce qu'il est le seul qu'il juge devoir les intéresser. Il ne servirait donc de rien de l'interroger : de son moi, de ce moi qu'il juge chez tous si haïssable, il ne laisserait rien paraître. Qu'ils fussent insidieux ou sincères, ses interlocuteurs de passage ont pu, comme nous l'avons noté ci-dessus, éprouver les ressources de sa souple dialectique et subir le charme de sa sereine supériorité ; ils n'ont jamais pénétré dans son for intérieur. Les seuls qui l'aient connu ou cru le connaître sont ceux de ses disciples qui ont longuement vécu dans son intimité. Que ne nous ont-ils transmis un portrait d'après nature de leur Maître ! Pour entrevoir du moins l'impression qu'ils avaient gardée de lui — ou du moins celle que les membres de la première Communauté ont longtemps transmise à leurs novices — nous n'avons d'autre ressource que de faire à travers les Écritures ce qu'ils firent eux-mêmes sur le vif et, avec toutes les formes et l'attention requises, de mettre le Bouddha en observation.

Ce ne peut être une pure illusion si, même à ne le regarder ainsi que du dehors, les traits les plus constants de sa personnalité se dessinent à nos yeux dès sa jeunesse. Sa naissance princière, son éducation sportive autant qu'intellectuelle, la vie de luxe et de plaisirs qu'il mène jusqu'à la trentaine campent aussitôt le grand seigneur qu'il restera jusque sous le froc du moine. Sa distinction naturelle impressionne tous ses visiteurs, à commencer par le roi Bimbisâra. Toujours et partout, aurait dit Çâripoutra, il se montre un modèle d'urbanité et de politesse. C'est à sa bonne éducation autant qu'à sa libre intelligence qu'il doit son parfait mépris pour toutes les sottes ou indécentes pratiques courantes chez les sectes religieuses de son temps ; c'est elle qui le rend réfractaire à leurs intrigues et jalousies mesquines ; et c'est encore en elle qu'il puise son constant souci de faire régner le décorum et la propreté physique autant que morale au sein de sa Communauté. Il ne témoigne pas moins d'aversion pour les mauvaises manières que pour les péchés capitaux. Les dernières sections du Formulaire de confession sont un véritable manuel de savoir-vivre à l'usage de ses moines. Tout comme il condamne la luxure, le vol, le mensonge et l'escroquerie à la sainteté, il proscrit toute négligence dans le vêtement et ne dédaigne pas d'interdire de se lécher les doigts en mangeant, de parler la bouche pleine, ou de loucher du côté de l'écuelle de son voisin. Dès le début de sa prédication le Prédestiné nous découvre le genre des préoccupations qui le hanteront jusqu'à la fin. Dans l'énumération qui termine son exposé des Quatre vérités, remarquez l'épithète qu'il applique à chacune des huit branches du chemin de la vertu : doctrine, résolution, parole, action, moyens d'existence, effort, attention, recueillement, tout chez le néophyte doit avant tout être « correct[38] ». Et quand dans son préambule il énonce la détermination, qui restera chez lui dominante, de se tenir en toute circonstance au « juste milieu », comment ne pas reconnaître encore là une manifestation de son sens inné et raffiné des convenances et de la mesure ? Nous pouvons déjà en toute assurance noter ces premières indications.

Ainsi encouragés, continuons à épier les dits et gestes de ce singulier religieux : nous nous apercevons qu'il ne ressemble décidément qu'à lui-même. Complètement détaché du monde, il l'est sans doute ; mais il ne le fuit pas systématiquement, et consent à dîner en ville. Bien mieux, loin de songer uniquement à son propre salut, il se croit des devoirs envers son prochain et met sa prédication quotidienne à la disposition de qui veut l'entendre. Le nombre des audiences que chaque jour il accorde ne se compte plus : infatigablement il promène de ville en village à travers l'immense plaine indienne l'enseignement des vérités qu'il a été le premier à découvrir ; et autant que par sa voix il prêche par son exemple. Entre temps il accepte ou conquiert toujours plus de disciples, et constamment il veille à faire régner la discipline au sein de son troupeau. Sans cesse il lui faut rappeler ses moines à la décence et à la concorde, et les mettre en garde contre les tentations. Ce n'était certes pas une sinécure, et il se trouvera des moines tardivement entrés dans l'Ordre pour grommeler et se plaindre que sa vigilance ne laisse pas échapper la moindre peccadille[39]. Quand quelque riche propriétaire foncier lui fait reproche de manger alors qu'il ne laboure ni ne sème, il peut en toute tranquillité de conscience lui répondre que lui aussi a son labeur de tous les instants[40]. Il mourra d'ailleurs à la tâche ; sur son lit de mort deux de ses dernières injonctions auront pour objet, l'une de régler une question d'étiquette entre confrères, l'autre de mettre en quarantaine une brebis galeuse : tant son métier de directeur de consciences lui tient à cœur[41]. Il ne se permet qu'à de rares intervalles et pour de courtes périodes le loisir et les pures délices de la méditation solitaire. Nous l'avons vu après son évasion nocturne de sa ville natale, se comporter comme devait le faire plus tard Ignace de Loyola ; mais tandis que l'hidalgo va se mettre à l'école des théologiens orthodoxes, c'est vers les Docteurs rebelles à la Révélation védique que se tourne le *kshatriya* : il n'en est que plus curieux de constater que l'un comme l'autre croit devoir fonder, au lieu d'un Ordre contemplatif, une sorte de milice à laquelle ils laissent pour instructions de demeurer toujours militante. Loin d'autoriser ses moines à mener une vie oisive, le Prédestiné leur impose comme tâche d'étudier et de prêcher la bonne parole pour l'édification et le salut de leur prochain. On dirait qu'il prend souci de justifier leur mendicité forcée par l'utilité de leur rôle social. Sur ce point encore, et qui est d'importance, aucun doute n'est permis. Le religieux Gaoutama a pu pendant quelques années se croire l'étoffe d'un ermite : il n'a pas tardé à se réveiller de ce rêve et il est resté jusqu'au bout de sa carrière, constamment sur la brèche, le plus occupé des hommes d'action.

Regardons-le en effet gouverner cette Communauté que sa constitution même (ou, pour mieux dire, son absence de constitution) rendait ingouvernable : il n'y réussit qu'en vertu de son autorité personnelle. Son prestige s'impose à tous, et d'ordinaire suffit à réprimer tous les écarts de conduite comme à apaiser toutes les querelles. Une fois seulement, nous l'avons vu, sa conciliante intervention échoue : il avait été averti trop tard et le conflit s'était envenimé ; alors sa dignité offensée le détermine à se retirer dans la solitude où il n'attendra pas longtemps le repentir des égarés[42]. Sans doute il a voulu être et il a été plus aimé que craint : mais la profonde bienveillance dont il est animé à l'égard de tous les êtres n'a rien d'un humanitarisme bêlant. Sa compassion pour l'humanité souffrante est celle d'un chirurgien pour son patient ; elle n'entrave en rien la sévérité des interventions nécessaires. Sur tout ce qui touche au salut, il se montre inflexible. Il a même pu paraître impitoyable quand il achève de briser le cœur, du même coup que les espoirs dynastiques de son vieux père, en enrôlant d'autorité dans son Ordre son demi-frère Nanda et son propre fils Râhoula, à peine âgé de six ans. C'est que sa confiance dans le bien-fondé de sa doctrine n'a d'égale que sa maîtrise de soi. Irons-nous jusqu'à l'accuser d'avoir eu une âme de dictateur ? Ce serait prétendre le connaître mieux qu'il ne se connaissait lui-même ; car au cours de sa dernière maladie il se défend auprès d'Ânanda d'avoir jamais prétendu régenter sa Communauté ; et ailleurs encore il assure qu'il n'ordonne pas : « il suggère[43] ». Cela lui plaît à dire ; mais plus d'une fois il se dément. Il n'est pas jusqu'au tour pragmatique qu'il impose d'emblée à son système qui ne dénonce ses propensions réalisatrices, et le besoin qu'il éprouve de passer à l'exécution et d'obtenir des résultats dans l'immédiat. Quand il raille sans pitié les idéologues, est-ce lui ou Napoléon qui parle ? Quand il déclare : « La loi, c'est moi », est-ce lui ou Louis XIV que l'on entend ? Rappelez-vous avec quelle hauteur méprisante — lui, si courtois d'ordinaire — il rejette l'idée de se démettre en faveur de son cousin

Dêvadatta de la direction du *Sangha*. À la vérité, sentant sa dernière heure approcher, il daigne donner l'autorisation d'abolir au besoin les articles mineurs de sa Règle : c'est là toute la concession qu'il puisse consentir aux nécessités éventuelles de l'avenir ; et quand il refuse tout net de se désigner un successeur, comment ne pas se souvenir d'Alexandre ? De toute évidence il fut un chef : il a même été légitimement appelé « le chef qui n'a pas de chef ». Ainsi à sa distinction naturelle et acquise, à son soin des bienséances, à son constant souci de la correction et de la mesure vient s'ajouter un impérieux penchant pour l'action et le goût du commandement. La façon dont tous ces traits s'harmonisent spontanément n'a rien qui doive surprendre ; avant d'être transfiguré par l'idolâtrie de ses sectateurs en moine-dieu, Çâkya-mouni se devait à lui-même d'être de son vivant le type accompli du moine-gentilhomme.

Résumons et concluons. Il est déjà loisible, l'expérience le prouve, de réunir nombre d'aperçus épars sur les divers aspects du Bouddha de notre âge, et de constater que ces délinéaments dispersés au hasard des textes se coordonnent d'eux-mêmes pour composer une figure relativement vivante et d'une originalité marquée. C'est là un premier résultat dont il est sage de savoir pour l'instant se contenter : on gâterait le portrait en entreprenant de le préciser et de le compléter au gré de notre fantaisie. Assurément nous n'avons réussi à tirer de nos documents qu'une ébauche encore bien vague, et à laquelle manquent deux éléments essentiels, une description physique détaillée et une analyse psychologique approfondie. Il est bien à craindre que ces deux compléments ne lui fassent toujours défaut. Nous avons dû renoncer ci-dessus à nous représenter le « vrai visage » du Prédestiné ; nous ne tenterons pas davantage de pénétrer dans son âme, car tout ce que les Écritures trouvent à nous en dire c'est qu'elle était trop profonde pour que les dieux mêmes pussent la sonder. Qui pourrait à présent se flatter d'y parvenir mieux que ses intimes ? Résignons-nous à ne savoir de lui que le peu que l'on apprend du caractère de tout homme rien qu'à l'entendre parler et surtout à le regarder agir. C'est justement là ce que nous venons d'essayer de faire ensemble d'après les témoignages conservés. À suivre ces derniers avec notre docilité coutumière nous aurons du moins gagné l'assurance que l'esquisse tracée d'après eux reproduit bien les grandes lignes du modèle. L'historien futur qui, à la faveur de l'expérience accrue des faits sociologiques et du progrès des études indiennes, osera prendre sur lui l'écrasante responsabilité de rédiger sous sa forme définitive la citation à l'ordre du jour de l'humanité de l'une des plus hautes figures de l'histoire universelle approchera sans doute de plus près son modèle et ajoutera plus d'un trait caractéristique à ceux que nous avons réunis : il devra en retenir l'essentiel. Gentilhomme jusqu'au bout des ongles et pur de tout soupçon de charlatanisme ou de fanatisme ; doué d'une force d'âme incomparable et d'une parfaite sérénité ; moraliste austère, mais sans excès, et secourable aux autres ; libre et judicieux penseur, aussi ennemi des métaphysiques oiseuses que des superstitions vulgaires ; fondateur d'une religion tout imbue dans sa secrète désespérance de l'esprit de miséricorde, le Bouddha Çâkya-mouni a été le premier — le premier du moins dont le monde ait tout lieu de se souvenir — à dénoncer dans l'égoïsme du désir la source de la malveillance et de la haine, et à prêcher à ses semblables un infaillible remède à leurs pires misères dans la douceur d'un mutuel amour. Que n'ont-ils mieux écouté sa parole !

---

1. ↑ *DhPC* I 12 et XXV 12 ; cf. *MVA* V 13, 10 et *Manual* p. 235 s.
2. ↑ *BC* tib. XXII 47.
3. ↑ *Milinda-pañha* trad. FINOT p. 121 et 124.
4. ↑ *DhP* st. 93, 197-9 etc.
5. ↑ RHYS DAVIDS *Early Buddhism* p. 73 ; v. aussi OLDENBERG P. 248. PASCAL qualifie également la « renonciation totale » de « douce ».
6. ↑ *Yâna* signifie proprement « moyen de transport » et on le traduit d'ordinaire par « véhicule ».
7. ↑ Constater à ce propos le contraste entre la théorie de TAINE et les observations de R. PISCHEL (p. 78-80) d'une part, et de l'autre celles d'OLDENBERG p. 330 s. et d'Irving BABBITT *The Dhammapada* (New-York et Londres 1936) p. 91 ; les mêmes divergences se marqueront à propos de la morale (*supra* p. 340).
8. ↑ Cf. *supra* p. 314.
9. ↑ *Supra* p. 257.
10. ↑ *SN* st. 206.
11. ↑ Th. STCHERBATSKY, *The Conception of Buddhist Nirvâṇa* P. 39.
12. ↑ Certains mêmes parlent d' « absence de casuistique » ; mais alors que font-ils de l'énorme Somme (*Abhidharma-koça*) de Vasubandhu ?

13. ↑ On peut se reporter sur ce point aux *Mémoires de la Dél. arch. fr. en Afghanistan* I p. 181-2.
14. ↑ Sur les *dharma* en question v. *BPh* p. 104 s. et Th. STCHERBATSKY, *The Central Conception of Buddhism and the meaning of the word dharma* (Londres, 1923).
15. ↑ Nous avons averti dès le début (*supra* p. 23) que nous ne prétendrions pas restituer le « bouddhisme primitif » ; v. St. SCHAYER *Precanonical Buddhism* (Archiv Orientalni VII 1-2, 1935) ; J. PRZYLUSKI *La théorie des skandha* (Rocznik Orjentalistyczny 1928 XIV 1-5), etc.
16. ↑ *Supra* p. 207.
17. ↑ Cf. *Dial.* I p. 71 s.
18. ↑ P. OLTRAMARE penche pour la « juxtaposition » *loc. laud.* p. 172 ; RHYS DAVIDS *Buddhism* p. 99-102 recourt à un « mystère ».
19. ↑ V. les observatîons de Fausböll dans la préface de sa trad. du *SN* (S. B. E. X p. XIII) et le mot *diṭṭhi* à l'index de son édition p. 182.
20. ↑ *Supra* p. 167 et 173.
21. ↑ A. de VIGNY *Jardin des Oliviers.*
22. ↑ *MVU* I p. 246 l. 2.
23. ↑ *DhP* st. 183.
24. ↑ Sur ces exercices se reporter à KERN *Manual of Buddhism*, p. 547.
25. ↑ *MVA* II 1 s.
26. ↑ *MVA* V 1, 15 s.
27. ↑ Un vestige subsiste de cette vieille superstition dans le mot *âsava* qui comporte l'idée de « sécrétion » et dont la suppression est synonyme de sainteté ; v. L. de la VALLÉE POUSSIN *Morale bouddhique* p. 119 s. ; v. aussi *ibid.* p. 233 et OLTRAMARE P. 99.
28. ↑ Il s'agit des trois *mârga* ou chemins du *karma*, du *jñâna* et de la *bhakti*.
29. ↑ *Majjh.-nik.* II p. 195.
30. ↑ *SN* st. 507.
31. ↑ Cf. *SN* st. 150-1.
32. ↑ *Ittivuttaka* p. 19 s.
33. ↑ *Saṃy.-nik.*, III 1, 4 ; cf. *BT* p. 213.
34. ↑ *SN* st. 149 ou *LV* p. 280 l. 6-8.
35. ↑ L'anecdote est contée tout au long dans *MVU* I p. 320 s.
36. ↑ Nous faisons allusion à la conversion du Nâga Apalâla (*AgbG* fig. 272-5).
37. ↑ *Vie de Jésus* p. 41.
38. ↑ nil
39. ↑ *Supra* p. 264.
40. ↑ *SN* I 4 et cf. *Manual* p. 220.
41. ↑ *MPS* (*Dial.* p. 171-2).

42. ↑ *Supra* p. 234-5.
43. ↑ *MPS* p. 107 et *supra* p. 302 ; Oltramare p. 101 (d'après *Majjh.-nik.* I p. 124) etc.

ANNOTATIONS

Pourquoi n'en pas faire l'aveu ? Le plan dès longtemps conçu et (l'événement l'a prouvé) trop longuement caressé du présent ouvrage n'a pu finalement être réalisé qu'en partie. Il comportait originairement deux volumes contenant, l'un de nombreux récits extraits des Écritures bouddhiques, l'autre des reproductions des scènes figurées correspondantes, empruntées aux diverses écoles de l'art indien. Le simple rapprochement de ces deux formes jumelles de la tradition aurait mis à la disposition du public une biographie largement documentée et copieusement illustrée du Buddha Câkya-muni. Mais ce sont là jeux de pays heureux et de temps pacifiques. Les circonstances actuelles nous ont contraints, l'éditeur et moi, de renoncer à cette abondance de citations et à ce luxe d'illustrations. Sous peine de retarder indéfiniment l'apparition de ce livre et d'en porter le prix à un taux prohibitif pour les étudiants, il nous a fallu, à notre grand regret, sacrifier les planches, supprimer bien des pages de l'unique volume subsistant, et remplacer les unes et les autres par des renvois aux textes et aux monuments déjà publiés. Les notes mêmes ont été forcément réduites à l'indispensable. Le lecteur nous excusera de n'avoir pu lui rendre cette étude aussi aisée et attrayante que nous le souhaitions : nécessité fait loi, et c'est le propre de la guerre que ce crime contre l'humanité, machiné par quelques-uns, doive être expié par tous.

Les étudiants trouveront une bibliographie générale du bouddhisme dans le t. II de M. WINTERNITZ, *Geschichte der indischen Literatur* (trad. anglaise, Calcutta, 1933). Il importe de signaler deux ouvrages parus depuis en français : J. PRZYLUSKI, *Le bouddhisme* (Paris, 1932) et J. BACOT, *Le Bouddha* (Paris, 1947). On se reportera toujours avec fruit tant à l'*Introduction à l'histoire du bouddhisme indien* d'Eug. BURNOUF qu'aux ouvrages d'A. BARTH, RHYS DAVIDS, H. KERN, H. OLDENBERG, P. OLTRAMARE, R. PISCHELL, W. ROCKHILL, É. SENART, Th. STCHERBATSKY, L. de la VALLÉE POUSSIN, H. C. WARREN, E. WINDISCH, etc. *Le Bouddha et sa religion* de J. BARTHÉLÉMY SAINT-HILAIRE (Paris, 1860) est un travail honorable pour son temps, encore que l'apologie de l'Occident y tienne une place excessive. *La Vie du Bouddha* de A. Ferdinand HÉROLD et *Il Iluminato* de L. SUALI (Pavie, 1924 ; trad. française de P.-É. DUMONT) sont rédigés d'après les textes, mais sur le mode lyrique et non critique.

Le texte et l'avertissement de ce volume étaient déjà imprimés quand nous avons eu communication d'un important article de M. l'abbé É. LAMOTTE (cf. *infra* la note à p. 16, 36) sur *La légende du Buddha*. D'une revue aussi complète que judicieuse des biographies déjà publiées, l'auteur tire des conclusions qui, si elles étaient absolument fondées, auraient été de nature à nous détourner du présent essai. Dès le début il nous avertit que devant l'insuffisance des deux explications, la mythologique et la rationaliste, « les indianistes actuels ont tendance à accepter en bloc la légende du Buddha… sans essayer de se prononcer sur sa nature ou sa réalité » ; et plus loin il ajoute expressément que si ladite légende reste un « instrument de travail indispensable pour l'archéologie et l'histoire des religions…, toute tentative pour en dégager un noyau primitif de faits historiquement établis apparaît vaine, inutile et préjudiciable à la recherche ». Le verdict est péremptoire et, reconnaissons-le, trop souvent justifié ; mais aucun des exégètes européens cités n'a, que nous sachions, commencé par accomplir les huit grands pèlerinages bouddhiques ni par étudier sur les sites et dans les musées de l'Inde les images dont s'est si longtemps nourrie la dévotion populaire et qu'elle a tant multipliées que ni le temps ni les iconoclastes musulmans n'ont réussi à les détruire toutes. L'expérience est à la portée de tout le monde : quiconque prendra la peine de la refaire constatera, croyons-nous (cf. *supra* p. 6), tout ce que l'ambiance de la rizière indienne et la figuration des scènes légendaires peuvent aujourd'hui encore insuffler de vie et de réalisme aux vieux textes qui dans leur dépaysement achèvent de se dessécher sur les rayons de nos bibliothèques. Retrempés dans leur milieu natal — tels les Mânes de l'Odyssée quand ils ont bu un peu de sang sacrificiel — ils retrouvent soudain la mémoire et parfois jusqu'à l'accent de la vérité.

En nous penchant à notre tour « en pleine liberté d'esprit » sur la légende du Bouddha nous croyons être resté dans la tradition de l'indianisme français dont, selon l'heureuse expression de M. l'abbé Ét. Lamotte, « l'acceptation souriante du fait bouddhique dans sa plénitude est une des caractéristiques ».

MM. Ph. Stern et J. Ph. Vogel ont chacun donné une excellente bibliographie de l'art bouddhique de l'Inde, le premier dans l'*Inde antique et la Civilisation indienne* (Évolution de l'humanité XXVI, Paris 1933, p. 474 s.), le second dans *Buddhist Art in India, Ceylon and Java* (trad. du hollandais par A.-J. Barnouw, Oxford 1936, p. 107 s.). Signalons en outre l'apparition récente d'un relevé complet des *Monuments of Sâñchî*.

Une première esquisse d'une vie illustrée du Buddha se lit dans le t. I de l'*Art gréco-bouddhique du Gandhâra* (Paris, 1905) et H. Hargreaves, *The Buddhist Story in Stone* (Calcutta, 10914) ; mais ces publications ne combinent guère avec les textes que les sculptures indo-grecques. Un essai paru dans le *Journal Asiatique* 1909 (trad. en anglais dans *Beginnings of Buddhist Art* p. 147 s.) fait au contraire appel à propos du *Grand miracle de Çrâvastî* aux œuvres des diverses écoles indiennes et donne un spécimen du travail que nous projetions d'entreprendre autour de chacun des grands épisodes de la légende. Voyez aussi J. Hackin, *Les Scènes figurées de la Vie du Bouddha d'après les peintures tibétaines* (Paris, 1916). Notons enfin qu'une *Liste indienne des Actes du Buddha*, associant les renvois aux Écritures et aux monuments figurés, a été publiée dans l'Annuaire de l'École pratique des Hautes-Études (Section des Sciences Religieuses) pour l'année 1908-9. V. aussi B. C. Law, *Buddha's Life in Art* (Calcutta, 1039).

Liste des titres abrégés

AgbG	A. Foucher *L'Art greco-bouddhque du Gandhâra* (2 vol. Paris 1905-22).
Ajaṇtâ	J. Griffiths *The paintings in the Buddhist Caves of Ajunta* (Londres 1896-7).
Amarâvatî	B = J. Burgess *The Buddhist Stûpas of Amarâvatî and Jagayyapeta* (Londres 1887). — F = *Les Sculptures d'Amarâvatî* dans Rev. des Arts asiat. V^e année n° 1.
ANS	S. Beal *The romantic Legend of Çâkya Buddha* (Londres 1875).
ASI	*Archæological Survey of India* (Cunningham, *Annual Reports* et *Memoirs*).
Barhut	Al. Cunningham *The Stûpa of Bharhut* (Londres 1879). Le nom devrait s'écrire Bârahat.
BBA	A. Foucher *Beginnings of Buddhist Art*, etc. (Paris-Londres 1917).
BC	*Buddha-carita* d'Açvaghosha, ch. i-xiv

	(éd. et trad. E. H. JOHNSTON dans Pañjâb University Publ. t. 32, Calcutta 1936). — *BC* tib. = trad. par le même des ch. XV-XXVIII de la version tibétaine dans Acta Orientalia XV (Leyde 1936).
Bodh-Gayâ	Al. CUNNINGHAM *Mahâbodhi* (Londres 1892).
B. Budur	C. M. PLEYTE *Die Buddha-Legende in den Skulpturen des Tempels von Bôrô-Budur* (Amsterdam 1901).
BL	M. WINTERNITZ *A History of Indian Literature* vol. II (*Buddhist Literature*) en trad. anglaise (Calcutta 1933).
BPh	W. M. MCGOVERN *A manual of Buddhist Philosophy* vol. I (Londres 1928).
BT	H. C. WARREN *Buddhism in Translations* (Cambridge Mass. 1906).
CVA	*Culla-vagga* éd. H. OLDENBERG *The Vinaya-piṭakam* II (Londres 1880) : trad. dans Sacred Books of the East vol. XVII et XX (Oxford 1882-5).
DA	*Divyâvadâna* éd. E. B. COWELL et R. A. NEIL (Cambridge 1886).
DhP	*Dhammapada* éd. V. Fausböll avec trad. latine (Londres 1900).
DhPC	E. W. BURLINGAME *Buddhist Legends translated from the original Pâli text of the Dhammapada Commentary* (3 vol. Cambridge Mass. 1921).

Dial.	Rhys Davids *Dialogues of the Buddha* translated from the Pâli (I et II = II et III des Sacred Books of the Buddhists, Londres 1899 et 1910).
Fa-hien	S. Beal *Buddhist Records of the Western World* vol. I (Londres 1885).
Hiuan-tsang	*Si-yu-ki* J = trad. Stanislas Julien *Mémoires sur les Contrées occidentales* (2 vol. Paris 1857-8) ; B = S. Beal (comme *supra* vol. I et II) ; W = Th. Watters *On Yuan Chwang's Travels in India* (2 vol. Londres 1904-5).
IHBI	Eug. Burnouf *Introduction à l'histoire du bouddhisme indien* (Paris 1844 ; réédité 1876).
J(âtaka)	*Jâtakatthavaṇṇanâ* éd. V. Fausböll (7 vol. Londres 1877-97) : trad. sous la direction de E. B. Cowell (6 vol. Cambridge 1895-1907). V. *NK*.
Leben	A. Schiefner *Eine tibetische Lebensbeschreibung Çâkyamuni's* (Mém. de l'Ac. de St-Petersburg 1849 vol. VI p. 231-332).
Life	W. W. Rockhill *The Life of the Buddha... derived from Tibetan works* (Londres 1884).
LV	*Lalita-vistara* éd. S. Lefmann (Halle a. S. 1905) ; médiocre trad. française par

	P. Foucaux dans les Ann. du Musée Guimet vol. VI (1884) et XIX (1802).
Mathurâ	J. Ph. Vogel *La sculpture de Mathurâ* (Ars Asiatica vol. XV Paris 1930).
MPS	*Mahâ-parinibbâna-sutta* éd. R. C. Childers dans *JRAS.* New Series VII et VIII (1875-6) et trad. Rhys Davids dans Sacred Books of the East, vol. XI ou *Dial.* II.
MVA	*Mahâ-vagga* éd. H. Oldenberg *The Vinaya-piṭakam* I (Londres 1879) ; trad. dans S. B. E. vol. XIII et XVII (Oxford 1881-2).
MVU	*Mahâ-vastu* éd. É. Senart (3 vol. Paris 1882-1897).
NK	*Nidâna-Kathâ* (Introduction au *Jâtaka*) ; trad. Rhys Davids *Buddhist Birth-Stories* (Londres 1880)
Oldenberg	*Buddha, sein Leben, seine Lehre, seine Gemeinde* (Berlin 1881 ; cité ici d'après la quatrième éd. française (Paris 1924) revue sur la septième et dernière éd. allemande).
Sâñchî	J. Marshall, A. Foucher et N. G. Majumdar *The Monuments of Sâñchî* (3 vol. in-folio, Calcutta 1939).
Senart	*Essai sur la Légende du Buddha* (cité d'après la seconde éd. Paris 1882).
SA	*Sûtrâlankâra* trad. Éd. Huber (Paris

	1908).
SN	*Sutta-nipâta* éd. V. Fausböll et trad. dans S. B. E. vol. X.
Vie	P. BIGANDET *Vie ou Légende de Gaudama, le Bouddha des Birmans* en trad. franç. par V. GAUDAIN (Paris 1878).

Nous exprimons notre gratitude à MM. P. DEMIÉVILLE et J. FILLIOZAT qui ont pris la peine de lire le présent ouvrage, l'un en mss. et l'autre en épreuves, et nous ont fait profiter de leurs observations. Nous devons aussi des remercîments à Mlle J. AUBOYER qui a dessiné les figures insérées dans les notes.

RÉPERTOIRES

I. — INDEX BIOGRAPHIQUE

La Nativité.

Les naissances antérieures, 27.
Séjour dans le ciel Toushita, 29.
Les quatre investigations, 32.
La Conception, 35.
La Gestation, 39.
La Naissance, 42.
La réception de l'enfant, 47.
Le Bain et les Sept pas, 49.
Les naissances simultanées, 52.
La Présentation au temple, 53.
La Prédiction d'Asita, 57.
La mort de Mâyâ, 65.

Enfance et jeunesse.

L'éducation, 73.
La Manifestation scolaire, 75.
Les exercices physiques, 77.
Les fiançailles, 79.
La Compétition sportive, 83.
Le mariage, 86.
La Première méditation, 92.
Les Quatre sorties, 95.
L'Instigation, 97.
Le Sommeil des femmes, 100.
Le Grand départ, 103.

Le retour de Tchandaka, 105.

Quête et conquête de la Clairvoyance.

La transformation en moine, 113.
Le congédiement des dieux, 119.
L'orientation du Bouddha, 120.
La visite de Bimbisâra, 126.
La période d'études, 128.
Pratique des mortifications, 134.
Dernier repas avant la Bodhi, 139.
Aspects de l'Abhisambodhana, 142.
Marche à l'Illumination, 146.
La Sambodhi, 148.
Mâra Pâpiyân, 151.
L'assaut de Mâra, 156.
Arrivée à l'Illumination, 160.
Le lieu de la Bodhi, 175.

Première prédication et premières conversions.

Lendemains de l'Illumination, 180.
Premier repas après la Bodhi, 184.
La Requête, 189.
Le choix de l'auditoire, 191.
Sur la route de Bénarès, 193.
Prologue de la prédication, 196.
La Première prédication, 200.

L'autre face de la doctrine, 203.
Le symbolisme de la roue, 208.
Conversions de Bénarès, 213.
— d'Ouroubilvâ, 217.
— de Râdjagriha, 220.
[— des deux Grands disciples, 223.
— de Mahâkâçyapa, 227.]
— de Kapilavastou, 231.
[— de Çouddhodana, 233.
— de Râhoula et Nanda, 234.]
Le don du Djêtavana, 237.

La carrière du Bouddha.

La vie journalière, 245.
La quête de nourriture, 247.
Invitations et visites, 249.
Adhésions et conversions, 256.
Le Bouddha et la Caste, 259.
Les rapports avec les moines, 260.
Le Bouddha et les nonnes, 265.
Les lieux saints, 270.
Le Prodige de Sânkâçya, 274.
Le cycle de Çrâvastî, 277.
[Le Grand prodige magique, 281.]
Deuxième cycle de Râdjagriha, 285.
[La subjugation de l'éléphant, 288.]
Le cycle de Vaïçâlî, 289.

Le Parinirvâna.

La visite d'Adjâtaçatrou, 297.
De Râdjagriha à Vaïçâlî, 298.
Le Rejet de la vie, 301.
Le dernier repas à Pâvâ, 304.
L'arrivée à Kouçinagara, 308.
L'Ultime trépas, 312.
Les funérailles, 314.
Le partage des reliques, 319.

II. — INDEX DES NOMS PROPRES INDIENS

N. B. — Les chiffres renvoient à la fois aux pages et aux notes afférentes en tête desquelles les mêmes numéros sont répétés.

Açoka, 17, 19, 20, 42, 75, 145, 209, 244, 272, 336.
Açvajit, 213, 224.
Ajâtaçatru, 254, 285, 297, 320.
Âmrapâli, 290.
Ânanda, 85, 213, 236, 255, 261, 265-6, 299 s., 328.
Anâthapiṇḍada, 238, 250, 278, 281.
Angulimâla, 257, 271, 281.
Anuruddha, 236, 313 s., 326.
Apalâla, 257, 342.

Arâḍa, 129 s., 192, 307.
Âsita, 60 s., 137.
Aṭavî, 257.

Bânârâsi, 192 s., 215, 272.
Bhadra-vargîya, 134, 139, 199 s., 228, 262.
Bhallika, 185 s.
Bimbisâra, 53, 126 s., 195, 221, 253, 256.
Brahmâ, 40, 48, 50, 54, 97, 119, 191, 274.

Çaçânka, 145.
Çâriputra, 223 s., 274.
Chandaka, 53, 103 s., 116, 231.
Ciñcâ, 278-9.
Çrâvastî, 73, 121, 273, 277 s.
Çrî-gupta, 251.
Çuddhodana, 34 s., 53 s., 73 s., 80 s., 231 s.
Cunda, 304-5.

Daṇḍapâṇi, 82-3.
Devadatta, 85, 236, 263, 281, 286 s.
Dîpankara, 29, 92.
Dj° voir J°.

Elâpattra, 214.

Gautama, 142 s.
Gayâ, 121, 141, 193, 220-1.
Gopâ, 82 s., 105.

Indra, 30, 43, 48, 50, 54, 119, 140, 191, 206, 215, 254, 274.

Jambudvîpa, 33.
Jeta, 238.
Jîvaka, 285, 297.
Jyotishka, 252.

Kâçyapa-Buddha, 214, 342.
Kâçyapa (les trois frères), 217 s., 228.
Kâlika, 146.
Kâma, 150, 152. V. Mâra.
Kaṇṭhaka, 53, 103, 106.
Kapilavastu, 34 s., 73, 105, 231 s.
Kauçâmbi, 264, 273.
Kaundinya, 199, 203, 213.
Koçala, 53, 73.
Kokâlika, 281, 287.
Kṛçâ Gautamî, 98, 271.
Kuçinagara, 307 s.

Licchavi, 254, 290.
Lokapâla, 30, 55.
Lumbinî, 42 s., 56.

Magadha, 53, 121, 123, 229, 283.
Mahâkâçyapa, 227-8, 250, 314-5, 328.
Mahâkâtyâyana, 214.

Mahâprajâpatî, 73, 265.
Maitreya, 19, 34, 36, 228.
Malla, 307 s.
Mâlunkyâputra, 167-9.
Mâra, 119, 128, 143 s., 183, 248, 255, 303.
Maudgalyâyana, 223 s.
Mâyâ, 34 s., 65-8, 137, 275.
Mṛgajâ, 88.
Mucilinda, 183.

Nairañjanâ, 135, 141, 219.
Nâlâgiri, 288-9.
Nanda (Nâga), 49.
Nanda, 85, 234-5, 346.
Naradatta, 61, 214.

Ou° voir U°.

Pañcaçikha, 254.
Pârâyaṇa, 253.
Pâṭaliputra, 300.
Pâvâ, 304 s.
Piṇḍola Bhâradvâja, 19, 283.
Prâcya, 123.
Prasenajit, 53, 237, 254, 275, 283.
Purâṇa (le moine), 13.
Pûraṇa (l'ascète), 251.
Pûrṇa (le moine), 216.

Râhula, 97, 230, 346.
Râjagṛha, 127 s., 221 s., 285 s.
Rudraka, 130, 192.

Sañjayin, 223 s.
Sânkâçya, 273 s.
Siddhârtha, 53 s.
Siṃhahanu, 84.
Sona, 339.
Subhadra, 311-2.
Sujâtâ, 139, 213.
Sundarî, 279.
Svastika, 147.

Tch° voir C°.
Trapusha, 185 s.
Trayastriṃçâs, 65.
Tushita, 30.

Udayana, 254, 273, 275.
Udâyin, 53, 231.
Upâka, 193.
Upâli, 235.
Urubilvâ, 135, 217 s.

Vaiçâlî, 121, 129, 273, 289 s., 301.
Vajrapâṇi, 53, 105, 257, 309, 342.
Viçvâmitra, 76.
Virûḍhaka, 237, 254, 281.

Visâkhâ, 278, 281.

Yaças, 215.
Yaçodharâ, 53, 83, 101 s.

III. — INDEX DES PRINCIPAUX TERMES TECHNIQUES

N. B. — Les chiffres renvoient le plus souvent aux notes seules.

Abhijñâ, 132.
Abhinishkramaṇa, 103.
Abhisambodhana, 143.
Âcârya-mushṭi, 302.
Adhyeshaṇa, 101, 189 s.
Adṛshṭam, 166.
Ahiṃsâ, 275.
Âlîḍha, 78.
Âloka, 36.
Amṛtam, 147, 225.
Añjali, 61.
Apramâda, 328.
Apsaras, 160, 184.
Arhat, 30, 341.
Âsava, 339.
Aupapâduka, 31.

Avidyâ, 166.
Ayushmant, 190.

Bhakti, 328.
Bhava, 164, 201.
Bhusâgâra, 307.
Bodhi, 148 s.
Bodhi-drûma, 145.
Bodhi-maṇḍa, 143, 163, 181.
Bodhisattva, 28.
Buddha, 9.

Cakra, 24, 78, 209.
Çalâkâ, 249.
Caramabhavika, 34.
Çuddhâvâsa, 30.
Cyuti, 161.

Devaputra, 31, 46, 121.
Devâtideva, 120.
Devâvatâra, 276.
Dharma (norme), 26, 205 s., 333.
Dharma (Doctrine), 209.
Dharma-mukha, 77.
Dhâtu, 319.
Dhyâna, 94, 132, 161, 313.
Dhyâna-sthâna, 246.
Dṛshṭi, 202, 336.

Gandhakuṭî, 145, 197.
Gandharva, 35.
Garbha-sthiti, 39.
Garbhâvakrânti, 38.
Gati, 24, 161.
Gavâksha, 88.
Gotra, 82.

Janma, 42.
Jâtaka, 27.
Jina, 147, 193, 304.
Jîvan-mukta, 241.

Kalâ, 74.
Kalpa, 27, 302.
Kâma-dhâtu, 30, 152.
Kâma-guṇa, 88.
Kapi-çîrsha, 311.
Karma, 25, 280,
Kulaputra, 74.
Kuṭâgara, 290.

Lakshaṇa, 58, 95.

Madhyadeça, 34, 133, 274.
Maha, 317.
Mahâpurusha, 58.
Mâhâtmya, 18, 109, 181.
Mahâyâna, 328.

Mahâ-vilokitâni, 32.
Maitrî, 328, 342.
Mâradharshaṇa, 143, 157.

Nâga (ondin), 49, 146, 183.
Nâga, 224.
Nâmarûpa, 166.
Nâstika, 204.
Niçraya, 262.
Nidâna, 163, 166.
Nirvâṇa, 26, 168, 241, 326.

Pâramitâ, 27.
Parishad, 184.
Pracala, 40.
Prajñâ, 227.
Pratîtya-samutpâda, 163, 173.
Pratyeka-buddha, 179, 341.
Pûrva-nimittâni, 32.

Ratna, 52.
Ṛddhi, 227.
Ṛddhi-prâtihârya, 271.

Sâdhu, 12, 136.
Sahajâta, 53.
Samâdhi, 132, 202, ; cf. 140.
Samâja, 223.
Saṃsâra, 24, 241.

Saṃskâra, 163, 165, 201, 206.
Sañcodana, 101.
Sandarçana, 75.
Sangha, 209.
Sangha-bheda, 264.
Sânkhya, 130 s.
Santâna, 206.
Shaḍ-âyatana, 166.
Skandha, 201-2, 208.
Stûpa, 321-2.
Sûtra, 22.
Svâm-upasampadâ, 185.
Svayaṃvara, 82.

Tîrtha, 18.
Tîrthya, 253.
Tripiṭaka, 22.

Upâdâna, 166, 201.
Upâsaka, 184, 258.
Ushṇîsha, 114.

Vajrâsana, 145.
Vibhava, vibhûti, 201.
Vijñâna, 166, 201.
Vimokkha, 312.
Vinaya, 22, 203, 336.
Vyûha, 40.

Yâcana, 101, 189.
Yamaka-prâtihârya, 233, 285.
Yoga, 131.
Yoga-nidrâ, 246.